CONHECIMENTO PESSOAL

MICHAEL POLANYI

Tradução e notas
Eduardo Beira
IN+ Center for Innovation, Technology and Policy Research, IST (Lisboa)

Inovatec (Portugal)
2013

MIT Portugal **IN⁺** inovatec

EQUIPA DO PROJETO

EDUARDO BEIRA
(www.dsi.uminho.pt/ebeira)
Senior Research Fellow, IN+ Center for Innovation, Technology and Public Policy (IST, Lisboa). Professor associado (convidado) da Escola de Engenharia da Universidade do Minho (2000-2012) e Professor EDAM (Engineering Design and Advanced Manufacturing) do programa MIT Portugal (2008- 2012).
Engenheiro químico (1974, FEUP), foi gestor e administrador de empresas industriais e de serviços durante mais de vinte anos, depois de uma primeira carreira académica na Faculdade de Engenharia da Universidade do Porto.
Interesses académicos pelas questões de inovação, desenvolvimento de regiões periféricas, engenharia e tecnologia, indústrias "tradicionais".

ANA PRUDENTE
Designer de comunicação (Escola Supeiror de Arte e Design, 1999)
Responsável pela imagem e design gráfico na Inovatec, Lda. (Portugal).

MAFALDA MARTINS
Designer de comunicação (Escola Supeiror de Arte e Design, 2010).

setembro 2013, edição académica

ISBN: 978-989-98659-1-4

Licensed by The University of Chicago Press, Chicago, Illinois, U.S.A.
© 1958, 1962 by The University of Chicago. All rights reserved.

TRADUZIR MICHAEL POLANYI:
UMA AVENTURA INTELECTUAL E UMA DESCOBERTA PESSOAL
Eduardo Beira

1. PORQUÊ MICHAEL POLANYI?

Descobri Michael Polanyi quando voltei às lides académicas, no início deste milénio, desta vez na Universidade do Minho, depois de vinte cinco anos envolvido na gestão e administração de empresas, na sequência de uma primeira carreira académica na Universiadde do Porto (1972 a 1982).

Tropecei então na obra de Polanyi, ao ler um livro que abriu novas linhas de pensamento e discussão na economia moderna (Nelson e Winter, 1982), em especial a inspiração que estes autores encontraram na obra de Polanyi acerca de competências hábeis, rotinas e aprendizagem, conceitos fundamentais da sua aproximação evolutiva à economia (ver em especial os capítulos 4 e 5 dessa obra). Quase em simultâneo também me deparei com referências a Polanyi noutros autores, em especial Karl-Erik Sveiby (1997), um nórdico importante percursor da corrente atual de "Knowledge Management", o qual, por sua vez, colheu forte inspiração em Polanyi para a escrita da sua obra e depois para a sua prática de consultadoria.

Mandei então vir os primeiros livros, em segunda mão. Fui lendo alguma coisa deles, esporádicamente. No Verão de 2005 comecei a ler *Personal Knowledge*, durante as habituais férias no Alto Douro e por entre os banhos diários nas termas de Carlão - terei lido então as duas primeiras partes do livro. Mas descobri que Polanyi não se "lê": antes, descobre-se - e que isso não é assim tão fácil. Exatamente como Polanyi teorizou sobre o processo de intimação para a descoberta, fui descobrindo a intimação do pensamento de Polanyi: a descoberta é dar um salto, esforçado e arriscado, por vezes mesmo conflituoso, que cria um novo sentido. Ninguém fica igual ao que era depois de conhecer algo, depois de um processo de descoberta. Também este trabalho de tradução e descoberta nos transformou.

2. TRADUZIR E DESCOBRIR POLANYI

Traduzir Polanyi foi uma intimação pessoal decorrente da vontade de compreender e conhecer o homem e o seu pensamento. Como escrevi na nota de introdução para a minha tradução de *The Tacit Dimension*, "traduzir um pensador como Polanyi passa por um processo íntimo de partilha de ideais e de vivências, de interiorização (indwelling) dos processos de exploração de ideias e competências associadas", uma interpelação pessoal, uma "vocação" a que se procurou responder.

Depois de traduzir *The Tacit Dimension* e *The Study of Man*, envolvemo-nos com a tradução de outras obras e ensaios de Polanyi, em especial da sua fase economista (anos 30), trabalhos que oportunamente serão publicados. Mas um projeto deste tipo ficaria sempre incompleto sem traduzir a obra mais importante e complexa de Polanyi: *Personal Knowledge*.

Um incentivo importante para traduzir *Personal Knowledge* veio da atividade docente. Entre 1998 e 2012 ensinei uma cadeira sobre Inovação aos alunos dos vários programas doutorais da Escola de Engenharia da Universidade do Minho. Compreender a inovação passa por compreender os mecanismos sociais e pessoais da descoberta em ciência e na tecnologia - a inovação não é uma questão tecnológica, mas sim uma questão social com grandes implicações económicas. Esta é a mensagem fundamental que procuramos passar nessa cadeira, e por isso não admira que os contributos de Michael Polanyi para compreender os processos de descoberta e de inovação fossem relevantes e tivessem despertado interesse. Motivação que nos levou a preparar uma colectânea de ensaios de M. Polanyi sobre ciência e tecnologia (cuja tradução está em vias de publicação) e que depois contribuiu para nos convencer a meter mãos a esta obra: traduzir a obra mais importante de Polanyi.

Foi a isso que nos decidimos abalançar em Novembro de 2012, e a que dedicamos esforços nos meses seguintes. Um ano depois estamos a publicar a tradução. Traduzir *Personal Knowledge* terá sido um dos empreendimentos mais arriscados a que nos abalançamos na nossa vida académica. Terá também sido um dos mais complexos, estimulantes e recompensadores sob o ponto de vista intelectual.

Um empreendimento arriscado porque não somos um filósofo, nem sequer temos treino profissional de filosofia, e também não somos profissional da tradução. Mas sempre consideramos o trabalho de tradução como um trabalho inovador de descoberta e convivialidade intelectual (usando uma expressão poliniana), exigente, mas muitas vezes pouco considerado e valorizado, especialmente entre a comunidade académica das áreas tecnológicas e científicas, em que tradicionalmente temos estado integrado. No passado tive algumas experiências de tradução técnica, que foram processos de aprendizagem e descoberta, e que me convenceram da importância dessa atividade para o processo de aprendizagem de competências que carateriza a carreira de investigador e de académico. Considerado por alguns (iluminados) como um trabalho "não inovador" e de segunda categoria sob o ponto de vista académico, o trabalho de tradução técnica tem sido infelizmente menosprezado e ignorado nesses meios.

Não ignoramos que nos tempos atuais se dá uma importância fundamental ao domínio da expressão anglo saxónica na cultura científica (e cada vez mais na cultura académica em geral) - objetivo que aliás até partilhamos, tanto assim que nos últimos anos leccionamos em língua inglesa quase todas as cadeiras de que fomos responsável. Mas julgamos que essa não é um via de sentido único e que inclusive a tradução técnica pode fazer parte do ciclo virtuoso do domínio de várias linguagens em simultâneo.

Há muitas razões para se traduzir uma obra importante do pensamento para língua portuguesa. No caso de uma obra sobre o papel dos compromissos e exigências pessoais na construção do conhecimento, invocamos em primeiro lugar o apelo intelectual e pessoal, de paixão intelectual, com o risco associado que todo o processo de descoberta envolve - e que Polanyi escalpeliza de forma notável nesta obra. Tal como um artista que expõe a sua obra, tomamos a liberdade de ousar propor esta tradução. Esperamos com isso dar um contributo para o estudo do pensamento de Polanyi entre as comunidades de língua portuguesa - um mundo lusófono.

3. TAMBÉM UMA PAIXÃO INTELECTUAL

Nascemos em 1952. Tenho ainda viva a memória de episódios do pós-guerra, em que as questões dos perigos atómicos e nucleares eram centrais. Já como jovem vivi a Revolução do 25 de Abril. Mas antes acompanhara com surpresa o Maio de 1968 em França e o período doloroso de guerra colonial em Portugal. Mais tarde veria, com alguma estupefação e grande esperança, cair o Muro de Berlim e desabar a dura arquitetura sócio-política da guerra fria, em que crescera. Com ele ruíram definitivamente os sonhos de gerações que tinham acreditado e colocado a esperança de uma sociedade nova numa das maiores experiências sociais e políticas empreendidas pela humanidade, em nome da ciência, da igualdade e da liberdade. Experiência que, como se sabe, acabou destruída pelas perversões internas de um sistema dito "científico".

Por isso o fascínio pelos anos 50 e pelo período entre as duas guerras. O fascínio pela luta intelectual, política e social entre os fascismos, o comunismo e o capitalismo, a luta pela liberdade democrática, percursora da construção europeia, ao mesmo tempo que o mundo assistia a uma explosão do papel e implicações da ciência e da tecnologia, com as enormes esperanças e expectativas que tal permitia para o futuro da humanidade - esperanças que de certo modo influenciaram depois as minhas opções de carreira.

Tudo isso é essencial em Polanyi, na sua trajetória intelectual, nas suas lutas pessoais, na construção do seu pensamento. Michael Polanyi é uma personagem fascinante do século XX europeu, onde se mistura o homem e o académico, e se cruzam os grandes dramas da humanidade no século XX, inclusive ao nível pessoal. Acrescente-se a isso a simpatia simples e amigável que a sua personalidade desperta, algo que se sente ao consultar os seus papéis pessoais (na Regenstein Library, Universidade de Chicago).

De grande cientista (químico) a filósofo, passando pela economia e pelas ciências sociais, foi um renascentista genuíno por entre as tragédias dilacerantes do século XX, um homem da liberdade. O impacto e influência do seu pensamento tem crescido à medida que as décadas vão passando, não só em intensidade como também na variedade das áreas do conhecimento contemporâneo (Beira, 2010, 2010b).

4. NOTAS DE TRADUÇÃO

Incluímos algumas notas curtas para melhor esclarecer o sentido original do texto ou para acrescentar alguma informação de contexto. Optamos agora por um formato alternativo para essas notas, incluindo-as no próprio texto, mas dentro de parêntesis retos e com o prefixo nt: [nt:......]. Procuramos desta forma complementar o conteúdo com uma disrupção mínima da leitura.

Inclui-se no final um índice onomástico, baseado nas entradas assinaladas no índice da obra original, preparado por Marjorie Grene. É curioso assinalar que algumas entradas assinaladas no índice não aparecem no texto, o que sugere que esse índice terá sido preparado com base numa versão não final do livro. Um exemplo será a entrada sobre o escritor francês Gustave Flaubert, que remete para uma passagem da secção 13 (A tentação dos intelectuais) do capítulo 7 (Convivialidade) onde se referem Sartre e Camus, entre outros, mas onde não aparece qualquer referência a Flaubert - embora se possa compreender que aí pudesse figurar uma referência ao papel de Flaubert na emergência do niilismo moderno.

5. AGRADECIMENTOS

A revisão deste texto beneficiou muito dos comentários e sugestões do doutor Miguel Panão (IN+, IST, Lisboa) e de Mª Leonor Fernandes, cujos contributos muito se agradecem. Claro que a responsabilidade por todos os erros apenas pode ser minha.

Agradeço ainda o incitamento que tive de várias pessoas, em particular do Professor Manuel Heitor (IST, Lisboa), e ainda a autorização de John Polanyi, filho de Michael Polanyi e gestor dos seus direitos editoriais.

Dedico este trabalho à minha neta, Ema: espero que o possa vir a apreciar criticamente, em liberdade e com responsabilidade pessoal pelos seus compromissos.

Areias (Carrazeda de Ansiães) e Candal (Vila Nova de Gaia),
Setembro de 2013

REFERÊNCIAS:

Beira, E., *Michael Polanyi, fifty years later: a bibliometric approach, contrasting ISI WoS and Google Scholar*, Working paper WP102, U. Minho, 2010

Beira, E., *Inovação e concorrência em serviços de informação académica: de Eugene Garfield ao Google Scholar*, Encontros Bibli: Revista Eletrônica de Biblioteconomia e Ciência da Informação, Edição especial "Investigação em sistemas de inormação", 2º semestre 2010

Nelson, R. e S. Winter, *An evolutionary theory of economic change*, The Belknap Press of Harvard University Press, 1982

Polanyi, M., *Personal Knowledge. Towards a post-critical philosophy*, The University of Chicago Press, 1958

Polanyi, M., *The tacit dimension*, Doubleday, 1966

Polanyi, M., *The study of man*, Routledge and K. Paul, 1959

Sveiby, K., *The new organizational wealth*, Berrett-Koehler Publishers Inc, S. Francisco, 1997

ÍNDICE

	PAG.
TRADUZIR MICHAEL POLANYI: UMA AVENTURA INTELECTUAL E UMA DESCOBERTA PESSOAL	iii
PREFÁCIO (EDIÇÃO ORIGINAL, 1957)	xiii
PREFÁCIO (EDIÇÃO TORCHBOK, 1964)	xv
AGRADECIMENTOS	xix

PARTE UM: A ARTE DE CONHECER

CAPÍTULOS

1. OBJETIVIDADE
   1. A lição da revolução Copernicana — 3
   2. A construção do mecanismo — 6
   3. Relatividade — 10
   4. Objetividade e física moderna — 16

2. PROBABILIDADE
   1. Programa — 19
   2. Afirmações não ambíguas — 19
   3. Afirmações probabilísticas — 21
   4. Probabilidade de proposições — 25
   5. A natureza das afirmações — 28
   6. Máximas — 32
   7. A graduação da confiança — 33

3. ORDEM
   1. Acaso e ordem — 35
   2. Aleatoriedade e padrão significante — 39
   3. A lei das proporções químicas — 42
   4. Cristalografia — 45

4. COMPETÊNCIAS HÁBEIS
   1. A prática de competências hábeis — 51
   2. Análise destrutiva — 52
   3. Tradição — 55
   4. Conhecimento prático da arte — 56
   5. Dois tipos de apreensão — 57
   6. Todos e significados — 60
   7. Ferramentas e quadros interpretativos — 61
   8. Compromisso — 62
   9. Não especificabilidade — 64
   10. Sumário — 66

PARTE DOIS: A COMPONENTE TÁCITA

5. ARTICULAÇÃO
   1. Introdução — 71
   2. Inteligência não articulada — 73
   3. Princípios operacionais da linguagem — 79
   4. Os poderes do pensamento articulado — 84
   5. Pensamento e discurso. I. Texto e significado — 89
   6. Formas de aprovação tácita — 97
   7. Pensamento e discurso. II. Decisões conceptuais — 102
   8. A mente educada — 105
   9. A reinterpretação da linguagem — 107
   10. Compreender as operações lógicas — 121
   11. Introdução à resolução de problemas — 123
   12. Heurísticas matemáticas — 128

6. PAIXÕES INTELECTUAIS
   1. Sinalização — 135
   2. Valor científico — 137
   3. Paixão heurística — 146
   4. Elegância e beleza — 149
   5. Controvérsia científica — 153

	6. As premissas da ciência	163
	7. Paixões, privadas e públicas	176
	8. Ciência e tecnologia	179
	9. Matemáticas	188
	10. A afirmação das matemáticas	191
	11. Axiomatização da matemática	194
	12. As artes abstratas	197
	13. Interiorizar e irromper	199
7.	CONVIVIALIDADE	
	1. Introdução	207
	2. Comunicação	208
	3. Transmissão do saber social	211
	4. Pura convivialidade	214
	5. A organização da sociedade	216
	6. Dois tipos de cultura	219
	7. Administração da cultura individual	221
	8. Administração da cultura cívica	227
	9. O puro poder	229
	10. Políticas do poder	231
	11. A mágica do Marxismo	233
	12. Formas espúrias de inversão moral	238
	13. A tentação dos intelectuais	240
	14. Epistemologia marxista leninista	243
	15. Questões de facto	245
	16. Liberalismo pós-marxista	249

PARTE TRÊS: A JUSTIFICAÇÃO DO CONHECIMENTO PESSOAL

8.	A LÓGICA DA AFIRMAÇÃO	
	1. Introdução	255
	2. O uso confiante da linguagem	255
	3. O questionar dos termos descritivos	256
	4. Precisão	257
	5. O modo pessoal de significar	258

	6. Asserções de facto	260
	7. Por uma epistemologia do Conhecimento Pessoal	262
	8. Inferência	263
	9. Automação em geral	268
	10. Neurologia e psicologia	269
	11. Sobre a crítica	271
	12. O programa fiduciário	272
9.	A CRÍTICA DA DÚVIDA	
	1. A doutrina da dúvida	277
	2. Equivalência da convicção e da dúvida	280
	3. Dúvida razoável e não razoável	282
	4. Ceticismo dentro das ciências naturais	283
	5. A dúvida é um princípio heurístico?	285
	6. Dúvida agnóstica nos tribunais	286
	7. Dúvida religiosa	288
	8. Convicções implícitas	296
	9. Três aspetos da estabilidade	298
	10. A estabilidade das convicções científicas	301
	11. Dúvida universal	303
10.	COMPROMISSOS	
	1. Convicções fundamentais	309
	2. O subjetivo, o pessoal e o universal	310
	3. A coerência do compromisso	313
	4. Evasão do compromisso	317
	5. A estrutura do compromisso: I	318
	6. A estrutura do compromisso: II	323
	7. Indeterminação e autossuficiência	327
	8. Aspetos existenciais do compromisso	328
	9. Variedades de compromissos	331
	10. Aceitação da vocação	332

PARTE QUATRO: CONHECER E SER

11.	A LÓGICA DO SUCESSO	
	1. Introdução	339
	2. Regras de retidão	340
	3. Causas e razões	344
	4. Lógica e psicologia	345
	5. Originalidade nos animais	347
	6. Explicações da equipotencialidade	351
	7. Níveis lógicos	354
12	CONHECER A VIDA	
	1. Introdução	359
	2. A verdade do modelo	360
	3. Morfogénese	366
	4. Maquinaria viva	370
	5. Ação e perceção	372
	6. Aprendizagem	376
	7. Aprendizagem e indução	380
	8. Conhecimento humano	384
	9. Conhecimento superior	386
	10. No ponto de confluência	391
13	O APARECIMENTO DO HOMEM	
	1. Introdução	393
	2. A evolução é uma conquista?	394
	3. Aleatoriedade, um exemplo de emergência	402
	4. A lógica da emergência	405
	5. Conceito de campo generalizado	410
	6. A emergência das operações tipo máquina	413
	7. Primeiras causas e fins últimos	415
	NOTAS	419
	ÍNDICE DE NOMES	461

PREFÁCIO (EDIÇÃO ORIGINAL, 1957)

Esta obra é, em primeiro lugar, uma inquirição sobre a natureza e a justificação do conhecimento científico. Mas a minha reconsideração do conhecimento científico leva-nos para uma vasta gama de questões fora da ciência.

Começo por rejeitar o ideal do desprendimento científico. Nas ciências exatas este falso ideal é porventura inócuo, pois, na realidade, aí é ignorado pelos cientistas. Mas veremos que exerce uma influência destrutiva na biologia, na psicologia e na sociologia, e que falsifica a nossa visão global, para além dos domínios da ciência. Dito em termos gerais, quero estabelecer um ideal alternativo de conhecimento.

Daí o âmbito muito amplo deste livro, e daí também ter cunhado o novo termo que usei para título: conhecimento pessoal. As duas palavras podem parecer contraditórias: o verdadeiro conhecimento deveria ser impessoal, universalmente estabelecido, objetivo. Mas essa aparente contradição pode-se resolver com uma modificação do conceito de conhecer.

Usei as descobertas da psicologia das formas [gestalt] como as primeiras pistas para a minha reforma conceptual. Os cientistas afastaram-se das implicações filosóficas da "gestalt", mas eu quero suportá-las com intransigência. Eu vejo o conhecimento como uma compreensão ativa das coisas conhecidas, uma ação que exige competência. O conhecimento e a execução de uma competência hábil faz--se pela subordinação de um conjunto de particulares, como indícios ou como ferramentas, para a conformação de um ato bem sucedido de uma competência hábil, seja ela teórica ou prática. Podemos, então, dizer que nos tornamos "subsidiariamente conscientes" desses particulares dentro da nossa "consciência focal" da entidade coerente a que atendemos. Índices e ferramentas são coisas usadas como tal, e não observadas por si próprias. Funcionam como extensões do nosso equipamento corporal, o que envolve uma certa mudança do nosso próprio ser. Nessa medida, os atos de compreensão são não só irreversíveis, como também são não-críticos. Porque não podemos possuir um quadro de referência fixo, dentro do qual a sua reconfiguração possa ser testada de forma crítica.

Tal é a *participação pessoal* de quem conhece, em todos os atos de compreender. Mas isso não torna o nosso conhecimento *subjetivo*. Compreender não é, nem um ato arbitrário, nem uma experiência passiva, mas sim um ato responsável, que reclama uma validade universal. Tal ato de conhecer é, na realidade, *objetivo,* no sentido de estabelecer contacto com uma realidade oculta; um contacto que é definido como condição para antecipar uma gama indeterminada de implicações verdadeiras, mas ainda desconhecidas (e talvez mesmo ainda inconcebíveis). Parece razoável descrever esta fusão do pessoal e do objetivo como conhecimento pessoal.

O conhecimento pessoal é um compromisso intelectual, e como tal, tem perigos inerentes. Diz-se que apenas as afirmações que possam ser falsas é que podem transmitir um conhecimento objetivo deste tipo. Todas as afirmações publicadas neste livro são compromissos pessoais da minha responsabilidade – afirmam isto, e não mais do que isto, por si próprias.

Ao longo deste livro procurei evidenciar essa situação. Mostrei que em todo ato de conhecer entra uma contribuição apaixonada da pessoa que conhece aquilo que está a ser conhecido, e que este coeficiente não é uma mera imperfeição, mas sim uma componente vital do conhecimento. E à volta deste facto central tentei construir um sistema de convicções, em que sinceramente acredito, e relativamente às quais não vejo qualquer alternativa aceitável. Mas, no final, é a minha própria submissão que assegura essas convicções, e é apenas com essas garantias que elas podem reclamar a atenção dos leitores.

M.P.
Manchester, agosto 1957

PREFÁCIO (EDIÇÃO TORCHBOK, 1964)

A inquirição, de que este volume faz parte, começou em 1939 com um artigo de revisão do livro *The Social Functions of Science*, por J. D. Bernal. Opus-me à sua visão, derivada do marxismo soviético, segundo a qual a prossecução da ciência deveria ser direcionada pelas autoridades públicas, com o fim de servir o bem-estar da sociedade. Afirmei que o poder do pensamento para procurar a verdade deve ser aceite como o nosso guia, mais do que a sua sujeição ao serviço dos interesses materiais. Uma defesa da liberdade intelectual, com base em tais fundamentos metafísicos, não era mais aceitavel pelas escolas dominantes da filosofia ocidental do que pelos marxistas. Julgando que estava não só correto, mas que isso também era importante, parti à procura da sua justificação.

Depois de examinar os fundamentos sobre as quais a ciência se desenvolve, encontrei que a ciência é determinada por poderes indefiníveis do pensamento, em cada uma das suas etapas. Não há regras que possam dizer como é que se encontra uma boa ideia para iniciar uma inquirição, assim como não há regras quer para a verificação, quer para a refutação, de uma solução proposta para um problema. As regras correntes podem ser suficientemente plausíveis, mas muitas vezes a inquirição científica avança, e triunfa, contradizendo-as. Por exemplo, as teorias selecionam os factos para o seu próprio apoio, mas mesmo assim chegam a conclusões universalmente válidas. As teorias partem de suposições, que os cientistas aceitam sob a autoridade da opinião científica, mas mesmo com tal base dogmática são feitas descobertas que se revelam revolucionárias.

A vida da comunidade científica consiste em aplicar a tradição da ciência e em assegurar, ao mesmo tempo, a sua contínua renovação. Uma sociedade livre e dinâmica vive, desta maneira, como um todo. Cultiva um sistema de ideias tradicionais que têm o poder de uma auto renovação ilimitada. Chegamos a este ponto em *"Science, Faith and Society"* (1946), e outros escritos meus desse tempo. A ideia de um crescimento autónomo do pensamento na sociedade começava a ganhar forma.

No presente volume (publicado pela primeira vez em 1958) encontrei-me perante o trabalho de justificar o fundamento de convicções tradicionais e não comprovadas. Fiz uma extensa revisão dos compromissos fiduciários correntes, que são intrínsecos à vida intelectual e social do homem moderno. Relativamente ao "programa fiduciário", o índice lista mais de quarenta declarações de convicções dispersas ao longo do livro. Muitas destas convicçõess não têm apoio universal, e todas elas podem mesmo ser eventualmente falsas. Mas algumas das crenças desse conjunto são claramente indispensáveis: o ideal do objetivismo estrito é absurdo.

Qualquer compromisso particular pode ser desafiado, mas apenas com base num compromisso rival. A única questão é, portanto, saber como justificar um certo conjunto particular de convicções. Três quartos deste livro servem para introduzir a minha resposta, apresentando-a como um quadro de referência, que declaro como sendo o meu compromisso. Afirmo que não se pode exigir de nós mais do que um tal conhecimento pessoal responsável.

Seguindo esta minha declaração, esboço uma teoria da biologia dentro da lógica do conhecimento pessoal, e uma demonstração de que a vida, uma vez concebida, nos oferece o espetáculo do homem, detentor de conhecimento pessoal, a emergir no processo de evolução orgânica.

Mas há uma linha paralela de argumento no livro, que vai mais fundo, e que mostrou grandes potencialidades para desenvolvimentos futuros. Revendo as situações em que o conhecimento humano se baseia em convicções, deparei-me com o facto de que este elemento fiduciário é intrínseco à componente tácita do conhecimento. Aparecem aqui duas distinções: a distinção entre *conhecimento tácito e conhecimento explícito*, e entre a apreensão, ou tomada de consciência, *focal e subsidiária*.

Quando nos baseamos na consciência de algo (A) para atender a algo mais (B), estamos a ter uma consciência subsidiária de A. B, a que estamos a atender focalmente, é, portanto, o significado de A. O objeto focal B é sempre identificável, enquanto que coisas como A, de que temos uma consciência subsidiária, podem não ser identificáveis. Os dois tipos de apreensão são mutuamente exclusivos: quando a nossa atenção se passa para algo de que tínhamos até aí uma consciência subsidiária, perde-se o seu significado anterior. Sumariamente, tal é *a estrutura do conhecer tácito*.

Agora, uma nota sobre a diferença entre conhecimento tácito e conhecimento explícito. As coisas de que estamos conscientes focalmente podem ser identificadas de forma explícita. Mas nenhum conhecimento se pode tornar *totalmente explícito*. Por um lado, o significado da linguagem, quando em uso, reside na sua componente tácita; por outro lado, o uso da linguagem envolve ações do nosso corpo relativamente às quais temos apenas uma consciência subsidiária. Logo, o conhecimento tácito é mais fundamental do que o conhecimento explícito: *podemos conhecer mais do que conseguimos dizer, e não conseguimos dizer nada sem recorrer à nossa consciência de coisas que não somos capazes de dizer.*

Coisas que conseguimos dizer, conhecemo-las pela sua observação; mas é vivendo nelas, ou habitando-as, que conhecemos as coisas que não conseguimos dizer. Toda a compreensão baseia-se em vivermos nos particulares daquilo que compreendemos. Tal interiorização é uma participação nossa na existência daquilo que compreendemos – é o *"ser-no-mundo"* de Heidegger. Interiorizar, ou habitar interiormente, é também o instrumento pelo qual conhecemos as entidades compreensivas do mundo. Foi a partir da lógica da interiorização [indwelling] que derivei, na Parte IV deste livro, a conceção de um universo estratificado, e o panorama evolutivo, que leva ao aparecimento do homem, equipado com a lógica da compreensão.

Os meus escritos posteriores, incluindo um novo livro em publicação, ocupam-se menos com a justificação dos nossos compromissos últimos, e concentram-se antes sobre as operações do conhecer tácito. Uma vez que vemos o conhecer por interiorização [indwelling] a operar em todas as situações, e uma vez que vemos a resolução dos problemas antigos através da compreensão da sua lógica particular; e uma vez que a lógica do conhecer tácito se expande por uma teoria do pensamento criativo, que por sua vez se identifica com a lógica da emergência evolutiva; então a nossa familiaridade com a interiorização ubíqua leva-nos à inquestionável aceitação do paradoxo segundo o qual todo o conhecimento é, em ultima instância, pessoal.

O poder da ciência para crescer através da originalidade do pensamento individual, estabelece-se, portanto, dentro de uma perspetiva cósmica com um significado continuamente emergente. A ciência, entendida como a compreensão da natureza, une-se suavemente com as humanidades, que se debruçam sobre o conhecimento do homem e da grandeza humana. Vislumbram-se os ideais do homem, que se revelam na ação (esbocei pela primeira vez essa visão em *The study of man*).

Interiorizar [indwelling] é *ser-no-mundo*. Todo o ato de conhecer tácito muda a nossa existência, redirecionando e reforçando a nossa participação no mundo. O existencialismo e a fenomenologia estudaram esses processos, sob outros nomes. Precisamos agora de reinterpretar tais observações em termos da estrutura mais concreta do conhecer tácito.

M.P.
Oxford, 22 junho 1964

AGRADECIMENTOS

Este livro baseia-se nas minhas Gifford Lectures de 1951-2, na Universidade de Aberdeen. Desejo agradecer à Universidade esta oportunidade para desenvolver os meus pensamentos. O trabalho posterior pouco alterou das minhas ideias, e grande parte dessas conferências permaneceu sem modificações; outra parte foi reconsiderada, retirada ou aumentada.

A Universidade de Manchester tornou-me possível aceitar o convite de Aberdeen e passar nove anos quase que exclusivamente na preparação deste livro. A generosidade do Senado e do Conselho, ao permitirem a troca da minha cátedra de Química Física com um lugar de professor sem cargas letivas, deixou-me profundamente em dívida. Quero agradecer muito, em particular a Sir John S. B. Stopford, então vice-chanceler, e Lord Simon of Wythenshawe, então presidente do Conselho.

Muitos dos meus colegas na Universidade ajudaram-me nas minhas investigações e nunca poderei deixar de admirar a sua paciência. Agradeço-lhes uma vez mais. Recordo também com gratidão as semanas passadas, em duas ocasiões, no "Committee on Social Thought", em Chicago, onde ensinei sobre estes temas.

Este trabalho deve muito à Dr.ª Marjorie Grene. Desde o momento em que falamos pela primeira vez, em Chicago durante 1950, parece que ela adivinhou todo o meu propósito e, desde então, nunca deixou de me ajudar neste empreendimento. Pondo de lado o seu próprio trabalho como filósofa, devotou-se durante anos ao serviço desta inquirição. As nossas discussões catalisaram cada passo do seu progresso e dificilmente existirá uma página que não tenha beneficiado do seu criticismo. Ela tem uma sua parte em tudo o que eu tenha aqui conseguido.

Os Dr. J. H. Oldham, Mr. Irving Kristol, Miss Elizabeth Sewell e Professor Edward Shils leram o manuscrito completo; Mr. W. Haas, Dr. W. Mays, Professor M. S. Bartlett e Dr. C. Lejewski leram partes. Todos sugeriram melhorias, pelas quais lhes estou grato. Miss Olive Davies aguentou durante dez anos o peso do trabalho de secretariado associado a este livro. A sua competência e trabalho árduo foram um apoio inestimável. As despesas com livros, viagens e assistência ao serviço desta investigação foram cobertos por bolsas da Rockefeller Foundation, Volker Fund e Congress for Cultural Freedom.

Finalmente, pretendo exprimir a minha admiração por uma pessoa que, sem hesitações, partilhou comigo os riscos desta iniciativa pouco habitual, e me apoiou, ano após ano, nas dificuldades que irradiavam a partir de mim como centro desta atividade menos trivial; quero referir-me à minha mulher.

Durante o período 1952-8 publiquei os seguintes artigos acerca do tema deste livro (as páginas correspondentes do livro são indicadas entre parêntesis):

"The Hypothesis of Cybernetics", *The British Journal for the Philosophy of Science*, 2, (1951-2) (Capítulo 8, pp. 261-3.).

"Stability of Beliefs", *The British Journal for the Philosophy of Science*, novembro, 1952 (Capítulo 9, pp. 286-94).

"Skills and Connoisseurship", *Atti dei Congresso di Metodologia*, Torino, dezembro 17-20, 1952 (Capítulo 4, pp. 49-57).

"On the Introduction of Science into Moral Subjects", *The Cambridge Journal*, No. 4, janeiro, 1954 (revisão de um aspeto do argumento).

"Words, Conceptions and Science", *The Twentieth Century*, setembro, 1955 (Capítulo 5, passim.).

"From Copernicus to Einstein", *Encounter,* setembro, 1955 (Capítulo 1, pp. 3-18).

"Pure and Applied Science and their appropriate forms of Organization", *Dialética*, 10, No. 3, 1956 (Capítulo 6, pp. 174-84).

"Passion and Controversy in Science", *The Lancet,* junho 16, 1956 (Capítulo 6, pp. 134-60).

"The Magic of Marxism", *Encounter,* dezembro, 1956 (Capítulo 7, pp. 226-48).

"Scientific Outlook: its Sickness and Cure", *Science*, 125, março 15, 1957 (um breve sumário do argumento principal).

"Beauty, Elegance and Reality in Science", *Symposium on Observation and Interpretation*, Bristol, abril 1, 1957 (sumário dos capítulos 5 e 6).

"Problem Solving", *The British Journal for the Philosophy of Science*, agosto, 1957 (Capítulo 5, pp. 120-31).

"On Biassed Coins and Related Problems", *Zs. f Phys. Chem,* 1958 (Capítulo 3, pp. 37-40; Capítulo 13, pp. 390-402).

– I –

A ARTE DE CONHECER

1. OBJETIVIDADE

1.1. A LIÇÃO DA REVOLUÇÃO COPERNICANA

O sistema ptolemaico, tal como a cosmogonia da Bíblia, atribuía ao homem a posição central no universo, posição de que foi expulso por Copérnico. Desde então, autores impacientes por voltar a casa têm-nos instado, resoluta e repetidamente, a abandonarmos todo o egoísmo sentimentalista, e a vermo-nos a nós próprios objetivamente, na verdadeira perspetiva do tempo e do espaço. O que é que isto significa? Num filme "completo", que recapitule fielmente toda a história do universo, o aparecimento dos primeiros seres vivos, desde os primórdios iniciais do homem até às realizações do século XX, seria um flash de um único segundo. Em alternativa, se decidirmos examinar objetivamente o universo, no sentido de dar igual atenção a partes com igual massa, isso resultaria numa preocupação eterna com a poeira interestelar, apenas interrompida por breves intervalos por massas incandescentes de hidrogénio - nem mesmo em mil milhões de vidas haveria lugar para dar ao homem um segundo de atenção. Diga-se de passagem que ninguém - nem mesmo os cientistas - olha para o universo desta maneira, seja qual for a sua ideia de "objetividade". Isso também não nos deve surpreender. Como seres vivos devemos inevitavelmente ver o universo a partir de um centro dentro de nós mesmos e falar dele em termos de uma linguagem conformada pelas exigências da relação humana. Qualquer tentativa rigorosa para eliminar a perspetiva humana desta nossa visão do mundo deverá levar ao absurdo.

Qual é a verdadeira lição da revolução copernicana? Porque é que Copérnico trocou a sua estação terrestre por um imaginário ponto de vista solar? A única justificação para isso está na maior satisfação intelectual que derivou do panorama celestial, tal como visto a partir do sol em vez da terra. Copérnico deu preferência ao deleite do homem numa teoria abstrata, com o preço de rejeitar a evidência dos nossos sentidos, que nos apresentam o facto irresistível do sol, da lua e de todas as estrelas nascerem todos os dias a oriente e atravessarem o céu para o seu ocaso no ocidente. Num sentido literal, o novo sistema copernicano era portanto tão antropocêntrico como a visão de Ptolomeu, a diferença sendo a mera preferência por satisfazer uma inclinação humana diferente.

Só se torna legítimo olhar para o sistema copernicano como mais objetivo do que o ptolemaico se aceitarmos esta mudança na natureza da satisfação intelectual como um critério de maior objetividade. Isso implicaria que, entre duas formas de conhecimento, consideraremos como mais objetiva aquela que se baseia mais na teoria do que na experiência sensorial mais imediata. Sendo a teoria colocada como um ecrã entre os nossos sentidos e as coisas, de que os nossos sentidos teriam de outra forma uma impressão mais imediata, basear-nos-íamos cada vez mais numa orientação teórica para a interpretação da nossa experiência, e de forma correspondente reduziríamos o estatuto das nossas impressões ao de aparências dúbias e possivelmente enganadoras.

Parece-me que temos sérias razões para considerar o conhecimento teórico como mais objetivo do que a experiência imediata.

(a) Uma teoria é algo distinto de mim próprio. Pode ser escrita num papel como um conjunto de regras e será tanto mais uma verdadeira teoria quanto mais completamente se possa exprimir nesses termos. A teoria matemática atinge a perfeição máxima a este respeito. Mas mesmo um mapa geográfico incorpora em si mesmo um conjunto completo de regras estritas para encontrar um percurso através de uma região desconhecida. Na realidade, toda a teoria pode ser vista como uma espécie de mapa no tempo e no espaço. Parece óbvio que um mapa possa estar correto ou errado, logo, na medida em que eu me tenha baseado num mapa, devo-lhe atribuir qualquer erro que assim tenha sido feito. Uma teoria em que me baseio é, portanto, um conhecimento objetivo, na medida em que não sou eu, mas sim a teoria, que se mostra correta ou errada quando uso esse conhecimento.

(b) Uma teoria, para além disso, não pode ser desviada pelas minhas ilusões pessoais. Para descobrir o meu caminho através de um mapa preciso de fazer o ato consciente de ler o mapa e posso iludir-me nesse processo, mas *o mapa* não pode ser iludido e continua certo ou errado, impessoalmente. Em consequência, uma teoria em que me baseio como parte do meu conhecimento continua a não ser afetada por quaisquer flutuações que ocorram dentro de mim mesmo. Tem uma estrutura formal rígida, de cuja solidez posso depender, seja qual for o estado de humor ou a vontade que possa ter.

(c) Como as afirmações formais de uma teoria não são afetadas pelo estado da pessoa que as aceita, as teorias podem ser construídas sem ter em consideração a abordagem normal de cada um à experiência. Esta é uma terceira razão pela qual o sistema copernicano, sendo mais teórico do que o de Ptolomeu, também

1. OBJETIVIDADE

é mais objetivo. Como a sua imagem do sistema solar ignora a nossa localização terrestre, interessa igualmente aos habitantes da Terra, Marte, Vénus ou Neptuno, desde que partilhem os nossos valores intelectuais.

Logo, quando reivindicamos uma maior objetividade para a teoria de Copérnico estamos a implicar que a sua excelência não é uma questão de gosto pessoal da nossa parte, mas sim uma qualidade inerente que merece uma aceitação universal por criaturas racionais. Abandonamos o antropocentrismo mais grosseiro dos nossos sentidos - mas apenas a favor de um antropocentrismo ainda mais ambicioso da nossa razão. Ao fazê-lo, estamos a reivindicar a capacidade de formular ideias que exigem respeito por si mesmas, pela sua própria racionalidade, e que nesse sentido têm um fundamento objetivo.

Na realidade, a teoria de que os planetas se movem à volta do sol haveria de falar por si, até mesmo de uma forma que foi muito para além da afirmação da sua própria racionalidade inerente. Viria a falar a Kepler (sessenta e seis anos depois da morte de Copérnico) e inspirou a sua descoberta das trajetórias elípticas dos planetas e da constância da sua velocidade angular; e voltaria a inspirar, dez anos mais tarde, a sua descoberta da terceira lei do movimento planetário, relacionando as distâncias e os períodos orbitais. E sessenta e oito anos depois, Newton anunciaria ao mundo que essas leis não eram mais do que uma expressão do facto subjacente da gravitação universal. A satisfação intelectual que o sistema heliocêntrico originalmente proporcionou, e pela qual ganhou aceitação, mostrou ser uma prova de uma significância ainda mais profunda, desconhecida do seu criador. Desconhecida, mas não inteiramente insuspeitada. Os que, numa fase inicial, aderiram plenamente ao sistema copernicano comprometeram-se assim com a expectativa de uma variedade infinita de possíveis confirmações futuras da teoria, e esta expectativa foi essencial para a sua convicção na racionalidade superior e na validade objetiva do sistema.

Na realidade podemos dizer, com bastante generalidade, que uma teoria que aclamamos como racional por si mesma é assim credenciada com poderes proféticos. Aceitamos isso na esperança de fazer contacto com a realidade; de modo que, sendo realmente verdadeira, a nossa teoria poderá ainda vir a anunciar a sua verdade em séculos futuros, por formas nunca sonhadas pelos seus autores. Algumas das maiores descobertas científicas do nosso tempo foram corretamente descritas como confirmações surpreendentes de teorias científicas aceites. É neste âmbito completamente indeterminado das suas verdadeiras implicações que reside o sentido mais profundo da atribuição da objetividade a uma teoria científica.

Eis aqui as verdadeiras características da objetividade, tal como exemplificadas pela teoria de Copérnico. Vemos que a objetividade não exige que se estime a significância do homem no universo pelo tamanho diminuto do seu corpo, pela brevidade da sua história passada ou pela sua provável carreira futura. Não implica que nos vejamos apenas como um mero grão de areia entre um milhão de Saaras. Pelo contrário, inspira-nos com a esperança de ultrapassarmos as terríveis deficiências da nossa existência corporal, até mesmo ao ponto de conceber uma ideia racional do universo que, por si, possa falar com autoridade. Não é uma intenção de auto obliteração, mas precisamente o contrário - um apelo ao Pigmaleão na mente do homem.

Mas isto não é o que nos ensinam hoje em dia. Dizer que a descoberta da verdade objetiva em ciência consiste na apreensão de uma racionalidade que exige o nosso respeito e que desperta a nossa admiração contemplativa; dizer que uma tal descoberta, embora use a experiência dos nossos sentidos como indícios, transcende esta experiência pela adoção de uma visão da realidade que está para além das impressões dos nosso sentidos, uma visão que fala por si ao conduzir-nos a uma compreensão ainda mais profunda da realidade - uma tal descrição do procedimento científico seria geralmente posta de lado como um platonismo obsoleto: uma peça misteriosa indigna da idade da razão. No entanto, é sobre este conceito de objetividade que quero insistir neste capítulo introdutório. Quero recordar como, na mente moderna, a teoria científica acabou por se reduzir a uma idealização conveniente, a um dispositivo para registar acontecimentos e calcular a sua evolução futura, e quero então sugerir que a física do século xx, e em particular a descoberta da relatividade por Einstein, habitualmente considerada como fruto e ilustração dessa conceção positivista da ciência, demonstra antes pelo contrário o poder da ciência para fazer contacto com a realidade na natureza, através do reconhecimento daquilo que é racional na natureza.

1.2. A CONSTRUÇÃO DO MECANISMO

Esta história tem três partes, a primeira das quais começa muito antes de Copérnico, embora conduza diretamente até ele. Começa com Pitágoras, que viveu um século antes de Sócrates. Mesmo assim, Pitágoras era um retardatário em ciência, pois o movimento científico já tinha começado quase uma geração antes, segundo as linhas muito diferentes da escola ioniana em Creta. Pitágoras e os seus seguidores não tentaram, como os ionianos, descrever o universo em termos de alguns elementos materiais (fogo, ar, água, etc.) mas interpretaram-no exclusivamente em termos de números, que consideraram como a substância última, assim como a forma, das coisas e dos processos. Ao tocar uma oitava pensavam ouvir a razão numérica de 1:2 no ressoar harmonioso dos sons de dois fios cujos comprimentos estavam na proporção de 1:2. Logo, a acústica tornava audível aos seus ouvidos a perfeição de relações numéricas simples. Voltavam os seus olhos para os céus

1. OBJETIVIDADE

e viam o círculo perfeito do sol e da lua; viam a rotação diurna do firmamento e, ao estudar os planetas, viam-nos governados por um sistema complexo de movimentos circulares estáveis; e apreendiam estas perfeições celestiais na forma como se ouve um puro intervalo musical. Ouviam a música das esferas num estado de comunhão mística.

O renascimento da teoria astronómica por Copérnico, cerca de dois milénios depois, foi um retorno consciente à tradição de Pitágoras. Ao estudar leis em Bolonha, Pitágoras trabalhou com um professor de astronomia, Novara, um platonista exímio, que ensinava que o universo devia ser concebido em termos de relações matemáticas simples. De volta a Cracóvia, com o pensamento de um sistema heliocêntrico na sua mente, estudou mais os filósofos e reconstitui as origens da sua nova conceção do universo até aos autores da antiguidade que se baseavam na tradição de Pitágoras.

Depois de Copérnico, Kepler continuou afincadamente a busca pitagórica pelos números harmoniosos e pela excelência geométrica. No volume que contém a primeira formulação da sua terceira lei, podemos vê-lo a especular intensamente sobre a forma como o sol, que é o centro do cosmos e portanto, de uma certa forma, da própria *nous* (razão), apreende a música celestial dos planetas: "Que tipo de visão é que está no sol, quais são os seus olhos, ou qualquer outro impulso que tenha... mesmo sem olhos... para julgar as harmonias dos movimentos (celestiais)", "para os habitantes da terra, não seria fácil de conjeturar" - ainda que possa pelo menos sonhar, "embalado pela harmonia variável da banda dos planetas", que "no sol habita um intelecto simples, um fogo ou uma mente intelectual, seja lá o que possa ser, a fonte de toda a harmonia"[1]. Chegou mesmo ao ponto de escrever a melodia da cada planeta em notação musical.

Para Kepler a descoberta astronómica era uma comunhão extática, como o disse numa passagem famosa do mesmo trabalho:

> Quando há vinte e dois anos atrás profetizei, logo que descobri os cinco sólidos entre as órbitas celestiais - em que há muito acreditava firmemente desde que vi as harmónicas de Ptolemeu - o que eu tinha prometido aos meus amigos no título deste quinto livro, a que tinha dado o nome ainda antes de estar seguro da minha descoberta - que desde há dezasseis anos anunciei que andava a pensar - e a que devotei a melhor parte da minha vida com observações astronómicas, para o que me associei com Tycho Brahe... pelo menos trouxe isso à luz do dia e reconheci a sua verdade para além de todas as minhas melhores esperanças... Logo, agora, dezoito meses depois da alvorada, três meses depois de ver a luz do dia, e sem dúvida poucos dias depois de se ter manifestado o sol puro da mais maravilho-

sa contemplação - nada me segura, e vou saciar a minha fúria sagrada; insultarei a humanidade com a confissão cândida de que roubei os vasos sagrados dos egípcios para sobre eles construir um tabernáculo ao meu Deus, sem dúvida muito longe das fronteiras do Egito. Se me perdoarem, exultarei; se ficarem furiosos, aguentarei isso; o molde está feito, o livro está escrito, não me interesse que seja lido agora ou na posteridade; posso esperar cem anos pelo seu leitor, se o próprio Deus esperou seis mil anos para que um homem contemplasse o Seu trabalho"[2].

Não faz sentido o que Kepler aqui reivindica acerca dos corpos platónicos, e a sua exclamação acerca de Deus ter esperado por ele milhares de anos soa a fantasia literária; mas a sua explosão transmite a verdadeira ideia do método científico e da natureza da ciência, uma ideia que desde então tem sido desfigurada e perdida pela tentativa continuada de a refazer à imagem de um ideal errado de objetividade.

Passando de Kepler para Galileu, vemos a transição para uma dinâmica em que, pela primeira vez, os números entram nas fórmulas matemáticas como quantidades medidas. Mas, com Galileu, esse uso aplica-se apenas aos acontecimentos terrestres, enquanto que a respeito dos movimentos celestiais continua a assumir a visão pitagórica, segundo a qual o livro da natureza é escrito em caracteres geométricos[3]. Em *Os dois Grandes Sistemas do Mundo* (1632) argumenta de acordo com a tradição pitagórica, partindo do princípio que as partes do mundo estão perfeitamente organizadas[4]. Também acredita que o movimento dos corpos celestes - e na realidade todos os movimentos naturais desse tipo - devem ser circulares. O movimento retilíneo implica mudar de lugar, e isso apenas pode acontecer da desordem para a ordem: ou seja, quer na transição do caos primitivo para a disposição correta das partes do mundo, como num movimento violento, ou seja, no esforço de um corpo movido artificialmente para voltar ao seu lugar "natural". Uma vez estabelecida a ordem do mundo, todos os corpos estão "naturalmente" ou em repouso ou em movimento circular. As observações de Galileu sobre o movimento por inércia ao longo de uma superfície terrestre plana foram por ele interpretadas como movimentos circulares à volta do centro da terra.

Logo o primeiro século após a morte de Copérnico foi inspirado por intimações pitagóricas. A sua última grande manifestação foi talvez a matemática universal de Descartes: a sua esperança de estabelecer teorias científicas pela apreensão de ideias claras e nítidas, que como tal fossem necessariamente verdadeiras.

Mas uma abordagem diferente estava já avançar gradualmente, a partir da outra linha do pensamento grego, a que faltava o misticismo de Pitágoras, e que registou observações de todo o tipo de coisas, mesmo que imperfeitas. Esta esco-

1. OBJETIVIDADE

la, derivada dos filósofos ionianos, culminou em Demócrito, um contemporâneo de Sócrates, o primeiro a ensinar os homens a pensar em termos materialistas. Definiu o princípio: "Por convenção colorido, por convenção doce, por convenção azedo; na realidade, apenas átomos e o vazio"[5]. O próprio Galileu estava de acordo com isto; as propriedades mecânicas exclusivas das coisas eram primárias (usando a terminologia de Locke), as outras propriedade eram derivadas, ou secundárias. Eventualmente, parecia que as qualidades primárias de um tal universo podiam ficar sob controlo intelectual aplicando-se a mecânica newtoniana aos movimentos da matéria, enquanto que as qualidades secundárias podiam ser derivadas a partir desta realidade primária subjacente. Emergiu assim a conceção mecanicista do mundo que permaneceu virtualmente inalterada até ao fim do século passado. Neste sentido, a visão mecanicista do mundo era completamente objetiva. Mesmo assim, há uma alteração definitiva entre as conceções pitagórica e ioniana do conhecimento teórico. Os números e as formas geométricas já não se assumem como sendo, como tais, inerentes à natureza. A teoria já não revela a perfeição e a contemplação das harmonias da criação. Na mecânica newtoniana as fórmulas que governam o substrato mecânico do universo eram equações diferenciais, sem regras numéricas e sem exibirem qualquer simetria geométrica. Daí para a frente as matemáticas "puras", que antes eram a chave dos mistérios da natureza, tornaram-se estritamente separadas da *aplicação* das matemáticas à formulação de leis empíricas. A geometria tornou-se a ciência do espaço vazio; e a análise, desde Descartes afiliada à geometria, separou-se para uma região para além da experiência. As matemáticas representavam todo o pensamento racional que parecia necessariamente verdadeiro, enquanto que a realidade era sumariada pelos acontecimentos do mundo, que eram vistos como contingentes - ou seja, meramente tal como acontecia ser o caso.

A separação da razão e da experiência foi ainda mais pressionada pela descoberta da geometria não euclidiana. A partir daí negou-se às matemáticas a capacidade de afirmar algo para além de conjuntos de tautologias formulados dentro de um quadro convencional de notações. As teorias físicas foram do mesmo modo sujeitas a uma nova redução de estatuto. Por finais do século XIX apareceu uma nova filosofia positivista, a negar qualquer racionalidade às teorias científicas da física, uma reivindicação que condenava como metafísica ou mística. O primeiro, e mais enérgico e influente, desenvolvimento desta ideia foi devido a Ernst Mach, cujo livro, *Die Mechanik*, publicado em 1883, fundou a escola positivista de Viena. De acordo com Mach, a teoria científica é um mero sumário conveniente da experiência. O seu propósito é poupar tempo e dificuldades no registo de observações. É a adaptação mais económica do pensamento aos factos, e tão externa aos factos como um mapa, um horário, ou uma lista telefónica; na realidade, esta conceção de teoria científica poderia mesmo incluir um horário ou uma lista telefónica entre as teorias científicas.

Negou-se, assim, à teoria científica todo o poder persuasivo que lhe é intrínseco, como teoria. Não deve ir para além da experiência, afirmando algo que não se pode testar pela experiência; e acima de tudo, os cientistas devem estar preparados para abandonarem imediatamente uma teoria, logo que uma observação se apresenta em conflito com ela. Na medida em que não for possível testar uma teoria pela experiência - ou a teoria não parece ser capaz de ser assim testada - deverá então ser revista de modo que as suas previsões se restrinjam apenas a grandezas observáveis.

Esta visão, que pode ser reconstituída até Locke e Hume, e que no absurdo moderno tem dominado quase inteiramente o pensamento do século xx sobre ciência, parece ser a consequência inevitável de separar, em princípio, o conhecimento matemático do conhecimento empírico. Passarei agora para a teoria da relatividade, que é suposta ter confirmado de forma brilhante esta visão da ciência, e mostrarei como, na minha opinião, antes pelo contrário, dá uma forte evidência para a sua refutação.

1.3. RELATIVIDADE

A história da teoria da relatividade é complexa, devido a um certo número de ficções históricas correntes. A principal delas pode ser encontrada em qualquer livro de texto da física. Diz que Einstein concebeu a relatividade em 1905 para explicar o resultado negativo da experiência de Michelson-Morley, realizada dezoito anos antes em Cleveland, durante 1887. Michelson e Morley alegaram ter encontrado que a velocidade da luz, medida por um observador terrestre, era a mesma em qualquer direção para onde quer que o sinal fosse enviado. Isso era surpreendente, pois esperava-se que, de algum modo, um observador se aproximasse dos sinais enviados na direção do movimento da terra, logo a velocidade deveria aparecer como inferior nessa direção, enquanto que para um observador que se afastasse do sinal na direção oposta, a velocidade deveria aparecer como superior. A situação é fácil de compreender imaginando o caso extremo, em que nos movemos na direção do sinal exatamente à velocidade da luz. A luz deveria parecer manter numa posição fixa, com uma velocidade nula, enquanto que, obviamente, um sinal enviado na direção oposta se deveria distanciar a uma velocidade dupla da velocidade da luz.

Esta experiência é suposta não ter evidenciado qualquer traço de tal efeito devido ao movimento terrestre, e assim - diz a história nos livros de texto - Einstein procurou explicar isso através de uma nova conceção do espaço e do tempo, de acordo

1. OBJETIVIDADE

com a qual podíamos esperar observar invariavelmente o mesmo valor para a velocidade da luz, quer em repouso como em movimento. Logo, o espaço newtoniano, que está "necessariamente em repouso, sem referência a qualquer objeto externo", foi abandonado, assim como a distinção correspondente entre corpos em movimento absoluto e corpos em repouso absoluto, e foi criado um quadro conceptual em que apenas se podem exprimir os movimentos relativos dos corpos.

Mas os factos históricos são diferentes. Einstein já tinha especulado, enquanto aluno, com a idade de dezasseis anos, sobre as curiosas consequências que poderiam acontecer se um observador externo acompanhasse um sinal luminoso enviado por ele mesmo. A sua autobiografia revela que ele descobriu a relatividade

> após dez anos de reflexão... a partir de um paradoxo que já tinha encontrado aos dezasseis anos. Se sigo um feixe de luz com a velocidade c (a velocidade da luz no vácuo), devo observar esse feixe de luz como um campo magnético espacialmente oscilante em repouso. No entanto, parece que tal coisa não existe, quer com base na experiência como de acordo com as equações de Maxwell. Desde o início pareceu-me intuitivamente claro que, julgado do ponto de vista de um tal observador, tudo teria que acontecer de acordo com as mesmas leis que para um observador que, em relação à terra, estivesse em repouso[6].

Não há aqui qualquer menção à experiência de Michelson-Morley. Os seus resultados foram intuídos racionalmente por Einstein, na base da pura especulação, antes que ter alguma vez ouvido falar dela. Para ter a certeza disso, dirigi uma pergunta ao falecido professor Einstein, que me confirmou o facto da "experiência de Michelson-Morley ter tido um efeito insignificante na descoberta da relatividade"[7].

Na realidade, o artigo original de Einstein que anuncia a teoria especial da relatividade (1905) deu pouca importância aos erros então correntes e relativos à origem da sua descoberta. Abria com um longo parágrafo onde referia as anomalias na eletrodinâmica dos meios móveis, mencionando em particular a falta de simetria no tratamento, por um lado, de um fio com uma corrente a fluir através dele e que se move em relação a um magneto em repouso, e por outro lado, de um magneto a mover-se relativamente à mesma corrente elétrica em repouso. Diz depois que "exemplos semelhantes, assim como tentativas sem sucesso para observar o movimento relativo da terra em relação à luz conduziram à conjetura que, tal como na mecânica, também na eletrodinâmica o repouso absoluto não é observável..."[8]. O relato habitual nos livros de texto sobre relatividade como uma resposta à experiência de Michelson-Morley é uma invenção. É o produto de um preconceito filosófico. Quando Einstein descobriu racionalidade na natureza, sem qualquer ajuda de uma observação que já estava disponível pelo menos há cinquenta anos, os nossos livros de texto positivistas rapidamente abafaram o escândalo através de uma descrição embelezada da sua descoberta.

Há um aspeto desta história que é ainda mais curioso. O programa de Einstein foi largamente prefigurado pela mesma conceção positivista de ciência que o seu próprio resultado refutou de forma tão flagrante. Foi explicitamente formulado por Ernst Mach, que, como vimos, tinha primeiro avançado com a conceção de ciência como um horário ou uma lista telefónica. Criticou extensivamente a definição de espaço e de repouso absoluto em Newton, com base no facto de nada dizer que fosse possível testar pela experiência. Condenou isso como dogmático, pois ia para além da experiência, e *sem sentido*, dado não apontar seja para o que fosse que concebivelmente pudesse ser testado pela experiência[9]. Mach declarou que a dinâmica newtoniana devia ser reformulada para evitar referir-se a qualquer movimento de corpos, exceto como movimento relativo de uns corpos em relação a outros, e Einstein reconheceu a "profunda influência" que o livro de Mach tinha exercido nele quando era jovem, e subsequentemente na sua descoberta da relatividade[10]. Mesmo que Mach tenha estado certo ao dizer que o conceito newtoniano de espaço como repouso absoluto não fazia sentido - porque nada diz que se possa provar como verdadeiro ou falso - então a rejeição do espaço newtoniano por Einstein não pode ter qualquer impacto sobre aquilo que consideramos como sendo verdadeiro ou falso. Não podia ter levado à descoberta de qualquer facto novo. Na realidade, Mach estava muito errado: esqueceu-se da propagação da luz e não percebeu que nesse sentido a conceção de espaço por Newton estava longe de não ser testável. Einstein, que o percebeu, mostrou que a conceção newtoniana de espaço não era *sem sentido,* mas sim *falsa*.

O grande mérito de Mach esteve em atender a uma intimação de um universo mecânico sem a conjetura de Newton relativa a um único ponto em repouso absoluto. A sua visão era super-copernicana, totalmente em desacordo com a nossa experiência habitual. Recorde-se que qualquer objeto de que nos apercebemos é por nós indistintamente realçado contra um fundo que se considera em repouso. Pôr de lado esta declaração dos nossos sentidos, que Newton incorporou no seu axioma de um "espaço absoluto" dito "inescrutável e imutável", foi um passo enorme para uma teoria baseada na razão e que transcende os sentidos. O seu poder reside precisamente nesse apelo à racionalidade, que Mach queria eliminar das fundações da ciência. Não admira que ele tenha avançado com base em fundamentos falsos, atacando Newton por fazer uma afirmação vazia e ignorando o facto que, longe de ser vazia, a afirmação era falsa. Logo Mach prefigurou a grande visão teórica de Einstein, sentindo a sua racionalidade inerente, mesmo quando tentava exorcizar a própria capacidade da mente humana, pela qual tinha conseguido adquirir essa compreensão.

Mas ainda falta contar uma parte quase caricata desta história. A experiência de Michelson-Morley, de 1887, que Einstein menciona a favor da sua teoria, e que desde aí os livros de texto têm apresentado como uma evidência crucial que o teria levado a formular essa teoria, na realidade não deu o resultado previsto pela relatividade! Admite-se que substanciou as reivindicações dos autores, segundo as quais as velocidades relativas da terra e do "éter" não excediam uma quarta parte da velocidade orbital da terra. Mas o efeito que na realidade foi observado não era desprezável; e até aos dias de hoje nunca se provou que fosse desprezável. A presença de um efeito positivo nas observações de Michelson e Morley foi assinalado em primeiro lugar por W. M. Hicks em 1902[11], e foi mais tarde avaliado por D. C. Miller como correspondente a uma "deriva do éter" de 8 a 9 kms por segundo. Mais, um efeito dessa ordem de grandeza foi depois reproduzido por D. C. Miller e colaboradores, numa longa série de experiências entre 1902 e 1926, em que repetiram a experiência de Michelson-Morley com equipamentos milhares de vezes mais precisos.

Um leigo, ensinado a venerar os cientistas dado o seu respeito absoluto pelos factos observados, e pelo distanciamento judicioso e puramente provisional da maneira como suportam as teorias científicas (sempre prontos a abandonar uma teoria face a uma qualquer evidência contraditória), podia muito bem ter pensado que, perante o anúncio por Miller de uma evidência esmagadora de um "efeito positivo", na sua alocução presidencial à American Physical Society em 29 de dezembro de 1925, que a sua audiência teria abandonado instantaneamente a teoria da relatividade. Ou, pelo menos, que os cientistas - habituados a olhar desde o seu pináculo de humildade intelectual sobre o resto da humanidade dogmática - deveriam suspender o seu julgamento desse assunto até que os resultados de Miller pudessem ser explicados, sem mais danos para a teoria da relatividade. Mas não: por essa altura já tinham fechado de tal forma as suas mentes a qualquer sugestão que ameaçasse a nova racionalidade conseguida pela visão do mundo de Einstein, que era quase impossível pensarem em termos diferentes. Pouca atenção foi dada às experiências e a evidência foi posta de lado na esperança de que um dia se mostrasse que estava errada[12].

A experiência de D. C. Miller demonstra muito claramente o vazio da asserção segundo a qual a ciência se baseia simplesmente em experiências que qualquer pessoa pode querer repetir. Mostra que qualquer verificação crítica de uma afirmação científica exige os mesmo poderes para reconhecer a racionalidade na natureza, tal como no processo de descoberta científica, mesmo que os exerça a um nível inferior. Quando os filósofos analisam a verificação das leis científicas, escolhem invariavelmente, como espécimes, leis que não estão em dúvida, e, portanto, negligenciam inevitavelmente a intervenção desses poderes. Descrevem a demonstração prática de uma lei científica e não a sua verificação crítica. Como resultado, dão-nos uma explicação do método científico que, deixando de fora o processo de descoberta com o fundamento de que não segue um método definido[13], negligencia também o processo de verificação, referindo-se apenas a exemplos em que não tem lugar qualquer verificação real.

Quando Miller anunciou os seus resultados, a relatividade tinha ainda feito poucas previsões que pudessem ser confirmadas por experiências. O seu apoio empírico assentava ainda, principalmente, sobre um certo número de observações já conhecidas. A explicação dada pela nova teoria acerca destes fenómenos já conhecidos foi considerada racional, porque os derivara de um único princípio racional convincente. Aconteceu o mesmo quando a explicação compreensiva de Newton sobre as três leis de Kepler, do período lunar e da gravitação terrestre - em termos de uma teoria geral da gravitação universal - recebeu imediatamente uma posição incomparável de autoridade, mesmo antes de qualquer previsão ter sido deduzida a partir dela. Foi esta excelência racional inerente que levou Max Born, apesar da forte ênfase empírica das suas explicações científicas, a saudar logo em 1920 "a grandeza, a ousadia e a franqueza do pensamento" da relatividade, que tornava a mundivisão da ciência "mais bela e grandiosa"[14].

Desde então, a passagem dos anos trouxe a confirmação precisa e ampla de pelo menos uma das fórmulas da relatividade; provavelmente a única fórmula a aparecer na capa da revista *Time*. A redução de massa (m) pela perda de energia (e) que acompanha uma transformação nuclear foi repetidamente verificado que confirma a relação $e=mc^2$, em que c é a velocidade da luz. Mas tais verificações da relatividade não são mais do que confirmações dos juízos originais de Einstein e dos seus continuadores, que se comprometeram com a teoria ainda antes dessas verificações. E são uma justificação ainda mais notável dos esforços iniciais de Ernst Mach para uma fundação mais racional da mecânica, definindo um programa para a relatividade, num momento em que não se vislumbravam quaisquer vias para esse objetivo.

A beleza e o poder inerentes à racionalidade da física contemporânea são, como disse, de um tipo novo. Quando a física clássica ultrapassou a tradição pitagórica, a teoria matemática reduziu-se a um mero instrumento para calcular os movimentos mecânicos que se suponham subjacentes a todos os fenómenos naturais. A geometria também ficou de fora da natureza, clamando oferecer uma análise *a priori* do espaço euclidiano, que era considerado como a cena de todos os fenómenos naturais, mas não envolvido neles. A relatividade, e por consequência a mecânica quântica e a física moderna em geral, retrocederam portanto para uma conceção mais matemática da realidade. As características essenciais da teoria da relatividade foram antecipadas como problemas não matemáticos por Riemann, no seu desenvolvimento da geometria não euclidiana, enquanto que a sua elaboração posterior baseou-se nos poderes até aí puramente especulativos do cálculo tensorial, que por um feliz acidente Einstein conheceu em Zurique através de um matemático. Do mesmo modo, Max Born encontrou um cálculo matricial pronto para lidar com o desenvolvimento da mecânica quântica de Heisenberg, sem o que, por sua vez, nunca teria chegado a conclusões concretas. Podem-se multiplicar estes exemplos, pelos quais a física moderna demonstrou o poder da mente humana para descobrir e exibir uma racionalidade que governa a natureza, mesmo antes de se aproximar do campo da experiência em que previamente descobriu harmonias matemáticas que se haviam de revelar como factos empíricos.

Logo, a relatividade restaurou, até um certo ponto, a combinação da geometria e da física com o pensamento pitagórico, que este tinha ingenuamente tomado como garantida. Percebemos agora que a geometria euclidiana, que até ao advento da relatividade geral se considerava que representava corretamente a experiência, se referia apenas a aspetos relativamente superficiais da realidade física. Criou uma idealização das relações métricas entre corpos rígidos e elaborou-as exaustivamente, enquanto ignorava por completo as massas dos corpos e as forças que atuam sobre eles. A oportunidade para expandir a geometria de modo a incluir as leis da dinâmica foi dada pela sua generalização num espaço multidimensional e não euclidiano, o que foi conseguido pelo trabalho de matemáticas puras, antes de ser possível imaginar qualquer investigação empírica sobre esses resultados. Minkowski deu esse passo em 1908 ao apresentar uma geometria que exprimia a teoria especial da relatividade e que incluía a dinâmica clássica como um caso limite. As leis da dinâmica física apareciam agora como teoremas geométricos de um espaço não euclidiano a quatro dimensões. Investigações subsequentes de Einstein levaram, por uma generalização adicional deste tipo de geometria, à teoria geral da relatividade, escolhendo os seus postulados de forma a produzirem expressões invariantes em relação a todos os quadros de referência, assumidos como sendo fisicamente equivalentes. Como resultado destes postulados, as trajetórias das massas seguem geodésicas e a luz propaga-se ao longo de linhas zero. Quando os princípios da física aparecem assim como instâncias particulares de teoremas geométricos, podemos inferir que a confiança depositada na teoria física deve muito ao facto de possuir o mesmo tipo de excelência de que, em geral, a geometria pura e a matemática pura derivam o seu interesse, e por causa da qual são cultivadas.

1.4. OBJETIVIDADE E FÍSICA MODERNA

Não podemos explicar verdadeiramente a nossa aceitação de tais teorias sem endossar o nosso reconhecimento de uma beleza que nos inebria e de uma profundidade que nos arrebata. Mesmo assim, a conceção prevalecente de ciência, baseada na disjunção entre subjetividade e objetividade, tenta - e deve tentar a todo o custo - eliminar essas avaliações apaixonadas, pessoais, humanas das teorias da ciência, ou pelo menos minimizar a sua função para o nível de um assunto secundário que se pode desprezar. O homem moderno construiu como ideal de conhecimento um conceito de ciência natural como um conjunto de afirmações "objetivas", no sentido em que a sua substância é inteiramente determinada pela observação, mesmo que a sua apresentação possa ser conformada por convenção. Esta conceção, resultante de uma ânsia com raízes nas profundezas da nossa cultura, ficaria destroçada se a avaliação da racionalidade na natureza tivesse que ser reconhecida como uma parte justificável, e sem dúvida essencial, da teoria científica. É por isso que a teoria científica é representada como uma mera descrição económica de factos; ou como uma incorporação de uma política convencional para extração de inferências empíricas; ou como uma hipótese de trabalho, adequada à conveniência prática do homem - interpretações que todas elas deliberadamente negligenciam o núcleo racional da ciência.

É também por isso que, se a existência deste núcleo racional se reafirma por si própria, o seu caracter ofensivo é encoberto por uma série de eufemismos, uma espécie de encobrimento semelhante ao usado nos tempos vitorianos, quando as pernas se chamavam membros - um expurgo que podemos observar, por exemplo, nas tentativas por substituir "racionalidade" por "simplicidade". É claro que é legítimo olhar para a simplicidade como *uma marca* da racionalidade e pagar tributo a qualquer teoria como um triunfo da simplicidade. Mas as grandes teorias raramente são simples, no sentido habitual do termo. Tanto a mecânica quântica como a relatividade são difíceis de entender: bastam cinco minutos para se memorizarem os factos explicados pela relatividade, mas podem não ser suficientes anos de estudo para se dominar a teoria e ver esses factos no seu contexto. Hermann Weyl deixou fugir o gato do saco quando disse: "a simplicidade necessária não é necessariamente a mais óbvia, mas devemos deixar que a natureza nos treine para reconhecer a verdadeira simplicidade intrínseca"[15]. Por outras palavras, a simplicidade em ciência pode-se fazer equivaler a racionalidade só se "simplicidade" for usada num sentido especial apenas conhecido dos cientistas. Só compreendemos o significado do termo "simples" recordando o significado do termo "racional" ou "razoável" ou "tal que devemos concordar com ele", que o termo "simples" é suposto substituir. O termo "simplicidade" funciona então como um mero disfarce para um outro significado. É usado para contrabandear

1. OBJETIVIDADE

uma qualidade essencial da nossa apreciação de uma teoria científica, que um conceito errado de objetividade nos proíbe de reconhecer abertamente.

O que foi dito sobre "simplicidade" aplica-se igualmente a "simetria" e "economia". São elementos contributivos para a excelência de uma teoria, mas apenas contribuem para o seu mérito se os significados destes termos forem levados muito para além do seu âmbito normal, de modo a incluir, por uma espécie de pseudo substituição, as qualidades muito mais profundas que fazem exultar os cientistas perante uma visão como a da relatividade. Devem manter-se para aquelas peculiares harmonias intelectuais que revelam, mais profunda e permanentemente do que qualquer experiência sensorial, a presença da verdade objetiva.

Chamarei a esta prática uma pseudo substituição. É usada para rebaixar os poderes intelectuais, reais e indispensáveis do homem a fim de manter um quadro "objetivista" que de facto não pode ser explicado por eles. Funciona definindo o mérito científico em termos das suas características relativamente triviais, e fazendo-as funcionar como se fossem os verdadeiros termos que são supostas substituir.

Outras áreas da ciência ilustrarão ainda melhor estes poderes intelectuais indispensáveis e a sua participação apaixonada no ato de conhecer. É a esses poderes e a essa participação que eu me refiro no título deste livro como "conhecimento pessoal". Encontraremos o conhecimento pessoal a manifestar-se na apreciação da probabilidade e da ordem nas ciências exatas, e a trabalhar ainda mais extensivamente na forma como as ciências descritivas se baseiam em competências hábeis e no conhecimento prático das artes [nt: connoiseurship]. Em todos estes pontos, o ato de conhecer inclui uma avaliação: e este coeficiente pessoal, que conforma todo o conhecimento factual, faz assim a ponte entre a subjetividade e a objetividade. Implica a reivindicação que o homem pode transcender a sua própria subjetividade por um esforço apaixonado para cumprir com as suas obrigações pessoais para com padrões universais.

2. PROBABILIDADE

2.1 PROGRAMA

O propósito deste livro é mostrar que a objetividade completa, tal como é habitualmente atribuída às ciências exatas, é uma ilusão e, na realidade, é um ideal falso. Mas não vou tentar repudiar o ideal de uma objetividade estrita sem oferecer uma alternativa, que acredito ser mais merecedora de uma submissão inteligente; chamei-lhe "conhecimento pessoal". Nesta primeira parte, intitulada "A arte de conhecer", espero prefigurar de modo suficiente as perspetivas que o conceito de conhecer pessoal abrirá, para justificar a minha persistência em abanar todos os esqueletos no armário da perspetiva científica atual - o que de outra maneira poderia parecer um mero capricho. Este pedido de desculpas é necessário porque todo o sistema de pensamento tem sempre algumas pontas soltas mais distantes da vista, e o sistema que estou a tentar construir à volta da minha conceção de conhecimento pessoal também deixará muitas questões em suspenso. Mas é um facto que muitas vezes os homens se exasperaram com as pontas soltas do pensamento corrente, e mudaram para outro sistema, apesar das deficiências semelhantes do novo sistema. Não há outro caminho em filosofia, e essa é a minha razão para continuar com a minha reavaliação da ciência.

2.2. AFIRMAÇÕES NÃO AMBÍGUAS

O propósito assumido para as ciências exatas é estabelecer um controlo intelectual completo com a experiência em termos de regras precisas que podem ser formalmente definidas e empiricamente testadas. Se fosse possível atingir completamente esse ideal, toda a verdade e todo o erro poderiam ser doravante atribuídos a uma teoria exata do universo, e aqueles que aceitam essa teoria seriam dispensados de em qualquer momento exercerem o seu julgamento pessoal: teríamos apenas que seguir confiadamente as regras. A mecânica clássica aproxima-

-se tanto deste ideal que muitas vezes se pensa que o atingiu. Mas isso deixa por explicar o elemento de juízo pessoal envolvido na aplicação das fórmulas da mecânica aos factos da experiência. Seja o caso de um só planeta à volta do sol. A mecânica newtoniana dá-nos uma fórmula exata com a ajuda da qual podemos calcular a configuração deste sistema com dois corpos num futuro distante ou num passado remoto, bastando que nos seja fornecido um conjunto simples de dados que descreva o sistema num determinado momento no tempo. Supondo que observamos o movimento de um planeta desde a terra, será suficiente conhecer a sua longitude (l_0) e elevação (e_0), num momento (t_0), para calcular qualquer par de longitude (l) e elevação (e), em qualquer momento (t). Uma tal operação seria bastante impessoal e pode, sem dúvida, ser feita por uma máquina, automaticamente, podendo parecer que prevê alguns factos da experiência a partir de outros factos anteriores da experiência, tudo de uma forma muito impessoal. Mas isso seria ignorar que os números que dão a longitude, a elevação e o tempo, e que entram nas fórmulas da mecânica celestial, não são factos da experiência. São leituras de instrumentos de um observatório em particular: leituras a partir das quais derivamos os dados em que baseamos os nossos cálculos e pelos quais verificamos os resultados desses cálculos. A derivação e a confirmação dos dados que preenchem a lacuna entre as nossas leituras dos instrumentos e as grandezas que figuram nas nossas fórmulas nunca podem ser completamente automáticas. Qualquer correlação entre um número de uma medida introduzido numa teoria exata e as correspondentes leituras no instrumento assenta numa estimativa dos erros da observação, que não pode ser definitivamente prescrita por uma regra. Esta indeterminação é, em primeiro lugar, devida às flutuações estatísticas dos erros de observação, a que voltarei. Em consequência desses erros aleatórios podemos apenas ir dos valores prováveis dos dados iniciais para os valores prováveis das grandezas previstas, e como não existe uma relação entre estes dois conjuntos de números, nessa medida o processo continua indeterminado. Ao lado destas flutuações temos sempre a possibilidade de erros sistemáticos. Até mesmo os procedimentos mais estritamente mecanizados deixam algo para a habilidade pessoal, no exercício da qual pode entrar um enviesamento individual.

Devemos recordar o caso famoso do astrónomo real, Nicholas Maskeleyne, que despediu o seu assistente Kinnebrook por persistir em registar a passagem das estrelas meio segundo depois dele, o seu superior[1]. Maskeleyne não percebeu que um observador que fosse tão cuidadoso como ele podia registar sistematicamente tempos diferentes, usando o mesmo método que ele; só vinte anos depois é que Bessel percebeu essa possibilidade e resolveu a discrepância, e tardiamente justificou Kinnebrook. A psicologia experimental, de que Bessel lançou os fundamentos, tem desde então ensinado a esperar sempre por tais variações individuais nas faculdades percetivas. Devemos assumir, por isso, que algum traço de enviesamento pessoal pode sempre afetar sistematicamente o resultado de uma série de leituras[2].

Tais indeterminações residuais, que não são governadas por quaisquer regras definidas, podem usualmente ser eliminadas pela rotina prática. Mas mesmo assim, este processo deixa sempre de lado possíveis dúvidas acerca da aplicação de qualquer conjunto definido de regras, e sem isso não é possível fazer um trabalho científico e nenhuma afirmação científica pode ser avaliada. Temos aqui uma participação pessoal do cientista que é essencial, mesmo nas operações mais exatas da ciência.

Há uma área ainda maior de julgamento pessoal em cada verificação de uma teoria científica. Ao contrário da opinião corrente, não é verdade que uma discrepância comprovada entre as previsões teóricas e os dados observados seja por si mesma suficiente para invalidar uma teoria. Tais discrepâncias podem ser muitas vezes classificadas como anomalias. As perturbações dos movimentos planetários que foram observadas nos sessenta anos anteriores à descoberta de Neptuno, e que não podiam ser explicadas pela interação mútua dos planetas, foram, nessa altura, corretamente postas de lado pela maioria dos astrónomos, como anomalias, na esperança de que aparecesse algo que as pudesse explicar sem prejudicar - ou pelo menos sem prejudicar o essencial - da gravitação newtoniana. Falando mais geralmente, podemos dizer que há sempre alguns possíveis escrúpulos que os cientistas habitualmente põem de lado no processo de verificação de uma teoria exata. Tais atos de julgamento pessoal formam uma parte essencial da ciência[3].

2.3. AFIRMAÇÕES PROBABILÍSTICAS

As teorias da física clássica diferem de todos os outros capítulos da ciência pelo facto de serem concebíveis acontecimentos que estritamente as falsificariam. É, por exemplo, concebível que um sol com um planeta a circular à sua volta possa estar tão longe de todos os outros corpos celestes que qualquer perturbação por estes gerada se torne desprezável, e que devíamos saber que esse era o caso. Assumindo ainda, por uma questão de argumento, que podíamos observar com exatidão a posição do planeta em momentos sucessivos do tempo, então as fórmulas da mecânica adquiririam o poder de fazer previsões bastante impessoais, que seriam estritamente falsificadas se o planeta não se apresentar na posição prevista no momento previsto. Um desvio finito, mesmo que muito pequeno, implicaria a refutação completa da teoria.

Por suposições como as anteriores podemos conseguir, pelo menos ficcionalmente, restaurar o conceito de conhecimento impessoal na mecânica clássica.

Mas as pretensões de qualquer afirmação ficarão totalmente transparentes se passarmos para as afirmações de probabilidade. As afirmação probabilísticas nunca podem ser estritamente contraditadas pela experiência, mesmo assumindo que se eliminam completamente todas as perturbações externas e todos os erros de observação. A única dificuldade em demonstrar este facto é ele ser óbvio, mas ninguém acreditará que o assunto seja assim tão simples, quando tantos volumes têm sido escritos acerca disso, mesmo sem o dizerem claramente.

Ilustrarei este ponto pelo exemplo de um átomo de hidrogénio, tal como descrito pela mecânica quântica. Apresenta-se-nos com um mapa que atribui um número a cada ponto de um espaço infinito, que é uma função $f(r)$ da sua distância r ao núcleo. Este número denota a probabilidade de se encontrar um eletrão do átomo de hidrogénio nesse ponto em particular, assim como em qualquer outro ponto à mesma distância r do núcleo. A simples razão porque esta afirmação não pode ser contraditada por qualquer acontecimento concebível reside no facto de admitir que um eletrão tanto pode ser encontrado como pode não ser encontrado no local designado e na ocasião especificada. Há uma história com o dono de um cão que se orgulhava do treino perfeito do seu animal. Sempre que chamava "Aqui! Vens ou não!?", o cão invariavelmente ou vinha ou não. É exatamente assim que os eletrões se comportam, quando controlados pela probabilidade.

Afirmações deste tipo são essencialmente ambíguas e, portanto, pode parecer que nada dizem. No entanto, se existir, como eu acredito que existe, algum sentido na atribuição de um valor numérico à probabilidade de encontrarmos um eletrão num certo lugar e numa ocasião em particular, uma tal atribuição deverá restringir essa ambiguidade; e se nenhuma restrição estritamente objetiva se puder derivar da atribuição dessa probabilidade, podemos esperar encontrar nela alguma orientação para a nossa participação pessoal no acontecimento a que essa afirmação probabilística se refere.

Na realidade, é fácil reconhecer, em princípio, a nossa participação em acontecimentos do acaso, se por um momento relaxarmos a nossa sofisticação objetivista e revertermos para a prática corrente. Descrevemos muitas vezes certos acontecimentos como coincidências notáveis; todos temos as nossas histórias de casos notáveis de sorte ou de azar, que são avaliações de acontecimentos governados pelo acaso. Tanto fazemos tais avaliações antes como depois do acontecimento ter lugar, e se a sua probabilidade for expressa numericamente, este número guia, e em larga medida exprime, a nossa avaliação. Se aceito a afirmação probabilística segundo a qual a possibilidade de lançar os dados e obter três duplos de seis, em sucessão imediata, é de um em 46656, estou a acolher uma pequena expectativa correspondente de isso acontecer; enquanto que se isso acontecer mesmo, ficarei mesmo muito surpreendido, num grau correspondente ao inverso desta probabilidade numérica. Esta é a minha participação no acontecimento a que se refere a afirmação probabilística, e é isso que eu considero como o significado adequado da sua probabilidade.

Isto não é atribuir um sentido subjetivo à probabilidade de um acontecimento - tanto nas leis da mecânica quântica como na afirmação de que a probabilidade de lançar um duplo de seis é 1/36. Eu atribuí uma validade universal às minhas avaliações de probabilidade, apesar de não fazerem qualquer previsão que possa ser contradita por qualquer acontecimento concebível. Mencionarei no próximo capítulo uma grande variedade de avaliações universalmente válidas dentro das ciências exatas, todas essencialmente incapazes de serem contraditadas por um qualquer acontecimento concebível.

Certamente que há um sentido importante em que uma afirmação probabilística pode ser contestada (ou não) pelos acontecimentos. Se as expectativas baseadas numa afirmação de probabilidade forem repetidamente desapontadoras e se os acontecimentos subsequentes parecem ter sido correspondentemente improváveis, à luz da afirmação anterior da sua probabilidade, então começamos a suspeitar da correção da afirmação. Este processo para decidir se uma certa afirmação estatística é ou não sustentável foi, na realidade, desenvolvido de forma sistemática por Sir Ronald Fischer no seu famoso tratado, *The Design of Experiments*.

Farei um sumário breve do exemplo padrão de Fischer para a aplicação deste procedimento, tratando as experiências de Charles Darwin relativas à influência da fertilização cruzada sobre a altura das plantas, quando comparada com a auto fertilização[4]. Mediram-se 15 plantas de cada tipo e formaram-se aleatoriamente 15 pares, a partir dos quais obtiveram-se 15 diferenças em altura (medidas como oitavos de uma polegada), as diferenças sendo denotadas por $X_1, X_2, X_3,...$ e a sua média por $\overline{X}$. O valor de $\overline{X}$ mostra que, em média, as plantas com fertilização cruzada eram 20.93 oitavos de uma polegada mais altas do que as plantas autofertilizadas. O cerne da questão é saber se esta diferença é significante ou se é devida ao mero acaso. Para o decidir, temos que comparar a grandeza desta diferença com a gama de variações acidentais que parecem ocorrer na nossa amostra, e $\overline{X}$ será apenas reconhecido como significante se exceder suficientemente a gama de tais variações. Técnicamente, descrevemos esta gama por uma grandeza chamada desvio padrão σ, que se calcula formando a soma dos quadrados dos desvios em relação à média, e dividindo (no caso de quinze observações) primeiro por 14 e depois por 15, e tomando depois a raiz quadrada do resultado, de modo que

$$\sigma = \sqrt{\frac{\sum(X-\overline{X})^2}{(14 \times 15)}}$$

No nosso caso σ dá 9.746 oitavos da polegada. Assim, é imediatamente claro que $\overline{X}$ é maior do que o desvio padrão das alturas individuais. Mas permanece a questão de saber se é suficientemente maior do que σ para que seja incapaz de uma explicação por variações aleatórias das alturas.

A resposta a esta questão é adicionar uma afirmação de probabilidade ao teste da experiência. Vejamos como Fischer o fez. Forma o quociente $\overline{X}/\sigma = t$ que dá 2.148; consulta depois uma tabela que lhe diz qual é a probabilidade de um valor particular de *t* quando baseado em 14 discrepâncias independentes, e encontrou que, pelo simples acaso, se atinge ou ultrapassa $t=2.148$ em exatamente 5 por cento das tais tentativas aleatórias.

Isto diz-nos que na hipótese (a que Fischer chama a hipótese nula) de as diferenças das alturas das plantas autofertilizadas e das plantas com fertilização cruzada serem puramente acidentais, a probabilidade de ter ocorrido a nossa amostra, tal como foi observada na realidade, é menos do que 5 por cento. Uma tal afirmação permite-nos ficar tão surpreendidos com o resultado observado como se extraíssemos uma bola preta de um saco que é suposto conter apenas 5 bolas pretas num conjunto de cem bolas, em tudo o resto iguais. Suponha-se agora que tínhamos nós próprios colocado as bolas no saco, 95 por cento delas brancas e 5 por cento pretas, e, depois de as termos agitado, extraímos uma bola preta. Ficaríamos muito surpreendidos, embora isso não perturbasse a nossa convicção de que o saco tinhas as bolas que realmente lá tínhamos colocado. Mas não é assim no caso da nossa hipótese nula. Neste caso Sir Ronald Fischer sugere (e eu estou preparado para o seguir) que devemos abandonar a suposição de que a fertilização cruzada não tem efeito sobre a altura das plantas, em relação à auto fertilização, pois a probabilidade dos resultados de Darwin, sendo menor do que 5 por cento, torna a hipótese insustentável.

Podemos realmente aceitar a recomendação de Fischer para um procedimento padrão de rejeição da hipótese nula, baseado na exclusão de probabilidades inferiores a 5 por cento. Mas já é evidente que este processo só pode ser aplicado a conjeturas hipotéticas que consideramos ter uma possibilidade comparável com a da ineficácia da fertilização cruzada contra a auto fertilização, e não a conjeturas com um alto grau de verosimilhança, tal como a que teríamos a respeito da presença continuada das bolas brancas e pretas que tinhamos colocado no saco.

É claro que uma série de resultados reais com uma probabilidade suficientemente baixa pode abalar as nossas conjeturas iniciais, mesmo quando estas são muito firmes. Deste modo, as experiências de Rhine nos E.U.A., e de Soal em Inglaterra, sobre a adivinhação de cartas tornaram insustentável a hipótese nula, para estes observadores e para os seus seguidores, hipótese nula segundo a qual a carta a ser adivinhada não tinha qualquer efeito sobre a sua adivinhação. Mas, nestes casos, as probabilidades dos resultados observados, tal como avaliados com base na hipótese nula, teriam que cair muito abaixo dos 5 por cento para abanar a nossa convicção neles. É claro que não há qualquer limite definido para a confiança que se possa razoavelmente dar a uma hipótese nula, nem pode haver, portanto, qualquer limite inferior definido de outro modo para a probabilidade de acontecimentos que assumimos terem ocorrido na base de uma hipótese nula. É por isso claro que uma afirmação de probabilidade não pode ser estritamente contraditada por qualquer acontecimento, por mais improvável que este acontecimento possa parecer a essa luz. A contradição precisa de ser estabelecida por um ato pessoal de avaliação, que rejeita certas possibilidades como sendo demasiado improváveis para que se possam acolher como verdadeiras.

2.4. PROBABILIDADE DE PROPOSIÇÕES

O conceito de um conhecimento pessoal, no que respeita a assuntos do acaso, fica mais claro se examinarmos, por contraposição, algumas tentativas atuais para evitar ter que enfrentar o reconhecimento de um conhecimento pessoal desse tipo. Assim, podemos negar que as afirmações probabilísticas implicam qualquer referência a objetos e sugerir que estão apenas relacionadas com proposições. Esta interpretação de probabilidade tem tido, na verdade, uma grande divulgação na teoria moderna das probabilidades, desde que J. M. Keynes a propôs, em primeiro lugar, no seu *Treatise on Probability*, publicado em 1921.

Tomando o nosso exemplo da investigação de Darwin sobre o efeito da fertilização cruzada sobre a altura das plantas, relativamente à autofertilização, podemos agora considerar que o seu resultado é uma proposição H, "a fertilização cruzada promove o crescimento", que se tornou provável pela evidência que se pode sumariar na proposição E, "a média de 15 diferenças observadas é 2.148 vezes maior do que o erro padrão calculado para as 15 diferenças observadas". Logo, podemos estabelecer uma relação de probabilidade $P(H|E)$ entre duas proposições, que é uma convicção não sobre acontecimentos, mas sobre uma relação entre proposições. Alguns autores descrevem um resultado deste tipo como transmitindo um certo grau de convicção em H, baseado na evidência E, e simbolizam isso por $P_B(H|E)$[5].

Mas esta análise não corresponde à pratica real, ou mesmo a qualquer prática aceitável. A intenção de Darwin era estabelecer o efeito da fertilização cruzada sobre o crescimento das plantas e não a relação entre uma proposição que declara esse efeito e uma proposição acerca das alturas observadas das plantas. Quando Rhine investigou as possibilidade de adivinhação de cartas, queria saber se a perceção extrassensorial existe, e não se existe uma relação entre a declaração da sua existência e a proporção de adivinhações registadas. O que ambos estes investigadores estabeleceram (tal como foi interpretado por Fischer) foi uma *afirmação probabilística H*, nomeadamente o contraditório da hipótese nula - que é, em cada caso, a lei da natureza que alegaram na conclusão. Mas um tal resultado é algo muito diferente da *probabilidade de uma afirmação H*, ou do grau particular de convicção em *H* que corresponderia à evidência observada *E*.

Esta diferença entre *afirmação probabilística* por um lado e *probabilidade de uma afirmação*, ou o grau de convicção numa afirmação, por outro lado, pode parecer elusiva, mas na realidade é bastante óbvia. Seja o lançamento de um dado. Eu digo que a probabilidade de se lançar um seis é 1/6; é a "afirmação probabilística *H*". Há seis afirmações probabilísticas desse tipo que se referem a lançamentos, tal como "a probabilidade de se lançar um um é 1/6", "a probabilidade de se lançar um dois é 1/6",..., etc., e todos os seis, em conjunto, são verdadeiros. Se, por outro lado, vamos fazer afirmações *H* acerca do lançamento que *não* são afirmações probabilísticas, devem ser da forma "vai ser lançado um seis", "vai ser lançado um cinco", "vai ser lançado um quatro", etc.. Estas seis afirmações contraditórias são supostas tornarem-se mutuamente compatíveis e solidariamente aceites, não sendo consideradas como certezas, mas sim com um grau de probabilidade ou de convicção a que atribuímos o número 1/6. Mas é óbvio que ninguém acredita que um dado cairá, ao mesmo tempo, com cada um dos seus seis lados na mesma posição superior, e não há redução no grau dessas convicções que as torne aceitáveis. Também não é verdade dizer-se - por uma questão da psicologia - que acreditamos que um dado cairá sempre com um seis por cima, mas estamos antes bastante incertos disso, e que ao mesmo tempo acreditamos que sairá sempre um cinco mas também não temos a certeza disso, e assim sucessivamente. É absurdo descrever o nosso estado de espírito nestes termos, e qualquer tentativa para o fazer pode apenas ser promovido por um desejo desesperado em evitar dizer que a probabilidade de lançar um seis é 1/6, o que seria uma afirmação ambígua, mas mesmo assim significante, acerca de um acontecimento externo. Concluo, portanto, que desde que cheguemos às afirmações probabilísticas segundo as linhas do método estatístico ilustrado pelas investigações de Darwin ou de Rhine, ou como feito todos os dias acerca do lançamento de uma moeda, estas são *afirmações acerca de acontecimentos prováveis* e não *afirmações prováveis acerca de acontecimentos*.

O âmbito deste argumento lógico será maior se o relacionarmos com as observações psicológicas feitas sobre as expectativas induzidas em animais e nos homens, pela sua exposição a uma série variável de acontecimentos. Experiências por Humphreys mostraram que as pessoas adquirem o hábito de pestanejar quando se lhes mostra uma luz, quer a apresentação da luz seja invariavelmente seguida por um sopro de ar sobre os olhos, ou o sopro seja administrado apenas em ocasiões frequentes, mas aleatórias. Mas mostrou que as expectativas envolvidas nos dois hábitos eram diferentes quando era eventualmente descontinuada a administração do sopro de ar. Sujeitos treinados de acordo com o primeiro método perdiam rapidamente o hábito de pestanejar, enquanto que os que foram treinados de acordo com o segundo método persistiam nele ao longo de um maior número de testes. Uma ilustração fulgurante deste efeito pode ser dada em termos de uma experiência estatística de adivinhação, em que um sinal luminoso era seguido por uma segunda luz, ou invariavelmente, ou em metade dos casos, mas neste caso aleatoriamente. Depois do treino estar completo, os sujeitos da primeira experiência adivinhavam sempre corretamente a ocorrência da segunda luz, com uma frequência de 100%, enquanto que os da segunda experiência adivinhavam ao nível do acaso, ou seja, com cerca de 50% das respostas corretas. As curvas mostram que depois de se descontinuar completamente a segunda luz, os sujeitos do primeiro grupo rapidamente deixavam de esperar que ela se acendesse novamente, enquanto que os do segundo grupo aumentavam primeiro a percentagem de respostas corretas e depois progressiva e lentamente deixavam, por completo, de a esperar[6].

As expectativas induzidas no grupo (1) parecem semelhantes àquelas que a física clássica afirma. Resultando de um confronto com uma correlação não ambígua entre sinal e acontecimento, estas expectativas ficam nitidamente frustadas no momento em que a correlação é descontinuada, e na consequência disso são rapidamente abandonadas. Em contrapartida, as expectativas induzidas no grupo (2) parecem semelhantes às da mecânica quântica, ou às de qualquer outra declaração probabilística como, por exemplo, a que se refere ao lançamento de uma moeda. Não ficam facilmente frustados por uma qualquer mudança dos acontecimentos, embora vão enfraquecendo gradualmente e eventualmente se extingam por completo, quando suportados apenas pela consideração de acontecimentos que na realidade ocorreram, mas sendo extremamente improváveis.

Podemos relacionar estas observações psicológicas com a nossa análise lógica da inferência empírica endossando o processo que descrevem como um modo racional de comportamento pelas pessoas. Tendo reconhecido que as pessoas observadas estavam a formar expectativas justificáveis, e que mais tarde as estavam a abandonar com base em fundamentos razoáveis, podemos tentar alargar este reconhecimento através da análise mais detalhada da sua performance.

Notaremos, em primeiro lugar, que ambos os tipos de expectativas eram de pessoas com graus variáveis de confiança, nos vários estádios da sua experiência, e que a sua confiança se reduziu finalmente a zero por uma série de desapontamentos consistentes. Notamos que o elemento fiduciário incluido, tanto numa afirmação ambígua como numa afirmação probabilística, pode variar desde um sentimento de certeza absoluta até a um mero traço de suspeição persistente. Reconhecerei como razoável fazer ambos os tipos de afirmações e acolher as expectativas correspondentes, com tanta mais confiança e consistência quanto mais resultarem da experiência. Reconhecerei também como razoável permitir que a nossa confiança diminua e, gradualmente, vá desaparecendo totalmente se a experiência continuar em conflito com essas afirmações, ou se apenas puderem ser reconciliadas com ela pela suposição de que os acontecimentos que ocorreram eram extremamente improváveis. No caso de estarmos a testar uma lei de probabilidade numérica, podemos avaliar quanto improvável é que uma série particular de observações seja compatível com essa lei. Podemos então seguir R. A. Fischer na tentativa de definir um limite específico para a improbabilidade que estamos preparados para aceitar antes de abandonar a lei em questão. Mas como não há qualquer regra desse tipo definida, apenas exprime um mero juízo pessoal que está sujeito a variações de confiança semelhantes às da afirmação probabilística original, cuja validade se pretendia testar.

O que levanta uma questão importante, nomeadamente se estes graus variáveis de confiança podem, eles próprios, ser expressos como afirmações probabilísticas, em que a intensidade da nossa confiança é equacionada com a improbabilidade da evidência ser acidental e não se poder atribuir à correção das afirmações pelas quais parece exprimir-se. Para ir de encontro a esta sugestão, muito habitual sob várias formas na literatura moderna sobre probabilidade, desde o tratado de Keynes em 1921, terei que divagar sobre a natureza das afirmações em geral.

2.5. A NATUREZA DAS AFIRMAÇÕES

Uma alegação sincera é um ato que tem lugar quando se fala ou quando se escrevem certos símbolos. O seu agente é a pessoa que fala ou escreve. Tal como todas as ações inteligentes, tais asserções aparecem associadas a características apaixonadas. Exprimem convicção para aqueles a quem se destinam. Ficaram registados os clamores da alegre exultação de Kepler na alvorada da sua descoberta, assim como os clamores de outros em falsas alvoradas de supostas descobertas. Conhecemos a violência com que grandes pioneiros, como Pasteur, defenderam as suas reivindicações contra os seus críticos, e podemos hoje em dia ouvir a mesma impaciência furiosa expressa por maníacos fanáticos como Lysenko. Um médico que decide um diagnóstico grave num caso difícil, ou um membro de um júri que dá um veredito fatal em circunstâncias duvidosas, sentirá o peso de uma forte responsabilidade pessoal. Nas observações de rotina, sem obstrução por oposição e sem preocupações com dúvidas, estas paixões estão enfraquecidas, mas não ausentes; nenhuma asserção sincera de facto eixa de ser acompanhada por sentimentos de satisfação intelectual ou por um desejo pervasivo e um sentimento de responsabilidade pessoal. Logo, num sentido estrito, o mesmo símbolo nunca deve representar tanto o ato de asserção sincera de algo como o conteúdo que lhe está associado.

Para uma distinção simbólica entre os dois, Frege (1893) introduziu o símbolo tipo "letreiro" [nt: signpost] $\vdash$. É usado como prefixo de uma proposição p, se $\vdash\!.p$ significar a asserção atual de p, enquanto doravante o símbolo p simples deve ser apenas usado como parte de uma afirmação, asseverada ou não. Por si mesmo, o símbolo $\vdash$ significa tão pouco como um solitário ponto de interrogação, ou como um ponto de exclamação, que são os seus análogos mais próximos entre os símbolos existentes. O caracter incompleto do símbolo tem um correlativo importante e, porventura, não tão fácil de aceitar. Sugere que uma afirmação declarativa também é, por si mesma, um símbolo incompleto. Se a linguagem denota o discurso, então deverá refletir o facto de que nunca dizemos nada que não tenha uma certa qualidade apaixonada definida. Deve ser claro, a partir da modalidade de uma afirmação, se esta é uma questão, um comando, um incentivo, uma queixa ou uma alegação de um facto. Como uma declaração não asseverada não pode fundamentar uma alegação de facto, a sua modalidade não é especificada e portanto não pode denotar a afirmação dita. Há palavras como "porém", "totalmente", ou "em" e cláusulas como "se eu fosse um rei" que, embora não sendo sem sentido, só podem ter uma significância definida como parte de uma afirmação. Sugiro, de forma semelhante, que uma afirmação, por si própria, apenas tem uma significância vaga até que seja suplementada pelo símbolo que define a sua modalidade. No caso de afirmações que pretendem transmitir uma comunicação factual, esta exigência é satisfeita por um sinal prefixo de asserção. Uma afirmação não asseverada não é mais do que um cheque não assinado; apenas papel e tinta sem poder ou significado.

Mas o nosso símbolo continua incompletamente definido. É claro que posso fazer uso do sinal $\vdash$ para pôr no papel uma alegação minha; mas não foi explicado como é que funciona entre pessoas diferentes ou entre períodos sucessivos da vida da mesma pessoa. Se o sinal significa o ato apaixonado de declarar sinceramente a afirmação asseverada - havendo muita gente no mundo e inúmeros momentos na vida de uma só pessoa - então o símbolo $\vdash\!.p$ deve ser suplementado, para que possa dizer qual a alegação que representa e em que momento é que a pessoa em questão alegou p. No caso de uma afirmação feita em papel, podemos considerar que tudo isso é expresso pelo facto de que o $\vdash\!.p$ ser escrito por uma pessoa particular num momento definido. É assim que Whitehead e Russell definem o uso do sinal na sua introdução de *Principia Mathematica*. Dizem que se uma afirmação asseverada é impressa num livro e se a asseveração se mostrar ser falsa, o autor será inculpado. Infelizmente, a tradução do sinal em palavras, como Whitehead e Russell sugerem, tende a obscurecer a sua interpretação correta. Traduzem, por exemplo, "⊢.p implica q" pelas palavras "é asseverado que p implica q". Mas a expressão "é asseverado" sugere uma ocorrência impessoal das asserções: "está asseverado", tal como "está a chover" ou "está a acontecer". O valor do sinal de asserção perde-se se permitirmos a reversão da sua tradução verbal para a confusão de uma afirmação declarativa que se assevera a si própria, ou que ninguém em particular assevera de forma impessoal.

Para evitar isso, posso ler o sinal ⊢ num livro por Whitehead e Russell como "W. e R. asseveram...", a partir do que, depois de aceitar as suas conclusões, posso passar para "eu assevero... ". Mas num escrutínio mais atento rejeitarei qualquer redação que mencione asserção. O significado de escrever "⊢.p" não é que eu faço uma asserção, mas que eu próprio me comprometo com ela; não é o ato de *proferir* uma frase p que eu exprimo por "⊢.p", mas sim o facto de que eu *acredito* naquilo que a frase p diz. A leitura correta de "⊢.p", por mim escrita de boa fé é, portanto, "eu acredito em p", ou outras palavras que exprimam o mesmo ato fiduciário.

Posto isto, não podemos usar o sinal de asserção como um prefixo para "eu acredito em p". "⊢.p" e o seu equivalente verbal "eu acredito em p" apoiam um ato fiduciário e um ato não pode ser asseverado. Uma frase declarativa pode ser asseverada porque é um símbolo incompleto, de modalidade indeterminada; enquanto que uma questão, um comando, uma invetiva, ou qualquer outra frase com uma intenção definida não pode ser mais asseverada do que pode um meu ato de cortar madeira ou beber chá. Seria tão sem sentido usar um prefixo para as palavras "eu acredito" nessas tais frases de modalidade bem caraterizada, ou o sinal de asserção que denota essas palavras, como seria para qualquer ato não articulado[7]. Segue-se que as palavras "eu acredito" na asserção "eu acredito em p" não podem ser tomadas como formando uma afirmação declarativa e, na realidade, nem sequer mesmo uma frase. Há mais na natureza de uma exclamação como "por Júpiter!" ou em dar um murro na mesa; selam um compromisso, uma garantia ou uma asseveração. Tal como o sinal simbólico que transpõem para palavras, a frase "eu acredito" só adquire um significado em conjunção com a cláusula que se lhe segue. O símbolo e a frase transmitem, nos seus termos respetivos, o endosso pessoal de uma frase prefixada por eles.

Como resultado desta inquirição ao ato de afirmação, devemos negar a possibilidade de configurar o elemento fiduciário de uma afirmação na forma de uma frase probabilística. Uma afirmação probabilística, por si só, é impessoal. Isto é igualmente verdade para a uma afirmação como "a probabilidade de lançar um duplo de seis é 1/36", ou para uma fórmula como $P(H|E)$ que afirma que a probabilidade de uma hipótese *H* sobre uma evidência *E* tem um valor *P*. Sendo impessoais, estes símbolos são todos incompletos, precisando de ser acompanhados por declarações de compromisso pessoal para que se possam tornar no conteúdo de uma asserção. Mas o ato pelo qual ponho o meu selo em qualquer frase - seja uma afirmação não ambígua ou uma afirmação probabilística - é um ato pessoal de mim mesmo. Não pode, portanto, ser expresso por um símbolo que teria o mesmo significado se proferido por qualquer outra pessoa: ou seja, por uma qualquer cláusula impessoal, tal como uma afirmação probabilística não asseverada[8].

No entanto, devemos aceitar que um ato pessoal pode ser *parcialmente formalizado*. Refletindo sobre a forma como o fazemos, podemos tentar estabelecer regras para nossa orientação nesse ato. Mas é provável que tal formalização vá demasiado longe, a menos que se reconheça antecipadamente *que se deve manter dentro do quadro conceptual do julgamento pessoal*. Todas as tentativas para formular o processo de inferência indutiva perdem-se precisamente neste ponto. A interpretação da nossa confiança crescente numa proposição empírica, ante a evidência acumulada a seu favor, derivada de um cálculo de probabilidades tal como proposto por Keynes e seguidores, cai nesta categoria falaciosa. Este tipo de teoria diz que qualquer hipótese *H* com uma probabilidade inicial finita será, no caso de ser verdadeira, confirmada pela evidência subsequente até que o seu grau de probabilidade se aproxima da certeza completa. Assumindo que o universo é tal que as hipóteses *H* de probabilidade inicial finita se apresentam de algum modo às nossas mentes, conclui-se que, testando todas essas hipóteses que se nos apresentam, chegaremos eventualmente a acreditar em todas as que são verdadeiras, com uma probabilidade próxima da certeza.

Pode-se contrapor, em primeiro lugar, que esta condição não será suficiente na prática. Para que o método funcione na prática, a frequência de *H* ser verdade deve ser não só meramente finita como de uma grandeza bastante apreciável. A vida é demasiado curta para passarmos o tempo a testar milhões de *H* falsas, para conseguir acertar numa que seja verdadeira. É da essência do método científico selecionar para verificação as hipóteses com uma *alta* possibilidade de serem verdadeiras. Selecionar boas questões para investigar é a marca do talento científico, e qualquer teoria de inferência indutiva que não tenha lugar para este talento é como um *Hamlet* sem o príncipe. O mesmo é verdade para o processo de verificação. Na natureza as coisas não estão rotuladas como "evidência", mas apenas são evidência na medida em que forem aceites como tal por nós, observadores. Isto é verdade mesmo para as ciências mais exatas. O astrónomo Challis, de Cambridge, que tentou verificar a hipótese de Leverrier e Adams acerca da existência de um novo planeta, viu o planeta quatro vezes durante o verão de 1846, mas não o descobriu. Numa dessas vezes até reparou que parecia ter um disco, mas esses factos não o impressionaram, pois ele desconfiava totalmente da hipótese que estava a testar[9]. Challis errou, mas o exemplo de D. C. Miller mostrou que também pode ser errado continuar a investigar factos que parecem contradizer uma teoria que está já suficientemente bem estabelecida, com base noutros fundamentos diferentes. Na realidade, nenhum cientista pode renunciar a selecionar a sua evidência à luz de expectativas heurísticas. Para além disso, veremos que pode muito bem acontecer que seja incapaz de dizer qual a evidência E em que se baseia a sua convicção numa hipótese H. Conceber isso como um processo que depende da velocidade de acumulação da evidência, que se apresenta automaticamente a respeito de hipóteses selecionadas aleatoriamente, é um travesti do método científico[10].

2.6. MÁXIMAS

As considerações acima mencionadas não nos devem levar a rejeitar o cálculo de probabilidades como irrelevante para a elucidação do processo de descoberta científica. Tem um lugar quando considerado como uma formalização parcial de um ato pessoal, que deve ser interpretado no contexto desse ato pessoal. A seleção e o teste de hipóteses científicas são atos pessoais, mas tal como quaisquer outros atos desse tipo, estão sujeitos a regras, e o esquema das probabilidades pode ser aceite como um conjunto de tais regras. No capítulo sobre competências (Parte Um, capítulo 4), terei mais a dizer acerca da natureza curiosa das *regras da arte*, a que gostaria de chamar máximas. Máximas são regras, cuja correta aplicação faz parte da arte que governam. As máximas verdadeiras do golfe ou da poesia aumentam a nossa compreensão dos praticantes do golfe e dos poetas, mas estas máximas estariam imediatamente condenadas ao absurdo se tentassem substituir-se à competência hábil do jogador de golfe ou à arte do poeta. As máximas não podem ser compreendidas, e muito menos aplicadas, por alguém que não tenha um bom conhecimento prático da arte. O seu interesse deriva da nossa apreciação da arte e não pode nem substituí-la nem avaliá-la. Uma outra pessoa pode usar as minhas máximas científicas como guias da sua inferência indutiva e chegar assim a conclusões muito diferentes. É por causa desta manifesta ambiguidade que as máximas podem apenas funcionar - tal como disse - dentro de um quadro de julgamento pessoal. Uma vez aceite o nosso compromisso com o conhecimento pessoal, podemos também considerar o facto de que existem regras que só são úteis dentro da operação do nosso conhecimento pessoal, e podemos também perceber quanto úteis são como parte desses atos. Aos esquemas probabilísticos de Keynes e seus sucessores, que pretendem representar o progresso científico, pode ser concedido algum valor deste tipo.

2.7. A GRADUAÇÃO DA CONFIANÇA

Argumentei que a minha declaração confiante de uma hipótese H não se pode exprimir pelo símbolo impessoal $P(H|E)$. De acordo com isso, o meu compromisso com uma inferência empírica H, baseada na evidência E, teria sempre que ser afirmada na forma de $\vdash.H|E$, onde o sinal de asserção incorporaria o grau de confiança em H, com base em E.

Mas não devemos desprezar o facto de que se pode atingir uma inferência H com um grau de confiança numericamente determinável. Podemos testar uma "população normal" - ou seja, um agregado onde se assume que as variações de uma certa quantidade mensurável são puramente aleatórias - pela observação de um certo número de amostras. Podemos avaliar as amostras, por exemplo, com vista a estabelecer a dispersão, ou desvio padrão (σ), da quantidade medida na população. Obtemos então uma série de limites superiores para o valor de σ, cada um dos quais com um diferente grau de probabilidade. Começando pelo truísmo que $\sigma < \infty$ se pode definir como uma certeza absoluta, podemos ver que as nossas asserções vão gradualmente perdendo confiança à medida que aquele limite superior vai diminuindo. Pode-se encontrar um compromisso útil atribuindo um limite superior ao que se pode asseverar com um grau de confiança razoavelmente elevado, digamos com uma probabilidade de 95 por cento[11].

Neste caso, todos os três elementos do símbolo $P(H|E)$ podem ser fundamentados. Temos uma evidência específica E em que baseamos a inferência H que estabelece um limite numérico superior para σ, e em simultâneo estabelece que a probabilidade desta inferência estar correta é 0.95. É legítimo denotar então esta probabilidade por $P(H|E)$, o que funcionaria como um símbolo incompleto e precisaria de um prefixo de asserção para transmitir uma nossa afirmação com confiança. Escreveríamos $\vdash.P(H|E)$.

Esta notação, $\vdash.P(H|E)$, pode ser mais generalizada aplicando-a a todos os processos de inferência baseados numa evidência que se admite ser incompleta ou mesmo errada. Podemos então usar $\vdash.H|E$ e $\vdash.P(H|E)$ para declarar duas afirmações diferentes. A primeira alega uma inferência H, baseada em E, enquanto que a segunda credita alguém por um processo de inferência que se acredita estar baseado em E. Esta distinção só poderá ser feita mais tarde, de forma mais definitiva, dentro de um quadro que reconcilie a intenção universal das nossas asserções com as divergências entre as convicções de pessoas diferentes, ou das mesmas pessoas em momentos diferentes.

As conclusões deste capítulo têm alguma semelhança com a teoria dual da probabilidade advogada, por exemplo, por Carnap[12]. Mas a sua relação com estes antecedentes é bastante complexa, pois reconhece uma grande variedade de elementos e também um certo número de combinações entre eles. Se uma afirmação é não ambígua (p_u) ou estatística (p_s), pode então ser afirmada com diferentes graus de confiança. Estas modalidades exprimem-se pelo sinal prefixo de asserção, escrevendo: ⊢.p_u ou ⊢.p_s. Este sinal introduz o segundo tipo de probabilidade, que pode ser também especificável por via numérica, como no caso de estimar uma população a partir de uma amostra. Esta situação pode ser novamente representada pelo símbolo $P(H|E)$, que deve então ser completado para se ler ⊢.$P(H|E)$. Em alternativa, podemos designar pelos mesmos termos uma convicção H - quer seja não ambígua ou seja estatística - que se baseia, ou baseava, numa evidência específica E de outra pessoa, ou por nós mesmos noutro momento. Uma tal convicção pode, uma vez mais, ser considerada com vários graus de aprovação, o que estabelece a ligação do símbolo $P(H|E)$ com toda a gama de convicções, com tudo o que é aprovado como sendo convicções racionais, até às convicções como condições compulsivas observadas psicologicamente[13].

3. ORDEM

3.1. ACASO E ORDEM

No último capítulo discuti como é que a ciência nos ensina a decidir se um conjunto particular de acontecimentos, que terão ocorrido acidentalmente, não será de facto mais do que uma consequência de certas leis da natureza, que esses acontecimentos parecem confirmar. Pretendo agora argumentar que qualquer uma dessas decisões baseia-se em duas avaliações diferentes, mas mutuamente correlacionadas. Quando digo que um acontecimento é governado pelo acaso, nego que seja governado pela ordem. Qualquer avaliação numérica da probabilidade de um certo acontecimento ter ocorrido por acaso apenas pode ser feita através de uma possibilidade alternativa governada por um padrão particular de ordem.

Pode ser útil, para formular melhor o meu ponto de vista e também para aumentar a sua generalidade, introduzir aqui um exemplo do tipo de juízo estatístico que tenho em mente. Na fronteira entre a Inglaterra e o País de Gales pode-se passar por uma pequena vila chamada Abergele. A estação de caminho de ferro tem aí um jardim bem cuidado em que, ao longo do relvado, aparece a inscrição, feita com pequenos seixos brancos: "Bem-vindo ao País de Gales pela British Railways [nt: Caminhos de Ferro Britânicos]". Ninguém deixará de reconhecer que está tudo muito bem ordenado, deliberadamente idealizado por um chefe de estação atento. E poderíamos refutar a opinião contrária de alguém que discordasse disso, calculando a probabilidade do arranjo daqueles seixos ter acontecido como resultado do mero acaso. Suponha-se que todos os seixos faziam originalmente parte do jardim da estação e que, deixados à sua sorte, teriam uma igual probabilidade de se encontrarem em qualquer local dessa área; podemos comparar o grande número de possíveis arranjos dos seixos, distribuídos aleatoriamente por todo o jardim, com o número incomparavelmente menor de arranjos de que resultaria a inscrição " Bem-vindo ao País de Gales pela British Railways". O quociente entre este último número pequeno e o número anterior, muito maior, representaria a probabilidade incrivelmente pequena dos seixos se organizarem por si mesmos, e meramente por acidente, na forma da inscrição; e isto refutaria de forma categórica qualquer suposição de tal ter sido o caso.

Mas suponha-se que alguns anos depois, tendo morrido o tal chefe de estação, os seixos se dispersaram por todo o jardim da estação de Abergele, e que voltando ao local procuramos todas as pedras, anteriormente tão eloquentes, e marcamos num mapa a sua posição atual com todo o rigor. Não teríamos dificuldades de maior se não nos fosse feita novamente a pergunta: qual é a possibilidade dos seixos se terem arranjado por si mesmos e por mero acidente nesta forma particular? O cálculo anterior - dividindo o número restrito de configurações que representam o arranjo atual no nosso mapa pelo número de todas as configurações possíveis dentro do jardim - resultaria, uma vez mais, num número fantasticamente pequeno para a probabilidade deste arranjo em particular. No entanto, é óbvio que *não* estamos preparados para dizer que, de certeza, este arranjo não tenha resultado por acaso.

Porquê então a súbita alteração nos nossos métodos de inferência? Na realidade, nada mudou: simplesmente tropeçamos numa suposição tácita do nosso argumento, que precisamos agora de tornar explícita. Desde o princípio assumimos que os arranjos dos seixos que formavam um conjunto inteligível de palavras, apropriadas para a ocasião, representavam um padrão característico. Só à vista dessa ordem é que faz sentido perguntar se essa tal ordem seria acidental, ou não. Quando os seixos se distribuem irregularmente em toda a área considerada, nesse caso não apresentam qualquer padrão e, portanto, não se levanta a questão do padrão organizado ser acidental ou não.

Um outro exemplo. Pode ser racional, para alguém que volta de uma visita a uma exposição, estranhar a coincidência de ter sido o visitante numero 500 mil. Pode mesmo ter sido premiado, como foi no caso do Festival of Britain, em 1951. Mas ninguém acharia que ser o visitante número 573522 fosse uma coincidência estranha, embora a probabilidade disso ser ainda menor do que ser o visitante número 500 mil. É óbvio que a diferença está em que 500 mil é um número inteiro e 537522 não é. A significância dos números arredondados pode ser apreciada pelas comemorações de centenários, bicentenários, etc.. Todos sabiam que não era sincero, por parte dos soviéticos, convocar uma reunião internacional no verão de 1945, para celebrar o 225º aniversário da fundação da sua Academia, pois 225 não é um número redondo.

A partir deste ponto, a minha história segue por várias direções que, nesta fase, apenas podem ser esquematizadas. Um ponto importante é que podemos agora ver como é errado dizer, em geral (tal como temos dito), que é quase nula a probabilidade de um acontecimento passado ter ocorrido, por mero acaso, pre-

3. ORDEM

cisamente da forma como ocorreu. Só podemos falar da improbabilidade de um conjunto particular de acontecimentos passados se neles reconhecermos um padrão distintivo, por exemplo, a concretização de um horóscopo - *e se, ao mesmo tempo,* se negar a realidade deste padrão *e se* asseverar antes que os acontecimentos ocorreram por acaso dentro de uma grande variedade de alternativas possíveis e que, portanto, teria sido muito mais provável que tivesse seguido um outro caminho. O aparecimento de um alegado padrão astrológico deve portanto ser visto como um resultado suspeito de uma coincidência muito pouco provável por mero acidente[1].

Isto está relacionado com a teoria segundo a qual os diferentes seres vivos conheceram a existência por mutações acidentais. Isto só se pode afirmar se, em primeiro lugar, se aceitar que o padrão distintivo dos seres vivos é exibirem uma ordem particular em que se confia para os avaliar, e se, em segundo lugar, se aceitar a convicção de que a evolução teve lugar através de uma coincidência altamente improvável de acontecimentos aleatórios que se combinaram numa forma organizada e com um carácter distintivo. No entanto, se identificarmos - tal como estou prestes a sugerir - a presença de uma ordem significante com a operação de um princípio organizador, então nunca se poderá dizer que uma ordem superior e significante resulta apenas de uma colocação acidental de átomos, e, portanto, devemos concluir que a suposição de uma formação acidental das espécies vivas é uma trapalhada lógica. Parece ser um equívoco, inconscientemente criado pela nossa vontade de evitar o problema que se nos coloca acerca de como é que o universo deu origem a estes seres curiosos, incluindo pessoas como nós próprios. Dizer que este resultado foi obtido por seleção natural está completamente fora de questão. A seleção natural diz-nos apenas porque é que os mais fracos não conseguiram sobreviver e não porque é que qualquer uma das coisas vivas, esteja ou não bem adaptada, pode ter conhecido a existência. Como solução para o nosso problema, isto está logicamente ao nível de caçar um leão apanhando dois e deixando fugir um deles. Elaborarei mais acerca deste argumento na Parte Quatro, cap. 13.

Mas permitam-me aqui uma pausa para assinalar que, na minha análise anterior, cumpri a promessa de generalizar a correlação entre probabilidade e ordem, através da introdução de algumas instâncias de um novo tipo de ordem, não baseada na lei natural - tal como os casos mencionados nos meus primeiros dois capítulos - mas produzidos pelo artifício humano, tal como a inscrição "Bem- vindo ao País de Gales pela British Railways" na estação de caminhos de ferro em Abergele. Esta expansão do conceito de padrões organizados ajudou e tratá-la-ei agora com mais profundidade.

Eu pretendo sugerir que o conceito de acontecimentos governados pelo acaso implica uma referência a padrões organizados, que esses acontecimentos só por coincidência podem simular. Testar a probabilidade de tais coincidências, e portanto a possibilidade de assumir que tiveram lugar, é o método de Sir Ronald Fischer para estabelecer, *a contrario,* a realidade de um padrão organizado. Com base nisso eu sugiro, de uma forma muito geral, que a avaliação da ordem é um ato de conhecimento pessoal, exatamente tal como a avaliação da probabilidade que lhe está associada. Isso é evidente quando o padrão organizado foi idealizado por nós; esses casos podem, portanto, ajudar-nos a reconhecer o princípio aqui afirmado e ver como, em geral, se cumpre.

Esta linha de pensamento pode parecer que corre o perigo de se destruir a si mesma. Se *todo* o conhecimento se pode mostrar como sendo pessoal, isto pode parecer que não é mais do que pôr etiquetas novas em nossos conceitos já habituais. No entanto, isso pode-se evitar porque o nosso grau de participação pessoal pode variar muito dentro dos vários atos de conhecer. Podemos normalmente distinguir, em tudo o que conhecemos, alguns factos relativamente objetivos que suportam um ato pessoal superveniente. Por exemplo, podemos considerar o lançamento de três duplos consecutivos de seis como um facto objetivo, e a nossa avaliação desse facto como uma coincidência surpreendente, como como afirmação de um facto pessoal superveniente. Do mesmo modo, a localização dos seixos no jardim da estação de Abergele é um facto objetivo, quando comparado com o facto pessoal dos seixos formarem uma frase em língua inglesa. Já tratei deste critério no meu capítulo anterior, ao contrastar a relativa objetividade da dinâmica clássica com o muito maior conhecimento pessoal da mecânica quântica e das declarações probabilísticas em geral.

A moderna teoria das comunicações dá grande relevo a este assunto. Suponha-se que se obtêm vinte sinais consecutivos transmitidos numa linha, vinte pontos ou traços que escreveremos a seguir como vinte zeros e cruzes:

$$X O X X X O O X O X X O O O X O X O X X$$

Podemos considerar que esta sequência de zeros e de cruzes é um facto objetivo. Mas pode também ser um facto pessoal, e aqui há duas alternativas: pode ser uma mensagem *codificada* ou pode ser o resultado de uma perturbação aleatória que é simplesmente um *ruído.* A teoria da comunicação diz-nos que se a sequência é uma mensagem, então a quantidade máxima de comunicação que se pode empacotar nos números da sequência é 262144, ou falando tecnicamente, 20 unidades binárias. O número 20 como que mede a quantidade de diferenciação que pode ser comunicada por uma sequência de 20 escolhas entre duas alternativas. É óbvio que a nossa sequência poderia ser muito mais descriminante se tivéssemos usado os números ordinários entre 0 e 9 à nossa disposição. Vinte desses dígitos transmitiriam uma mensagem de grandeza 10^{20}, correspondente a cerca de 66 unidades binárias.

Se, em alternativa, a nossa sequência de sinais binários tivesse sido obtida como resultado de perturbações aleatórias, este ruído seria também medido nessa escala e o seu valor numérico seria 2^{-20}, ou -20 unidades binárias. Este número é chamado a quantidade de equivocação causada por um tal ruído em qualquer mensagem transmitida nesse canal.

É um facto curioso que a moderna teoria das comunicações, que foi usada pelos cibernéticos para construir à sua volta um modelo completamente mecanizado dos processos mentais, se mostre afinal baseada num claro reconhecimento de atos pessoais de avaliação inteligente, para cuja discriminação dá pela primeira vez uma medida quantitativa. Tratarei este ponto com mais profundidade, mais adiante.

Entretanto adiantarei a conclusão de que a discriminação de um padrão organizado - seja criado deliberadamente ou inerente à natureza - revela-se pela sua improbabilidade, e como tal não pode ser estritamente contraditado pela experiência. No entanto, isto não significa que os padrões organizados sejam subjetivos. O meu reconhecimento de um padrão *pode* ser subjetivo, mas apenas no sentido em que está errado. As formas de uma constelação são padrões subjetivos, pois resultam de colocações acidentais; e as alegadas confirmações de horóscopos, registadas pelos astrólogos são, da mesma forma, subjetivas. Mas, tal como vimos no capítulo sobre objetividade, o homem tem o poder de estabelecer padrões reais na natureza, cuja realidade se manifesta pelo facto das suas implicações futuras se estenderem indefinidamente para além da experiência que originalmente se sabia que controlavam. A avaliação dessa ordem é feita com uma intenção universal, e na realidade transmite a reivindicação por uma variedade ilimitada de intimações verdadeiras, mas ainda não especificáveis.

3.2 ALEATORIEDADE E PADRÃO SIGNIFICANTE

Mas os conceitos até aqui introduzidos continuam com alicerces insuficientes. Podemos corrigir isso passando a nossa atenção para a natureza da aleatoriedade e dos padrões significantes. Podemos sumariar as conclusões do último capítulo nos termos a seguir. Podem-se fazer declarações de probabilidade acerca de sistemas aleatórios, e sobre sistemas ordenados significantes, na medida em que estes são afetados pela interação com sistemas aleatórios. Embora as intimações de uma ordem significante se possam tornar incertas por efeito de perturbações aleatórias, tais conjeturas heurísticas continuam a ser essencialmente diferentes do ato de adivinhar o resultado de uma acontecimento aleatório. Também podemos reformular nesse sentido as lições a que até aqui chegamos, no presente capítulo, acerca do acaso e da ordem. A aleatoriedade, por si só, nunca pode produzir um padrão significante, pois consiste precisamente na ausência de tal padrão; e não devemos tratar a configuração de um acontecimento aleatório como um padrão significante, atribuindo-lhe ficticiamente uma diferença que ele não tem, como no caso dos seixos dispersos, ou dando-lhe erradamente uma significância enganadora, como no cumprimento de um horóscopo[2].

As declarações probabilísticas são, portanto, sempre baseadas num conhecimento anterior da aleatoriedade. Mas como é que podemos dizer que certos agregados se dispõem ao acaso, ou que certos acontecimentos ocorrem por acaso? A minha resposta a esta questão ficará adiada para mais tarde. Mas antecipare aqui a minha convicção de que os sistemas aleatórios existem e que podem ser reconhecidos como tal, embora seja logicamente impossível dar uma definição precisa de aleatoriedade.

Na realidade, irei sugerir que o contraste entre objetos identificáveis e os seus arredores acidentais, que está na base de todos os atos de percepção visual, se pode exprimir nesses termos. Quando os olhos dividem o campo de visão entre "figura" e "fundo", preparam-se para ver a figura com a sua identidade enquanto esta se move para a frente, para trás ou para o lado contra um fundo que, por contraste, está essencialmente parado, e retém o seu carácter de fundo mesmo passando por uma variedade indefinida de alterações. Nenhuma característica de um fundo pode ser ligada de forma organizada com a figura. Logo, todas as relações das características do fundo com a figura devem ser aleatórias, e isso será melhor salvaguardado se o fundo em questão for ele mesmo aleatório. De modo semelhante, um processo determinado sem ambiguidades por um princípio organizador, como o movimento dos planetas à volta do sol, só se pode dizer que constitui um sistema fechado de acontecimentos se as suas relações com outros objetos e acontecimentos forem puramente aleatórias. Qualquer entidade - quer seja um objeto ou um processo determinado - será tanto melhor realçada contra o fundo quanto mais os seus particulares internos mostrarem estabilidade e regularidade - associado com uma ausência bem confirmada de qualquer covariância entre esses particulares e os do fundo[3].

Podemos mesmo graduar a intensidade da existência coerente nesta escala. Devido à sua estrutura interna mais significante, um ser humano é uma entidade mais substancial do que um seixo. Pode-se apreciar essa diferença comparando as ciências da anatomia e da fisiologia com a variedade de interesses oferecidos pela estrutura de um tipo particular de seixos. Cada tipo de conhecimento humano, desde a percepção até à observação científica, inclui uma apreciação tanto da ordem, por contraste com a aleatoriedade, assim como do grau dessa ordem. Vimos que a teoria da informação atribui, de facto, um valor numérico ao grau de ordem presente num sistema organizado que forma uma mensagem.

Um objeto sólido, bombardeado por elementos aleatórios do meio que forma o seu fundo, seria ele próprio posto em movimento aleatório. O movimento browniano de partículas microscópicas, causado pelo movimento térmico das moléculas envolventes, exemplifica este princípio. O cálculo das probabilidades aplica-se eminentemente ao movimento browniano de sólidos simétricos. Um dado perfeitamente não enviesado, em repouso sobre um dos seus seis lados, apenas será ocasionalmente tombado por um choque browniano excepcionalmente violento. *Podemos então dizer que as probabilidades do dado se manter sobre qualquer um dos lados, em particular, são iguais.* A aleatoriedade dos impactos a que o dado está sujeito transpõe a ordem da sua simetria cúbica para as frequências idênticas das suas seis posições estáveis e alternativas[4]. Essa interação dinâmica entre ordem e aleatoriedade é uma condição necessária e suficiente para a aplicação de afirmações probabilísticas aos sistemas mecânicos. Veremos mais à frente que é também uma condição última, não redutível a termos ainda mais fundamentais[5].

Um princípio organizador pode ser *extrínseco*, como no caso de uma mensagem ou de qualquer outro artefacto, ou *intrínseco*, tal como evidenciado pela coerência organizada de um corpo sólido em qualquer configuração estável, estática ou dinâmica. Descreverei agora três experiências imaginárias que revelam o comportamento característico de ambos os tipos de sistemas organizados, sob o efeito de impactos aleatórios.

1. Considere-se um grande número de dados perfeitos em repouso sobre uma superfície plana e todos com a mesma face por cima - seja o um. A ordem destes dados é puramente extrínseca. Um movimento browniano prolongado destruirá esta ordem e, em última instância, produzirá um estado de desordem máxima, em que todas as faces se apresentarão por cima com a mesma frequência aproximada.

2. Seja um conjunto similar de dados que mostram o um na face superior, mas agora enviesados a favor de mostrar o seis no topo. Pode-se imaginar isso dando mais peso à parte superior do dado, de modo que quando tombam, e mostram o seis no topo, a sua energia potencial diminui $\triangle E$. Um prolongado movimento browniano a baixas temperaturas, em que $\triangle E \gg kT$ (k = constante de Boltzman, T = temperatura absoluta) causará um rearranjo em que a *maioria* dos dados mostrará um seis no topo. Este é um padrão estável devido a um princípio organizador dinâmico e intrínseco.

3. Tendo produzido o padrão dinamicamente estável, aumentamos a temperatura de modo que $kT \gg \triangle E$. Um movimento browniano prolongado destruirá no-

vamente este padrão e produzirá o mesmo tipo de agregado aleatório da primeira experiência, com todas as faces com a mesma frequência aproximada.

A experiência 2 mostra que os impulsos aleatórios podem libertar a operação de forças que tendem a produzir um padrão estável. Quando falta um princípio organizador dinâmico desse tipo, como na experiência 1, a ordem existente é destruída a longo prazo, mesmo por impulsos aleatórios muito fracos. Mas os impulsos aleatórios com uma força suficiente, como os aplicados na experiência 3, destruirão da mesma maneira qualquer ordem dinamicamente estável, mesmo que essa ordem tenha originalmente sido criada pelo impacto aleatório de impulsos aleatórios de menor intensidade[6].

A teoria da comunicação calculou o obscurecer de uma mensagem pelos ruídos de fundo. Isto ilustra a experiência 1, ou seja, o efeito puramente destrutivo de impulsos aleatórios num artefacto com significado. A experiência 2 pode ser ilustrada pelo recozimento de uma peça metálica trabalhada a frio. O padrão atómico, danificado pelo martelar ou pela laminagem, recristaliza espontaneamente sob a influência de um aquecimento moderado. Mas aquecendo até temperaturas mais elevadas, desorganiza-se uma vez mais o padrão cristalino; quando a sua temperatura ultrapassa o ponto de fusão, o metal funde e finalmente evapora. Logo, a experiência 3 segue-se à experiência 2.

Este modelo cobre, em princípio, toda a termodinâmica e cinética estatística e, ao mesmo tempo, generaliza as leis do movimento térmico para quaisquer impactos aleatórios[7]. Generalizando ainda mais, incluiremos mais tarde os princípios organizadores do crescimento e do funcionamento dos seres vivos, assim como a sua reprodução e a evolução, o que consubstanciará a crítica da seleção natural que já antes indiciei.

Para já, bastará reconhecer que, ao afirmar estas leis fundamentais da natureza, estamos a credenciar a nossa capacidade para reconhecer entre a aleatoriedade e a ordem na natureza, e que essa distinção não se pode basear em considerações de probabilidades numéricas, pois o cálculo das probabilidades pressupõe, pelo contrário, a nossa capacidade para compreender e reconhecer a aleatoriedade na natureza.

3.3. A LEI DAS PROPORÇÕES QUÍMICAS

A comparação dos seixos com seres vivos mostrou que a nossa apreciação de ordem inclui uma avaliação do seu grau. Ilustrarei isso dentro das ciências exatas pelo nosso conhecimento da composição química dos compostos e depois, ainda mais enfaticamente, pela nossa apreciação da simetria dos cristais.

Toda a gente conhece a lei das proporções químicas simples e consegue compreender uma fórmula química simples. Se a composição do clorofórmio é denotada por $CHCl_3$, isso significa que consiste de uma parte de carbono, medida em unidades de 12 gramas, uma parte de hidrogénio, medida em unidades de cerca de um grama, e 3 partes de cloro, medidas em unidades de 35.5 gramas. Estas unidades de peso, que diferem de elemento para elemento, são os chamadas pesos atómicos dos elementos. Uma vez adotadas estas unidades, toda a combinação de carbono, hidrogénio e cloro pode ser escrita em formas simples semelhantes, como CH_3Cl para o cloreto de metilo, CH_2Cl_2 para o bicloreto de metileno, etc..

Isto parece simples, mas ainda assim esta teoria faz uma reivindicação que se baseia de uma forma peculiar em atos de avaliação pessoal - muito mais pesadamente do que a mecânica clássica, o que se pode verificar com um mínimo de participação pessoal por parte do observador. As fórmulas químicas que citei afirmam que a composição dos compostos em questão é representada (quando medida em unidades apropriadas) por proporções como 1:1:3, ou 1:3:1, ou 1:2:2. Verificar uma proporção simples de inteiros, a partir de medidas de pesos, implica ir para além do método de verificação das quantidades medidas a partir de conjuntos de leituras em instrumentos, tal como se faz para a verificação das previsões na dinâmica clássica. Precisamos do passo adicional da identificação das proporções aritméticas das quantidades medidas como frações inteiras. A transição das leituras dos instrumentos para números aceites como medidas pode, até certo ponto, ser formalizado, supondo que os erros aleatórios explicam a dispersão das leituras dos instrumentos; mas não há uma regra formal para verificar as frações inteiras correspondentes a uma qualquer proporção particular de números medidos.

O passo entre os dados medidos e as relações inteiras torna-se indeterminado por causa da inevitável procura implícita para que os inteiros sejam pequenos. Podemos considerar como óbvio que se o quociente das proporções medidas de carbono e hidrogénio numa amostra de clorofórmio ou numa amostra de bicloreto de metileno for 0.504, com um erro provável de ±0.04, então devemos considerar que o ratio pode ser representado pela fração inteira 1/2; mas isto apenas é assim porque facilmente assumimos que a proporção deve ser simples, ou seja, composta por inteiros *pequenos*. Aproximações muito mais próximas poderiam ser oferecidas considerando as proporções de inteiros maiores. Escolhendo a partir desses inteiros maiores, poderíamos sempre chegar a um ajuste perfeito, tal como considerando antes 1008:2000 para representar o proporção medida 0.504.

Na realidade, não faz sentido falar em estabelecer uma correspondência entre quantidades medidas e inteiros, a não ser que também se inclua a condição de que os inteiros devem ser pequenos e as suas frações devem ser simples. Ao aceitar como significante uma lei da natureza como a das proporções químicas simples, estamos a afirmar que podemos avaliar as grandezas observadas em termos de frações inteiras simples.

Note-se a palavra "simples"! Na medida em que o atributo de simplicidade é vago, as exigências que a lei das proporções simples faz sobre a experiência são indeterminadas. Se observações futuras das proporções químicas pudessem ser apenas representadas por inteiros maiores do que os encontrados como adequados para os compostos anteriormente analisados, sentir-nos-íamos cada vez mais desapontados com a teoria e porventura completamente desencorajados para a aceitar. Mas o processo seria mais próximo da progressiva renúncia de uma suposta lei estatística, cuja corroboração tinha repetidamente falhado, do que a rejeição de uma teoria ambígua que se deparou com uma série de observações em conflito.

É verdade que a análise química de uma substância com um alto peso molecular pode conduzir a proporções descritas por números grandes. O grupo final de uma longa cadeia de átomos de carbono pode ser formado por um certo elemento X, de modo que a proporção de X para com o carbono e para com o hidrogénio (medida em unidades de pesos atómicos) pode ser 1:1000 ou ainda mais elevada. Quando uma análise química é interpretada nestes termos não nos podemos continuar a basear na lei das proporções simples, mas antes na teoria atómica, que a veio substituir como quadro conceptual da química. Os átomos podem-se contar e a sua contagem conduziria necessariamente a proporções inteiras dos compostos químicos. As proporções obtidas por contagem são *frações inteiras observadas* que não precisam de ser simples. Se pudermos contar o número de partículas de sódio e de cloro num cristal de sal, encontraríamos, na realidade, um ligeiro excesso de uma ou de outra dessas partículas e a proporção dos dois seria qualquer coisa como 1.000.000.000:1.000.000.001. Podemos dizer, com grande generalidade, que as proporções químicas que não se podem exprimir por inteiros pequenos podem, mesmo assim, ser interpretadas como proporções inteiras, se isso parecer justificado por uma evidência mais direta baseada na estrutura atómica das substâncias analisadas.

Mas devemos recordar que as leis das proporções químicas simples foram estabelecidas, ou pelo menos formuladas, antes da teoria atómica ter sido invocada para a sua explicação. Quando a teoria atómica de John Dalton estava a tomar forma, o alemão Richter formulou essa lei para a combinação de ácidos e bases, e o francês Proust esteve prestes a conseguir vencer a oposição do seu compatriota Berthollet, numa tentativa para estender essas leis a certos compostos metálicos. Parece que por volta de 1808, muito antes das ideias de Dalton serem conhecidas em França, Proust o tinha estabelecido, de uma forma convincente, para o carbonato de cobre, os dois óxidos de estanho e os sulfuretos de ferro. A descoberta da teoria atómica por Dalton baseou-se, por sua vez, na evidência das proporções químicas simples e foi depois confirmada pelas intimações da realidade incluídas na apreciação deste padrão organizado. Cita-se ter dito que "a doutrina das proporções definidas parece misteriosa a menos que se adote a hipótese atómica". Parece-se, disse ele, com os ratios místicos de Kepler, que Newton esclareceu de forma tão elucidativa[8].

À medida que o tempo passou, a significância deste padrão organizado foi-se revelando cada vez mais rico. O átomo de Dalton revelou-se depois uma mera e grosseira prefiguração do seu sucessor, o átomo de Rutherford e Bohr. Provou-se uma vez mais - e desta vez em grande escala - que uma teoria científica, quando conforme com a realidade, atinge uma verdade muito mais profunda do que a compreensão do seu próprio autor[9].

A dificuldade em estabelecer o carácter inteiro de uma grandeza, a partir das suas medidas, pode também ser exemplificado por um outro caso altamente controverso. Eddington deduziu que o recíproco da "constante estrutural fina", que pelos símbolos habituais corresponde à fórmula $hc/2.pi.e^2$ é igual ao inteiro 137. Quando a afirmação original de Eddington foi feita, o valor calculado a partir da observação era 137.307, com um erro provável de ±0.048, o que parecia contradizer essa afirmação. No entanto, o valor experimental aceite alterou-se nos últimos vinte anos e está agora em 137.009[10]. Mesmo assim, este acordo muito próximo entre a teoria e a observação é considerado como fortuito pela grande maioria dos físicos. Para eles, é simplesmente uma fonte de contratempos.

3.4. CRISTALOGRAFIA

Tratarei agora do meu último exemplo de avaliação da ordem nas ciências exatas, embora provavelmente seja o mais elucidativo. É a história da cristalografia e das suas aplicações à experiência.

Desde os primeiros tempos que os homens ficaram fascinados pelas pedras com formas distintivas. A regularidade é uma das características distintivas que agrada à vista e que estimula a imaginação. A pedras, limitadas por superfícies planas que se cruzam em arestas lineares, chamaram a atenção, particularmente quando coloridas por belas cores, como os rubis, as safiras ou as esmeraldas. Esta primeira atração criou uma intimação por uma maior significância, embora ainda oculta, que a mente primitiva exprimiu pela atribuição de poderes mágicos às gemas. Mais tarde, estimulado o estudo científico dos cristais, estabeleceram-se e elaboraram-se em termos formais todos os sistemas de avaliação inerentes à apreciação inteligente dos cristais.

O sistema define primeiro um ideal de forma, pela qual classifica os corpos como sólidos, conforme cumprem esse ideal, e outros em que tal forma não é aparente. O primeiros são cristais, os segundos são formas não cristalinas (ou amorfas), como o vidro. Depois, cada cristal individual é considerado como representando um ideal de regularidade, de que todos os desvios são considerados como imperfeições. Encontra-se uma tal forma ideal assumindo que as superfícies planas dos cristais são planos geométricos que se estendem até às arestas lineares em que tais planos se encontram, logo limitando o cristal por todos os lados. Esta formalização define um poliedro que se toma como a forma teórica de um espécime do cristal. Incorpora apenas os aspetos do espécime que são considerados regulares e para isso é preciso que se ajustem aos factos da experiência; mas, por outro lado, por mais que uma espécie de um cristal se desvie da teoria, isso será considerado como uma imperfeição do cristal e não da teoria.

Logo, a cada espécime de cristal é atribuído um diferente poliedro ideal, e a teoria cristalográfica procura depois descobrir um princípio que caracterize a regularidade de tais poliedros. Encontra-se esse princípio na simetria dos cristais. "Simetria" é uma palavra com conotações quase tão amplas como "ordem". Aplicada aos objetos, podemos usá-la para distinguir uma face não simétrica de uma outra face com simetria perfeita. Um triângulo escaleno é não simétrico, um triângulo isósceles é simétrico, mas um triângulo equilátero é muito mais simétrico do que um triângulo isósceles. A simetria é aqui usada como um padrão de que os objetos observados se podem aproximar e que, por si mesma, se pode dizer que possui diferentes graus da sua própria perfeição.

Este tipo de simetria implica a possibilidade de transformar uma parte de uma figura, ou de um corpo, numa qualquer outra parte pela aplicação de uma operação prescrita, tal como um espelho. Espelhando uma mão direita posso transpô-la para uma mão esquerda, logo um corpo com ambas as mãos é simétrico. O facto de um triângulo equilátero ser mais simétrico do que um triângulo isósceles pode-se exprimir assinalando que tem três planos de simetria em vez de um único. De modo alternativo, podemos introduzir uma nova operação de simetria observando que se pode fazer coincidir um triângulo equilátero consigo mesmo através de uma rotação de 120° em torno de um eixo que passe pelo seu centro. Podemos facilmente pensar em operações de simetria para outras figuras regulares e, por extensão do mesmo princípio, também para os poliedros regulares. O exemplo do triângulo equilátero mostra que a presença de três planos de simetria, cruzando-se mutuamente ao longo de uma linha e formando ângulos de 120° entre si, transforma a sua linha de interseção num eixo tripartido de simetria. A geometria dos sólidos regulares explora essas relações entre simetrias elementares e determina as possibilidades de combinação dessas simetrias num único poliedro. O princípio da simetria dos cristais descobriu-se assumindo que os cristais continham apenas seis simetrias elementares (espelho, inversão, simetrias em torno de eixos de ordem dois, três, quatro e seis). A partir daí concluiu-se que as 32 combinações possíveis destas seis simetrias elementares representavam todos os diferentes tipos de simetria nos cristais.

A única distinção clara definida por esta teoria é entre as 32 classes de simetria. São formas distintas de um certo tipo de ordem. Tal como o poliedro ideal de um espécime cristalino representa exaustivamente a regularidade de um espécime de cristal, também a classe de simetria a que pertence esse espécime de cristal representa exaustivamente a regularidade do poliedro. E tal como o mesmo poliedro podia ajustar um número indefinido de espécimes desfigurados por diferentes defeitos, a mesma classe de simetria pode ser incorporada em inúmeros poliedros constituídos por uma série indefinida de superfícies com uma infinidade de extensões relativas.

Cada classe de simetria é um padrão distintivo de ordem perfeita, de que os espécimes observados se aproximam, mas estes padrões, por sua vez, possuem diferentes graus da sua própria forma de perfeição. As 32 classes de simetria podem-se organizar aproximadamente numa linha de simetrias descendentes, desde a classe superior (cúbica) até à inferior (triclínica). A variação ao longo desta série é extensiva, e apenas as classes superiores possuem beleza suficiente para tornar os seus espécimes valorizados como pedras preciosas.

Temos aqui, em sumário, a formalização exaustiva da nossa apreciação da regularidade nos cristais, incluindo a existência de tipos distintivos dessas regularidades, e de diferentes graus de regularidade representados por cada tipo. Adiarei uma análise mais completa da relação entre este formalismo e a experiência até que seja suplementada por uma explicação do padrão estrutural oculto do qual é hoje em dia considerado como uma manifestação.

A teoria atómica dos cristais, que define esta estrutura oculta, que foi profeticamente debatida no século XIX, e triunfantemente vindicada no início do século XX, unificou e expandiu muito o sistema de ordem incorporado nas 32 classes de simetria. Nesta teoria a significância dos planos e das arestas exibidas por um cristal é ainda mais reduzida. As características distintivas são agora consideradas como mera indicação da presença de uma ordem atómica subjacente, a partir da qual se podem derivar, rigorosamente, as 32 classes de simetria.

O princípio da ordem atómica é uma extensão do conceito de simetria. Se uma operação que faz coincidir uma parte de uma figura com outra parte dessa mesma figura for definida como constituindo uma simetria, então um padrão repetitivo como o papel de parede pode ser considerado como simétrico, tendo em conta que o seu deslocamento paralelo o faz coincidir consigo mesmo - exceto nas arestas, o que se pode ser ignorado, se a folha for larga comparada com o espaçamento do padrão. Ritmos regulares deste tipo podem ser facilmente considerados a uma, duas, três ou mais dimensões. A teoria estrutural dos cristais assume que são construídos como séries tridimensionais de átomos repetidas regularmente.

Facilmente se pode verificar que tais séries, quando se estendem em todas as direções até ao infinito, possuem simetrias do tipo observado nos cristais, e pode-se provar que apenas podem ter aquelas seis simetrias elementares que se encontram nos cristais. Devido a certas possibilidades alternativas da estrutura regular atómica não afetarem a simetria do cristal, tal como observado ao nível macroscópico, os padrões atómicos tridimensionais podem ter 230 ritmos distintos, embora estes apenas se manifestem em 32 princípios diferentes de regularidade cristalina.

Podemos agora voltar à questão dos princípios sobre os quais assenta a nossa aceitação da teoria cristalográfica.

As teorias das 32 classes de simetria e dos 230 padrões repetitivos, chamados "grupos espaciais", são declarações geométricas. Como tal, falam nos termos apenas definidos pelo facto de que satisfazem os axiomas da teoria. As figuras espaciais pelos quais apreendemos o seu significado são meros modelos possíveis que incorporam esse significado. No entanto, nem mesmo assim a geometria diz algo definido acerca da experiência. A sua aceitação baseia-se principalmente na nossa validação da sua consistência, engenho e profundidade. Mas baseia-se potencialmente na experiência, pois há sempre uma possibilidade da experiência poder apresentar-se-nos com modelos para uma teoria geométrica. Pode-se imaginar uma tal experiência, consistindo num modelo artificial. Um exemplo disso é a firma bancária descrita por Cohen e Nagel, com sete sócios que formam sete comités de gestão, de modo que cada sócio é presidente de um comité e cada um deles serve em três, e apenas três, desses comités. Pode-se mostrar que a constituição desses comités incorpora os sete axiomas de uma geometria, pelo que todos os teoremas dessa geometria se aplicam às relações entre a firma bancária, os sócios e os vários comités[11].

Em alternativa, a interpretação de uma geometria pode-se encontrar na ordem natural das coisas. A nossa imaginação conceptual, tal como a sua contrapartida artística, inspira-se nos contactos com a experiência. Tal como os trabalhos de arte imaginativa, as construções da matemática tenderão por isso a mostrar esses princípios ocultos do mundo da experiência, de que alguns traços dispersos estimularam, em primeiro lugar, os processos imaginativos pelo qual essas construções foram concebidas.

Quando a ordem experimentada é considerada como uma incorporação da geometria, pode ser possível testar a sua correspondência com a experiência. A observação dos fenómenos relativistas serviu como um teste experimental para

3. ORDEM

decidir se o universo era uma instância da geometria de Riemann formulada no tempo-espaço pelas regras de Einstein, quando combinada com o pressuposto das trajetórias serem geodésicas.

Consideremos novamente as 32 classes de simetria e os 230 grupos espaciais. As 32 classes definem grupos de poliedros e os 230 grupos espaciais definem padrões infinitos de pontos no espaço. Estas construções geométricas iniciaram-se pela contemplação dos cristais e por especulações acerca da sua estrutura atómica; logo tenderão a referir-se a estes assuntos da experiência, e é na continuação desta referência pela observação que se devem encontrar os eventuais fundamentos empíricos para a nossa aceitação da teoria cristalográfica.

Por uma questão de brevidade, limitarei a minha discussão principalmente à teoria dos grupos espaciais. Supondo que a dedução dos 230 grupos está correta, segundo as suas próprias premissas, então a experiência apenas nos pode ensinar se no mundo existem ou não estruturas atómicas que incorporam estas premissas. Pode existir uma variedade infinita de corpos que não as incorporem, e entre eles alguns (como as soluções sólidas desordenadas) que podem mesmo formar externamente cristais bem formados; no entanto isso não revelaria qualquer inconsistência interna e portanto não causaria qualquer embaraço à teoria. Logo, nenhum acontecimento concebível poderia falsificar esta teoria. Já antes sugeri que a relação entre a teoria cristalográfica e a experiência é a este respeito semelhante à existente entre as geometrias alternativas e o universo, tal como realmente experimentado. Mas uma diferença óbvia entre as duas relações da teoria com a experiência está no facto de que existe apenas um único universo material que possa servir como uma instância de uma entre as muitas geometrias possíveis, enquanto que existem muitos cristais, cada um dos quais é uma instância de um dos 230 grupos espaciais, que em conjunto formam uma teoria unitária. A relação entre a teoria e a experiência é a este respeito mais próxima da relação entre um sistema classificativo, tal como usado na botânica ou na zoologia, e os espécimes classificados por esse sistema. Mas considerando o facto de que neste caso a classificação se baseia numa anterior teoria geométrica da ordem, a relação entre a teoria e a experiência é talvez mais próxima da que é estabelecida por uma obra de arte, que nos faz ver a experiência à sua própria luz.

Uma classificação é significante se nos disser muito acerca de um objeto, uma vez identificado como pertencendo a uma das suas classes. Pode-se dizer que um tal sistema classifica os objetos de acordo com a sua natureza distintiva. A distinção entre os 230 grupos espaciais, tal como entre as 32 classes de simetria cristalina, baseia-se apenas na nossa apreciação de ordem; incorpora, em termos de simetrias específicas, a reivindicação à universalidade que necessariamente associamos às nossas conceções pessoais de ordem. Mesmo assim este sistema foi supremamente vindicado, tal como a teoria geométrica dos cristais em geral, pelas suas funções de classificação. Controlou a coleção, descrição e análise estrutural de um número imenso de espécimes cristalinos e foi ricamente corroborado pelas características físicas e químicas que se verificou distinguirem esses espécimes. Provou-se ser um princípio natural de classificação.

Revelou-se aqui um sistema de conhecimento de imenso valor para a compreensão da experiência, para a qual o conceito de falsificabilidade parece completamente inaplicável. Factos que não são descritos pela teoria não criam qualquer dificuldade à teoria, pois a teoria considera-os como irrelevantes por si. Uma tal teoria funciona como um idioma compreensivo que consolida essa experiência, se for apropriada, e que ignora tudo o que não é compreendido por ela.

A aplicação da teoria cristalográfica à experiência corre os riscos da refutação empírica apenas no mesmo sentido em que uma música marcial tocada por uma banda à cabeça de uma coluna em marcha: se não se revelar apropriada, não será popular. Pode-se dizer que, neste sentido, a teoria cristalográfica transcende a experiência a que se aplica. Mas é claro que a transcendência que torna uma teoria empírica irrefutável pela experiência está presente em toda a forma de idealização. A teoria dos gases ideais não pode ser rejeitada pela observação de desvios, desde que sejam do tipo que é suposto ignorarmos. Tais idealizações exprimem de facto um elemento da mesma apreciação contemplativa de que a construção *a priori* e a aceitação de um sistema completo de simetrias é um exemplo completo. Apenas podemos ser legitimamente atraídos pelo conceito de gás ideal na medida em que acreditarmos na nossa capacidade para apreciar um tipo de ordem fundamental na natureza que está subjacente a alguns dos seus aspetos menos ordenadas. Mas, na teoria das simetrias cristalinas, a idealização vai para além disso. Os padrões de excelência desenvolvidos por este sistema possuem um grau de significância intrínseca muito superior aquele que a fórmula $pv=RT$ pode reivindicar para si. Não é uma mera idealização científica mas antes a formalização de um ideal estético, muito próximo da sensibilidade mais profunda, mas nunca rigidamente definível, pela qual se regem os domínios da arte e do crítica da arte. É por isso que esta teoria nos ensina a apreciar certas coisas, indiferentes a podermos encontrar qualquer uma do seu tipo na natureza, e nos permite criticar essas coisas quando as encontramos, na medida em que ficarem aquém dos padrões que a teoria estabelece para a natureza.

Vemos emergir aqui uma alternativa substancial para a habitual disjunção entre afirmações objetivas e subjetivas, assim como para a disjunção entre afirmações analíticas e sintéticas. Credenciando a nossa capacidade para fazer avaliações válidas, de âmbito universal, dentro das ciências exatas naturais, podemos evitar a esterilidade e a confusão impostas por estas categorias tradicionais.

4. COMPETÊNCIAS HÁBEIS

4.1. A PRÁTICA DE COMPETÊNCIAS HÁBEIS

As ciências exatas são um conjunto de fórmulas que têm uma relação com a experiência. Ao aceitar esta relação vimos que precisamos de, em vários graus, confiar nos nossos poderes de conhecimento pessoal. Tentarei agora elucidar melhor a estrutura de tais atos pessoais através da análise das forças envolvidas. A ciência opera através da competência hábil [nt: skill] do cientista e é através do exercício dessa competência que este dá forma ao seu conhecimento científico. Podemos portanto compreender a natureza da participação pessoal do cientista através do exame da estrutura das suas competências.

Tomarei como pista para esta minha investigação o facto, bem conhecido, de *o objetivo de uma competência hábil atingir-se pela observância de um conjunto de regras que não são conhecidas como tal pela pessoa que as segue*. Por exemplo, o fator decisivo pelo qual um nadador se mantém a flutuar é a forma como regula a sua respiração; mantém a sua flutuação a um nível superior evitando esvaziar os seus pulmões quando expira e insuflando-os mais do que o habitual quando está a inspirar: no entanto, em geral, os nadadores não sabem isso. Um cientista conhecido, que na sua juventude tinha ele próprio dado aulas de natação, contou-me como tinha ficado perplexo quando tentou descobrir o que é que o fazia nadar; fizesse o que fizesse na água, flutuava sempre.

Uma vez mais, a partir das minhas questões a físicos, engenheiros e construtores de bicicletas cheguei à conclusão que o princípio que mantém o balanço de um ciclista não é geralmente bem conhecido. A regra seguida pelo ciclista é como se segue. Quando o ciclista começa a tombar para a direita, volta o guiador para a direita, de modo que a trajetória da bicicleta seja deflectida ao longo de uma curva para a direita. Isto resulta numa força centrifuga que empurra o ciclista para a esquerda e contrabalança a força gravitacional que o puxa para a direita. Esta manobra, na realidade, desequilibra o ciclista para a esquerda, o que o ciclista contraria virando o guiador para a esquerda; e assim continua a manter-se em equilíbrio oscilando ao longo de uma série de curvaturas apropriadas. Uma análise simples mostra que, para um dado ângulo de desequilíbrio, a curvatura de cada oscilação é inversamente proporcional ao quadrado da velocidade a que o ciclista vai.

Mas será que isto nos diz algo acerca de como é que se guia uma bicicleta? Não. Obviamente não se consegue ajustar a curvatura da trajetória da bicicleta proporcionalmente ao quociente do ângulo de desequilíbrio pelo quadrado da sua velocidade; e mesmo que isso fosse possível, cair-se-ía na mesma da bicicleta porque há um grande número de outros fatores a ter em consideração e que ficam de fora da formulação da regra. As regras de uma arte podem ser úteis, mas não determinam a prática de uma arte; são máximas, que podem servir como um guia para uma arte, mas só se puderem ser integradas no conhecimento prático da arte. Não podem substituir esse conhecimento.

4.2. ANÁLISE DESTRUTIVA

O facto das competências hábeis não poderem ser completamente explicadas em termos dos seus particulares pode levar a sérias dificuldades quando se pretende avaliar se uma performance hábil é ou não genuína. A extensa controvérsia sobre o "toque" dos pianistas pode servir como exemplo. Os músicos consideram como óbvio que o som de uma nota num piano pode ser dado de diferentes maneiras, dependentes do "toque" do pianista. O toque de um pianista é apreciado de forma diferente pelo público e pelos seus alunos; representa um grande valor em dinheiro. Mas quando se analisa o processo de soar uma nota no piano, parece difícil explicar a existência do "toque". Quando uma tecla é pressionada, põe em movimento um martelo que bate numa corda. O martelo apenas é empurrado pela tecla pressionada ao longo de uma curta distância e depois é lançado em movimento livre, que é eventualmente parado pela corda. Argumenta-se, portanto, que o efeito do martelo na corda é completamente determinado pela velocidade do martelo em movimento livre no momento em que bate na corda. Como esta velocidade pode variar, a nota da corda poderá soar mais ou menos forte. Isto pode ser acompanhado por alterações na cor, etc., devido às alterações concorrentes na composição dos sons harmónicos, mas não fará qualquer diferença a forma como o martelo adquiriu uma dada velocidade específica. De acordo com isso, não poderá haver diferenças, como entre *tyro* e *virtuoso*, no tom das notas que batem num dado piano; uma das qualidades mais valorizadas na performance de um pianista ficaria assim totalmente desacreditada. Na realidade, essa é a conclusão que apartece em livros de texto como *Science and Music*, de Jean (1937) e *Physics of Music,* de A. Wood (1944). No entanto, este resultado baseia-se numa análise errada e incompleta da habilidade do pianista. Foi demonstrado (para minha satisfação) por J. Baron e J. Hollo, que chamaram a atenção para o ruído que a depressão de uma tecla faz quando todas as cordas são removidas de um piano[1]. Este ruído pode variar para uma mesma velocidade do martelo. O ruído mistura-se com o som da nota pelo bater do martelo na corda e modifica a sua qualidade, e isto parece explicar, em princípio, a capacidade do pianista para controlar o tom do piano pela arte do seu toque.

Este exemplo pode servir de modelo para muitos outros casos que nos ensinam a mesma lição; em particular, que negar a viabilidade de algo que se diz ter sido feito, ou a possibilidade de um acontecimento que foi observado, meramente porque não somos capazes de compreender, nos termos do nosso quadro conceptual aceite, como é que poderia ter sido feito ou como é que poderia ter acontecido, pode muitas vezes resultar em pôr-se de lado práticas ou experiências genuínas. Mas este método de criticismo é indispensável, e sem o seu exercício constante nenhum cientista ou técnico manteria um curso estável entre as muitas observações espúrias que todos os dias tem que pôr de lado, por inexplicáveis.

A análise destrutiva também continua a ser uma arma indispensável contra a superstição e as práticas capciosas. Tome-se, por exemplo, o caso da homeopatia. Neste caso, a eficácia de uma alegada arte, ainda hoje em dia muito praticada, pode ser completamente refutada, na minha opinião, por uma mera análise das suas reivindicações. Com base na evidência das prescrições homeopáticas, pode-se mostrar que as substâncias medicinais usadas de forma homeopática são diluídas a concentrações tão baixas, ou mesmo inferiores, ás que estão presentes nos alimentos habituais e na água potável; parece impossível que uma colher adicional administrada com uma diluição semelhante possa ter alguma eficiência médica.

Pode-se dar uma situação complicada se uma nova competência hábil, cuja eficácia está sujeita a dúvida, tiver uma interpretação falsa dada pelos seus próprios descobridores. Isto é ilustrado pelo falhanço trágico dos pioneiros do hipnotismo durante o século desde Mesmer até Braid. Foi fácil aos críticos de Mesmer, e depois de Elliotson, mostrar que as manipulações que estes homens diziam fazer eram, por si mesmas, ineficientes. Elliotson expôs um sistema completo de leis que governam a alegada transmissão do magnetismo animal. Afirmou que o magnetismo de um copo de água, cuja bebida causava um transe cataléptico, podia ser graduado mergulhando um dedo no copo, ou dois dedos, ou toda a mão. Outra "lei" declarava que as superfícies mucosas de uma pessoa, como as da língua ou do globo ocular, eram capazes de receber um estímulo mesmérico superior ao da pele. Mais tarde Elliotson anunciou que o ouro e o níquel eram mais sensíveis às influências mesméricas do que os metais básicos, como o chumbo. Nada disto fazia sentido e facilmente se provou que não fazia sentido. E como não tinha ainda aparecido a hipótese de que a sugestão hipnótica era o agente efetivo do mesmerismo, parece inevitável a conclusão de que os sujeitos de Ellioson eram uns impostores, que o estavam a iludir ou que estavam combinados com ele[2]. Elliiotson apelou em vão: "Dei os detalhes de 76 operações sem dor, em nome do bom senso e da humanidade, o que mais é preciso?"[3]. Só depois da hipnose ter sido estabelecida como um quadro interpretativo para os factos é que esses factos puderam ser eventualmente admitidos como verdadeiros. Na realidade, sempre que a verdade e o erro estão misturados num sistema coerente de conceitos, a análise destrutiva do sistema só pode levar a conclusões corretas quando complementada por novas descobertas. Mas não existe qualquer regra para se fazerem novas descobertas e para se inventarem novas conceções verdadeiras, e portanto também não pode existir uma regra para evitar as incertezas da análise destrutiva.

Um processo semelhante ao da crítica do mesmerismo, mas sem os seus desvios óbvios, tem sido continuamente promovido pelos laboratórios de investigação técnica durante as últimas décadas. As grandes indústrias, como os curtumes, as cerâmicas e as siderurgias, as cervejeiras e todos os tipos de manufaturas têxteis, assim como os inúmeros ramos da agricultura, perceberam que não tinham um conhecimento claro do detalhe das operações constituintes das suas artes. Quando a moderna investigação científica foi aplicada a estas indústrias tradicionais, foi em primeiro lugar confrontada com a necessidade de descobrir o que é que se estava a passar e como é que as coisas se produziam. A situação foi reconhecida de forma penetrante por W. L. Balls, para o caso do estudo científico da fiação do algodão[4]. Toda a prática da fiação, descrita por Balls como "uma coisa por si própria, escassamente relacionada com qualquer conhecimento físico", era tal que "muito do trabalho dos cientistas, na década inicial, foi meramente para definir o que é que sabia quem fazia fiação". Isso mesmo foi-me confirmada por F. C. Toy, então diretor do Shirley Institute, o laboratório líder na investigação sobre o algodão[5]. A tentativa de análise científica das artes industriais bem estabelecidas teve resultados semelhantes em todos os domínios. Na realidade, até mesmo nas indústrias modernas o conhecimento não definível continua a ser uma parte essencial do conhecimento. Eu próprio observei na Hungria o caso de uma máquina nova e importada, para produzir bolbos de lâmpadas elétricas por sopro, cópia exata de uma outra máquina a operar com todo o sucesso na Alemanha, e que durante um ano não conseguiu produzir uma única lâmpada que não tivesse defeitos.

4.3. TRADIÇÃO

Uma arte que não pode ser especificada em detalhe não pode ser transmitida por prescrição, pois não existe prescrição para isso. Pode apenas ser passada de mestre para aprendiz, através de exemplos. A difusão fica assim restrita ao espaço dos contatos pessoais, e por isso as práticas artesanais tendem a sobreviver por tradições locais muito circunscritas e fechadas. Na realidade, a difusão de práticas artesanais de um país para outro pode muitas vezes ser reconstituída a partir da emigração de grupos de artesãos, como a dos Huguenotes fugidos de França por causa do édito de Nantes, sob Luís XIV. Uma vez mais, enquanto que os *conteúdos articulados da ciência* são ensinados com sucesso em milhares de novas universidades em todo o mundo, a *arte não especificável da investigação científica* ainda não penetrou em muitas delas. As regiões da Europa em que o método científico teve origem, há 400 anos atrás, continuam hoje em dia a ser cientificamente mais férteis, apesar do empobrecimento, do que várias outras áreas em que há muito mais dinheiro disponível para a investigação científica. Sem a oportunidade oferecida aos jovens cientistas para fazer a aprendizagem na Europa, e sem a migração de cientistas europeus para os novos países, os centros de investigação nunca seriam aquilo que são.

Segue-se que uma arte que tenha caído em desuso pelo período de uma geração está completamente perdida. Há centenas de exemplos, aos quais os processos de mecanização estão continuamente a adicionar novos casos. Estas perdas são usualmente irrecuperáveis. É patético ver os infindáveis esforços feitos – equipados com microscopia e química, com matemáticas e eletrónicas – para reproduzir um único violino do tipo que o semi iletrado Stradivarius fazia rotineiramente há mais de duzentos anos.

Aprender pelo exemplo é submeter-se à autoridade. Segue-se o mestre porque se confia na sua maneira de fazer as coisas, mesmo quando não se pode analisar e explicar em detalhe a sua eficácia. Observando o mestre e emulando os seus esforços, na presença do seu exemplo, o aprendiz vai seguindo inconscientemente as regras da arte, incluindo as que não são explicitamente conhecidas pelo próprio mestre. As regras ocultas só podem ser assimiladas por uma pessoa que se rende acriticamente à imitação do outro. Uma sociedade que pretenda preservar um fundo de conhecimento pessoal precisa de submeter-se à tradição.

Com efeito, à medida em que a nossa inteligência fica aquém do ideal da formalização precisa, nós atuamos e vemos à luz do conhecimento não especificável, e precisamos de reconhecer que aceitamos o veredito da nossa avaliação pessoal, seja em primeira mão, com base no nosso julgamento pessoal, seja em segunda mão, por submissão à autoridade de um exemplo pessoal como portador da tradição.

O assunto do tradicionalismo não pode ser aqui explorado em profundidade, mas algumas peculiaridades dos procedimentos tradicionais são de interesse para a compreensão do conhecimento pessoal. Encontram-se na prática da lei comum, que é o sistema mais importante de atividades tradicionais estritamente fundamentadas. A lei comum baseia-se no precedente. Ao decidir um caso hoje, os tribunais seguirão o exemplo de outros tribunais que decidiram casos semelhantes no passado, pois vêm as regras da lei incorporadas nessas ações. Este procedimento reconhece o princípio de todo o tradicionalismo, segundo o qual a sabedoria prática incorpora-se mais facilmente na ação do que se exprime por regras de ação. De acordo com isso, a lei comum permite a possibilidade de um juiz poder interpretar erradamente a sua própria ação. A máxima judicial, por vezes chamada "doutrina do dictum", diz que um precedente é constituído por uma decisão de um tribunal, independentemente da interpretação implícita em qualquer *obiter dicta* do juiz que tomou a decisão. A ação do juiz é considerada mais autêntica do que aquilo que ele disse que ia fazer[6].

Ao longo dos séculos XVII e XVIII a vida pública britânica desenvolveu uma arte política e uma doutrina política. A arte que incorpora o exercício das liberdades públicas naturalmente não foi especificada, e as doutrinas da liberdade política são máximas dessa arte, que apenas podem ser bem compreendidas por aqueles que forem competentes na arte. Mas as doutrinas de liberdade política espalharam-se no século XVIII da Inglaterra para a França, e daí para todo o mundo, enquanto que a arte não especificável do exercício das liberdades públicas, sendo apenas comunicável pela tradição, não era transmitida. Quando os revolucionários franceses atuaram sob essa doutrina, que não tinha sentido sem um conhecimento da sua aplicação prática, Burke opôs-se-lhes com uma conceção tradicionalista de uma sociedade livre.

4.4. CONHECIMENTO PRÁTICO DA ARTE

O que se disse sobre as competências hábeis aplica-se igualmente ao conhecimento prático das artes [nt: connoiseurship]. A competência do diagnóstico médico tanto é uma arte de fazer como é uma arte de conhecer. As competências de testar e provar são contínuas com as competências mais ativamente musculares, tais como nadar ou como conduzir uma bicicleta.

O conhecimento prático de uma arte, tal como uma competência hábil, apenas se pode comunicar pelo exemplo, não por preceitos. Para alguém se tornar um especialista na prova de vinhos, ou para adquirir conhecimento sobre as inumeráveis variedades de chás, ou para ser treinado em diagnóstico médico, precisa de seguir um longo período de experiência sob a orientação de um mestre. A menos que um médico possa reconhecer certos sintomas, como por exemplo a acentuação do segundo som de uma artéria pulmonar, de nada vale ler a descrição dos síndromas de que esses sintomas fazem parte. Deve conhecer pessoalmente esse sintoma, e apenas o pode aprender vendo repetidos casos de auscultação em que se reconhece com autoridade que o sintoma está presente, lado a lado com outros casos em que é reconhecido com autoridade que está ausente, até que tenha completamente percebido a diferença entre eles e possa demonstrar o seu conhecimento prático de forma que satisfaça um especialista.

Onde quer que o conhecimento prático de uma arte se encontre a operar, na ciência ou na tecnologia, podemos assumir que apenas persiste porque não foi possível substituí-lo por uma medida mensurável. Uma medida tem a vantagem de uma maior objetividade, como se mostra pelas medidas que produzem resultados consistentes nas mãos de diferentes observadores em todo o mundo, enquanto que essa objetividade raramente se atinge no caso de apreciações fisionómicas[7]. O grande período de tempo despendido pelos estudantes de química, biologia e medicina, nos seus cursos práticos, mostra bem quanto essas ciências dependem da transmissão de competências hábeis e do conhecimento especializado do mestre para o aprendiz. Oferece uma demonstração impressionante da medida em que a arte de conhecer permaneceu não especificável no próprio coração da ciência.

4.5. DOIS TIPOS DE APREENSÃO

O que disse sobre a não especificabilidade das competências está muito relacionado com as descobertas da psicologia das formas (gestalt). Mesmo assim, a minha avaliação deste material é tão diferente da proposta pela teoria gestalt que prefiro não me referir aqui a essa teoria, mesmo que continue a colher dos seus domínios e a explorar alguns argumentos segundo linhas paralelas às dos seus ensinamentos. Deve-se ter isso presente na análise a seguir da situação, frequentemente discutida, em que nos encontramos quando usamos uma ferramenta, por exemplo quando espetamos um prego através das pancadas de um martelo.

Quando usamos um martelo para pregar um prego, tanto atendemos ao prego como ao martelo, *mas de uma forma diferente. Observamos* o efeito das nossas pancadas no prego e tentamos empunhar o martelo de modo a bater no prego com a maior eficiência possível. Quando baixamos o martelo não sentimos que o seu punho tenha batido na palma da nossa mão, mas sim que a cabeça do martelo bateu no prego. Mesmo assim, num certo sentido, estamos certamente atentos ao que se sente na palma da nossa mão e nos dedos que seguram o martelo, que nos guia para o seu manuseamento eficiente, e damos ao prego um mesmo grau de atenção, mas de uma maneira diferente. Pode-se exprimir a diferença dizendo que estes últimos não são, tal como o prego é, o objeto da nossa atenção, mas sim seus instrumentos. Não os observamos por si mesmos; observamos algo mais, enquanto que nos mantemos intensamente conscientes deles. Tenho uma *apreensão subsidiária* que sinto na palma da minha mão, que se mistura com a minha *apreensão focal* do meu martelar no prego.

Podemos imaginar que o martelo é substituído por uma sonda, usada para explorar o interior de uma cavidade oculta. Pense-se como é que um homem cego sente o seu caminho através do uso de uma vara, o que envolve transpor os choques transmitidos à sua mão e aos músculos que seguram a vara, para ter uma apreensão consciente das coisas tocadas pela ponta da vara. Temos aqui a transição de "saber *como*" para "saber *o quê*", e podemos também ver como a estrutura dos dois é muito próxima.

A apreensão subsidiária e a apreensão focal são mutuamente exclusivas. Se um pianista desvia a sua atenção da peça que está a tocar para observar antes o que os seus dados fazem enquanto tocam, fica confuso e pode mesmo ter que parar[8]. Isto acontece, em geral, quando mudamos a nossa atenção focal para os particulares de que estávamos anteriormente conscientes apenas pelo seu papel subsidiário.

O tipo de confusão devido ao facto da atenção focal estar dirigida para os elementos subsidiários de uma ação é muitas vezes conhecida como autoconsciência. Uma forma séria, e por vezes incurável, é o "medo do palco", que parece consistir numa fixação ansiosa da nossa atenção sobre a próxima palavra – ou nota, ou gesto – que uma pessoa precisa de recordar. Isso destrói todo o sentido de contexto, o único capaz de evocar suavemente as sequências adequadas de palavras, notas ou gestos. O medo dos palcos é eliminado, e a fluência recuperada, procurando conformar a nossa mente para o futuro e deixando-a operar com uma visão clara da atividade compreensiva em que, em primeiro lugar, se está interessado.

Uma vez mais, os particulares de uma competência aparecem aqui como não especificáveis, mas não no sentido de ignorância. Neste caso, temos certezas sobre os detalhes da nossa performance, e a não especificabilidade tem por consequência paralisar a performance se entretanto focarmos a nossa atenção nesses detalhes. Podemos descrever essa performance como sendo *logicamente não especificável*, pois podemos mostrar que, num certo sentido, as especificações dos particulares estariam em contradição lógica com o que está implícito na performance ou no contexto em questão.

Tome-se por exemplo a identificação de uma coisa como uma ferramenta, o que implica que se pode associar uma finalidade útil à manipulação da coisa como um instrumento para esse propósito. Não posso identificar a coisa como

4. COMPETÊNCIAS

uma ferramenta se não souber para que é que serve – ou conhecendo a sua suposta finalidade, se acreditar que é inútil para esse fim. Denotarei por p as afirmações envolvidas na qualificação da coisa como uma ferramenta. Se souber ou, se pelo menos hipoteticamente, considerar p, então essa coisa é para mim uma ferramenta; se não, é outra coisa. Pode ser um animal, como o martelo de croquete de Alice [nt: personagem da obra "Alice no País das Maravilhas"], que fugiu porque era um flamingo. Mas, na maioria dos casos, se me encontrar com uma ferramenta cujo uso desconheço, apenas me impressionará como um objeto com uma certa forma peculiar. Olhar para ele meramente como tal implica que não considero p, nem mesmo sequer hipoteticamente; o que obviamente nega que acredito ou que, pelo menos hipoteticamente, considero p. E como p afirma algo muito pouco comum, o facto de não acreditar em p corresponde virtualmente a afirmar não-p.

Uma extensão deste esquema pode-nos também permitir a sua aplicação ao tema clássico da psicologia gestalt: os particulares de um padrão ou de uma melodia devem ser apreendidos em conjunto, pois se observarmos os particulares em separado, eles não formarão um padrão ou uma melodia. Pode-se argumentar que se eu atender ao padrão ou à sinfonia como um todo, isso implica a sua apreciação como um padrão ou como uma sinfonia, o que será contraditado se mudar a minha atenção focal para as notas isoladas da sinfonia ou para os fragmentos do padrão. Mas talvez seja melhor formular esta contradição em termos mais gerais, dizendo que a nossa atenção só pode suportar um foco de cada vez, e que será autocontraditório estar consciente, tanto subsidiária como focalmente, dos mesmos particulares ao mesmo tempo.

Este esquema pode ser facilmente reformulado e melhorado em termos de *significado*. Se não acreditarmos na utilidade de uma ferramenta, o seu significado como ferramenta desaparece. Todos os particulares perdem o sentido se perdermos de vista o padrão que eles constituem em conjunto.

Os portadores mais eficientes de significado são naturalmente as palavras de uma linguagem, e será interessante recordar que quando usamos palavras num discurso, ou na escrita, apenas estamos conscientes delas de uma forma subsidiária. Este facto, que usualmente é descrito como a *transparência* da linguagem, pode ser ilustrado por um episódio da minha própria experiência caseira. Ao pequeno-almoço recebo a minha correspondência em várias línguas, mas o meu filho só compreende o inglês. Acabada de ler uma carta, posso querer passá-la para ele, mas preciso de voltar a verificar em que linguagem é que está escrita. Estou bem consciente do sentido transmitido pela carta, mas na realidade nada sei sobre as suas palavras. Atendi-lhes atentamente, mas apenas por aquilo que significam e não por aquilo que são como objetos. Se a minha compreensão do texto fosse interrompida, ou se as suas expressões ou a sua grafia estivessem erradas, as suas palavras teriam chamado a minha atenção. Tornar-se-iam algo opacas e impediriam que o meu pensamento passasse por elas sem problemas, na direção das coisas que significam.

4.6. TODOS E SIGNIFICADOS

A psicologia das formas [nt: gestalt] descreveu a transformação de um objeto numa ferramenta e a transposição correspondente do sentir, por exemplo, da palma da mão para a ponta da sonda, como instâncias da absorção de uma parte num todo. Tratei o mesmo assunto numa forma modificada, para evidenciar a estrutura lógica em que uma pessoa se compromete com certas convicções e apreciações, e aceita certos significados, pela fusão deliberada da consciência de certos particulares na consciência focal de um todo. Esta estrutura lógica não é evidente na perceção automática dos todos visuais ou auditivos, de que a psicologia gestalt derivou as suas generalizações mais importantes.

Mas é elucidativo reformular agora a nossa análise em termos de partes e de todos. Quando nos focamos num todo, estamos subsidiariamente conscientes das suas partes, enquanto não existir uma diferença na intensidade dos dois tipos de apreensão. Por exemplo, quanto mais rigorosamente escrutinarmos uma fisionomia, mais alertas ficaremos para os seus particulares. E quando algo é visto como subsidiário de um todo, isso implica uma participação na sustentação desse todo, e podemos agora considerar essa função como o seu *significdo* dentro do todo.

Na realidade, vemos aparecer dois tipos de todos e dois tipos de significados. Os casos mais claros de significado são aqueles em que uma coisa (por exemplo, uma palavra) denota uma outra coisa (por exemplo, um objeto). Neste caso, os todos correspondentes não serão talvez óbvios, mas podemos legitimamente seguir Tolman e amalgamar o sinal e o seu objeto num todo único[9]. Outros tipos de coisas, como uma fisionomia, uma sinfonia ou um padrão, são manifestamente todos, mas desta vez o seu significado é mais problemático, pois sendo claro que não são sem sentido, só por si mesmos é que significam algo. A distinção entre os dois tipos de apreensão permite-nos reconhecer com facilidade estes dois tipos de todos e os dois tipos de significados. Recordando os vários usos da vara, para apontar, para explorar e para tocar, podemos facilmente ver que tudo o que funcione com eficiencia dentro de um contexto aceite tem um significado nesse contexto e que qualquer um desses contextos pode, por si mesmo, ser apreciado como significativo. Podemos descrever o tipo de significado que um contexto possui por si mesmo como *existencial*, para o distinguir em especial do significado *denotativo*, ou mais geralmente, do significado *representativo*. Neste sentido, as matemáticas puras têm um significado existencial, enquanto que a teoria matemática na física tem um sentido denotativo. O significado da música é essencialmente existencial, o de um retrato é mais ou menos representativo, e assim sucessivamente. Todos os tipos de ordens, sejam artificiais ou naturais, têm um sentido existencial; mas uma ordem artificial também é portadora de uma mensagem.

4.7. FERRAMENTAS E QUADROS INTERPRETATIVOS

No passo seguinte tentarei reforçar e alargar a distinção entre apreensão subsidiária e apreensão focal, identificando-a com outra distinção geralmente conhecida e universalmente aceite, em particular a diferença que sentimos entre o que faz parte do nosso próprio corpo e as coisas que lhe são externas. Habitualmente tomamos por garantido que as nossas mãos e os nossos pés são membros do nosso corpo, e não objetos externos, e só nos apercebemos deste pressuposto quando ele é perturbado por uma doença. Há certos pacientes psicóticos que não sentem que uma parte do corpo lhes pertence. Têm todas as sensações normais transmitidas pelos seus membros de ambos os lados, mas não os identificam consigo, como os membros de onde essas mensagens tiveram origem; alguns sentem, por exemplo, o braço direito ou a perna direita como objetos externos. Ao saírem de um banho pode acontecer que se esqueçam de secar esses membros não reconhecidos[10].

A nossa avaliação da externalidade dos objetos fora do nosso corpo, por contraposição com as partes do nosso próprio corpo, reside na nossa apreensão subsidiária dos processos dentro do nosso corpo. A externalidade só fica completamente definida se examinarmos deliberadamente um objeto externo, localizando-o claramente no espaço exterior. Mas quando olho para alguma coisa, para a localizar no espaço baseio-me nas ligeiras diferenças entre duas imagens na minha retina, na acomodação dos olhos e na convergência dos seus eixos, e no esforço de contração muscular que controla os movimentos oculares, tudo issso suplementado pelos impulsos recebidos do labirinto, e que variam de acordo com a posição da minha cabeça no espaço. De tudo isso eu apercebo-me apenas em termos de localização do objeto que estou a considerar; e, neste sentido, apenas posso estar subsidiariamente consciente dele.

A nossa apreensão subsidiária de ferramentas e de sondas pode agora ser vista como o ato de as incorporar como parte do nosso próprio corpo. A forma como usamos um martelo ou como um homem cego usa a sua vara, mostra que, em ambos os casos, deslocamos para o exterior os pontos em que fazemos contacto com as coisas que observamos como objetos externos a nós mesmos. Enquanto que estamos a depender de uma ferramenta ou de uma sonda, estes não estão a ser manipulados como objetos externos. Podemos testar a eficiência da ferramenta ou a adequação de uma sonda, por exemplo na descoberta dos detalhes ocultos de uma cavidade, mas a ferramenta ou a sonda nunca podem mentir acerca dessas operações; continuarão necessariamente ao nosso lado, formando parte de nós mesmos, as pessoas operativas. Derramamo-nos a nós próprios nelas e assimilamo-las como partes da nossa própria existência. Aceitamo-las existencialmente, vivendo e habitando [nt: "dwelling"] nelas.

4.8. COMPROMISSO

Vamos aqui tratar o princípio geral pelo qual os nossos compromissos se radicam em nós próprios. Os martelos e as sondas podem ser substituídos por ferramentas intelectuais; pense-se num quadro interpretativo qualquer e, muito em particular, no formalismo das ciências exatas. Não estou a falar das afirmações que enchem os livros de texto, mas sim dos pressupostos subjacentes ao método pelo qual essas proposições foram estabelecidas. Assimilamos muitos destes pressupostos aprendendo a falar das coisas numa certa linguagem, com nomes para os vários tipos de objetos, nomes pelos quais os objetos são classificados, definindo diferenças como entre passado e presente, vivo e morto, saudável e doente, e milhares de outras diferenças. A nossa linguagem inclui os numerais e os elementos da geometria, e remete para esses termos nas leis da natureza, e é daí que podemos passar para as raízes dessas leis nas observações e experiências científicas.

O que é curioso é que nós não temos um conhecimento claro de quais são os nossos pressupostos. E quando tentamos formulá-los, parecem ser muito pouco convincentes. No meu capítulo sobre probabilidade já tinha ilustrado como são ambíguas e questionáveis todas as proposições do método científico. Sugiro agora que a futilidade dos pretensos pressupostos da ciência deriva dos fundamentos reais das nossas convicções científicas não se poderem asseverar de forma alguma. Quando aceitamos um certo número de pressupostos e os usamos como o nosso quadro interpretativo, podemos dizer que os habitamos [nt: dewll] tal como habitamos no nosso corpo. A sua aceitação acrítica, por enquanto, consiste num processo de assimilação pelo qual nos identificamos com eles. Não são asseverados, e não o podem ser, pois a sua asseveração só pode ser feita *dentro* de um quadro interpretativo com que estamos identificados; como eles próprios são o nosso quadro de última instância, são essencialmente não articuláveis[11].

É por esta assimilação do quadro interpretativo da ciência que o cientista dá sentido à experiência. Este dar sentido à experiência é uma ato de competência hábil que carimba a participação pessoal do cientista no conhecimento daí resultante. Inclui a habilidade para fazer corretamente as medidas que verificam as previsões científicas, ou as observações pelas quais se aplicam as classificações científicas. Inclui também o conhecimento prático [nt: connoisseurship] pelos qual o cientista aprecia uma teoria matemática em abstrato - tal como a teoria dos grupos espaciais até 1912 - e, igualmente, a pertinência dessa teoria para a avaliação dos espécimes observados, para o que serviu a teoria dos grupos espaciais desde a descoberta da difração dos raios X pelos cristais em 1912.

A reconstituição do conhecimento pessoal até as suas raízes, na apreensão subsidiária do nosso corpo como fundido com a nossa apreensão focal de objetos externos, revela não só a estrutura lógica do conhecimento pessoal mas também as suas origens dinâmicas. Analisei anteriormente as convicções implícitas no uso de um objeto como ferramenta. No novo esquema que então elaborei para o processo de atribuição de dado significado a uma coisa externa, tornando-a numa extensão de nós mesmos, essas convicções foram transpostas para intenções mais ativas que envolvem toda a nossa pessoa. Neste sentido, eu diria que um objeto transforma-se numa ferramenta através de um esforço intencional que antecipa um campo operacional relativamente ao qual o objeto guiado pelos nossos esforços funcionará como uma extensão do nosso corpo. A minha confiança nele para atingir certa finalidade transforma o objeto numa ferramenta, mesmo que não consiga atingir esse fim. A queima de um par de unhas de um homem como feitiço para a sua sedução é uma ação instrumental baseada numa integração errada de presumíveis meios para fins também presumíveis. De modo semelhante, pronunciar uma fórmula mágica, proferir uma maldição ou dar uma bênção, são ações verbais a que o orador, confiante na sua eficácia, dá um significado. Reciprocamente, quando os fins se atingem por meios que não era previsto produzirem esse resultado, esses meios não têm carácter instrumental. Se um rato pressiona acidentalmente uma alavanca que liberta uma palete de comida, a alavanca não está a ser usada como uma ferramenta; só depois do rato ter aprendido a usá-la com esse fim é que a alavanca se transforma numa ferramenta. Buytendijk descreveu (tal como anteriormente outros o tinham feito com menos detalhe) a alteração radical do comportamento de um rato que aprendeu a correr num labirinto[12]. O animal deixou de explorar os detalhes das paredes e dos cantos ao longo do seu percurso e passou a atender-lhes apenas como sinais. Parece ter perdido a consciência focal desses detalhes e ter antes desenvolvido uma sua apreensão subsidiária, que agora passa a fazer parte da procura do seu objetivo.

Disse que uma ferramenta é apenas um exemplo da fusão de uma coisa num todo (ou num gestalt) em que lhe é atribuída uma função subsidiária e um significado a respeito de algo que prende a nossa atenção focal. Generalizei esta análise estrutural para incorporar o reconhecimento de sinais, como indicações de acontecimentos subsequentes, e o processo de estabelecimento de símbolos para as coisas que irão significar. Podemos também aplicar nestes casos aquilo que disse acerca das ferramentas. Tal como uma ferramenta, o sinal ou o símbolo apenas se pode considerar como tal através por uma pessoa que *confia neles* para conseguir ou significar algo. *Esta confiança é um compromisso pessoal, que está envolvido em todos os atos de inteligência pelos quais integramos subsidiariamente as coisas no centro focal da nossa atenção.* Qualquer ato de assimilação pessoal, pelo qual fazemos com que uma coisa seja uma extensão de nós mesmos, através da sua apreensão subsidiária por nós, é um compromisso nosso, uma maneira de dispormos de nós próprios.

Mas o contexto de propósito e compromisso, inerente à contribuição pessoal, por quem conhece, do o seu próprio conhecimento, continua ainda sem um carácter dinâmico. O derramar de nós próprios sobre os particulares da experiência, para lhes dar um dar um significado para uma finalidade, ou para outro contexto coerente, não se consegue sem esforço. Considere-se o modo como adquirimos o uso de uma ferramenta ou de uma sonda. Se vendarmos os olhos a uma pessoa com visão, esta não descobrirá o seu caminho, com uma vara, tão habilmente como um homem cego que já tenha uma longa prática. Pode sentir que a vara bate em algo, de tempos a tempos, mas não sabe correlacionar estes acontecimentos. Só vai aprender a fazê-lo através de um esforço inteligente de construção de uma perceção coerente das coisas tocadas pela vara. Deixará então, gradualmente, de sentir uma série de puxões nos dedos - como sentia nos primeiros ensaios ainda desajeitados - mas sente agora, na ponta da vara, a presença de obstáculos com uma certa dureza e forma, e colocados a uma certa distância. Podemos dizer, com maior generalidade, que através do esforço pelo qual me concentrei no plano de operações escolhido, fui capaz de absorver todos os elementos da situação de que teria de outra forma consciência por eles próprios, de modo que agora tomo consciência deles pelos resultados operacionais conseguidos pelo seu uso.

Quando se chega à nova interpretação dos choques nos nossos dedos em termos dos objetos tocados pela vara, podemos dizer que estamos a executar inconscientemente o processo de interpretação dos choques. E uma vez mais, em termos práticos, à medida que aprendemos a manipular um martelo, uma raquete de ténis, ou um automóvel, em termos da situação que nos esforçamos por dominar, deixamos então de ter consciência das ações pelas quais chegamos a esse resultado. Este cair na inconsciência é acompanhado pela aquisição de uma nova consciência da experiência em questão, no plano operacional. É enganador, portanto, descrever isto como um mero resultado da repetição; é uma alteração estrutural a que se chegou por um esforço mental reiterado, com vista à instrumentalização de certas coisas e ações, ao serviço de um certa finalidade.

4.9. NÃO ESPECIFICABILIDADE

Podemos agora responder ao problema da não especificabilidade, com que começamos esta análise das competências. Se um conjunto de particulares, que se tenham afastado da nossa apreensão subsidiária, desaparecer totalmente da nossa consciência, podemos acabar por nos esquecer dele por completo e podemos mesmo perdê-lo de vista para sempre. Neste sentido, pode-se ter tornado não especificável. No entanto, esta parece ser uma razão menor da não especificabilidade, que é essencialmente explicada por um processo algo diferente, embora muito relacionado.

Um esforço mental tem um efeito heurístico: tende a incorporar todos os elementos disponíveis de uma situação que sejam úteis para o seu fim. Kohler descreveu isto para um caso de esforço prático feito por um macaco na presença de um objeto que lhe podia servir como uma ferramenta. Comenta que a perspicácia do animal reorganiza o seu campo de visão de modo que o seu olhar possa descubrir o objeto útil como uma ferramenta. Podemos dizer que isso será válido não só para os objetos usados como ferramentas, mas também para as próprias ações musculares que facilitam esse objetivo. Se estas ações forem experimentadas de forma apenas subsidiária, em termos de um resultado para o qual contribuem, a sua performance pode selecionar aquelas que o utilizador descobre como úteis, mesmo sem conhecer como é que lhe apareceriam quando consideradas por si mesmas. Este é o processo habitual de tentativas inconscientes pelo qual *sentimos o nosso caminho* para o sucesso e pelo qual o podemos continuar a melhorar, sem sabermos de forma especificável como é que o fazemos - porque nunca encontramos as causas do nosso sucesso como coisas identificáveis que possam ser descritas em termos de classes de que essas coisas sejam membros. É assim que se inventa um método para nadar, sem saber que consiste em regular a respiração de uma forma particular, ou se descobre o princípio de andar de bicicleta sem perceber que consiste em ajustes da direção e da velocidade instantânea para contrabalançar permanentemente o desequilíbrio instantâneo acidental. Logo, a descoberta prática de uma ampla gama de regras não conhecidas conscientemente, acerca de competências hábeis e dos conhecimentos práticos [nt: connoisseurship], incluem importantes processos técnicos que raramente podem ser completamente especificados, e mesmo assim apenas como resultado de uma extensa investigação científica.

A não especificabilidade do processo pelo qual sentimos a direção do nosso caminho futuro explica o imenso domínio mental da humanidade, não só de conhecimento mas também de maneiras, de leis e de muitas artes diferentes que o homem sabe como usar, obedecer, apreciar, e com que viver, sem que conheça os seus conteúdos de forma especificável. Cada passo isolado na aquisição desse domínio deveu-se a um esforço de uma erta pessoa para ir além da capacidade que até aí tinha para o fazer, e pela sua subsequente realização e manutenção do sucesso. Baseia-se num ato de tatear que originalmente ultrapassou a compreensão do seu agente e de que depois só ficou consciente de modo subsidiario, como parte de uma realização complexa.

Todas estas propriedades e implicações curiosas do conhecimento pessoal retornam ao que anteriormente descrevi como a sua não especificabilidade lógica; ou seja, o efeito desorganizador causado pela passagem da nossa atenção para as partes de um todo. Podemos agora também apreciar este efeito em termos dinâmicos.

Dado que inicialmente ganhamos o controlo sobre as partes em questão através da sua contribuição para um resultado razoavel, essas partes nunca foram conhecidas, e ainda menos ativadas, por si mesmas e portanto transpor um todo significante para os termos dos seus elementos constituintes é transpô-lo para uns termos sem qualquer finalidade ou significado. Esse desmembramento deixa-nos com os factos nus, relativamente objetivos, que formaram os indícios para um facto pessoal superveniente. É uma análise destrutiva do conhecimento pessoal em termos do conhecimento subjacente, relativamente objetivo.

Descrevi o esforço na pomos na aquisição da arte de conhecer como a tentativa para assimilar certos particulares como extensões do nosso corpo, de modo que ficando imbuídos na nossa consciência subsidiária possam formar uma entidade focal coerente. Isto é uma ação, mas uma ação que inclui sempre um elemento de *passividade*. Podemos assimilar um dado objeto como uma ferramenta se acreditarmos que na realidade é útil para os nossos fins, e o mesmo acontece com a relação do significado com aquilo que significa, assim como a relação entre as partes e um todo. O ato de conhecer pessoal só consegue sustentar estas relações porque a pessoa que atua acredita que são adequados: não porque *as construiu*, mas sim porque *as descobriu*. O esforço de conhecer é, portanto, guiado por um sentido de obrigação para com a verdade: por um esforço de submissão à realidade.

Para além disso, como todo o ato de conhecer pessoal aprecia a coerência de certos particulares, isso implica também uma submissão a certos padrões de coerência. Enquanto que os atletas ou dançarinos que fazem o seu melhor funcionam como críticos da sua própria performance, os conhecedores práticos [nt: connoisseurs] são reconhecidos como críticos da correção dos espécimes. Todo o conhecimento pessoal avalia o que conhece através de um padrão definido para isso mesmo.

4.10. SUMÁRIO

Permitam-me que sumarie o meu argumento, até aqui. Comecei com as ciências exatas, definindo-as como um formalismo matemático baseado no contributo da experiência. Apareceu aí uma participação pessoal do cientista, presente ao

4. COMPETÊNCIAS

estabelecer essa relação com a experiência. Isto era menos visível na mecânica clássica e, por isso, aceitei esse capítulo da física como a melhor aproximação a uma ciência natural completamente independente da participação pessoal do cientista. As suas proposições podiam, sem dúvida, ser formuladas de modo a admitirem uma falsificação estrita pela experiência. Seguiram-se dois exemplos nas ciências exatas, com uma participação pessoal massiva e de forma alguma negligenciável. O primeiro caso referia-se ao conhecimento das probabilidades em ciência, em particular os graus de coincidência envolvidos ao assumir-se um padrão aparentemente significante de eventos como resultado do acaso. O segundo caso mostrou a avaliação de padrões regulares nas ciências exatas e mostrou que os padrões de ordem, apesar de baseados na experiência, não se podem considerar como falsificáveis pela experiência. Pelo contrário, tal como no caso das declarações sobre probabilidades, eles próprios avaliam todas as amostras relevantes da experiência.

É evidente que a experiência pode fornecer pistas ou indícios para encorajar, ou para desincentivar, proposições de probabilidades ou padrões de ordem, e esse efeito é importante, mas não *muito* mais importante do que o tema factual de uma novela é para a aceitação desta. Mas o conhecimento pessoal na ciência não se constrói, antes descobre-se, e como tal clama por estabelecer contacto com a realidade, para além dos indícios em que se baseia. Compromete-nos, apaixonadamente e muito para além da nossa compreensão, com uma visão da realidade. Não nos podemos eximir a essa responsabilidade definindo critérios objetivos de verificação - ou de falsificação, ou de teste, ou do que se queira. Vivemos nela como a roupa vive sobre a nossa própria pele. Tal como o amor, de que é próximo, este compromisso é uma "camisa de fogo", a arder com paixão, e, tal como o amor, consumida pela devoção para com uma exigência universal. Esse é o verdadeiro sentido da objetividade em ciência, que ilustrei no meu primeiro capítulo. Chamei-lhe a descoberta da racionalidade na natureza, um nome que pretende significar que o tipo de ordem que o descobridor diz ver na natureza vai muito para além da sua compreensão; de tal modo que o seu triunfo reside precisamente na presciência de um conjunto de implicações ainda escondidas, mas cuja descoberta se revelará mais tarde, aos olhos de outrem.

Nessa fase é já claro que o meu argumento transborda para domínios muito para além das ciências exatas. Neste capítulo continuei a procurar as raízes do conhecimento pessoal, na direção das suas formas mais primitivas, que estão subjacentes às operações de um formalismo científico. Rasgando o ecrã de papel dos gráficos, das equações e dos cálculos, tentei pôr a nu as manifestações não articuladas da inteligência, pelas quais nós conhecemos as coisas de uma forma puramente pessoal. Entrei numa análise das artes práticas do "fazer hábil" e do "conhecer competente", cujo exercício guia e credencia o uso de fórmulas científicas, e que se estende muito para além disso, sem a ajuda de qualquer formalismo, ao conformar as nossas noções fundamentais sobre a maior parte das coisas que constituem o nosso mundo.

Aqui, no exercício de uma competência e na prática competente de "artes", vemos que a arte de conhecer envolve uma mudança intencional do ser: o mergulhar de nós próprios na apreensão subsidiária de particulares, que são instrumentais para as competências terem sucesso, e que no exercício competente das práticas de "artes" funcionam como elementos do todo compreensivo que se observa. O prático de uma arte, no desempenho da sua competência, estabelece padrões para si próprio, e julga-se a si próprio por eles; o especialista conhecedor [nt: connoisseur] avalia as entidades compreensivas em função de um padrão de excelência por si definido. Os elementos de tal contexto, o martelo, a sonda, a palavra escrita, todos apontam para além deles próprios, e são dotados de um significado, nesse contexto; por outro lado, contextos compreensivos por si, como a dança, a matemática, a música, possuem um significado intrínseco ou existencial.

As artes de fazer e de conhecer, a avaliação e a compreensão do significado, são apenas aspetos diferentes do ato de estender a nossa pessoa à consciência subsidiária dos particulares que compõem o todo. A estrutura inerente deste ato fundamental de conhecer pessoal torna-nos necessariamente participantes na sua conformação, e reconhece uma intenção universal aos seus resultados. Este é o protótipo de um compromisso intelectual.

É o ato de compromisso, com toda a sua estrutura completa, que salva o conhecimento pessoal de ser meramente subjetivo. O compromisso intelectual é uma decisão responsável, em submissão às interpelações fortes que, em boa consciência, eu concebo como sendo a verdade. É um ato de esperança, que se esforça por resolver uma obrigação dentro de uma situação pessoal pela qual não sou responsável e que, portanto, determina a minha vocação. Esta esperança e esta obrigação exprimem-se na intenção universal do conhecimento pessoal. O sentido em que isso se pode afirmar será melhor clarificado à medida que se for avançando, e será sumariado no final da Parte III.

– II –

A COMPONENTE TÁCITA

5. ARTICULAÇÃO

5.1. INTRODUÇÃO

O chimpanzé Gua nasceu no cativeiro a 15 de novembro de 1930, em Cuba. Aos sete meses e meio foi adotado pelo casal Kellog, de Bloomington (Indiana), para ser um companheiro do seu filho Donald, que tinha então completado o quinto mês da sua vida[1]. Nos nove meses seguintes, os dois infantes foram tratados exatamente da mesma maneira, e o seu desenvolvimento foi registado por testes idênticos. Um gráfico com o número de testes de inteligência bem sucedidos por ambos mostra um flagrante paralelismo no desenvolvimento dos dois. É verdade que a criança, apesar de mais nova, rapidamente tomou, e manteve, a dianteira relativamente ao chimpanzé, mas a vantagem era pequena quando comparada com a previsível superioridade intelectual da criança, que começava agora a ser visível. Na idade dos 15 aos 18 meses, o desenvolvimento mental do chimpanzé está quase completo, enquanto que o desenvolvimento mental da criança está apenas a começar. Respondendo às pessoas que falam com ela, a criança começa cedo a compreender o discurso e a falar por si própria. Por esta única habilidade, a criança ultrapassa o animal e adquire a capacidade para o pensamento sustentável, e entra em toda a herança cultural dos seus antepassados.

É enorme a distância que separa os pequenos feitos da inteligência animal, e da criança, dos sucessos do pensamento científico. No entanto, a grande superioridade do homem sobre os animais é devida, paradoxalmente, a uma vantagem quase impercetível das suas faculdades originais, não articuladas[2]. A situação pode-se sumariar em três pontos: (1) A superioridade intelectual do homem é quase inteiramente devida ao uso da linguagem. Mas (2) o dom humano do discurso não pode ser ele próprio devido ao uso da linguagem, devendo antes ser atribuído a vantagens pré-linguísticas. Mesmo (3) se as pistas linguísticas forem excluídas, verifica-se que o homem é apenas ligeiramente melhor a resolver o mesmo tipo de problemas que se põem aos animais. Do que resulta que as faculdades não

II. A COMPONENTE TÁCITA

articuladas - as potencialidades - pelas quais o homem ultrapassa o animal e que, produzindo a fala e o discurso, são responsáveis pela totalidade da superioridade intelectual do homem, são por si próprias quase impercetíveis. Logo, teremos que justificar a aquisição da linguagem pelo homem, aceitando nele o mesmo tipo de poderes não articulados que observamos nos animais.

O enorme aumento dos poderes mentais derivados da aquisição de instrumentos formais de pensamento contrasta com os factos recolhidos na primeira parte deste livro, que demonstraram a participação generalizada da pessoa que conhece no próprio ato de conhecer, através de uma arte que é essencialmente não articulada. Os dois aspetos contraditórios da inteligência formal podem-se reconciliar assumindo que a articulação permanece sempre incompleta, e que o que dizemos articuladamente nunca pode ultrapassar, mas deve antes continuar a apoiar-se, nos tais atos mudos da inteligência que antes tinhamos em comum com os chimpanzés da nossa mesma idade.

Admite-se que a arte de conhecer de um cientista, que revi anteriormente, fica a um nível superior ao da criança ou do animal, e que apenas se pode adquirir conjuntamente com um conhecimento da ciência como disciplina formal. Outras competências intelectuais de ordem superior são adquiridas de forma semelhante, ao longo de uma educação formal contínua, e sem dúvida que as nossas capacidades ocultas continuam a crescer com o exercício continuado dos nossos poderes articulados. A educação formal evoca em nós um elaborado conjunto de respostas emocionais, que operam dentro de um quadro cultural articulado. Pela força destes sentimentos assimilamos esse quadro conceptual e adotamo-lo como sendo a nossa cultura; apesar disso, a comparação do bebé e do chimpanzé contribuirá muito para explicar a inteligência superior do homem.

Antes de virar a atenção para o nosso principal objectivo, identificar a relação entre a inteligência articulada e não articulada, podemos aproveitar para definir um caminho em direção ao objetivo último desta inquirição, tal como nos aparece neste ponto[3]. Se, como parece, o sentido de tudo o que proferimos é determinado em larga medida por um nosso ato hábil - o ato de conhecer tácito - então, aceitar como verdadeira qualquer afirmação nossa implica uma aprovação da nossa própria competência. Afirmar algo implica, portanto, uma certa avaliação da nossa própria arte de conhecer e o estabelecimento da verdade torna-se definitivamente dependente de um conjunto de critérios pessoais que não podem ser formalmente definidos. Se é sempre o inarticulado que tem uma última palavra, não dita, mas mesmo assim sempre decisiva, então, é inevitável uma redução correspondente do estatuto da própria verdade falada. O ideal de uma verdade impessoal e independente tem que ser reinterpretado, para admitir o carácter iminentemente pessoal do ato pelo qual se declara a verdade. A esperança de conseguir atingir um equilíbrio aceitável a este respeito irá guiar o nosso esforço de inquirição nas Partes 2 e 3 deste livro.

5.2. INTELIGÊNCIA NÃO ARTICULADA

Começarei de forma sistemática, voltando à análise das manifestações não articuladas da inteligência, nos animais e nas crianças. Aceito, por agora e sem discussão, a distinção usual entre o funcionamento automático de um organismo, incluindo os seus desempenhos instintivos, e as suas formas superiores de comportamento, não especificamente incluídas no reportório nativo do animal. Esse comportamento pode ser chamado aprendizagem, termo em que incluirei também os atos de resolução de problemas. Aprender será também considerado como um sinal de inteligência, em contraste com o funcionamento de órgãos internos ou com os desempenhos instintivas, que serão classificados como subinteligentes[4].

Os vários modos de aprendizagem agrupam-se facilmente em três classes, duas das quais são mais primitivas, e baseiam-se, respetivamente, na *motilidade* e na *sentiência* do animal, enquanto que a terceira lida com estas duas funções da vida animal numa *operação implícita da inteligência*. Esta divisão segue E. R. Hilgard (*Theories of Learning* (1948; 2ª ed., 1956) e em certa medida também O. H. Mowrer (*Learning Theory and Personality Dynamics* (1950)), que por sua vez se guiaram consideravelmente por E. C. Tolman (*Purposive Behavior in Animals and Men* (1932)). A minha apresentação difere, no entanto, em relação a estes autores, de tal modo que apenas reconheço de uma forma sumária a minha dívida para com eles.

Tipo A: Aprendizagem de habilidades (truques). A melhor demonstração da aprendizagem motora é dada por B. F. Skinner[5]. Colocou um rato esfomeado numa caixa equipada com uma alavanca, cuja depressão liberta uma bola de comida. Primeiro o rato andará à volta da caixa, farejando e apalpando qualquer objeto proeminente. Tendo baixado acidentalmente a alavanca, come a bola entretanto libertada. Passado um bocado, o rato consegue baixar outra vez a alavanca e começa a aprendizagem, evidenciada pelo facto da ação rapidamente se tornar mais frequente. Finalmente, o rato passa a ocupar-se assiduamente com o baixar da alavanca, e a comer a bola, e o processo de aprendizagem fica completo.

Esta amplificação do comportamento do rato para procurar comida faz-se, neste caso, por meio de um objeto que pode ser usado como uma ferramenta, e consiste em descobrir e praticar o uso correto dessa ferramenta. Podemos dizer que o rato aprendeu a *imaginar* o efeito que lhe é útil, ou ainda mais, que descobriu uma relação útil *meios-fins*. As imputações antropomórficas aqui implicadas - assim como na revisão seguinte da aprendizagem - são deliberadas, e serão justificadas mais tarde, na Parte Quatro, contra as objeções comportamentais [nt: "behaviouristas"].

Tipo B. Aprendizagem por sinais. Um cão treinado para esperar um choque elétrico pouco depois de um flash de luz vermelha aparecer num ecrã, reconheceu o sinal como antecipando um acontecimento. Este tipo de aprendizagem foi brilhantemente esclarecido, mas também algo distorcido, pelas experiências de Pavlov, que induziu a salivação em cães dando-lhes sinais definidos (como o toque de uma campainha) de que a comida estava a chegar. Nos termos de Pavlov, o som de uma campainha a anunciar a comida, o estímulo condicionado, substitui, nos seus efeitos, a apresentação da própria comida - o estímulo não condicionado. Do mesmo modo, segundo Pavlov, uma luz vermelha anunciadora da eminência de um choque elétrico seria suposto atuar como o próprio choque, num animal treinado. Mas nenhum deles é realmente verdade: o cão não salta e morde como se fosse comida, nem a luz vermelha causa o tipo de contração muscular que resulta de um choque elétrico. De facto, a "resposta condicionada" difere bastante da "resposta não condicionada" original, do mesmo modo que a antecipação de um acontecimento difere do efeito do próprio acontecimento[6]. O que nos permite dizer, ao contrário da descrição do processo por Pavlov, que a aprendizagem por sinais ensina a antecipar um acontecimento pelo reconhecimento do sinal antecipador do mesmo.

Consegue-se uma análise mais profunda da aprendizagem de sinais pelo uso de uma caixa de descriminação, de que há dois tipos diferentes. Por exemplo, o animal enfrenta duas portas que conduzem a dois compartimentos com marcas diferentes, que se podem mudar de uma porta para a outra. O animal, geralmente um rato, é treinado para reconhecer a marca que significa a presença de comida por trás da porta, como distinta da outra marca, por trás da qual não encontrará comida. A maior liberdade de ação aqui dada ao animal permite que o seu comportamento revele alguns dos estádios preliminares através dos quais se faz a aprendizagem.

O primeiro estádio consiste em perceber a presença do problema. Para induzir isso, o animal é apresentado com uma versão tão simplificada da situação que imediatamente a apreende. Primeiro a comida é oferecida abertamente num ou noutro dos compartimentos; depois as entradas dos compartimentos são fechadas e o animal é obrigado a abrir as portas, por trás das quais ou encontrará comida ou um espaço vazio. Estas experiências estabelecem uma consciência de que a comida está escondida num dos dois compartimentos e que pode ser obtida empurrando a porta correta. A compreensão deste problema desperta o animal para a procura da comida, forçando o seu caminho para um ou para outro dos compartimentos. É por essas tentativas em adivinhar qual o compartimento correto, que o animal eventualmente acertará com o facto de certas marcas significarem a presença de comida por trás da porta.

Há evidência que as escolhas do animal não são aleatórias durante estas tentativas, mas desde o princípio seguem sistemas do tipo "virar sempre à direita" ou "sempre para a esquerda" ou "alternadamente à esquerda e à direita", até que eventualmente acerta com as marcas e rapidamente identifica o sistema verdadeiro[7]. Todo este processo mostra claramente a capacidade do animal para ficar intrigado com uma situação, para perseguir de forma consistente a intimação de uma possibilidade oculta para a controlar, e para descobrir, na procura desse objetivo, um contexto organizado oculto por trás das suas aparências enigmáticas. As características essenciais da resolução de problemas são, portanto, bem visíveis, mesmo a este nível primitivo.

Embora a aprendizagem de sinais, tal como a aprendizagem de truques, resulte em novos hábitos motores, estes são comparativamente triviais e de importância secundária. O que o animal eventualmente faz pode ser facilmente alterado por pequenas modificações do aparato experimental, para que a aprendizagem da relação entre o sinal e o acontecimento possa resultar em diferentes ações motoras. A aprendizagem do *tipo B* consiste, portanto, não em imaginar ações hábeis, mas sim na observação de uma relação sinal - acontecimento, seguida por essas ações. Esta aprendizagem não se baseia primariamente na motilidade, mas sim na *perceção*. Os animais como os ratos e os cães estão muito bem equipados pela natureza para apreender coerentemente as coisas de que têm a perceção, e a aprendizagem de sinais parece ser uma extensão, pelo poder da inteligência, desta faculdade percetiva[8].

Os animais só aprendem quando estimulados pelo desejo ou pelo medo, e neste sentido toda a aprendizagem tem um propósito. Mas enquanto que o propósito guia diretamente a ação na idealização de um truque útil, a observação de um sinal útil é apenas guiada por um alerta geral dos nossos sentidos, que é estimulada, mas não determinada, por um qualquer propósito específico. Logo a aprendizagem de truques, tal como o desempenho de competências humanas, é mais controlada pela finalidade do que a aprendizagem de sinais, que, tal como o conhecimento prático de uma "arte", é primariamente o resultado de uma *atenção* tensa.

Tipo C. Quando um animal imagina uma nova habilidade, reorganiza o seu comportamento para servir um propósito através da exploração de uma relação particular entre os meios e os fins; o animal que aprende um novo sinal reorganiza o seu campo sensorial e estabelece uma coerência válida e útil entre um sinal e o acontecimento que ele significa. Ambas as formas de aprendizagem estabelecem uma sequência temporal, seja idealizada ou observada pelo animal que aprende (*Tipo A ou B*). A aprendizagem do tipo C ocorre quando o processo de reorganização se atinge, não por um ato particular de imaginação ou de observação, mas sim por uma *autêntica compreensão de uma situação que esteve, quase desde o seu início, aberta à inspeção.* O tipo C pode ser descrito como uma *aprendizagem latente*, para sugerir que nestes casos o animal aprende algo que se pode manifestar de modo inteligente por muitas mais, e inesperadas, formas para além das lições de aprendizagem das habilidades ou dos sinais. Logo, um rato que aprendeu a correr num labirinto mostrará um elevado grau de engenho ao escolher a alternativa mais curta, quando um dos percursos lhe foi fechado[9]. Este comportamento do rato pode ser explicado pela aquisição de um mapa mental do labirinto, usado para sua orientação, quando se encontra perante outras situações dentro do labirinto[10].

A capacidade para derivar uma variedade de rotas apropriadas ou de modos alternativos de comportamento, a partir do conhecimento latente de uma situação, corresponde a uma operação lógica elementar. Prefigura o uso de um quadro interpretativo articulado, em que nos baseamos para representar uma situação complexa, retirando daí novas inferências acerca de outros aspetos da situação. A aprendizagem latente transforma-se em pura resolução de problemas quando a situação com que o sujeito se confronta pode ser por ele apreendida sumariamente desde o início. Isto reduz a exploração a um mínimo e transfere totalmente a tarefa para os processos subsequentes de inferência. Aprender torna-se então num ato de "perspicácia", precedido por um período de deliberação serena, tal como demonstrado pelos desempenhos dos chimpanzés de Kohler.

Por contraste, o funcionamento de uma compreensão latente como guia para o ato de resolução de um problema fica mais claro quando a compreensão é apenas parcial. O chimpanzé que empilha caixas de uma forma grosseiramente instável (por exemplo colocando-as de lado) mostra que apanhou o princípio de construção de uma torre em altura, por onde subir, mas desconhece as condições para que essas construções sejam estáveis. O seu erro é um "erro bom", como Kohler lhe chama[11], pois testemunha um processo engenhoso de inferência, que o ultrapassa, por se basear parcialmente em pressupostos errados. Logo, o próprio aparecimento do poder inferencial trás consigo a capacidade associada do erro inferencial. Veremos que isto se manifesta ainda mais claramente no processo de transposição de problemas práticos para termos verbais (p. 95).

O desenvolvimento do comportamento não articulado, até ao ponto em que se aproxima e finalmente adquire uma forma articulada, pode ser observado no crescimento de uma criança. Observações deste tipo, extensivamente feitas por Piaget, foram por ele analisadas em termos de operações lógicas, tais como as incorporadas no comportamento da criança, em estádios consecutivos da sua maturação[12]. Nos estádios iniciais, ainda mais primitivos do que aqueles que são habitualmente estudados nos testes de inteligência em animais, pode-se ver a criança a construir uma estrutura espacial. Primeiro não reconhece os objetos como permanentes, desistindo de os procurar logo que são cobertos. Por exemplo, quando um relógio é escondido por um lenço, a criança retira a mão em vez de retirar o lenço.

5. ARTICULAÇÃO

Mas, com uma maturidade crescente, vai aprendendo que os objetos continuam a existir mesmo quando não se vêm ou sentem, e aprende a vê-los de tamanho e forma constantes, mesmo se apresentados a diferentes distâncias e por ângulos diferentes[13]. Melhorias na capacidade de orientação espacial podem ser testadas, por exemplo, por uma experiência em que três bonecas de diferentes cores enfiadas num fio se movem por trás de um ecrã, e pede-se à criança para prever (1) a ordem direta de aparecimento no lado oposto do ecrã e (2) a ordem inversa de retorno. A ordem de retorno é corretamente prevista apenas por volta dos 4 a 5 anos, no fim daquilo que Piaget chama o "período pré conceptual"[14].

Este progresso assim alcançado por uma criança foi descrito por Piaget como um desenvolvimento da sua inteligência, mas será mais correto chamar-lhe antes uma maior disciplina mental, obtida pelo estabelecimento de um quadro interpretativo fixo, mas de maior complexidade. Uma inferência guiada por um quadro interpretativo fixo pode sempre ser reconstituída até às suas premissas iniciais, e uma tal "reversibilidade" pode ser vista como uma característica do pensamento disciplinado, tal como Piaget assinalou[15].

A reversibilidade pode ser contrastada com os processos irreversíveis que predominam numa parte importante do comportamento inteligente. Em cada um dos três tipos de aprendizagem (A) aprendizagem de habilidades, (B) aprendizagem de sinais, (C) aprendizagem latente, nós podemos distinguir entre o processo de aprendizagem, que é irreversível, e os desempenhos adquiridos por aprendizagem, que são completamente reversíveis. Nos primeiros dois casos a distinção é bem clara. No caso A temos o ato irreversível de idealizar um truque, que é um ato distinto dos seus desempenhos subsequentes, que não envolvem qualquer alteração e, nesse sentido, pode ser dito que é reversível. No caso B temos o ato irreversível de estabelecer uma relação sinal-acontecimento, distinto da subsequente reação reversível a um sinal já reconhecido como tal. No caso C a distinção nem sempre será clara. A primeira fase, irreversível, pode ser de exploração sistemática, resultando na construção gradual de um quadro interpretativo, mas pode também ser uma mera contemplação enigmática de uma situação, que conduz a uma solução num lampejo de perspicácia. Uma vez mais, o engenho que contribui para um coeficiente irreversível das operações conceptuais da segunda fase, pode variar consideravelmente. Apesar disso, podemos também distinguir, no caso C, e de forma muito clara, entre um ato de perspicácia, que é irreversível, e o desempenho resultante, que é comparativamente reversível.

Em cada um dos casos, o processo real de aprendizagem está no primeiro estádio, enquanto que o segundo estádio consiste em mostrar o conhecimento adquirido pela aprendizagem. Podemos chamar ao primeiro um ato *heurístico*, por contraste com o segundo, que tem um carácter mais ou menos de *rotina*. No tipo A o ato heurístico é uma idealização, no B é uma observação, e em C é uma compreensão. Os atos de rotina são: em A, a repetição da habilidade, em B, a resposta continuada a um sinal, e em C, a solução de um problema de rotina. A capacidade de idealizar, observar ou compreender algo, pela primeira vez, não pode ser avaliada como intelectualmente inferior às performances baseadas no conhecimento resultante. Logo, já neste nível primitivo, estamos a reconhecer a existência de dois tipos de inteligência: um tipo que atinge inovações, irreversivelmente, e outro tipo a operar num quadro fixo de conhecimento, reversivelmente. Embora esta distinção possa parecer precária, a um nível não articulado da vida intelectual, já estão aqui suficientemente prefiguradas as suas manifestações mais completas, estabelecidas nos domínios correspondentes da inteligência articulada.

Os nossos três tipos de aprendizagem animal são formas primordiais de três faculdades muito mais desenvolvidas no homem. A aprendizagem de habilidades pode ser vista como um ato de *invenção*; a aprendizagem de sinais como um ato de *observação*; e a aprendizagem latente como um ato de *interpretação*. O uso da linguagem desenvolve cada uma destas faculdades numa ciência distintiva, para a qual cada uma das outras duas contribuem subsidiariamente.

Logo, a invenção incluirá nos seus níveis superiores toda a gama de operações úteis e engenhosas que são descritas em patentes e que constituem os assuntos da engenharia e da tecnologia. A observação, mesmo quando restrita ao tipo de coisas com que os animais se preocupam nas suas experiências de aprendizagem, pode-se considerar que inclui a totalidade da ciência natural, ao seu nível superior de articulação. O condicionamento experimental equivale, sob o ponto de vista do animal, a um processo de inferência indutiva. Um animal que reconhece uma relação sinal-acontecimento está, portanto, a produzir uma forma primordial de ciência observacional.

A transição da aprendizagem não articulada do tipo C para a sua contrapartida articulada (a que chamei interpretação) foi reconstituída pelos trabalhos de Piaget acerca da génese do pensamento disciplinado nas crianças. Eventualmente, as regras operacionais que governam implicitamente o comportamento inteligente de uma criança, a crescer para adolescência, compreenderão um sistema de lógica, em conjunto com os elementos da matemática e da mecânica clássica. As formas articuladas superiores deste tipo de inteligência são as matemáticas, a lógica e a física matemática, ou mais geralmente, as ciências dedutivas. Enquanto que a matemática aplicada é orientada aos objetos, as matemáticas puras não têm objeto exterior, preocupando-se antes com objetos da sua própria criação, o que pode ser descrito como "criação de objetos".

Ao nível articulado da inteligência, as artes heurísticas diferenciam-se claramente das meras aplicações de rotina do conhecimento estabelecido. São os atos do inventor e do descobridor que requerem originalidade e que oferecem espaço ao génio, diferindo nisso quer do desempenho dos engenheiros que aplicam dispositivos como dos professores que demonstram resultados já estabelecidos pela ciência. Os atos intelectuais do tipo heurístico fazem uma *adição* ao conhecimento, e nesse sentido são irreversíveis, enquanto que a execução das rotinas opera dentro de um quadro existente de conhecimento, e nesse sentido são reversíveis. O significado mais profundo da diferença entre processos mentais reversíveis e irreversíveis, e a relação desta distinção com as formas especificáveis e não especificáveis do conhecimento, ficará adiante mais clara.

5.3. PRINCÍPIOS OPERACIONAIS DA LINGUAGEM

Tentarei definir agora os princípios mais importantes pelos quais a linguagem se torna no instrumento para o feito extraordinário que é a articulação.

Há três tipos principais de expressões: (1) expressões de sentimento, (2) apelos às outras pessoas e (3) afirmações de facto. A cada uma delas corresponde uma função diferente da linguagem. A transição do tácito para o articulado, que estou aqui a considerar, é restrita às formas indicativas de discurso, tal como são usadas para as afirmações de facto[16].

Reconhecidamente, a linguagem é primariamente, e sempre, interpessoal e, numa certa medida, apaixonada; é exclusivamente assim na expressão emocional (comunicação apaixonada) e no discurso imperativo (ação pelo discurso), enquanto que nas afirmações declarativas de facto há algum propósito (para comunicar) e paixão (para exprimir a convicção). De facto, é precisamente o ingrediente de paixão pessoal, que aí é inerente e necessário, até para as formas menos pessoais de discurso, que pretendo evidenciar no meu argumento. Mas os poderes intelectuais peculiares conferidos pela articulação podem ser reconhecidos melhor se por momentos ignorarmos essa possibilidade e atendermos principalmente ao uso solitário, e simplesmente indicativo, da linguagem[17]. Mesmo assim, a linguagem deve ser considerada, desde o início, como incluindo a escrita, as matemáticas, os gráficos e os mapas, os diagramas e as imagens, ou seja, todas as formas de representação simbólica que são usadas como linguagem, no sentido definido pela descrição subsequente do processo linguístico[18].

Parecem ser dois os princípios operacionais da linguagem que explicam toda a superioridade intelectual do homem sobre os animais. O primeiro controla o processo de *representação* linguística, o segundo a *operação* de símbolos para auxiliar no processo do pensamento. Cada princípio pode ser demonstrado considerando as suas vantagens numa situação limite de perfeição extrema, e obviamente absurdo, e mostrando assim a necessidade de uma restrição que tenha ficado fora da explicação.

(1) Suponha-se que se pretende melhorar uma linguagem aumentando indefinidamente a sua riqueza. Podemos ter uma ideia do número enorme de palavras escritas ou impressas que se podem formar pelas diferentes combinações de fonemas ou letras, considerando o facto de que podemos construir 23^8 palavras com oito letras, a partir de um alfabeto de 23 letras, ou seja, cerca de cem mil milhões de códigos para palavras com oito letras. Isto deve-nos permitir substituir cada frase diferente que já tenha alguma vez sido impressa em língua inglesa por uma palavra impressa diferente, de modo que esta palavra código (que funcionaria como um verbo) cobriria aquilo que a frase diz. Este enriquecimento da língua inglesa, em milhões de vezes, destruiria completamente a língua, não só porque ninguém poderia recordar todas essas palavras, mas acima de tudo porque não fariam sentido. O significado de uma palavra forma-se e manifesta-se pelo seu uso repetido, e a grande maioria das nossas palavras, codificadas com oito letras, seriam usadas apenas uma vez, ou, de qualquer modo, a um ritmo demasiado raro para poderem adquirir ou exprimir um significado definido. Segue-se que uma linguagem deve ser suficientemente pobre para permitir que as mesmas palavras sejam usadas um número suficiente de vezes. Chamamos a isso a lei da pobreza[19].

É claro que, se dez mil palavras podem fazer as vezes de dez mil milhões de frases, isso apenas se pode alcançar se for possível formar combinações de palavras que, em conjunto, exprimam um significado pretendido. Um vocabulário fixo, com uma pobreza suficiente, deve portanto ser usado, dentro de alguns modos fixos de combinações, sempre com o mesmo significado. Só conjuntos de palavras organizadas gramaticalmente podem dizer, com um vocabulário limitado, a imensa variedade de coisas que estão associadas a toda a experiência conhecida[20].

As leis da pobreza e da gramática não esgotam o primeiro princípio operacional da linguagem. Referem-se a palavras, mas palavras só são palavras se forem repetidas de forma identificável e usadas de forma consistente. Logo, subjacente às leis da pobreza e da gramática, temos duas condições adicionais: as leis da iteração e da consistência.

Para que as palavras sejam repetidas de forma identificável, em diferentes frases, ditas ou escritas, os fonemas e as letras devem ser repetíveis. Devem ser escolhidos e definidos por uma característica com o tipo de carácter distintivo que a psicologia gestalt descreveu como *pragnanz* e que eu já reconheci anteriormente, na Parte Um, em conjunto com outros tipos de ordem, por oposição a configurações aleatórias. É claro que o processo de repetir e identificar palavras (tanto faladas como escritas) pode nunca estar livre de perigos, e por isso acontecem erros

5. ARTICULAÇÃO

verbais que podem falsificar a história[21] ou levar a alterações permanentes no uso linguístico[22]. A pronúncia errada e a confusão entre palavras semelhantes são (ou pelo menos eram até recentemente) assunto típico dos espetáculos musicais, para zombar de pessoas com menos educação. Os fonemas, textos escritos e palavras são *bons* se reduzirem esses riscos pela sua forma [nt: "gestalt"] distintiva[23].

Se a sua forma identificável distingue entre palavras e expressões orais sem forma, tal como gemidos ou guinchos, o seu uso consistente distingue-as das expressões claramente repetitivas - tal como melodias - que não têm qualquer uso consistente para exprimir uma expressão, um apelo ou uma afirmação. Só quando as expressões repetíveis são usadas de forma consistente é que podem ter um significado definido, e as expressões sem significado definido não são linguagem. A pobreza da linguagem só pode preencher as suas funções denotativas se as expressões forem repetíveis e consistentes.

"Consistência" é um termo deliberadamente impreciso, que designa uma qualidade não especificável. Como o mundo, tal como um caleidoscópio, nunca repete exatamente uma situação anterior (e, sem dúvida, se o fizesse nós não o saberíamos, pois não teríamos qualquer meio para dizer que tempo tinha entretanto passado), só podemos atingir a consistência pela identificação de situações manifestamente diferentes em relação a uma característica em particular, e isso precisa de uma série de julgamentos pessoais. Primeiro, precisamos de decidir quais as variantes da nossa experiência que não são relevantes para a identificação desta característica recorrente, como não fazendo parte dela, ou seja, precisamos de descriminar relativamente ao seu pano de fundo aleatório. Segundo, precisamos de decidir quais as variações que devem ser aceites como normais no aparecimento de uma característica identificável, ou as alterações que devem ser consideradas, antes pelo contrário, para desacreditar totalmente esta característica como elemento recorrente da experiência. Logo, as leis da pobreza e da consistência implicam que, sempre que usamos uma palavra para denotar alguma coisa, fazemos e credenciamos a nossa performance com um ato de generalização e que, de forma correspondente, o uso da tal palavra é assumido para designar uma classe a que atribuímos um carácter substancial.

Para além disso, ao estarmos preparados para, em ocasiões futuras, falar na nossa linguagem, estamos a antecipar a sua possível aplicação a experiências futuras, que esperamos sejam identificáveis em termos das classes naturais credenciadas pela nossa linguagem. Estas expectativas formam uma teoria do universo, que continuamos a testar permanentemente, à medida que vamos falando sobre as coisas. Desde que se sinta que a nossa linguagem classifica bem as coisas, então continuamos a aceitar que está correta, e continuamos a aceitar como verdadeira a teoria do universo implícita na nossa linguagem.

II. A COMPONENTE TÁCITA

A natureza desta teoria universal, que aceitamos ao usar uma linguagem, pode ser compreendida mais facilmente com o que se segue. Das duas a três mil palavras em uso comum hoje em dia, cada uma delas ocorre em média cem milhões de vezes nas conversas diárias das pessoas, no Reino Unido e nos Estados Unidos. Numa biblioteca com um milhão de volumes, que usem um vocabulário de 30 mil palavras, as mesmas palavras aparecerão, em média, mais de um milhão de vezes. Parece, portanto, que um vocabulário particular de substantivos, adjetivos, verbos e advérbios, constitui uma teoria de todos os objetos de que se pode falar, no sentido de postular que estes assuntos são todos formados por algumas (poucas) características recorrentes, a que se referem os substantivos, adjetivos, verbos e advérbios[24]. Uma tal teoria é, de algum modo, semelhante à teoria dos compostos químicos. A química alega que os milhões de diferentes compostos são formados por um pequeno número - cerca de cem - de elementos químicos persistentes e idênticos. Como cada elemento tem um nome e um símbolo característico associado, podemos escrever a composição de qualquer composto em termos dos elementos que contém. Isto corresponde a escrever uma frase, com as palavras de uma certa linguagem. O paralelo pode ser levado ainda mais longe. Podemos considerar o sistema de parêntesis usado para especificar a estrutura interna de um composto com uma dada composição como análogo às construções gramaticais que indicam as relações internas entre as coisas denotadas pelas palavras que compõem a frase.

Falar acerca das coisas, como vimos, é aplicar a teoria do universo implícita na nossa linguagem aos particulares de que estamos a falar. Um tal falar é, portanto, contínuo com o processo descrito na Parte Um, pelo qual as teorias das ciências exatas se baseiam na experiência. Mas a ligação é ainda mais forte com as ciências descritivas, que trataremos mais tarde, na Parte Quatro. Classificar as coisas em termos de características para as quais temos nomes, como o fazemos ao falar acerca de coisas, precisa do mesmo tipo de conhecimento prático da "arte" [nt: connoisseurship] que um naturalista precisa para identificar espécimes de plantas ou de animais. Logo, a arte de falar com precisão, aplicando com exatidão um vocabulário rico, é parecida com a descriminação delicada praticada por um especialista em taxonomia.

A lição derivada na Parte Um, a partir da reflexão sobre a aplicação das ciências exatas à experiência, pode agora ser ampliada, como se segue. Vimos que, em todas as aplicações de um formalismo à experiência, está envolvida uma certa indeterminação, que deve ser resolvida pelo observador, com base em critérios não especificáveis. Podemos agora dizer ainda mais, que o processo de aplicação da linguagem às coisas também é, necessariamente, um processo não formal: é não articulado. Logo, a denotação é uma arte, e, seja o que for que dizemos acerca das coisas, as-

5. ARTICULAÇÃO

sume o aval da nossa competência na prática dessa arte. Este coeficiente pessoal de todas as afirmações, inerente ao uso da linguagem, será agora reconsiderado no contexto mais vasto do conhecimento inefável e do pensamento inefável.

(2) O segundo princípio operacional da linguagem pode ser descoberto a partir do absurdo de levar ao limite uma outra maneira de aperfeiçoar a linguagem. Posso exemplificar isto melhor através do processo de mapeamento. Um mapa é tanto mais exato quanto mais a sua escala se aproximar da unidade, mas aproximando-se da unidade, e representando as características do terreno no seu tamanho natural, tornar-se-ia inútil, pois seria tão difícil de encontrar o nosso caminho num mapa como na própria região por ele representada. Podemos concluir que os símbolos linguísticos devem ser de tamanho razoável, ou mais geralmente, que devem ser formados por objetos facilmente manuseáveis. O tamanho manuseável das linguagens escritas permite que uma única estante da Enciclopédia Britânica contenha informação acerca dos maiores e dos mais pequenos objetos existentes. A linguagem só pode auxiliar o pensamento na medida em que os seus símbolos podem ser reproduzidos, arquivados, transportados, rearranjados e, por isso, mais facilmente ponderados do que as coisas que denotam. As igrejas e as pirâmides são símbolos, mas não são linguagem, porque não podem ser facilmente reproduzidos e manipulados. Chamamos a este requisito a lei da facilidade da gestão.

Este requisito já tinha sido antecipado, em certa medida, ao assumir que precisamos de aplicar a mesma designação em ocasiões repetidas e que podemos compor um grande número de frases diferentes juntando as mesmas palavras de acordo com certas regras. Mas os serviços de facilidade da gestão vão bastante para além disso, ao alargarem os poderes intelectuais do homem.

Em termos gerais, o princípio da facilidade da gestão consiste em conceber uma representação da experiência que lhe revele novos aspetos. Este princípio pode ser facilmente posto em operação escrevendo, ou, em alternativa, exprimindo uma designação de uma experiência, a partir da qual podemos extrair diretamente novas características suas. Em alternativa, a facilidade da gestão de símbolos pode incluir a sua capacidade para serem manipulados de acordo com regras reconhecidas como operações simbólicas, ou, ainda mais, por mera manipulação informal, tal como quando viramos as páginas de um livro para reconsiderar o seu assunto.

Estes serviços para facilitar a gestão do pensamento podem ser todos descritos como tendo lugar em três estádios:

          1. Denotação primária
          2. A sua reorganização
          3. A leitura do resultado

Os estádios 2 e 3 fundem-se num só quando a reorganização ocorre mentalmente, através de uma nova leitura da denotação primária.

Cada um destes três estádios pode ser relativamente trivial, ou pode precisar de vários graus de engenho, até mesmo ao nível do génio (o que tratarei mais tarde). Para além disso, pode-se considerar que o processo de reorganização pode incluir a transposição da denotação primária para um outro conjunto de símbolos, como quando se representam observações numéricas por gráficos, ou frases verbais por equações, um processo que também exige engenho considerável.

Vimos que no processo de aprendizagem latente, descrito pelo tipo C, os animais reorganizam mentalmente as suas memórias da experiência. Parece agora que a superioridade intelectual do homem é predominantemente devida a uma extensão deste poder através da representação da experiência por símbolos manipuláveis que podemos reorganizar, quer formal como mentalmente, a fim de produzir nova informação. É claro que este poder de reinterpretação, enormemente aumentado, baseia-se, em última instância, na superioridade relativamente ligeira dos poderes tácitos que constituem o nosso dom da linguagem. Falar é *idealizar* sinais, *observar* a sua adequação e *interpretar* as suas relações alternativas; embora o animal possua cada uma destas três faculdades, no entanto, não as consegue combinar[25].

5.4. OS PODERES DO PENSAMENTO ARTICULADO

Os exemplos seguintes ilustrarão a imensa variedade de poderes mentais que são gerados pela simples maquinaria de denotar, reconhecer e ler, e ao mesmo tempo deve mostrar que, embora os nossos poderes de pensamento possam sempre ser melhorados pelo uso de símbolos, esses poderes continuam a operar, em última instância, dentro do mesmo nível médio de inteligência não formal que partilhamos com os animais.

O uso de um mapa geográfico para encontrar o caminho por alguém oferece, para este caso excecionalmente simples, uma estimativa numérica aproximada dos poderes inferenciais derivados de uma representação bem organizada da experiência. Pode-se fazer um mapa grosseiro da Inglaterra marcando, numa folha de papel, os pontos correspondentes às posições geográficas das 200 maiores vilas inglesas, tomando uma proporção constante das respetivas latitude e longitude para as coordenadas cartesianas de cada uma, e assinalando o nome da vila correspondente por baixo de cada ponto. A partir desse mapa podemos ler, de imediato, os itinerários por onde ir de uma vila qualquer até qualquer outra, logo o nosso input original de 400 dados posicionais (200 longitudes e 200 latitudes) resulta em $200 \times 200/2 = 20000$ itinerários. Na realidade, a informação derivada de um tal mapeamento é ainda muito mais ampla do que isto. Cada itinerário terá, em média, uns cinquenta lugares, representando cerca de um milhão de itens, ou seja, 2500 vezes a dimensão do input.

O catálogo original das 200 vilas, listando as respetivas latitudes e longitudes, seria inútil, em termos comparativos, pois não representa as posições relativas das vilas, entre si, de uma forma que seja fácil de se observar. Podemos considerar a transposição desse catálogo para a forma de um mapa como uma operação formal feita sobre os seus dados, seguida pela operação informal de leitura de uma variedade de itinerários a partir do mapa. De modo semelhante, os relatórios que chegavam das batalhas aéreas sobre a Inglaterra (1940) eram continuamente representados numa grande mesa no comando da força aérea, oferecendo ao comandante supremo uma representação da situação em mudança, que podia ser muito mais facil de apreciar do que a leitura dos próprios relatórios. Sabemos como dar a forma gráfica a um conjunto de dados numéricos nos pode revelar relações funcionais de que não se suspeitaria apenas com base nos números originais. Um exemplo disto é a representação gráfica de horários, usada pela direção do tráfego ferroviário, que mostra imediatamente os lugares e os tempos a que os comboios passam uns pelos outros, uma informação que não é fácil de deduzir a partir dos horários correntes.

É claro, em todas estes casos de extensão dos nossos poderes intelectuais por uma simbolização adequada, que a mera manipulação de símbolos não cria informação nova por si mesma, mas apenas é eficiente porque ajuda os poderes mentais não articulados, exercidos através da leitura do seu resultado. Isto pode não ser assim tão óbvio para o processo de calcular nova informação através de cálculos matemáticos; mas, mesmo assim, também aqui isso é verdade. Precisamos primeiro de definir simbolicamente a situação; a idade do Paulo x, a idade do Pedro y, e $x=2y-1$, $x-y=4$. Trabalhando os símbolos obtém-se $x=9$, $y=5$, o que finalmente se lê como: o Paulo tem 9 anos de idade e o Pedro tem 5. Por muito grosseiro e mecânico que este processo possa ser, a sua execução exige uma certa medida de controlo pela inteligência. A situação original de Pedro e Paulo precisa de ser entendida e o problema envolvido precisa de ser claramente reconhecido; depois, a sua representação simbólica, incluindo as operações subsequentes, têm que ser feitas corretamente e o resultado precisa de ser corretamente interpretado. Tudo isto requer inteligência, e é no decurso destes feitos tácitos de inteligência que são credenciadas as operações formais utilizadas no processo, e que o seu resultado é aceite pela pessoa que as executou.

As operações dos poucos princípios simples aqui ilustrados podem, de facto, explicar (em termos da primeira aproximação definida na página 72) a expansão da inteligência humana, desde os tipos básicos de aprendizagem não articulada nos animais até aos domínios articulados da engenharia, das ciências naturais e das matemáticas puras.

Consideremos em primeiro lugar as ciências naturais, quer exatas como descritivas. A denotação numérica da experiência, seguida de cálculos que geram nova informação, pode ser expandida pela maquinaria lógica das ciências exatas através da inclusão, nesses nossos cálculos, de uma fórmula representativa de uma lei da natureza. Já tratei com alguma profundidade o caso das ciências empíricas e exatas como um sistema de formalismos (na Parte Um) e voltarei ao assunto no próximo capítulo.

Nas ciências descritivas, como a zoologia e a botânica, podemos avançar, tal como já foi sugerido, a partir de um nível mais primitivo de articulação, baseado apenas em operações lógicas rudimentares, ou de qualquer forma bastante informais. Estas ciências são uma expansão do discurso corrente mediante a adição de uma nomenclatura, enquanto que a operação simbólica sobre a qual se baseiam, no essencial, é a acumulação sistemática do conhecimento registado, e o rearranjo e a reconsideração destes registos a partir de novos pontos de vista.

Mas, mesmo aqui, o processo de articulação deu uma ajuda muitíssimo efetiva aos nossos poderes mnemónicos nativos. O homem não é muito superior ao rato para encontrar o seu caminho num labirinto; e também não é claro que possua uma maior inteligência nativa do que o animal, para reorganizar experiências entretanto recordadas. Mas a memória dos animais, isolada e sem qualquer ajuda, apenas pode coligir pedaços de informação, de forma não sistemática; o homem também não poderia fazer melhor, se não fosse o poder de sistematização dependente do discurso. E mesmo assim, ainda antes da invenção da imprensa ter acelerado imenso a reprodução dos registos e os ter tornado mais sumários, foi possível a expansão da zoologia descritiva e da botânica, desde a história natural aristotélica e medieval, cobrindo apenas algumas centenas de tipos, até à ciência sistemática que hoje inclui milhões de espécies.

Uma assistência decisiva à memória é dada pela compilação de registos manipuláveis também nos grandes domínios académicos das humanidades, como a história, a literatura e o direito, aos quais me refiro de passagem, embora o meu programa tenha, para já, excluído a classe de articulação interpessoal, a que estes ramos da cultura pertencem. O seu progresso depende completamente da expansão dos registos impressos derivados da exploração renovada das fontes primárias, que também são, elas próprias e em larga medida, registos impressos ou obras literárias impressas. Os livros que apresentam de forma concisa essa informação, e as bibliotecas que tornam esses livros acessíveis com facilidade, são decisivas para alargar as oportunidades dessa cultura académica.

Aliado aos serviços de mnemónica da articulação está a sua capacidade para

5. ARTICULAÇÃO

apoiar a imaginação especulativa do inventor. O livro de esboços de um inventor é o seu laboratório. Há uma experiência padronizada para testar a inventividade, em que uma pessoa é confrontada com duas cordas penduradas do teto e quase a chegarem ao chão, mas com os pontos de suspensão tão distantes que segurando uma corda numa das mãos não é possível chegar à outra corda[26]. A tarefa é unir as pontas das duas cordas. Pessoas que não conseguiram descobrir facilmente como o fazer conseguem, no entanto, encontrar uma solução quando fazem um desenho do arranjo, num papel à sua frente. A articulação retrata o essencial da situação numa escala reduzida, o que facilita a manipulação imaginativa; torna assim possível a ciência da engenharia.

Logo, a aplicação conjunta dos dois princípios operacionais da linguagem pode ser vista como expandindo o discurso aos textos de ciência e tecnologia. Mas a invenção de símbolos apropriados e a sua manipulação de acordo com certas regras fixas pode transcender completamente a tarefa de lidar com os assuntos da experiência. Os processos de inferência, conduzidos por operações simbólicas, podem ser feitos sem referência às entidades que, na realidade, foram contadas ou medidas, e tais inferências podem ser muito interessantes. As matemáticas puras são assim possíveis.

Tal como as peças do xadrez, os símbolos das matemáticas puras não servem, necessariamente, para algo que seja por eles denotado, mas sim primariamente para o uso que deles possa ser feito, de acordo com regras conhecidas. O símbolo matemático incorpora o conceito da sua operacionalidade, tal como um bispo ou um cavalo no xadrez incorporam as ideias dos movimentos de que são capazes. Tem ocorrido, ao longo dos séculos, a invenção de novos símbolos matemáticos que podem ser usados de uma forma cada vez mais interessante ou prática. O conceito dos números já está presente nos animais, mas, através de sucessivas invenções simbólicas, o homem desenvolveu-o muito para além do seu âmbito inicial de apenas seis a oito inteiros. O advento da notação posicional, dos numerais árabes, do zero e da casa decimal, facilitaram a invenção de operações aritméticas que muito enriqueceram a nossa noção de números, e tornaram muito mais poderosa a aplicação prática de números para contar e medir.

A notação inventada por um matemático pode sugerir a um outro matemático uma variante interessante do conceito correspondente. Laplace fez notar quanto afortunada era a notação de Descartes, para o expoente de uma potência, para estimular especulações acerca da possibilidade de outras potências que não fossem inteiros positivos[27]. Algumas questões da teoria dos números têm permanecido intratáveis devido ao trabalho proibitivo de cálculo que é necessário para a sua exploração, até que a construção de computadores eletrónicos aumentou a velocidades desses cálculos em muitos milhares de vezes. Logo, o progresso da matemática depende em muito da invenção de símbolos expressivos, e facilmente manipuláveis, para a representação de conceitos matemáticos.

A evolução crescente da lógica matemática tem semelhanças com os avanços feitos nas matemáticas puras através do advento de inovações simbólicas bem sucedidas. Os símbolos lógicos permitem-nos exprimir com clareza frases tão complexas que são quase incompreensíveis na linguagem corrente. A gama de estruturas gramaticais que são manipuláveis é, assim, largamente aumentada, e podemos assim fazer argumentos dedutivos que não seriam imagináveis de outra maneira. Isto abriu um novo domínio de inferências, de tal engenho e profundidade que justifica um tratamento sério, por si mesmo.

Os termos surpreendentemente variados em que se podem interpretar os sistemas da álgebra e da geometria demonstram quanto ténues são as suas funções denotativas. Não se referem a coisas em particular e podem ser categorias completamente vazias, bem definidas, mas que não se aplicam a coisa alguma. Assim $\aleph_0$ é o número cardinal do conjunto de todos os números naturais, os maiores números cardinais seguintes $\aleph_1$ e $\aleph_2$ são a contagem, respetivamente, de todas as curvas e de todas as funções reais de variável real, mas os conjuntos $\aleph_3, \aleph_4, \ldots$ etc. são infinitamente maiores do que qualquer conjunto de objetos até aí concebido, e não se aplicam a nada definido em particular - sem que isso os desqualifique como entidades matemáticas. Estes sistemas auto controlados das matemáticas puras podem-nos dizer algo que seja importante, sem se referirem primariamente a algo que lhes seja externo. Logo, o segundo princípio operacional da articulação predomina aqui totalmente sobre o primeiro. Na realidade, as matemáticas exibem os mais elevados poderes deste princípio e testemunham o nosso prazer no exercício desses poderes. Sobre a paixão intelectual, que é essencial para as matemáticas, falarei mais no próximo capítulo.

Temos agora diante de nós a seguinte sequência de ciências, dependendo de forma decrescente do primeiro princípio operacional da linguagem, e de forma crescente do segundo princípio: (1) ciências descritivas, (2) ciências exatas, (3) ciências dedutivas. É uma sequência de crescente formalização e manipulação simbólica, combinada com um contacto decrescente com a experiência. Os graus superiores de formalização tornam as afirmações da ciência mais precisas, as suas inferências mais impessoais, e correspondentemente mais "reversíveis"; mas cada passo na direção desse ideal é conseguido à custa de um sacrifício crescente do conteúdo. A imensa riqueza das formas vivas governadas pelas ciências descritivas reduz-se a uma simples leitura do que é apontado pelo dedo para os propósitos das ciências exatas, e a experiência desaparece completamente da nossa vista direta quando passamos para as matemáticas puras.

Há uma variação correspondente no coeficiente tácito do discurso. Para melhor descrever a experiência, a linguagem deve ser menos precisa. Mas uma maior imprecisão põe mais efetivamente em ação os poderes do julgamento não articulado, necessários para resolver a indeterminação consequente do discurso. Logo, é a nossa participação pessoal que governa a riqueza da experiência concreta a que o nosso discurso se refere. Só com a ajuda deste coeficiente tácito é que conseguimos dizer seja o que for acerca da experiência - uma conclusão a que eu já tinha chegado ao mostrar que o processo de denotação é, por si mesmo, não formalizável.

5.5. PENSAMENTO E DISCURSO. I. TEXTO E SIGNIFICADO

Estas sugestões recorrentes acerca da participação do tácito no processo de articulação permanecem obscuras até se definir o processo pelo qual o tácito coopera com o explícito, como o pessoal coopera com o formal. Mas não estamos ainda prontos para atacar frontalmente esta questão. Primeiro, precisamos de examinar três domínios característicos, em que a relação entre o discurso e o pensamento varia desde um extremo até ao extremo oposto, através de um tipo equilibrado de intermediação, a meio caminho entre esses dois extremos.

Esses três domínios são:

(1) A área em que o tácito predomina, e damos o nome de *domínio inefável* a este domínio.

(2) A área em que a componente tácita é a informação transmitida por um discurso facilmente inteligível, de modo que *o tácito é coextensivo com o texto a partir do qual transmite o significado*.

(3) A área em que o tácito e o formal se separam completamente, porque quem fala não sabe, ou quase que não sabe, de que é que está a falar. Há aqui dois casos extremos e muito diferentes, em particular (a) um caso de inépcia do discurso, devido à qual a articulação dificulta o trabalho tácito do pensamento; (b) um outro caso com operações simbólicas que ultrapassam a nossa compreensão e que, portanto, antecipam novos modos de pensamento. Tanto (a) como (b) podem ser ditos como fazendo parte do *domínio da sofisticação*.

Assim:

(1) Quando falo de conhecimento inefável, isso deve ser tomado literalmente e não como designando uma experiência mística, a que não pretendo referir-me nesta fase. Mesmo assim, pode-se pensar que a minha tentativa de falar do inefável é logicamente sem sentido[28], ou, em alternativa, como ofensiva da doutrina cartesiana de "ideias claras e distintas", que o Wittgenstein inicial transpôs para os termos da semântica no seu aforismo "Devemos manter o silêncio acerca do que não pode ser dito"[29], ou seja, dito exatamente, como uma afirmação nas ciên-

cias naturais. A resposta a ambas as objeções pode-se encontrar facilmente nas observações apresentadas na Parte Um e nas secções seguintes da Parte Dois, onde se demonstram os limites da formalização. Estas observações mostram que, falando em termos estritos, nada do que conhecemos pode ser dito com precisão[30], e portanto aquilo a que eu chamo "inefável" pode simplesmente significar algo que eu sei e que posso descrever com muito menos precisão do que é habitual, ou mesmo só muito vagamente. Não é difícil recordar essas experiências inefáveis, e as objeções filosóficas para o fazer invocam padrões quixotescos para a validade do significado que, a serem rigorosamente observados, nos reduziriam a todos para um nível de uma imbecilidade involuntária. Isto tornar-se-á mais claro à medida que formos avançando naquilo que essas tais objeções condenariam como sem sentido ou impossível.

O que direi sobre a inefabilidade cobrirá largamente, de facto, os mesmos terrenos que anteriormente atravessei para demonstrar a não especificabilidade do conhecimento pessoal, a diferença sendo que tratarei agora a parte não especificável do conhecimento como o resíduo deixado por uma articulação imperfeita. Tais defeitos são comuns e por vezes flagrantes. Posso guiar uma bicicleta e nada dizer, ou pegar no meu casaco entre muitos outros e nada dizer. Embora não possa dizer claramente como é que eu guio uma bicicleta, nem como é que reconheço o meu casaco (que não conheço com exatidão), isso, no entanto, não obsta a que eu diga que sei guiar uma bicicleta ou que conheço o meu casaco. Porque eu sei que sei como fazer essas coisas perfeitamente, embora eu apenas conheça os particulares do que eu sei por uma forma instrumental, e estou focalmente ignorante deles; logo, posso dizer que conheço esses assuntos mesmo que não consiga dizer claramente o que é que sei, ou pelo menos tenha muita dificuldade nisso.

O conhecimento subsidiário ou instrumental, tal como eu o defini, não é conhecido por si mesmo, mas sim em termos de algo conhecido focalmente, para cuja qualidade contribui; e nessa medida não é especificável. A análise pode trazer o conhecimento subsidiário para a zona focal, e formulá-lo como uma máxima ou como uma característica de uma fisionomia, mas uma tal especificação, em geral, não é exaustiva. Embora o especialista em diagnóstico, o taxionomista, e o classificador de algodão, possam indicar os seus indícios e formular as suas máximas, eles sabem muito mais coisas do que conseguem dizer, conhecendo-as apenas pela prática, como particulares instrumentais, e não explicitamente, como objetos. O conhecimento de tais particulares é portanto inefável, e a preponderância de um julgamento em termos de tais particulares é um processo inefável do pensamento. Isto aplica-se também aos conhecimento prático de uma arte como a arte de conhecer, e às competências hábeis como a arte de fazer, embora ambas possam ser apenas ensinadas com a ajuda de exemplos práticos, e nunca apenas e só pela perceção.

5. ARTICULAÇÃO

Mas a relação dos particulares que, no seu conjunto, formam um todo, pode ser inefável, mesmo que todos os particulares sejam explicitamente especificáveis. O assunto da anatomia topográfica é uma dessas relações inefáveis e servir-nos-á como exemplo para ilustrar o princípio deste tipo de inefabilidade.

O estudante de medicina aprende em primeiro lugar uma lista de ossos, artérias, nervos e vísceras, que constituem a anatomia sistemática. Isto é difícil de memorizar, mas não apresenta, em geral, dificuldades de compreensão, pois habitualmente as partes características do corpo podem ser claramente identificadas por diagramas. A maior dificuldade na compreensão, e por isso também no ensino da anatomia, vem da intrincada rede tridimensional dos órgãos, fortemente compactados dentro do corpo, de que nenhum diagrama pode fazer uma representação adequada. Mesmo a dissecação, que põe a nu uma região e os seus órgãos pela remoção das partes sobrepostas, não demonstra mais do que um dos aspetos da região. A reconstrução da imagem tridimensional da área exposta a partir dessa experiência, tal como existia no corpo antes de ser aberto, fica como trabalho para a imaginação, assim como a exploração mental as suas ligações com as áreas adjuntas e não expostas, à sua volta e por baixo.

O tipo de conhecimento topográfico que um cirurgião experiente possui, acerca das regiões em que opera, é, portanto, um conhecimento inefável. Ao dizer isto, estou a ignorar totalmente o ato de conhecimento pessoal envolvido na formação dos conceitos da anatomia normal, a partir de um grande número de casos que variam no seu detalhe. Consideremos todos os corpos humanos como absolutamente idênticos, e assuma-se um tempo e uma paciência ilimitados para mapear os órgãos internos do corpo. Para isso, cortemos o corpo em mil fatias finas e suponha-se que cada secção é observada com detalhe; consideremos ainda que se garante que, por um feito super humano, um estudante conseguia memorizar precisamente a imagem de todas as mil secções. Conheceria então um conjunto de dados que determinam completamente o arranjo espacial dos órgãos no corpo; no entanto, não conheceria o seu próprio arranjo espacial. Na realidade, as secções conhecidas seriam incompreensíveis e inúteis até que as pudesse interpretar à luz do tal arranjo desconhecido; enquanto que, por outro lado, se tivesse atingido essa compreensão topográfica, poderia derivar uma quantidade infinita de informações novas e significantes, a partir desse conhecimento, tal como se lêem itinerários a partir de um mapa. Tais processos de inferência, que podem envolver esforços continuados de inteligência, são pensamentos inefáveis.

As limitações dos poderes de mapeamento, de que temos aqui um caso extremo, existiam já quando passamos do mapeamento de objetos num plano para o mapeamento desses mesmos objetos numa superfície curva. Só é possível mapear toda a superfície da terra numa folha de papel plana através de uma projeção distorcida, enquanto que a sua representação por um globo é pouco cómoda, e apenas pode mostrar um hemisfério de cada vez. Esta insuficiência torna-se uma impossibilidade quando passamos para um intrincado arranjo tridimensional de objetos opacos e muito próximos. Os diagramas e as demonstrações de aspetos instrutivos do agregado oferecem agora meros indícios para a sua compreensão, enquanto que para se chegar à compreensão é preciso um ato difícil de perspicácia pessoal, cujo resultado continua a ser não articulado[31].

Temos agora, perante nós, duas articulações imperfeitas, diferentes mas fortemente relacionadas. Quando ando de bicicleta, ou seleciono o casaco, não conheço quais os particulares do meu conhecimento, e, por isso, não posso dizer quais é que eles são; quando, por outro lado, conheço a topografia de um agregado complexo tridimensional, sei e posso descrever os seus particulares, mas não posso descrever as suas inter-relações espaciais. As limitações da articulação são diferentes nos dois casos. Quando as artes de conhecer se explicam por máximas, estas nunca mostram completamente os particulares da arte, que são conhecidos subsidiariamente, e assim os poderes de articulação ficam logo limitados nesta etapa. Nenhuma limitação desse tipo é imposta sobre a articulação de uma topografia espacial, cujos particulares sejam completamente acessíveis. Aqui a dificuldade reside inteiramente na subsequente integração dos seus particulares, e a imperfeição da articulação consiste, de modo geral, no facto deste último processo ficar sem orientação formal. O grau de inteligência que um estudante precisa para executar um ato de compreensão que, em última instância, lhe transmite o conhecimento da topografia, evidencia as limitações da articulação para representar esta topografia.

Este domínio inefável do conhecimento hábil das competências é contínuo, na sua não articulação, com o conhecimento pessoal que os animais e as crianças possuem, e que, tal como vimos, também possuem a capacidade para reorganizar o seu conhecimento não articulado e para o usar como um quadro interpretativo. O anatomista que explora a dissecação de uma topografia complexa está, de facto, a usar a sua inteligência tal como um rato a correr num labirinto; e como não pode dizer mais do que o rato acerca daquilo que sabe sobre o seu caminho, a sua compreensão da anatomia topográfica continua, a esse respeito, perfeitamente equivalente à compreensão que o rato adquire sobre um labirinto. Podemos, em geral, dizer que ao adquirir uma competência hábil, seja muscular ou intelectual, atingimos uma compreensão que não conseguimos pôr em palavras, e que é contínua às faculdades não articuladas dos animais.

O que eu *compreendo* desta maneira tem um significado para mim, e tem esse significado por si mesmo, e não como significado de um sinal que denota um objeto. Chamei anteriormente a isto um significado existencial[32]. Como os animais

5. ARTICULAÇÃO

não têm linguagem que possa denotar seja o que for, podemos descrever como existencial todo o significado que é compreendido pelos animais. A aprendizagem de sinais, que é um primeiro passo para a denotação, seria apenas um caso especial de significado existencial, mas quando chegamos a um sistema deliberadamente escolhido de sinais, que constituem uma linguagem, temos que admitir que estes têm um significado denotativo que não é inerente a um contexto fixo de coisas ou ações[33].

Agora que falei, com algum detalhe, do inefável, é mais fácil ver porque é que não é nem impossível, nem auto contraditório. Afirmar que tenho um conhecimento que é inefável não é negar que possa falar dele, mas apenas que não posso falar adequadamente dele, a própria asserção sendo um reconhecimento dessa mesma insuficiência. Reflexões do tipo que fiz há momentos, quando recordei os conteúdos particulares do nosso conhecimento, que não podemos especificar adequadamente, serviram para substanciar a insuficiência da nossa articulação para os casos em questão. É claro que tais reflexões devem apelar, em última instância, ao próprio sentido de inadequação que pretendem justificar. Não tentam eliminar, mas apenas evocar mais vividamente o nosso sentimento de representação inadequada, perseverando na direção de uma maior precisão e refletindo sobre o fracasso final dessa tentativa.

Acredito que devemos reconhecer a nossa capacidade para avaliar a nossa própria articulação. Na realidade, todos os nossos esforços por uma maior precisão implicam uma nossa confiança nessa capacidade. Negar, ou mesmo duvidar, de que possuímos esse dom desacredita qualquer esforço para nos exprimirmos corretamente, e o próprio conceito das palavras como expressões usadas de forma consistente dissolver-se-ia se não conseguíssemos credenciar essa atividade. Isto não implica que esta capacidade seja infalível, mas simplesmente que somos competentes para a exercitar, e que, em última instância, devemos confiar no exercício que fazemos dela. Precisamos de admitir isto se queremos, de algum modo, poder falar, o que acredito ser nossa obrigação.

(2) Tendo reconhecido a nossa própria capacidade para distinguir entre aquilo que conhecemos e aquilo que podemos dizer acerca disso, somos livres para também distinguir entre o que é ouvir uma mensagem e saber o que ela nos diz[34]. A este respeito podemos recordar, uma vez mais, que tendo acabado de ler uma carta, já não sei em que linguagem é que foi escrita, embora conheça com precisão o seu conteúdo[35]. O conhecimento que tinha adquirido era o significado da mensagem. Este tipo de conhecimento, ou significado, é parecido, pelo seu carácter tácito, com os tipos de conhecimento que descrevi antes como inefáveis, mas difere profundamente devido à sua origem verbal. Enquanto lia a carta, estava conscientemente a apreender tanto o texto como o significado do texto, mas a

minha consciência do texto era meramente instrumental em relação ao seu significado, pelo que o texto era transparente relativamente ao seu significado. Depois de pôr a carta de lado, perco a minha apreensão consciente do texto, mas continuo subsidiariamente consciente dos seus termos, pelo meu conhecimento não articulado do seu conteúdo[36]. O conhecimento tácito está, portanto, manifestamente presente não só quando ultrapassa os poderes da articulação, mas até mesmo quando coincide exatamente com eles, tal como acontece quando o adquirimos num momento anterior ao ler ou ouvir um texto[37].

Mesmo *enquanto* ouvimos um discurso ou lemos um texto, a nossa atenção focal está dirigida para o significado das palavras, e não para as palavras por si mesmas, como sons ou como marcas no papel. Na realidade, dizer que lemos ou que atendemos a um texto, e não que meramente o vimos ou ouvimos, é precisamente implicar que estamos a atender focalmente àquilo que é indicado pelas palavras vistas ou ouvidas, e não às palavras por si próprias.

Mas as palavras nada transmitem a não ser através de um significado anteriormente adquirido, que pode ser algo alterado pelo seu uso presente, mas que, em geral, não foi descoberto pela primeira vez nessa ocasião. Em qualquer caso, o nosso conhecimento das coisas denotadas pelas palavras terá sido largamente adquirido por experiência, do mesmo modo como os animais chegam ao conhecimento das coisas, enquanto que as palavras terão adquirido o seu significado pela designação anterior dessa experiência, quando expressas por outros na nossa presença ou quando usadas por nós próprios. Assim, quando recebo informação por ler uma carta, ou quando pondero a mensagem da carta, estou subsidiariamente consciente não só do seu texto como também de todas as ocasiões passadas pelas quais cheguei à compreensão das palavras do texto, e toda essa gama de apreensões subsidiárias apresenta-se focalmente nos termos da mensagem. Esta mensagem ou significado, em que agora temos a atenção focada, não é algo tangível: é o conceito evocado pelo texto. *O conceito em questão é o foco da nossa atenção, em termos do qual atendemos subsidiariamente tanto ao texto como aos objetos indicados pelo texto.* Logo, o sentido de um texto reside numa compreensão focal de todos os seus particulares relevantes e conhecidos instrumentalmente, tal como o propósito de uma ação reside na inervação coordenada dos seus particulares, usados instrumentalmente. É isso que significa quando dizemos de *lemos* um texto, e a razão pela qual não dizemos que o *observamos*.

Enquanto que a atenção focal é necessariamente consciente, a apreensão subsidiária pode ocorrer em todos os graus de consciência. Quando lemos um texto, ou ouvimos um discurso, temos uma apreensão subsidiária completamente *consciente,* mesmo continuando também conscientes do texto pelos termos da sua mensagem, a que continuamos a atender focalmente. A relação entre palavras e

5. ARTICULAÇÃO

pensamento é portanto a mesma, quer tenhamos, ou não, as palavras conscientemente na mente. Isto permitem-nos estar de acordo com Revesz[38] sobre o facto de se poder encontrar pensamento "sem palavras" na linguagem, e na realidade muitas vezes encontra-se, sem estar de acordo, ao mesmo tempo, em desqualificar todos os processos mentais inefáveis por lhes faltar as caracteristicas de pensamento. Mais à frente farei novos comentários acerca deste ponto.

(3) Apresentei primeiro um domínio em que tanto o conhecimento como o pensamento eram predominantemente tácitos por necessidade, e depois um segundo domínio em que o tácito, no qual focamos a nossa atenção, é o significado do discurso que estamos a ouvir, ou que acabamos de ouvir. O domínio da sofisticação, em que agora entramos, é formado pelas operações simbólicas *não completamente compreendidas*, que podem ser[39]:

(a) uma confusão, a ser *corrigida* mais tarde pela nossa compreensão tácita,

(b) uma novidade, a ser *seguida* mais tarde pela nossa compreensão tácita.

Falando mais precisamente, diríamos que nos estamos a referir nestes dois casos a um estado de dificuldade mental, devido ao sentimento de que os nossos pensamentos tácitos não estão de acordo com as nossas operações simbólicas, pelo que temos que decidir em qual dos dois nos devemos basear e qual é que devemos corrigir à luz do outro.

O primeiro destes dois tipos de desacordo ocorre quando uma criança aprende a falar. Muitas vezes mostram-se mais incomodadas do que ajudadas pelo seu novo equipamento articulado, cujas operações ainda não dominam completamente. Piaget observou como, muitas vezes, as crianças acham intratáveis os problemas verbais, embora saibam, e saibam mesmo há já muito tempo, como resolver os problemas práticos correspondentes. Concluiu que todas as operações da lógica precisam de ser novamente aprendidas, no plano verbal do pensamento[40].

Embora os ganhos adquiridos pela conformação do nosso pensamento em termos articulados possam ser muito superiores a essas desvantagens iniciais, permanecerão sempre certas oportunidades de erros – e mesmo até de erros graves – que resultam da nossa própria adoção de um quadro interpretativo articulado. Este risco é portanto inerente ao exercício de todas as formas superiores da razão humana. Os animais podem fazer asneiras; os coelhos caiem em armadilhas, os peixes mordem a mosca do pescador, e tais erros podem ser mesmo fatais. O animismo, a crença em feitiçarias, oráculos e tabus prevalece de forma universal entre os povos primitivos, e uma tendência para superstições relacionadas pode-se também encontrar na infância. Quando a superstição é ultrapassada pela filosofia e pela teologia, ou pelas matemáticas e pelas ciências puras, envolvemo-nos, uma vez mais, em novos sistemas de falácias dos quais a nossa prática das matemáticas, da ciência, da filosofia e da teologia nunca se pode livrar em rigor.

II. A COMPONENTE TÁCITA

A mente que se entrega às operações com símbolos adquire uma ferramenta intelectual com poderes ilimitados; mas o seu uso torna a mente vulnerável a perigos cujos limites são também ilimitados. O hiato entre o tácito e o articulado tende a acontecer sempre que aparece uma clivagem entre o senso comum e a sofisticação duvidosa, de que o animal está completamente livre.

A escola linguística da filosofia procura eliminar essas incertezas pondo o uso de cada palavra sob um controlo mais estrito. Mas não se pode tirar partido da formalização do pensamento, a menos que se permita que o formalismo adotado funcione de acordo com os seus próprios princípios operacionais, e, nessa medida, precisamos de nos abandonar a esse funcionamento e ao risco de errar. Recorde-se como os vários tipos novos de números – irracionais, negativos, imaginários, transfinitos – foram criados pela extensão de operações matemáticas para domínios ainda por explorar, e como estes números, depois de primeiro terem sido rejeitados como sendo sem significado, foram eventualmente aceites como denotando novos conceitos matemáticos importantes. Esses ganhos espetaculares, obtidos pelo uso especulativo de notações matemáticas para fins que não eram os originalmente considerados, recordam-nos que a principal fecundidade de um formalismo pode-se revelar pelas suas funções não convencionais, precisamente nos pontos em que os perigos de resvalar para o absurdo poderiam parecer maiores. Godel mostrou como o âmbito das fórmulas matemáticas é indeterminado, no sentido em que não podemos decidir dentro de um sistema dedutivo, como a aritmética, sobre a consistência de qualquer conjunto de axiomas que formam o sistema, ou sobre se são mutuamente contraditórios[41]. Precisamos de nos arriscar a falar completamente sem sentido, para dizer seja o que for dentro de um tal sistema.

Isto também é verdade para a linguagem corrente quando aplicada aos assuntos da experiência. A linguagem corrente contém termos descritivos, cada um dos quais implica uma generalização que afirma a natureza estável, ou de outra forma recorrente, de uma característica qualquer a que se refere, e estes testemunhos da realidade de um conjunto de características recorrentes, constituem, como vimos (pag. 81), uma teoria do universo que é complementada por regras gramaticais, regras pelas quais os termos se podem combinar para formar frases com significado. Desde que esta teoria universal seja verdadeira, podemos ver que antecipa, tal como outras teorias verdadeiras, muito mais conhecimento do que era detido, ou mesmo suspeitado, pelos seus autores. Podemos recordar, como modelo grosseiro, a forma como mesmo um pequeno mapa multiplica milhares de vezes o input original de informação; e junte-se a isto que, na realidade, o número de questões com significado e interessantes, que se podem estudar através de um mapa, é ainda muito maior e não totalmente previsível. Muito menos podemos controlar antecipadamente as miríades de arranjos em que os substantivos, adjetivos, verbos e advérbios se podem combinar para formarem novas questões ou afirmações com significado, desenvolvendo ainda mais, como veremos, o significado das próprias palavras dentro desses novos contextos. A especulação verbal pode, portanto, revelar um fundo inesgotável de conhecimento verdadeiro, e novos problemas substanciais, tal como também pode produzir peças de meros sofismas.

Como é que podemos distinguir entre os dois casos? A questão não pode ser completamente esclarecida neste momento; mas com base naquilo que já se disse, podemos ver, pelo menos nas grandes linhas, por que método é que teremos que chegar à decisão. Precisamos de ter em mente três coisas: o *texto*, o *conceito* por ele sugerido e a *experiência* em que nos podemos basear. O nosso julgamento faz-se através de tentativas de ajustes mútuos destas três coisas. O resultado não pode ser previsto a partir do uso anterior da linguagem, pois pode envolver uma decisão para corrigir, ou para modificar, o uso da linguagem. Por outro lado, podemos decidir antes em persistir com o uso anterior e reinterpretar a experiência em termos de um conceito novo sugerido pelo nosso texto, ou pelo menos considerar novos problemas que levem a uma reinterpretação da experiência. E em terceiro lugar, podemos decidir ignorar o texto, como completamente sem significado.

Logo, falar uma linguagem é um compromisso de nós mesmos com a dupla indeterminação devida à nossa confiança no seu formalismo e na nossa contínua reconsideração deste formalismo, na sua relação com a experiência. Devido ao caracter tácito, em última instância, de todo o nosso conhecimento, nós continuamos sempre incapazes de dizer tudo o que sabemos, assim como, da mesma maneira, e dado o carácter tácito do significado, nunca conseguimos saber o que está implícito naquilo que dizemos[42].

5.6. FORMAS DE APROVAÇÃO TÁCITA

Antes de prosseguir, preciso de voltar por uns momentos para o ponto em que defini o meu programa para as Partes Dois e Três. Propus aí pôr o conceito de verdade de acordo com os três factos seguintes, mais ou menos aparentes desde o início:

(1) Quase todo o conhecimento pelo qual o homem ultrapassa os animais é adquirido pelo uso da linguagem.

(2) As operações da linguagem baseiam-se, em última instância, nos nossos poderes intelectuais tácitos, os quais são contínuos com os dos animais.

(3) Estes atos não articulados da inteligência esforçam-se por satisfazer padrões auto definidos e por chegar às suas conclusões através do reconhecimento do seu próprio sucesso.

II. A COMPONENTE TÁCITA

Já reconstitui as origens destes coeficientes tácitos da articulação que são decisivos nos três tipos básicos de aprendizagem nos animais; mas isso não explica a nossa intensa participação pessoal na procura e conquista do nosso conhecimento. A origem deste esforço intelectual que, de uma forma algo paradoxal, tanto conforma a nossa compreensão como a credencia como verdadeira, deve residir num princípio *ativo*. Resulta da nossa sentiência e sentido de alerta inatos, tal como se manifestam já pelos movimentos exploratórios e pelos impulsos instintivos nos animais mais inferiores, e pelos poderes de perceção nos animais de níveis um pouco mais elevados. Encontramos aqui impulsos de auto movimento que se satisfazem por si próprios, tanto no propósito como na atenção, que antecedem a aprendizagem nos animais, e que, por si mesmos, estimulam a aprendizagem. Estes são os protótipos primordiais dos desejos intelectuais superiores, que procuram a satisfação na procura do conhecimento articulado e que o credenciam pelo seu próprio consentimento. Para chegar a estes protótipos, precisamos de ir das formas superiores de esforços intelectuais para as inferiores, e assim vamos tratar primeiro as perceções e lidaremos depois com os impulsos instintivos.

A perceção é manifestamente uma atividade que procura satisfazer padrões definidos para si mesma. Os músculos dos olhos ajustam a espessura das suas lentes, para produzirem uma imagem na retina tão nítida quanto possível do objeto para a qual a atenção do observador está dirigida, e os olhos apresentam-lhe essas imagens do objeto como corretas. Este esforço antecipa a forma como nos esforçamos por compreender e por satisfazer o nosso desejo por ele, procurando enquadrar conceitos com a máxima clareza possível.

Mas a nitidez dos contornos nem sempre predomina na conformação daquilo que vemos. Ames e a sua escola mostraram que, quando se insufla uma bola contra um fundo inexpressivo, esta é vista como se mantivesse o mesmo tamanho e se estivesse a aproximar[43]. Esta ilusão parece ser devida ao facto de, neste caso, acomodarmos os nossos olhos para uma distância mais curta, mesmo que assim o objeto fique desfocado. Pior ainda, aumentamos simultaneamente a convergência dos nossos olhos de modo que as duas imagens na retina são deslocadas das suas posições correspondentes, o que normalmente nos faria ver um objeto duplo. Estes defeitos da qualidade e da posição das nossas imagens retinais são aqui aceites pelo olho, no seu esforço para satisfazer a exigência mais premente de ver o objeto comportar-se de uma forma razoável. Como as bolas de ténis não aumentam até ao tamanho de bolas de futebol, uma bola que se comporte assim deve estar a aproximar-se de nós, mesmo que para formar essa sensação, o olho tenha que passar por cima de padrões de correção que de outra forma não aceitaria.

A regra que seguimos na conformação da vista de uma bola insuflada é a mesma que ensinamos a nós próprios, enquanto crianças recém-nascidas, quando

5. ARTICULAÇÃO

experimentamos, pela primeira vez, um guiso a aproximar-se dos nossos olhos e depois a mover-se para longe. Tivemos então que escolher entre ver o guiso a inchar e a reduzir alternadamente, ou ver mudar a sua distância, embora mantendo o seu tamanho, e adotamos esta última suposição. Desta forma, fomos eventualmente construindo um quadro interpretativo universal, que assume a existência ubíqua de objetos, que retêm os seus tamanhos e formas quando vistos a diferentes distâncias e por ângulos diferentes, e as suas cores e brilho quando vistos sob diferentes iluminações (ver p. 82 *ante*).

Esta extraordinária generalização, em que baseamos a nossa compreensão do universo, é comum a nós e aos animais superiores. O seu equipamento sensorial nativo, assim como o nosso, define padrões semelhantes de visão correta, e é este padrão original que nos induz a desprezar, no caso da bola insuflada, a evidência contrária das nossas imagens na retina. Na realidade, induz-nos a intervir ativamente na produção da falsa evidência da bola se estar a aproximar dos nossos olhos, através de um esforço incorreto de acomodação visual, não dissuadido pelo facto disso destruir a nitidez e a correspondência binocular das nossas imagens retinais. O processo ilustra claramente o princípio ativo que procura estabelecer uma coerência entre todos os indícios da perceção visual, de modo que a nossa apreensão subsidiária deles, em termos do que vemos, nos satisfaça como uma compreensão verdadeira das coisas que foram vistas[44].

Numa perspetiva mais vasta, a presente experiência de ver a bola insuflada como mais próxima dos nossos olhos, parece ser o último elo de uma longa cadeia de experiências com que nos defrontamos e que conformamos, a cada uma das quais nós reagimos dando-lhe o melhor sentido que somos capazes de encontrar, e todos são agora eficientes, de forma subsidiária, para a conformação e compreensão da nossa experiência presente. Os indícios sensoriais oferecidos pela bola insuflada podem, portanto, parecer como sendo avaliados em conjunto com uma imensa variedade de indícios antigos, já para além da lembrança - mas *não* sem registo efetivo.

Este processo, pelo qual o significado dos indícios sensoriais é estabelecido ao nível das nossas perceções, é muito semelhante àquele pelo qual conformamos o significado das palavras denotativas, ao longo de toda a nossa experiência de os aplicar a uma série de instâncias identificáveis no decurso da nossa vida. Estas identificações linguísticas baseiam-se primariamente, de facto, na identificação sensorial de objetos a várias distâncias, sob diversos ângulos e com iluminações diversas, e simplesmente estendem a teoria do universo, implícita nas nossas interpretações sensoriais, a uma teoria ainda mais vasta, implícita no vocabulário pelo qual falamos acerca das coisas.

Devemos à psicologia das formas (gestalt) muita da evidência conhecida que mostra como a perceção é uma compreensão de indícios em termos de um todo. Mas a perceção habitualmente opera de modo automático, e os psicólogos das formas (gestalt) têm preferido coligir exemplos do tipo em que a perceção continua, sem qualquer esforço deliberado por parte de quem percebe, e até nem é corrigível pela reconsideração subsequente do seu resultado. As ilusões óticas são, portanto, classificadas como verdadeiras perceções, sendo ambas descritas como o equilíbrio entre estímulos espontâneos a um todo compreensivo. Uma tal interpretação não deixa espaço para um qualquer esforço intencional que incite a nossa perceção a explorar e avaliar os indícios oferecidos aos nossos sentidos, na procura do conhecimento. Julgo que isto é um erro, e na Parte Quatro direi mais sobre as razões para reconhecer as pessoas, que usam os seus sentidos, como centros de julgamento inteligente. Mas, nesta fase, é suficiente recordar algumas características desta participação pessoal e ativa[45]. Reconhecemos isso nas formas de vigilância que distinguem um animal em alerta de um outro que tenha perdido a atenção, por razões de exaustão ou por perturbações psicóticas. Uma experiência de aprendizagem de sinais apenas pode ser usada se conseguirmos interessar o animal por essa situação e se o tornarmos consciente de um problema, que possa ser resolvido através de um esforço dos seus poderes de observação. É claro que isso pode ser feito pela oferta de uma recompensa. Mas uma vez aprendido o truque, a inclinação do animal para o repetir sem recompensa, pelo mero prazer de o fazer, mostra que o seu prazer em resolver o problema tem uma componente puramente intelectual. Também se provou que a aprendizagem de um labirinto continua, mesmo quando não é dada qualquer recompensa. A inteligência do animal está espontaneamente atenta para o problema de criar um significado para a sua envolvente[46].

Voltarei agora para estes sinais primordiais das paixões intelectuais nos animais. Tal como para nós, precisamos de conhecer a alegria de ver coisas; a curiosidade provocada por novos objetos; o esforço dos nossos sentidos para perceber o que é que estamos a ver, e a grande superioridade de algumas pessoas quanto à sua rapidez de visão e poderes penetrantes de observação. Acredito que devemos reconhecer estas ações sensoriais como esforços apropriados sobre os quais tanto nos baseamos como os partilhamos. Este endosso dos nossos poderes nativos de dar um significado à nossa experiência, conforme os nossos próprios padrões de racionalidade, torna também possível reconhecer as contribuições ubíquas da perceção sensorial para as componentes tácitas do conhecimento articulado. E, eventualmente, deveria condicionar a nossa forma de reconhecer a verdade nas suas formas articuladas.

Esta análise da perceção baseia-se na questão tradicional de saber se um objeto deve ser equiparado com o agregado das suas impressões nos nossos sentidos.

5. ARTICULAÇÃO

A análise linguística de Ryle dispensa esta questão, como não tendo qualquer sentido, porque as impressões sensoriais não se podem observar, e que tudo o que observamos é um objeto[47]. Isto é verdade, mas o problema permanece. Porque podemos "ver" objetos sem os observar como tal. Os recém-nascidos provavelmente vêm sempre assim. Uma criança recém-nascida experimenta o mundo sem o controlar intelectualmente, pois ainda lhe falta o controlo integrador dos órgãos que dirigem a inspeção e a identificação de objetos externos. Se a sua fixação ocular for deficiente, os olhos arregalam-se, sem compreender as coisas à sua volta. Desta forma, apenas pode ver manchas coloridas, sem forma ou tamanho bem definidos, que aparecem sem ter uma distância em particular e com permanentes mudanças de forma e de cor. Confrontados com objetos que na realidade tenham sido camuflados, ou que sejam inteiramente novos, os adultos apenas vêm manchas de cor. Doentes que nasceram cegos, e que recuperaram a vista após uma operação, precisam de aprender laboriosamente a reconhecer os objetos; e, de uma forma semelhante, os chimpanzés criados no escuro precisam de várias semanas de prática para conseguirem ver, até mesmo objetos tão interessantes como o seu biberão[48]. Para além disso, um ato deliberado de contemplação pode dissolver os objetos em manchas de cores[49]. Ao passar da contemplação visionária de um objeto para a sua observação, fazemos portanto uma afirmação de algo para está para além do que estavamos a ver anteriormente. Este é um ato que envolve um compromisso que se pode vir a mostrar errado. Estabelece uma conceção de realidade experimentada em termos de uma consciência subsidiaria de manchas coloridas, que tinham sido previamente experimentadas como tal num ato de contemplação.

Se a perceção prefigura todo o nosso conhecimento das coisas, a satisfação de impulsos prefigura todas as competências hábeis, e estão sempre inter-relacionados. Os esforços feitos para satisfazer os nossos desejos e evitar a dor são guiados pela perceção; e, na medida em que levam à satisfação dos nossos desejos, são por sua vez uma forma de verificar um facto, em particular que certas coisas satisfazem os nossos apetites. A persecução dos impulsos é uma exploração silenciosa, que no caso de sucesso leva a uma afirmação silenciosa; e - tal como no caso da perceção sensorial - o processo que adquire a informação seleciona e correlaciona, por si mesmo e do seu próprio ponto de vista, as coisas a que se refere, e julga-as relativamente à sua própria motivação. Embora a afirmação que então se adquire - por exemplo comendo, fumando ou fazendo amor - esteja necessariamente centrada em nós próprios como agentes, uma tal informação entra, de facto, enfaticamente na nossa imagem articulada do mundo. Para um intelecto desencarnado, totalmente incapaz de desejo, dor ou conforto, muito do nosso vocabulário seria incompreensível. A maioria dos substantivos e dos verbos referem-se ou a coisas vivas, cujo comportamento pode apenas ser apreciado a partir de uma experiência dos impulsos que os estimulam, ou de coisas feitas pelo homem para o seu próprio uso, o que, uma vez mais, só pode ser apreciado por uma compreensão das necessidades humanas a que servem.

A satisfação dos impulsos e a perceção são rudimentos primordiais de duas classes de comportamentos inteligentes que se manifestam - a um nível mais elevado, embora ainda não articulado - nas aprendizagem de dois tipos, a prática e a cognitiva. O primeiro (*tipo A*) aumenta as faculdades sensoriais e motoras inatas através da aquisição de novas relações meios - fins, enquanto que o segundo (*tipo B*) estende os poderes sensoriais inatos do animal através da aprendizagem de novas relações sinal - acontecimento.

A aprendizagem do *tipo C*, pelo qual um animal chega a compreender e a controlar uma situação complexa, usa tanto as suas faculdades motoras como sensoriais, como partes de uma operação conceptual primitiva. Podemos reconhecer os primeiros rudimentos de tais operações combinadas no comportamento exploratório do animal e no permanente ajuste do seu equilíbrio, culminando, por exemplo, nos estratagemas para restaurar a sua posição normal quando virados de cabeça para baixo. Estes impulsos, que preservam a coerência racional do animal, quer dentro de si mesmo como em relação com o seu ambiente, antecipam a aprendizagem de relações alternativas partes - todo a um nível muito mais desenvolvido da inteligência.

Todos estes sucessos não articulados são guiados pela autossatisfação. Pode-se dizer que a adaptação dos nossos órgãos sensoriais, o estímulo dos nossos apetites e medos, a nossa capacidade de locomoção, equilíbrio e verticalidade, assim como os processos de aprendizagem que uma inteligência articulada desenvolve a partir desses esforços, são o que são e resultam no que são dito resultar, apenas na medida em que acreditamos na aprovação implícita da sua própria performance, conformada de acordo com padrões por si e para si definidos. Logo, em cada um dos inúmeros pontos em que a nossa articulação se baseia nos nossos esforços sub intelectuais, ou em qualquer feito não articulado da nossa inteligência, estamo-nos a basear nas nossas próprias performances tácitas, cuja retidão implicitamente confirmamos.

5.7. PENSAMENTO E DISCURSO. II. DECISÕES CONCEPTUAIS

Podemos agora começar a reconhecer a natureza da faculdade tácita, que em última instância explica todo o aumento de conhecimento pela articulação, e a natureza do incentivo para o exercitar. Vimos esta faculdade revelada por várias formas algo diferentes, em todas as três relações características entre o pensamento

5. ARTICULAÇÃO

e o discurso. No domínio inefável, dava sentido às escassas pistas transmitidas pelo discurso; ao ouvir um texto quase ininteligível e ao recordar a sua mensagem, o conceito alcançado constituía o foco da nossa atenção; e, finalmente, vimos ser o centro das operações para reajustar as componentes tácitas e formais do pensamento, que ruíu perante um processo de sofisticação. A faculdade em que nos baseamos, em todas estas situações, foi o nosso poder para compreender um texto, e as coisas a que o texto se refere, dentro de uma conceção que é o significado do texto.

Vimos como o impulso para atender aos indícios e lhes dar um significado está sempre em alerta nos nossos olhos e ouvidos, e nos nossos medos e desejos. O incentivo para compreender a experiência, juntamente com a linguagem que se refere à experiência, é claramente uma extensão deste esforço primordial pelo controlo intelectual. A conformação dos nossos conceitos é incentivado para ir da escuridão para a claridade e da incoerência para a compreensão, por um desconforto intelectual semelhante àquele que incentiva os nossos olhos para ver de forma clara e coerente as coisas que vemos. Em ambos os casos, selecionamos os indícios que parecem sugerir um contexto em que fazem sentido, como seus particulares subsidiários.

Isto pode resolver o paradoxo do muito que devemos intelectualmente à articulação, apesar do foco de toda a articulação ser conceptual, com a linguagem a ter apenas um papel subsidiário nesse foco. Porque desde que os conceitos transmitidos pelo discurso, quando o discurso é corretamente compreendido, nos tornam conscientes quer da forma como o nosso discurso se refere a certas coisas, como da forma como essas coisas são elas mesmas constituídas por si próprias, nunca podemos aprender a falar, a não ser aprendendo a conhecer aquilo que o discurso significa. Logo, mesmo que os nossos pensamentos sejam de coisas e não de linguagem, nós estamos sempre conscientes da linguagem em todo o pensamento (pelo menos naquilo em que o nosso pensamento ultrapassa o pensamento dos animais) e não podemos ter esses pensamentos sem linguagem, nem compreender a linguagem sem compreender as coisas a que atendemos em tais pensamentos.

Uma ilustração - próxima do caso da anatomia topográfica pela qual exemplificamos o inefável - pode mostrar este movimento dual na aprendizagem de uma linguagem. Seja o caso de um estudante de medicina a frequentar um curso sobre diagnóstico de doenças pulmonares por raios X. Numa sala escura, observa os traços num ecrã fluorescente colocado contra o peito do paciente e ouve o radiologista a comentar para os seus assistentes, numa linguagem técnica, acerca das características significantes das sombras. Primeiro, um estudante fica completamente intrigado, pois na imagem do peito, através dos raios X, ele vê apenas as sombras do coração e das costelas, com alguns emaranhados de manchas entre elas. Os especialistas parecem estar a romancear acerca de invenções da sua imaginação, ele não vendo nada do que eles estão a falar. Mas depois, à medida que continua a ouvir durante algumas semanas, olhando cuidadosamente para cada nova imagem de casos diferentes, começa a despontar nele uma tentativa de compreensão, e progressivamente começa a esquecer acerca das costelas e a ver apenas os pulmões. E, eventualmente, se perseverar com inteligência, revela-se-lhe um fino panorama de detalhes significativos, de variações fisiológicas e de alterações patológicas, de cicatrizes, de infeções crónicas e de sinais de doença aguda. Entrou num novo mundo. Ainda só vê uma fração do que os especialistas conseguem ver, mas as imagens começam agora definitivamente a fazer sentido e a ter um significado, assim como muitos dos comentários feitos sobre elas. Está a compreender aquilo que lhe está a ser ensinado; clicou. Logo, no preciso momento em que aprendeu a linguagem da radiologia pulmonar, o aluno também aprendeu a compreender os radiogramas pulmonares. Os dois apenas podem acontecer em conjunto. Ambas as metades são-nos apresentada por um texto ininteligível, referindo-se a um assunto ininteligível, e guiam em conjunto os nossos esforços para os resolver, e são eventualmente resolvidos em conjunto pela descoberta de um conceito que envolve uma compreensão conjunta, quer das palavras como das coisas.

Mas esta dualidade do discurso e do conhecimento é *assimétrica*, num sentido antecipado ao nível não articulado, na distinção (já aparente na aprendizagem nos animais) entre o conhecimento e as performances baseadas no conhecimento. Vimos que a aquisição do tipo de conhecimento denominado aprendizagem latente se pode manifestar por um número indeterminado de performances, dependendo da situação com que o animal se confronta, depois do seu treino. Na realidade, uma vez que aprendeu algo de novo, qualquer reação subsequente do animal pode, em certa medida, ser afetada pelo seu conhecimento adquirido anteriormente: um facto que é conhecido como transferência da aprendizagem. E é fácil de ver como o conhecimento, mesmo quando adquirido verbalmente, tem um carácter "latente"; exprimir isso por palavras é uma performance baseada na nossa posse de um tal conhecimento latente.

Seja o conhecimento em medicina. Enquanto que o uso correto dos termos médicos não se pode alcançar por si mesmo, sem o conhecimento da medicina, uma boa parte da medicina pode ser recordada mesmo depois de se ter esquecido o uso dos termos médicos. Tendo mudado de profissão e mudado da Hungria para a Inglaterra, esqueci muitos dos termos médicos que aprendi na Hungria e não adquiri novos termos para os substituir; mas nunca mais voltarei a ver, por exemplo, um radiograma pulmonar da mesma maneira totalmente incompreensível como o via antes de ter sido treinado em radiologia. O conhecimento da medicina é retido, tal como se recorda a mensagem de uma carta, mesmo depois do texto, que transmitia um tipo qualquer de conhecimento, ter passado para além da lembrança pela memória. Falar desta mensagem, ou de assuntos médicos, é portanto uma performance baseada no conhecimento, e é apenas uma de entre uma gama indefinida de possíveis performances pelas quais esse conhecimento se pode manifestar. Tateamos com palavras para exprimir o que conhecemos e as nossas palavras ficam presas por essas raízes. "Os verdadeiros artistas do discurso", escreve Vossler[50], "estão sempre conscientes do carácter metafórico da linguagem. Seguem corrigindo e suplementando uma metáfora por outra, permitindo que as suas palavras se contradigam mutuamente, e atendendo apenas à unidade e certeza do seu pensamento". Humphrey[51] alinha, com razão, a capacidade para exprimir conhecimento por uma variedade ilimitada de termos falados, com a capacidade de um rato manifestar esse conhecimento num labirinto por um número ilimitado de ações diferentes.

5.8. A MENTE EDUCADA

Quando estas páginas aparecerem impressas [nt: 1958], Donald Kellog poderá estar a completar os seus estudos numa universidade. Poderá estar a caminho de se tornar um médico, um advogado ou um clérigo competente, porventura destinado a ser uma autoridade em medicina, nas leis ou na teologia, ou mesmo um precursor cuja grandeza possa apenas despontar daqui a algumas gerações - enquanto que Gua, o chimpanzé, o seu colega de brincadeiras e rival intelectual até à idade de um ano e meio, nunca terá ido para além do estádio de inteligência que ambos atingiram como crianças. Donald terá adquirido todo o seu conhecimento superior pelo exercício dos seus poderes não articulados - excedendo os de Gua, principalmente pela sua capacidade para combinar os dons práticos, observacionais e interpretativos que ambos partilhavam - para pôr em ação os princípios operacionais do discurso, da escrita e de outros símbolos linguísticos, e porventura aumentando ainda esta herança de conhecimento através das suas próprias descobertas.

O conhecimento adquirido pela educação pode ser de vários tipos. Pode ser conhecimento médico, legal, etc., ou simplesmente o conhecimento geral de uma pessoa educada. Nós estamos claramente conscientes da extensão e do carácter especial do nosso conhecimento, mesmo sem uma apreensão focal de qualquer um dos seus inúmeros itens. Desses particulares estamos simplesmente conscientes em função do nosso domínio do assunto de que fazem parte. Este sentido de domínio é de um tipo semelhante ao conhecimento não articulado de saber o nosso percurso numa topografia complexa, mas o seu alcance é aumentado pela ajuda de apontadores verbais e linguísticos, cuja facilidade de gestão nos permite manter um registo de uma imensidão de experiências e ficar seguro de ter acesso, sempre que necessário, a muitos dos seus inúmeros particulares. A consciência da nossa educação reside, portanto, em última instância, nos nossos poderes conceptuais, quer quando diretamente aplicados à experiência, quer quando mediados por um sistema de referências linguísticas. A educação é conhecimento *latente*, de que estamos conscientes de forma subsidiária, através do nosso sentido de poder intelectual baseado nesse conhecimento.

O poder dos nossos conceitos reside na identificação de novas instâncias de certas coisas que já conhecemos. Esta função da nossa estrutura conceptual é próxima da função da nossa estrutura perceptiva, que nos permite o reconhecimento de quaisquer novos objetos como tais, e da estrutura dos nossos desejos, que nos permite o reconhecimento de qualquer coisa nova que os satisfaça. Parece, portanto, próximo do poder das competências hábeis práticas, sempre atentas para responder a novas situações. Podemos agrupar todo este conjunto de faculdades - os nossos conceitos e competências, a nossa estrutura conceptual e os nossos desejos - num único poder compreensivo de antecipação.

Devido às alterações incessantes que em cada momento manifestamente renovam o estado das coisas no mundo, as nossas antecipações devem sempre encontrar coisas que, em certa medida, são novas e sem precedentes. Logo, descobrimos que nos baseamos simultaneamente nas nossas antecipações, e na nossa capacidade para as readaptar a situações novas e sem precedentes. Isto é verdade no exercício de competências hábeis, na conformação da nossa perceção, ou mesmo na satisfação dos nossos desejos; cada vez que o nosso quadro conceptual existente lida com um acontecimento por ele antecipado, tem que, em certa medida, modificar-se a si próprio; a capacidade para continuarmos a enriquecer e avivar o nosso próprio quadro conceptual, pela assimilação de novas experiências, é a marca da nossa personalidade inteligente. Logo, o nosso sentimento de possuir um controlo intelectual sobre uma variedade de coisas combina sempre uma antecipação por encontrar certas coisas deste tipo, que serão novas a respeito de certas características não especificáveis, com a confiança em nós próprios para as interpretar, com sucesso, através de modificações apropriadas do nosso quadro interpretativo de antecipações.

Isto não é um truísmo, mas antes o cerne do nosso assunto. A singularidade dos nossos pensamentos serem muito mais profundos daquilo que nós conhecemos, e de mais tarde mostrarem inesperadamente o seu impacto mais importante a outras mentes, foi reconhecido no meu primeiro capítulo como uma parte da objetividade. Copérnico antecipou, em parte as descobertas de Kepler e de

Newton, porque a racionalidade do seu sistema era uma intimação por uma realidade revelada de forma incompleta aos seus olhos. De modo semelhante, Dalton (e muito antes dele, os numerosos percursores da sua teoria atómica) contemplou e descreveu o esquema turvo de uma realidade que a física atómica moderna tem, desde então, evidenciado através de particulares discerníveis com precisão. Também sabemos que os conceitos matemáticos muitas vezes só mostram a sua significância mais profunda algumas gerações depois, quando revelam implicações insuspeitas, ou quando sofrem uma generalização surpreendente. Além disso, o formalismo matemático pode operar de modos novos e inconvencionais, e forçar a expressão de um conceito novo nas nossas mentes hesitantes. Estes grandes feitos intelectuais demonstram, em larga escala, os poderes que eu reinvindiquei para todos os nossos conceitos, em particular o facto de terem sentido para além de quaisquer expectativas especificáveis relativas a situações sem precedentes.

Porque é que confiamos a vida e a orientação dos nossos pensamentos aos nossos conceitos? Porque acreditamos que a sua manifesta racionalidade se deve a estarem em contacto com os domínios da realidade, de que conseguem compreender um aspeto. É por isso que o Pigmalião, a funcionar em nós quando formamos um conceito, está sempre preparado para se guiar pela sua própria criação. Nós próprios concedemos autoridade aos conceitos que aceitamos, porque os reconhecemos como intimações - derivadas do contato que fazemos, através deles, com a realidade - para uma sequência indefinida de novas ocasiões futuras, que podemos esperar dominar pelo maior desenvolvimento futuro desses conceitos, com base no nosso próprio juízo do seu contacto continuado com a realidade. Isto aproxima-nos muito do conceito final de verdade em que procurarei estabelecer o meu equilíbrio mental. Mas de momento continuarei ainda um pouco mais com o este assunto.

5.9. A REINTERPRETAÇÃO DA LINGUAGEM

Mostrei que uma mente educada baseia-se em indícios verbais, para a maior parte do seu conhecimento. Logo, segue-se que o seu quadro conceptual se desenvolve principalmente através de ouvir ou falar, e que as suas decisões conceptuais serão geralmente acompanhadas pela decisão de compreender, ou usar, as palavras de uma forma nova. Em qualquer dos casos, cada uso da linguagem para descrever a experiência, num mundo em mutação, aplica a linguagem a instâncias do seu assunto, de alguma maneira sem precedentes, e portanto, em certa medida, modifica o sentido da linguagem e a estrutura do nosso quadro conceptual[52]. Já antes o impliquei, quando falei da denotação como uma arte (p. 82), e quando associei o processo pelo qual o significado das palavras é estabelecido ao longo da vida com o processo pelo qual interpretamos e reinterpretamos os nossos indícios sensoriais (p. 100-102). Estas pistas podem ser agora consolidadas e desenvolvidas, no contexto de uma análise mais profunda da forma pela qual a reiteração das expressões linguísticas relativas a ocasiões identificáveis alteram o seu significado, de cada vez que as ouvimos ou que nós próprios as pronunciamos.

A reinterpretação da linguagem pode ter lugar a diferentes níveis. (1) Uma criança a aprender a falar está a praticar *recetivamente*. (2) Os poetas, cientistas e académicos podem propor *inovações* linguísticas *e ensinar os outros a usá-las*. (3) A reinterpretação tem também lugar a um nível *intermédio* no uso quotidiano da linguagem, que a modifica impercetivelmente, sem qualquer esforço consciente de inovação.

Tratarei cada um dos três casos por sua vez; mas primeiro devo pegar noutra ponta que aqui nos poderá servir como orientação. Piaget descreveu a subsunção de uma nova instância, sob uma conceção previamente aceite, como um processo de *assimilação*, enquanto que descreveu como *adaptação* a formação de conceitos novos ou modificados a fim de lidar com uma experiência nova[53]. Usarei esses termos para descrever os dois movimentos associados, pelos quais tanto aplicamos como re-conformamos os nossos conceitos, ao mesmo tempo; considero esta combinação como essencial para todas as decisões conceptuais, mesmo que uma das duas características possa predominar num certo caso particular.

A distinção entre assimilação da experiência por um quadro interpretativo fixo e a adaptação de um tal quadro, para incorporar as lições de uma nova experiência, ganha um sentido novo e mais preciso quando o quadro interpretativo em questão é articulado. A primeira representa o ideal de usar a linguagem de forma impessoal, de acordo com regras estritas; a segunda baseia-se numa intervenção pessoal de quem fala, para alterar as regras da linguagem que se adaptam às novas ocasiões. A primeira é uma performance de rotina, a segunda é um ato heurístico. Um paradigma da primeira é a contagem, que deixa o quadro interpretativo - os números usados na contagem - sem alterações significativas; o ideal da segunda encontra-se na originalidade das frases poéticas ou nas novas notações matemáticas associadas a conceitos novos. Idealmente, o primeiro é estritamente reversível, enquanto que o segundo é essencialmente irreversível. Modificar o nosso idioma é modificar o quadro de referência dentro do qual devemos doravante interpretar a nossa experiência; é modificar-nos a nós próprios. Ao contrário de um processo formal, que podemos recapitular à vontade e reconstituir até às suas origens, este implica uma conversão a novas premissas, não acessíveis por qualquer argumento estrito, a partir das premissas anteriores. É uma decisão, com origem no nosso julgamento pessoal, para modificar as premissas do nosso julgamento, e portanto para modificar a nossa existência intelectual, para ser mais satisfatória para nós próprios.

5. ARTICULAÇÃO

Mas, uma vez mais, este incentivo para a nossa própria satisfação não é puramente egocêntrico. A nossa ânsia por maior clareza e coerência, quer no nosso discurso como na experiência de que falamos, procura uma solução para um problema, uma solução em que nos possamos basear no futuro. Tenta descobrir algo e estabelecê-lo em terrenos firmes. Procuramos aqui a auto satisfação, apenas como uma parte daquilo que nos pode satisfazer no universo. A modificação da nossa identidade intelectual faz-se na esperança de um contacto mais próximo com a realidade. Mergulhamos nela apenas para ganhar um ponto de apoio mais sólido. As intimações deste contacto prospetivo são conjeturais, e podem-se mostrar falsas, mas, portanto, não são meras conjeturas, tal como apostar no lançamento de um dado. A capacidade para fazer descobertas não é do mesmo tipo que a sorte de um apostador. Depende de uma habilidade natural, melhorada pelo treino e guiada pelo esforço intelectual. Está próximo de um feito artístico e, tal como ele, é não especificável, mas longe de ser acidental ou arbitrário.

Este é o sentido em que disse que a denotação é uma arte. Aprender uma linguagem ou modificar o seu significado é um feito tácito, irreversível, heurístico; é uma transformação da nossa própria vida intelectual, com origem na nossa ânsia por maior clareza e coerência, e também apoiada pela esperança de a encontrar, num contacto mais próximo com a realidade. De facto, qualquer modificação de um quadro antecipativo, quer seja conceptual, percetual ou apetitivo, é um ato heurístico irreversível, que transforma a nossa maneira de pensar, ver e apreciar, na esperança de melhor sintonizar a a nossa compreensão, perceção ou sensualidade, com aquilo que é verdadeiro e correto. Embora cada uma destas adaptações não linguísticas possam afetar a nossa linguagem, aqui eu continuarei a tratar apenas as interações entre as modificações dos quadros conceptual e linguístico, a que me referi na abertura desta secção.

(1) O primeiro dos três níveis, que propus para ilustrar a reinterpretação da linguagem, é o de uma criança que aprende a falar. As suas adivinhações podem parecer hesitantes, e até tolas, para os adultos, mas o carácter conjuntural do uso linguístico que revelam é necessariamente inerente a todo o discurso, e permanece inerente a nós mesmos até ao fim. Uma criança apontará para a roupa lavada, a abanar ao vento, e chamar-lhe-á "tempo" [nt: "weather"], e chamará "pequeno tempo" [nt: "small weather] às molas que seguram a roupa, e "grande tempo" [nt: "big weather"] ao moinho de vento. Estas falsas generalizações infantis, para adivinhar o significado das palavras, são conhecidas como "verbalismo infantil"[54], mas os erros que persistem na idade adulta são muito semelhantes. Poucas pessoas parecem conhecer, por exemplo, que o vulgar adjetivo [nt: em inglês] "arch" [nt: "arco"] pode também significar "cunning" [nt: "ardiloso"] ou "playfully roguish" [nt: "brincadeira marota"]. Mesmo pessoas excecionalmente bem educa-

das conseguem dizer o que significa "oily" [nt: "oleoso"], "ingratiating" [nt: "insinuante"], "ironical" [nt: "irónico"] ou "playfully roguish" [nt: "pretensamente aristocrático"]. Nos últimos anos, a *Readers Digest* publicou todas as semanas uma lista diferente de dez palavras conhecidas pela maioria das pessoas, pedindo ao leitor para identificar, entre três classes mencionadas, qual a que pertence a cada uma das palavras referidas, e raramente alguém acerta na lista completa. Temos um conhecimento relativamente seguro das palavras usadas com mais frequência, mas este vocabulário seguro está rodeado por um enxame de expressões mal entendidas, que dificilmente nos aventuramos a usar. Esta hesitação reflete um sentimento de mal-estar intelectual, que nos induz a procurar uma maior clareza e coerência.

Já exprimi a minha convicção de que nos devemos creditar com a capacidade para avaliar a inadequação da nossa própria articulação (p. 93). Reivindicarei agora essa capacidade para mim mesmo, dizendo que os erros verbais acompanham, lado a lado, a má compreensão dos assuntos que nos intrigam. Um criança que usa a mesma palavra "tempo" para chuva, molas da roupa e moinhos de vento, tem um conceito de tempo insatisfatório, e portanto instável, em que todas essas diferentes coisas estão amalgamadas. Ainda hoje consigo recordar um intrigante conceito que tinha em criança, em que se misturavam pão de forma com bagagem, devido ao facto de não distinguir entre as palavras em alemão "geback" e "gepack", que se aplicam respetivamente aos dois. Dylan Thomas conta como misturava em criança os dois significados de "frente", designando a frente da casa e a frente das batalhas em França[55], e interrogava-se sobre as curiosas consequências resultantes dessa hibridização. Palavras mais raras como "epicene" [nt: epiceno, hemafrodita] ou "cynosure" [nt: centro ou foco da atenção] evocam em muitos de nós conceitos confusos e incertos que combinam pistas disjuntas, em geral tomados por empréstimo a partir do significado de palavras que soam de forma semelhante. Os académicos continuam a conjeturar quais os conceitos que estavam cobertos por palavras gregas como "arete" [nt: excelência ou virtude máxima] e "sophrosyne" [nt: justa medida; temperança, autocontrolo]; as suas hipóteses são guiadas por critérios de conveniência, semelhantes àqueles em que uma criança se baseia nas suas hesitações para compreender o discurso.

(2) A confusão pode manter-se por muito tempo em alguns ramos das ciências naturais e pode acabar por, finalmente, só se resolver por uma clarificação dos termos. A teoria atómica foi estabelecida em 1808 por John Dalton, e aceite quase de imediato. No entanto, durante mais de cinquenta anos, durante os quais a teoria foi universalmente aplicada, o seu significado continuava a ser obscuro. Foi uma revelação quando em 1858 Cannizaro distinguiu, com precisão, os três conceitos relacionados de peso atómico, massa molecular e peso equivalente

5. ARTICULAÇÃO

(peso por valência) que até aí tinham sido usados de uma forma indeterminada e intermutável. A pertinência do quadro interpretativo de Cannizaro trouxe uma nova clareza e coerência à compreensão da química. Uma tal clarificação é irreversível; é hoje em dia difícil reconstruir os conceitos confusos que os químicos usaram durante o meio século anterior (e que, por exemplo, levaram Dalton a rejeitar a lei de Avogadro, como contrária à teoria atómica da química), tal como, uma vez mais, é difícil continuar intrigado por um quebra-cabeças, depois de se ter encontrado a sua solução. Recorde-se também como, durante quase um século depois do aparecimento de Mesmer, homens de ciência sentiam que, ou tinham que aceitar as falsas reivindicações do "magnetismo animal", ou tinham que rejeitar a evidência a seu favor como ilusória ou fraudulenta, até que finalmente Braid resolveu o falso dilema sugerindo o novo conceito de "hipnotismo"[56]. Os grandes pioneiros do hipnotismo, como Elliotson, tinham sido vítimas trágicas da confusão prevalecente, devido à falta de um quadro conceptual em que as suas descobertas se pudessem separar de mistelas enganadoras e indefensáveis.

Cannizaro e Braid fizeram descobertas conceptuais, que consolidaram por uma melhoria da linguagem; o seu melhor conhecimento de um assunto permitiu-lhes falar de forma mais apropriada acerca dele. Uma tal inovação linguística está associada à conformação de novos conceitos, do mesmo modo que a aprendizagem de uma linguagem nova está relacionada com a aquisição de conceitos correntes do seu assunto. Tal como no caso do verbalismo infantil, as confusões que exemplificamos nas ciências naturais consistem numa deficiência do controlo intelectual, que causa inquietação e que é resolvida por uma reforma conceptual e linguística.

Devo aqui divagar brevemente e considerar mais de perto o processo pelo qual a confusão é eliminada nestes diferentes casos, assim como noutros casos com eles relacionados. A separação entre o texto e o seu significado, seja na criança como no cientista, é sinal de um estado de espírito problemático. A sede de uma tal confusão é sempre conceptual. Há evidência independente, em estudos com animais, de que a confusão pode ter origem a níveis puramente não articulados[57]. A confusão humana pode ser verbal, no sentido em que não pode acontecer sem o uso da linguagem: um homem que especule sobre a possibilidade de predizer as suas próprias ações fica tão intrigado quanto um chimpanzé. No entanto, a sua perplexidade é semelhante à que estaria envolvida ao especular sobre a possibilidade de se elevar a si mesmo pelos atacadores dos seus próprios sapatos; embora esta perplexidade *pudesse* ser experimentada de forma não articulada por uma criança ou por um chimpanzé que se tentasse elevar a si mesmo dessa maneira.

Quando uma criança confunde homónimos ou confunde os significados de palavras que soam de forma semelhante, ou quando fica perplexa com problemas formulados verbalmente mas cuja solução conhece há muito como encontrar na prática, o seu uso da linguagem está a obscurecer o que antes era claro para a sua compreensão tácita. Uma tal sofisticação infantil pode ser curada ensinando a criança a compreender e a usar a fala de acordo com a sua compreensão anterior, não articulada, do assunto. A moderna filosofia analítica mostrou que isso também se passa na filosofia. Algumas vezes, podem-se dissolver os problemas filosóficos definindo o significado dos seus termos, de acordo com a nossa compreensão pouco sofisticada do seu assunto.

Mas os problemas puramente especulativos nem sempre são tão infrutíferos. As especulações acerca de como nos elevarmos a nós próprios através dos atacadores dos sapatos, por exemplo, coincidem no essencial com as especulações sobre os dispositivos mecânicos do movimento perpétuo, que apenas foram resolvidos pelas descobertas da mecânica, e para as quais efetivamente contribuíram. O paradoxo levantado por Einstein, ainda como estudante, acerca do comportamento da luz num laboratório que se movesse à velocidade da luz, só foi resolvido quando Einstein reformou o conceito de simultaneidade, e em conjunto com isso estabeleceu a relatividade especial. O papel fundamental dos vários paradoxos lógicos e semânticos, como estímulos para o recente desenvolvimento conceptual na lógica, é também notável. Acredito que a solução dos eternos quebra-cabeças da filosofia, como o de saber se é possível prevermos as nossas próprias ações, podem também levar a importantes descobertas conceptuais[58]. Na realidade, este meu livro assenta precisamente nessas bases; estou a tentar resolver, através de uma reforma conceptual, a aparente autocontradição implícita em acreditar naquilo de que seria concebível poder duvidar.

Sugeri antes (p. 97) que, quando o texto e o seu significado se separam, temos que decidir sobre

(1) (a) Corrigir o significado do texto;
    (b) Reinterpretar o texto;
(2) Reinterpretar a experiência;
(3) Recusar o texto como sem sentido.

Vemos agora que o caso (1a) cobre tanto o processo recetivo, pelo qual melhoramos o nosso conhecimento de uma linguagem, como a eliminação dos enigmas verbais, por um controlo mais estrito da linguagem, tal como é praticado pela filosofia moderna. As combinações (1b) e (2) são exemplificadas por descobertas conceptuais em ciência; nas matemáticas são possíveis descobertas análogas, sem referência à experiência, às quais ainda voltarei. A recusa de um texto como sem sentido, e o problema levantado por ele como um pseudo-problema (caso (3)), pode resultar de uma clarificação filosófica dos seus termos (caso 1a).

5. ARTICULAÇÃO

Cada uma destas escolhas envolve a conformação do significado à luz dos nossos padrões de clareza e razão. Uma tal escolha constitui um ato heurístico, que pode mesmo exibir os graus mais elevados de originalidade. Acabo de o ilustrar recordando os exemplos de Cannizaro e Braid. Mas quero voltar a referir o caso de Ersnest Mach, que denunciou o "espaço absoluto" de Newton como sem sentido: um conceito que a descoberta posterior da relatividade mostrou não ser sem sentido, mas sim falso[59]. Este erro recorda outros do mesmo tipo. Quando Poincaré disse que uma alteração desproporcionada nas dimensões lineares de *todos* os corpos sólidos não seria observável, logo seria vazia de sentido[60], não considerou um conjunto de consequências resultantes das alterações correspondentes na relação entre volumes e tamanhos. Durante algum tempo considerou-se que a contração de Lorentz-Fitzgerald era essencialmente não observável[61], o que é falso. O paradoxo do mentiroso foi, durante muito tempo, considerado como um mero sofisma, sem importância para a lógica[62], mas posteriormente reconheceu-se nele um problema fundamental. O ato interpretativo pelo qual se recusa uma questão, como um pseudo problema, está inevitavelmente cheio de todos os riscos de uma decisão heurística.

(3) A linguagem está continuamente a ser reinterpretada pelo seu uso quotidiano, sem o incentivo forte de um problema, e algumas questões relacionadas de nomenclatura são habitualmente resolvidas, em ciência, por uma forma igualmente suave. O princípio geral que governa estas ocasiões já foi anteriormente definido; voltarei a expô-lo como se segue. Neste mundo em mudança, os nossos poderes de antecipação têm sempre que lidar com uma situação de algum modo sem precedentes, e em geral apenas o conseguem fazer passando, em certa medida, por um processo de adaptação. Mais em particular: como cada ocasião em que uma palavra é usada, é, em certa medida, diferente de qualquer outra ocasião anterior, devemos esperar que o sentido de uma palavra seja de alguma forma modificado em cada uma dessas ocasiões. Por exemplo, como não existem corujas exatamente iguais, dizer "isto é uma coruja", uma afirmação que ostensivamente diz algo acerca do pássaro à nossa frente, também diz algo acerca do termo "coruja", ou seja, acerca das corujas em geral.

O que levanta uma questão difícil. Podemos sancionar, com segurança, a prática de adotar o significado das palavras, de tal modo que aquilo que dizemos deva ser verdadeiro? Se podemos dizer de uma coruja sem precedentes, porventura pertencendo a uma nova espécie: "isto é uma coruja", usando esta designação num sentido modificado de forma apropriado, então porque é que não havemos de poder igualmente dizer de uma coruja "isto é um pardal", significando um novo tipo de pardal, ainda nem sequer conhecido por esse nome? Na realidade, porque é que haveremos de dizer uma coisa em vez da outra, e não selecionar aleatoriamente os termos descritivos? Ou, em alternativa, se os nossos termos são para serem definidos de acordo com as suas aplicações presentes, poderia qualquer afirmação dizer mais do que "isto é isto", o que seria claramente inútil?

Tentarei responder a isto com uma ilustração das ciências exatas. Quando o hidrogénio pesado (deutério) foi descoberto por Urey em 1932, foi por ele descrito como um novo isótopo do hidrogénio. Numa discussão na Royal Society em 1934, Frederic Soddy, o descobridor da isotopia, objetou a isso, com base no facto de ele ter inicialmente definido os isótopos dos elementos como sendo quimicamente inseparáveis uns dos outros, e o hidrogénio pesado ser quimicamente separável do hidrogénio leve[63]. Ninguém prestou atenção a esse protesto, e um novo significado do termo "isótopo" foi por sua vez tacitamente adotado. O novo significado permitiu a inclusão do hidrogénio pesado entre os isótopos do hidrogénio, apesar da sua propriedade, sem precedente, de ser quimicamente separável dos outros isótopos associados. Logo, a frase "existe um elemento deutério que é um isótopo do hidrogénio" foi aceite com um sentido que redefiniu o termo isótopo, e assim esta frase, que de outro modo seria falsa, tornou-se verdadeira. O novo conceito abandonou, como superficial, uma forma previamente aceite de isotopia e baseou-se só na identidade das cargas nucleares dos isótopos.

A nossa especificação do deutério como um isótopo do hidrogénio afirma portanto duas coisas: (1) que no caso do hidrogénio e do deutério existe uma instância de um novo tipo de separabilidade, envolvendo dois elementos de igual carga nuclear, (2) que estes elementos devem ser vistos como isótopos, apesar da sua separabilidade, meramente com fundamento na igualdade das suas cargas nucleares. As novas observações referidas em (1) precisaram das reformas linguísticas estipuladas em (2), tornaram obsoleta a regra linguística "todos os isótopos são quimicamente inseparáveis" e levaram à sua substituição por um novo uso, que reflete uma conceção mais verdadeira de isotopia, derivada dessas observações. Para reter o conceito original de isotopia, pelo qual as diferenças químicas entre hidrogénio leve e pesado seriam classificadas com as diferenças químicas entre dois elementos com posições diferentes na tabela periódica, teria sido enganador até ao ponto do absurdo. Isto demonstra o princípio que nos deve guiar ao adaptar o significado das palavras, para que aquilo que dizemos seja verdadeiro: as decisões conceptuais correspondentes devem estar corretas - as suas alegadas implicações devem ser verdadeiras.

Logo, podemos chamar coruja a uma nova espécie de coruja, mais do que pardal, porque a modificação do conceito de corujas, para incluirmos o pássaro em questão, faz sentido como uma instância de "corujas"; enquanto que uma modificação do nosso conceito de pardais, pela qual poderíamos incluir este pássaro como uma instância de "pardais", não faria sentido. A primeira decisão conceptual

5. ARTICULAÇÃO

está correta e as suas implicações são verdadeiras, no mesmo sentido da decisão de aceitar o deutério e o hidrogénio como isótopos num sentido modificado do termo está correta e as suas implicações são verdadeiras. De modo semelhante, em ambos os casos - das corujas e dos isótopos - as decisões alternativas estariam erradas e as suas implicações não seriam verdadeiras. Só há uma diferença entre os dois casos: a adaptação do conceito de isótopo para acomodar as observações sobre o deutério e o hidrogénio podem ser especificadas em termos de uma adenda à definição de isótopo, enquanto que as adaptações de um conceito morfológico como o de uma "coruja", pelo qual se faz a inclusão de novas espécies, não se pode, em geral, especificar. Expandirei estas observações na Parte Quatro, num contexto mais alargado.

A adaptação das nossas conceções e do uso correspondente da linguagem a coisas novas, que identificamos como novas variantes de tipos conhecidos de coisas, faz-se de forma subsidiária, enquanto que a nossa atenção está focada no significado da situação à nossa frente. Logo, fazemos isso da mesma maneira como continuamos a modificar subsidiariamente a nossa interpretação dos indícios sensoriais, através da procura esforçada de perceções claras e coerentes, ou ampliando as nossas competências hábeis, sem saber focalmente como as praticar em cada uma das novas situações. O significado do discurso continua portanto a mudar durante o ato de procura das palavras, sem estarmos focalmente conscientes da mudança, e as nossas tentativas aplicam-se dessa forma às palavras, tendo as conotações não especificáveis como pano de fundo. As linguagens são o produto de tentativas pelas palavras certas no processo de construção de novas decisões conceptuais, a serem transmitidas por palavras[64].

Diferentes linguagens são conclusões alternativas, a que se chegou pelas tentativas seculares de diferentes grupos de pessoas em diferentes períodos da história, que sustentaram diferentes quadros conceptuais, interpretando todas as coisas de que se possa falar em termos de características recorrentes, alegadamente com pequenas diferenças. O uso confiante de substantivos, verbos, advérbios e adjetivos, inventados e dotados de significado por uma sequência particular de gerações de tentativas, exprime a sua teoria particular sobre a natureza das coisas[65]. Ao aprender a falar, cada criança aceita uma cultura construída sobre as premissas da interpretação tradicional do universo, com raízes no idioma do grupo em que nasceu, e todo o esforço intelectual da mente educada será feito dentro desse quadro de referência. Toda a vida intelectual do homem seria para deitar fora se este quadro interpretativo fosse totalmente falso; é racional apenas na medida em que os conceitos com que está comprometido forem verdadeiros. O uso da palavra "verdadeiro" na afirmação anterior é parte de um processo de redefinição do signifcado da verdade, para a tornar mais verdadeira no seu próprio sentido modificado.

II. A COMPONENTE TÁCITA

Diferentes vocabulários para a interpretação das coisas dividem o homem em grupos, que não conseguem compreender as maneiras dos outros verem as coisas e atuarem sobre elas. Diferentes idiomas determinam diferentes padrões de possíveis emoções e ações. Se, e só se, acreditarmos em feitiçarias é que podemos queimar pessoas como bruxas; se, e só se, acreditarmos em Deus é que construiremos igrejas; se acreditarmos na competição entre raças então poderemos exterminar judeus e polacos; na guerra de classes, poderemos aderir ao partido comunista; se culpados, podemos sentir remorsos e punir os ofensores; se estamos com complexos de culpa, podemos antes aplicar a psicanálise; etc..

Os escritores modernos revoltaram-se contra o poder exercido pelas palavras sobre os nossos sentimentos, e exprimiram-no pela deprecação das palavras como meras convenções, estabelecidas por conveniência da comunicação. Isto é tão enganador como dizer que a teoria da relatividade é escolhida por uma questão de conveniência. Só podemos, com razão, atribuir conveniência a uma vantagem secundária pela realização de uma certa finalidade principal. Por exemplo, não faz sentido comparar a conveniência de interpretar uma morte súbita no idioma da feitiçaria, com a conveniência de, em alternativa, se usar uma terminologia médica, ou comparar a conveniência de descrever os opositores políticos como tal, com a de lhes chamar espiões, monstros, inimigos do povo, etc.. A nossa escolha da linguagem é um assunto de verdade ou de erro, de correto ou errado - de vida ou de morte.

Subestimar o facto de que a linguagem é um conjunto de símbolos convenientes, usados de acordo com as regras convencionais de um "jogo de linguagem", tem origem na tradição do nominalismo, que ensina que os termos gerais são meramente nomes que designam certas coleções de objetos - uma doutrina que, apesar das dificuldades que se admite lhes estarem associadas, é hoje em dia aceite por muitos dos autores ingleses e americanos, com desdém pelas alternativas metafísicas. Evita-se a questão de como é que um mesmo termo se pode aplicar a uma série indeterminada de particulares variáveis, admitindo que os termos têm uma "textura aberta"[66]. No entanto, o termo "aberto" não tem um significado bem definido: pode significar qualquer coisa, a menos que se admita alguma intervenção que seja competente para controlar o âmbito da sua própria aplicação. A minha própria visão admite este princípio de controlo ao credenciar o sentido de adequação do orador para julgar se as suas palavras exprimem a realidade que ele se esforça por exprimir. Sem isso, as palavras com uma textura aberta são totalmente sem sentido, e qualquer texto escrito com essas palavras não tem significado. Ao recusar-se a admitir isto, o nominalista ou se abstém de inquirir como é que essas palavras podem ser aplicadas à experiência, a não ser que seja arbitrariamente; ou então invoca um vago princípio de princípios reguladores -

5. ARTICULAÇÃO

sem perguntar com que autoridade é que essas regras podem ser aceites, e como é que podem ser aplicadas, a não ser arbitrariamente, considerando a sua própria imprecisão[67]. Todas estas deficiências são ignoradas pelo desejo primordial de evitar referir noções metafísicas, ou pelo menos de as cobrir por um manto de respeitabilidade nominalista.

Em alternativa, o estudo das regras linguísticas é usado como um pseudo substituto para o estudo de coisas referidas por esses termos. Wittgenstein, por exemplo, recusa que "eu não sei se estou com dores ou não" seja uma proposição significante[68]. Mas a experiência dos pediatras mostra que as crianças têm muitas vezes dúvidas sobre se têm ou não dores, ou se estão pouco confortáveis por outras razões. Logo, o pseudo carácter da substituição torna-se aqui visível porque a afirmação implícita está equivocada. Se Wittgenstein tivesse dito que "faz parte da natureza da dor que eu possa sempre dizer se a sinto ou não" então estaria, de facto, errado. Mas, ao usar o pseudo substituto segundo o qual "é contrário, ao uso aceite, falar de dor, quer eu a sinta ou não", está a dizer algo verdadeiro mas irrelevante para a natureza da dor, e acerca do qual ele estava, na realidade, errado.

Logo, os desacordos sobre a natureza das coisas não se podem exprimir como desacordos acerca do uso existente das palavras. Se uma alegada máquina do movimento perpétuo é uma tal máquina ou não, não se pode decidir pela análise dos termos em questão. Se a lei não é mais do que "a vontade do mais forte", ou o "comando de um soberano", ou ... etc., isso não se pode decidir por investigações linguísticas, que são irrelevantes para o assunto. Estas questões controversas só podem ser tratadas se usarmos a linguagem, tal com existe, para dirigir a nossa atenção para o seu assunto, e não ao contrário, selecionando instâncias de casos relevantes para dirigir a nossa atenção para o nosso uso da linguagem. A "gramática" é precisamente o conjunto total das regras linguísticas que se podem observar pelo uso de uma linguagem, *sem* atender às coisas a que se refere. O objetivo da pretensão filosófica de se preocupar apenas com a gramática é contemplar e analisar a realidade, ao mesmo tempo que nega o facto de o estar a fazer[69].

É claro que existem "scheinprobleme" [nt: pseudo problemas], e nenhum deles poderia ter surgido sem o uso da linguagem. Newton não poderia ter formulado os seus axiomas sobre tempo e espaço sem falar do repouso absoluto. Mas o conceito de repouso absoluto não foi sugerido por qualquer abuso da linguagem, nem se poderia eliminar por referência à experiência corrente e mesmo ao seu uso quotidiano, pois, na realidade, baseava-se neles. As especulações de Mach também não foram inúteis, embora baseadas num erro conceptual de Newton; antes levantaram um problema que levou a uma grande descoberta.

Sugiro que devemos ser mais francos face à nossa situação e reconhecer as nossas próprias faculdades para reconhecer entidades reais, cujas designações formam um vocabulário racional. Acredito que uma classificação feita de acordo com critérios racionais deve formar grupos de coisas, que podemos esperar que tenham um número indefinido de propriedades em comum, e que, de acordo com isso, os termos que designam tais classes sejam compreendidos como referindo-se a uma variedade infinita de propriedades comuns, e não formais, partilhadas por todos os membros da classe. Quanto melhor compreendida for uma característica chave, tanto mais racional deverá ser como uma regra de identificação das coisas pelos seus termos, e mais verdadeira deverá ser uma tal classificação para revelar a natureza dos objetos classificados; enquanto que as classificações feitas com base em termos não compreendidos se devem rejeitar como sendo puramente artificiais, irreais, sem sentido; a menos que *sejam* designados por pura conveniência, tal como, por exemplo, um registo alfabético de palavras.

Esta convicção na nossa capacidade para conceber classificações objetivas deve ser aqui reconhecido, com fundamento na sua continuidade com os meus endossos prévios do conhecimento pessoal e do coeficiente pessoal da articulação, numa grande variedade de aspetos - apesar do tipo de objetividade, fundamentalmente pessoal, que víncula continuar ainda por esclarecer neste momento. Elaborarei, por isso, algo mais sobre esta convicção.

Há três níveis sucessivos de compreensão, cada vez mais profundos, dos quais o *primeiro* inclui as propriedades facilmente especificáveis que se sabe que uma classe de coisas partilha, para além da sua característica chave conhecida; tais formas manifestas de compreensão constituem evidência clara da realidade da classificação. O *segundo* estrato compreende as propriedades conhecidas, mas não facilmente especificáveis, que essas coisas partilham. A variedade de tais propriedades, sumariadas sob um termo, é a medida daquilo a que a sua análise pode conduzir para uma compreensão mais profunda das coisas que designa. Palavras de grande significância humana acumulam-se ao longo dos séculos num fundo insondável de conotações conhecidas subsidiariamente, que colocamos parcialmente em foco ao refletir sobre o seu uso - da mesma maneira que podemos reconhecer os elementos característicos de uma fisionomia, ou os truques que formam uma competência hábil - por um processo de reflexão analítica. Daí a fecundidade de uma inquirição socrática sobre o sentido de palavras como "justiça" ou "verdade" ou "coragem", etc.

Entendido nestes termos, a definição é uma formalização do significado que reduz os seus elementos informais e que os substitui parcialmente por uma operação formal (a referência ao "definiens" [nt: palavra ou palavras que servem para definir outra palavra ou expressão]). Esta formalização estará também incompleta, no sentido que o "definens" pode ser apenas compreendido por quem está

5. ARTICULAÇÃO

familiarizado com o "definiendum" [nt: a palavra ou expressão que está a ser definida]. Mesmo assim, a definição pode lançar nova luz sobre o "definiendum", da mesma forma como uma máxima orientadora ilumina a prática de uma arte, embora a sua aplicação se deva basear no conhecimento prático da arte. Tais definições (como "a causalidade é necessariamente uma sucessão", "a vida é uma adaptação contínua") são descobertas analíticas, se verdadeiras e novas. Tais descobertas estão entre as tarefas mais importantes da filosofia.

Tomar conhecimento focal de um elemento subsidiário de uma compreensão é uma experiência nova, e um ato que habitualmente tem riscos. A conclusão a que então se chega está na natureza de uma explicação. Vemos aqui combinadas as características de uma observação empírica com as características de uma proposição analítica. Em última instância, deve-se ao facto da dicotomia entre proposições analíticas que são necessárias e afirmações sintéticas que são contingentes, deixar de ser verdade quando podemos conhecer a mesma coisa por duas formas diferentes, que não se podem transpor mutuamente, mas que apenas se podem identificar por uma inquirição do tipo socrático.

Uma tal inquirição deve-se guiar pelo facto de que falar de "justiça", "verdade", "coragem", etc., não é mais do que uma performance baseada na nossa compreensão do assunto nesses termos. Só se estivermos confiantes que podemos identificar o que é justo, verdadeiro ou corajoso, é que podemos, razoavelmente, tentar analisar a nossa própria prática de aplicação dos termos "justiça", "verdade" ou "coragem", e esperamos que uma tal análise nos revele mais claramente o que é ser justo, verdadeiro ou corajoso.

Acontece o mesmo se tivéssemos estudado os movimentos envolvidos no uso eficiente de um martelo, para melhorar o nosso martelar. Para isso, devemos empunhar um martelo tão eficientemente quanto se consiga, mesmo enquanto observamos os nossos movimentos para descobrir a melhor maneira de martelar. Da mesma forma, devemos *usar* a palavra "justiça", e usá-la tão correta e seriamente quanto nos for possível, ao mesmo tempo que observamos como o fazemos, se quisermos analisar as condições em que a palavra se aplica adequadamente. Precisamos de olhar, intenta e discriminadamente, para a própria justiça *através* do termo "justiça", sendo esse o uso adequado do termo "justiça", cujo uso queremos definir. Se, em vez disso, olharmos antes *para o* termo "justiça", isso apenas destruiria o seu significado. Para além disso, é *impossível* estudar a recorrência da palavra "justiça" com se fosse um mero ruído na sua ocorrência repetida em situações apropriadas, pois apenas o uso com significado do termo nos pode indicar quais são as situações que estamos a procurar.

Falando mais geralmente: para analisar o uso de um termo descritivo, precisamos de o usar para poder contemplar o seu próprio assunto, e uma análise desta contemplação estender-se-á inevitavelmente ao objeto contemplado. Será, portanto, equivalente a uma análise do conceito pelo qual estamos conscientes, quer do termo como do seu assunto, ou mais precisamente, equivalente a uma análise dos particulares abrangidos por esse conceito: de onde podemos derivar um uso mais racional do termo e uma melhor compreensão das coisas que ele designa.

O *terceiro* nível de compreensão [nt: sem itálico no original], mais profundo, é formado pela variedade indeterminada de antecipações que se exprimem ao designar algo. Quando acreditamos que estamos verdadeiramente a designar algo real, esperamos que isso possa ainda vir a manifestar a sua eficácia de muitas maneiras indefinidas, e porventura totalmente inesperadas. Esta compreensão inclui um conjunto de propriedades que apenas podem ser reveladas por descobertas futuras - confirmando, desse modo, a correção do conceito transmitido pelo nosso termo[70].

Afirmei já que estes poderes antecipativos e indeterminados de um vocabulário apropriado são devidos aos seus contactos com a realidade. Podemos estender o conceito de realidade aqui implícito para ter também em consideração a capacidade das especulações formais para levantarem novos problemas e conduzirem a novas descobertas. Só se pode dizer que um novo conceito matemático seja real se a sua presunção nos conduzir a um ampla variedade de ideias interessantes. As geometrias baseadas em alternativas aos postulados de Euclides foram exploradas por Saccheri, um século antes de Lobatschevski, mas aquele não percebeu que podiam ser verdadeiras. Foi apenas a variedade de ideias interessantes desenvolvidas por Lobatschevski e Bolyai, a partir de pressupostos não euclidianos, que eventualmente convenceram um público relutante. Tiveram então que admitir que tais conceitos tinham o mesmo grau de realidade que até aí tinha sido atribuído ao sistema euclidiano. Podemos estender este conceito de realidade às artes, recordando por exemplo a distinção por E. M. Forster entre personagens "planas" e "redondas" numa novela. Um carácter é dito plano se as suas ações forem quase completamente previsíveis, enquanto dizemos que um carácter é redondo se for capaz de "surpreender com convição" o leitor. A fecundidade de um novo conceito matemático prenuncia a sua realidade superior; e numa novela, do mesmo modo, a espontaneidade interna pela qual uma personagem "redonda" pode inesperadamente revelar novas características que, não obstante, parecem fluir do seu carácter original, e que portanto são convincentes.

Chegamos aqui, uma vez mais, ao paradoxo da nossa autoconfiança em conseguir contato com uma realidade que nós acreditamos que ainda se virá a manifestar por modos inesperados. Teremos que assumir esse paradoxo até lhe encontrar um contrabalanço, dentro da estrutura do compromisso.

5.10. COMPREENDER AS OPERAÇÕES LÓGICAS

Quando nos orientamos, com a ajuda de um mapa, ganhamos uma compreensão da região representada pelo mapa, e a partir deste conceito podemos derivar um número indefinido de itinerários. Estamos conscientes do nosso domínio da região, sem atender focalmente, nem ao mapa nem ao terreno à nossa volta; o nosso conhecimento destes particulares entra subsidiariamente num conceito que compreende tanto o mapa como a área que ele representa. Descobrimos o nosso caminho na região pela reorganização do conceito, de forma a revelar os itinerários particulares em que estamos interessados. Uma tal decisão conceptual, não induzida por uma nova experiência, mas por um novo tipo de interesse naquilo que já conhecemos, é um ato especulativo, de um tipo prefigurado primordialmente nos ratos a correrem em labirintos. É um reconhecimento de relações alternativas entre as partes e o todo, do tipo alcançado pela aprendizagem do tipo C.

Embora a reorganização conceptual em questão se baseie na articulação, por si mesma ela é informal. Mesmo assim, poderá exigir um esforço mental e pode-se dizer que resolve um problema. Sendo assim, é um processo de inferência dedutiva, pois leva a um novo conceito totalmente implícito no nosso conceito original, embora diferente dele. Uma tal dedução, sendo informal, é predominantemente irreversível; mas pode ser reconhecida como reversível na medida em que segue regras fixas de procedimentos, sejam eles focalmente conhecidos, ou não.

O processo de reorganização de um conceito para extrair novas inferências pode ser formalizado, ao aceitar, como operações inferenciais, certas regras para manipular os símbolos que representam um certo estado das coisas. Embora tais manipulações sejam simbólicas, elas não denotam um estado das coisas, mas sim a transformação de um conceito de um estado das coisas noutro conceito implícito no primeiro. Evocam a transformação conceptual que simbolizam, da mesma maneira que um termo descritivo como "gato" evoca o conceito a que se refere. A componente tácita de um processo formal de raciocínio é, em muito, análoga à de uma denotação. Transmite tanto a nossa compreensão das manipulações formais como a sua aceitação como corretas.

Pode-se pensar que a dificuldade para compreender uma cadeia formal de raciocínios, como, por exemplo, uma demonstração matemática, reside no seu simbolismo pouco familiar. Mas, uma afirmação verbal pode ser tão difícil de compreender como uma fórmula matemática. Seja a frase construída pelo Professor Findley para parafrasear verbalmente o resultado do (primeiro) teorema de Godel[71]:

> Não podemos provar a afirmação obtida quando se substitui a variável pelo nome da afirmação em questão no modelo da afirmação "Não podemos provar a afirmação a que se chega substituindo a variável na afirmação *Y* pelo nome da afirmação em questão".

Quando se substitui a variável Y pelo nome da afirmação em questão, que é o texto entre aspas, vê-se que a frase de Findley diz que ela própria não se pode demonstrar, e que, portanto, a afirmação é verdadeira, tal como uma afirmação godeliana é verdadeira se não for possível demonstrá-la.

Mesmo com a ajuda desta explicação, muitas pessoas podem ler a frase de Findley mais de vinte vezes sem conseguir perceber o que é que ela diz; na realidade, podem mesmo nunca encontrar-lhe qualquer significado, pois perdem sempre o fio ao processo de compreensão pela qual poderia fazer sentido. Lord Russell, a quem mostrei o texto de Findley no verão de 1949, apanhou imediatamente o seu sentido.

Ninguém pode ficar convencido por uma demonstração que não compreenda, e aprender uma demonstração matemática, que não nos tenha convencido nada adiciona ao nosso conhecimento da matemática. Na realidade, nenhum professor poderá ficar satisfeito com a transmissão de uma cadeia de fórmulas, ligadas por operações formais, como constituindo uma demonstração matemática, e nenhum estudante de matemáticas deve ficar satisfeito por memorizar tais sequências. Olhar para uma demonstração matemática verificando apenas cada um das suas etapas consecutivas – diz Poincaré – é como ver um jogo de xadrez verificando apenas que cada etapa obedece às regras do xadrez. O mínimo que é necessário é uma compreensão da sequência lógica, como um procedimento com um propósito: o que Poincaré descreve como sendo "algo que constitui a unidade da demonstração"[72]. É este "algo" - talvez na forma de um esquema que incorpore as principais etapas da demonstração – que o estudante procura compreender, mesmo se confundido por uma sequência de operações que não lhe fazem sentido, e é uma vez mais este esquema, que incorpora o princípio geral ou a estrutura geral de uma demonstração matemática, que será depois recordado quando os detalhes da demonstração forem esquecidos. Ainda hoje sou capaz de recordar o princípio geral seguido no cálculo da equação da onda de um átomo de hidrogénio, acerca da qual ensinei há cerca de dez anos, embora já não seja capaz de, na realidade, escrever qualquer parte dessa demonstração; e esta recoleção demonstrativa deixa-me satisfeito por ainda ser capaz de compreender a mecânica ondulatória, e mantém em mim a convicção da sua irrefutabilidade. Por outro lado, e embora tenha repetidamente passado pelas etapas sucessivas da demonstração formal do teorema de Godel, atrás mencionado, isso nada me disse, e não fui capaz de compreender a sua sequência como um todo.

Mesmo entre os matemáticos, um argumento que pode parecer completamente convincente para um, pode ser incompreensível para outro[73]. Daí o esforço por eliminar qualquer oportunidade para o exercício do julgamento pessoal, através de uma formalização estrita das ciências dedutivas; um esforço que se pode agora ver destinado a ser derrotado por si mesmo. O significado de um formalismo reside na sua apreensão subsidiária por nós, dentro de um foco conceptual nos termos desse formalismo, e portanto está necessariamente ausente nas operações feitas com símbolos vistos como impessoais, como objetos. Este caso limitante é esboçado quando se tenta a formalização completa de uma demonstração em matemática: o que se ganha em exatidão, resultando de uma eliminação estrita de ambiguidades, é acompanhada por uma perda na clareza e na inteligibilidade[74].

Sugeri que a operação formal de símbolos transmite o conceito de uma vinculação lógica, tal como a palavra "gato" transmite o conceito de um gato. Mas enquanto que o assunto denotado por uma demonstração matemática é menos tangível que um gato, uma demonstração faz mais do que denotar o seu assunto: evidencia a sua construção. À medida que o segundo princípio operacional da linguagem é posto em marcha, passamos da construção de sinais para a procura de processos formais, que primeiro imaginam aquilo que é transmitido subsequentemente. Este imaginar é guiado pelo propósito específico de estabelecer uma implicação particular e de forçar a sua aceitação. Endossa este propósito com o valor de um grande esforço e define padrões de economia e beleza para o conseguir atingir. Temos aqui uma sequência bem mais elaborada, de ações com certa finalidade, do que aquela envolvida para nomear características recorrentes da experiência; é uma operação linguística, no sentido mais estrito de uma invenção engenhosa.

5.11. INTRODUÇÃO À RESOLUÇÃO DE PROBLEMAS

Há uma tensão, com propósito, de que nenhum animal acordado se consegue ver completamente livre. Consiste numa prontidão para perceber e para agir, ou falando mais geralmente, para dar sentido à sua própria situação, tanto intelectualmente como na prática. A partir destes esforços de rotina para manter o controlo de si próprio e do seu ambiente envolvente, podemos ver emergir um processo de resolução de problemas, e o esforço tende a seguir dois estádios, um primeiro estádio de perplexidade, seguido por um segundo estádio de fazer e de perceber o que é que cria essa perplexidade. Podemos dizer que o animal viu um problema, se a sua perplexidade durar algum tempo, e se estiver claramente a procurar uma solução para a situação que o deixa perplexo. Ao fazê-lo, o animal procura um aspeto oculto da situação, cuja existência ele antecipa, e para cuja descoberta usa as características manifestadas pela situação, como possíveis indícios ou instrumentos.

Ver um problema é uma adição definitiva ao conhecimento, tanto como ver uma árvore, ou ver uma demonstração matemática – ou uma piada. É uma conjetura que pode ser verdadeira ou falsa, dependendo das possibilidades ocultas,

II. A COMPONENTE TÁCITA

cuja existência ele assume, existam ou não na realidade. Reconhecer um problema que pode ser resolvido, e que vale a pena resolver, é de facto uma descoberta por direito próprio. Problemas matemáticos famosos têm passado de geração para geração, deixando um longo rasto de resultados que foram estimulados pelas tentativas para a sua resolução. E até mesmo ao nível das experiências com animais, vemos os psicólogos a demonstrar ao animal a presença de um problema para que iniciem a procura pela solução. Faz-se acreditar a um rato, numa caixa de discriminação, que existe comida escondida num dos dois compartimentos, ambos acessíveis, e só quando o tiver percebido é que o rato começa a procurar algo que discrimine a porta ou o painel com comida por trás, com alguma recompensa à saída. Nas experiências de Kohler sobre a perspicácia dos chimpanzés, estes perceberam o problema desde o princípio e mostraram a seu apreço pela tarefa, concentrando-se calmamente nela.

O acidental joga habitualmente algum papel na descoberta e o seu contributo pode mesmo ser predominante. Podem-se organizar experiências de aprendizagem em que, na ausência de um problema claramente compreendido, a descoberta só pode ser acidental[75]. Os psicólogos mecanicistas que planeiam tais experiências explicam toda a aprendizagem como um resultado feliz de comportamentos aleatórios. Este conceito de aprendizagem está também subjacente ao modelo cibernético de uma máquina que "aprende" escolhendo o "hábito" que se mostrou mais bem sucedido numa série de tentativas aleatórias. Ignorarei, por agora, este modelo de heurística, e continuarei a explorar o processo de descoberta resultante do esforço inteligente, independentemente do modelo neuronal que possa ser proposto.

A resolução inteligente dos problemas manifesta-se com clareza nas experiências de Kholer com chimpanzés, cujos comportamentos já apresentam as etapas caraterísticas através das quais se atingem as descobertas nas matemáticas, de acordo com Poincaré. Já mencionei o primeiro: a apreciação de um problema. Um chimpanzé numa jaula, que avista um cacho de bananas fora do seu alcance, não fez esforços fúteis para se libertar pela força bruta, nem abandonou o seu desejo de conseguir chegar ao prémio. Ficou antes numa calma pouco usual, enquanto que os seus olhos vigiam a situação à volta do alvo; reconheceu a situação como problemática e está à procura de uma solução[76]. Podemos reconhecer esta fase como a etapa de preparação[77], usando a terminologia de Wallas, baseada na de Poincaré.

No caso mais espetacular de perspicácia observada por Kohler, esta etapa preparatória é subitamente continuada pela ação inteligente. Quebrando bruscamente a calma, o animal passa a construir um estratagema pelo qual assegura o seu objetivo, ou pelo menos mostra que percebeu um princípio pelo qual isso pode ser feito. A sua postura não hesitante sugere que é guiado por um conceito claro de toda a operação proposta. Esta conceção é a sua descoberta, ou pelo menos – porque esta nem sempre se mostra praticável - a sua tentativa de descoberta. Podemos reconhecer nisto a aproximação do estádio de iluminação. Como a realização prática do princípio descoberto pela perspicácia apresenta muitas vezes dificuldades, que podem mesmo ser insuperáveis, a sua manipulação pelo animal põe a sua perspicácia à prova na realização prática, o que pode ser considerado como o estádio da verificação.

Na realidade, Poincaré observou quatro estádios da descoberta: preparação, incubação, iluminação e verificação[78]. Mas o segundo destes estádios, incubação, só pode ser observado de uma forma rudimentar nos chimpanzés. Mesmo a observação descrita com algum detalhe por Kohler, em que um dos seus animais manteve durante algum tempo o esforço de resolução de um problema, mesmo enquanto que ocupado com outras coisas por algum tempo[79], antecipa, nalguma medida, o processo de incubação: aquela curiosa persistência da tensão heurística durante longos períodos de tempo, durante os quais o problema não estava a ser conscientemente tratado.

Uma preocupação extensiva com um problema impõe uma tensão emocional e uma descoberta que se daí liberta proporciona uma grande alegria. A história de Arquimedes a sair do banho pelas ruas de Siracusa e a gritar "Eureka!" é um testemunho disso; e o relato que citei, de Kohler, relativo ao comportamento dos seus chimpanzés antes e depois de solucionarem um problema, sugere que eles também experimentam essas emoções. Adiante mostrarei isso de forma mais definitiva. Apenas o menciono agora para tornar claro que nada é, por si, um problema ou uma descoberta; só pode ser um problema se deixar alguém perplexo e preocupado, e uma descoberta apenas o será se libertar alguém do peso de um problema. Um problema de xadrez nada significa para um chimpanzé ou para um imbecil, e, portanto, não os deixa perplexos; um grande mestre de xadrez, por outro lado, pode não ficar perplexo com esse problema pois facilmente encontra a sua solução; só um jogador cuja habilidade esteja próxima do problema é que encontrará nele uma preocupação intensa. Só um tal jogador é que poderá apreciar a sua solução como uma descoberta[80].

Parece possível avaliar a dificuldade comparativa de um problema e testar a inteligência dos sujeitos pela sua capacidade para resolver problemas com um certo grau de dificuldade. A inteligência dos chimpanzés e a dificuldade de certos problemas foram avaliadas com sucesso por Kohler quando projetou uma série de problemas que alguns dos seus chimpanzés conseguiam resolver com algum esforço, enquanto que outros, em geral, os falhavam completamente. O sucesso de Yerkes na definição de problemas para minhocas (que os conseguiam resolver depois de cerca de uma centena de tentativas) mostra que é possível avaliar até mesmo poderes extremamente baixos de inteligência, tal como os necessários para as minhocas[81]. Os editores de uma coluna de palavras cruzadas fazem algo semelhante ao darem aos seus leitores um fluxo estável de problemas de dificuldade semelhante. Podemos concluir que, enquanto um problema possa sempre ser visto como um problema por algum tipo de pessoas, é possível um observador reconhecer isso com fiabilidade, a respeito de algumas pessoas identificáveis.

Se um animal que tenha resolvido um problema for novamente colocado na situação original, aplicará, de imediato e sem hesitações, a solução que tinha originalmente descoberto à custa de tanto esforço, porventura só depois de várias tentativas mal sucedidas. Isso mostra que o animal adquiriu um novo poder intelectual ao resolver o problema, o que evita que fique novamente perplexo com o problema. Em vez disso, pode agora tratar a situação de uma forma rotineira, sem envolver uma tensão heurística e sem atingir uma descoberta. O problema deixou de existir para ele. O progresso heurístico é irreversível.

O carácter irreversível da descoberta sugere que nenhuma solução de um problema pode ser credenciada como uma descoberta, se for atingida por um procedimento com regras definidas. Porque esse procedimento seria reversível, no sentido em que pode ser reconstituido até ao seu início, e repetido à vontade sempre que se queira, como uma qualquer computação aritmética. De acordo com isso, qualquer procedimento estritamente formalizável seria também excluído como um meio para chegar à descoberta.

Segue-se que a verdadeira descoberta não é uma performance estritamente lógica, e, de acordo com isso, podemos descobrir o obstáculo a ultrapassar para resolver um problema como um "hiato lógico", e falar da amplitude do hiato lógico como a medida do engenho necessário para resolver o problema. "Iluminação" é, portanto, o salto pelo qual se cruza o hiato lógico. É o mergulho pelo qual se ganha uma base de operações na outra margem da realidade. Nesses mergulhos o cientista aposta, passo a passo, toda a sua vida profissional.

A amplitude do hiato lógico, atravessado por um inventor, está sujeita a uma avaliação legal. Os tribunais são chamados a decidir se o engenho de uma melhoria técnica é suficiente para garantir o seu reconhecimento legal como uma invenção, ou se é uma mera melhoria de rotina, obtida por uma aplicação de regras já conhecidas da arte. A invenção deve ser reconhecida como sendo imprevisível, uma qualidade que é avaliada pela intensidade da surpresa que razoavelmente possa ter criado. Esta imprevisibilidade corresponde precisamente à presença de um hiato lógico, entre o conhecimento antecedente por onde começou o seu inventor e a descoberta consequente a que chegou.

As regras de inferência estabelecidas oferecem vias públicas para extrair conclusões inteligentes a partir do conhecimento existente. A mente do pioneiro, que chega às suas conclusões distintivas por atravessar o hiato lógico, desvia-se dos processos de raciocínio habitualmente aceites, para chegar a resultados surpreendentes. Um tal ato é original, no sentido de criar um novo ponto de partida, e a capacidade para o iniciar é o dom da originalidade, um dom que só uma pequena minoria possui.

Desde o movimento romântico que a originalidade se tornou cada vez mais reconhecida como um dom nativo que, por si só, permite que uma pessoa inicie uma inovação essencial. As universidades e os laboratórios de investigação industrial baseiam-se, hoje em dia, no emprego de pessoas com mentes originais. Nomeações definitivas são dadas a jovens cientistas credenciados, com sinais de originalidade, na expectativa de que continuem a produzir ideias surpreendentes para o resto das suas vidas.

Admite-se que há atos heurísticos menores, dentro do poder da inteligência corrente, que são, sem dúvida, contínuos com as capacidades adaptativas da vida, até aos seus níveis mais inferiores. Vimos já que sempre que fazemos contacto com a realidade (ou que acreditamos que o fizemos), estamos a antecipar uma variedade indeterminada de inesperadas confirmações futuras do conhecimento derivado desse nosso contacto. O quadro interpretativo da mente educada está sempre pronto para ir ao encontro de experiências de algum modo novas, e para lidar com elas de uma forma também, de alguma maneira, nova. Neste sentido, toda a vida é dotada com originalidade, e uma originalidade de ordem superior não é mais do que uma forma alargada de uma adaptabilidade biológica universal. Mas o génio faz contacto com a realidade numa frente excecionalmente ampla: vendo problemas e chegando a possibilidades ocultas para as resolver, muito para além dos poderes antecipativos das conceções correntes. Para além disso, ao estender tais poderes numa amplitude excecional – que ultrapassam em muito os nossos – o trabalho de um génio oferece-nos uma demonstração massiva de uma criatividade que não se pode explicar de outra forma, nem que se pode tomar inquestionavelmente por garantida. Prestando atenção ao julgamento de outra pessoa, como superior a nós próprios, reconhecemos enfaticamente a sua originalidade, no sentido de uma performance, cujo procedimento não podemos especificar. Logo, o confronto com o génio força-nos a reconhecer os poderes inventivos da vida, os quais podemos ignorar, tal como habitualmente fazemos, nas suas ubíquas manifestações inferiores.

Ao escolher um problema, o investigador toma uma decisão cheia de riscos. A tarefa pode ser insolúvel, ou simplesmente demasiado difícil. Nesse caso, o seu esforço será perdido, e com ele o esforço dos seus colaboradores, assim como o dinheiro gasto em todo o projeto. Mas, optar pelo seguro também pode ser igualmente uma perda. Resultados medíocres não são retorno adequado para o emprego de dons superiores, e podem mesmo não valer o dinheiro gasto. Logo, a escolha de um problema deve não só antecipar algo que está oculto e ainda não acessível, mas também avaliar a própria habilidade do investigador (e dos seus colaboradores) perante as dificuldades antecipadas para o trabalho, e para fazer uma estimativa razoável sobre se a solução esperada valerá, ou não, o seu custo em termos de talento, trabalho e dinheiro. Estimar a viabilidade aproximada de procedimentos prospetivos ainda desconhecidos, conducentes a resultados prospetivos desconhecidos, é a responsabilidade quotidiana de quem se aventura a uma investigação científica ou técnica independente. É nessas bases que se deve comparar um certo número de possíveis sugestões diferentes e selecionar, entre elas, as mais promissoras para serem atacadas. Acredito ainda que a experiência mostra que um tal desempenho é possível e que pode constituir uma base segura para funcionar com um grau apreciável de fiabilidade.

5.12. HEURÍSTICAS MATEMÁTICAS

Há três grandes campos do conhecimento onde as descobertas são possíveis: ciência, tecnologia e matemáticas. Referi-me a exemplos em cada um destes três domínios para ilustrar os poderes de antecipação que guiam a descoberta, e que são claramente semelhantes nos três casos. Mesmo assim, os esforços dos filósofos concentraram-se quase exclusivamente sobre os processos de descoberta empírica que estão subjacentes às ciências naturais – ou seja, numa tentativa para definir e justificar o processo de indução, enquanto que, por contraste, parece que ninguém tentou definir e justificar o processo pelo qual as inovações são feitas, por exemplo, quando se inventa uma nova máquina. O processo de descoberta nas matemáticas tem sido alvo de alguma atenção, e foi recentemente atacado, quer dos pontos de vista lógico como psicológico, mas nenhum desses pontos de vista levantou questões epistemológicas paralelas às que tão diligentemente foram perseguidas durante séculos em relação à indução empírica. Parece-me que qualquer tentativa séria para analisar o processo de descoberta deve ser suficientemente geral para se aplicar aos três tipos de conhecimento sistemático, e gostaria de contribuir aqui para este programa, com a identificação e o reconhecimento dos poderes em que nos baseamos para resolver os problemas matemáticos. Excluirei, por agora, a história das grandes descobertas que envolveram modificações dos fundamentos das matemáticas e atenderei apenas ao tipo de problemas que são postos aos estudantes, no ensino das matemáticas. Como a solução desses problemas não é conhecida pelo estudante, o processo para as encontrar tem as marcas de uma descoberta, mesmo que não envolva uma alteração fundamental dos resultados.

5. ARTICULAÇÃO

O facto do ensino das matemáticas se basear na prática, em larga medida, mostra que, mesmo neste domínio largamente formal do conhecimento, este apenas pode ser adquirido pelo desenvolvimento de uma arte. Isto é verdade, não só para as matemáticas e para a lógica formal, mas igualmente para todas as ciências matemáticas, como a mecânica, a eletrodinâmica, a termodinâmica e todos os ramos matemáticos da engenharia; não é possível dominar qualquer um destes assuntos sem trabalhar nos problemas concretos de cada um. A competência que se procura em todos estes casos é a de converter uma linguagem, que até aí tinha sido apenas assimilada de forma recetiva, numa ferramenta eficiente para lidar com novas temáticas – e, particularmente nas matemáticas, para resolver problemas.

Como a resolução de problemas matemáticos é um ato heurístico, que salta sobre um hiato lógico, todas as regras que se possam definir para sua orientação não poderão ser senão máximas vagas, cuja interpretação precisa de se basear na própria arte a que se aplica. Veremos que, na realidade, esse é, sem dúvida, o caso[82].

O esforço heurístico mais simples é procurar por um objeto que se perdeu. Quando procuro uma caneta permanente, sei o que espero encontrar; posso dar-lhe um nome e descrevê-la. Embora possa conhecer muito mais sobre a minha caneta permanente do que me possa lembrar, não sei exatamente onde é que a deixei; mas a caneta é claramente minha conhecida, e também sei que está algures numa certa região, embora não saiba onde. Tenho muito menos conhecimento daquilo que estou a procurar quando procuro uma palavra para um problema de palavras cruzadas. Neste caso, apenas sei que a palavra em falta tem um certo número de letras e que designa, por exemplo, algo que é muito preciso no Sahara e que flui da chaminé de uma central. Estas características são meros indícios para uma palavra que definitivamente *não* conheço: indícios a partir dos quais devo tentar conseguir uma intimação sobre qual é que poderá ser a palavra desconhecida. Uma vez mais, um nome que conheço bem, mas que não consigo recordar no momento, fica algures a meio caminho entre estes dois casos. Está mais próximo da minha mente do que a solução desconhecida de umas palavras cruzadas, mas talvez menos do que caneta perdida e a sua localização desconhecida. Os problemas matemáticos ficam na classe das palavras cruzadas, pois, para resolver esse problema precisamos de encontrar (ou construir) algo que nunca vimos antes, com os dados a servirem como indícios.

Um problema pode admitir uma solução sistemática. Passando a pente fino o meu apartamento, posso ter a certeza de que, eventualmente, irei encontrar a minha caneta, que sei que está algures por aí. Posso resolver um problema de xadrez tentando mecanicamente todas as combinações de movimentos e contra movimentos possíveis. Os métodos sistemáticos aplicam-se também a muitos problemas matemáticos, embora sejam demasiado laboriosos para serem feitos na prática[83]. É claro que qualquer uma dessas operações sistemáticas chegaria a uma solução sem cruzar o hiato lógico e não constituiria um ato heurístico[84].

A diferença entre os dois tipos de resolução de problemas, o sistemático e o heurístico, reaparece no facto de que enquanto a operação sistemática é um ato totalmente deliberado, um processo heurístico é uma combinação de etapas ativas e passivas. Uma atividade deliberadamente heurística faz-se apenas durante o período de preparação. Se isso for seguido por um período de incubação, nada será feito e nada acontece ao nível da consciência, durante esse período de tempo. O advento de um pensamento feliz (imediatamente depois da preparação, ou só depois de um intervalo de incubação) é o fruto dos primeiros esforços do investigador, mas não, por si mesmo, uma ação da sua parte; apenas lhe acontece. E uma vez mais, o teste de um "pensamento feliz", por um processo anterior de verificação, é outra ação deliberada do investigador. Mesmo assim, o ato decisivo da descoberta deverá ter ocorrido antes disso, no momento em que o tal pensamento feliz emergiu.

Embora a solução de um problema seja algo com que nunca nos encontramos antes, ainda assim tem, no processo heurístico, um lugar semelhante ao da caneta perdida, ou do nome esquecido, que, no entanto, conhecemos perfeitamente. Estamos à sua procura como se estivesse lá, pré-existente. Os problemas postos aos estudantes têm obviamente uma solução; mas a convicção de que existe uma solução oculta que podemos ser capazes de encontrar é também essencial ao considerar e trabalhar um problema até aí nunca resolvido. Determina também a forma pela qual o "pensamento feliz", eventualmente, se apresenta como algo inerentemente satisfatório. Mais do que uma, entre as grandes ideias, foi ponderada nos momentos de lazer, mas com forte convicção desde o início. Veremos em breve, por uma análise mais profunda deste processo, que isto é uma consequência necessária da forma como um esforço heurístico evoca a sua própria consumação.

Um problema é um desejo intelectual (uma "quase-necessidade na terminologia de K. Lewin) e, tal como qualquer desejo, postula a existência de algo que pode ser satisfeito; no caso de um problema, aquilo que o satisfaz é a sua solução. Como todos os desejos estimulam a imaginação para habitar [nt: to dwell] nos meios que os satisfazem, e por sua vez são excitados pelo jogo da imaginação que estimularam, também quando nos interessamos por um problema começamos a especular sobre a sua possível solução, e ao fazê-lo, ficamos ainda mais agarrados ao problema.

A obsessão com um problema é, de facto, a mola de todo o poder inventivo. Quando os seus alunos lhe perguntaram o que é que deviam fazer para um dia virem a ser "um Pavlov", o mestre respondeu com toda a seriedade: "Levantem-se de manhã com o problema à vossa frente. Tomem o pequeno almoço com ele. Vão para o laboratório com ele. Comam o almoço com ele. Mantenham-no à vossa

5. ARTICULAÇÃO

frente, mesmo depois do jantar. Vão para a cama com ele na mente. Sonhem com ele"[85]. É esta preocupação incessante com o problema que dá ao génio a sua proverbial capacidade para aguentar grandes sofrimentos. E a intensidade da nossa preocupação com um problema cria também o nosso poder para reorganizar os pensamentos, quer durante as horas de procura, quer mesmo depois, durante o período de descanso[86].

Mas qual é o objeto desta preocupação intensiva? Como é que concentramos a nossa atenção em algo que não conhecemos? Mas isso é precisamente aquilo que somos ditos fazer: "Olhem para o desconhecido!", diz Polya. "Olhem para o final. Lembrem-se do vosso objetivo. Não percam de vista aquilo que é preciso. Lembrem-se do objetivo para que estão a trabalhar. *Olhem para o desconhecido. Olhem para a conclusão*"[87]. A recomendação não podia ser mais enfática.

O aparente paradoxo resolve-se considerando que, mesmo que nunca encontremos a solução, temos uma ideia dela, no mesmo sentido em que temos uma ideia sobre uma palavra esquecida. Dirigindo a nossa atenção para um foco, em que estamos subsidiariamente conscientes de todos os particulares que nos recordam o uso do nome esquecido, formamos um conceito sobre ele; e, de modo semelhante, ao fixar a nossa atenção num foco, de que estamos subsidiariamente consciente dos dados que determinam a solução de um problema, formamos um conceito da sua solução. O aviso para olhar para o desconhecido significa, na realidade, que *devemos olhar para os dados conhecidos, não por si próprios, mas antes como indícios para o desconhecido; como apontadores para a solução e partes dela.* Devemo-nos esforçar, com persistência, por sentir o nosso caminho na direção de compreender como estes particulares conhecidos se articulam, mutuamente e com o desconhecido. Mas tais intimações não asseguram que o desconhecido está realmente lá, essencialmente determinado por aquilo que é conhecido acerca dele, e capaz de satisfazer todas as exigências que lhe feitas pelo problema.

Todas as nossas conceções têm poderes heurísticos; estão sempre prontas para identificar novas instâncias da experiência, modificando-se a si próprias para as incluir. A prática das competências é inventiva; concentrando o nosso objetivo no seu sucesso, estamos a evocar novas capacidades em nós próprios. Um problema partilha destes dois tipos de esforços. É um conceito de algo que nos esforçamos por atingir. É um desejo intelectual para ultrapassar o hiato lógico, do outro lado do qual fica o desconhecido, completamente marcado pela nossa conceção dele, embora ainda não conhecido por si próprio. A procura por uma solução consiste em conformá-la com este propósito em mente, o que fazemos através de duas operações, que precisam sempre de ser tentadas em conjunto. Devemos (1) definir o problema com símbolos adequados e reorganizar continuamente a sua representação, com vista a mostrar novos aspetos sugestivos, e concorrentemente, (2) vasculhar na nossa memória qualquer problema semelhante, cuja solução seja conhecida[88]. O âmbito destas duas operações será habitualmente limitado pela capacidade técnica do estudante para transformar, por maneiras diferentes, os dados do problema, e pela gama de teoremas com que está familiarizado. Mas o seu sucesso dependerá, em última instância, da sua capacidade para sentir a presença de relações lógicas ainda não reveladas entre as condições do problema, os teoremas seus conhecidos e a solução desconhecida que procura. A menos que a sua conformação da solução seja guiada por um sentido fiável da sua crescente proximidade, não conseguirá grandes progressos na sua direção. Conjeturas feitas aleatoriamente, mesmo seguindo as melhores regras da heurística, seriam irremediavelmente ineptas e totalmente infrutíferas.

O processo de resolução de um problema matemático continua, portanto, a depender, em qualquer das suas etapas, da mesma habilidade para antecipar uma potencialidade oculta, que primeiro habilitará o estudante a ver um problema, e depois a resolvê-lo. Polya comparou uma descoberta matemática envolvendo uma cadeia completa de passos consecutivos com uma arcada, em que a estabilidade de cada pedra depende da presença das outras, e assinalou o paradoxo das pedras serem, na realidade, lá postas uma de cada vez. Uma vez mais, o paradoxo resolve-se pelo facto de cada passo sucessivo da solução incompleta ser apoiado pela antecipação heurística que originalmente evocou a sua invenção: pelo sentimento de que a sua emergência reduziu ainda mais o hiato lógico do problema.

O sentimento crescente de aproximação à solução de um problema pode ser facilmente experimentado, como já o disse antes, quando procuramos uma palavra esquecida. Todos conhecemos o sentimento excitante de proximidade crescente à palavra em falta, o que podemos exprimir contidamente dizendo: "lembrar-me-ei disso daqui a momentos" e, talvez mais tarde, "tenho isso na ponta da língua". A expectativa expressa por estas palavras é, muitas vezes, confirmada pelo acontecimento. Acredito que devemos também reconhecer, de modo semelhante, a nossa capacidade tanto para sentir a acessibilidade a uma inferência oculta, a partir das premissas dadas, como para inventar transformações das premissas, que aumentam a acessibilidade da inferência oculta. Devemos reconhecer que estas antecipações enviesam os nossos prognósticos na direção certa, logo, a probabilidade de acertarem no alvo, que de outra maneira seria zero, torna-se assim tão elevada que podemos definitivamente confiar nela, simplesmente com base na inteligência de um estudante; ou, para desempenhos superiores, com base nos dons especiais possuídos pelos matemáticos profissionais.

O sentimento de que o hiato lógico, que nos separa da solução de um problema, pode ser reduzido, significa que há menos trabalho a fazer para chegar à solução.

5. ARTICULAÇÃO

Pode significar que o resto da solução seja comparativamente mais fácil, ou pode acontecer que se apresente por si própria, sem esforços adicionais da nossa parte, depois de um período de repouso. O facto dos nossos esforços intelectuais fazerem um progresso efetivo durante o período de incubação, sem qualquer esforço da nossa parte, está de acordo com o carácter latente de todo o conhecimento.

Tal como estamos sempre a conhecer muitas coisas sem estarmos a pensar nelas, também mantemos naturalmente o nosso desejo, ou medo, de todas os tipos de coisas sem nunca pensarmos nelas. Sabemos como um objetivo definido pode resultar automaticamente numa ação posterior, como quando vamos para a cama decididos a levantarmo-nos a uma certa hora. As sugestões pós-hipnóticas podem definir processos latentes que, uma horas depois, resultam compulsivamente no desempenho solicitada ao sujeito[89]. Zeigarnik mostrou que as tarefas por concluir continuam a preocupar-nos de forma inconsciente; a sua memória persiste mesmo depois das tarefas acabadas terem sido esquecidas[90]. O facto da tensão criada por uma tarefa não acabada continuar a progredir com vista à sua realização, é mostrado pela experiência bem conhecida de atletas para quem um período de repouso, após um surto de treino intensivo, resulta numa melhoria da competência hábil. O sucesso espontâneo da procura de um nome esquecido ou da solução de um problema, depois de um período de repouso, está de acordo com esta experiência.

Estes antecedentes também explicam a forma como o sucesso final da resolução de um problema se manifestará de forma súbita. Cada etapa - seja espontânea ou imaginária - que nos aproxima da solução, aumenta a nossa premonição da proximidade da solução e conduz a um esforço ainda mais concentrado para reduzir o hiato lógico. A última etapa de uma solução pode, portanto, ser frequentemente atingida de uma forma acelerada por si mesma, e a descoberta final aparece-nos num flash.

Disse que as nossas ânsias heurísticas implicam, tal como os nossos desejos corporais, a existência de algo com as propriedades necessárias para nos satisfazer, e que as intimações que nos guiam nos nossos esforços exprimem essa convicção. Mas o que satisfaz as nossas ânsias não tem uma existência corporal; não é um objeto oculto, mas uma ideia ainda não concebida. Esperamos que, à medida que vamos trabalhando no problema, esta ideia nos ocorra, quer de uma só vez, ou pedaço de cada vez; e só se acreditarmos que esta solução existe é que então podemos procurá-la apaixonadamente e evocar, a partir de nós mesmos, as etapas heurísticas para a sua descoberta. Portanto, a descoberta, ou a suposta descoberta, à medida que vai emergindo, em resposta à nossa procura de algo que acreditamos que lá está, virá sempre ter connosco com a convicção de ser verdadeira. Chega adiantadamente, credenciada pela ânsia heurística que a evocou.

II. A COMPONENTE TÁCITA

Para começar a trabalhar num problema matemático, pegamos no papel e no lápis, e durante a fase de preparação continuamos a tentar ideias no papel, por meio de operações simbólicas. Se isto não nos levar diretamente ao sucesso, podemos ter que voltar a pensar tudo de uma forma completamente diferente, e talvez ver a solução revelar-se muito depois, inesperadamente, num momento da fase de iluminação. No entanto, na realidade, um tal flash de triunfo geralmente não oferece uma solução final, mas apenas a perspetiva de uma solução que tem ainda que ser testada. Na verificação ou no desenvolvimento da solução, precisamos de nos basear, uma vez mais, em operações simbólicas explícitas. Logo, tanto os primeiros passos feitos para resolver um problema, como a realização final da solução, baseiam-se efetivamente em cálculos e outras operações simbólicas, enquanto que o ato mais informal, pelo qual o hiato lógico é cruzado, fica entre este dois procedimentos formais. Mas os poderes decisivos do investigador são sempre dominantes e decisivos. Os bons matemáticos são, em geral, capazes de fazer cálculos rápida e eficientemente, pois a menos que dominem essa técnica podem não conseguir tornar eficiente o seu engenho – mas o seu engenho está na produção das ideias. Hadamard dizia que costumava fazer mais erros nos cálculos do que os seus estudantes, mas que os descobria muito mais rapidamente do que os seus alunos, pois o resultado não lhe *parecia* correto; é quase como se pelos seus cálculos estivesse simplesmente a traçar um retrato das suas conclusões prefiguradas conceptualmente[91]. Gauss é frequentemente citado com tendo dito: "Cheguei às minhas soluções há muito tempo, mas ainda não sei como lá chegar". Embora a citação possa ser duvidosa, continua a ser uma boa afirmação[92]. Uma situação deste tipo prevalece sempre que descobrimos aquilo que acreditamos que é a solução de um problema. Nesse momento, temos uma visão da solução que nos *parece* correta, e que acreditamos sermos capazes de *provar* como correta[93].

A maneira como um matemático faz o seu trabalho para a descoberta, passando a sua confiança da intuição para o cálculo, e depois novamente de volta para a intuição, embora nunca abandonando qualquer deles, representa, em miniatura, toda a gama de operações pelas quais a articulação disciplina e amplia os poderes de raciocínio do homem. Esta alteração é assimétrica, pois um passo formal pode apenas ser válido em virtude da sua confirmação tácita por nós. Mesmo assim, o formalismo simbólico, por si mesmo, não é mais do que uma incorporação dos nossos poderes não formais anteriores - um instrumento habilmente idealizado pelo nosso ser não articulado a fim de se basear nele, como nosso guia externo. A interpretação dos termos primitivos e dos axiomas é, portanto, predominantemente não articulada, assim como o processo da sua expansão e reinterpretação, que está subjacente ao progresso das matemáticas. A alternativa entre o intuitivo e o formal depende de afirmações tácitas, ambas no início e no fim de cada cadeia de raciocínio formal.

6. PAIXÕES INTELECTUAIS

6.1. SINALIZAÇÃO

O capítulo anterior foi um desvio. Tendo reconhecido, na Parte Um, a participação ubíqua do cientista na defesa das afirmações da ciência, quis investigar as origens deste coeficiente pessoal, procurando as suas origens no próprio ato do discurso declarativo. Para encontrar esta junção, a inquirição teve que ir para além disso, até aos níveis inarticulados da inteligência do animal e da criança, onde o coeficiente pessoal da linguagem falada é preformado primordialmente. Perseguindo ainda mais as raízes desta inteligência tácita, reconhecemos um princípio ativo que a controla e suporta. A um nível tão baixo na escala da vida, como nas minhocas e talvez nas amibas, encontramos um sentido geral de alerta do animal, não dirigido para qualquer satisfação específica, mas meramente explorando o que lá está; um incentivo para conseguir um controlo intelectual sobre as situações com que se confronta. Pelo menos aqui, na estrutura lógica dessa exploração - e da perceção visual - encontramos uma pré-figuração daquela combinação, entre a conformação ativa do conhecimento e a sua aceitação como uma parte da realidade, que reconhecemos como uma característica distintiva de todo o conhecimento pessoal. Este é o princípio que guia todas as competências hábeis e os conhecimentos práticos das artes, e que informa todo o saber articulado por meio de um coeficiente tácito ubíquo, sobre o qual as declarações faladas se devem basear, para sua orientação e confirmação.

Reconstituir o conhecimento pessoal segundo estas linhas, através de todas as declarações faladas e, ainda mais para trás, nos princípios ativos da vida animal, mostrou que os poderes intelectuais tácitos que partilhamos com os animais e as crianças são suficientes para explicar, numa primeira aproximação, a imensa expansão do âmbito do conhecimento humano, que a aquisição do discurso oral nos abriu. Esta aproximação tem, de qualquer maneira, a vantagem de representar separadamente os aspetos do pensamento articulado que não precisam de uma expansão substancial do conhecimento tácito, para além daquilo que é comum entre os animais. Mas há outros componentes do pensamento, e da própria ciência, que se guiam por poderes tácitos que ultrapassam em muito o âmbito da inteligência animal, e é sobre isso que preciso agora de me debruçar.

Os poderes em questão teriam já inevitavelmente chamado a nossa atenção, se eu não tivesse limitado o meu estudo ao uso afirmativo da linguagem, onde tais poderes são menos proeminentes. É óbvio que os usos expressivos e interativos da linguagem apresentam poderes tácitos para além desses poderes dos animais e das crianças. As obras de arte ou os imperativos sociais têm uma manifesta força emocional, evocado dentro de uma cultura articulada a que nenhum ser não falante tem acesso. Mas já nos encontramos com tais poderes, até mesmo no uso afirmativo da própria linguagem. A afirmação de uma grande teoria científica é, em parte, uma expressão de prazer. A teoria tem uma componente não articulada que aclama a sua beleza, e isso é essencial para a convicção de que a teoria é verdadeira. Mas nenhum animal pode apreciar as belezas intelectuais da ciência.

É verdade que no princípio ativo da vida animal, onde encontrei uma pré-figuração de todos os esforços intelectuais do homem, já ressoa uma nota apaixonada. Kohler demonstrou claramente que os chimpanzés encontram prazer na descoberta de uma nova manipulação engenhosa, muito para além do benefício prático que podem dela derivar; descreveu como podem repetir a performance para seu próprio prazer, como uma espécie de jogo. W. N. e L. A. Kellogg descobriram que um jovem chimpanzé está tão inclinado, quanto uma criança da mesma idade, a usar uma ferramenta que tinha antes inventado para um certo fim prático. O animal também foi tão perspicaz quanto a criança em trepar para o local onde é habitualmente confrontado com a resolução de problemas. Estes gostos intelectuais do animal pré-figuram, sem dúvida, as alegrias da descoberta, que os nossos poderes articulados conseguem para o homem, mas que no animal não conseguem, senão remotamente, uma aproximação a essas alegrias, em âmbito e dignidade. Como a linguagem aumenta o alcance do nosso pensamento, o prazer do macaco em jogar com um pau é ampliado para um sistema complexo de respostas emocionais, pelas quais o valor científico e os vários tipos de talento são apreciados nas ciências naturais, tecnologia e matemáticas. Este é o tipo de sentimento descrito no título deste capítulo como "paixões intelectuais". Antes de entrar com maior profundidade nesse domínio, considerarei o novo contexto em que a ciência se coloca ao cuidar deste seu aspeto. Uma teoria científica que chama a atenção para a sua própria beleza, e que parcialmente se baseia nela para reclamar a representação de uma realidade empírica, está próxima de uma obra de arte, que chama a atenção para a sua própria beleza como uma parte da realidade artística. Está também relacionada com a contemplação mística da natureza: uma relação evidenciada historicamente pelas origens pitagóricas da ciência teórica. Mais geralmente, a ciência, em virtude da sua observação apaixonada, encontra o seu lugar entre os grandes sistemas declarativos que tentam evocar e impor modos corretos de sentir. Ao ensinar os seus próprios tipos de excelência formal, a ciência funciona como a arte, religião, moral, lei e outras componentes da cultura.

Este alinhamento amplia imenso as perspetivas da nossa inquirição. Ainda que tenhamos já anotado antes que a ciência reivindica avaliar a ordem e a probabilidade, e credenciar a competência científica e o conhecimento prático das artes, estas componentes valorativas da ciência são emocionalmente incolores, quando comparadas com as paixões intelectuais pelas quais a ciência aprecia a sua própria beleza. Se a defesa de uma verdade científica exige a justificação de tais valorações apaixonadas, então a nossa tarefa expande-se inevitavelmente também para a justificação daquelas valorações igualmente apaixonadas que estão implícitas na afirmação dos diversos domínios da cultura. A ciência não pode, portanto, esperar sobreviver numa ilha de factos positivos, à volta dos quais o resto da herança intelectual dos homens se afunda num estado do emocionalismo subjetivo. Deve reivindicar que certas emoções estão certas, e se conseguir provar essa reivindicação, não só se salva a si própria, como, pelo seu exemplo, fundamenta todo o sistema da vida cultural de que faz parte.

No entanto, ao aceitar a solidariedade inescapável da ciência com outras províncias culturais, eu terei de conseguir neste livro um compromisso entre as pretensões desta ligação e as limitações do meu espaço. Não obstante se possa, eventualmente, vir a provar ser mais fácil fundamentar uma verdade mais abrangente em fundamentos mais vastos, não posso tentar fazer isso aqui, na sua totalidade. Proponho, por isso, continuar a minha inquirição sobre as condições de defesa da verdade factual, embora fazendo, de vez em quando, uma digressão para indicar as implicações mais vastas deste projeto.

6.2 VALOR CIENTÍFICO

Desde o início deste livro, tive a oportunidade, em várias ocasiões, para me referir à euforia esmagadora sentida pelos cientistas no momento da descoberta, uma euforia de um tipo tal que apenas um cientista pode sentir, e que só a ciência pode nele evocar. Logo no primeiro capítulo citei a famosa passagem em que Kepler anunciou a descoberta da sua terceira lei: "... nada me segura; saciarei a minha fúria sagrada..."[1]. A erupção de tais emoções ao longo da descoberta é bem conhecida, mas não se considera que afetem o resultado da descoberta. A ciência é vista como objetivamente estabelecida, apesar das suas origens passionais. Deve agora ser já clara a minha dissensão dessa convicção, e cheguei agora ao momento em que pretendo lidar explicitamente com o papel das paixões *na* ciência. Quero mostrar que as paixões científicas não são meros subprodutos psicológicos, mas antes que têm uma função lógica, que contribui com um elemento indispensável para a ciência. Respondem a uma qualidade essencial numa afirmação científica e, de acordo com isso, podem ser ditas como sendo verdadeiras ou erradas, dependendo de se reconhecer ou negar nela a presença dessa qualidade.

Qual é essa qualidade? As paixões carregam os seus objetos com emoções, tornando-os repulsivos ou atrativos; as paixões positivas afirmam que alguma coisa é preciosa. A excitação de um cientista ao fazer uma descoberta é uma paixão *intelectual,* que diz algo que é *intelectualmente* precioso e que, mais em particular, é *precioso para a ciência*. E esta afirmação faz parte da ciência. As palavras de Kepler, que citei, não eram uma afirmação de facto, mas também não eram um mero relatório dos sentimentos pessoais de Kepler. Eram uma afirmação válida da ciência, algo mais do que um simples facto: nomeadamente o interesse científico de certos factos, os factos recentemente descobertos por Kepler. Sem dúvida que diz que esses factos são de imenso interesse científico e que serão assim considerados enquanto o conhecimento durar. E Kepler também não foi enganado por esse momento majestoso. O passar dos séculos tem prestado um tributo cumulativo à sua visão e assim, creio eu, continuará a ser pelos séculos que hão de vir.

A função que atribuo aqui à paixão científica é distinguir entre os factos demonstráveis, que são de interesse científico, e aqueles que não são. Só uma pequena fração de todos os factos que se podem conhecer é que têm interesse para os cientistas, e a paixão científica serve também como um guia para a avaliação do que é de maior ou menor interesse, do que é importante em ciência e daquilo que é relativamente trivial. Quero mostrar que esta apreciação depende, em último lugar, de um sentimento de beleza intelectual, e que é uma resposta emocional que nunca pode ser definida desapaixonadamente, pelo menos mais desapaixonada do que conseguimos definir como a beleza de uma obra de arte ou a excelência de uma ação nobre.

A descoberta científica revela um conhecimento novo, mas a nova visão que a acompanha não é conhecimento. É *menos* do que conhecimento, pois é uma conjetura; mas é *mais* do que conhecimento, pois é uma antecipação de coisas ainda desconhecidas, e que no presente são, porventura, ainda inconcebíveis. A nossa visão da natureza geral das coisas é o nosso guia para a interpretação de toda a experiência futura. Uma tal orientação é indispensável. As teorias do método científico, que tentam explicar o estabelecimento da verdade científica por um procedimento formal, puramente objetivo, estão condenadas a falhar. Qualquer processo de inquirição, que não seja guiado pelas paixões intelectuais, inevitavelmente vai-se dispersar por um deserto de trivialidades. A nossa visão da realidade, a que o nosso sentimento de beleza científica responde, deve-nos sugerir o tipo de questões que será razoável e interessante explorar. Deve recomendar o tipo de conceitos e de relações empíricas que são intrinsecamente plausíveis, e que, portanto, devem ser defendidas, mesmo quando alguma evidência parece contradizê-las, e também nos diz, por outro lado, quais as ligações empíricas a rejeitar como ilusórias, mesmo que exista alguma evidência a seu favor - evidência que talvez ainda sejamos incapazes de explicar por qualquer outra hipótese. De facto, sem uma escala de interesse e plausibilidade baseada numa visão da realidade, nada se pode descobrir que tenha valor para a ciência; e só a nossa compreensão da beleza científica, a responder à evidencia dos nossos sentidos, pode evocar essa visão.

Obteremos uma visão mais firme deste conceito de valor científico representando-o como o resultado conjunto de três fatores contributivos. Uma afirmação será tanto mais aceitável como parte da ciência, e será tanto mais valiosa para a ciência, quanto mais possuir:

(1) certeza (precisão)
(2) relevância sistemática (profundidade)
(3) interesse intrínseco

Os primeiros dois destes critérios são inerentemente científicos, o terceiro é extra científico.

Os três critérios aplicam-se em conjunto, de modo que uma deficiência num deles é largamente compensada pela excelência nos outros. Tomemos por exemplo a evolução das espécies. O neodarwinismo está firmemente acreditado, e altamente considerado pela ciência, embora haja pouca evidência direta sobre ele, porque se encaixa maravilhosamente num sistema mecanicista do universo e se baseia num assunto - a origem do homem - que é do maior interesse intrínseco. Noutros casos, vemos uma grande precisão dos factos, que compensa a falta, em termos comparativos, de relevância sistemática ou de interesse intrínseco. Manne Siegbahn recebeu o prémio Nobel em física por ter conseguido uma precisão muito maior na medida do comprimento de onda de certos espetros de raios X, embora os seus resultados pouco mais tenham revelado de interesse. Mas, mesmo assim, há um limite para a valorização da precisão dos factos. O professor T. W. Richards recebeu o prémio Nobel em 1914 por uma determinação muito precisa dos pesos atómicos, e os seus resultados nunca foram contestados. Mas ainda assim, em 1932, Frederick Soddy podia escrever, acerca deste tipo de medidas, que parece agora "ser de tão pouco interesse e significância como a determinação do peso médio de uma coleção de garrafas, algumas cheias e outras mais ou menos vazias"[2]. Compreendeu-se entretanto que o valor dos pesos atómicos resulta da proporção acidental em que os isótopos constituintes estão presentes nos elemen-

II. A COMPONENTE TÁCITA

tos, tal como se encontram na natureza. Uma grandeza que parecia caracterizar uma característica profunda do universo, acabou afinal por se revelar sem tal relação. Embora factualmente correta, mostrou-se ilusória porque - ao contrário das expectativas - não correspondia afinal a qualquer coisa de substancial na natureza. Quando o peso atómico exato de um elemento deixou de ter interesse para a ciência, o que parecia importante tornou-se trivial.

Embora não seja definível em termos precisos, o valor científico pode, em regra, ser razoavelmente avaliado. Essa avaliação é necessária e depende todos os dias do processo de avanço e disseminação da ciência. Os avaliadores consultados pelas revistas têm que julgar se o interesse científico de uma contribuição justifica a despesa da sua publicação. Outros têm que decidir se a atribuição de uma bolsa científica vale a pena. Os cientistas devem ser capazes de reconhecer o que é manifestamente trivial, assim como o que é manifestamente falso. Quando o distinto físico alemão Friedrich Kohlrausch (1840-1910) declarou, numa discussão acerca dos objetivos da ciência natural, que ficaria feliz se conseguisse determinar rigorosamente a velocidade da água a correr na valeta[3], estava a dizer uma coisa sem sentido. Estava a avaliar erradamente a natureza do valor científico, pois a precisão de uma observação não a torna, por si, valiosa para a ciência.

É claro que a promessa tola feita por Kohlrausch não era a sua verdadeira intenção. Ele estava meramente a expor uma falsa teoria da ciência, de uma forma mais consistente do que é habitual; com base nisso, sem dúvida que - tal como Hume disse - os erros da filosofia são apenas ridículos e as suas extravagâncias não afetam as nossas vidas[4]. Mas ao fazê-lo, demonstrou involuntariamente que essas conclusões absurdas só podiam ser evitadas - sem inconsistência - abandonando também o ideal de uma ciência estritamente objetiva.

Diz-se muitas vezes que a ciência (ao contrário da história) apenas se preocupa com as regularidade e não com acontecimentos únicos. Isto só é verdade até ao ponto já coberto pelos meus dois primeiros critérios. Um acontecimento é regular se for reprodutível ou previsivelmente recorrente. A reprodutibilidade de um facto torna a sua observação excecionalmente fiável, enquanto que a sua recorrência revela que faz parte de um sistema natural.

Na realidade, o interesse sistemático pode mesmo prevalecer sobre a completa ausência de regularidade. A observação, em 1572, de uma nova estrela fixa de excecional brilho, por Tycho Brahe, foi de grande interesse para a ciência, porque permitiu invalidar o sistema aristotélico de um céu imutável[5]. De modo semelhante, a síntese da ureia por Wohler, em 1828, fragilizou a convicção tradicional na singularidade da matéria viva. O interesse científico na descoberta de um celacanto [nt: peixe raro, Oceano Índico] vivo também não depende da expectativa de vir a encontrar uma fonte recorrente desses animais, mas antes reside no grande interesse sistemático dessa espécie, como antecessor comum de todos os vertebrados terrestres. Descobertas como estas são valorizadas pela amplitude das suas implicações, mesmo que não estabeleçam novas leis gerais. Oferecem algo mais vago e também mais profundo; em particular, oferecem uma compreensão mais verdadeira de um grande domínio da ciência. Sem dúvida, a generalidade não é mais do que um aspeto da profundidade da ciência, e a profundidade por si, como veremos, não é mais do que uma intimação para um novo, e mais extenso, contato com a realidade.

No entanto, a diferença entre o interesse científico e o interesse histórico resulta, não do carácter único dos acontecimentos históricos, mas sim do seu interesse interpessoal, de que falarei adiante. O interesse histórico do passado depende, tal como o interesse científico dos factos, da sua ligação com um contexto erudito: neste caso, o contexto da história. Admite-se que o apelo que este contexto tem para o historiador é, uma vez mais, interpessoal e, portanto, diferente da reivindicação que uma teoria matemática faz sobre a atenção de um cientista[6].

Um grande número de factos é unanimemente considerado pelos cientistas como irrelevante para a ciência, embora possam diferir em relação a alguns deles. Pasteur, nas suas memórias sobre a geração espontânea, apresentada à Academia Francesa em 1860, relatou como Biot e Dumas o tinham desencorajado a trabalhar sobre tal assunto[7]. Hoje em dia, poucos cientistas consideram que valha a pena testar os factos da perceção extrassensorial ou da psicocinética, pois a maioria considera isso uma perda de tempo e um uso inadequado dos seus recursos profissionais. É prática normal dos cientistas ignorar evidências que parecem ser incompatíveis com o sistema aceite do conhecimento científico, na expectativa de que eventualmente se venha a provar que são falsos ou irrelevantes. O abandono sensato de tal evidência evita que os laboratórios científicos mergulhem eternamente numa confusão de esforços incoerentes e fúteis, para verificar falsas alegações. Mas, infelizmente, não existe qualquer regra para evitar o risco de assim negligenciar ocasionalmente uma evidência verdadeira que contradiga (ou que parece contradizer) os ensinamentos correntes da ciência. Durante o século XVIII, a Academia Francesa das Ciências negou veementemente a queda de meteoritos, o que parecia óbvio para toda a gente. A sua oposição às convicções supersticiosas, que uma tradição popular associava a tais intervenções celestes, cegava-os para os factos em questão[8].

Tal como os dois critérios da perceção correta - em especial a nitidez do contorno e a razoabilidade da imagem - se combinam para determinar o que é que o olho está a ver, também as reivindicações dos dois primeiros critérios de valor científico, a que chamei "certeza" e "relevância sistemática", se combinam para determinar o valor científico de um facto. Tal como o olho vê detalhes que não estão lá, se eles se encaixarem com o sentido da imagem, ou os ultrapassa, se não fizerem sentido, também uma muito ténue certeza inerente será suficiente para assegurar o mais alto valor científico de um facto alegado, se encaixar bem com uma grande generalização científica, enquanto que os factos mais obstinados serão postos de lado, se não existir lugar para eles no quadro estabelecido da ciência.

Há também rivalidade e compensação entre o interesse intrínseco de um assunto, que listei como a terceira variável na determinação do valor científico, e os primeiros dois, ou seja, a precisão e a relevância sistemática. Na ciência, como na perceção corrente, a nossa atenção é atraída por coisas que nos são úteis ou então perigosas, mesmo que se apresentem de forma menos clara e coerente. Isto cria uma competição entre os interesses práticos e teóricos, com que lidarei de forma mais completa quando tratar da relação entre ciência e tecnologia. Mas as coisas também são interessantes por si mesmas, e o seu interesse intrínseco varia imenso. Os animais vivos são mais interessantes do que os seus corpos mortos; um cão é mais interessante do que uma mosca; um homem é mais interessante do que um cão. No próprio homem, a sua vida moral é mais interessante do que a sua digestão; e, uma vez mais, na sociedade humana, os assuntos mais interessantes são a política e a história, que são os teatros das grandes decisões morais - enquanto que, ao mesmo tempo, e intimamente ligado com estas preocupações humanas, há também um grande interesse intrínseco pelos assuntos que afetam a contemplação do universo pelo homem e a sua conceção de si próprio, da sua origem e do seu destino.

Os assuntos que são mais importantes por si mesmos não são os que são mais fáceis de observar com precisão e os que melhor se prestam ao estudo sistemático. Mas os dois tipos de graus podem-se compensar mutuamente ao longo de uma grande variedade de disciplinas, em que se combinam em proporções variáveis, mantendo assim um nível estacionário de valor científico. A exatidão suprema e a coerência científica da física compensam a aridez comparativa da matéria inanimada, enquanto que o valor científico da biologia é mantido ao mesmo nível do da física pelo maior interesse intrínseco das coisas vivas estudadas, embora o seu tratamento seja menos exato e coerente. O sistema freudiano talvez não seja totalmente aceite pela ciência, mas mesmo assim a sua enorme influência, baseada nas suas reinvindicações científicas, mostra claramente que, mesmo uma doutrina largamente conjectural e bastante vaga, pode ganhar um grande interesse científico quando trata da moral e da felicidade do homem. O marxismo, equipado apenas com as características científicas mais frágeis, tornou-se uma força do destino, lidando com a política de uma forma que reclama como sendo científica.

Ao basear o seu próprio interesse nos interesses antecedentes do seu assunto, a ciência precisa de aceitar, em grande parte, a conceção pré-científica desses assuntos. A existência de animais não foi descoberta pelos zoólogos, nem a das plantas pelos botânicos, e o valor científico da zoologia não é mais do que uma extensão do interesse pré-científico sobre os animais e as plantas. Os psicólogos devem saber pela experiência corrente o que é a inteligência humana, antes de poderem desenhar testes para a medir cientificamente, e no caso de estes medirem antes algo que a experiência corrente não reconhece como inteligência, estariam então a construir um novo tema, que não poderia continuar a reclamar o interesse intrínseco associado àquele que tinham inicialmente escolhido para estudar. Reconhecidamente, os desenvolvimentos da biologia, medicina, psicologia e ciências sociais podem retificar as nossas conceções habituais dos animais e das plantas, e até mesmo do homem e da sociedade; mas precisamos de contrapor a qualquer dessas modificações o seu efeito sobre o interesse pelo qual o estudo do tema original foi estimulado e justificado. Se for dada preferência absoluta às virtudes científicas da observação exata e da correlação estrita de dados, para tratamento de um assunto que se desintegra quando representado nesses termos, o resultado será irrelevante para o assunto, e provavelmente sem qualquer interesse[9].

O paradigma de uma conceção de ciência que persegue o ideal de distânciamento absoluto, representando o mundo pelos seus particulares exatamente determinados, foi formulado por Laplace. Uma inteligência que conhecesse num determinado momento - escreveu Laplace - "todas as forças que animam a natureza e as posições respetivas das entidades que a compõem, ... estariam incluídas na mesma fórmula, assim como os movimentos dos maiores corpos do universo e do átomo mais pequeno: nada seria incerto, e o futuro, como o passado, estaria presente aos seus olhos"[10]. Uma tal mente teria um conhecimento científico perfeito do universo[11].

Este ideal de conhecimento universal está errado, pois substitui os assuntos em que estamos interessados por um conjunto de dados que nada nos diz acerca daquilo que queremos conhecer. Sob o ponto de vista matemático, o conhecimento universal laplaciano consiste na previsão das coordenadas p e dos impulsos q de todos os n átomos do mundo, $p^{(1)}... p^{(n)}$, $q^{(1)}... q^{(n)}$, no momento t, a partir das coordenadas p_0 e q_0 ($p_0^{(1)}... p_0^{(n)}$; $q_0^{(1)}... q_0^{(n)}$) dadas para o momento $t=0$. A previsão é feita com a ajuda de uma série de funções

$$f(p_0^{(1)}, q_0^{(1)}, ..., p_0^{(n)}, q_0^{(n)}) = p^{(1)}$$
$$f(p_0^{(1)}, q_0^{(1)}, ..., p_0^{(n)}, q_0^{(n)}) = q^{(1)}$$
$$...$$
$$\text{etc.}$$

que determinam todo o conjunto de $2n$ valores dos p e dos q no momento t. Suponha-se agora que se podiam, na realidade, observar estas grandezas atómicas no tempo t. Mesmo que depois fosse possível verificar essa previsão, isso seria uma mera resposta a uma questão levantada pela própria teoria. Não teria qualquer interesse, exceto para os hipotéticos cientistas que tivessem conseguido fazer os cálculos e que observassem subsequentemente os p e os q no momento t.

Que uma tal informação, virtualmente sem sentido, fosse identificada por Laplace como o conhecimento de todas as coisas passadas e futuras, e que o manifesto absurdo desta reivindicação não tenha sido óbvio para sucessivas gerações, desde os seus dias, só se pode explicar pela suposição oculta pela qual esta informação foi tacitamente suplementada. Assumiu-se como certo que a mente laplaciana não se ficaria pela lista dos p e dos q no momento t, mas que continuaria, por virtude dos seus poderes ilimitados de computação, a avaliar, a partir desta lista, os acontecimentos, e sem dúvida todos os acontecimentos, que tenhamos interesse em conhecer.

Mas esta suposição é ainda mais vasta, e com um caráter muito diferente, daquela que foi feita explicitamente por Laplace. Não solicita, nem se satisfaz, com uma capacidade ilimitada para fazer os complexos cálculos relativos ao sistema mecânico, mas precisa antes que se expliquem *todos* os tipos de experiências *em termos de dados atómicos*. É claro que este é um programa com uma visão mecanicista do mundo, que, nos tempos modernos, foi trazido à discussão, em primeiro lugar, por Galileu; mas este programa nunca foi executado, mesmo em princípio, e veremos na Parte Quatro que não o pode ser, de forma alguma. O tremendo feito intelectual conjurado pela imaginação de Laplace desviou a atenção (aliás de uma forma habitualmente praticada por conjurados) do decisivo golpe de mão, pelo qual se substitui o conhecimento de toda a experiência pelo conhecimento de todos os dados atómicos. Uma vez recusada esta substituição decetiva, vê-se imediatamente que a mente laplaciana não compreende absolutamente nada, e que aquilo que porventura souber nada significa.

No entanto, a magia da ilusão laplaciana continua até aos nossos dias. O ideal de um conhecimento estritamente objetivo, paradigmaticamente formulado por Laplace, continua a fundamentar a tendência universal para melhorar a precisão experimental e a precisão sistemática em ciência, à custa da relação com o seu assunto. Esta questão será tratada sistematicamente na Parte Quatro, ao refletir sobre o nosso conhecimento dos seres vivos. Menciono-o aqui como um passo intermédio de uma desordem intelectual mais vasta: em particular, a ameaça aos valores culturais, incluindo os valores da ciência, pela aceitação de uma conceção do homem derivada do ideal laplaciano de conhecimento, e pela condução dos assuntos humanos à luz de uma tal conceção.

Whitehead escreveu que os conflitos do pensamento, nos séculos XVIII e XIX, eram governados pelo facto "que o mundo se apossou de uma ideia geral com que o mundo nunca poderia viver, nem com ela ou sem ela"[12]. A rigidez científica, inflexivelmente decidida a desnaturar os factos vitais da nossa existência, continua a sustentar este conflito, que pode ainda vir a resultar numa reação devastadora para a ciência, como uma perversão da verdade. Isto já aconteceu antes, com muito menos justificação, no século IV, quando Santo Agostinho negou o valor da ciência natural, pois em nada contribuía para a salvação. Esta sua proscrição viria a destruir o interesse pela ciência em toda a Europa, durante mil anos.

No entanto, e por agora, o perigo para os verdadeiros valores da ciência não está em nenhuma reação aberta contra a ciência. Reside na própria aceitação da perspetiva científica baseada na falácia laplaciana, como um guia para os assuntos humanos. O seu programa redutor, aplicado à política, implica a ideia de que a ação política é necessariamente conformada pela força, motivada pela ganância e pelo medo, tendo a moral como um biombo para iludir as vítimas. Esta visão materialista da política pode ser reconstituída - tal como a conceção mecanicista do homem que lhe está aliada - até muito antes de Laplace, e mesmo na antiguidade. Mas um movimento histórico complexo tem levado, desde então, e ao longo de um certo número de linhas mutuamente relacionadas, ao estabelecimento, no nosso tempo, do método científico, como o intérprete supremo dos assuntos humanos. Este movimento criou uma tensão evasiva através da nossa cultura, semelhante à anteriormente gerada pela revolta da razão contra a religião, mas ainda mais compreensiva na sua amplitude. Tratarei aqui apenas com uma das formas desse movimento e apenas com os seus efeitos sobre a apreciação do valor científico.

Aplicada aos assuntos humanos, a mecânica universal laplaciana induz ensinar que o bem-estar material, e o estabelecimento de um poder ilimitado para impor as condições do bem-estar material, são o bem supremo. Mas o nosso tempo transborda de turbulentas aspirações morais. Ao absorverem este zelo, os objetivos de poder e de riqueza adquirem também uma santidade moral que, adicionada à sua suposta necessidade científica, reforça a sua aceitação como destino supremo e total do homem. As reivindicações compreensivas deste movimento não deixam qualquer justificação para as liberdades públicas, e exigem que todas as atividades culturais devem ser subservientes ao poder do estado, para transformar a sociedade e alcançar o bem-estar social. Uma descoberta não será mais valorizada pela satisfação que dá às paixões intelectuais dos cientistas, mas será antes avaliada de acordo com a sua provável utilidade para reforçar o poder público e melhorar os padrões de vida. O valor científico será desacreditado e a sua apreciação suprimida.

É assim que um movimento filosófico, guiado pelas aspirações da severidade científica, se tornou numa ameaça para a posição da própria ciência. Esta autocontradição resulta de um desvio de uma paixão intelectual - uma paixão por atingir um conhecimento absolutamente impessoal que, sendo incapaz de reconhecer uma pessoa, nos apresenta uma imagem do universo de que nós próprios estamos ausentes. Num tal universo não há ninguém capaz de criar e de defender valores científicos; logo não há ciência.

A história da falácia laplaciana sugere um critério de consistência. Mostra que as nossas conceções do homem e da sociedade humana devem ter em conta as faculdades do homem para as formar e para permitir o culto dessa faculdade na sociedade. Só pela acreditação do exercício das nossas paixões intelectuais no ato de observação do homem é que podemos formar conceções do homem e da sociedade que endossam essa credenciação e que apoiam a liberdade da cultura na sociedade. Uma tal progressão, que se acredita e confirma a si mesma, mostrar-se-á um guia efetivo para todo o conhecimento dos seres vivos.

6.3. PAIXÃO HEURÍSTICA

Até aqui tenho descrito apenas a função *seletiva* das paixões intelectuais. Esta função é contínua com outra, que também resulta clara do mesmo texto de Kepler. Podemos recordar uma vez mais as suas palavras:

> "O que profetizei há vinte e dois anos atrás, logo que descobri os cinco sólidos entre as órbitas celestes - em que eu acreditei firmemente ainda muito antes de ter visto as harmónicas de Ptolomeu - que tinha prometido aos meus amigos no título do meu quinto livro, aquilo que nomeei ainda antes de estar seguro da minha descoberta - que há dezasseis anos atrás insisti em procurar - e a que devotei o melhor da minha vida de contemplação astronómica, e para a qual me juntei com Tycho Brahe... finalmente trouxe-o para a luz do dia, e reconheci a sua verdade para além das minhas melhores esperanças... Por isso, dezoito meses depois da alvorada, três meses depois da luz limpa do dia, e sem dúvida alguns dias depois da mais maravilhosa contemplação do próprio sol... nada me segura..."[13]

As paixões intelectuais não só afirmam a mera existência de harmonias que pressagiam uma variedade indeterminada de descobertas futuras, como também evocam intimações de descobertas específicas e sustêm a sua procura persistente ao longo de anos de trabalho. A apreciação dos valores científicos combina-se aqui com a capacidade para a sua descoberta; tal como a sensibilidade do artista se combina com os seus poderes criativos. Tal é a função *heurística* da paixão científica.

Os cientistas - ou seja, os cientistas criativos - passam a sua vida a tentar adivinhar corretamente. Apoiam-se e guiam-se pelas suas paixões heurísticas. Chamamos criativo ao seu trabalho porque muda o mundo como nós o vemos, aprofundando o nosso conhecimento sobre ele. Esta alteração é irrevogável. Um problema que resolvi já não me intriga; não posso adivinhar aquilo que já sei. Depois de fazer uma descoberta, nunca mais vou ver o mundo com os mesmos olhos. Os meus olhos tornaram-se diferentes; transformei-me numa pessoa que vê e pensa de forma diferente. Ultrapassei um hiato, o hiato heurístico que fica entre o problema e a descoberta.

As grandes descobertas alteram o nosso quadro interpretativo. Logo, é impossível chegar aí pela aplicação continuada dos nossos quadros interpretativos anteriores. Ou seja, uma vez mais vemos que a descoberta é criativa, no sentido em que não se atinge por uma performance diligente de qualquer procedimento conhecido e especificável. Isto reforça o nosso conceito de originalidade. A aplicação de regras existente pode produzir resultados valiosos, mas não faz avançar os princípios da ciência. Temos que ultrapassar o hiato lógico entre um problema e a sua solução, com base no impulso não especificável da nossa paixão heurística, e fazê-lo ao mesmo tempo que mudamos a nossa personalidade intelectual. Como todos os empreendimentos arriscados em que dispomos compreensivamente de nós próprios, uma tal mudança intencional da nossa personalidade exige um motivo passional que o acompanhe. A originalidade deve ser apaixonada.

Mas as palavras de Kepler mostram-nos também que esta paixão, assente na verdade, está longe de ser infalível. Kepler alegrou-se pela descoberta dos cinco sólidos entre as órbitas celestes; pensou que as distâncias solares dos seis planetas que conhecia correspondiam às dimensões dos sucessivos corpos platónicos, medidos pelo raio das esferas inscritas e circunscritas. Isto não faz sentido, tal como o vemos hoje, por mais precisa que seja a correspondência com os factos, simplesmente porque já não acreditamos que as harmonias fundamentais do universo se revelam por uma simples relação geométrica[14]. Embora esta visão da realidade tenha feito Kepler seguir por um caminho errado, estava suficientemente próximo da verdade para o guiar na direção certa da descoberta das suas três leis do movimento planetário. Logo, Kepler continua a ser para nós um grande cientista, apesar da sua referência errónea aos corpos platónicos. Só quando ele fala de coisas como a mente residir no sol, que por sua vez ouve os planetas, e põe em notação musical as diversas melodias dos planetas, é que deixamos de o olhar como um cientista, mas antes como um místico. Fazemos aqui uma distinção entre dois tipos de erros, em particular, as hipóteses *científicas* que se revelam depois *erradas*, e as conjeturas *não científicas* que são não só *falsas*, mas também *incompetentes*.

II. A COMPONENTE TÁCITA

Portanto, as paixões intelectuais podem ser mal dirigidas, tal como as de Laplace ao formular o ideal objetivista; e até aquelas que seguem na direção certa, como no caso de Kepler, podem estar intimamente ligadas com outras inerentemente erradas. Um exemplo adicional confirmará esta conclusão, mostrando uma vez mais quanto próxima e associada é, nas paixões intelectuais, a relação entre a verdade e as componentes falaciosas, até mesmo nos maiores dos cientistas, e em que sentido é que podemos distinguir entre as duas.

Nas especulações que levaram à descoberta da relatividade, Einstein guiou-se pelo seu anseio - estimulado por Mach - por se libertar das suposições enganadoras na, até então, conceção tradicional e corrente do espaço e do tempo, e para os substituir por um quadro francamente artificial, em que a suposição de repouso absoluto era substituída pela velocidade absolutamente constante da luz. Pondo de lado o protesto do bom senso com uma reclamação de um mero hábito, adotou a visão em que a eletrodinâmica dos corpos em movimento era definida como absolutamente livre de todas as anomalias impostas pelo quadro tradicional do tempo e do espaço absolutos. Aceitando esta beleza intelectual como sendo uma parte da realidade, Einstein continuou a generalizar ainda mais a sua visão e a derivar daí uma série de novas e surpreendentes consequências. Trata-se de uma beleza menos familiar em ciência, pois aceitava um novo conceito de realidade. Vibrações eletrodinâmicas, sem um meio que vibre, eram uma afronta ao conceito mecânico das coisas, prevalecente na física desde Galileu e Newton. Esta nova beleza inaugurou a visão moderna de uma realidade definida matematicamente.

Mas, mesmo a sensibilidade atenta de Einstein estava aberta a outros indícios, que não lhe permitiam aceitar esta visão como o seu único guia. No mesmo ano (1905) em que o seu trabalho sobre relatividade foi publicado, resolveu o enigma do movimento browniano, ao adotar uma conceção mecânica concreta para a agitação molecular. A sua teoria, que seria rapidamente confirmada experimentalmente por Perrin, restabeleceu a realidade dos átomos como partículas materiais, o que tinha sido perentoriamente negado pelo operacionalismo de Mach. Mas o carácter mecânico das interações moleculares, triunfantemente suportadas neste caso, tornaram-se numa pedra onde Einstein tropeçou quando, com base nesses mesmos fundamentos, se recusou a aceitar a realidade última das probabilidades da mecânica quântica. A sua insistência em que os acontecimentos moleculares individuais devem ser determinados por causas específicas, parece ter sido um erro[15].

Vemos, portanto, que tanto Kepler como Einstein abordaram a natureza com paixões intelectuais e com convicções inerentes a essas paixões, o que os conduziu aos seus triunfos, e que os desviou para os seus erros. Estas paixões e convicções eram suas, pessoais, embora eles tivessem a convicção que eram universalmente válidas. Acredito que eram competentes para seguir estes impulsos, embora se arriscassem a serem enganados por eles[16]. E, uma vez mais, o que hoje em dia aceito como verdadeiro nos seus trabalhos, aceito-o pessoalmente, guiado por paixões e convicções semelhantes às suas, assumindo que estes meus impulsos são universalmente válidos, embora deva admitir a possibilidade de poderem estar errados.

6.4. ELEGÂNCIA E BELEZA

Tenho ainda que lidar com uma objeção séria, que se mostrará como um calhau demosténico, pois a sua conquista libertará finalmente a principal força do meu argumento. As teorias principais da física são sistemas formais que se aplicam à experiência através de operações simbólicas. Grandes descobertas podem ser feitas desta forma, tal como quando Adams e Leverrier calcularam a posição de Neptuno a partir da mecânica newtoniana, ou quando van't Hoff derivou as leis do equilíbrio químico a partir da segunda lei da termodinâmica. No entanto, tais operações podem ser muito facilitadas por uma reformulação de um sistema formal em termos que sejam mais fáceis de gerir. Isto melhora a beleza e a potência do sistema, sem no entanto alargar o seu âmbito teórico; pode exprimir mais fluentemente o que diz acerca da natureza, mas não pode dizer mais do que dizia antes. Logo, podemos conseguir uma maior economia e simplicidade no nosso quadro interpretativo, e desfrutar disso como uma exibição de elegância intelectual, sem que se diga algo de substancialmente novo.

Esta admissão parece poder pôr em perigo a nossa afirmação de que a beleza intelectual de uma teoria é uma prova do seu contacto com a realidade. Não poderá ser então verdade - tal como Mach ensinou - que a vantagem de uma teoria seja oferecer uma mera exposição económica dos factos observados?

Na realidade, esta questão foi já levantada, e muito discutida, pelos contemporâneos de Copérnico, acerca do seu sistema, que eu usei para abrir este livro e para exemplificar a beleza intelectual como uma parte da realidade. Alguns anos antes da publicação desta teoria, um ministro luterano em Nuremberga, chamado Andreas Osiander, insistiu com Copérnico que o seu sistema era um mero avanço formal sobre Ptolomeu, e Osiander até mesmo conseguiu - embora não se saiba por que meios - que essa perspetiva aparecesse na nota ao leitor no início do livro de Copérnico. Também não sabemos o que é que ele pensava dessa passagem, dado que Copérnico estava a morrer quando o seu trabalho foi publicado (1543). A intervenção de Osiander foi estimulada pela visão, frequentemente defendida na idade média superior e agora para nós familiar pelos ensinamentos do positivismo, segundo a qual "hipóteses não são artigos de fé", mas sim meras "bases para cálculo", logo não interessa se são verdadeiras ou falsas, desde que reproduzam exatamente o fenómeno dos movimentos. Estas citações são retiradas de uma carta escrita por Osiander em 1541, pedindo a Copérnico para evitar um conflito com a ortodoxia corrente aristotélica e teológica, aceitando uma interpretação convencionalista da sua própria teoria[17].

Esta interpretação foi violentamente rejeitada pelos copernicanos da geração seguinte. Giordano Bruno chamou-lhe o trabalho de um ignorante e de um burro presunçoso. Galileu esteve de acordo. Kepler declarou: "é sem dúvida uma ficção completamente absurda explicar um fenómeno natural por causas falsas"[18]. A questão envolveu apaixonadamente os contestantes até à sua morte. Acreditando que o copernicanismo era verdadeiro, Giordano Bruno alargou-o para uma visão com uma multiplicidade infinita de sistemas solares, que antecipavam o moderno conceito de espaços estelares. Setenta e cinco anos depois da morte de Copérnico, Bruno foi queimado vivo pelas suas convicções. Galileu sofreu uma perseguição menor ao longo de um certo número de anos, por aderir à visão (que nunca abandonou com sinceridade) segundo a qual o sistema copernicano era verdadeiro e não uma mera hipótese económica.

Será que a questão que motivou essas mentes, e que ateou tais paixões, era meramente verbal: uma simples questão sobre o uso adequado da palavra "verdade"? Na realidade, ambos os lados concordavam sobre o que é que entendiam por "verdade", em particular, que a verdade reside em conseguir um contacto com a realidade - um contacto destinado a revelar-se ainda melhor por uma variedade indefinida de consequências ainda não antecipadas. Acredito, de acordo com isso - considerando a história subsequente da astronomia - que os copernicanos estavam corretos ao afirmarem a verdade do novo sistema, e que os aristotélicos e os teólogos estavam errados ao conceder-lhe uma mera vantagem formal[19].

Mas a longa controvérsia entre os dois lados mostra também que esta distinção é tão difícil como é vital[20]. A dificuldade é meramente encoberta pela sugestão de que uma verdadeira descoberta se caracteriza pela sua fecundidade, o que falta num avanço puramente formal. Não se podem definir os poderes verídicos, mas indeterminados, da verdade em termos da sua fecundidade, a menos que "fecundo" [nt: frutífero] seja por si mesmo qualificado nos termos do "definiendum". O sistema ptolemaico foi uma fonte fecunda de *erros* durante mil anos; a astrologia foi uma fonte fecunda de *rendimento* para os astrólogos durante dois mil e quinhentos anos; o marxismo é, hoje em dia, uma fonte fecunda de *poder* para os governantes de um terço da humanidade. Quando dizemos que o copernicanismo foi fecundo, significamos que foi uma fonte fecunda de *verdade*, e não podemos distinguir o seu tipo de fecundidade relativamente à do sistema ptolemaico, ou da astrologia, ou do marxismo, exceto por uma tal qualificação. O uso da palavra fecundo neste sentido, é, sem o reconhecer, uma substituição enganadora, uma pseudo substituição, uma prestidigitação laplaciana.

Mas, mesmo quando fecundidade é tomada como significando a capacidade para levar a novas verdades, é uma caracterização insuficiente da verdade. O copernicanismo podia muito bem ter sido uma fonte de verdade - tal como os textos apócrifos de Esdras o foram para Colombo - mesmo que fosse falso. Mas o sistema copernicano não antecipou por acidente as descobertas de Kepler e de Newton: levou até elas *porque* era verdadeiro. Ao dizer isto, estamos a usar o termo "verdade" para reconhecer a qualidade verídica e indeterminada do copernicanismo: a qualidade que os copérnicos afirmavam contra a interpretação do sistema copernicano por Osiander. Acreditavam que este sistema era fecundo neste e não noutro sentido.

Logo, a substituição de "fecundo" por "verdade" é capciosa. Mas também não faz sentido, pois implica a sugestão, manifestamente absurda, que a fecundidade é uma qualidade mais limitada e mais concreta, que pode ser apurada sem ter que ir diretamente ao estabelecimento da verdade. Mas, no estádio em que temos que decidir acerca dos méritos de uma descoberta, as suas repercussões ainda são desconhecidas. Quando Newton publicou o seu *Principia*, qualquer pessoa podia ver que Copérnico estava certo: mas Copérnico e os copernicanos, entre os quais o próprio Newton, já estavam convencidos disso muito antes. A qualidade verídica do sistema, de que estavam convencidos, não podia ser a sua fecundidade observada *subsequentemente*. A tentativa de substituir a qualidade da verdade, em que se acredita, pela observação da fecundidade que essa convicção antecipa, é como a sugestão do "homem da campainha" para descobrir um "snark" pelo seu hábito de jantar no dia seguinte [nt: referência ao poema de Lewis Carrrol, *"The hunting of the snark"* (1876), em que "snark" é uma espécie animal fictícia, e o leader da expedição era o homem da campainha]. A marca de uma verdadeira descoberta não é a sua fecundidade, mas sim a *intimação* da sua fecundidade.

Reconhecidamente - dado que a reformulação de uma teoria pode melhorar consideravelmente o ritmo a que se derivam novas consequências a partir dela - uma vantagem formal também dá frutos, embora não no mesmo sentido em que se espera que uma nova descoberta se venha a provar fecunda, por aqueles que a aceitam como verdadeira. Mas esta objeção à antecipação da fecundidade como um critério da verdadeira descoberta dissolve-se completamente quando a vantagem formal é de tal ordem de amplitude que a sua sugestão equivale a uma descoberta. As reformulações da mecânica newtoniana por d'Alembert, Maupertuis, Lagrange e Hamilton incorporaram grandes descobertas deste tipo. Tais descobertas são habitualmente acompanhadas ou preparadas por avanços nas matemáticas, e a sua apreciação baseia-se nas qualidades que partilham com as descobertas matemáticas, mais do que com as descobertas nas ciências naturais. Logo, o reconhecimento da sua presença nalgumas teorias da física não suprime, embora algumas vezes complique, a distinção entre uma elegância meramente formal e a beleza intelectual de uma teoria, uma beleza que estabelece um novo contacto com a realidade externa.

Entretanto, a minha análise proliferou muito para além das suas raízes na história do copernicanismo e da relatividade. Não devo avançar mais sem primeiro suplementar estes casos paradigmáticos por outros casos que substanciam a natureza da descoberta teórica na física, e a diferença entre uma tal descoberta e um avanço com um carácter puramente formal.

A sugestão de Louis de Broglie (1923), puramente baseada na beleza intelectual, que atribuíu uma natureza ondulatória às partículas ponderáveis, é um desses casos. Os professores (incluindo Paul Langevin) a quem ele apresentou o doutoramento duvidaram em aceitá-lo e escreveram a Einstein a pedir uma opinião. Este último reconheceu o seu mérito científico e o grau foi devidamente atribuído ao seu autor[21]. Mas, nessa altura, ninguém pensou que a fórmula de Broglie implicasse que os feixes eletrónicos iriam dar origem a padrões de difração semelhantes aos raios X, uma consequência que foi primeiro prevista por W. Elsasser em 1925[22].

Uma vez mais, o quadro matemático em que Dirac conseguiu (1928) reconciliar a mecânica quântica com a relatividade mostrou algumas características incompreensíveis, que, por sua vez, acabaram por eventualmente se mostrar como sendo uma descrição do eletrão positivo, quando esta partícula foi descoberta, de forma independente, por Anderson em 1932. Entre outros exemplos deste tipo, está o trabalho de William Gibbs, que era considerado como puramente formal, até que Bakhuis Roozeboom descobriu a vasta e esclarecedora aplicação da regra das fases. Mais recentemente, as volumosas especulações termodinâmicas por de Donder, publicadas, sem despertar qualquer resposta, na década de 1920, revelaram-se na nova termodinâmica dos processos irreversíveis, que anteciparam parcialmente. Mas a história da ciência regista apenas os fins felizes; muito mais frequentes são as especulações formais que não levam a sítio nenhum. Os inúmeros artigos de van Laar sobre o potencial termodinâmico, publicados ao mesmo tempo que os artigos por de Donder, podem-se recordar entre muitos outros casos igualmente infelizes. Esta diluição do mérito, por inundações de trivialidades, torna o reconhecimento do valor da verdade científica particularmente difícil.

Permitam-me que pare aqui por um momento. Acredito que até aqui se estabeleceram três coisas para além da dúvida razoável: o poder da beleza intelectual para revelar a verdade sobre a natureza; a importância vital de distinguir entre essa beleza e um formalismo meramente atraente; e a delicadeza do teste entre ambos, tão difícil que pode confundir mesmo os espíritos científicos mais penetrantes.

Podia ter terminado esta secção com estas conclusões e tê-las adiantado para posterior reflexão; mas temo que na mente de muitos leitores o poder convincente da minha evidência tenha evocado apenas um sentimento crescente de desassossego. Vi muitas audiências universitárias ficarem silenciosas perante o meu relato de descobertas intuitivas, com um desagrado sombrio. Uma voz irónica pergunta então se o orador pensou se nesse caso haveria qualquer utilidade em fazer experiências; e um outro se, nesses mesmos fundamentos, as explicações em termos de astrologia não seriam igualmente justificáveis. Ambas são questões importantes.

A resposta à primeira é que a experiência é um indício indispensável para a compreensão da natureza, apesar de não determinar a sua compreensão. Einstein fala de "ein intuitives Heranfuhren an die Tatsachen" [nt: "uma introdução intuitiva aos factos"; erro ortográfico em Heranfuhren no original], a que chamarei um tatear à procura do significado dos factos. Nesta orientação empírica do nosso tatear reside toda a diferença - ilusiva e contudo totalmente decisiva - entre um avanço meramente formal e uma nova perspetiva sobre a natureza das coisas. De onde é que vem este carácter esquivo? É um reflexo sobre o pano de fundo do maior resultado científico o facto de que nunca conseguimos dizer exatamente aquilo que queremos significar, ou mesmo se queremos significar alguma coisa. A indeterminação do significado não é eliminada, mas apenas reduzida, quando eventualmente decidimos aceitar uma teoria como uma afirmação verdadeira de algo novo sobre a natureza. Porque, enquanto assim nos comprometemos seriamente com uma convicção acerca de certas coisas, uma tal convicção não tem relação com a realidade a menos que deixemos o seu âmbito indeterminado.

A resposta para a segunda questão, porque é que havemos de preferir a ciência à astrologia, não se pode aqui dar de forma breve. Na próxima secção aproximar-me-ei mais um passo, e uma resposta mais conclusiva será atingida no final da Parte Três; mas todo este livro mais não é do que uma procura por uma resposta a uma questão deste tipo. No fim devo ser capaz de dizer, com uma afirmação que não parecerá nem dogmática nem trivial: "Não acolho explicações em termos da astrologia, porque não acredito que sejam verdadeiras".

6.5. CONTROVÉRSIA CIENTÍFICA

A paixão heurística não busca uma possessão pessoal. Não procura conquistar, mas antes enriquecer o mundo. Mas esse movimento também é um ataque. Levanta uma reivindicação e faz uma exigência extrema sobre os outros homens, pois pede que a sua dádiva à humanidade seja aceite por todos. Para serem satisfeitas, as nossas paixões intelectuais precisam de encontrar resposta. A intenção universal cria uma tensão: sofremos quando uma visão da realidade com que nos tínhamos comprometido pessoalmente é ignorada com desdém pelos outros. Uma incredulidade geral faz perigar as nossas convicções, ao evocar em nós um eco. A nossa visão deve conquistar ou morrer.

Tal como uma paixão heurística de onde flui, a *paixão persuasiva* também se encontra ela própria face a um hiato lógico. Na medida em que um descobridor se comprometeu com uma nova visão da realidade, isolou-se dos outros que continuam a pensar pela forma antiga. As suas paixões persuasivas impelem-no a ultrapassar esse hiato, convertendo toda a gente à sua maneira de ver as coisas, tal como a sua paixão heurística o impeliu a ultrapassar o hiato heurístico que o separava da descoberta.

Podemos assim ver porque é que, em ciência, as controvérsias científicas nunca mentem completamente. Quando está em causa um novo sistema de pensamento acerca de toda uma classe de alegados factos, a questão será se deve ser aceite ou rejeitado em princípio, e será inevitável que aqueles que o rejeitam com tais fundamentos compreensivos o considerem como totalmente incompetente e pouco sólido. Tomem-se, por exemplo, quatro casos contemporâneos: a psicanálise de Freud, o sistema *a priori* da física de Eddington, o "alcance da mente" de Rhine, ou a genética ambiental de Lysenko. Cada um dos quatro autores aqui mencionados tem o seu próprio quadro conceptual, pelo qual identifica os seus factos e dentro do qual conduz os seus argumentos, e cada um deles exprime as suas conceções na sua própria terminologia distintiva. Cada um desses quadros é relativamente estável, pois pode explicar a maior parte da evidência que aceita como bem estabelecida, e é suficientemente coerente para justificar, de forma satisfatória para os seus seguidores, o descurar de factos, ou alegados factos, que não consegue interpretar. É assim segregado de qualquer conhecimento, ou alegado conhecimento, baseado em conceitos diferentes da experiência. Os dois sistemas de pensamento em conflito estão separados por um hiato lógico, no mesmo sentido em que um problema está separado da descoberta que o resolve. Operações formais baseadas *num* quadro interpretativo não podem demonstrar uma proposição a pessoas que se baseiam *noutro* quadro interpretativo. Os seus defensores poderão mesmo não conseguir ser ouvidos por estes, pois, primeiro, precisariam de lhes ensinar uma nova linguagem, e ninguém aprende uma nova linguagem a menos que primeiro confie que ela significa alguma coisa. Uma audiência hostil pode, de facto, recusar-se deliberadamente a lidar com conceções novas, tais como as de Freud, Eddington, Rhine ou Lysenko, precisamente porque os seus membros têm medo que, uma vez aceites, levem a conclusões que eles - correta ou incorretamente - abominam. Os proponentes de um novo sistema apenas podem convencer a sua audiência começando por ganhar a sua simpatia intelectual para uma doutrina que ainda não compreenderam. Aqueles que ouvem com simpatia descobrirão, por si próprios, o que nunca teriam compreendido de outra forma. Uma tal aceitação é um processo heurístico, um ato de auto modificação, e nessa medida é uma conversão. Produz discípulos que formam uma escola, cujos membros estão, por enquanto, separados por um hiato lógico em relação aos que estão fora. Pensam diferente, falam uma linguagem diferente, vivem num mundo diferente, e pelo menos uma das duas escolas está por isso excluída, por agora da comunidade da ciência, seja correta ou incorretamente.

Podemos agora ver também a grande dificuldade que pode resultar da tentativa de persuadir outros a aceitar uma ideia nova em ciência. Vimos que, na medida em que representa um maneira nova de raciocinar, não podemos convencer os outros por um argumento formal, e, a menos que se argumente dentro do seu quadro conceptual, nunca os conseguiremos induzir a abandoná-lo. As demonstrações devem ser, portanto, suplementadas por formas de persuasão que possam induzir uma conversão. A recusa para entrar na forma de argumentar do opositor deve-se justificar fazendo com que pareça totalmente não razoável.

Uma tal rejeição compreensiva não pode deixar de desacreditar o opositor. Fá-lo parecer como completamente iludido, o que no calor da batalha facilmente parece ser um tolo, um fraco ou uma fraude. E, uma vez que estamos interessados em estabelecer isso, rapidamente se passa a denunciar o nosso opositor como um "metafísico", "jesuíta", "judeu", ou "bolchevique", conforme o caso, ou - falando do outro lado da cortina de ferro - como um "objetivista", "idealista" e como um "cosmopolita". No confronto de paixões intelectuais, cada um dos lados deve inevitavelmente atacar a pessoa na oposição.

Mesmo em retrospetiva, tais conflitos só podem, muitas vezes, ser apreciados nesses termos. Não parecem argumentos científicos, mas sim conflitos entre visões científicas rivais, ou mesmo entre valores científicos e interesses estranhos que interferem ilegitimamente com o devido processo de inquirição científica. Ilustrarei isso com quatro controvérsias. A primeira é a controvérsia copernicana, a que já tive ocasião de me referir. As outras três ocorreram no século XIX e o seu resultado, tal como o anterior, teve como efeito desenvolver o nosso sentimento atual de valor científico.

As teorias ptolemaica e copernicana opuseram-se mutuamente durante um longo período de tempo, como dois sistemas virtualmente completos, separados por um hiato lógico. Os factos conhecidos, em qualquer momento durante os 148 anos desde a publicação de *De Revolutionibus* de Copérnico até ao aparecimento do *Principia* de Newton, podem ser explicados por qualquer uma das duas teorias. Por 1619 a descoberta da terceira lei de Kepler pode ter desequilibrado a balança a favor dos copernicanos[23], mas o não aparecimento de uma variação sazonal no ângulo com que as estrelas fixas são vistas continuava a apresentar uma séria dificuldade para este sistema. O argumento errado, segundo o qual os corpos em queda livre não desceriam verticalmente para a terra se esta estivesse em movimento, não foi aprovado por Galileu; mas a sua explicação das marés, que ele considerava como uma prova crucial da rotação terrestre, caía num erro similar. A sua descoberta das luas de Júpiter foi talvez sugestiva, mas a sua significância dificilmente justificava a sua invetiva desdenhosa contra os que se recusavam a observar essas luas através do seu telescópio[24]. O verdadeiro fundamento da convicção de Galileu estava na sua apreciação apaixonada do maior valor científico da visão heliocêntrica: um sentimento que se acentuou com a sua revolta furiosa contra a autoridade de Aristóteles sobre a ciência. Os seus oponentes tinham do seu lado a visão do senso comum, que via a terra em repouso, e acima de tudo uma consciência viva do carácter singular do homem como a única partícula do universo que se sente responsável perante Deus. A ânsia por reter para o homem uma posição que correspondesse à sua localização no universo foi a força emocional que se opôs ao apelo intelectual do copernicanismo[25].

A vitória do copernicianismo rejeitou e suprimiu esta exigência, como uma interferência ilegítima na condução na ciência, e estabeleceu o princípio de que a verdade científica não deve ter em consideração as suas repercussões religiosas ou morais. Mas este princípio não é incontestável. É rejeitado hoje em dia pela teoria soviética, para quem toda a ciência é uma ciência de classe e deve ser guiada pelo espírito do partido, o "partynost". É também contestada pela igreja católica, como por exemplo na encíclica *Human Generis* de 1950, e de igual modo pelos fundamentalistas bíblicos. A minha oposição a uma interpretação mecânica e universal das coisas, porque prejudica a consciência moral do homem, também implica, em certa medida, uma dissensão com a absoluta neutralidade moral da ciência. Embora a questão não esteja completamente fechada, o princípio da indiferença moral ou religiosa prevalece na ciência moderna, sem enfrentar até aqui um rival sério à sua regra, e o resultado da controvérsia copernicana continua a ser um apoio eminente para este princípio[26].

Uma outra doutrina da ciência moderna, que emergiu no período inicial deste conflito com a tradição aristotélica e escolástica, é o ideal do empirismo. Embora discorde em absoluto deste ideal, pois defendo que a eliminação do conhecimento pessoal da ciência destruiria a própria ciência, eu reconheço os sucessos decisivos do empirismo, ao abrir o caminho para a ciência moderna. Também não nego, é claro, que a ciência está constantemente exposta ao perigo de especulações vazias, a que se deve resistir com vigilância e fazer banir; mas defendo que a parte do conhecimento pessoal em ciência torna impossível formular uma qualquer regra precisa pela qual tais especulações se podem distinguir de investigações empíricas conduzidas de forma correta. O empirismo é apenas válido como uma máxima, cuja aplicação faz parte da arte de conhecer. Alguns exemplos de controvérsias científicas, em que as máximas do empirismo científico adquiriram o seu significado corrente, mostrarão como as reivindicações do empirismo se mostraram controversas e enganadoras em vários casos importantes.

O ataque quixotesco do jovem Hegel ao método empírico da ciência e a sua rápida derrota às mãos dos cientistas foi uma das grandes experiências formativas da ciência moderna. No ano de 1880 um grupo de seis astrónomos alemães, liderados por Bode, começou a procurar um novo planeta que preenchesse o hiato entre Marte e Júpiter nas séries numéricas das distâncias planetárias, descobertas por Titius e conhecidas por lei de Bode. Obtém-se essa série escrevendo o número 4, seguido da série 3+4, 2x3+4, 2^2x3+4, 2^3x3+4, ... etc., o que dá os primeiros oito valores: 4, 7, 10, 16, 28, 52, 100, 196, que se pode mostrar corresponderem razoavelmente bem às distâncias relativas dos sete planetas conhecidos em 1800, desde que se deixasse de fora o quinto número. Atribuindo arbitrariamente o valor 10 à distância da Terra, temos a tabela:

LEI DE BODE EM 1800

	Previsto	Observado
Mercúrio	4	3.9
Vénus	7	7.2
Terra	(10)	(10)
Marte	16	15.2
.... ?	28	?
Júpiter	52	52
Saturno	100	95
Urano	196	192

O jovem Hegel desdenhou de uma investigação que seguia uma regra numérica, que não fazendo sentido, apenas podia ser acidental. Argumentando que a natureza, conformada pela razão imanente, deve ser governada por uma sequência racional de números, postulava que as distâncias relativas dos planetas deviam conformar-se de acordo com a série de Pitágoras 1, 2, 3, 4 (2^2), 9 (3^2), 8 (2^3), 27 (3^3) - em que, no entanto, ele substituía 16 por 8. Isso limitaria o número de planetas a sete e permitiria um maior hiato entre o quarto e o quinto planeta, ou seja, entre Marte e Júpiter. A procura por um oitavo planeta para preencher este hiato era, portanto, quimérica[27].

No entanto, a 1 de janeiro de 1801, o grupo de astrónomos de Bode descobriu o pequeno planeta Ceres na região em questão. Desde então, mais de quinhentos pequenos planetas foram encontrados nessa vizinhança[28], e pode mesmo acontecer que sejam fragmentos de uma planeta inteiro que outrora ocupasse esse lugar.

Hegel foi desbaratado e os astrónomos triunfaram alegremente. Tudo isso foi bom, pois confirmava um sentido mais justo do valor científico. Mas devemos perceber que pouco mais tinha em que se apoiar. Se a lei de Bode tem algum fundamento racional, ou se foi uma mera casualidade (como Hegel pensou), é ainda hoje uma questão em aberto; as opiniões acerca do assunto têm-se modificado repetidamente ao longo dos últimos vinte anos[29]. Logo, Hegel pode ter estado certo ao rejeitar os fundamentos dos astrónomos para a procura de um novo planeta.

Apesar disso, eu estou de acordo que os astrónomos estavam corretos e que Hegel estava errado. Porquê? Porque a hipótese dos astrónomos está dentro de uma sistema científico imaginável, e portanto era um tipo de conjetura a que os astrónomos, como cientistas, têm direito. Foi uma conjetura competente, e - mesmo que a lei de Bode não tenha qualquer verdade - foi mesmo uma conjetura verdadeira; enquanto que a inferência de Hegel foi totalmente não científica, logo incompetente. Felizmente, a suposição de Hegel estava errada e os astrónomos acertaram, embora a sua conjetura talvez fosse injustificável. Mas, mesmo que a suposição de Hegel se tivesse mostrado correta e a dos astrónomos errada, continuaríamos a rejeitar a visão de Hegel da realidade e a tender para a dos astrónomos.

A revolta dos cientistas contra a *Naturalphilosophie* foi violenta e duradoura. Por meados do século o empirismo reinava sem contestação[30]. Mas, infelizmente, o método empírico de inquirição - com as suas conceções associadas de valor científico e da natureza da realidade - está longe de não ser ambíguo, e várias interpretações contraditórias desse método tiveram sempre que lutar entre si, de ambos os lados de um hiato lógico.

Na sua tese doutoral, apresentada em 1875 na Universidade de Utrecht, J. H. van't Hoff adiantou uma teoria segundo a qual os compostos contendo um átomo de carbono assimétrico eram oticamente ativos. Em 1877 apareceu uma tradução alemã do seu trabalho, com uma introdução comendatória por Wislicenus, um distinto químico alemão e uma autoridade em atividade ótica. A sua publicação suscitou um ataque furioso por Kolbe, um outro grande químico alemão, que tinha recentemente publicado um artigo intitulado "Sinais dos tempos"[31], em que castigava o declínio do treino científico entre os químicos alemães; um declínio que, dizia ele, levava a um renovado brotar de

"as ervas daninhas de uma filosofia da natureza aparentemente culta e brilhante, mas na realidade trivial e vazia, que, depois de ter sido substituída há cerca de 50 anos pelas ciências exatas, está agora a ser desenterrada por pseudo cientistas, no quarto mais escuro das falácias humanas, e, como uma mulher desmazelada, mas agora elegantemente vestida de novo e maquilhada, é passeada clandestinamente numa companhia respeitável, a que não pertence."

Num segundo artigo[32] dá, como mais um exemplo desta aberração, o trabalho de van't Hoff, trabalho que "ele teria ignorado como muitos outros esforços deste tipo", não fosse o "facto incompreensível" da sua calorosa recomendação por um químico tão distinto como Wislicenus. Logo Kolbe escreveu que:

"Um certo Dr. J. H. van't Hoff, empregado pela Academia Veterinária em Utrecht, parece não perceber nada do que é a investigação exata em química. Achou mais conveniente montar Pégaso (certamente pedido por empréstimo à Academia Veterinária) e proclamar na sua *La Chimie dans l'espace* como é que, no seu atrevido voo para o Parnaso químico, os átomos lhe apareciam dispostos no espaço do mundo."

O comentário de Kolbe à introdução de Wislicenus à teoria de van't Hoff revela ainda melhor quais eram os princípios do seu criticismo. Wislicenus tinha escrito sobre "este passo importante e real para o avanço de uma teoria dos compostos de carbono, um passo orgânico e internamente necessário". Kolbe pergunta: o que é isso da "teoria dos compostos de carbono"? O que se quer dizer com isso de "este passo ser orgânico e necessário?". E continua: "Wislicenus excluiu-se aqui das hostes dos cientistas exatos e, em vez disso, aliou-se aos filósofos da natureza, de má memória, que estão separados dos espiritistas por uma fina fronteira".

A opinião científica eventualmente repudiou o ataque de Kolbe sobre van't Hoff e Wislicenus, mas a sua suspeita da química especulativa ("química no papel") continuou a ser partilhada por muitas das principais revistas de química, que recusaram até agora contribuições que não incluíssem novos resultados experimentais. Apesar da química se basear largamente nas especulações de Dalton, Kekulé e van't Hoff, que inicialmente não foram acompanhadas de quaisquer observações experimentais[33], os químicos continuam desconfiados deste tipo de trabalho. Como não confiam suficientemente em si próprios para distinguir entre verdadeiras descobertas teóricas e especulações vazias, sentem-se obrigados a atuar com base em pressupostos que um dia implicarão a rejeição de um artigo teórico da maior importância, a favor de estudos experimentais comparativamente triviais. Pode ser assim tão difícil distinguir, mesmo para um especialista do seu próprio domínio, com base nos critérios do empirismo, entre o mérito científico e o palavreado incompetente.

Nem isto se aplica unicamente às descobertas puramente teóricas. A grande controvérsia sobre a natureza da fermentação alcoólica, que durou quase quarenta anos, a partir de 1839, mostrou que a verificação de uma observação experimental pode incorrer exatamente no mesmo tipo de dificuldades. Entre 1835 e 1837, não menos do que quatro observadores independentes (Caignard de la Tour, Schwann, Kutzing e Turpin) relataram que as leveduras produzidas durante a fermentação não eram um precipitado químico, mas consistiam antes em organismos celulares vivos que se multiplicavam por rebentos, e concluíram que a fermentação era uma função viva das células de levedura[34]. Mas isto ia contra a paixão intelectual dominante dos cientistas de então. Em 1828 Wholer sintetizou ureia a partir de materiais inorgânicos e, com base nisso, triunfantemente contestou a existência de poderes até aí exclusivamente atribuídos aos seres vivos. Leibig deu-lhe continuidade ao lançar os fundamentos de uma abordagem química para toda a matéria viva, e Berzelius reconheceu que a platina podia acelerar reações na sua presença, do mesmo modo que a fermentação era causada pelas leveduras. Todos estes grandes mestres desprezaram as reivindicações que eles achavam ser um ressurgimento fantástico do tipo de "vitalismo", que tinham banido para todo o sempre. Wohler e Liebig publicaram uma elaborada sátira a zombar destas especulações absurdas[35].

Em 1857 Pasteur entrou nas listas, pelo lado dos "vitalistas". As suas investigações sobre leveduras e sobre a putrefação envolveram-no, ao mesmo tempo, noutra grande controvérsia, a questão da "geração espontânea". Também nesta estava do lado considerado, na altura, como reacionário (e ainda assim é considerado, no momento em que escrevo, na União Soviética), que negava a possibilidade de produção experimental de seres vivos a partir de matéria morta[36].

A razão para que ambas as controvérsias se tenham arrastado indefinidamente é revelada por uma nota de Pasteur acerca dos seus próprios argumentos a respeito da fermentação como uma função das células vivas da levedura: "Se alguém pudesse dizer que as minhas conclusões vão para além dos factos estabelecidos, eu estaria de acordo, no sentido em que tomei a minha posição sem reservas, numa certa ordem de ideias que, falando em termos estritos, não pode ser demonstrada de forma irrefutavel"[37]. Esta ordem de ideias estava, portanto, separada por um hiato lógico relativamente ao que era mantido por Liebig, Wohler e por muitos outros grandes homens do seu tempo. O cisma foi eventualmente ultrapassado por uma reforma conceptual, induzida pela descoberta da zimase por Buchner, em 1897, num licor espremido a partir de células de levedura. Provou-se que o agente da fermentação era um catalisador morto, do tipo imaginado por Liebig e Berzelius, mas também se evidenciou um órgão vital das células de levedura, tal como Pasteur e os seus precursores desde Caignard de la Tour afirmavam; o novo conceito de enzimas intra celulares combinava estes dois aspetos[38].

As grandes controvérsias científicas que recordei foram conduzidas apaixonadamente, como seria inevitável entre contestantes que não partilhavam um quadro conceptual comum, dentro do qual fosse possível seguir um procedimento mais impessoal. Kolbe não podia argumentar contra van't Hoff. Citou, com irónica satisfação, a descrição de van't Hoff sobre a disposição dos átomos em espiral, o que para ele era uma evidência suficiente de que a nova teoria era um tecido de fantasias. E, do seu ponto de vista, estava correto ao recusar entrar em qualquer novo argumento detalhado acerca disso, pois negava que se pudesse argumentar racionalmente em termos de tais ideias selvagens. A caricatura irónica pela qual Wohler e Liebig responderam aos artigos de Caignard de la Tour, Schwann e outros, que reclamavam que a fermentação é uma função das células vivas de leveduras, resultou da mesma visão segundo a qual um argumento que se julga ser completamente capcioso não pode ser seriamente discutido ponto por ponto[39]. Um cientista ocidental desafiado a responder às teorias biológicas de Lysenko teria, da mesma forma, recusado a sua discussão em termos dos fundamentos marxistas e leninistas em que foram alicerçadas; por outro lado, Lysenko recusava-se a considerar a evidência estatística do mendelismo, com base no argumento de que "na ciência não há lugar para o acaso"[40].

Podemos concluir que o empirismo, tal como a neutralidade moral da ciência, é um princípio definido e interpretado como o resultado de controvérsias passadas acerca do valor científico de um conjunto particular de ideias. A nossa apreciação do valor científico desenvolveu-se historicamente a partir dos resultados de tais controvérsias, tal como o nosso sentido de justiça foi ganhando forma a partir dos resultados das decisões judiciais ao longo dos séculos passados. Na realidade, todos os nossos valores culturais são depósitos de uma sucessão histórica semelhante de convulsões intelectuais. Por fim, todas as contendas mentais do passado só podem ser hoje em dia interpretadas à luz daquilo que nós próprios decidimos que é a verdadeira consequência e lição da história. E temos que tomar essa decisão dentro do contexto das controvérsias contemporâneas, que porventura desafiam de novo essas lições, e por sua vez levantam questões completamente novas de princípio. A lição da história é aquilo que nós próprios aceitamos como tal.

II. A COMPONENTE TÁCITA

Continuam em aberto, ainda hoje, questões sérias acerca da natureza das coisas. Pelo menos, acredito que continuam em aberto, embora a maioria dos cientistas esteja convencida de que a sua visão está correta e menosprezem qualquer desafio. Um exemplo notório é dado pela perceção extrassensorial. A evidência a seu favor é hoje ignorada pelos cientistas, na esperança que um dia se encontrará uma explicação trivial para isso. Pode ser que estejam certos nisso, mas eu respeito também os que pensam que eles poderão estar errados; e, nesta fase, nenhuma discussão proveitosa é possível entre os dois lados.

Um outro exemplo. Hoje em dia os neurologistas aceitam, quase sem exceção, a conjetura segundo a qual todos os processos mentais conscientes podem ser interpretados como um epifenómeno de uma cadeia de acontecimentos materiais que ocorrem no sistema nervoso. Alguns autores, como Mays[41], eu próprio[42] e o professor R. O. Kapp[43] tentaram mostrar que isso é logicamente insustentável, mas que seja do meu conhecimento, apenas um neurologista, o professor J. C. Eccles, foi até ao ponto de modificar o seu modelo neurológico do cérebro, introduzindo uma influência pela qual a vontade intervém para determinar a escolha entre duas decisões alternativas possíveis[44]. Esta sugestão tem sido menosprezada por todos os outros neurologistas, e, sem dúvida, é difícil defendê-la a partir dos seus pontos de vista.

Encontra-se, hoje em dia, um cisma semelhante entre a escola dominante da genética, que explica a evolução como um resultado de uma sequência fortuita de mutações, e autores como Graham Cannon em Inglaterra, Dalcq na Bélgica, Vandel e outros em França, que consideram esta explicação inadequada e que apoiam um poder adaptativo harmonioso que controla as mais importantes inovações na origem das formas superiores da vida.

Algumas pessoas poderão estar impacientes com estas ilustrações, porque acreditam que a ciência proporciona um procedimento para decidir acerca de qualquer uma dessas questões, através de investigações sistemáticas e desapaixonadamente empíricas. No entanto, se esse fosse claramente o caso, não haveria razão para estarem preocupados comigo. O meu argumento não teria força persuasiva, e poderia ser ignorado sem qualquer irritação.

De qualquer modo, permitam-me que deixe bem claro o que tenho estado a dizer. Disse que as paixões intelectuais têm um conteúdo afirmativo; na ciência declaram o interesse científico e o valor de certos factos, contra uma falta de tal interesse e valor de outros. Esta função *seletiva* - na ausência da qual a ciência não pode ser definida de forma alguma - está intimamente ligada a uma outra função das mesmas paixões, em que o seu conteúdo cognitivo é suplementado por uma componente que exprime esforço e ambição. Esta é a sua função *heurística*. O impulso heurístico liga a nossa apreciação do valor científico com uma visão da realidade, que serve como guia da inquirição. A paixão heurística é também a fonte da originalidade - a força que nos impele a abandonar o quadro interpretativo aceite e a comprometer-nos, atravessando o hiato lógico, com o uso de um novo quadro. Finalmente, a paixão heurística tornar-se-á, muitas vezes (e tem que se tornar), numa paixão *persuasiva*, a principal fonte de toda a controvérsia fundamental.

Não estou a aplaudir a erupção de tais paixões. Não gosto de ver um cientista a tentar desprezar intelectualmente um opositor, ou a silenciá-lo, para ganhar protagonismo; mas reconheço que esses meios de controvérsia são tragicamente inevitáveis.

6.6. AS PREMISSAS DA CIÊNCIA

Chegados a este ponto da inquirição podemos perguntar até que ponto é que os princípios controversos em questão podem ser vistos como premissas da ciência. Pode-se dizer que a ciência assenta sobre pressuposições especificáveis, sobre regras de procedimentos corretas ou sobre convicções substanciais acerca da natureza das coisas? Tratarei primeiro o caso à luz das minha próprias perspetivas, baseada em reflexões do tipo que foram feitas anteriormente. Vimos como está perigosamente envenenado o equilíbrio entre as reivindicações intrínsecas de um assunto e a paixão pela exatidão e pela coerência, por exemplo no estudo científico de seres sentientes; como a tendência para uma conceção mecanicista universal das coisas pode ser uma ameaça para desnaturar completamente a nossa imagem do homem. Vimos também outros exemplos, no trabalho de Kepler e de Einstein, que mostram como as visões mais poderosas da verdade científica podem vir a revelar, mais tarde, elementos de erro fundamental. Mencionei uma série de grandes descobertas especulativas que testemunham com eloquência os poderes verídicos da beleza intelectual, e que mostraram, ao mesmo tempo, como tais descobertas podem frequentemente permanecer ignoradas pelos melhores especialistas, e que ninguém - nem mesmo os seus autores - pode, nem sequer remotamente, discernir em primeiro lugar o que é que elas implicam. O carácter delicado dos critérios que caracterizam o valor científico foi exposto pelas grandes controvérsias do passado. Vimos que o desfecho dessas controvérsias - em conjunto com o resultado de outras convulsões na ciência - definiram os critérios que hoje temos, embora em última análise sejamos nós próprios a decidir o quanto aceitamos ou modificamos dessas interpretações. Na história da ciência, tal como na de todas as outras atividades humanas, cabe finalmente àquele que

II. A COMPONENTE TÁCITA

conta a história a responsabilidade de endossar ou de rever todas as avaliações prévias dos seus desenlaces - enquanto que em simultâneo responde às questões contemporâneas, dantes impensáveis. As tradições transmitem-se do passado até nós, mas são as nossas próprias interpretações do passado, a que chegamos no contexto dos nossos próprios problemas imediatos.

O critério geral de valor científico a ser derivado dos casos históricos que considerei pode ser tentativamente considerado como uma amostra equilibrada das premissas da ciência. Copérnico e os seus opositores; Kepler e Einstein; Laplace e John Dalton; Hegel e Bode; de Broglie e Dirac; van't Hoff e Kolbe; Liebig e Pasteur; Elliotson e Vraid; Freud, Eddington, Rhine e Lysenko; todos estes, e muitíssimos outros cientistas, ou pessoas que dizem ser cientistas, tiveram certas convicções alegadamente "científicas" acerca da natureza das coisas e do método adequado e da finalidade da inquirição científica. Estas convicções e valorações indicaram aos seus aderentes quais os tipos de questões que parecem razoáveis e interessantes para explorar. Recomendaram o tipo de conceções e de relações que devem ser suportadas como plausíveis, mesmo quando alguma evidência parece contradizê-las; ou, pelo contrário, quais devem ser rejeitadas como inverosímeis, embora haja evidência que as parecia favorecer, e que não podem ser facilmente explicadas com outros fundamentos.

As regras do procedimento científico que adotamos, e as convicções e valorações que apoiamos, determinam-se mutuamente. Prosseguimos de acordo com o que esperamos que seja o caso e conformamos as nossas antecipações de acordo com o sucesso que os nossos métodos de procedimentos tiveram. As convicções e as valorações funcionaram, portanto, como premissas conjuntas na condução de inquirições científicas. Mas como é que deve ser exatamente definida esta relação? Podíamos estar inclinados a reconhecer como premissas as visões gerais e os propósitos relacionadas com uma inquirição científica futura. Mas "premissa" é uma categoria lógica: refere-se a uma afirmação que é logicamente anterior àquela de que é a premissa. De acordo com isso, as visões gerais e os propósitos implícitos na realização e estabelecimento de uma descoberta científica são as suas premissas, mesmo que estas visões e finalidades possam já não ser as mesmas *antes* da investigação ter sido seriamente considerada. Este sentido paradoxal parece ser o único em que podemos encarar qualquer premissa da ciência. Mas primeiro elaborarei brevemente o mesmo princípio, a respeito do conhecimento quotidiano.

A ciência natural lida largamente com factos da experiência comum. Os métodos pelos quais estabelecemos factos na vida quotidiana são, portanto, logicamente anteriores às premissas especiais da ciência, e devem ser incluídos numa declaração completa dessas premissas. Os padrões de satisfação intelectual que estimulam e guiam os nossos olhos para reunir aquilo que é para se ver, e que também guiam os nossos pensamentos para dar forma à nossa conceção das coisas - as convicções acerca da natureza das coisas, transmitidas pelas nossa linguagem descritiva de todos os dias - tudo isto forma parte das premissas da ciência, apesar de precisarmos ainda de deixar algum espaço para a revisão desses padrões e das convicções dentro da ciência. Por outro lado, a hipótese de características persistentes na natureza não é certamente uma premissa suficiente para o estabelecimento da ciência natural. Dá-nos fundamentos para referir os factos e para pensar o universo como um agregado de factos. Mas factualidade não é ciência. Só um número comparativamente pequeno de factos é que são factos científicos, enquanto que o resto não tem interesse científico. Logo, princípios como o da uniformidade da natureza (J. S. Mill) ou da variedade limitada (J. M. Keynes), que podem explicar a factualidade, não podem *por si mesmos* explicar a ciência natural. A astrologia e a magia baseiam-se tanto na uniformidade da natureza ou na sua variedade limitada como as ciências naturais, apesar da ciência repudiar os factos alegados por astrólogos e curandeiros.

Disse que as premissas da ciência se observam tacitamente na prática da inquirição científica e na aceitação dos seus resultados como verdadeiros. Isto também é verdade para a uniformidade da natureza ou para a sua variedade limitada. Apenas pelo nosso conhecimento dos factos, que ou persistem por algum tempo numa ocasião única, ou são recorrentes em diferentes lugares e momentos, é que podemos apreciar o que significa a uniformidade ou a variedade limitada da natureza. Estas conceções seriam para nós completamente ininteligíveis se vivêssemos num universo gasoso, em que não fosse possível discernir factos circunscritos ou recorrentes. As premissas lógicas da factualidade não são por nós conhecidas, ou acreditadas, *antes* de começarmos a estabelecer os factos, mas pelo contrário são reconhecidas *ao refletir sobre a forma como estabelecemos os factos*. A nossa aceitação dos factos, que dão um significado aos indícios que a experiência oferece aos nossos olhos e ouvidos, deve ser primeiro pressuposta, e as premissas subjacentes a este processo para encontrar o significado dos factos devem ser posteriormente deduzidas a partir daí. Como o processo de descobrir o antecedente lógico, a partir da análise da sua derivação lógica, não pode deixar de introduzir uma certa medida de incerteza, o conhecimento desse antecedente será sempre mais incerto do que o conhecimento do seu consequente. Não acreditamos na existência de factos por causa da nossa convicção anterior e segura numa qualquer pressuposição lógica e explícita da factualidade, mas, antes pelo contrário, acreditamos em certas pressuposições explícitas da factualidade porque descobrimos que estão implícitas na nossa convicção sobre a existência dos factos.

Veremos que a mesma estrutura lógica peculiar se aplica às premissas mais específicas da ciência e, sem dúvida e muito para além disso, aos antecedentes lógicos de todos os processos mentais informais, alguns dos quais entram em qualquer ato racional do homem. A ilustração simples desta estrutura é dada pela prática de competências hábeis como nadar, andar de bicicleta ou tocar piano; recordar a minha análise disso eliminará as características paradoxais à formulação que se segue. Pode-se dizer que nadar pressupõe o princípio de boiar enquanto que se retém um resíduo excessivo de ar nos pulmões; e podemos também enunciar certos princípios operacionais de andar de bicicleta ou tocar piano, que podem ser considerados como premissas subjacentes a essas performances. Mas já vimos que atingimos e praticamos essas competências sem qualquer conhecimento focal e antecedente das suas premissas. Na realidade, as premissas de uma competência não podem ser descobertas focalmente antes da sua performance, nem mesmo compreendidas se explicitamente formuladas por outros, antes de nós mesmos termos experimentado a sua performance, seja pela sua observação ou pelo nosso envolvimento na sua prática. Na execução de uma competência estamos, portanto, a agir sob certas premissas, que desconhecemos focalmente, mas que conhecemos subsidiariamente, como parte do nosso domínio dessa habilidade, e que podemos conseguir conhecer focalmente pela análise da forma como conseguimos (ou acreditamos que conseguimos) fazer a habilidade em questão. As regras de sucesso que portanto podemos derivar podem-nos ajudar a melhorar a nossa competência hábil e a ensiná-la aos outros - mas só se primeiro estes princípios tiverem sido reintegrados na arte de que são máximas. Porque embora nenhuma arte se possa exercer de acordo com as suas regras explícitas, tais regras podem ser muito úteis para uma arte, se observada subsidiariamente dentro do contexto da sua execução hábil[45].

De acordo com isso podemos melhorar a nossa formulação, como se segue. Os antecedentes lógicos de um processo mental informal, como a procura de factos, ou, mais em particular, o encontrar de um facto da ciência, acabam por ser conhecidos subsidiariamente no próprio ato da sua aplicação; mas só depois é que podem ser conhecidos focalmente, a partir de uma análise da sua aplicação, e, uma vez conhecidos focalmente, podem ser aplicados por reintegração, para guiar de forma subsidiária as melhorias na execução do processo.

O primeiro passo no sentido de estabelecer as premissas de uma façanha mental como a ciência - ou a música, ou a lei, etc. - é, portanto, conhecer as suas instâncias autênticas. Não aceitamos uma alegação qualquer de um facto como verdadeira, nem podemos reconhecer cada pretensa contribuição para a ciência, ou para a música, ou para a lei, como parte da verdadeira ciência, ou música ou lei. A questão sobre quais os "factos" que são factos, qual a "ciência" que é ciência, qual a "música" que é música, e qual a "lei" que é lei, pode na realidade ser muito controversa. Para poder elucidar as suposições subjacentes ao estabelecimento dos factos, e em particular dos factos da ciência, precisamos de esclarecer a nossa posição em relação a essas questões duvidosas. Precisamos de refletir sobre os factos e as partes da ciência que reconhecemos como válidos, ou, pelo menos, sobre os factos e as partes da ciência que consideramos como alegados de modo competente, se não mesmo como validamente estabelecidos. Aceitaria, por exemplo, a afirmação de que, de acordo com os factos, tal como eram conhecidos por Kepler, o número de planetas era seis, embora, de facto, isso não esteja de acordo com o nosso conhecimento atual; e reconhecerei as especulações de Pitágoras como parte do trabalho científico de Kepler, apesar de não acreditar que estejam corretas; enquanto que, ao mesmo tempo, rejeito os horóscopos de Kepler e toda a sua astrologia como incompetente, tanto como afirmações de facto como trabalho científico.

Qualquer tentativa para definir mais precisamente o corpo da ciência esbarra no facto que o conhecimento da ciência não é conhecido por uma única pessoa. Na realidade, ninguém conhece suficientemente bem mais do que um pequeno fragmento da ciência, para que possa julgar a sua validade e avaliar o seu valor em primeira mão. Para o resto, tem que se basear nas visões aceites, em segunda mão, pela autoridade de uma comunidade de pessoas credenciadas como cientistas. Mas esta credenciação depende, por sua vez, de uma organização complexa. Cada membro da comunidade pode julgar, em primeira mão, apenas um pequeno número dos seus colegas, e assim eventualmente cada um é credenciado por todos. O que acontece é que cada um reconhece um certo número de outros cientistas, por quem ele, por sua vez, é reconhecido, e estas relações formam cadeias que transmitem esses reconhecimentos mútuos, em segunda mão, a toda a comunidade. É assim que cada membro se torna direta ou indiretamente credenciado por todos. O sistema estende-se mesmo até ao passado. Os seus membros reconhecem o mesmo conjunto de pessoas como seus mestres e derivam daí uma ligação com uma tradição comum, de que cada um transporta consigo uma parte em particular.

A análise do consenso científico será aprofundada no capítulo seguinte, sobre convivialidade. Para já basta dizer que qualquer pessoa que fale em nome da ciência, no sentido corrente e com a aprovação usual, aceita este consenso organizado para determinar o que é "científico" e o que é "não científico". Toda a grande controvérsia tende, portanto, a tornar-se uma disputa entre as autoridades estabelecidas e o pretendente (Elliotson, Kutzing, Rhine, Freud, van't Hoff, Lysenko) a quem é, no entretanto, negado o estatuto de cientista, pelo menos no que respeita ao trabalho em discussão.

Estes pretendentes não negam a autoridade da opinião científica em geral, mas simplesmente apelam contra a sua autoridade acerca de um detalhe em particular, e procuram modificar os seus ensinamentos acerca desse detalhe. Na realidade, toda a submissão séria à autoridade é qualificada por alguma oposição, mesmo que ligeira. A posição é semelhante - e intimamente relacionada - com a posição já vista a propósito da tradição. Quando falo de ciência, estou a reconhecer tanto a sua tradição como a sua autoridade organizada, e nego que alguém que as rejeite totalmente possa ser um cientista, ou ter uma compreensão e uma apreciação adequadas da ciência. Por consequência, nada que eu - que aceito a autoridade e as tradições da ciência - possa dizer acerca da ciência fará qualquer sentido para uma tal pessoa, e isso também se verifica no reverso. Mas eu não entro incondicionalmente neste compromisso, como se mostra pelo facto de recusar seguir tanto a tradição como a autoridade da ciência, nos seus ideais objetivistas em psicologia e na sociologia. Aceito a opinião científica existente como uma autoridade *competente*, mas não como a autoridade *suprema*, para identificar o assunto chamado "ciência".

Esta distinção está implícita nos comentários que fiz acerca de Kepler. É indispensável para qualquer análise do progresso histórico da ciência. Limitar o termo ciência às proposições que consideramos válidas, e as premissas da ciência àquilo que consideramos ser as suas premissas verdadeiras, é mutilar o nosso assunto. Uma conceção razoável da ciência deve incluir visões em conflito dentro da ciência e admitir mudanças nas convicções fundamentais e nos valores dos cientistas. Reconhecer uma pessoa como um cientista - e mesmo como um grande cientista - é meramente reconhecer-lhe competência em ciência, o que admite a possibilidade de que estava, ou está, errado de muitas maneiras.

Eu posso então observar que, tal como já o fiz, as modernas ciências físicas passaram por três estádios, cada um dos quais com os seus próprios valores científicos e a sua correspondente visão da realidade última. Os cientistas do primeiro período acreditavam num sistema de números e figuras geométricas, os seguintes em massas mecanicamente condicionadas, os últimos em sistemas de invariâncias matemáticas. Ao associarem-se à sucessiva exploração destas suposições fundamentais acerca da natureza das coisas, as paixões intelectuais conheceram mudanças profundas - mudanças semelhantes em extensão, e talvez até mesmo relacionadas, com as que as artes visuais conheceram desde os mosaicos bizantinos até às obras dos impressionistas, e depois destes até ao surrealismo. Mas há uma transcendência de paixões duradouras que é semelhante em ambos os casos. Admitindo que muitos dos argumentos de Copérnico, Galileu e Kepler, e mesmo de Newton, Lavoisier e Dalton, parecem hoje em dia mal orientados, e que os seus pressupostos levaram a conclusões que hoje em dia consideramos serem falsas; e admitindo que estes gigantes do passado, se cá voltassem novamente, poderiam não aceitar facilmente a relatividade e a mecânica quântica como sistemas satisfatórios da ciência; mesmo assim, muito da ciência inicial permaneceu verdadeira, e os pioneiros da ciência continuaram, ao longo dos séculos, a merecer o nosso respeito crescente. Neste sentido, a ciência adota, portanto, uma procura consistente de mudanças graduais, e - acredito eu - no seu todo, de aspirações intelectuais cada vez mais esclarecidas e elevadas.

Tal é o quadro geral dentro do qual a persecução da ciência se pode definir, e onde se podem identificar os pressupostos subjacentes aos seus feitos. Esta perspetiva precisará de ser muito alargada - como o farei na Parte Quatro - para incluir as ciências biológicas; a inclusão da psicologia e da sociologia levantará mais questões, ainda mais controversas, que tratarei apenas de passagem.

Isto são murmúrios de vêm do terreno. Posso apenas insinuar sobre o tipo de detalhe que uma investigação substancial das premissas subjacentes à descoberta e verificação científica deve incluir. Teria talvez que analisar todas as grandes descobertas feitas - especialmente neste século - por cientistas inspirados por algumas suposições específicas sobre a interpretação racional da natureza; teria que considerar quanto obscuras e controversas algumas dessas especulações pareceram no princípio; quantas especulações semelhantes eram de facto vazias ou erradas; e ainda como algumas delas se mostraram, nalguns casos famosos, como surpreendentemente verdadeiras e profundamente proféticas. Seria preciso uma sensibilidade extraordinária para descobrir quais as ideias gerais que guiaram estas conjeturas notáveis. Mas, mesmo assim, um tal relato apenas poderia revelar as premissas de façanhas científicas do passado. As premissas atuais da ciência, no momento em que escrevo, estão apenas presentes nas descobertas ainda não consumadas, mas que estão a maturar nas mentes dos investigadores científicos, absorvidos nos seus trabalhos. O visitante de uma escola de investigação de um grande mestre - cujas apreensões intuitivas podem-se difundir, mesmo que imperfeitamente, para o círculo próximo de colaboradores - podem vagamente discernir as premissas das descobertas prospetivas pela forma como os colaboradores falam acerca do seu trabalho. Não conseguiremos chegar mais perto do que isto em relação às premissas atuais da ciência.

Temos agora perante nós uma imagem verdadeira da ciência, no processo que emerge da imprecisão da conjetura inicial até uma maior precisão e certeza. É aqui, no decurso da descoberta e verificação, que as premissas da ciência exercem a sua orientação sobre os julgamentos dos cientistas. É óbvio que nunca foi proposta uma formulação dessas premissas (ou virá ainda a ser proposta) que equipasse uma pessoa, sem o dom especial e o treino de um cientista, para decidir com competência sobre qualquer uma das incertezas que apareceram nas várias questões controversas ou duvidosas que já mencionei. Na realidade, quando tentamos aplicar qualquer uma dessas formulações para decidir uma grande questão em ciência, descobrimos que se mostram ambíguas, precisamente porque permitem que ambas as alternativas sejam igualmente discutíveis.

Consideremos o princípio de Mach sobre a "economia mental", segundo o qual a ciência é a descrição mais simples, ou o sumário mais conveniente, dos factos. Imaginem-se os perplexos examinadores da tese doutoral por de Broglie a recorrer a este critério para avaliar o valor científico do trabalho. Como é que o poderiam fazer? Muitos dos factos que a teoria eventualmente descrevia ainda não tinham sido descobertos. Teriam que se limitar aos factos conhecidos que a teoria descrevia. Podiam ter organizado uma competição para determinar se a nova teoria era mais simples, no sentido de que tornaria mais fácil a memorização desses factos ou o seu ensino nas escolas; ou qual a teoria que pode ser descrita num espaço menor ou num vocabulário mais familiar? É uma ideia ridícula. O que tinham que decidir em primeiro e último lugar era se este trabalho era uma descoberta substancial ou um mero jogo de ideias. Isso decidiria também se era a descricção cientificamente mais simples dos factos. Como um mero conceito era uma maneira fantasiosamente rebuscada de ver as coisas; enquanto que, como afirmação verdadeira, era um atalho espantosamente simples para novas e mais vastas perspetivas.

Ou aplique-se o conceito de "simplicidade" à controvérsia acerca das experiências de Rhine sobre adivinhação de cartas. É claro que a perceção extrassensorial é a explicação mais simples para isso, para quem estiver preparado para acreditar na perceção extrassensorial. Ainda assim, muitos cientistas hoje em dia prefeririam uma outra explicação qualquer, mesmo que complicada, desde que ficasse dentro do âmbito das interações físicas até aqui conhecidas. Para eles, parece "mais económico" não introduzir um novo princípio, se for possível tratar a situação pelos princípios já aceites; e estão mesmo preparados para ignorar as observações de Rhine, durante algum tempo, até que se ajustem ao quadro das leis naturais, então prevalecente. Uma vez mais, a questão da simplicidade da descrição, no sentido corrente da palavra "simples", não joga, ou pode não jogar, qualquer papel, seja qual for, na controvérsia. Pelo contrário, seja como for que a questão seja finalmente decidida, isto é que irá determinar qual a explicação mais simples no sentido científico.

Esta ambiguidade do termo "simples", dentro da fórmula de Mach, resulta do facto já referido anteriormente[46], em particular por funcionar aqui como um pseudo substituto para a "verdade". Por consequência, a resposta à questão sobre o que é simples, num dado caso, deve ser sempre exatamente tão duvidosa como a resposta à questão sobre qual é a verdade num dado caso. A mesma ambiguidade pode-se aplicar a outros pseudo substitutos para a verdade, como o critério pragmático de que uma teoria "funciona". Esta ambiguidade revela-se, da mesma forma que a da "simplicidade", se aplicarmos a praticalidade em lugar da simplicidade como um critério para questões tão duvidosas e controversas como a tese por de Broglie ou as experiências de Rhine. O mesmo teste dará resultados semelhantes a respeito do critério da fecundidade, que já anteriormente mostrei imitar grotescamente as funções da verdade.

Disse antes (p. 180) que as premissas da ciência determinam os métodos da sua procura e vice-versa. Mesmo assim, a inquirição sobre o procedimento científico tem de facto sido conduzida segundo linhas diferentes e muito mais sistemáticas. A sua finalidade tem sido a descoberta de uma regra estritamente formulada pela qual se possam derivar as proposições válidas, a partir de observações empíricas. Um tal esquema, baseado no processo de coligir evidência que aumente a probabilidade de uma proposição empírica, até ao ponto de uma certeza prática, foi por mim discutido no capítulo 2. O material adicional coligido no presente capítulo deve-me permitir reformular esse criticismo, e aplicá-lo a todas as tentativas feitas para formular o processo de indução, segundo os princípios do acordo e da diferença, de J. S. Mill.

As regras específicas da inferência empírica afirmam (a) prosseguir por uma operação prescrita desde os indícios até à descoberta, ou pelo menos (b) mostrar como verificar, ou no mínimo (c) como falsificar, uma proposição empírica, de acordo com algumas dessas regras. A reivindicação (a) pode ser rejeitada, considerando o facto demonstrável que a descoberta está separada por um hiato lógico relativamente aos fundamentos sobre os quais é feita. É, tal como já disse antes, um travesti do método científico concebê-lo como um processo automático dependente da velocidade de acumulação da evidência para hipóteses escolhidas ao acaso (Parte Um, cap. 2, p. 31). A história das grandes controvérsias científicas ensina-nos que as afirmações (b) e (c) também não têm fundamento.

As razões são semelhantes às que usei para criticar termos como "simples" como substitutos de "verdade". Todas as regras formais para os procedimentos científicos devem-se mostrar ambíguas, pois serão interpretadas de formas muito diferentes, de acordo com os conceitos particulares acerca da natureza das coisas que guiam um cientista. E as suas possibilidades para atingir a verdade e conclusões importantes dependerão decisivamente da correção e do discernimento dessas conceções. Vimos que há um tipo de descoberta empírica que se atinge sem qualquer processo de indução. A teoria ondulatória por de Broglie, o sistema copernicano e a teoria da relatividade, foram todos descobertos por pura especulação guiada pela racionalidade interna. O triunfo da experiência de Michelson Morley, apesar do seu resultado errado, o trágico sacrifício da vida profissional de D. C. Miller na procura de testes puramente empíricos para uma grande visão teórica, são comentários sardónicos sobre a suposta superioridade da experimentação sobre a teoria. Reconhece-se que outras controvérsias, como as da fermentação, do hipnotismo e da perceção extrassensorial parecem centrar-se totalmente sobre questões de evidência factual. Mas olhando para estas disputas mais atentamente, parece que os dois lados não aceitam os mesmos "factos" como factos, e ainda menos, a mesma "evidência" como evidência. Estes termos são ambíguos precisamente na medida em que duas opiniões opostas podem diferir. Dentro de dois quadros conceptuais diferentes a mesma gama de experiências toma a forma de factos diferentes e de diferente evidência. Na realidade, um dos lados pode ignorar totalmente alguma da evidência, com a expectativa confiante de que, de algum modo, se mostrará falsa. Ilustrarei melhor este poder da teoria científica sobre os factos científicos num capítulo posterior (Parte Três, cap. 9, "Crítica da dúvida").

Devemos também recordar que as regras da indução deram, ao longo dos tempos, o seu fundamento a convicções que são contrárias às da ciência. A astrologia apoiou-se durante três mil anos na evidência empírica que confirmava as previsões do horóscopo, o que representa a mais longa cadeia de generalizações empíricas conhecidas na história. Durante muitos séculos pré-históricos, as teorias incorporadas na magia e na feitiçaria pareceram claramente confirmadas pelos acontecimentos, aos olhos dos que acreditavam na magia e na feitiçaria. Lecky[47] assinala corretamente que a destruição da crença na bruxaria, durante os séculos XVI e XVII, aconteceu apesar do esmagador corpo de evidência, ainda então em crescimento rápido, favorável à sua realidade. Os que negavam a existência de bruxedos não tentavam sequer explicar essa evidência, mas apelavam, com sucesso, para que fosse ignorada. Glanvill, um dos fundadores da Royal Society, denunciou, não sem razoabilidade, este método como não científico, com base no empirismo professado pela ciência contemporânea. Alguma da evidência não explicada sobre bruxaria foi, na realidade, esquecida para sempre, e só voltou à luz do dia dois séculos depois, quando foi reconhecida como uma manifestação dos poderes hipnóticos.

Além disso, todo um domínio de factos mais familiares foi ignorado pelos filósofos que procuraram justificar a ciência, atribuindo uma fiabilidade única ao método indutivo[48]. A conjunção constante levaria a previsões absurdas sobre toda a gama de processos, cujo curso é determinado pelo declínio ou pela saciedade dos desejos. A nossa expectativa de vida não aumenta pelo número de dias que já sobrevivemos. Pelo contrário, a recorrência da experiência de viver ao longo das próximas vinte e quatro horas é muito menos provável depois de ter acontecido 30 mil vezes consecutivas do que apenas mil vezes. Tentativas de treinar um cavalo a viver sem comida terão o seu fim, precisamente, depois de uma longa série de sucessos; e a certeza de divertir uma assistência com uma piada favorita não aumenta indefinidamente com o número de repetições bem sucedidas. É verdade que no condicionamento por experiências, os animais tendem a esperar que um acontecimento, que é repetidamente precedido por um sinal, volte a acontecer depois do sinal tornar a aparecer; mas quando se pediu a crianças para adivinharem, numa sequência aleatória de luzes vermelhas e verdes em duas linhas paralelas, qual das duas apareceria a seguir, esperavam que a próxima a aparecer fosse a que tinha ocorrido um menor número de vezes[49]. Podemos facilmente imaginar um universo em que todas as recorrências sejam limitadas em número, de modo que novas recorrências seriam invariavelmente menos prováveis, conforme o número das suas ocorrências anteriores.

A razão decisiva porque tais formulações dos princípios da ciência, obviamente inadequadas, foram aceites por homens de grande distinção intelectual está numa ânsia desesperada por representar o conhecimento científico como impessoal. Vimos que isto se atinge por duas receitas alternativas: (1) pela descrição da ciência em termos de alguma característica secundária (simplicidade, economia, praticabilidade, fecundidade, etc.) e (2) pela elaboração de um modelo formal em termos de probabilidades ou de conjunções constantes. Em ambos os casos, o cientista ficaria sem compromissos; no primeiro porque não diria mais do que uma lista telefónica, no segundo porque teria uma máquina a falar por ele, impessoalmente. Como a última solução ainda deixa de fora o ato pessoal de acreditar na máquina, este ato pode ser desvalorizado segundo as linhas da primeira receita, descrevendo-o como uma mera "política". Mas, justificar um procedimento científico pela sua vantagem prática como uma política, isso seria ocultar o facto de que se espera que essa vantagem apenas seja vantajosa porque temos certas convicções sobre a natureza das coisas que tornam essa expectativa razoável.

Em breve terei mais a dizer (p. 197) sobre o curioso dilema lógico em que qualquer axiomatização formal da ciência (ou da matemática) leva, por si mesma, *ad absurdum*. Para já quero apenas explicar como o desejo supremo pelo conhecimento impessoal pode conseguir tornar plausíveis formulações flagrantemente inadequadas da ciência, tal como as dadas pelas alternativas (1) ou (2). Devemos este imenso poder para a auto deceção à operação do ubíquo coeficiente tácito, única forma pela qual podemos aplicar qualquer termo articulado ao assunto por ele descrito. Estes poderes permitem-nos invocar a nossa conceção de um assunto inefavelmente complexo, com que estamos familiarizados, nem que seja por um esquema muito grosseiro de qualquer das suas características especificáveis. Um cientista pode, portanto, aceitar uma formulação muito inadequada e enganadora dos seus próprios princípios científicos sem nunca ter consciência do que está a ser dito, porque a suplementa automaticamente pelo seu conhecimento tácito sobre o que realmente é a ciência, e isso faz com que a formulação possa soar como verdadeira.

II. A COMPONENTE TÁCITA

Como este processo é essencial para o mecanismo de pseudo-substituição, a que atribuo alguma importância como um instrumento de filosofia crítica mal orientada, discutirei mais um pouco acerca disso. Uma instância dramática de auto deceção, causada pela intervenção de poderes inarticulados do observador, ocorreu no caso do Clever Hans [nt: o inteligente Hans]: o cavalo que dava patadas com os seus cascos para responder a todos os tipos de problemas matemáticos, escritos num quadro preto à sua frente. Especialistas incrédulos de todos os ramos do conhecimento testaram-no severamente, só para acabarem por confirmar repetidamente os seus infalíveis poderes intelectuais. Mas, finalmente, Oskar Pfungst teve a ideia de fazer ao cavalo uma pergunta para a qual ele, Pfungst, desconhecia a resposta. Dessa vez, o cavalo continuou a bater e a bater indefinidamente com o casco, sem ritmo ou justificação. Verificou-se que todos os especialistas severamente céticos tinham involuntariamente, sem saber, assinalado ao cavalo para parar de dar com o casco no ponto em que eles - que conheciam a resposta certa - esperavam que ele parasse[50]. Era isso que fazia com que todas as respostas fossem invariavelmente corretas; ora isto é exatamente como os filósofos fazem, para que a sua descrição da ciência, ou dos seus processos formais de inferência científica, resultem corretos. Nunca os usam para decidir sobre um problema científico em aberto, seja passado ou presente, mas aplicam-nos a generalizações científicas que consideram como indubitavelmente estabelecidas[51]. Esta convicção elimina todas as ambiguidades que os processos formais de conjunção constante - ou a progressiva confirmação de hipóteses de acordo com a sua probabilidade crescente - deixam em aberto, e portanto fazem com que qualquer processo dê invariavelmente o resultado correto. E, uma vez mais, pode-se esconder de si mesmo, com sucesso, o facto não explicado de que se está absolutamente convencido, por exemplo, a lei da gravitação, chamando-lhe uma mera hipótese de trabalho, ou uma breve descrição dos factos, etc.. Uma convicção que não é afetada por qualquer sombra de dúvida continuará a não ser afetada por tais meias palavras. Logo, estas fórmulas podem ser ditas com segurança para satisfazer uma consciência estritamente empirista. Só quando estamos confrontados com o dilema ansioso de uma questão científica viva, é que a ambiguidade do processo formal e os vários critérios atenuados da verdade científica se tornam aparentes, e nos deixam sem orientação efetiva[52].

É claro que estes critérios formais podem funcionar legitimamente como *máximas* do valor científico e dos procedimentos científicos. A cada alteração no valor científico, de Kepler até Laplace, e de Laplace até Einstein, correspondeu uma alteração no método científico, que pode ser formulada por alterações das máximas do procedimento. Vimos que uma tal lei ocorreu no passado, como resultado de grandes controvérsias e sobressaltos na ciência. Formaram a tradição científica, que nos cabe a nós, em última instância, interpretar no contexto das nossas controvérsias.

Tal é, de facto, o propósito legítimo e o significado de explorar os antecedentes lógicos da ciência. Mas o seu significado é obscurecido por qualquer tentativa para formular esses antecedentes como os pressupostos axiomáticos da inferência empírica. O que tais postulados podem dizer não é por si mesmo convincente, nem sequer claramente compreensível. Derivam o seu sentido e poder convincente da convicção anterior num corpo de ciências naturais que parecem implicar a sua validade, mas apenas na medida em que ficamos imbuídos com o conhecimento das ciências naturais e aprendemos a aplicar os seus métodos a novos problemas, é que podemos aprender a apreciar estes postulados como princípios orientadores em que nos possamos basear.

Se não percebermos que os antecedentes lógicos da ciência são internos à própria ciência, então aparecerão inevitavelmente como proposições aceites antes da persecução da ciência. Se refletirmos sobre eles e encontrarmos que não são inescapavelmente lógicos, temos então que enfrentar o problema insolúvel de lhes encontrar uma justificação. O problema é insolúvel, pois procura uma explicação para um estado de coisas inexistente. Nunca ninguém declarou os pressupostos da ciência por si mesmos. As descobertas da ciência têm sido conseguidas por esforços continuamente apaixonados de gerações sucessivas de grandes homens, que dominaram por completo toda a humanidade moderna com o poder das suas convicções. Logo, a nossa perspetiva científica foi moldada, e disso estas regras lógicas apenas nos dão um sumário muito ténue. Se perguntarmos porque é que aceitamos este sumário, a resposta reside no corpo de conhecimento que sumariam. Devemos responder recordando a maneira como cada um de nós veio a aceitar esse conhecimento e as razões pelas quais continuamos a fazê-lo. A ciência aparecerá, então, como um vasto sistema de convicções, profundamente enraizadas na nossa história e, hoje em dia, cultivada por uma parte especialmente organizada da nossa sociedade. Veremos que a ciência não se estabelece pela aceitação de uma fórmula, mas que é parte da nossa vida mental, um exercício partilhado por muitos milhares de cientistas especializados em todo o mundo, e partilhado recetivamente, em segunda mão, por muitos milhões. E compreenderemos que qualquer relato sincero das razões pelas quais também partilhamos essa vida mental deve ser necessariamente dado por uma parte dessa mesma vida.

A ciência é um sistema de compromissos com os quais estamos comprometidos. Um tal sistema não pode ser explicado nem a partir da experiência, tal como vista a partir de um sistema diferente, nem pela razão, sem qualquer experiência. Isto também não significa que somos livres para a aceitar ou não, mas reflete simplesmente o facto de que *é* um sistema de convicções com que estamos comprometidos e que, portanto, não pode ser representado em termos de não compromissos. Ao chegarmos a esta posição, a análise lógica da ciência revela decisivamente as suas próprias limitações e aponta para além de si própria, na direção de uma formulação fiduciária da ciência, para a qual me proponho progredir numa fase posterior desta inquirição.

6.7. PAIXÕES, PRIVADAS E PÚBLICAS

Descrevi antes como só a preocupação apaixonada com um problema pode extrair a descoberta, e as prolongadas lutas contra as dúvidas da sua significância e validade, que muitas vezes se seguem ao seu anúncio. Essa luta, em que o ardor da descoberta se transforma numa ânsia por convencer, é claramente um processo de verificação, em que a certeza das nossas próprias afirmações se associa ao esforço de conseguir a sua aceitação pelos outros.

À medida que vamos seguindo descobertas científicas através da sua publicação sucessiva a caminho dos livros de texto, que eventualmente asseguram a sua receção como parte do conhecimento estabelecido por gerações sucessivas de estudantes, e através deles para o público em geral, observamos que as paixões intelectuais despertadas parecem gradualmente diluídas até um frágil eco da primeira excitação do seu descobridor, no momento da iluminação. Uma teoria como a da relatividade continua a atrair o interesse de novos estudiosos, e mesmo de leigos, pelas intimações da sua beleza ainda por revelar: uma beleza que é redescoberta cada vez que uma nova mente apreende a teoria. E é ainda por causa desta beleza remota e inacessível, e não por causa das suas poucas fórmulas úteis (que se podem memorizar num minuto) que a relatividade continua a ser valorizada como um triunfo intelectual, e aceite como uma grande verdade. Toda a verdadeira apreciação da ciência pelo público continua a depender da apreciação dessa beleza - mesmo que sentida apenas em segunda mão; oferece um tributo indireto aos valores em que uma multidão foi ensinada a confiar a um grupo de homens, cuja orientação cultural aceitaram. Embora a torrente que cresce até ao oceano já não abra novos caminhos, as paixões intelectuais que estimularam o descobridor ainda continuam a pulsar na valorização corrente da ciência.

Tem aqui lugar uma transição, a partir de um ato heurístico até ao ensino rotinado e à aprendizagem dos seus resultados, e eventualmente para a mera defesa destes como conhecidos e verdadeiros, no decurso dos quais se transforma completamente a participação pessoal de quem conhece. O impulso, que no ato heurístico original era uma auto conversão irreversível e violenta do investigador, e que pode ter sido seguida por um processo de conversão de terceiros, quase tão tempestuoso como aquele, repete-se primeiro, como uma versão mais moderada de si própria, na eventual aceitação da descoberta pelo público, e assumirá depois uma forma em que perde toda a qualidade dinâmica. A participação pessoal passa de um primeiro mergulhar impetuoso, nos canais de conjeturas ainda não ensaiadas, para a posse confiante de certas conclusões, como partes do quadro interpretativo pessoal. A força diretriz da originalidade reduz-se a uma polarização pessoal e estática do conhecimento; o esforço intelectual que conduziu à descoberta, e que guiou a sua verificação, transforma-se na força de uma convicção que a defende como verdadeira - exatamente da mesma maneira como uma competência hábil adquirida se transforma num sentimento do seu domínio. Este tipo de cascata emocional pode ser detetada em várias linhas paralelas, nos múltiplos domínios diferentes do conhecimento que são originalmente moldados pelos pioneiros e subsequentemente defendidos pelos seus sucessores. Mas deixarei para mais tarde esta análise da aprendizagem, e voltar-me-ei agora para uma comparação das funções afirmativas das nossas emoções corporais com as funões das nossas paixões intelectuais.

Nem todas as emoções têm uma relação suficientemente dirigida para qualquer coisa exterior à pessoa que emocionam, para que impliquem uma afirmação. Abatimento, vivacidade ou inquietação, ansiedade (distinta do medo), hilaridade embriagada, todos são alterações pervasivas da personalidade que não implicam, por parte da pessoa afetada, qualquer afirmação da pessoa afetada, acerca de algo que lhe é exterior. Mas encontramos o mesmo carácter apontador, que as paixões intelectuais invariavelmente possuem, na força dos impulsos, na atração da luxúria, e nas crises de medo. Sem dúvida já tínhamos anteriormente reconhecido estes impulsos como as manifestações mais primitivas do princípio ativo pelo qual adquirimos o conhecimento e o defendemos.

Sim, a fome, o sexo e o medo são os motivos de procuras perseguidas com paixão, e essas buscas procuram descobrir os meios para satisfazer os seus motivos por atos de consumação como comer, copular ou fugir; e daí segue-se que também a gratificação dos desejos é uma forma de verificação - a prova do pudim é quando se come. Mesmo assim, devemos considerar a possibilidade do pudim poder estar envenenado, e não podemos considerar que tudo o que um animal engole seja um alimento adequado. Embora consideremos que os animais são competentes para escolher a sua comida, não acreditamos na infalibilidade da sua escolha.

O paralelo com as paixões intelectuais é claro, assim como o contraste com elas. Como a persecução dos nossos impulsos implica supor que existem objetos com razões para os desejar ou para ter medo, também e de forma semelhante, todas as paixões que animam e conformam a descoberta implicam uma convicção na possibilidade de um conhecimento, que essas paixões valorizam; e, uma vez mais, não assumimos a sua infalibilidade - dado que nenhuma regra do procedimento científico está segura de encontrar a verdade e de evitar o erro - mas aceitamos a sua competência. As nossas paixões intelectuais diferem no essencial das ânsias e emoções que partilhamos com os animais. A satisfação destes termina com a situação que as invocou. A descoberta também acaba com o problema que lhe deu origem, mas deixa conhecimento atrás de si, que gratifica uma paixão semelhante à que susteve a ânsia pela descoberta. Logo, as paixões intelectuais perpetuam-se pela sua própria realização.

Esta qualidade distintiva das paixões intelectuais é largamente devida ao facto de estarem associadas a um quadro articulado. Um cientista procura descobrir uma teoria satisfatória, e quando a encontra, pode gozar permanentemente a sua excelência. A paixão intelectual que anima o estudante a vencer as dificuldades da física matemática é gratificada quando ele sente que finalmente a compreende, mas é o sentimento resultante de domínio que lhe dá uma satisfação intelectual permanente. Enquanto que a alegria puramente intelectual de um animal que dominou uma habilidade já mostra a mesma qualidade duradoura, os poderes articulados do homem podem estender o âmbito de tais alegrias a sistemas completos de gratificação intelectual.

Esta perspetiva mais ampla leva-nos de volta ao facto de que o valor científico precisa de uma justificação como parte da cultura humana, que se estende pelas artes, leis e religiões do homem, todas igualmente forjadas pelo uso da linguagem. Este grande edifício articulado do pensamento apaixonado foi criado pela força das paixões, para as quais a sua construção ofereceu uma oportunidade criativa, e o seu edifício duradouro continua a alimentar e a gratificar essas mesmas paixões. Os homens e as mulheres jovens que cresceram nessa cultura aceitam-nas megulhando as suas mentes nessa construção, vivendo assim as emoções que elas lhes ensinam a sentir. Transmitem, por sua vez, estas emoções às gerações seguintes, em cujas respostas fervorosas o edifício confia para a continuação da sua existência.

Por contraste com a satisfação dos desejos, a satisfação da cultura não cria a escassez dos objetos que oferecem gratificação, mas assegura, e até aumenta, a sua disponibilidade para os outros. Quem obtém esses bens aumenta a sua oferta universal e ensina os outros a apreciá-los, pela prática daquilo que lhes é ensinado. O aluno submete-se àquilo que adquire e que ele próprio melhora pelos seus padrões.

Assim, a tradição social que satisfaz as nossas paixões intelectuais não é só desejada como uma fonte de gratificação; é ouvida como uma voz que impõe respeito. Condescendendo com as nossas paixões intelectuais, desejamos ser ainda mais gratificantes para nós próprios, e aceitamos a obrigação de nos educarmos pelos padrões que as nossas paixões definiram para nós próprios. Neste sentido, essas paixões são públicas, não privadas: deleitam-se em acalentar algo externo a nós próprios, por si mesmo. Sem dúvida que está aqui a diferença fundamental entre desejos e interesses mentais. Temos que admitir que ambos se apoiam nas paixões e que devem, em última instância, basear-se em padrões que definimos para nós próprios. Apesar dos padrões intelectuais serem adquiridos por educação, enquanto que os nossos gostos apetitivos são predominantemente inatos, ambos podem-se desviar do costume corrente; e mesmo quando se conformam com ele, precisam de ser credenciados por nós mesmos. Mas enquanto que os desejos são guiados por padrões de satisfação privada, uma paixão pela excelência mental acredita em si própria para cumprir obrigações universais.

Esta distinção é vital para a existência da cultura. Se for repudiada, toda a vida cultural fica subordinada ao princípio das exigências dos nossos apetites e das autoridade públicas responsáveis pelo avanço do bem estar material. Tratarei disto mais adiante, ao definir a relação entre ciência e tecnologia.

6.8. CIÊNCIA E TECNOLOGIA

Na lista dos três tipos de aprendizagem de que os animais são capazes, coloquei a aprendizagem dos truques antes da aprendizagem dos sinais, pois a motricidade já está totalmente desenvolvida nos animais inferiores antes de eles atingirem a capacidade para o registo de perceções complexas. No entanto, a capacidade de executar ações úteis pressupõe algum controlo puramente intelectual sobre as circunstâncias em que a ação tem lugar. A tecnologia envolve sempre a aplicação de algum conhecimento empírico, e este conhecimento pode ser parte da ciência natural. As nossas invenções fazem sempre uso de alguma observação anterior.

Posto desta forma, tomamos consciência da incomensurabilidade das duas componentes de um desempenho técnico. Seja martelar um prego. Antes de começar, olha-se para o martelo, para o prego e para a placa onde se vai pregar, e o resultado é um conhecimento que se pode exprimir por palavras. Martela-se então no prego. O resultado é uma façanha: alguma coisa fica agora firmemente pregado. Disto pode-se ter conhecimento, mas, por si mesmo, isso não é conhecimento. É uma alteração material que corresponde a uma conquista. O conhecimento pode ser verdadeiro ou falso, enquanto que a ação só pode ser bem ou mal sucedida, certa ou errada.

Logo, um observador que se prepara para uma invenção deve procurar conhecimento que não só é verdadeiro, mas que também é útil como guia para o desempenho prático. Deve-se esforçar por um conhecimento aplicável.

A estrutura conceptual do conhecimento aplicável é diferente da do conhecimento puro. É principalmente determinada em termos do sucesso de desempenhos, para os quais tal conhecimento é relevante. Seja outra vez o martelar. Esse desempenho implica o conceito de martelo, que define uma classe de objetos que são (real ou potencialmente) martelos. Que irá incluir, para além das ferramentas habituais deste tipo, coisas como coronhas, saltos de sapatos e dicionários muito pesados, e estabelecer, ao mesmo tempo, uma classificação dessas ferramentas, de acordo com a sua adequação. A adequação de um objeto para servir como um martelo é uma propriedade observável, mas apenas pode ser observada dentro do quadro definido pelo desempenho que o objeto é suposto servir.

Há três tipos de coisas observáveis, que se podem definir pela suas participação em performances práticas: (1) materiais, (2) ferramentas, incluindo todos os seus métodos de aplicação, e (3) processos. Madeira, têxteis, combustíveis, são materiais técnicos; martelos, máquinas, casas, caminhos de ferro, são ferramentas ou instalações; cozimento, fermentação, cheirar, são processos técnicos. Muitos destes conceitos técnicos compreendem uma variedade de outros objetos com formas diferentes (por exemplo, diferentes tipos de têxteis, desde o algodão e lã, fibras de nylon e de vidro, e diferentes meios de iluminação, das velas até às lâmpadas de descarga elétrica), mas todos estes objetos estão especialmente preparados para, de uma ou outra forma, se tornarem tecnicamente adequados. Nesta medida, estas classes de objetos ou processos são conhecidas, e os objetos individuais ou os processos, por si, apenas são inteligíveis dentro do âmbito de um desempenho útil que servem com sucesso. O conhecimento puro, sem este quadro de referência, e a ciência pura, em particular, ignoram essas classes e não conseguem entender esses artifícios. Não podemos eliminar a instrumentalidade do conhecimento técnico, mais do que conseguimos representar a ciência natural em termos de procedimentos práticos.

Está-se aqui a abrir um hiato entre dois tipos de conhecimento, ambos referindo-se a coisas materiais: um derivado de um propósito reconhecido, o outro sem relação com qualquer propósito. A disparidade entre ciência e tecnologia, que estou aqui a examinar, vai ser relevante, mais tarde, para a relação entre a ciência das coisas inanimadas, onde nenhum propósito é aparente, e a ciência dos seres vivos, que só se podem entender em termos teleológicos. Devemos ter presente esta perspetiva, ao tentar elucidar melhor a estrutura lógica que é característica da tecnologia.

A tecnologia primitiva pode ser considerada como uma mera extensão das habilidades corporais usadas para a satisfação dos desejos corporais. E até mesmo nos ramos altamente complexos da tecnologia, e predominantemente articulados, como a produção de tecidos, ou a produção de aço, está em certa medida envolvido um know-how indefinível que é essencial para a eficiência do trabalho e para a qualidade do produto. A experiência de produção continua a ser uma qualificação valiosa para um técnico, e a sua posse pelo agregado dos técnicos de um país constitui um importante ativo nacional. Mas, mesmo que os ensinamentos da ciência técnica se tornem efetivos apenas pela sua execução hábil, os fundamentos do domínio técnico do homem moderno residem na exposição explícita da tecnologia em livros, periódicos, patentes, etc..

A tecnologia ensina a ação. Isto fica bem claro quando se fala no imperativo, como costuma acontecer nos livros de culinária ou nas instruções para o uso de máquinas. O símbolo à cabeça de uma prescrição médica é um prefácio para uma ordem de execução de um remédio; ofícios como a tecelagem ou a soldadura são ensinados através de imperativos. Toda a tecnologia é equivalente a um comando condicional, pois não é possível definir uma tecnologia sem reconhecer, pelo menos em segunda mão, as vantagens que as operações técnicas podem razoavelmente conseguir. É claro que tudo que um homem faz, ou que se pode imaginar que poderia fazer, se pode descrever como a busca de uma vantagem, se lhe imputarmos o propósito de atingir as consequências dessa ação; mas uma tecnologia que ensinasse todas essas finalidades imputáveis seria tão sem sentido como uma ciência que apenas gerasse uma lista de todos os factos observáveis. Uma tecnologia deve, portanto, declarar-se favorável a um conjunto bem definido de vantagens, e anunciar às pessoas o que fazer para as garantir.

A tecnologia só ensina ações a fazer para se obterem vantagens *materiais* por *implementações* (mais ou menos) de acordo com *regras especificáveis*[53]. Uma regra é um princípio operacional. Como os instrumentos são definidos e compreendidos em termos de uma ação que servem, são da mesma forma definidos e compreendidos em termos do princípio operacional que diz como fazer tal ação[54].

Falei anteriormente dos princípios operacionais que observamos subsidiariamente no desempenho de uma competência hábil, e também dos princípios operacionais aplicados - na maior parte das vezes também subsidiariamente – para se alcançar o conhecimento científico. Mostrei operações simbólicas feitas de acordo com certas regras explícitas e fiz notar que tais operações exigem que os símbolos sejam manipuláveis, tal como as ferramentas têm que ser úteis. Os modernos dispositivos eletrónicos utilizados para o controlo automático de processos técnicos mostram que alguns princípios operacionais da tecnologia, altamente formalizados, podem ser facilmente associados a operações matemáticas. O significado das implementações técnicas é semelhante ao dos símbolos matemáticos, na medida em que ambos se destinam a serem usados num certo domínio de operações, ao serviço das quais podem ser substituídos por toda uma outra classe de entidades igualmente úteis, embora diferentes. Esse parentesco pode ser seguido através de toda a análise dos princípios operacionais, que se segue.

A diferença entre o conhecimento científico e um princípio operacional da tecnologia é reconhecida pela lei das patentes, que faz uma distinção clara entre uma *descoberta*, que é uma adição ao nosso conhecimento da natureza, e uma *invenção*, que estabelece um novo princípio de funcionamento, que serve uma certa vantagem reconhecida. Novas invenções baseiam-se, por regra, em factos conhecidos da experiência, mas pode também acontecer que uma nova invenção envolva uma nova descoberta. Mas a distinção entre ambos mantém-se; só à invenção será concedida a proteção de uma patente, mas não à descoberta como tal.

A razão é óbvia. A patente tem duas funções: divulgar publicamente o seu assunto, e garantir um monopólio no que diz respeito ao seu uso. Aplicando-se a novos conhecimentos, a sua primeira função impediria a segunda, uma vez que tendo sido publicamente divulgado esse tal conhecimento, já não pode ser monopólio de ninguém. Mas a patente pode conceder e impor um monopólio para a prática de qualquer princípio operacional novo; e pode restringir o uso de uma nova invenção por pessoas não autorizadas, embora torne essa nova invenção conhecida do público em geral[55].

A invenção tem em comum com a descoberta o facto de que só pode pretender ser o que é, se for surpreendente. Deve-se separar dos seus antecedentes por um considerável hiato lógico. Já mencionei que, em caso de dúvida, os tribunais se comprometem a avaliar se essa lacuna lógica é suficiente para justificar o reconhecimento de um invento. Essa amplitude mede o nível de engenho da invenção.

Mas um princípio operacional novo pode ser reconhecido pela lei das patentes, e não ser ainda uma invenção, no sentido tecnológico. Um novo e engenhoso processo para extrair água a partir do champanhe pode ser uma invenção, no sentido do direito das patentes, mas não seria reconhecida como tal pela tecnologia. Para além da divulgação de um novo princípio operacional, a tecnologia exige que uma invenção tenha um contributo económico e, assim, alcance uma vantagem material.

Por isso, qualquer invenção pode passar a ser inútil, e na verdade uma farsa, em consequência de uma mudança radical nos valores dos meios utilizados e dos resultados produzidos. Se o preço de todos os combustíveis aumentasse cem vezes, então todos os motores a vapor, turbinas de gás, automóveis e aviões, teriam que ir para a sucata. Muitas vezes uma invenção brilhante perde de repente o sentido por causa de uma invenção ainda melhor: os "*tram-cars*" são hoje tão absurdos como os carros americanos puxados a cavalos que aqueles tinham deslocado. Pelo contrário, a validade de uma observação científica não pode ser afetada por mudanças no valor dos bens. Se os diamantes se tornassem tão baratos quanto o sal é hoje em dia, e o sal tão precioso como os diamantes o são agora, isso não invalidaria qualquer parte da física e da química dos diamantes ou do sal. Se qualquer um dos dois minerais se tornasse tão raro que ficasse praticamente inacessível, isso poderia afetar o interesse do seu estudo, mas deixaria intacta a validade dos resultados. Nem há na ciência qualquer paralelo à extinção de uma invenção, pela emergência de uma forma mais rentável para alcançar a mesma vantagem.

A beleza de uma invenção difere, por isso, da beleza de uma descoberta científica. A originalidade é apreciada em ambos os casos, mas na ciência a originalidade está no poder de ver com mais profundidade do que outros sobre a natureza das coisas, enquanto que na tecnologia consiste no engenho do artífice para transformar factos conhecidos numa vantagem surpreendente. A paixão heurística do técnico centra-se, portanto, no seu próprio foco distintivo. Segue as intimações, não de uma ordem natural, mas da possibilidade de fazer as coisas funcionarem de uma maneira nova para um propósito aceitável, e suficientemente barata para poder ser lucrativa. Ao sentir o seu caminho para novos problemas, considerando as pistas e ponderando as perspetivas, o tecnólogo deve ter presente todo um panorama de vantagens e de desvantagens que o cientista ignora. Deve ser profundamente sensível aos desejos das pessoas e deve ser capaz de avaliar o preço a que estão preparados para os satisfazer. Um interesse apaixonado por tais constelações momentâneas é desconhecido do cientista, cujo olhar está fixo nas leis internas da natureza.

Aqui surge um conflito de valores que torna difícil uma mistura das duas ocupações. Consequência da sua experiência no desenvolvimento de armas atómicas, em Los Alamos, durante a segunda guerra mundial, J. R. Oppenheimer escreveu: "O cientista irrita-se com as preocupações práticas do homem interessado no desenvolvimento, e o homem preocupado com o desenvolvimento pensa que o cientista é preguiçoso e que não presta contas, e que de qualquer maneira não está a fazer um trabalho a sério. O laboratório rapidamente começa a ser só para uma ou para a outra coisa"[56].

Esta divisão clara entre ciência e tecnologia é inteiramente compatível com a existência de domínios que, de uma forma ou outra, fazem uma transição entre eles. Os ofícios mais antigos, que ainda hoje formam a maioria das indústrias modernas, foram inventados por simples tentativas, sem a ajuda da ciência. Pelo contrário, a eletrotecnia e muita da tecnologia química foram derivados a partir da aplicação da ciência pura a problemas industriais. Logo, podemos identificar as interrrelações seguintes entre ciência e tecnologia. Na medida em que um processo técnico for uma aplicação do conhecimento científico, não contribui em nada para a ciência, enquanto que a tecnologia empírica, que por si não é científica, pode bem contribuir – por essa mesma razão – com material importante para o estudo científico[57].

Temos, portanto, duas formas de inquirição que ficam entre a ciência e a tecnologia. As tecnologias baseadas numa aplicação da ciência podem formar um sistema científico por si próprias. A eletrotecnia e a teoria da aerodinâmica são exemplos de *tecnologias sistémicas* que *podem ser desenvolvidas da mesma maneira que a ciência pura*. No entanto, o seu carácter tecnológico é evidente, pois poderiam perder todo o interesse e cair no esquecimento se uma mudança radical das relações económicas destruísse a sua utilidade prática. Pode, por outro lado, acontecer que algumas partes da ciência pura sejam fontes excecionais de informações tecnicamente úteis, e por isso pode valer a pena o seu desenvolvimento, embora de outra forma lhes faltasse interesse suficiente. O estudo científico do carvão, de metais, da lã, do algodão, etc., são ramos das tais *ciências tecnicamente justificada*s.

Tecnologia sistemática e ciências tecnicamente justificadas são dois campos de estudo entre a ciência pura e a tecnologia pura. Mas os dois campos podem-se sobrepor completamente. A descoberta da insulina como cura para os diabetes foi uma contribuição importante para a ciência, devido ao interesse intrínseco do assunto, mas também foi a invenção de um princípio operacional útil para curar os diabetes. O mesmo aplica-se em grandes áreas da farmacologia. De facto, verifica-se que sempre que um processo inerente à natureza é interessante para a ciência, pela importância dos seus resultados também pode ser, ao mesmo tempo, operacionalizado para alcançar esses mesmos resultados desejáveis. Tais coincidências entre a ciência e a tecnologia são totalmente explicados pelos mesmos princípios que, em geral, os definem como domínios completamente díspares[58].

Nada poderia parecer mais óbvio, até muito recentemente, do que essa diferença entre ciência pura e tecnologia. Está inquestionavelmente incorporada no quadro geral do ensino superior, tal como evidenciado pela divisão entre universidades e institutos de tecnologia; exprime-se na atual distinção entre a química pura e aplicada, a física pura e aplicada, a matemática pura e aplicada, etc., na descrição das cátedras universitárias, revistas e congressos internacionais; determina as condições de trabalho dos cientistas nas universidades, por um lado, e dos laboratórios indústriais, por outro lado; e fundamenta a operação da lei de patentes.

Este quadro sobrevive praticamente inalterado nos países não sujeitos ao marxismo, e nem mesmo na União Soviética foi totalmente abandonado. Mas desde o aparecimento em 1930 da teoria neo-marxista da ciência, que na década posterior se tornou a doutrina oficial da URSS e que ganhou grande influência fora dela, a distinção entre a ciência e a tecnologia, mesmo se mantida na prática pelo funcionamento continuado das instituições, é violentamente contestada em princípio.

Isso faz parte da tendência, anteriormente descrita, para subordinar os valores culturais a uma conceção radicalmente utilitarista do bem público: uma perspetiva materialista, paradoxalmente imbuída por excessivas aspirações morais. Tal ataque é, naturalmente, um pau com dois gumes. Nega a eficácia das paixões intelectuais puras na orientação da descoberta científica, afirmando que cada passo importante no progresso da ciência ocorre em resposta a um interesse prático específico; ao mesmo tempo que denuncia a busca da ciência pelo seu próprio interesse como irresponsável, egoísta, imoral. Tomados literalmente, os dois ataques são incompatíveis entre si, pois algo que na realidade não acontece, não pode ser denunciado como moralmente errado. Mas a interpretação materialista da cultura é um imperativo disfarçado: tanto declara aquilo que a cultura realmente é, como decreta o que deve ser, um servo do bem-estar. Isto é parte do sistema laplaciano, em que a moral deve ser sancionada pela ciência, ao representar-se a si própria em termos de previsões científicas[59].

Não estou aqui muito preocupado com a questão de quanto séria esta ameaça pode, na prática, ser para a ciência. Enquanto que o repúdio oficial da ortodoxia estalinista da ciência motivada por si própria levou à perseguição e à morte em 1942 do biólogo mais ilustre da Rússia, N. I. Vavilov, e resultou em 1948 na supressão ou séria distorção de vários ramos da biologia, parece, por outro lado, não ter imposto aos cientistas naturais mais restrições que obrigá-los a declarar falsamente que o seu trabalho se guiou pela utilidade prática. E isso pode ser tudo. As pessoas podem, talvez, continuar indefinidamente a desenvolver a ciência pura, enquanto que professam uma teoria da ciência que expõe essa mesma ocupação como uma falsa aparência, ou que a condena como um abuso. No entanto, a difusão desta doutrina entre os cientistas dos países onde não são obrigados a subscrevê-la levanta a questão que é aqui relevante, se as paixões distintivas que animam o culto da ciência podem um dia ser substituídas por outras paixões, ou até mesmo simplesmente desaparecerem por falta de resposta.

Eu respondi à última pergunta no sentido positivo, quando alertei que a ciência pode ser uma vez mais desacreditada, tal como o foi por Santo Agostinho, se não conseguir evitar a desnaturação da nossa conceção do homem[60]. O apreço pelas ciências naturais é de origem recente e a sua tradição tem raízes numa área limitada. É um dos feitos de uma civilização, entre muitos outros de igual antiguidade e riqueza. Os gregos não desenvolveram uma ciência sistemática natural, nem Bizâncio ou a China, apesar dos seus sucessos tecnológicos[61]. Hoje em dia, podemos falar com confiança da ciência do século XVI e do século XVII só porque, numa perspetiva moderna, podemos facilmente separar entre as obras genuínas da ciência e as mistelas não científicas. *Harmonics,* por Kepler, publicado em 1619, estava imbuído de astrologia, e nesse aspeto é típico de muita da escrita dos cientistas das duas ou três gerações subsequentes. Já mencionei que Glanvill, um dos fundadores da Royal Society em 1660, argumentou persistentemente a favor do reconhecimento da bruxaria. Outro fundador, John Aubrey, publicou um tratado sobre fenómenos ocultos[62]. O espírito cartesiano que dominava a França naquela época era mais *a-priorístico* do que experimental. O próprio Newton ainda usou ocasionalmente argumentos religiosos na ciência; por exemplo, quando sugeriu que Deus deu ao mundo uma estrutura atómica, pois esta seria a mais favorável aos seus propósitos. As grandes controvérsias dos séculos XIX e XX mostram que nunca deixou de existir uma luta contra a intrusão de pontos de vista estranhos na ciência, e que continuam a persistir diferenças graves no que diz respeito a estas questões, entre uma maioria dominante e várias minorias de cientistas duvidosamente estabelecidos. No entanto, podemos reconhecer que no tempo em que a influência de Newton se tornou predominante e, em particular, através da sua *Optics*, o método da ciência observacional ficou efetivamente consolidado. Desde então, apesar das incertezas e dos caprichos que descrevi na secção sobre controvérsias científicas, podemos reconhecer um corpo coerente de homens a defender uma mesma tradição científica, movidos pela sua própria têmpera e com uma apreciação verdadeira da ciência. Arago, ao aclamar a descoberta de Neptuno em 1846, por Leverrier, como "um dos mais nobres títulos do seu país para a gratidão e admiração da posteridade", expressou-o de forma clara[63]. Mas nenhuma contribuição para o conhecimento poderia ser mais inútil do que a descoberta deste novo planeta remoto.

Na verdade, até esse momento a ciência natural não tinha feito qualquer contribuição significativa para a tecnologia. A revolução industrial fez-se sem a ajuda científica. Exceto no caso do telégrafo de Morse, a grande Exposição de Londres, em 1851, não incluía dispositivos ou produtos industriais importantes, desenvolvidos com base no progresso científico dos últimos 50 anos. A apreciação da ciência estava ainda livre dos motivos utilitários.

Mas estes sentimentos existiam apenas numa área muito restrita e nunca foram compartilhadas por mais do que uma minoria da população local. A migração da ciência através dos oceanos, para os países da Ásia e África, ocorreu lentamente em período posterior, quando o valor medicinal, industrial e militar da ciência aumentou muito, e serviu para recomendar a sua receção nos países industrialmente menos desenvolvidos. Estes auspícios não favorecem uma verdadeira valorização da ciência. Em todas as partes do mundo onde o desenvolvimento da ciência está ainda a iniciar, esta sofre de uma falta de resposta aos seus verdadeiros valores. Em consequência, as autoridades concedem um tempo insuficiente para a investigação; a política destroça-a com nomeações; os empresários desviam o interesse pela ciência ao subsidiarem apenas projetos práticos. Por mais rico que o fundo de génios locais possa ser, um ambiente como este não os deixa frutificar. Na fase inicial em questão, a Nova Zelândia perdeu o seu Rutherford, a Austrália o seu Alexander e o seu Bragg, e tais perdas retardaram ainda mais o crescimento da ciência num novo país. Raramente, se é que alguma vez, se alcançou a aclimatização final da ciência fora da Europa até que o governo de um país tenha conseguido convencer alguns cientistas, de algum centro tradicional, a estabelecerem-se no seu território e a desenvolverem aí um novo lar para a vida científica, moldado pelos seus próprios padrões tradicionais[64].

Hoje, cercado pelo utilitarismo bruto dos filisteus e pelo utilitarismo ideológico do moderno movimento revolucionário, o amor da ciência pura pode vacilar e morrer. E se esse sentimento se perdesse, o culto da ciência perderia a única força diretriz que a pode guiar para o verdadeiro valor científico. Há a opinião generalizada de que o culto da ciência continuará sempre, por causa das suas vantagens práticas. Esperava-se, por exemplo, que as teorias de Lysenko, se fossem falsas, tivessem sido rapidamente abandonadas pelo governo soviético, porque não poderiam produzir resultados úteis. Esta expectativa negligencia o facto de que tais questões não podem ser decididas pela prática. As teorias de Lysenko são realmente as conclusões teóricas que Michurin, na Rússia, e Burbank, nos Estados Unidos, derivaram com base no seu assinalável sucesso no melhoramento de plantas[65]. Quase todos os grandes erros sistemáticos, que têm enganado os homens há milhares de anos, basearam-se na experiência prática. Horóscopos, encantamentos, oráculos, magia, bruxaria, curas de feiticeiros e de práticos da medicina, antes do advento da medicina moderna, foram firmemente estabelecidos através dos séculos, aos olhos do público, com base nos seus supostos sucessos práticos. O método científico foi criado precisamente com o propósito de elucidar a natureza das coisas, sob condições cuidadosamente controladas, e por critérios mais rigorosos do que os presentes nas situações criadas por problemas práticos. Estas condições e critérios só se podem descobrir tendo um interesse puramente científico na matéria, o que por sua vez só pode existir em mentes educadas na apreciação do valor científico. Essa sensibilidade não se pode mudar, à vontade, para fins estranhos à sua paixão inerente. Nenhuma descoberta importante pode ser feita em ciência por alguém que não acredite na suprema importância da ciência por si própria[66].

Ao dizer isto, reconheci que valores que considero transcendentes podem ser conhecidos apenas transitoriamente por uma pequena minoria da humanidade. Não há nenhuma contradição nisto: reflete corretamente o facto de que a validade universal não é um facto observado. Quando dizemos que uma declaração é em geral aceite, ou que nenhuma pessoa no seu perfeito juízo a poderia negar, etc., estamos a dizer algo sobre a atitude das pessoas para com essa declaração, o que só credencia a declaração se também credenciarmos o julgamento dessas pessoas. Mas não há nenhuma garantia de o fazer: a máxima *"quod semper, ubique, ab omnibus"* [nt: aquilo em que todos sempre acreditaram, em qualquer sítio] tem-se provado estar muitas vezes errada. As normas pelas quais observamos ou avaliamos nunca podem ser derivadas de inquéritos estatísticos.

Na verdade, não podemos olhar para os nossos padrões durante o próprio processo de os usar, pois não podemos atender focalmente a elementos que estão a ser usados subsidiariamente para moldar o foco atual da nossa atenção. Nós atribuímos um valor absoluto aos nossos padrões, porque, ao usá-los como parte de nós mesmos, contamos com eles em último recurso, mesmo reconhecendo que não são, na realidade, parte de nós mesmos, nem feitos por nós, mas sim exteriores. No entanto, esta confiança só pode ter lugar nalguma circunstância momentânea, num determinado lugar e tempo, e os nossos padrões terão valor absoluto nesse contexto histórico. Logo, eu poderia professar que os valores científicos suportados pela tradição da ciência moderna são eternos, mesmo que tema que possam ser em breve perdidos para sempre. Esta dualidade será adiante estabilizada dentro do conceito de compromisso.

6.9. MATEMÁTICAS

A ciência natural é uma expansão da observação; a tecnologia, da invenção; a matemática, da compreensão. Ilustrei a compreensão não articulada nos animais pela maneira como descobrem o seu caminho numa topografia complexa. Outro exemplo, baseado na experiência humana, foi o de um engenheiro a estudar como é que as peças de uma máquina se encaixam umas com as outras e como é que funcionam em conjunto. Um processo de compreensão é feito, de modo articulado, por operações que transformam um dado conjunto de fórmulas noutro conjunto de fórmulas, implícitas nas primeiras, ou por uma construção que transforma uma figura geométrica noutra, determinada pela primeira. O resultado pode-se exprimir como uma lei, como as leis da teoria dos números e os teoremas da geometria, ou como uma regra de procedimentos, como os que temos para resolver equações ou para construir figuras geométricas a partir de elementos dados. No primeiro caso, a matemática aparece como um conjunto de afirmações declarativas que se assemelham às ciências naturais, no segundo como um conjunto de receitas semelhante à tecnologia. Mas estas afirmações declarativas não registam observações relativas a objetos específicos da natureza, e as receitas não revelam quais os princípios operacionais para conseguir uma vantagem material específica. Tanto as afirmações de fórmulas matemáticas como as instruções dadas nas demonstrações matemáticas lidam com conceitos sem qualquer base específica na experiência. As fórmulas válidas reconhecem a identidade de dois aspetos alternativos do mesmo conceito, enquanto que as demonstrações induzem a identificação de duas dessas alternativas. A primeira pode ser falsa ou verdadeira, tal como as declarações das ciências naturais; a segunda pode ter, ou não, sucesso (estar certa ou errada), tal como os princípios operacionais da tecnologia. Mas ambos são meros meios articulados de reorganização dos conceitos a que se referem: uma sobre o resultado da reorganização, a outra prescrevendo o procedimento para o atingir.

Assim, a matemática tanto se pode afiliar com as ciências naturais como com a tecnologia. A física e a matemática coincidem quando a mecânica é transposta para uma geometria não euclidiana a quatro dimensões, e quando a geometria tridimensional considera incluídas as relações métricas dos sólidos rígidos. O conceito de inteiros é parte da física, na medida em que afirma a existência de objetos permanentemente discretos, enquanto que, por outro lado, as operações matemáticas podem fazer parte de processos técnicos automatizados, e uma tecnologia estritamente formal pode ser considerada como fazendo parte da matemática[67]. O simbolismo matemático e as operações matemáticas mostram-se então apropriados ao exercício do controlo intelectual, tanto sobre as coisas como sobre as manipulações, mas as instâncias a que se aplicam são tão variadas que deixam muito pouco da experiência associada ao quadro de referência matemático que as controla. Mesmo as matemáticas elementares denotam conceitos e operações de grande generalidade, e estes conceitos atenuam-se ainda mais pela inovação matemática, que continua a alargar o quadro de referência da matemática, mesmo para além do seu contacto com a experiência.

Este processo é principalmente orientado por dois desejos intimamente relacionados. O primeiro esforça-se por uma generalidade cada vez maior. O triunfo de Descartes na descoberta dos teoremas da geometria analítica não foram mais do que uma ilustração da forma como a álgebra pode elevar a mente humana até uma região onde os números e os diagramas se fundem num entendimento comum harmonioso. Desde então, a matemática tem feito inúmeros avanços no sentido da generalização. Para além disso, a aspiração por uma maior generalidade implica frequentemente uma maior exigência de inovação – a segunda ânsia que motiva a invenção matemática. Euclides não hesitou em construir um triângulo equilátero, ligando o ponto em que dois círculos se cruzam com os centros dos dois círculos. Mas, uma vez as linhas definidas, por uma generalização da aritmética como conjunto de pontos, já não parecia óbvio que dois círculos que se cruzam tenham um ponto de interseção. Ao contrário do senso comum tradicional, as curvas podem ser agora entendidas como descontínuas em todos os seus pontos. A moderna teoria dos conjuntos levantou novos escrúpulos críticos em geometria, e para satisfazer esses escrúpulos estabeleceu normas ainda mais exigentes como provas da demonstração geométrica[68].

Vimos a importância das reformas conceituais nas ciências naturais, que também têm o seu papel na tecnologia. Mas na matemática assumem um novo poder: criam um universo discursivo que é interessante por si mesmo. Este é (como já disse antes) a mesma coisa que inventar um jogo pela criação de conceitos inteiramente novos, cujos símbolos nada denotam, mas são os sujeitos apropriados para certas operações.

Os atos criativos pelos quais a matemática cria o objeto do seu próprio discurso só são aceitáveis se disser algo interessante sobre esses objetos, que não seja imediatamente evidente a partir da sua própria definição[69]. Já o disse antes, ao estender o conceito de realidade para a matemática, e recordei aí como a conjetura de Lobatschesvky, segundo a qual uma multiplicidade de paralelas a uma linha reta podem ser traçadas através de um ponto exterior, eventualmente criou uma convicção entre os matemáticos porque se podia mostrar que envolvia todo um sistema de novas implicações dignas de nota. Em álgebra temos um exemplo marcante desse processo nas raízes imaginárias de números negativos, em primeiro lugar definidas como tal no século XVI (Cardan, Bombelli), mas cuja justificação permaneceu questionável até à descoberta das funções de cálculo dos números complexos (a soma de números reais e imaginários) por Gauss, no século XIX. Outros exemplos serão mencionados mais adiante.

Não se pode traçar uma distinção nítida entre as teorias matemáticas que se aplicam a objetos externos, e as invenções matemáticas que são interessantes apenas por si mesmas, pois há sempre a possibilidade de um teorema matemático se vir a mostrar aplicável à experiência. Mesmo o facto de que isso pode não ser necessariamente verdade, e na realidade parecer muito improvável para a maior parte da matemática, mesmo assim é uma característica distintiva desta ciência[70]. Não estando especialmente preocupada em antecipar o que vai acontecer, ou em imaginar o que alguém gostaria que acontecesse, mas apenas com a compreensão exata de como aspetos alternativos de um conjunto determinado de conceitos estão logicamente ligados, a matemática pode alargar indefinidamente o seu assunto concebendo novos problemas desse tipo, sem qualquer referência à experiência. Novos conceitos são então consolidados, e as suas vastas implicações e operacionalidade tornam-se visíveis, e esta busca perpetua-se a si própria por novas oportunidades para novas inovações conceptuais.

Parece agora que a estrutura lógica deste processo não é bem a mesma da invenção de um jogo, mas sim a de uma invenção contínua de um jogo enquanto se joga o próprio jogo. Este tipo de invenção do jogo é semelhante à escrita de uma novela, e o paralelo é de facto muito próximo, pelo menos até certo ponto. Nunca houve uma pessoa chamada Sherlock Holmes, nem mesmo uma pessoa como Sherlock Holmes. No entanto, esta personagem foi bem definida pela descrição do seu comportamento consistente numa série de situações fictícias. Depois de Conan Doyle ter conseguido compor algumas boas histórias com Sherlock Holmes como herói, a imagem do detetive, por mais absurda que seja, ficou bem definida para toda a série de histórias. A principal diferença entre uma entidade matemática fictícia, como um número complexo, e uma personagem fantástica, como Sherlock Holmes, está na maior influência que este tem na nossa imaginação, e que é devida aos elementos sensíveis muito mais ricos que entram na conceção de Sherlock Holmes. É por isso que temos uma imagem, e não apenas um conceito do detetive.

6.10. A AFIRMAÇÃO DAS MATEMÁTICAS

Vimos que uma declaração tem valor para a ciência natural se (1) corresponder aos factos, (2) for relevante para o sistema da ciência e (3) se basear num assunto que tem interesse intrínseco; e que é uma afirmação com valor em tecnologia se (1) revelar um princípio operacional efetivo e engenhoso, o qual (2) consegue, nas circunstâncias existentes, uma vantagem material substancial. A matemática é uma criação muito mais livre do que as ciências naturais ou a tecnologia. Enquanto que os seus conceitos e operações primitivas foram, sem dúvida, originalmente sugeridas pela experiência, e têm servido para controlar a manipulação das coisas materiais, esses contactos empíricos e práticos não entram efetivamente na sua apreciação atual.

O que é, então, a matemática? A "determinação cruel e inflexível" do objetivismo tem dado respostas estranhas a esta pergunta. Porque enquanto que podemos tentar alcançar a impessoalidade na ciência natural, baseando-a nos supostos comandos do facto empírico, e a tecnologia pode ser fundamentada nas exigências da vida prática, a única justificação impessoal (ou pelo menos aparentemente impessoal) que é deixada para as afirmações matemáticas é serem livres de autocontradição. Por isso a matemática tem sido descrita como um conjunto de tautologias.

A isso deve-se objetar, em primeiro lugar, que é falso. As tautologias são necessariamente verdadeiras, mas a matemática não é. Não podemos dizer se os axiomas da aritmética são consistentes; se não forem, qualquer teorema particular da aritmética pode ser falso. Portanto, esses teoremas não são tautologias. São e devem permanecer sempre provisórios, enquanto uma tautologia é um truísmo incontestável.

Mas, mesmo supondo que as matemáticas são totalmente consistentes, o critério de consistência, que a doutrina da 'tautologia' pretende apoiar, continuaria a ser ridiculamente inadequado para definir as matemáticas. Também podemos imaginar que uma máquina, que fosse imprimindo letras e sinais tipográficos de forma aleatória, produziria o texto de todas as futuras descobertas científicas, poemas, leis, discursos, editoriais, etc.. Mas, como apenas uma pequena fração das afirmações verdadeiras sobre questões de facto é que constitui ciência, e como apenas uma pequena fração dos princípios operacionais que se podem imaginar é que constitui a tecnologia, assim também só uma pequena fração das afirmações que se acredita serem consistentes é que constituiem a matemática. A matemática não pode ser bem definida sem apelar para o princípio que distingue esta pequena fração relativamente ao agregado da esmagadora maioria, predominante nas outras declarações não auto contraditórias.

Podemos tentar suprimir este critério, definindo a matemática como a totalidade dos teoremas derivada de um determinado conjunto de axiomas, de acordo com certas operações que garantem a sua auto-consistência, desde que os axiomas sejam coerentes entre si. Mas isso continua a ser insuficiente. Primeiro, porque deixa completamente por esclarecer a escolha dos axiomas, que podem por isso parecer arbitrários - o que não são; em segundo lugar, porque nem todas as matemáticas consideradas como bem estabelecidas foram completamente formalizadas de acordo com procedimentos rigorosos, e terceiro, porque como K. R. Popper apontou - entre as proposições que se podem derivar de um conjunto de axiomas aceites ainda há, para cada uma das que representa um teorema matemático significativo, um número infinito de proposições que são triviais[71]. Todas essas dificuldades não são mais do que consequências da nossa recusa em ver que a matemática não se pode definir sem reconhecer a sua característica mais óbvia: a saber, que é interessante. Em nenhum outro lugar a beleza intelectual é tão profundamente sentida e fastidiosamente apreciada, nos seus vários graus e qualidades, como na matemática, e apenas a valorização informal do valor da matemática pode distinguir o que é a matemática em relação a uma confusão de declarações e operações completamente triviais, ainda que formalmente semelhantes. E veremos que esta cor emocional da matemática também justifica a sua aceitação como verdadeira. É pela satisfação das suas paixões intelectuais que a matemática fascina o matemático, e o obriga a persegui-la nos seus pensamentos e em dar-lhe a sua aprovação.

Disse antes[72] que só podemos compreender a matemática através da nossa contribuição tácita para o seu formalismo. Mostrei como todas as demonstrações e teoremas da matemática foram originalmente descobertos por se confiar na sua antecipação intuitiva; como os resultados estabelecidos de tais descobertas são convenientemente ensinados, compreendidos, e recordados na forma do seu esboço apreendido intuitivamente; como esses resultados são efetivamente reaplicados e desenvolvidos pela ponderação do seu conteúdo intuitivo; e que portanto só podem ter o nosso apoio legítimo nos termos da nossa aprovação intuitiva. De facto, demonstrei que toda a articulação depende de uma componente tácita do mesmo tipo, para transmitir um significado em que acredita quem o pronuncia, e também que esta compreensão-com-afirmação é contínua com o princípio ativo da vida animal pelo qual formamos e aceitamos o nosso conhecimento, em todos os seus níveis, até aos níveis que dirigem as unidades de motricidade e perceção, com que os animais foram equipados pela natureza.

O coeficiente inarticulado pelo qual entendemos e sancionamos a matemática é um princípio ativo deste tipo; é uma paixão pela beleza intelectual. É por conta da sua beleza intelectual, que a sua própria paixão proclama como revelando uma verdade universal, que o matemático se sente compelido a aceitar a matemática como verdadeira, mesmo que hoje em dia esteja privado da crença na sua necessidade lógica e condenado a admitir para sempre a possibilidade concebível que todo o seu tecido pode, de repente, colapsar pela revelação de uma autocontradição decisiva. E é esse mesmo impulso, por descobrir e por encontrar o sentido, que apoia a ligação tácita entre as lacunas lógicas internas de cada demonstração formal.

Há de facto uma ampla evidência de que tais paixões intelectuais são intrínsecas para a afirmação da matemática. A matemática moderna emergiu a partir de uma longa série de reformas conceptuais tendentes para uma maior generalidade e rigor, bem como de invenções conceptuais mais radicais, que abriram novas perspetivas. A aceitação de tais inovações conceptuais é um ato de automodificação mental em busca de uma vida intelectual mais verdadeira. Foi dito com autoridade que "os momentos de maior avanço criativo na ciência coincidem frequentemente com a introdução de novas noções através de novas definições"[73]. Isto pode ser verdade porque a aceitação de um novo conceito, mesmo quando especificado por uma definição, é, em última análise, um ato informal: uma transformação do quadro em que confiamos para o nosso processo de raciocínio formal. É ultrapassar um hiato lógico, saltar para a outra margem, onde nunca mais vamos ver as coisas como até aí. Na medida, portanto, em que a matemática é o produto acumulado de inovações conceptuais do passado, a nossa afirmação da matemática é como um ato irreversível e informal.

Um tal ato pode ser considerado racional se satisfaz os nossos padrões de excelência, e a beleza intelectual da matemática, confirmado pelo conhecimento apaixonado dos matemáticos, é um desses padrões. Logo, o progresso fundamental em matemática, envolvendo a reforma conceptual, é guiado pela busca da beleza[74]. A posição parece ser essencialmente a mesma na física matemática, onde a beleza intelectual é reconhecida como um sinal de uma realidade oculta. Mas, enquanto que nas ciências naturais, a sensação de fazer contacto com a realidade é um augúrio para futuras comprovações empíricas, ainda não imagináveis, de uma descoberta iminente, a matemática prenuncia uma gama indeterminada de germinações futuras, dentro da própria matemática.

Como o poder convincente de uma demonstração matemática opera através do seu entendimento tácito, a aceitação de uma demonstração pode também envolver inovações conceituais radicais. "Existem belos teoremas na "teoria dos agregados" (*Mengenlehre*), tais como o teorema de Cantor sobre a "não-inumerabilidade" do contínuo", escreve G. H. Hardy, "cuja demonstração é bastante fácil, uma vez dominada a linguagem, mas é necessária uma explicação considerável antes que o significado do teorema fique claro"[75]. A demonstração de Cantor atravessa um hiato lógico através do qual só aqueles que estão dispostos a entrar no seu significado, e capazes de o compreender, é que o podem seguir. A relutância ou incapacidade para o fazer pode causar sérias divisões entre os matemáticos, semelhante à que surgiu entre van't Hoff e Kolbe sobre a assimetria do átomo de carbono, ou entre Pasteur e Liebig acerca da fermentação como uma função vital da levedura. Hadamard descreve como ele e o grande Lebesgue, encontrando-se em lados opostos da disputa, foram obrigados a reconhecer a impossibilidade de se compreenderem um ao outro: "Não podemos evitar a conclusão de que, o que é evidente - o próprio ponto de partida da certeza em qualquer domínio do pensamento - não tem o mesmo significado para ele e para mim"[76]. A fundamentais alterações conceptuais envolvidas no trabalho de Cantor eram tão repulsivas para Kroneker, que dominou a matemática alemã nos anos da década de 1880, que este impediu a promoção de Cantor em todas as universidades alemãs, e até mesmo a publicação dos seus trabalhos em qualquer revista alemã de matemática[77]. Hadamard confessa que, noutro campo de grandes descobertas modernas, a teoria dos grupos, "embora sendo, eventualmente, capaz de a usar para aplicações simples, deparei-me com dificuldades insuperáveis para dominar mais de um conhecimento elementar e superficial"[78]. Sem dúvida, algumas inovações importantes foram estabelecidas por demonstrações que não tiveram necessidade de adaptações conceptuais tão profundas. Mas, mesmo assim, a sua excelência intelectual contribuiu para a consolidação dos conceitos fundamentais em que se baseou o seu sucesso.

6.11 AXIOMATIZAÇÃO DA MATEMÁTICA

Uma vez mais somos confrontados com a imagem de uma ciência viva, a tatear o seu caminho para a satisfação das paixões intelectuais que suportam os seus valores. Vemos que dá origem a milhares de conjeturas ousadas, que há muito obcecavam os seus autores, até que laboriosamente as levam até aos testes finais, e muitas vezes batalharam por elas contra objeções prolongadas, até que finalmente ganharam os seus lugares bem estabelecidos nos livros de texto. E uma vez mais nós vemos o contraste curioso entre esta imagem e o ideal de conformar o resultado deste processo heurístico - e, por implicação, qualquer continuação sua - num sistema formal de axiomas e operações simbólicas. Na realidade, para as matemáticas, este ideal não deixou de ser perseguido pelos filósofos, tal como foi o caso nas ciências naturais, mas foi incluído nos esforços por uma maior generalidade e rigor inerentes à persecução da própria matemática[79].

Como tal, não nos interessa aqui. Mas devemos perguntar - como o fizemos no caso das ciências naturais - qual é a posição lógica deste sistema de premissas formais e, em particular, sob que fundamentos é que o aceitamos como válido. A resposta a ambas as questões segue de perto o que dissemos acerca da axiomatização das ciências naturais. Quando certos termos não definidos, axiomas e operações simbólicas são estabelecidos como antecedentes lógicos das matemáticas, baseiam-se no pressuposto anterior de que as matemáticas são verdadeiras. A nossa aceitação daquilo que é logicamente anterior baseia-se na nossa aceitação do que é logicamente derivado, como estando implícito na nossa aceitação deste último.

A axiomatização mostrou-se, na realidade, um método poderoso na procura de maior generalidade e rigor em todas as ciências dedutivas. Mas não ofereceu um *organon* [nt: coleção dos seis trabalhos de Aristóteles sobre lógica; instrumento, ferramenta] formal para o processo de descoberta futura. Nem se tornou no árbitro supremo para decidir questões controversas nas matemáticas. Não é preciso mostrar neste caso - tal como o fizemos para as ciências naturais - porque é que é assim, pois foi estabelecido por demonstração que, aparte problemas elementares que em certo sentido são triviais, não pode existir um método que leve sempre, e num número finito de passos, até à solução final de um problema, nem existe processo formal que nos possa dizer qual é o problema que seria então possível de decisão[80]. Esta conclusão podia ter sido parcialmente antecipada pelo facto que os passos mais importantes nas matemáticas envolvem habitualmente decisões conceptuais que, pela sua própria natureza, nunca se podem provar como rigorosamente corretas.

Podemos agora passar para o paradoxo de uma matemática baseada num sistema de axiomas, que não são considerados como evidentes por si, e que na verdade não se podem conhecer como sendo mutuamente consistentes. Aplicar o engenho máximo e o cuidado mais rigoroso para provar os teoremas da lógica ou da matemática, enquanto que as premissas dessas inferências são alegremente aceites, sem que sejam dados os fundamentos para assim o fazer, como "fórmulas afirmadas e não provadas", poderia parecer completamente absurdo. Recorda-nos o palhaço que monta solenemente dois portões no meio da arena, seguramente fechados, puxa de um molho de chaves, laboriosamente seleciona uma para abrir a fechadura, depois passa o portão e volta a fechá-lo cuidadosamente - enquanto que toda a arena continua aberta de cada lado dos portões, por onde poderia ter, sem problemas, passado ao lado. Um sistema dedutivo axiomatizado é como um portão cuidadosamente fechado no meio de uma área infinita e vazia. Se a aceitação de uma prova qualquer exige aceitar, sem provas, alguns pressupostos de que essa prova depende em última instância, segue-se que o princípio da rejeição de qualquer proposição não provada em matemática implica também a rejeição de todas as proposições provadas e, portanto, de toda a matemática.

A solução reside em rejeitar a regra que nega a aceitação de proposições não provadas, admitindo-se que a nossa convicção nas máximas logicamente anteriores de um procedimento matemático se baseia na nossa aceitação prévia desse procedimento, como válido. Recordemos, uma vez mais, que os antecedentes lógicos derivados a partir da aceitação anterior dos seus consequentes têm necessariamente um menor grau de certeza do que os consequentes. Não é, portanto, claramente razoável olhar para esses antecedentes como os fundamentos em que se aceitam os seus consequentes.

Devemos antes declarar candidamente que habitamos [nt: dwell] nas matemáticas e que afirmamos as suas proposições por causa da sua beleza intelectual, que prenuncia a realidade das suas conceções e a verdade das suas afirmações. Se esta paixão fosse extinta, deixaríamos de compreender a matemática; as suas conceções dissolver-se-iam e as suas demonstrações não teriam convicção. As matemáticas tornar-se-iam insípidas e perder-se-iam num charco de tautologias insignificantes e de operações à Heath Robinson [nt: cartoonista inglês, 1872-1944, famoso pelos seus desenhos de máquinas excêntricas], das quais não se diferenciaria.

As matemáticas já uma vez caíram no esquecimento, por se terem tornado incompreensíveis. Depois da morte de Apolónio, em 205 antes de Cristo, deu-se uma quebra na tradição oral que deixou os textos matemáticos dos gregos ininteligíveis para os estudantes[81]. Isto foi provavelmente devido, em parte, a uma crescente desconfiança da matemática, devido ao seu conflito com o conceito de número no ponto em que leva a grandezas como $\sqrt{2}$, que não se podem exprimir em termos de inteiros. Mesmo no nosso tempo, o teorema de Godel sobre a incerteza pode concebivelmente erodir, de forma semelhante, a confiança nas nossas matemáticas. E outras influências podem aprofundar essa desconfiança. O utilitarismo ideológico censura hoje em dia Arquimedes por falar levianamente das suas invenções práticas, e a sua paixão pela beleza intelectual, que exprimiu desejando que o seu túmulo fosse marcado pelo seu teorema de geometria mais brilhante, é descartada com uma aberração. Este movimento desacreditaria o essencial da matemática, que é a sua beleza intelectual. A transmissão das matemáticas tornou-se, hoje em dia, mais precária do que nunca pelo facto de que já nenhum matemático consegue compreender completamente mais do que uma pequena fração das matemáticas. As matemáticas modernas só se podem manter vivas com um grande número de matemáticos que cultivem diferentes partes do mesmo sistema de valores: uma comunidade que só se pode manter coerente pela vigilância apaixonada das universidades, revistas e conferências, promovendo estes valores e impondo o mesmo respeito por eles em todos os matemáticos[82]. Uma tal estrutura remota é altamente vulnerável e, uma vez quebrada, impossível de restaurar. As suas ruínas sepultariam as matemáticas modernas num esquecimento mais completo e duradouro do que aquele que envolveu as matemáticas gregas há vinte e dois séculos atrás.

6.12. AS ARTES ABSTRATAS

O nosso reconhecimento das paixões intelectuais na ciência ganhará força se estendermos essa perspetiva a outras emoções relacionadas. Este parentesco é manifesto no mais antigo sucesso da teoria científica devido a Pitágoras, que derivou o efeito de satisfação de uma sucessão de notas musicais com base no quociente inteiro entre os comprimentos das cordas que os produziam. Baseada nesse facto surpreendente, a tradição pitagoriana manteve durante séculos uma apreciação musical das leis da matemática que controlam a ordem celestial. Isto eram extravagâncias, mas resultaram do parentesco existente entre os diferentes tipos de ordem e beleza, quer tenham sido descobertos na natureza, concebidos nas matemáticas, ou criados imaginativamente pela arte. Há uma relação ainda mais próxima entre a matemática pura e as artes abstratas, como a música e a pintura abstrata.

Tanto as composições visuais como musicais são apreciadas pela beleza de um conjunto de relações complexas nelas incorporadas. Tal como nas matemáticas puras, também nas artes abstratas estas relações interessantes são descobertas, ou criadas, dentro de estruturas de afirmações que não denotam qualquer objeto tangível. Entre as artes abstratas, a música sobressai pela sua articulação precisa e complexa, sujeita a uma gramática própria. A sua profundidade e âmbito podem-se comparar com a matemática pura. No entanto, ambos testemunham o mesmo paradoxo: em particular que nenhum homem pode manter um discurso importante acerca do nada. Ambas falam para nós. Não ouvimos simplesmente música, mas ouvimos e apreciamos a música compreendendo-a, tal como apreciamos as matemáticas. Assim como a matemática, também a música articula um vasto domínio de relações racionais para o mero prazer de as compreender.

As pinturas abstratas criam relações visuais agradáveis. É por isso que não vemos apenas a tela, mas olhamos para ela e procuramos compreendê-la. O seu desenho tem o mesmo tipo de parentesco com a geometria que a música tem com a aritmética, sejam as teorias do cubismo, ou as tentativas feitas, desde Vitruvius, para formular regras geométricas para a apreciação das harmonias pictóricas e da composição em arquitetura.

É verdade que as matemáticas diferem radicalmente das artes abstratas pela sua prática de operações simbólicas; um símbolo matemático significa a forma como funciona dentro dessas operações. Mas, embora as declarações elementares da arte abstrata não possam ter esse significado, podem-se basear antes no seu conteúdo sensorial. Uma mancha de cor, uma nota musical, são tão substanciais por si próprias que podem falar através da articulação de relações com outras manchas de cor, ou com outras notas musicais, sem apontarem para além de si mesmas. Em vez de denotarem algo - seja um objeto externo ou o seu próprio uso - apresentam-nos enfaticamente a sua surpreendente presença sensitiva.

O papel decisivo que as paixões intelectuais mostram desempenhar têm, nos vários domínios das ciências naturais, engenharia e matemáticas, demonstrado a ubiquidade de uma tal participação. Em cada um destes domínios é a paixão intelectual relevante que afirma os valores intelectuais distintivos pelos quais qualquer performance particular se pode qualificar, para ser admitida nesse domínio. A arte deixa de aparecer como em contraste com a ciência, mas sim como imediatamente contínua com a ciência, só que aí o pensador participa mais profundamente no objeto do seu pensamento.

É claro que a vida emocional criada pela cultura articulada baseia-se primordialmente nas emoções de criaturas não articuladas. Vimos que a hilaridade manifestada por macacos e gorilas, quando resolvem um problema, prefigura as alegrias intelectuais da ciência. Um jogo de xadrez cria os seus próprios prazeres, mas não o poderia fazer se as crianças não pudessem brincar com algazarra; logo, uma piada não é uma expressão de hilaridade, mas pode criar hilaridade porque os homens conseguem rir. Os lamentos pelos defuntos e as canções de amor são, do mesmo modo, formulações de emoções anteriores sem forma, que foram recondicionadas e amplificadas para algo de novo, através das palavras e da música. Os sentimentos originalmente experimentados não se exprimem por si, mas são aludidos, tal como os objetos são aludidos, e não representados, numa pintura. Tais alusões podem ser tão remotas como as alusões à existência de sólidos na teoria dos números, ou tão próximas como a alusão a cristais observadas na cristalografia geométrica; e todas as artes ficam entre os dois limites deste tipo. Por mais abstrata que seja, fará eco de alguma experiência, tal como a aritmética o faria para uma pessoa que vivesse num universo gasoso. E uma vez mais, por mais meticulosamente descritiva e completamente expressiva que uma obra de arte possa ser, nunca se aproxima da experiência mais do que a cristalografia se aproxima dos cristais; não mais perto do que uma representação de uma experiência concebível, enquadrada pelos seus próprias termos harmoniosos, se consegue aproximar da experiência atual. Afirmações precisas de facto ou expressões exatas de sentimentos contidos numa obra de arte tendem a desaparecer num mapa, num relatório ou em comunicações pessoais[83].

Uma inteligência que habita [nt: dwells] dentro de uma estrutura articulada, da sua própria criação, acentua um paradoxo que é inerente ao exercício de todas as paixões intelectuais. A prática das artes visuais e musicais liberta, formula e disciplina as nossas faculdades para a experiência harmoniosa, exerce até ao limite os poderes de invenção e de descriminação do artista, meramente para satisfazer os padrões de apreciação que o artista define para si próprio. Uma sinfonia é obviamente algo novo conseguido pela mente humana; mas ao chamar-lhe uma sinfonia o seu compositor pede o seu reconhecimento como algo excelente por inerência. O cientista natural e o engenheiro não são assim tão livres para criarem essa sua satisfação pessoal; nenhuma teoria científica é bela se for falsa e nenhuma invenção é verdadeiramente engenhosa se for impraticável. Mas isto apenas modifica as condições de um processo de autossatisfação. Os padrões de valor científico e de engenho inventivo devem continuar a serem satisfeitos, e estes padrões são definidos pelas paixões intelectuais do próprio cientista ou engenheiro.

Assim, quer o pensamento opere por interiorização [nt: indwelling] dentro de um universo da sua própria criação, ou interprete e controle a natureza, tal como ela lhe é dada externamente, as mesmas estruturas paradoxais prevalecem através dos sistemas articulados que passamos em revista. Está presente uma componente pessoal, não articulada e apaixonada, que declara os nossos padrões de valores, os guia para a sua satisfação, e que julga a nossa performance por esses mesmos padrões auto definidos.

6.13. INTERIORIZAR E IRROMPER

Um quadro articulado válido pode ser uma teoria, ou uma descoberta matemática, ou uma sinfonia. Seja o que for, será usado habitando nele [nt: dwelling in it], e esta interiorização [nt: indewlling] pode ser experimentada de forma consciente. As observações astronómicas são feitas vivendo [nt: dwelling] numa teoria astronómica, e é essa satisfação interna da astronomia que cria o interesse do astrónomo sobre as estrelas. É assim que o valor científico é contemplado interiormente. Mas a consciência desta satisfação perde-se quando as fórmulas da astronomia são usadas de forma rotineira. Só quando se reflete sobre a sua visão teórica, ou se experimentam conscientemente os seus poderes intelectuais, é que se pode dizer que se está a contemplar a astronomia. O mesmo acontece nas matemáticas. Entre a prática de exercícios banais, por um lado, e as visões heurísticas do descobridor isolado, por outro lado, ficam os domínios principais das matemáticas estabelecidas, onde o matemático conscientemente habita [nt: dwells], perdendo-se na contemplação da sua grandeza. Uma verdadeira compreensão da ciência e das matemáticas inclui a capacidade para a sua experiência contemplativa, e o ensino destas ciências deve incutir essa capacidade ao aluno. A tarefa de induzir uma contemplação inteligente da música e das artes dramáticas procura, de forma semelhante, que uma pessoa se renda às obras de arte. Isso não é simplesmente observá-las ou manipulá-las, mas habitar interiormente nelas [nt: interiorizá-las]. Logo, a satisfação de ganhar o controlo intelectual sobre o mundo exterior está ligada à satisfação de ganhar o controlo sobre nós próprios.

O incentivo para esta satisfação dual é persistente; mas opera por fases de auto destruição. A construção de um quadro conceptual que manipule a experiência, em nosso nome, começa na criança e culmina no cientista. Este esforço pode ser ocasionalmente operacionalizado pela demolição de uma estrutura até aí aceite, ou de algumas partes, para estabelecer um novo quadro mais compreensivo e rigoroso no seu lugar. A descoberta científica, que leva de um desses quadros interpretativos ao seu sucessor, faz saltar os limites do pensamento disciplinado, num momento intenso de visão heurística, mesmo que transitório. E, enquanto que isso está a irromper [nt: breaking out], a mente experimenta por momentos o seu conteúdo, mais do que o controla, pelo uso de qualquer um dos modos pré-estabelecidos de interpretação: fica completamente dominada pela sua própria atividade apaixonada.

A ânsia do cientista para ponderar novos problemas e por abrir novos caminhos quando procura resolvê-los, apresenta-se-nos como a inquietação essencial da mente humana, que questiona sempre, e uma vez mais, qualquer satisfação que tenha atingido anteriormente. Podemos traçar isto primordialmente, até ao nível do animal. É verdade que, quando mobilizado para a ação por uma situação problemática, o animal tende a estabelecer um novo hábito que resolve a situação, e que torna desnecessários novos esforços inteligentes; mas nos animais superiores esta tendência generalizada é ocasionalmente oposta e superada pelo lado lúdico. Os animais procuram excitação na brincadeira, e mesmo depois da idade da brincadeira, precisam de atividade. O homem é um dos poucos animais que continua a brincar ao longo de toda a vida. Os homens também procuraram sempre a aventura e sempre apreciaram histórias de aventuras. Todos apreciamos os feitos de astúcia, ou a resolução de enigmas, e apreciamos as inúmeras formas de relaxamento súbito da tensão em que estamos envolvidos, seja por uma participação real ou pela mera imaginação. A enorme indústria moderna de entretenimento exprime as formas populares desses desejos; mas a nossa ânsia pela insatisfação mental também entra nas formas superiores da originalidade espontânea do homem.

A manifestação mais radical desta ânsia por romper com todos os quadros conceptuais fixos é o ato de visão do êxtase. Quando nos abandonamos à contemplação das estrelas, estamos a atender-lhes de uma maneira que não é a de uma observação astronómica. Atendemos-lhe com um grande interesse, mas sem pensar acerca delas. Porque, se o fizéssemos, então a nossa apreensão das estrelas reduzir-se-ia a meras instâncias de conceitos apropriados; o foco do nosso interesse deslocar-se-ia para além delas, a nossa consciência delas tornar-se-ia subsidiária deste foco, e perder-se-ia o seu impacto intenso no olhar e na mente[84].

Como observadores ou manipuladores da experiência somos guiados *pela* experiência e passamos *através da* experiência, sem a experimentarmos *em nós próprios*. O quadro conceptual pelo qual observamos e manipulamos as coisas está presente, como um ecrã entre nós próprios e essas coisas, as suas vistas e sons, e o seu odor e tato transpiram tenuemente através desse ecrã, que nos mantém à distância. A contemplação dissolve o ecrã, interrompe o nosso movimento através da experiência e mergulha-nos diretamente na experiência; deixamos de manusear as coisas e ficamos antes imersos nelas. A contemplação não tem qualquer significado ou intenção ulterior; nela deixamos de lidar com as coisas e ficamos absortos na qualidade inerente da nossa experiência, pelo seu próprio interesse. E, à medida que nos perdemos na contemplação, assumimos uma vida impessoal nos objetos da nossa contemplação; enquanto que esses mesmos objetos ficam impregnados por um brilho visionário que lhes dá uma nova realidade, mais vívida e ainda mais sonhadora[85]. Não é uma realidade objetiva, pois não é o foco de uma perceção inteligente que antecipa uma confirmação futura por coisas tangíveis, mas meramente reside nas manchas coloridas das várias formas que as coisas apresentam aos nossos olhos. De forma correspondente, a impessoalidade da contemplação intensa consiste numa participação completa da pessoa naquilo que contempla, e não no completo distanciamento dela, como seria o caso de uma observação idealmente objetiva. Como a impessoalidade da contemplação é um auto abandono, tanto pode ser descrita como egocêntrica ou como altruísta, dependendo de se referir ao ato de contemplação visionária ou à submersão da sua pessoa.

O místico religioso atinge a comunhão contemplativa como resultado de um elaborado esforço de concentração, suportado pelo ritual. Concentrando-se na presença de Deus, que está para além de todas as aparências físicas, o místico procura relaxar o controlo intelectual que os seus poderes de perceção instintivamente exercem sobre a cena com que se confronta. O seu olhar fixo já não perscruta cada objeto, por sua vez, e a sua mente deixa de identificar os seus particulares. Todo o quadro da compreensão inteligente, pelo qual ele normalmente avalia as suas impressões, mergulha numa atividade temporária e revela-lhe um mundo que vive sem compreender, como um milagre divino. O processo é conhecido no misticismo cristão como a *via negativa* e a tradição que o prescreve como o único caminho perfeito para Deus vem da *Teologia Mística* dos pseudo-dionísios. Convida-nos, através de uma sucessão de "distanciamentos", a procurar no desconhecimento absoluto a união com Ele, que está para além de todo o ser e de todo o conhecimento[86]. Vemos então as coisas não focalmente, mas como parte de um cosmos, como características de Deus.

II. A COMPONENTE TÁCITA

A comunhão mística cristã com o mundo procura uma reconciliação, que faz parte da técnica da redenção. É a rendição do homem ao amor de Deus, na esperança de ganhar o Seu perdão e ser admitido à Sua presença. O anti-intelectualismo radical da *via negativa* exprime o esforço por irromper [nt: to break out] do nosso quadro conceptual normal e "convertermo-nos em pequenas criancinhas". Está próximo da confiança na "loucura de Deus", que é um atalho para a compreensão da cristandade, que Santo Agostinho dizia com inveja ser livre para os simples, mas inacessível para os letrados. A fé cristã na ação de todos os dias é precisamente um esforço sustentado por irromper, baseado no amor e no desejo por Deus, um Deus que pode ser amado, mas não observado. A proximidade de Deus não é uma observação, pois esmaga e impregna quem adora. Um observador deve estar relativamente distante daquilo que observa, e a experiência religiosa transforma quem adora. A este respeito, fica mais próximo do abandono sensual do que da observação exata. Os místicos falam do êxtase religioso em termos eróticos, descrevendo a comunhão com Deus, ou com Cristo, como a união do noivo e da noiva. Nos rituais orgiásticos da fertilidade, o culto religioso e o fervor sensual misturam-se abertamente. Mas o êxtase religioso é uma paixão articulada, e apenas parece um abandono sensual pela entrega que se atinge através dela.

Esta rendição corresponde ao grau com que quem adora vive dentro da estrutura do ritual religioso, que é potencialmente o grau mais elevado de interiorização [nt: indwelling] que se pode conceber. O ritual compreende uma sequência de coisas a dizer, e de gestos a fazer, que envolvem todo o corpo e que despertam toda a nossa existência. Alguém que diga e faça sinceramente essas coisas num local de culto não pode deixar de ser completamente absorvido por elas. Estaria a coparticipar devotamente na vida religiosa.

Mas viver o culto cristão dentro do ritual do serviço divino difere de qualquer outra vivência [nt: dwelling] dentro de um quadro interpretativo de inerente excelência, pelo facto de esta interiorização não ser apreciada. A confissão de culpa, a entrega à misericórdia de Deus, a oração pela graça, o louvor a Deus, criam uma tensão crescente. Através destes rituais, o crente aceita a obrigação de atingir o que ele sabe estar para além dos seus poderes isolados e esforça-se na esperança de uma visitação misericordiosa do além. O ritual do culto está expressamente pensado para induzir e sustentar este estado de angústia, rendição e esperança. No momento em que um homem clamasse ter conseguido atingir a contemplação feliz da sua própria perfeição, estaria a regressar ao vazio espiritual.

A interiorização do cristão é, portanto, um esforço continuado por irromper [nt: breaking out], por se libertar da condição de homem, mesmo que entretanto reconheça humildemente o seu carácter inescapável. Uma tal interiorização [nt: indwelling] cumpre-se mais completamente quando se aumenta este esforço até ao limite. Não se parece com o viver [nt: dewlling] dentro de uma grande teoria cuja compreensão desfrutamos completamente, nem com a imersão num exemplar de uma obra de arte musical, mas sim com a explosão heurística que se esforça por romper [nt: to break through] por entre os quadros conceptuais do pensamento aceites, guiado pelas intimações de descobertas ainda para além do nosso horizonte. O culto cristão mantém uma espécie de pressentimento eterno, mas para nunca se consumar: uma visão heurística que é aceite por causa da sua tensão insolúvel. É como se fosse uma obsessão com um problema que se sabe ser insolúvel, contra o qual ainda se segue, contra a razão e sem resposta, o comando heurístico: "Olha para o desconhecido!". O cristianismo fomenta diligentemente, e num certo sentido satisfaz permanentemente, a ânsia do homem pela insatisfação mental, ao oferecer-lhe o conforto de um Deus crucificado.

A música, a poesia, a pintura: as artes - quer abstratas como representativas - são um viver interior [nt: dwelling in] e um irromper [nt: breaking out] que fica algures entre a ciência e o culto. As matemáticas podem ser comparadas com a poesia: "O verdadeiro espírito de prazer, de excitação, o sentido de ser mais do que humano, que é a pedra de toque da excelência superior, encontra-se na matemática tão seguramente como na poesia", escreveu Bertrand Russell[87]. Há, no entanto, uma grande diferença entre esses dois prazeres. Devido ao seu conteúdo sensível, uma obra de arte pode afetar-nos mais compreensivamente do que um teorema matemático. Mais ainda, a criação artística e o seu gozo são experiências contemplativas mais próximas da comunhão religiosa do que da matemática. A arte, como o misticismo, passa através do ecrã da objetividade e baseia-se nas nossas capacidades pré-conceptuais da visão contemplativa. A poesia "purga do nosso interior o filme da familiaridade que nos obscurece a maravilha do nosso ser", e leva-nos para um "mundo para o qual o mundo familiar é o caos" (Shelley).

O mecanismo pelo qual uma teologia negativa abre o acesso à presença de Deus é aqui aplicável ao processo de criação artística. Mas a negação do significado familiar pode ir para além disso. Pode-nos levar à presença do nada. "A Náusea", de Sartre, contém a descrição clássica desse processo. É uma generalização da técnica para tornar uma palavra incompreensível através da sua repetição múltipla. Diz-se "mesa, mesa, mesa, ..." até que a palavra se transforma num mero som sem sentido. Pode-se destruir o significado global de tudo através da redução aos seus particulares não interpretados. Paralisando o nosso estímulo para subordinar uma coisa à outra, podemos eliminar toda a apreensão subsidiária de umas coisas em termos das outras, e criar um universo atomizado, totalmente despersonalizado. Nele, o berlinde na mão, a saliva na boca e o mundo que se ouve, todos se tornam externos, absurdos e hostis. Este universo é a contrapartida da visão cósmica, em que o desespero toma o lugar da esperança. É o resultado lógico da desconfiança completa pela nossa participação na defesa das nossas convicções. Estritamente deixado a si mesmo, o mundo é assim.

Com a filosofia existencialista, a arte moderna deslocou-se para a exploração de negações cada vez mais radicais. O surrealismo desconfia de todo o significado, assim como a poesia moderna. Olha para a facilidade como vulgar e ininteligível e desonesta. Só se pode confiar na fragmentação; só um agregado de fragmentos pode ter um significado que seja totalmente inefável, e assim protegido contra a dúvida de si mesmo.

Disse que os poderes visionários do cientista, que o levam a novas descobertas, reduzem-se, uma vez feita a descoberta, a uma contemplação tranquila do resultado - enquanto que as práticas religiosas culminam num esforço que procuram sempre voltar a alcançar. As artes estão numa posição intermédia. Tal como na ciência, a paixão heurística do autor excede em intensidade os sentimentos induzidos pelo seu produto final. Mas a obra de arte é mais próxima de um ato de devoção religiosa ao permanecer, mesmo na sua forma acabada, como um instrumento de contemplação mais ativa e compreensível. Embora o artista não possa fazer o público reviver as suas horas criativas, fá-lo entrar num vasto mundo de vistas, sons e emoções que nunca tinha visto, ouvido ou sentido antes. Marcel Proust escreve que, "para o conseguir",

> "o pintor criativo, o escritor criativo procedem como um especialista da visão. O tratamento - com a ajuda das suas pinturas, dos seus escritos - nem sempre é agradável. Quando acabam o tratamento dizem-nos: agora pode olhar. E então o mundo que não foi criado apenas uma vez, mas que é recriado de cada vez que um artista emerge, aparece-nos como perfeitamente compreensível - e tão diferente do outro. Agora adoramos as mulheres de Renoir e de Giraudoux, enquanto que antes do tratamento lhes recusavamos o reconhecimento como mulheres. E gostaríamos de ir dar um passeio naqueles bosques que antes pareciam nada mais representar senão bosques, por exemplo numa tapeçaria tecida por milhares de sombras a que apenas faltam os coloridos da floresta. Tal é a passagem e o novo universo criado pelo artista, que apenas sobrevive até que apareça um novo artista[88]."

Proust fala aqui muito gentilmente do tratamento desagradável incorrido pelos nossos olhos através das novas obras de arte. Ficamos chocados pela oferta de um sistema não familiar, que pretende ter um significado. Quando o público é pressionado para entrar no novo quadro interpretativo e descobrir o seu significado, o seu espanto transforma-se em indignação. Sente-se ultrajado pelo respeito dado ao que lhes parece merecer desprezo, e furioso com o desprezo implícito para com os seus próprios padrões de excelência. Houve cenas de violência em torno das exposições dos primeiros impressionistas em Paris. Houve lutas nas audiências parisienses de Stravinsky em 1913[89] e perturbações semelhantes ocorreram em vários países, aquando das primeiras performances de algumas das óperas de Wagner. Nesses conflitos, os dois lados estão, na realidade, a lutar pelas suas vidas, ou pelo menos por parte das suas vidas. Na existência de cada um, há uma parte que apenas pode ser mantida negando a realidade a uma área que existe no outro. E uma tal negação é um choque para a convicção do outro e um ataque contra o seu ser, na medida em que ele vive nessa convicção.

Vimos que as principais revoluções na ciência - tanto na matemática como nas ciências naturais - também evocaram esses conflitos existenciais. As guerras religiosas do passado e as guerras ideológicas do presente serão mais tarde tratadas por linhas semelhantes. Mas devo ainda aqui recordar que, ao lidar com as controvérsias científicas do passado, estamos inevitavelmente a julgar nós mesmos o seu resultado, no presente. Todos os nossos valores culturais são um depósito de uma sucessão de sublevações passadas, mas, em última instância, cabe-nos a nós dizer o que é que essas sublevações significam: se um triunfo ou se um desastre. Pode-se pensar que as inovações artísticas não são tão compreensivas, de modo que as novas façanhas do nosso tempo podem ser adicionadas a uma apreciação imutável do nosso património anterior. Mas não é assim. Os novos movimentos da arte incluem uma reapreciação da sua linhagem e uma mudança correspondente na valoração de todos os feitos artísticos do passado. E esta necessidade volta a evocar o paradoxo já apresentado quando contrastei a nossa convicção nos valores eternos da beleza científica com os nossos medos pelo seu desenvolvimento continuado. Temos que admitir que a verdade e a beleza podem não prevalecer, ou podem não prevalecer por muito tempo. Sabemos como o julgamento da posteridade pode ser monstruoso. Na Roma medieval foram usados fornos especiais, no Fórum e nos Campus Martius, para reduzir antigas obras de arte a cal[90], e aquando escrevo alguns dos grandes tesouros de arte da Rússia soviética - pinturas por Matisse, Cézanne, Picasso, Renoir, etc. - estão condenadas a estragarem-se enquanto empilhadas num sótão em Moscovo[91]. No entanto, a aceitação de uma nova obra de arte presume a sua aceitação para a posteridade. A beleza artística é uma parte da realidade artística, no mesmo sentido em que a beleza matemática é um pedaço da realidade matemática. A sua apreciação tem uma intenção universal, e testemunha, para além disso, a presença em si de um fundo inesgotável de significado, que séculos futuros podem ainda vir a descobrir. Tal é o nosso compromisso com a vivência interior [nt: indwelling].

Um conhecimento pessoal aceite por interiorização pode parecer meramente subjetivo. Não pode ser aqui bem defendido contra esta suspeição. Mas podemos, desde já, distinguir entre o acreditar num quadro articulado, seja uma teoria, um ritual religioso ou uma obra de arte, e o acreditar numa experiência, seja dentro um tal quadro interpretativo ou como uma contemplação visionária. Pode parecer questionável que possa haver algo em que se possa acreditar, mas onde nada parece estar asseverado. Vemos o que vemos, cheiramos o que cheiramos, sentimos o que sentimos, e não parece haver aí algo mais, seja o que for. Experiências que nada afirmassem seriam verdadeiramente incorrigíveis. Mas, em primeiro lugar, devemos aceitar o facto de que aquilo que vemos ou sentimos depende muito da forma como lhe encontramos o significado, e a esse respeito é corrigível. Uma mancha branca tornar-se-á preta se considerarmos o facto de que faz parte de uma roupa preta banhada pelo sol. Uma criança pode parecer esfomeada e não saber que quer comer, até lhe ser oferecida comida. Mas aparte disso, qualquer uso existencial deliberado da mente pode-se dizer que ou é bem sucedido ou falha em atingir uma certa experiência desejada. Quem faz adoração concentra-se tenazmente na sua oração, para atingir a devoção para com Deus; pode ter sucesso ou falhar. Os monges e as freiras afetadas pela "acidia" são atormentados por não conseguirem orar sinceramente. As experiências podem ser comparadas em *profundidade*, e quanto mais profundamente nos afetarem, mais *genuínas* se podem dizer. Para além disso, pode-se duvidar dos relatos da experiência, mesmo que estejam corretos. Uma pessoa pode corretamente reportar as cores de um grande número de objetos, mas, mesmo assim, não ver qualquer diferença entre o verde e o vermelho; tanto assim que quando se descobre que é cego às cores verde e vermelho, concluímos que os seus relatos anteriores, embora corretos, não eram autênticos.

Chega-se à aceitação dos diferentes tipos de sistemas articulados, como lugares onde se habita mentalmente [nt: mental dwelling places] por um processo de apreciação gradual, e todas estas aceitações dependem, em certa medida, do conteúdo de experiências relevantes; mas a relação das ciências naturais com os factos da experiência é muito mais específica do que nas matemáticas, na religião ou nas várias artes. É justificável, portanto, falar da verificação da ciência pela experiência, num sentido que não se aplica aos outros sistemas articulados. O processo pelo qual outros sistemas, que não a ciência, são testados e finalmente aceites podem ser chamados, por contraste, um processo de *validação*.

A nossa participação pessoal é, em geral, maior na validação do que na verificação. O coeficiente emocional da asserção é intensificado quando passamos das ciências para os domínios de pensamento vizinhos. Mas tanto a verificação como a validação são sempre um reconhecimento de um compromisso: reclamam a presença de algo real e externo ao orador. Distinto de ambos, as experiências subjetivas podem ser apenas ditas autênticas, e a autenticidade não envolve um compromisso no mesmo sentido em que, quer a validação como a verificação, envolvem.

7. CONVIVIALIDADE

7.1. INTRODUÇÃO

Os sistemas articulados que promovem e que satisfazem uma paixão intelectual apenas podem sobreviver com o apoio de uma sociedade que respeita os valores afirmados por essas paixões. Uma sociedade tem vida cultural apenas na medida em que reconhece e cumpre a obrigação de suportar e de cultivar essas paixões. Tal como o avanço e a disseminação do conhecimento pela ciência, pela tecnologia, e pela matemática fazem parte da vida cultural, os coeficientes tácitos pelos quais estes sistemas articulados são compreendidos e acreditados, e que em geral suportam a conformação e a afirmação da verdade factual, são também coeficientes tácitos de uma vida cultural partilhada pela comunidade.

Em primeiro lugar, proponho-me mostrar que esta partilha tácita do conhecer está na base de todo e qualquer ato de comunicação articulada. Considerarei toda a rede de interações tácitas, de cuja partilha depende a vida cultural, para chegar a um ponto em que a nossa adesão à verdade pode ser vista como implicando a nossa adesão a uma sociedade que respeita a verdade, e em que confiamos para a respeitar. O amor da verdade, e dos valores intelectuais em geral, reaparecem então como o amor ao tipo de sociedade que promove esses valores, e a submissão a padrões intelectuais será vista como implicando a participação numa sociedade que aceita a obrigação cultural de servir esses padrões.

Uma vez que reconhecemos estes coeficientes cívicos das nossas paixões intelectuais, seremos confrontados uma vez mais, e cada vez mais perigosamente, com o facto de possuirmos um conjunto de convicções com intento universal, que foram adquiridas pela nossa educação particular. Se acreditamos que temos essas convicções apenas porque nos foram assim ensinadas, então podem-nos parecer como sendo externas; mas, na medida em que reconhecemos que estivemos ativamente envolvidos na decisão de as aceitar, então podem antes parecer como arbitrárias. Para além disso, estas reflexões inquietantes questionam também o quadro conceptual da sociedade. Sempre que homens com autoridade impõem valores intelectuais que podem depois aparecer como sendo acidentais, então a justificação dessa autoridade pode ser posta em questão. O exercício da autoridade tende a aparecer como um fanatismo, ou como hipócrita, se tomar como universal aquilo que, na realidade, é paroquial.

Logo, a perturbação das nossas convicções, resultado do reconhecimento da nossa própria participação ubíqua na formação da verdade, tenderá para um dilema cívico, e o esforço para recuperar o nosso equilíbrio mental nesta situação filosófica ganha uma nova significância. Veremos que do seu sucesso depende a possibilidade de manter a cultural intelectual e moral da nossa sociedade.

Infelizmente, enquanto que o reconhecimento da utilidade cívica dos nossos objetivos filosóficos aumenta o nosso interesse, também complica a nossa tarefa, porque aumentará a suspeição de que ao defendermos as nossas convicções como válidas, estamos a atuar com má fé. Esta dúvida terá de ser passada para o capítulo seguinte, na expectativa de aí a conseguir ultrapassar no âmbito da reforma proposta para a conceção de verdade.

7.2. COMUNICAÇÃO

No meu capítulo sobre articulação restringi-me às vantagens intelectuais que um indivíduo solitário pode concebivelmente derivar do uso da linguagem. Esta restrição será agora abandonada, e com ela também as restrições ao modo declarativo e ao uso descritivo da linguagem.

É claro que o meu argumento tem já repetidamente transbordado do uso descritivo da linguagem para os seus usos interativo e expressivo. Vimos que a afirmação de uma teoria científica transmite uma apreciação da sua beleza e que todas as afirmações da matemática incluem também toda uma gama de delicadas apreciações estéticas. E, uma vez mais, vimos que os princípios operacionais da tecnologia, e as demonstrações formais das matemáticas, são regras para uma ação bem sucedida, que se podia enunciar com pertinência na forma imperativa, mesmo que estivessem apenas a ser considerados pelo seu uso solitário.

As componentes expressiva e imperativa da linguagem descritiva tornam-se mais marcadas quando as declarações de facto são usadas para fins de comunicação interpessoal. A comunicação é uma forma de endereçar, chamando a atenção de alguém para a mensagem e para o orador. Ainda mais, a possibilidade de comunicar informação para os outros já está antecipada nos meros poderes descritivos da linguagem. Um pequeno conjunto de símbolos usados consistentemente que, devido à sua peculiar facilidade de gestão, nos permite pensar acerca do assunto mais rapidamente, em termos da sua representação simbólica, pode ser usado para transmitir informação a outras pessoas, se forem capazes de usar essa representação tal como nós o fazemos. Isto só pode acontecer se oradores e ouvintes tiverem já ouvido os termos usados em circunstâncias semelhantes, e tiverem derivado dessas experiências a mesma relação entre os símbolos e as características (ou funções) recorrentes que representam. Tantos os oradores como os ouvintes devem também ter encontrado os símbolos em questão fáceis de tratar, caso contrário, não teriam adquirido fluência no seu uso.

Acredito que, mesmo que seja concebível que as pessoas possam perceber mal algumas das palavras particulares que lhes são dirigidas, podem, por regra, transmitir entre si informação de uma forma suficientemente fiável, através da fala. Penso que o julgamento tácito envolvido no processo de denotação tende a coincidir entre pessoas diferentes, e que pessoas diferentes tendem a encontrar o mesmo conjunto de símbolos fáceis de tratar a fim de reorganizarem habilmente o seu conhecimento[1]. Desenvolverei agora esta convicção num contexto mais amplo.

A coincidência interpessoal de julgamentos tácitos é originalmente contínua com a interação silenciosa de emoções poderosas. O abraço sexual comunica sem palavras uma intensa satisfação mútua. Os animais que criam os seus filhos estabelecem entre os pais e a cria uma satisfação mútua, colorida pela dominância e pela submissão. Uma criança de peito retribui com sorrisos a um adulto que lhe sorri, e chora com medo perante um semblante carrancudo, sem qualquer experiência prática das disposições correspondentes[2]. A avaliar pela observação de Piaget, o companheirismo das crianças a jogar é tão grande que não percebem suficientemente a distinção entre eles próprios e os parceiros do jogo. Reagem de uma forma "autista", que pode parecer altruísta ou egocêntrica, dependendo de se olhar para eles como perdendo-se ou como apropriando-se da pessoa dos outros. A convivialidade dos animais gregários, de que falarei adiante, parece estar próxima disto.

A convivialidade emocional difusa funde-se impercetivelmente na transmissão de experiências específicas, na forma de simpatia física, que ultrapassa o circunstante ao ver o profundo sofrimento do outro. Precisamos de nos treinar especialmente para conseguir ver uma operação cirúrgica. Mesmo médicos experientes podem desmaiar, ou ficar doentes, à vista de uma incisão profunda no olho de um paciente. O sadismo é a transmutação de tormentos transmitidos em excitação agradável; é uma partilha masoquista dos tormentos do outro homem, e sabe-se que está associado ao masoquismo. Mesmo os criminosos mais determinados são vulneráveis à compaixão física. Ficou registado que quando Himmler, o chefe da Gestapo, desejoso de testar em primeira mão a técnica do extermínio, ordenou o extermínio de uma centena de judeus na sua presença, quase desmaiou. Apesar do treino deliberado para a crueldade sem piedade, suportado numa convicção firme da sua retidão, a horrível visão das suas ações mostrou-se uma séria dificuldade para as pessoas encarregadas das exterminações em massa, e foi para reduzir este "seelische Belastung" [nt: stress mental] que o método da câmara de gás foi eventualmente adotado[3].

O conhecimento (como distinto de uma experiência isolada) transmite-se, a um nível primordial, de uma geração de animais para a seguinte através de um processo imitativo que os estudiosos do comportamento animal chamam *mimetismo*[4]. Mas a comunicação a este nível não é fácil de distinguir das ações determinadas pela herança dos instintos. Uma verdadeira transmissão de conhecimento, resultante da convivialidade, tem lugar quando o animal partilha o esforço intelectual que o outro animal faz na sua presença. Há fotografias elucidativas de chimpanzés, por W. Kohler, a seguirem as tentativas de um outro animal a fazer algo difícil e revelando, pelos seus gestos, que uns participam nos esforços dos outros. Tais transmissões interpessoais parecem funcionar sempre que o animal aprende alguma coisa através do exemplo, o que obviamente fazem quando uma habilidade feita por um chimpanzé mais inteligente é imediatamente copiada por outro, que nunca teria sido capaz de a pensar por si só. Kohler, dando exemplos deste processo, declara convictamente que não é uma imitação cega do tipo papagaio, mas sim uma transmissão genuína de uma performance intelectual de um animal para outro: uma verdadeira comunicação de conhecimento ao nível não articulado[5].

A aprendizagem de todas as artes faz-se por uma imitação inteligente da forma como são praticadas por outras pessoas em quem o aprendiz deposita a sua confiança. Conhecer uma linguagem é uma arte, feita por julgamentos tácitos e pela prática de competências não especificáveis. A forma como uma criança aprende a falar com os adultos está, portanto, relacionada com as respostas miméticas de um mamífero jovem, ou de uma pássaro jovem, à sua alimentação, proteção e orientação pelos seus seniores. Os coeficientes tácitos do discurso são transmitidos por comunicações não articuladas, que passam de uma pessoa com autoridade para um pupilo confiante, e o poder do discurso para transmitir informação depende da eficiência da transmissão mimética.

A comunicação falada é aplicação bem sucedida, por duas pessoas, do conhecimento linguístico e da competência adquirida por essa aprendizagem, em que uma pessoa quer transmitir informação, e a outra quer recebê-la. Com base naquilo que cada um aprendeu, o orador diz confiadamente algumas palavras e o ouvinte interpreta-as também com confiança, enquanto que se baseiam mutuamente no uso e na compreensão correcta dessas palavras, um pelo outro. Uma verdadeira comunicação terá lugar se, e só se, estas suposições combinadas de autoridade e confiança forem de facto justificadas.

Tornámo-nos conscientes da precariedade destas condições quando elas ficam por cumprir, como na conversa entre crianças que, como diz Piaget, "falham na compreensão mútua... porque pensam que se compreendem uma à outra"[6], e ao mesmo tempo "as palavras ditas não são pensadas do ponto de vista da pessoa para quem se fala, e este último... seleciona-as de acordo com os seus próprios interesses, e distorce-as a favor de conceções anteriormente formadas"[7]. Como escritores, oradores e ouvintes, conhecemos os perigos de tais caprichos e estamos constantemente em alerta contra eles. Falar e escrever é um esforço sempre em renovação, tanto para ser adequado como inteligível, e cada palavra que é finalmente dita é uma confissão da nossa incapacidade para fazer melhor; mas cada vez que acabamos de dizer alguma coisa e a deixamos assentar, estamos também tacitamente a implicar que diz o que queremos significar, e que também o deve significar para o ouvinte ou leitor. Embora estes endossos tácitos e ubíquos das nossas palavras possam sempre revelar-se como errados, devemos aceitar este risco, se é que alguma vez queremos dizer alguma coisa.

7.3. TRANSMISSÃO DO SABER SOCIAL

A ação combinada da autoridade e da confiança subjacentes, quer à aprendizagem da linguagem como ao seu uso para a transmissão de mensagens, é um caso simplificado de um processo que também participa na transmissão completa da cultura entre gerações sucessivas.

A nossa cultura moderna é altamente articulada. Se viesse outro dilúvio sobre nós, o maior dos barcos não seria suficiente para levar os milhões de volumes, os muitos milhares de pinturas e as centenas de diferentes instrumentos musicais, científicos e técnicos, conjuntamente com os especialistas qualificados para usar estes meios de articulação, pelos quais poderíamos transmitir, à humanidade pós diluviana, os restos grosseiros da nossa civilização. A transmissão corrente deste imenso agregado de artefactos intelectuais, de uma geração para a outra, tem lugar por um processo de comunicação que flui dos adultos para os jovens. Este tipo de comunicação só pode ser recebida quando uma pessoa deposita um excecional grau de confiança noutro, o aprendiz no mestre, o aluno no professor, e as audiências populares em oradores distintos ou escritores famosos. A assimilação de grandes sistemas de saber articulado pelos noviços dos vários graus só é possível por *um ato prévio de afiliação*, pela qual os noviços aceitam a aprendizagem numa comunidade que cultiva esse saber, aprecia os seus valores e se esforça por atuar de acordo com os seus padrões. Esta afiliação começa com o facto de uma criança se submeter à educação dentro de uma comunidade, e é confirmada através da vida, na medida em que o adulto continua a prestar excecional confiança nos líderes intelectuais da mesma comunidade. Tal como uma criança aprende a falar assumindo que as palavras usadas na sua presença têm algum significado, também, em toda a gama de aprendizagens culturais, a ânsia intelectual dos juniores por compreender as coisas e os ditos dos seus superiores intelectuais assume que o que estão a fazer e a dizer tem um significado oculto que, quando descoberto, será, em certa medida, considerado como satisfatório.

Falei antes das intimações heurísticas na resolução de problemas e mostrei a sua relação com a antecipação, por quem aprende, de que aquilo que ele está a tentar compreender é de facto razoável. Aquele que aprende, tal como o descobridor, precisa de acreditar antes que possa conhecer. Mas, enquanto o conhecimento prévio de quem resolve um problema exprime confiança nele próprio, as intimações seguidas por quem aprende baseiam-se predominantemente na sua confiança nos outros; e isto é uma aceitação da sua autoridade.

Uma tal afirmação da fidelidade pessoal é - tal como uma ato de conjetura heurística - um derramar apaixonado de si mesmo em novas formas de existência. A transmissão continuada de sistemas articulados, que dão uma qualidade pública e persistente às nossas gratificações intelectuais, depende totalmente destes atos de submissão[8].

Estes processos, que se modificam a si próprios, são inerentemente informais, irreversíveis e, nessa medida, acríticos. Admite-se que, uma vez feita uma descoberta, ou dominado um assunto, a tensão conjetural se reduza: quem descobre pode então demonstrar o seu resultado e quem aprendeu pode justificar o conhecimento que adquiriu. Mas a quantidade de conhecimento que podemos justificar, a partir da evidência que nos é diretamente acessível, nunca pode ser muito grande. Uma grande maioria das nossas convicções factuais continuam, portanto, a ser em segunda mão, através da confiança nos outros, e na grande maioria dos casos a nossa confiança é depositada na autoridade de um número comparativamente pequeno de pessoas, com uma posição bem reconhecida por todos.

Para além disso, é verdade que a aquisição de conhecimento se aplica igualmente a todas as outras satisfações intelectuais. O atual culto do pensamento na sociedade depende inteiramente do mesmo tipo de confiança pessoal que assegura a transmissão do saber social de uma geração para a seguinte. Tratarei isso com detalhe, ao descrever a administração da cultura.

Entretanto, tenho ainda que adicionar uma qualificação essencial ao princípio da autoridade. Cada aceitação da autoridade é qualificada por alguma medida de reação a isso, ou até mesmo contra isso. A submissão a um consenso é sempre acompanhada, nalguma medida, pela imposição das visões de alguém sobre o consenso a que nos submetemos. Cada vez que usamos uma palavra, ao falar ou escrever, estamos a cumprir com o seu uso e, ao mesmo tempo, a modificar, de algum modo, o uso já existente; cada vez que escolho um programa no rádio modifico um pouco o equilíbrio das valorizações culturais correntes; mesmo quando faço as minhas compras, aos preços correntes, estou a modificar ligeiramente todo o sistema de preços. Na realidade, sempre que me submeto a um consenso corrente, modifico inevitavelmente os seus ensinamentos; submeto-me àquilo que eu próprio sinto que me ensinam, e pela adesão ao consenso, nesses termos, também estou a afetar o seu conteúdo. Por outro lado, mesmo a dissidência mais radical opera pela submissão parcial a um consenso existente; o revolucionário deve falar em termos que as pessoas possam compreender. Mais, cada dissidente é um professor. As figuras de Antígona e de Sócrates na *Apologia* são monumentos ao dissidente como legislador. Assim como os profetas do antigo testamento - e como um Lutero, ou um Calvino. Todos os revolucionários modernos, desde os jacobinos, demonstram que o dissidente não procura abolir a autoridade pública, mas sim reivindicá-la para si próprio.

Reconhecidamente, um ato de autoridade é, em geral, menos deliberadamente assertivo do que um ato de dissidência. Mas nem sempre. Os esforços de Santo Agostinho para acreditar na revelação foram muito mais originais e dinâmicos do que a rejeição da revelação por um jovem educado religiosamente, hoje em dia. Em qualquer dos casos, em cada etapa do processo pelo qual crescemos e continuamos a participar no consenso estabelecido, estamos a exercer, em *certa* medida, uma escolha entre diferentes graus de conformidade e de dissensão, e *qualquer* uma destas escolhas pode significar uma reação ou mais passiva ou mais assertiva.

Ao mesmo tempo, precisamos de compreender como essas decisões são simultaneamente inevitáveis, ininterruptas e compreensivas. Não posso falar de um facto científico, de uma palavra, de um poema ou de um grande filme; do assassinato da rainha de Inglaterra na semana passada; de dinheiro ou de música, ou de moda nos chapéus, do que é justo e injusto, trivial, divertido, aborrecido ou escandaloso, sem implicar uma referência a um consenso pelo qual estes assuntos são reconhecidos - ou negados - serem aquilo que eu declaro que eles são. Devo endossar continuamente o consenso existente, ou divergir dele em certo grau e, em ambos os casos, estou a exprimir que acredito qual deve ser o consenso a respeito do que quer que seja de que estou a falar. O presente texto, em que tenho descrito à minha maneira a interação de cada declaração com o consenso púbico, não é uma exceção aquilo que aí digo acerca de declarações deste tipo. Ao longo deste livro estou a afirmar as minhas próprias convicções, e em especial quando insisto, como estou agora a fazer, que tais afirmações e escolhas pessoais são inescapáveis, e quando concordo, como farei, que isso é tudo o que me pode ser exigido.

7.4. PURA CONVIVIALIDADE

Os sentimentos de confiança e as paixões persuasivas, pelos quais a transmissão da nossa herança articulada continua a fluir, leva-nos, uma vez mais, de volta aos elementos primitivos do companheirismo existente, antes da articulação, entre todos os grupos de homens, e mesmo entre os animais. A evidência do carácter primordial dessa tal convivialidade, e das vivas emoções geradas e gratificadas pela sua interação, é-nos fornecida pela experiência, tanto dos animais como dos homens.

Uma galinha acabada de nascer rapidamente aprende a juntar-se ao bando à volta da mãe e a procurar proteção debaixo das suas asas. Este processo educacional é tão rápido que normalmente não se nota, mas revela-se claramente pela experiência de deixar uma galinha crescer sozinha. Quando uma galinha, que cresceu em isolamento, é libertada uma quinzena depois, e se junta aos seus irmãos e irmãs, que tinham formado um bando à volta da sua mãe, comporta-se de uma maneira desvairada. Anda descontroladamente às bicadas aos outros e corre aterrorizada à sua volta[9]. Podemos, portanto, dizer que as primeiras interações interpessoais entre as galinhas afetam as suas emoções mútuas. Habitualmente são bem sucedidas no desenvolvimento de uma vida emocional racionalmente equilibrada, mas que seria enfezada e desarranjada pelo isolamento artificial.

O conforto emocional que as galinhas parecem apreciar em bando não deixa de estar relacionado com a satisfação corporal do calor e proteção partilhados, mas é diferente do prazer, de mera satisfação, que um animal tem quando encontra comida ou abrigo. Um cão esfomeado salta e ladra quando a sua refeição se aproxima, e a sua excitação tem coloridos emocionais, mas o companheirismo de um cão com um homem, pelo qual pode participar vitalmente na sua existência, baseia-se em paixões muito mais ricas e desinteressadas. Na realidade, o cão vinculará o seu afeto a um dono que brinca com ele, passeia com ele, e que em geral mostra interesse nele, mais do que à pessoa que o alimenta[10]. O âmbito compreensivo das relações conviviais foi expresso por Kohler no aforismo de que um chimpanzé solitário não é um chimpanzé. Todas as suas necessidades físicas estão satisfeitas, mas mesmo assim definha por fome emocional. Falta-lhe a partilha e a interação da vida com os animais seus companheiros, cujas múltiplas formas se refletem em toda uma variedade de sentimentos.

O companheirismo entre humanos é, muitas vezes, sustentado e apreciado em silêncio. Utterson, no *Dr. Jekyll and Mr. Hyde* [nt: filme americano, 1931, baseado na novela *The Strange Case of Dr. Jekyll and Mr. Hyde*, 1886], de [nt: Robert Louis] Stevenson, põe de lado qualquer coisa, por mais importante que seja, para dar o seu passeio regular com o seu amigo Richard Enfield, durante o qual nenhum deles pronuncia uma única palavra. Mas a convivialidade torna-se geralmente efetiva por uma partilha deliberada da experiência, e muito habitualmente pela conversação. A troca de cumprimentos e os comentários convencionais são uma articulação do companheirismo, e toda a relação articulada de uma pessoa com outra contribui de algum modo para a sua convivialidade, no sentido de aproximar um do outro e de partilharem as suas vidas. A convivialidade pura, ou seja, o culto da boa amizade, predomina em muitos atos de comunicação; na realidade, a principal razão porque muitas pessoas falam umas com as outras é por desejo pela companhia[11]. O tormento da confinação solitária retira-nos não só a informação, mas também a conversação, por muito pouco informativa que esta seja.

A promoção de uma boa amizade dentro de pequenos grupos de pessoas que vivem em conjunto, sejam famílias, colegas de escola, tripulação de um navio, membros de uma congregação ou de um culto, ou da equipa de um escritório, é uma contribuição direta para os propósitos e deveres do homem como ser social. Mas o processo também é de uso prático, ao melhorar a eficiência das atividades conjuntas do grupo. Os comandantes dos navios sabem que uma tripulação feliz lutará melhor. Os psicólogos industriais observaram que o output de uma oficina aumenta quando os seus operacionais sentem prazer com a companhia dos outros[12]. Muitos são os casos em que a melhoria da convivialidade é deliberadamente procurada com vista a resultados mais vantajosos, o que oferece uma confirmação adicional do carácter substancial que atribuímos aos sentimentos de companheirismo.

Também faz a transição para um segundo tipo de convivialidade pura: da partilha da experiência à participação em atividades conjuntas. Uma tal cooperação é geralmente incidental para uma finalidade conjunta, mas torna-se puramente convivial na realização conjunta de um ritual. Pela participação completa num ritual, os membros de um grupo afirmam a sua existência à comunidade, e ao mesmo tempo, identificam a vida do seu grupo com a dos grupos antecedentes, de quem descende o ritual. Cada ato ritual de um grupo é, nessa medida, uma reconciliação dentro do grupo e o restabelecimento de uma continuidade com a sua própria história como grupo. Afirma que a existência convivial do grupo transcende a do indivíduo, tanto no presente como em tempos passados. As ocasiões para estas reafirmações emocionais são as datas de aniversários, ou as mudanças recorrentes pelas quais o grupo se reconstitui. A sua coerência renova-se ritualmente ao ritmo anual das estações, ou ainda aquando da ocorrência de mortes, nascimentos, casamentos e outras alterações de estatuto, que são solenemente celebradas nos termos tradicionais[13].

Como os rituais são uma celebração da existência convivial, incorrem na hostilidade do individualismo, que nega valor à vida em grupo, como uma forma de ser não acessível ao indivíduo isolado. O ritual é desprezado também pelos utilitaristas com base em que não serve para qualquer finalidade tangível, e pelos românticos (os irmãos emocionalistas dos utilitaristas) por suprimir os sentimentos espontâneos e genuínos das pessoas, a favor de emoções públicas padronizadas que, sem sinceridade, são forçados a fingir que partilham. O tradicionalismo é ainda mais fundamentalmente desacreditado ao refletir-se sobre o facto de que a solenidade, a que nos rendemos na execução de um ritual, é um resultado do próprio homem. Parece que o geramos e nos submetemos a ele, como algo externo a nós, e que ao fazê-lo parece que nos estamos a enganar a nós próprios e a iludir os nossos companheiros. Vemos reaparecer aqui a insegurança interna dos padrões auto definidos, no âmbito mais largo do seu enquadramento social.

7.5. A ORGANIZAÇÃO DA SOCIEDADE

A imagem de sociedade, que esbocei até aqui, é como um navio acabado de ser lançado à água - uma estrutura sem motor. Tracei as interações tácitas que viabilizam o fluxo de comunicações, a transmissão dos saberes sociais de uma geração para outra, e a manutenção de um consenso articulado. Mostrei também como as mesmas interações gratificam um desejo pelo companheirismo, uma convivialidade pura, a que uma participação em rituais comuns dá uma expressão mais firme. Estas características da vida em grupo são suficientes para a formação da amizade, mas não de uma sociedade organizada. Só podemos compreender esta última reorganizando o quadro das obrigações interpessoais impostas pelas tradições sociais do grupo.

Mesmo o mero partilhar de paixões intelectuais não dirigidas para outra pessoa, em particular, já estabelece uma ampla gama de valores comuns, que são contínuos com as apreciações interpessoais definidas pela moral, pelos costumes e pela lei. No entanto, essa partilha constitui uma ortodoxia ao apoiar certos padrões intelectuais e artísticos, e um compromisso para participar na sua procura, orientado por eles, o que na realidade corresponde ao reconhecimento das obrigações culturais. Finalmente, dado que as paixões expressas num ritual afirmam o valor da vida em grupo, declaram que o grupo tem um direito sobre a conformidade dos seus membros, e que os interesses da vida em grupo podem legitimamente rivalizar com os do indivíduo e, por vezes, mesmo sobreporem-se. Este reconhece um *bem comum* por cuja causa qualquer desvio pode ser suprimido, e podem ser pedidos sacrifícios aos indivíduos, para defender o grupo contra a subversão e a destruição a partir do exterior.

Nesta fase, o quadro das amizade rituais e culturais revela primordialmente os quatro coeficientes da organização social que, em conjunto, compõem todos os sistemas específicos de relações sociais fixas. Dois destes coeficientes recordam as duas formas de satisfação de paixões intelectuais a um nível articulado, em particular pela afirmação ou pela interiorização [nt: indwelling]: o primeiro é a *partilha de convicções*, o segundo a *partilha da amizade*. O terceiro coeficiente é a *cooperação*; o quarto é o *exercício da autoridade* ou a *coação*.

Estes quatro títulos referem-se a quatro aspetos da vida em sociedade, que devem sempre ser vistos em conjunto uns com os outros, pois apenas em conjunto podem formar características estáveis, na forma de instituições sociais. Mesmo na sociedade moderna, baseada em elaborados sistemas articulados e num alto grau de especialização, encontramos certas instituições que predominantemente incorporam, por sua vez, cada um destes quatro coeficientes. (1) Universidades, igrejas, teatros e galerias de arte servem a partilha de convicções, no sentido mais lato do termo, que estamos aqui a aplicar. São instituições da *cultura*. (2) As instituições predominantemente conviviais promovem a interação social, a defesa comum, os rituais de grupos. Promovem e exigem *lealdade do grupo*. (3) A cooperação para uma vantagem material conjunta é a característica predominante da sociedade como um *sistema económico*. (4) A autoridade e a coação criam o *poder público*, que alberga e controla as instituições culturais, conviviais e económicas da sociedade.

Os povos primitivos iletrados não podiam operar tais instituições distintivas e, portanto, apresentavam-nas através de uma amálgama íntima de todos os quatro coeficientes sociais. Nesta fase não podia existir uma tensão fundamental entre o poder e o pensamento na sociedade. Nem essa tensão surgiu mesmo depois do poder e do pensamento terem sido incorporados em instituições separadas, desde que a sociedade aceitasse a sua estrutura como estabelecida de modo permanente, como na realidade o fez durante a maior parte da história registada. Apesar de muitas e grandes reformas - como as de Solon e de Clistenes, de Gregório, o Grande, ou de Lutero, ou de Richelieu, ou de Pedro, o Grande - feitas nos primeiros 2300 anos da história europeia, uma estrutura social hierárquica foi quase sempre considerada como essencial para a própria existência da política. Só depois das revoluções francesa e americana é que a convicção de que a sociedade se aperfeiçoará indefinidamente, pelo exercício da vontade política do povo, se foi gradualmente espalhando pelo mundo, e que as pessoas devem, portanto, ser soberanas, quer na teoria como de facto.

Este movimento deu origem às modernas sociedades dinâmicas, que são de dois tipos. Quando a sociedade se resolve por uma renovação completa e súbita de si própria, o seu dinamismo é revolucionário; se pretende uma aproximação mais gradual à perfeição, o seu dinamismo é reformista. No resto deste capítulo discutirei, em profundidade, o estatuto da verdade científica, e de outros valores intelectuais, nestes dois tipos de sociedades, elaborando desse modo a distinção, a que já aludi, entre um totalitarismo que tenta realizar um programa laplaciano através da subordinação de todo o pensamento ao bem-estar, e uma sociedade livre que aceita, em princípio, a obrigação de cultivar o pensamento de acordo com os seus padrões inerentes. Mas, primeiro, devo deixar claro, mesmo que abreviadamente, como ambos os tipos de sociedades modernas e dinâmicas diferem, na sua relação com o pensamento, das sociedades estáticas de que emergiram.

Para isso temos que reconhecer, como uma força real, a diferença entre a liberdade de pensamento e o reconhecimento do pensamento. Nenhuma sociedade estática jamais negou o poder intrínseco e o valor do pensamento: religião, moral, lei e artes sempre foram respeitadas pelo seu próprio valor. Embora os seus empreendimentos fossem limitados por um conjunto de convicções específicas que estavam proibidos de desafiar, as atividades culturais floresceram, mesmo dentro desses limites. Além disso, a ortodoxia estabelecida foi imposta por governantes que também a aceitaram para sua orientação. Embora a procura da verdade fosse limitada pela aceitação de certos ensinamentos como verdade indubitável, o respeito obrigatório pela autoridade destes ensinamentos implicava um profundo respeito pela verdade[14].

O controlo intelectual exercido pelos modernos governos revolucionários difere deste princípio. Os seus governantes propõem-se reformatar a sociedade, incluindo o seu pensamento, ao serviço da prosperidade. Negam, portanto, qualquer estatuto independente ou atividade livre ao pensamento, mesmo que possam, de facto, admitir a sua autoridade como uma concessão tácita ao senso comum.

Isto é totalitarismo. Por contraste com isso e com uma sociedade estática, uma sociedade livre concede um estatuto independente e uma amplitude teórica sem restrições ao pensamento, embora na prática promova um tipo particular de tradição cultural, e imponha uma educação pública e um código de leis que suportam as instituições políticas e económicas existentes.

Em princípio, a sociedade livre reivindica o direito à autodeterminação para se aperfeiçoar, tão absolutamente quanto os modernos regimes revolucionários. Sem dúvida, estas aspirações fazem parte das forças originais que criaram as sociedades livres; resultam de pensamentos sem restrições e dos sentimentos generosos que derrubaram o autoritarismo estático da idade média. Mas, ao mesmo tempo, criaram uma contradição ameaçadora na sociedade livre que os criou. Um grande movimento pelo pensamento independente instalou, na mente moderna, uma recusa desesperada de todo o conhecimento que não é absolutamente impessoal, o que por sua vez implicou uma conceção mecânica do homem, que foi obrigada a negar a capacidade do homem por um pensamento independente. Um tal objetivismo deve representar o bem público em termos de bem estar e de poder, e pôs assim em marcha a autodestruição da liberdade. Quando as declarações solenes das grandes paixões morais, que animam uma sociedade livre, são desacreditadas como ilusórias ou utópicas, o seu dinamismo tenderá a transformar-se numa força diretriz oculta de uma máquina política, que é então proclamada como inerentemente correta, e a que é assegurado um domínio completo sobre o pensamento.

A importância desta situação cívica - que resulta em última análise da instabilidade inerente das nossas convicções - será agora explorada com algum detalhe. Mas, primeiro, preciso de expandir a minha perspetiva, introduzindo explicitamente as aspirações morais do homem como uma extensão das suas paixões intelectuais mais específicas.

7.6. DOIS TIPOS DE CULTURA

O principal objetivo deste livro é conseguir chegar a um quadro mental que se possa basear firmemente naquilo que acredito ser verdade, mesmo que saiba ser concebível que possa ser falso. O culto do pensamento em geral só é examinado como o contexto em que a verdade pode ser defendida. Mas terei agora que incluir explicitamente os domínios da moral, dos costumes e da lei dentro do sistema da cultura.

Os juízos morais são avaliações, e como tal estão próximos das valorizações intelectuais. O desejo ardente pela retidão tem a mesma capacidade para se satisfazer a si próprio através do enriquecimento do mundo como o que é adequado para as paixões intelectuais. Tal como o artista e o cientista, o homem moral luta pela satisfação dos seus próprios padrões, a que atribui uma validade universal.

Mas os julgamentos morais cortam muito mais fundo que as valorizações intelectuais. Um homem pode ser consumido por uma paixão intelectual; pode ser um homem de génio, mas pode também ser um bajulador, vão, invejoso e rancoroso. Mesmo que seja um príncipe das letras, pode ser um homem desprezível. Os homens são avaliados como homens de acordo com a sua força moral; e o resultado dos nossos esforços morais é avaliado, não como um sucesso ou como um falhanço, mas como uma performance externa a nós próprios, pelo seu efeito sobre a totalidade da nossa pessoa. De acordo com isso, as regras morais controlam a totalidade do nosso ser, mais do que o exercício das nossas faculdades, e cumprir com um código da moral, costumes e lei, é viver por ele num sentido muito mais compreensivo do que o envolvido na observação de certos padrões científicos ou artísticos.

As regras morais são, portanto, um instrumento do poder cívico nas mãos de quem administra a cultura moral, e a moral alia-se com os usos e com a lei. Os homens formam uma sociedade na medida em que as suas vidas são organizadas pela mesma moral, usos e leis, que em conjunto formam os *costumes* da sociedade.

Reconhecemos aqui uma divisão importante na tradição social. Vemos que enquanto que alguns sistemas de saber social são cultivados por causa da nossa vida intelectual como indivíduos, outros são cultivados pela organização da nossa vida social de acordo com esses sistemas. O primeiro é a promoção social de um pensamento essencialmente *individual* e o segundo é a administração da sociedade de acordo com um pensamento essencialmente *cívico*.

Todo o pensamento é válido pelos seus próprios padrões e o seu progresso é sempre promovido pelas suas próprias paixões. Se o pensamento é para ser cultivado socialmente, estes padrões e paixões devem ser partilhadas por um grupo de pessoas. Para assegurar essa partilha, a sociedade deve estabelecer conjuntos apropriados de direitos e deveres, que constituem as *instituições culturais*. O que tornará a vida do pensamento na sociedade dependente, em segunda mão, das *instituições cívicas* da sociedade, ou seja, da lealdade, património e poder do grupo. Mas esta dependência entrará de forma diferente nos dois tipos de pensamento na sociedade, pois a própria cultura cívica sustenta as instituições cívicas da sociedade, enquanto que a cultura individual é, pelo contrário, ela própria sustentada por essas instituições.

Não tentarei aqui atribuir uma prioridade lógica ou histórica a qualquer destas três instituições cívicas intimamente relacionadas. Pode ser, por exemplo, que o homem tenha estabelecido em primeiro lugar uma ordem social por uma questão de ganhar a vida, e que a defesa do património seja, portanto, a chave para a lealdade do grupo e para o exercício do poder dentro do grupo, e para a sua defesa. Mas sejam quais forem as ligações entre as três instituições cívicas, a lealdade é paroquial, a propriedade é aditiva e a autoridade pública é violenta. Logo, o pólo cívico baseia-se, em última análise, em coeficientes que divergem essencialmente da intenção universal dos padrões morais ou intelectuais.

Por outro lado, nenhuma organização da sociedade dispensa o pensamento: incorpora o sentido cívico e as convicções morais daqueles que acreditam nela e que aí vivem. Para gente feliz, a sua cultura cívica é a sua casa cívica, e nessa medida as paixões intelectuais que sustentam esta cultura são de facto esotéricas. Mas, uma vez mais, numa idade crítica, esta interligação de exigências cívicas com os ideais da moral continuará precária. O carácter genuíno dos padrões morais tornar-se-á suspeito quando se percebe que se mantêm pela força, se baseiam na propriedade e estão imbuídos pela lealdade local. Não há dúvida de que esses conflitos podem pôr em questão toda a força intrínseca do pensamento cívico, e se neste conflito o pensamento for o perdedor, então será aqui negada - e aqui em primeiro lugar - a sua autonomia essencial. A moral será então reduzida a uma mera ideologia, e esta depreciação do pensamento tenderá a difundir-se e eventualmente a trazer consigo a subjugação de todo o pensamento ao patriotismo local, aos interesses económicos e ao poder do estado. Desenvolverei a seguir este padrão de tendências em conflito.

7.7. ADMINISTRAÇÃO DA CULTURA INDIVIDUAL

Começaremos com a condição do pensamento numa sociedade livre e usaremos o avanço da ciência como o nosso exemplo principal sobre o culto do pensamento individual, ao qual a sociedade acorda um estatuto independente.

A organização do processo científico é determinado, em primeiro lugar, pelo facto da ciência moderna ser tão vasta que uma pessoa individual apenas consegue compreender uma pequena parte. A Royal Society tem oito subcomités para a eleição de membros [nt: Fellows], cada um dos quais tem um campo de investigação alocado. Um desses campos, por exemplo, é a matemática; mas os matemáticos individuais são ainda mais especializados, e só são competentes para lidar com uma pequena parte da matemática. Dizem-nos que é muito raro um matemático compreender mais do que meia dúzia das cinquenta comunicações apresentadas num congresso de matemática. "A própria linguagem em que a maioria dos outros quarenta e quatro são apresentados ultrapassam claramente o homem que segue as seis comunicações mais próximas da sua especialidade"[15]. Juntando a isto a minha própria experiência na física e na química, parece-me que a situação pode ser semelhante em todos os principais domínios científicos, de modo que um cientista isolado apenas pode ser competente para julgar, em primeira mão, um centésimo dos resultados correntes da ciência.

Mesmo assim, este grupo de pessoas - os cientistas - administram em conjunto o avanço e a disseminação da ciência. Fazem-no através do controlo local das universidades, das nomeações académicas, das bolsas de investigação, das revistas e dos jornais científicos e da atribuição de graus académicos que qualificam as pessoas como professores, técnicos ou médicos, e lhes abrem a possibilidade de uma nomeação académica. Para além disso, ao controlarem o avanço e a disseminação da ciência, este mesmo grupo de pessoas, os cientistas, na realidade estabelecem o significado corrente do termo "ciência", que determina o que deve ser aceite como ciência, e também estabelece o significado corrente do termo "cientista" e decidem que eles próprios e os seus sucessores, por eles designados, devem ser reconhecidos como tal. O culto da ciência pela sociedade baseia-se na aceitação pública destas decisões sobre o que é a ciência e sobre quem são os cientistas.

Habitualmente tomamos este consenso como garantido, quando participamos nele. É geralmente considerado como o resultado óbvio do facto de que se pode repetir, e confirmar, qualquer observação registada pela ciência. Mas a afirmação deste suposto facto não é, na realidade, outra coisa senão uma maneira diferente de exprimir a nossa adesão ao referido consenso. Na realidade, nunca repetimos uma parte apreciável das observações da ciência. E para além disso, sabemos perfeitamente que se o tentássemos fazer e se falhássemos (o que aconteceria na maioria das vezes), atribuiríamos corretamente o falhanço à nossa falta de habi-

II. A COMPONENTE TÁCITA

lidade. Devemos também ter em mente que, mesmo que conseguíssemos repetir com fiabilidade os factos registados pela ciência, isso não justificaria a nossa aceitação das generalizações que a ciência baseia nesses factos, e ainda menos justificaria a anterior seleção desses factos como assuntos da investigação científica. Precisamos também de ter em conta que a verdade de uma generalização é apenas um dos três coeficientes que compõem o valor científico de uma afirmação. O consenso, que aceita como ciência aquilo que esta declara ser ciência, endossa o seu valor científico, graduado numa escala tripartida de fiabilidade, interesse sistemático e interesse intrínseco.

Vemos, portanto, que o consenso da opinião científica vai para além de um acordo acerca de uma experiência comum. É uma avaliação conjunta de um domínio intelectual, de que cada participante na avaliação pode compreender e julgar apenas uma muito pequena fração. Podemos imaginar como é que um tal consenso pode mesmo ser razoavelmente estabelecido. Penso que o princípio subjacente é assim: cada cientista observa uma área que compreende o seu próprio domínio e algumas faixas adjacentes desse território, sobre as quais os especialistas vizinhos também podem formar julgamentos fiáveis e em primeira mão. Suponha-se agora que o trabalho feito na especialidade B pode ser fiavelmente julgado por A e C; e que o de C por B e D; que o D por C e E, etc.. Se cada um destes grupos vizinhos estiver de acordo sobre os seus padrões, então os padrões sobre os quais A, B e C estão de acordo será o mesmo sobre o qual B, C e D estão de acordo, assim como C, D e E, etc., ao longo de toda a cadeia da ciência. É claro que este ajuste mútuo dos padrões acontece ao longo de toda uma rede de linhas que oferecem uma multiplicidade de verificações cruzadas dos ajustes feitos ao longo de cada linha; e o sistema é também amplamente suplementado por juízos, algo menos seguros, feitos pelo cientista diretamente sobre resultados profissionalmente mais distantes, mas de mérito excecional. A sua operação continua a basear-se essencialmente na "transitividade" das avaliações vizinhas - muito como uma coluna em marcha mantém o passo de cada homem, mantendo-se em linha com o seguinte.

Por este consenso os cientistas formam uma linha contínua - ou antes uma rede contínua - de críticos, cujo escrutínio garante um nível mínimo de valor científico em todas as publicações acreditadas por cientistas. Mais do que isso: por uma confiança semelhante no seu vizinho imediato, até conseguem ter a certeza de que a distinção do trabalho científico acima deste nível mínimo, e até aos mais altos graus de excelência, é medida por padrões equivalentes nos vários ramos da ciência. A correção destas apreciações comparativas é vital para a ciência, pois guiam a distribuição das pessoas e dos subsídios entre as diferentes linhas de estudo, e determinam, em particular, as decisões cruciais pelos quais se assegura o reconhecimento e o apoio a novos desvios na ciência ou, pelo contrário, lhes são retirados. Embora se admita que seja fácil encontrar casos em que esta apreciação se provou estar errada, ou pelo menos infelizmente atrasada, devemos reconhecer que podemos falar de "ciência" como um corpo definitivo de conhecimento sistemático apenas na medida em que acreditamos que estas decisões estejam predominantemente corretas. De outra forma, as instituições científicas não estariam mais a servir o avanço da ciência, mas antes a mutilar a ciência. O título de "cientista" (mutuamente assegurado por pessoas a quem chamamos "cientistas") deixaria então de ter gradualmente o seu verdadeiro significado, assim como a palavra "ciência", tal como usada por essas pessoas para a descrição das suas próprias atividades.

Permitam-me que elabore mais sobre isto. Suponha-se, por um momento, que todos os cientistas são uns charlatães, como na realidade alguns serão; ou, para tornar a hipótese mais plausível, que estão todos tão auto iludidos como Lysenko, ou desonestos, ou forçados a conformarem-se com as visões de pessoas que, por sua vez, são desonestas ou auto iludidas, como eram a maioria dos seguidores de Lysenko. Suponha-se que os padrões de fiabilidade e significância científicas estavam, em geral, tão desvalorizados como agora estão em certas zonas do mundo; ou, dando um passo mais para além disso, que as ciências naturais eram totalmente substituídas por ciências ocultas baseadas em métodos cabalísticos. Pode ainda existir um consenso entre os vários especialistas que se reconhecem mutuamente como cientistas, e que mutuamente também reconhecem a validade e a significância dos seus domínios de pseudo ciência, o que se poderia iludir o público com as suas garantias mútuas, para aceitar como "ciência" aquilo que eles denominam como ciência. Mas é claro que, se eu souber o que está por trás de um tal consenso, olharei para ele como um consenso de intrujões e de tolos, a enganarem-se uns aos outros e ao seu público - o resultado de um acidente ou de uma conspiração, em ambos os casos vazio de qualquer significância autêntica.

É claro que mesmo um consenso sobre uma única experiência comum pode ser ilusório, e se acreditarmos nisso, baseamo-nos em certos pressupostos acerca da natureza dessa experiência partilhada. Mas o consenso a que chegam os especialistas da ciência, mutuamente reconhecidos e baseando-se uns nos outros, e o consenso adicional do público com o julgamento acordado entre este grupo de especialistas, implicam pressupostos de muito maior alcance. Os cientistas devem assumir que os vários domínios da ciência são tão coerentes que o valor científico do trabalho feito por diferentes especialistas, dentro de uma multitude de províncias separadas, é de facto acessível por padrões essencialmente semelhantes; e que eles (os cientistas) podem, e na realidade *irão*, supervisionar as avaliações mútuas através das fronteiras das suas especialidades particulares, e que podem continuar a confiar uns nos outros na aplicação de padrões semelhantes em todos os domínios - mesmo através da passagem para gerações sucessivas. Ademais, o público deve partilhar esses presupostos para poder ter confiança - tal como realmente o faz - em todo o corpo da ciência, de que pouco ou nada sabe, e para aceitar sem ver - como nós esperamos que o venha a fazer - os futuros anúncios não só dos cientistas vivos, mas mesmo os dos seus sucessores, a serem um dia acreditados como cientistas pela opinião científica de então.

Temos aqui as suposições de um ideal cultural: o ideal de uma vida intelectual altamente diferenciada perseguida coletivamente; ou, mais precisamente, de uma elite cultural a conduzir ativamente uma tal vida intelectual dentro de uma sociedade que responde às paixões intelectuais dessa elite. A aceitação destas suposições sela um pacto de confiança mútua dentro da comunidade de cientistas, e sela a dedicação da sociedade, como um todo, ao apoio das investigações científicas. Isso tem lugar no estabelecimento de instituições científicas estabelecidas para o avanço da ciência e para a sua disseminação através da sociedade, sob a autoridade da opinião científica. Qualquer pessoa que pertença integralmente à sociedade em questão partilhará, desse modo, a sua dedicação cultural e os pressupostos subjacentes a essa dedicação.

O contraste em que tratei este consenso científico e a coerência capciosa de uma companhia de charlatães e tolos mostrou que eu partilho os pressupostos na base desse consenso. O meu uso não qualificado de termos credenciados como "padrões científicos" e "valores científicos", ao formular essas hipóteses, já implicava que eu subscrevia aquilo que descrevo. Acredito que endossos tácitos deste tipo são inevitáveis para referir convicções e avaliações que partilhamos, facto a que voltarei mais tarde. Entretanto adicionarei que, ao subscrever as suposições e paixões partilhadas por uma sociedade no culto da ciência, estou também - e nessa medida - a apoiar uma tal sociedade. Qualquer sociologia que credencie as convicções sobre as quais se funda uma sociedade constitui uma justificação dessa sociedade. E se o autor for um membro da sociedade em questão, a sua sociologia é uma declaração de lealdade para com ela. De facto, a consistência exige que, na afirmação de valores socialmente partilhados, as nossas declarações devam estar de acordo com a nossa participação em atividades sociais que se baseiam na validade assumida destas afirmações[16]. É também precisamente esta consistência que torna a intenção universal de tais declarações suspeita, pois mostra que apoiam os poderes estabelecidos, depois de ter sido incutida em nós pela mesma sociedade que depois justificam. Este dilema reaparecerá - por razões discutidas na secção anterior - ainda mais vivo no domínio do pensamento cívico.

Entretanto generalizarei o que disse sobre o culto da ciência ao culto de outros tipos de pensamento individual, embora, de acordo com o plano deste livro, possa apenas fazer uma passagem rápida por tais províncias do pensamento.

7. CONVIVIALIDADE

A administração das humanidades, das artes, das práticas das várias religiões são todas confiadas, tal como a ciência, a uma cadeia de especialistas com autoridade. A sua posição e poder podem ser estabelecidos institucionalmente, tal como acontece nas igrejas, ou podem depender inteiramente do respeito com que são tidos pelos seus admiradores e seguidores, como no caso dos poetas e dos pintores. Em todos estes domínios há muito mais divergência de pontos de vista do que entre os cientistas. Muitos países do tipo ocidental incluem diferentes corpos religiosos. No entanto, aparte a religião (mas não excluindo a teologia), a cultura do nosso tempo é predominantemente um culto da inovação. As artes, como as ciências, estão ainda mais vivas no processo da sua própria renovação; a fama ganha-se nas artes, assim como nas ciências, pela criatividade. Mas a originalidade artística envolve, por regra, alterações mais compreensivas do panorama do que a originalidade em ciência, e, por isso, tende a produzir divisões mais acentuadas de opiniões entre o inovador, que procura estabelecer a sua autoridade, e os líderes da arte anteriormente estabelecida. Assim, escolas rivais do pensamento, que na ciência são pouco frequentes e transitórias, são essenciais para o culto vigoroso da arte moderna. É certo, mesmo à parte disso, que as artes não são, e nunca serão, sistematicamente coerentes, à moda das ciências. Não pode, por isso, existir uma divisão clara do trabalho entre diferentes tipos de artistas, nem consensos firmes de opinião entre eles, tais como temos na comunidade dos especialistas científicos.

Uma elite cultural pode ser subsidiada publicamente ou ser dependente de fundos privados. Até ao princípio do século XIX as atividades académicas e literárias eram largamente a ocupação de gente rica, que vivia de rendimentos privados. No entanto, hoje em dia, há poucos membros da elite cultural que pertençam a esta classe, e por consequência a vida intelectual depende acima de tudo do apoio material dado à minoria criativa pelas massas de cidadãos não-criativos. Isto levanta a questão de saber se, ao pagar pelas carreiras culturais, a sociedade está a cumprir uma obrigação para alargar os seus domínios intelectuais pelos padrões dos seus líderes criativos, ou se está meramente a arrendar essas pessoas a fim de servirem para o seu próprio entretenimento ou para algum interesse cívico, tal como a educação moral e política do povo.

Podemos responder a isto recordando a nossa resposta a uma questão equivalente a respeito do avanço da ciência (p. 189). Nenhuma descoberta importante pode ser feita em ciência por alguém que não acredite que a ciência é importante por si mesma e, de forma semelhante, não há sociedade sem qualquer sensibilidade para os valores científicos que possa cultivar a ciência com sucesso. O mesmo se aplica a toda a vida cultural: uma sociedade só pode dizer que tem uma vida cultural na medida em que respeita a excelência cultural. Tal como na ciência, esta apreciação raramente pode ser a expressão de um julgamento em primeira mão. As humanidades, as artes, as várias religiões, todas são agregados extensivos e altamente diferenciados, que ninguém pode compreender completamente e julgar mais do que uma pequena fração. No entanto, cada um de nós respeita áreas muito mais vastas destes domínios culturais. Por exemplo, sei que a *Divina Comédia* de Dante é um grande poema, embora eu tenha lido muito pouco dele, e respeito o génio de Beethoven, embora seja quase surdo para a música. São genuínas apreciações em segunda mão, formadas da mesma maneira como os cientistas apreciam a totalidade da ciência, e que o púbico segue. As apreciações indiretas deste tipo são, uma vez mais, as raízes através das quais a sociedade, como um todo, estimula a vida cultural. Ao seguir os líderes intelectuais que escolheram, os não especialistas podem também participar, até um certo ponto, nos trabalhos desses líderes e, para além disso, em todo o âmbito da cultura por eles credenciado[17].

O folclore das sociedades primitivas não ocupa milhões de volumes e não está sujeito a inovações contínuas. Logo, a sua vida cultural não exige uma legião de especialistas para a administrar e muito dela pode ser partilhada por todos em primeira mão. A arte popular e a vida religiosa são também partilhadas nas sociedades modernas, mas são uma pequena parte da cultura moderna. Por isso, uma sociedade moderna que não aceita a orientação cultural por um conjunto de indivíduos com autoridade desliga-se de qualquer cultura viva dentro das suas fronteiras. O seu filistinismo, surdo ao pensamento original, desterra os intelectuais no seu próprio país.

No tipo ocidental de sociedade moderna a autoridade da ciência está firmemente estabelecida através do sistema educativo, mas todas as outras autoridades culturais têm que lutar por uma resposta pública, assim como contestar a sua posição contra a de rivais fortes. Os membros do público podem mudar a sua aliança de um líder para o seu opositor; podem mudar do campo de um académico para o de outro inovador, serem convertidos a uma religião ou perderem a sua fé, sair de um movimento em particular e aderir a outro. A sanidade impede que tais mudanças sejam muito frequentes, e mesmo assim o seu âmbito é limitado a escolhas entre potenciais líderes. Ainda assim, deixam a orientação do pensamento a um pequeno número de indivíduos, popularmente aceites e recompensados como líderes de certos domínios culturais reconhecidos. Pode-se dizer que a nossa sociedade possui uma cultura única na medida em que os nossos líderes intelectuais se suplementam harmoniosamente uns aos outros, e pode-se assim dizer que estes líderes sustentam os padrões intelectuais comuns da nossa sociedade: quer no seu próprio trabalho, como na orientação da apreciação pública da cultura e impondo o cumprimento das obrigações culturais da sociedade.

Devido ao choque entre as diferentes filosofias, religiões e movimentos artísticos, os aderentes de uma crença podem-se negar a reconhecer qualquer mérito àqueles que seguem uma crença rival, chamando-lhes fracos, fraudulentos ou tolos. De acordo com isso, as pessoas diferem também no uso de descrições profissionais como "compositor", "poeta", "pintor", "sacerdote" e nos termos da credenciação como "especialista", "reputado", "distinto", quando aplicados a pessoas que reclamam ser compositores, poetas, etc.. Também o facto de muitos dos líderes rivais partilharem o mesmo estatuto numa sociedade pluralista demonstra uma medida de consenso, ao acordar *algum* mérito intelectual à *maioria* deles. Isto também implica o reconhecimento de um processo de pensamento subjacente a todas estas afirmações rivais: de um processo guiado por padrões que, embora manifestamente díspares, descendem de uma herança comum de valores e convicções. Esta convicção num processo autónomo do pensamento coerente é (como na ciência) a condição fundamental para o culto social do pensamento, guiado pelos seus próprios padrões e incitado pelas suas próprias paixões.

7.8. ADMINISTRAÇÃO DA CULTURA CÍVICA

Tais são as instituições culturais que suportam a liberdade do pensamento individual numa sociedade livre. Destas instituições, podemos passar para o ideal de governo popular, por extensão dos seus princípios à cultura do pensamento cívico.

A maquinaria do autogoverno equipa a opinião cívica com poderes coercivos para a obrigar, se for preciso, a reformar os costumes existentes, naquilo que julga adequado. Portanto, se a opinião acerca dos assuntos cívicos puder tomar forma pelos mesmos princípios que realmente sustentam a liberdade do pensamento individual, o pensamento cívico crescerá também livremente e o seu poder será o poder do pensamento livre. Isto é o que aconteceria numa sociedade livre ideal. A conformação e disseminação das convicções morais deve ter aí lugar sob a orientação dos líderes intelectuais, dispersos por milhares de domínios especiais e a competir, em cada ponto, com os seus rivais pela atenção e concordância do público[18].

Descrever o quadro institucional dentro do qual as opiniões morais, legais e políticas são continuamente reconfiguradas, numa sociedade livre, levar-nos-ia longe. Será suficiente apresentar alguns dos resultados deste processo, que mudou radicalmente a vida dos países livres desde que os princípios da reforma social ganharam uma maior aceitação, desde há 130 anos atrás. Teve lugar uma substancial humanização da lei criminal e do sistema prisional, assim como da disciplina do exército e da marinha, enquanto que as mesmas mudanças continuaram nas escolas, asilos, hospitais, e inclusive dentro da própria família; as chamadas "leis industriais" obri-

II. A COMPONENTE TÁCITA

garam a condições mais humanas de emprego, de muitas maneiras diferentes; as novas instituições sociais foram criadas para tomar conta dos doentes e dos idosos, dos deficientes, dos desempregados e dos habitantes dos bairros de lata; a educação livre alargou imenso as perspetivas das crianças mais pobres; as descriminações legais das mulheres, dos católicos, judeus e povos coloniais foram removidas, ou pelo menos muito reduzidas; a extensão dos direitos e o reconhecimento dos sindicatos alteraram a balança do poder a favor das classes até aqui subordinadas. Tudo isto foram melhorias morais da sociedade que, na história da Inglaterra, por exemplo, podem ser reconstituídas a partir de uma série de movimentos específicos, que apelavam à consciência pública; movimentos que habitualmente são invocados em primeiro lugar por indivíduos com persuasão, devotados à advocacia de uma reforma em particular. Tal é o dinamismo da moderna sociedade livre. Consiste no progresso moral do pensamento cívico, que transmite as suas conclusões, através da maquinaria do autogoverno, em atos da reforma social. É o resultado prático de um processo intelectual, movido pelas nossas próprias paixões e guiado pelos seus próprios padrões.

A constituição de uma sociedade livre exprime o seu reconhecimento destas paixões e desses padrões. O seu governo curva-se adiantadamente ao consenso moral a que os seus cidadãos chegam livremente, não porque assim decidem, mas porque são considerados competentes para decidir *corretamente*, como o autêntico porta-voz da consciência social. Sei que isto vai ao contrário do atual positivismo legal, que se recusa a qualificar de algum modo a autoridade última da "norma básica" de uma dada estrutura legal[19]. Adicionarei, portanto, que as reformas da lei são de facto meros componentes da reforma social. O estabelecimento de novas regras coercivas faz-se dentro de um meio de mudanças informais e voluntárias: mudanças nas formas de relacionamento, nos costumes familiares, nas regras morais. Além disso, a própria lei está a ser alterada informalmente através de novas interpretações judiciais; grandes instituições são fundadas de novo por privados, e toda a rede de relações contratuais existentes é renovada voluntariamente, de milhares de maneiras diferentes[20]. As reformas legislativas são incorporadas em alterações voluntárias, privadas, informais, de maior âmbito, e as novas leis servem para consolidar e para formar um novo quadro institucional para cada novo desvio. Não pode haver dúvidas que estas grandes alterações da cultura cívica, que formam a matriz dominante da reforma legislativa, são determinadas por um processo de pensamento, guiado pelos seus próprios padrões e impulsionado pelas suas próprias paixões[21].

Pode-se objetar que a passagem de novas leis raramente é unânime, e também que, na sociedade em geral, os valores cívicos não são partilhados do mesmo modo que os valores científicos, ou mesmo artísticos. Mas a diferença é apenas superficial: o choque de opiniões é, porventura, mais marcante nos assuntos cívicos, mas mesmo assim é restrito aos assuntos contemporâneos. Poucas das inúmeras reformas feitas no Reino Unido durante os últimos 150 anos seriam, hoje em dia, repudiadas por uma minoria importante. Se uma nação não estiver de acordo com o seu passado, estará então num estado de guerra civil latente e sem condições para legislar livremente por si própria. O seu autogoverno seria um domínio imposto por uma maioria. A classe dominante poderia ainda seguir a orientação de um impulso moral persistente, como também têm feito, por vezes, governantes absolutos e ditadores, mas não se aplicaria mais a imagem de uma sociedade a reconfigurar continuamente a sua própria vida, na procura de virtudes cívicas promovidas livremente no seu seio. Podemos então considerar que, numa sociedade livre ideal, a vida cívica apenas seria continuamente aperfeiçoada pela cultura dos princípios morais.

7.9. O PURO PODER

Recordemos os factos do poder e dos fins materiais. Embora os homens possam ser harmoniosamente conduzidos pelas convicções aceites, precisam mesmo assim de formar um governo para fazer cumprir os seus propósitos. A cultura cívica só pode florescer graças à coerção física. Semeia-se no meio da corrupção. Precisamos agora lidar com a instabilidade das nossas convicções morais em face deste facto.

Pode ser que, falando em termos estritos, ninguém possa ser forçado a fazer seja o que for. Nas guerras e revoluções do passado muitos prisioneiros aguentaram torturas da pior crueldade, recusando firmemente trair segredos que lhes estavam confiados, ou dar evidência falsa contra pessoas inocentes. Quando alguns sucumbiram à tortura combinada com a "lavagem ao cérebro", isso pode ter significado uma mudança forçada da personalidade, como a que se consegue pelo uso de drogas, por cirurgia cerebral ou por tratamentos que induzem uma neurose ou psicose - uma mudança à qual não está na natureza do homem resistir. Temos ainda que admitir, do mesmo modo, que a maioria dos homens pode ser induzido a quebrar a sua vontade e a, relutantemente, obedecer a comandos, sob a influência de ameaças sérias: uma submissão que corretamente se pode dizer que é compelida pela força.

Na realidade, todos os comandos emitidos com algum tipo de ameaça entre eles são, nessa medida, coercivos, e as leis devem efetivamente ser coercivas, pois de outra maneira criam-se injustiças que premeiam os infratores em detrimento dos cumpridores. Embora não seja inconcebível que as leis sejam aplicadas por mera desaprovação moral, não precisamos de considerar uma tal possibilidade remota, em particular porque dificilmente iria alterar a nossa conclusão, segundo a qual a coação tanto é possível como indispensável na sociedade humana.

Assume-se geralmente que o poder não pode ser exercido sem algum apoio voluntário, por exemplo, por uma guarda pretoriana fiel[22]. Não penso que isso seja verdade, pois parece que alguns ditadores eram temidos por todos como, por exemplo, Estaline na fase final do seu reinado. De facto, é fácil ver que um indivíduo isolado pode muito bem conseguir comandar uma multidão de homens, mesmo sem um apreciável apoio voluntário da parte de alguns deles. Se, num grupo de homens, cada um deles acreditar que os outros vão obedecer aos comandos de uma pessoa que reivindica ser o seu superior comum, então todos vão obedecer a essa pessoa como seu superior. Cada um terá medo que, se lhe desobedecer, os outros irão punir a sua desobediência ao comando do superior, e assim todos são forçados a obedecer, pela mera suposição da continuada obediência dos outros, sem que qualquer apoio voluntário seja dado ao superior por qualquer membro do grupo. Cada membro do grupo sentir-se-ia igualmente obrigado a reportar qualquer sinal de insatisfação entre os seus camaradas, pois teria medo que uma qualquer queixa feita na sua presença pudesse ser um teste aplicado a si por um *agent provocateur* [nt: agente provocador, em francês no original] e, por isso, seria punido se não reportasse tais declarações subversivas. Logo, os membros do grupo devem-se manter tão desconfiados uns dos outros que, mesmo em privado, apenas exprimam sentimentos de lealdade para com um superior, que, na realidade, odeiam secretamente. A estabilidade de um tal poder puro aumenta com a dimensão do grupo sob controlo, pois um núcleo desafeto que, porventura, se tenha formado localmente por uma feliz cristalização de confiança mútua entre um pequeno número de pessoas, seria intimidado e paralisado pelas vastas massas que continuavam a assumir que eles ainda eram leais ao ditador. Logo, será mais fácil manter o controlo de um grande país pela força do que o de uma tripulação de um navio isolado no meio do oceano. E, portanto, também é prática padrão de uma insurreição fazer circular o rumor de que outras insurreições também eclodiram noutros locais.

Este princípio do puro poder [nt: "naked power", "poder nu" em tradução literal] parece ser indubitavelmente real e eficiente. É difícil imaginar um exercício qualquer de poder que seja livre de um coeficiente deste tipo, e um regime de terror pode, na realidade, basear-se, predominantemente, neste princípio. Ao mesmo tempo, não é provável que qualquer exercício continuado de poder supremo se possa basear meramente na coação. Nenhum governante (de boa saúde mental) poderia continuar a comandar os seus súbditos sem algum propósito público em mente, nem os seus súbditos continuariam a viver sob as suas ordens sem aceitar, em certa medida, esse propósito, e nenhum ditador (a menos que louco) esqueceria a medida da popularidade que uma tal inclinação, por uma conduta racional, poderia ganhar para o seu regime. Podemos esperar, de facto, que nenhum ditador deixe de usar os seus poderes coercivos para inculcar lealdade para consigo, entre os seus súbditos. Se se conseguir convencer toda a gente que, em certa medida, é correto obedecer, e que é errado resistir ao seu poder, então a dissensão incipiente será desencorajada por um sentimento de se estar errado; e se, mesmo assim, se manifestar, a sua voz pode ser silenciada pelo mero peso da desaprovação social. Uma reivindicação de legitimidade é um dos mais formidáveis instrumentos de poder. Mesmo homens como Hitler e Estaline, que aperfeiçoaram ao limite a maquinaria do poder puro, nunca deixaram de o suplementar por um fluxo de auto justificações públicas[23].

Tentativas de auto justificação implicam aceitar uma medida de consistência no domínio do poder, de acordo com regras e políticas que podem ser consideradas como razoáveis pelos governados. Quanto mais razoáveis pareçam ser as regras, mais seguro estará o governo que as aplica, mas também mais limitado se tornará, em consequência do âmbito das suas decisões. Na realidade, qualquer argumento - por mais mentiroso e absurdo - que o poder puro possa invocar em sua defesa, credencia necessariamente alguns princípios geralmente aceites, sob os quais esse argumento se baseia. As conversas de Estaline e de Hitler revelam que, apesar do seu cinismo, estavam convencidos da retidão do seu poder despótico e que, exceto enquanto que envolvidos nalgun caso específico de traição, interpretavam o mundo em termos não muito diferentes daqueles que eram usados pela sua própria propaganda[24].

As pessoas sob uma ditadura totalitária podem detestar os seus governantes. Mas, desde que estes previnam com eficiência a formação de uma liderança intelectual independente, nem mesmo um repúdio universal da ortodoxia oficial provocará um movimento alternativo de confiança. Por consequência, as ideologias oficiais serão frequentemente usadas automaticamente pelas pessoas para a interpretação corrente dos acontecimentos, mesmo que não suportem essas ideologias. O totalitarismo demonstrou claramente que nenhuma cultura moderna - seja individual ou cívica - pode sobreviver, a não ser pela operação de instituições com autoridade.

7.10. POLÍTICAS DO PODER

Vimos que, mesmo que um poder público fosse originalmente baseado no terror, não deixaria de suplementar os seus poderes coercivos pela persuasão, e que os pensamentos cultivados a fim de controlar o seu povo também ganhariam inevitavelmente, e numa certa medida, uma ascendência sobre o próprio comportamento do governante. Logo, o abuso de um apelo moral para fins imorais parece confirmar, pelo seu resultado, o intrínseco poder libertador da moral.

Mas a restrição em que o poder incorre, como o preço de usar a moralidade

II. A COMPONENTE TÁCITA

para os seus próprios poderes coercivos, apenas prova que a moralidade é um aliado indispensável do poder, embora obatinado. Não mostra que a moral não possa mesmo controlar o poder, de acordo com os seus próprios princípios; a cultura cívica continua ainda asssim dependente da força e dos fins materiais e, portanto, continua suspeita. Nem sequer a história das sociedades livres afasta essa suspeita. Vemos, pelo contrário, que uma nova questão moral tem sempre evocado um choque de interesses; que frequentemente o progresso moral teve que ser forçado pela pressão dos oprimidos sobre os privilegiados; que a distribuição existente de privilégios sempre concedeu aos seus beneficiários poderes consideráveis para resistir às reformas que lhes cortam as vantagens, e que injustiças perpetuaram-se pela força. Pode-se, na realidade, argumentar (e voltarei a este ponto mais adiante) que uma reforma isolada, de pormenores, tem que se basear na estrutura social existente como sua matriz, e esta estrutura, e iniquidades nela inerentes, nunca podem ser melhoradas de forma fundamental por uma série de reformas fragmentárias. Portanto, podemos ainda duvidar se os governantes de uma dada sociedade, por muito livremente autogovernada que seja, alguma vez observarão as reivindicações da moralidade, para além daquilo que possam precisar para iludirem os seus súbditos (assim como os seus aliados estrangeiros) a confiarem nas suas profissões de moral.

Esta dúvida vem desde a antiguidade; nos tempos modernos foi primeiro reavivada por Maquiavel. Friedrich Meinecke, no fim da primeira grande guerra, reconstituiu-a a partir de Maquiavel - através de uma série de grandes pensadores - a crescente aceitação, pela teoria política continental, de um poder público necessariamente imoral, tanto no governo interno como na condução das relações com o estrangeiro.

Meinecke interpreta, nestes termos, o conflito ideológico entre a Alemanha e os seus oponentes. Pensa que a Alemanha foi acusada de imoralidade apenas porque declarou francamente que "querer é poder" [nt: Might is Right], enquanto que os poderes anglo saxónicos, que não tinham atuado com mais escrúpulos, continuaram a prestar tributo à moral. Ganharam, para si próprios, uma vantagem moral injusta, ao apontarem o dedo às honestas profissões de fé alemãs nos princípios políticos do poder, que eles próprios seguiam de forma encoberta. Meinecke traça a origem desta situação na compreensão, pelo pensamento alemão, do inevitável carácter pecaminoso do poder, e à tentativa ousada da filosofia alemã para ultrapassar esta antinomia, através da conceção da moral como imanente na ascensão de um poder intrinsecamente superior. Admite que os alemães foram mal orientados pela brutalização a que esta filosofia é vulnerável, mas acredita que os anglo-saxões só evitaram um resultado semelhante porque fecharam os olhos às contradições entre as declarações solenes e as suas práticas[25].

A descrição que Meinecke faz do imoralismo político pode servir como um ponto de referência. Viu a primeira guerra mundial como o primeiro movimento de massas inspirado por uma doutrina de violência, a qual acreditava na sua própria superioridade moral e intelectual sobre os opositores moralizantes. Mas não viu que essa guerra mais não foi do que um sussurro antes da tempestade que se aproximava. Ao traçar o crescimento das ideias da "realpolitik", nem sequer menciona o marxismo. Logo, não poderia suspeitar da total instabilidade dos princípios morais em política, que se haviam de manifestar nas revoluções do século XX.

7.11 A MÁGICA DO MARXISMO

O apelo propagandístico do marxismo é o caso mais interessante sobre (aquilo que se poderia chamar) a força moral da imoralidade. É o sistema mais precisamente formulado com tal apelo paradoxal, e esta autocontradição, na realidade, parece ser o principal motor do movimento marxista. Isaiah Berlin, na sua biografia de Marx, mostra-nos Marx a exercer o seu próprio ato de génio da propaganda através deste princípio auto contraditório - um idealismo profético a tratar com desprezo todas as referências a ideais:

"Os manuscritos dos numerosos manifestos, profissões de fé e programas de ação em que pôs o seu nome, ainda continuam com os traços da sua pena e com os comentários ferozes, feitos à margem, com que pensava obliterar todas as referências à justiça eterna, igualdade entre os homens, direitos dos indivíduos ou das nações, liberdade da consciência, luta pela civilização, e outras frases deste tipo que constituíam parte da retórica corrente dos movimentos democráticos dessa altura; considerava-as como hipocrisias inúteis, que indicavam confusão no pensamento e ineficiência na ação"[26].

E na realidade, não é *apesar deste* desprezo pela justiça, igualdade e liberdade, mas sim *por causa disso* que a Rússia soviética é aceite por muitos como o verdadeiro campeão desses mesmos ideais, na luta contra as nações que as professam abertamente. Como Hannah Arendt muito bem observou: "As garantias bolcheviques, dentro e fora da Rússia, de que não reconhecem os padrões morais correntes, tornou-se num esteio da propaganda comunista"[27].

Porque é que uma teoria tão contraditória tem um tal poder supremo de convencimento? A resposta é que, creio eu, permite que a mente humana, torturada pela dúvida sobre si própria, possa saciar as suas paixões morais em termos que também satisfazem a sua paixão por uma objetividade implacável. O marxismo, através da sua filosofia do "materialismo dialético", escamoteia a oposição entre o elevado dinamismo moral dos nossos tempos e a nossa firme paixão crítica, que exige que tratemos "objetivamente" os assuntos humanos, ou seja, como um processo mecanicista na forma laplaciana. Estes dilemas, que atrapalham e baralham uma mente liberal, são a alegria e a força do marxismo: quanto mais turbulentas forem as nossas aspirações morais, e quanto mais completamente amoral for a nossa perspetiva objetivista, mais poderosa é a combinação, em que estes dois princípios contraditórios se reforçam mutuamente.

O marxismo consegue esta sofisticada união por uma operação mental primitiva, que Levy Bruhl chamou "participação"[28]. Para o pensamento primitivo, no destroçar de um aldeão por um leão participam os vizinhos invejosos do homem; as pragas e as fatalidades são sempre dotadas de intenções demoníacas, por alguém que as envia. As religiões superiores, por vezes, interpretam as desgraças como retribuições por ofensas passadas. Mais recentemente o historicismo substituiu Deus como uma necessidade histórica, creditada com o papel mais fácil (apesar de mais inescrutável) de atingir o que é adequado sob o ponto de vista histórico. Em cada caso, nós temos um princípio ativo imanente num acontecimento visível; a relação entre o imanente e o manifesto sendo o mesmo que entre um propósito e o seu cumprimento, exceto que a ligação aqui ou é sobrenatural, ou então fica por definir.

A este tipo geral de operação - e em particular a sua variante moderna, o historicismo - o marxismo adiciona duas características que ampliam muito o seu âmbito e poder convincente. Primeiro, o princípio ativo é, neste caso, um agregado de exigências morais ilimitadas, exigências que subitamente se espalharam por todo o globo, procurando resposta até mesmo entre os milhões de pessoas que até aqui têm vivido na aceitação imemorial da exploração e da miséria - enquanto que, ao mesmo tempo, se invoca um veredito estritamente "científico" para identificar os acontecimentos que devem realizar e cumprir essas exigências. Segundo, o mecanismo do marxismo é alargado para funcionar em duas direções opostas, mas mutuamente correlacionadas. Numa sociedade de classes, são os interesses materiais que são vistos como imanentes nas aspirações morais, enquanto que num estado socialista acontece o contrário - aí a moralidade é vista como imanente aos interesses materiais do proletariado.

Esta dualidade pode ainda parecer como outra característica paradoxal do marxismo, mas, na realidade, pode ser vista como resultando diretamente do processo pelo qual os princípios imanentes são introduzidos nos acontecimentos que se manifestam. Para ver isto a acontecer é preciso imaginar que, desde o início, se está cheio - tal como Marx estava - de uma paixão pelo socialismo e de um horror ao capitalismo. Olhando a esta luz para os ideais de liberdade, justiça, fraternidade, vê-se, por exemplo, que o código napoleónico, baseado nesses princípios, foi extremamente eficiente na destruição da ordem feudal e na abertura do caminho à burguesia, com o seu sistema de propriedade privada através da Europa. Note-se que permaneceu como o guardião da ordem capitalista, desde então. Os ideais burgueses aparecerão então como uma mera superestrutura do capitalismo, quer na sua oposição ao feudalismo, cuja regra subverteu, quer ao proletariado, cuja escravidão tenta perpetuar. Os interesses burgueses aparecerão então como imanentes aos ideais morais burgueses. Este é o primeiro tipo de imanência, o ramo *negativo* do marxismo.

Pense-se agora, por outro lado, na ação revolucionária socialista. Está cheia de um desejo apaixonado por ver os trabalhadores derrubarem o capitalismo e estabelecerem um reino de liberdade, justiça e fraternidade. Mas não se pode reclamar isso em nome da liberdade, justiça e fraternidade, porque se desprezam tais sentimentalismos. Logo, é preciso converter o socialismo de uma utopia para uma ciência. Isso faz-se afirmando que a apropriação dos meios de produção pelo "proletariado" irá libertar um novo fluxo de riqueza e de felicidade, até agora impedido pelo capitalismo. Esta afirmação satisfaz as aspirações morais do socialismo e, por isso, é aceite como uma verdade científica por aqueles que ficam satisfeitos com tais aspirações. As paixões morais são assim reconfiguradas na forma de uma aspiração científica: este é o segundo tipo de imanência, o ramo *positivo* do marxismo. Por uma dissimulação científica, protege os sentimentos morais contra a sua depreciação como simples sentimentalismo, e dá-lhe, ao mesmo tempo, um sentido de certeza científica, enquanto que por outro lado impregna os fins materiais com o fervor das paixões morais.

Podemos agora ver como ambos os lados do marxismo operam, negando à moralidade qualquer força intrínseca por si própria, e ainda como assim ambos apelam às paixões morais. No primeiro caso, apresentam-nos uma análise dos ideais burgueses em termos de interesses burgueses imanentes, e como a motivação oculta dessa análise é a condenação do capitalismo, a análise converte-se no *desmascarar* da hipocrisia burguesa. Porque esta análise das pretensões morais, em termos dos interesses materiais, se aplica de uma forma muito geral, pode-se também pensar que desacredita os motivos morais dos autores desse desmascarar. Mas estes motivos estão seguros, por sua vez, contra serem desmascarados, pois permanecem não declarados. Na realidade, ao atuarem através do desmascarar das ideologias burguesas, geram poderosas paixões morais nos outros, mesmo sem nunca pronunciarem um único juízo moral: este efeito de propaganda é obtido precisamente pelo enunciado dessa revelação em termos puramente científicos, os quais ficam por isso imunes à suspeita de um propósito moralizador.

II. A COMPONENTE TÁCITA

É claro que estas supostas afirmações científicas apenas são aceites porque satisfazem certas paixões morais. Temos aqui uma *reverberação auto confirmativa* entre a *teoria* das ideologias burguesas e os *motivos* escondidos por trás do desmascarar desses motivos. Esta é a estrutura característica daquilo que chamarei uma ligação dinâmico-objetiva. Alegadas afirmações científicas, que são aceites como tais porque satisfazem paixões morais, irão excitar ainda mais essas paixões, e assim dar um poder de convicção ainda maior às afirmações científicas em questão, e assim indefinidamente. Para além disso, uma tal ligação dinâmico-objetiva também é poderosa na sua própria defesa. Qualquer criticismo da sua parte científica é refutado pelas paixões morais subjacentes, enquanto que qualquer objeção moral pode ser friamente posta de lado, com a invocação do veredito inexorável das suas descobertas científicas. Cada um desses dois componentes, o dinâmico e o objetivo, funcionam, por sua vez, para desviar a atenção do outro, quando sob ataque.

Podemos ver esta estrutura também subjacente à falácia lógica exposta pelos críticos académicos do marxismo, e explicar porque é que essa falácia sobrevive à sua denúncia. Os críticos dizem que não se pode derivar qualquer programa políticoa partir da previsão marxista da destruição inevitável do capitalismo às mãos do proletariado. Pois não faz sentido recrutar soldados para uma batalha que é dita estar já decidida, enquanto a batalha ainda não se decidiu e não é possível prever o seu desfecho[29]. Mas dentro de uma ligação dinâmico-objetiva, a objeção lógica contra o uso de uma previsão histórica, como apelo à luta pelo desfecho certo da história, não pode ter lugar. Porque essa previsão só é aceite porque acreditamos que a causa socialista é justa, e isso implica que a ação socialista está certa. A profecia implica uma chamada para a ação.

Mas há algo mais para referir aqui. Se o nosso sentimento de má fé apenas nos fizesse dissimular a nossa ânsia pela retidão, nos termos eruditos de uma sociologia enganadora, a dissimulação talvez fosse apenas lamentável. Infelizmente, as paixões morais sofrem uma alteração fatídica quando trasvestidas de afirmações científicas. Chamei já à atenção para esta alteração quando disse que qualquer objeção moral contra a ação marxista pode ser posta de lado assinalando a sua correção "científica". Podemos ver o que está aqui a acontecer: quando transposto para afirmações científicas equivalentes, o motivo moral do socialismo foi isolado do seu contexto moral original. Tornou-se numa paixão isolada, inacessível a considerações morais. Isto é fanatismo, um fanatismo fixo nos equivalentes materialistas da paixão moral original, ou seja, sobre os interesses da classe trabalhadora, ou, mais corretamente, sobre os poderes coercivos daqueles que são ditos representar os interesses da classe trabalhadora. É um culto fanático do poder.

Isto explica não só a falta de escrúpulos deliberada do totalitarismo moderno, mas também o apelo moral da sua decisão assumida para atuar sem escrúpulos. Esta resolução é tomada para mostrar que o seu poder encarna a retidão, logo pode-se reconhecer que não tem uma obrigação superior a atingir, senão a de defender a sua própria supremacia, o que deve ser feito a qualquer custo. Acredita que aqueles que governam em seu nome desprezam a clemência e a honestidade, não simplesmente por razões de expediente (como Maquiavel já lhes teria permitido fazer), mas com base na sua superioridade moral sobre o sentimentalismo, a hipocrisia e a pouca clareza dos seus oponentes moralizadores. Logo, os céticos que negam com desprezo a realidade de todas as motivações morais irão depois suportar fanaticamente o apoio moral a um tal poder puro.

Uma vez aceite, o marxismo elimina também a eterna discrepância entre as alegações universalistas da moralidade e a sua dependência, na realidade, dos poderes e das circunstâncias materiais. O marxismo fá-lo negando as suas reivindicações *qua* moralidade, ao mesmo tempo que oferece a suas formas imanentes de operação dentro de um movimento político específico. A universalidade será atingida pela sua retidão imanente, através da inevitável conquista do mundo.

Vemos, portanto, que o marxismo é falsamente acusado de materialismo: o seu materialismo é um disfarce para o seu propósito final. É verdade que, no seu disfarce materialista, estas aspirações são desviadas do seu contexto moral e são aproveitadas ao serviço do engrandecimento material e da violência política. Mas isto não subverte a dinâmica socialista subjacente. O fervor do empreendimento social continuou a ser a justificação emocional dos governos comunistas. Daí os seus esforços persistentes para dar um alto significado moral às suas atividades económicas; daí a sua mania das grandezas, o seu desleixo pelas necessidades populares mais desesperadas, como a melhoria da habitação, a favor de arranha-céus cheios de enfeites e grandes salões subterrâneos de mármore; daí todo o seu curioso sistema económico, que se deleita na produção e foge do consumo. No ocidente, observamos com esperança cada novo sinal de verdadeiro materialismo na Rússia soviética. Se o regime alguma vez consentisse realmente em prosseguir benefícios materiais, então teria perdido o seu fanatismo. O amor pelo conforto pode ser ignóbil, mas podemos confiar na sua capacidade acomodatícia.

O apelo moral da imoralidade foi também eficiente noutros movimentos de massas do nosso tempo. Meineck detetou-o nas formas iniciais do pan germanismo, e a ascensão de Hitler confirmou literalmente esta análise, de uma forma diabólica. Hitler beneficiou imenso do exemplo bolchevique, mas o seu movimento baseava-se primariamente no niilismo germânico e romântico. Esta doutrina ensinava que um indivíduo extraordinário é uma lei por si mesmo e pode, tal como um estadista, impor sem escrúpulos a sua vontade ao resto do mundo, e que uma nação tem, portanto, o direito e o dever de cumprir o seu "destino histórico", independentemente das obrigações morais. Tais ensinamentos contradizem as afirmações universais da moralidade, tal como a imagem marxista-materialista do homem também o faz; identificam a moralidade com a autorrealização do indivíduo ou da nação. Isto pode unir todas as desmesuradas esperanças sociais do nosso tempo com um patriotismo feroz; e pode eventualmente encarnar ambos no objetivo de um governo mundial sob Hitler.

A imanência de grandes paixões morais no programa de Hitler explica o forte apelo moral feito através da sua própria falta de escrúpulos - por exemplo, para muitos membros do movimento da juventude germânica[30]. Sempre que o fanatismo se combina com o cinismo devemos suspeitar de uma ligação dinâmico-objetiva, e a sua presença confirma-se se descobrirmos que esse cinismo faz apelos morais. O delírio de Hitler era primariamente demoníaco, mas o seu apelo à juventude germânica era moral: aceitaram ações diabólicas em nome de um dever moral. A sua resposta foi determinada pelas mesmas convicções que Marx defendeu sobre a natureza dos motivos morais na vida pública. Acreditavam que esses motivos eram meras racionalizações do poder, e que apenas o poder era real. Daí a sua aversão pela moralização, e a sua paixão moral pela violência sem escrúpulos.

Num estudo exploratório publicado alguns anos atrás, chamei a este princípio uma "inversão moral"[31]. É claro que uma tal inversão pode nunca se realizar completamente. Nenhum regime, por mais fanático que seja, pode funcionar sem aceitar algumas restrições morais óbvias. Já me referi a isto ao descrever como o poder puro é obrigado a apoiar - e ao mesmo tempo a limitar-se a si mesmo - através do exercício da persuasão. Por outro lado, pode-se pensar que um elemento de inversão moral opera em todo o exercício rigoroso do poder. Se "casos difíceis fazem má lei", então pareceria que mesmo o melhor dos governos pode ocasionalmente cometer injustiças. Isso é verdade, mas concessões ocasionais à conveniência não tocam nos princípios morais de que se afastam - tal como os princípios da inversão moral não são negados pelo simples facto de serem feitas concessões ocasionais a uma moralidade evidente.

7.12. FORMAS ESPÚRIAS DE INVERSÃO MORAL

Devemos também precaver-nos contra a ideia de que uma interpretação materialista dos motivos morais deva sempre resultar numa inversão moral. Longe disso. Formas espúrias de inversão moral são muito comuns. Os homens podem ir falando a linguagem do positivismo, pragmatismo, e naturalismo durante muitos anos, e mesmo assim continuarem a respeitar os princípios da verdade e da moral, que o seu vocabulário ignora ansiosamente.

Tomemos como exemplo o texto de Freud em que interpreta a cultura à luz da sua psicologia[32]. Perto do final escreve enfaticamente: "Apenas isto eu sei com certeza, em particular que os juízos de valor dos homens se guiam absolutamente pelo seu desejo de felicidade, e são por isso meras tentativas para reforçar as suas ilusões com argumentos"[33]. Mas, na abertura do mesmo ensaio, exprimiu o seu profundo respeito por Roman Rolland, por tratar com desprezo os falsos padrões aplicados correntemente pelos homens que aspiram pelo poder, sucesso e riqueza, e que admiram essas realizações nos outros, enquanto que incapazes de apreciar os verdadeiros valores da vida[34], e ainda, noutro ponto, declarou-se ele próprio a favor de uma sociedade generosa, em que "todos trabalhem pela felicidade de todos"[35].

Podemos ver a ligação dinâmico-objetiva a operar aqui, segundo as mesmas linhas do marxismo. Uma interpretação utilitária da moral acusa todos os sentimentos morais de hipocrisia, enquanto que a indignação moral que o autor exprime é disfarçada, por segurança, como uma afirmação científica. Noutras ocasiões, estas paixões morais disfarçadas reafirmam-se a si próprias, e afirmam ideais éticos dissimulados em elogios de dissidentes sociais, ou ainda dissimulados em termos utilitários.

A prevaricação da mente crítica, no seu encontro com a moral, pode ser reconstituída até à antiguidade. Tucidides regista involuntariamente como os atenienses, a certo momento, afirmam que há apenas uma lei de Deus e do homem, "reinar onde quer se seja possível"; como zombam da hipocrisia dos espartanos, que perseguem, do mesmo modo, o seu próprio interesse, mas que o encobrem com o manto da justiça e da honra - enquanto que no momento seguinte os mesmos atenienses traçam um contraste nítido entre o caminho do interesse próprio, que conduz à segurança, e o caminho da justiça e da honra, que envolve perigos. Procurando piedosamente por termos tangíveis, o grande amor ateniense pela grandeza de Atenas vangloria-se (na oração fúnebre) da dimensão sem rival dos seus empreendimentos.

Desde o século XVIII que vemos de novo muitos defensores do utilitarismo puro e duro a defenderem as suas convicções morais logicamente inexplicáveis - mas só no século XX é que o pensamento popular foi permeado por esta contradição interna. Hoje em dia, os juízos morais são geralmente feitos sem proteção teórica. Podem-se disfarçar como uma sociologia da "agressividade", ou da "competitividade", ou da "estabilidade social", etc., e nesses termos podem advogar uma maior bondade, generosidade, tolerância e fraternidade entre os homens. O público, ensinado pelos sociólogos a desconfiar da moral tradicional, fica agradecido por a voltar a receber com uma embalagem científica. Na realidade, um autor que tenha provado a sua forte perspicácia pela negação da existência da moral será sempre ouvido com especial respeito, apesar de insistir em moralizar. Logo, o disfarce científico das nossas aspirações morais pode não só proteger a sua substância contra a destruição pelo niilismo, mas pode mesmo permitir-lhes operar pela sombra. Foi assim que grandes reformadores como Bentham ou Dewey foram capazes de usar o seu utilitarismo para fins morais.

Reconhecer a existência da inversão moral é reconhecer as forças morais como motivos primários do homem; é negar que a "sublimação" esteja subjacente (como Freud pensava) à criação da cultura. É claro que as forças morais são descobertas e conformadas pela educação, e até mesmo a inteligência do homem, ou o talento artístico, são evocados pela educação. Mas isto não implica que a moral seja uma mera racionalização do interesse próprio, ou que a ciência seja uma "sublimação" de uma curiosidade sexual. Pelo contrário, a interpretação freudiana de moral não é, por si mesma, mais do que uma forma espúria de inversão moral. Faz parte do expurgo da linguagem moderna que substitui os termos objetivistas - e preferencialmente apetitivos - por termos candidamente morais.

Mas é perigoso basearmo-nos nesses homens para continuar indefinidamente a prosseguir os seus ideais morais, dentro de um sistema de pensamento que lhes nega a realidade. Não porque possam perder os seus ideias - o que é raro, e geralmente sem sérias consequências públicas - mas porque podem deslizar para um estado lógico mais estável de completa inversão moral. A mascarada objetivista apenas pode continuar desde que as convicções morais, cuja instabilidade interna é por ela reforçada, permaneçam comparativamente pacíficas. Uma grande explosão de reivindicações morais na vida social, como aconteceu no fim do século XVIII, e que desde aí inundou todo o mundo, deve procurar uma expressão mais convincente. Quando injetada numa estrutura de utilitarismo, transmuta-se tanto a si mesma como à estrutura. Torna-se numa força fanática de uma maquinaria de violência. É assim que a inversão moral se completa: o homem mascarado de besta torna-se num minotauro.

7.13. A TENTAÇÃO DOS INTELECTUAIS
O apelo moral de um desprezo declarado pelos escrúpulos morais explica ainda outro paradoxo: o facto do regime de Estaline ter sido aclamado por eminentes escritores e pintores ocidentais, cujos próprios trabalhos eram condenados e suprimidos por esse regime. E, sem dúvida, tal como Czeslaw Milosz mostrou em *The Captive Mind*, o seu apelo era, na realidade, devido em parte à sua aversão à literatura e arte modernas, e à sua determinação em tornar todas as explorações intelectuais subservientes ao estado. Milosz regista, das suas próprias experiências na Polónia, que estes sentimentos e políticas eram parte da tentação oferecida pelo marxismo aos intelectuais polacos[36].

Para o compreender, devemos considerar, em primeiro lugar, que desmascarar

7. CONVIVIALIDADE

e impregnar - as operações negativa e positiva do marxismo - se podem aplicar a qualquer forma de pensamento, na transição do capitalismo para o socialismo. Tal como os ideais burgueses de liberdade e democracia são desmascarados, enquanto que uma ditadura partidária é, por sua vez, dotada da qualidade de ser intrinsecamente livre e democrática, também a arte e a literatura burguesas são desmascaradas, e a glorificação bajuladora do socialismo é, por sua vez, dotada com os valores da arte e da literatura. Toda a vida cultural é sujeita a uma transformação semelhante, que a rende totalmente aos interesses do estado socialista, à discrição dos seus governantes absolutos. Isto é totalitarismo: a questão é porque é que apela, ou apelou, a tantos intelectuais distintos em países livres que prosseguiam vocações que o totalitarismo desacredita e suprime.

Um primeiro indício para este enigma pode-se encontrar na palavra "desmascarar". O socialismo não estava sozinho na revolta contra a dominação burguesa no século XIX, nem o cientismo era a única arma para atacar os ideais burgueses. Aliado a estes havia uma alienação geral dos intelectuais. Os efeitos conjuntos dos movimentos românticos e científicos criaram um moderno niilismo cultural que repudiava a sociedade existente de forma tão compreensiva como o marxismo. Isto aconteceu quando as excessivas aspirações morais do homem moderno ficaram desapontadas pela complacência, hipocrisia, egoísmo e hipocrisia próprias do homem, e estas insuficiências foram explicadas por uma interpretação da moralidade como algo a que as pessoas só obedecem se não lhe puderem escapar. Uma vez mais, tal como no marxismo, o niilismo moral é aqui a marca de paixões excepcionalmente fortes, tal como Turgenev retratou no estudante Bazarov, o arquétipo literário do niilismo filosófico.

Embora os niilistas filosóficos fossem individualistas radicais, tendiam naturalmente a simpatizar com os movimentos revolucionários que procuram a destruição total da sociedade. Mesmo assim, continua poe explicar o facto de muitos deles chegarem a tão longe, tal como darem o seu apoio fervoroso aos governos totalitários, hostis à sua própria vocação de intelectuais. Só se pode compreender no seu contexto histórico.

Reconhecemos também que o niilismo pessoal serviu, durante um século, como inspiração para a literatura e filosofia, em ambos os casos por ele próprio e pela reação por ele provocada. A repugnância contra a sociedade burguesa, o imoralismo e o desespero, foram os temas predominantes da grande ficção, poesia e filosofia do continente europeu desde meados do século XIX. O anti-filistinismo, que deu origem à moderna boémia, também lhe estimulou uma originalidade rebelde, que renovou as belas artes com uma profusão de grandes obras, inultrapassáveis por qualquer período anterior da história.

Mas estes triunfos deixaram os seus autores mortificados pela dúvida sobre si próprios. A sua aversão às ideologias prevalecentes transformou-se (tal como no marxismo) num ataque ao próprio estatuto do homem e do pensamento humano. Peer Gynt, no fim da sua peregrinação de falsas aparências, reconheceu-se a si próprio na metáfora de uma cebola: camada após camada de auto dramatização, que nada deixam no centro. Os enciclopedistas Bouvard e Pécuchet perderam-se a si próprios no labirinto de inanidades. O *"Man Without Properties"* [nt: homem sem propriedades] de Musil deixou de existir, porque pensa acerca da vida, em vez de a viver. O regresso fútil de "pensamentos, pensamentos sobre os pensamentos, e de pensamentos sobre os pensamentos sobre os pensamentos" deixou Sartre exausto em *The Age of Reason*; mesmo um homem totalmente irrefletido como o "estrangeiro", de Camus, está igualmente isolado da realidade e prisioneiro do seu próprio mundo privado. A destruição de todo o sentido, em *La Nausée* [nt: *A Náusea*, de Sartre] é ponto final desta progressão.

Não podemos então dizer seja o que for em boa fé e toda a ação racional se transforma numa banalidade sem vida; só a violência é honesta, mas só a violência gratuita é a ação autêntica. Chegado a este ponto, o intelectual moderno inclui-se a si próprio no seu próprio desprezo enjoado com a futilidade moral e cultural do seu tempo. Depois de tornar o universo sem sentido, dissolve-se a si próprio num terreno baldio universal.

Se o intelectual for agora atacado pelos flancos, pelo desmascarar marxista, que o irá atirar para o monte dos burgueses, a sua posição fica precária. A sua própria consciência crescente de viver num deserto espiritual tende a fazer eco da análise marxista da sua própria arte e ciência como superestruturas de um capitalismo abjeto. Ainda mais: qualquer resistência a este ataque tenderá a provar a sua justiça, forçando-o a uma parceria com a burguesia, e também o vai ameaçar com a retirada do estatuto anti burguês em que se baseava o respeito por si próprio. Este dilema é suficiente, por si mesmo, para explicar a capitulação de homens como Sartre, Picasso, e Bernal, a um filosofia que nega a própria existência da busca intelectual; tanto mais quanto - sob a proteção dos seus próprios governos burgueses - podem felizmente continuar a cultivar essas investigações.

Aqui chegamos ao ponto de viragem. As paixões morais escondidas pelo niilismo filosófico estão sempre disponíveis para a ação política, se esta se puder basear nas suposições niilistas. Pode-se tentar saciar as suas paixões morais, com segurança, aceitando a retidão intrínseca de um poder revolucionário sem escrúpulos. Injetadas na maquinaria da violência, as suas aspirações humanas podem-se finalmente expandir sem o perigo de dúvidas pessoais e toda a sua pessoa responde alegremente a uma plataforma cívica à prova de ácido. Finalmente está empenhado, está salvo.

Admite-se que o artista ou o cientista continue a achar difícil aceitar os sombrios fins culturais de uma ditadura comunista, como a verdadeira realização da sua vocação. Pode, no entanto, tentar ultrapassar a sua repulsa com razões que não são fundamentais. Sente-se assim aliviado por não pertencer a uma cultura moribunda de uma sociedade em decomposição, ou de não pertencer a nenhuma sociedade. Pode achar que um papel subserviente numa sociedade comunista seja apenas temporário. Porque no final, o triunfo da necessidade histórica deve realizar as necessidades do espírito e do corpo, e, para além disso, no entretanto, pouco mais lhe é pedido do que um ocasional serviço verbal à política cultural oficial.

Para além disso, é grande a tentação para substituir os padrões, que o artista define para si próprio, por uma retidão objetiva e imanente da necessidade histórica. Uma tal retidão parecerá evidente por si mesma. Dentro de uma ligação dinâmico-objetiva, um poder pode provar a sua necessidade histórica pelo simples facto da sua vitória, e um padrão cultural estabelecido por um tal poder dever parecer inerentemente correto. Só se pode duvidar dos seus ensinamentos por um corte com a ligação fundamental dinâmico-objetiva, sobre a qual todo o universo comunista assenta. Estes ensinamentos oferecem , portanto,uma estrutura firme para os intelectuais à procura de padrões objetivos e seguros contra a auto dúvida[37].

7.14. EPISTEMOLOGIA MARXISTA LENINISTA

Desde o aparecimento da filosofia grega, no século quinto antes de Cristo, que os homens têm considerado a possibilidade de duvidarem sistematicamente daquilo em que acreditam. O marxismo é uma estrutura relativamente estável, em que as aspirações morais se podem salvar da dúvida sobre si mesmas pelo preço de se fixarem à persecução de um certo número de fins materiais. Mas uma fixação semelhante parece operar com menos sucesso para as paixões artísticas. Embora não faltasse um sentimento de propósitos morais ao povo da União Soviética sob Estaline, sentiam-se, no entanto, enfastiados com os produtos da arte oficial. E a tentativa de identificar a procura da verdade como o avanço do comunismo soviético deparou-se com dificuldades ainda maiores. Por muitas razões.

Apesar do ceticismo de Hume e seus antecessores, até ao antigo pirronismo, não havia auto dúvida entre os cientistas, nas sociedades modernas do século XX. Pelo contrário, a confiança na ciência era suprema, sendo mesmo a única convicção que permaneceu praticamente sem desafio. Na realidade, e de acordo com a visão muito propagada desde Comte, todo o pensamento humano era visto como empenhado numa humilde peregrinação para a perfeição científica, e para Marx e para Hengels a ciência natural era o arquétipo da verdade objetiva: para eles a ciência *não* era definitivamente uma ideologia para ser desmascarada, mas sim para ser posteriormente identificada com a vitória do socialismo. Mas uma vez firmemente estabelecida a ligação dinâmico-objetiva para as paixões morais, esta tende inevitavelmente para se estender à ciência, ao longo das mesmas linhas em que aconteceu com a atividade artística. A teoria neo marxista da ciência ganhou importância por volta dos anos 30, e durante a década seguinte tornou-se a doutrina oficial da URSS, sob Estaline. Primeiro limitou-se a reinterpretar a história da ciência, para mostrar que cada etapa do progresso ocorreu como uma resposta a necessidades práticas. Afirmar o estatuto independente da ciência pura era ridicularizado como mero snobismo[38]. Depois de desmascarar a ciência, como sendo na realidade tecnologia, seguiu-se a glorificação da tecnologia como sendo na realidade ciência. Como a tecnologia tem como objetivo o bem-estar material, foi aceite como parte do progresso e do próprio socialismo; logo, a persecução da ciência acabou finalmente por se incorporar no avanço do socialismo.

Até aí, isso era apenas um disparate inofensivo. Mas rapidamente este desmascarar se tornou mais violento. Começou com retalhos dispersos acerca dos desenvolvimentos mais modernos da "ciência burguesa", na relatividade, mecânica quântica, astronomia e psicologia, e culminou com uma campanha contra o mendelismo. A nova posição ficou finalmente estabelecida quando, em agosto de 1948, Lysenko anunciou triunfante à Academia das Ciências que as suas visões biológicas tinham sido aprovadas pelo comité central do partido comunista, e os membros da academia se levantaram em uníssono para o aclamar.

A universalidade da ciência estava agora definitivamente repudiada. As reinvindicações da ciência burguesa pela validade universal ficaram desmascaradas como uma ideologia enganadora, enquanto que a validade da ciência soviética passava a basear-se abertamente no seu carácter de classe ou partidário. Devido ao mecanismo dual do marxismo, a doutrina de que toda a ciência é uma ciência de classes serviu, simultaneamente, para desacreditar a ciência burguesa e para credenciar a ciência socialista. Ao servir o partido, a ciência recupera, num certo sentido, a reivindicação ao universal; a universalidade da verdade é substituída pela retidão inerente e, portanto, pela inevitável vitória histórica de um futuro governo comunista do mundo.

Os significados duais de "objetividade" e de "partidário", neste método de acreditação da ciência soviética, são consistentes entre si. As reivindicações da ciência burguesa à objetividade e validade universal são desmascaradas como pretextos falsos, com base no fundamento de que nenhuma afirmação da ciência, história ou filosofia, pode ser objetiva, e que na realidade são sempre armas do partido. Ao mesmo tempo, o marxismo reivindica ter transformado a política numa ciência que fundamenta toda a ação política numa avaliação estritamente objetiva das condições sociais em que tem que operar. A ciência marxista é portanto "objetiva", na medida em que serve como uma arma do sectarismo da política proletária. Recorde-se que a "objetividade" ou o "sectarismo" não estão nem certos nem errados, só o socialismo está correto (ou seja, em ascendência) e o capitalismo está errado (ou seja, em descendência). A exigência feita pelo regime de Estaline sobre os académicos soviéticos, para afastarem a objetividade (no sentido de validade universal) e para se guiarem antes pelo sectarismo socialista, é portanto muito consistente com a própria reivindicação de objetividade pelos marxistas[39].

A aplicação estrita desta teoria do conhecimento suprimiria a ciência natural, com a exceção da área estrita em que a ciência pura tem sobreposições com a tecnologia. Falei anteriormente deste resultado do programa laplaciano, em termos gerais. Podemos agora ver que o utilitarismo radical, resultante de uma visão objetivista do homem, não produz por si própria este resultado. A sua lógica permanece muitas vezes piedosamente suspensa. Só quando se injetam as grandes aspirações morais na ideia mecanicista do homem, visando a transformação radical da sociedade, é que são ativadas as forças poderosas que pressionam o cumprimento desta lógica. Mesmo assim, a tentativa pode abortar: as paixões intelectuais dos cientistas podem-se revoltar com sucesso, e reduzir os efeitos do totalitarismo sobre o pensamento científico, através de uma dissimulação verbal dos seus próprios padrões. De facto - mesmo na biologia - uma breve encantação de frases marxistas tem sido, na Rússia soviética e em geral, suficiente para garantir a imunidade para a substância de um artigo científico relativamente à doutrina marxista.

7.15. QUESTÕES DE FACTO

Vemos agora que ao longo do meu texto anterior, em que falamos confiadamente de coisas como ciências e arte formarem parte da nossa cultura, e a lei e moral preservarem a justiça e a decência, temos andado a tocar nalgumas questões decisivas. Referia-me à ciência "burguesa", arte "burguesa", e à cultura, lei, moralidade, justiça, etc. em geral "burguesa", que não são reconhecidas como ciência, arte, cultura, lei, moralidade, justiça, etc., pelos seus críticos marxistas-estalinistas, mas que são por eles condenados como algo corrupto, objetivista, idealista, cosmopolita, formalista ou não democrático. Negam todo o conjunto de padrões que assumo estarem garantidos quando falo de ciência, arte, cultura, lei e moralidade, e reduzem as paixões intelectuais e morais que suportam esses padrões, que aceitei partilhar, ao estatuto de subjetividade ilusória. A instabilidade destes padrões, à luz da reflexão crítica, não é para eles uma fonte de ansiedade, mas sim de satisfação triunfante. A consumação desta instabilidade, que vejo como um assomo da auto destruição final do espírito humano, não seria para eles senão o desmascarar final dos meus erros idealistas. Numa sociedade baseada no materialismo dialético, as forças da coerção, ancoradas no centro de um poder supremo, tornam-se de facto os agentes da apreciação válida. Se então os padrões forem vistos como apoiados pela força, isso não os faz parecer como questionáveis, mas marca-os antes com o carimbo da autenticidade.

Este processo de inversão mental não fica por aqui. É inevitável que o processo de inversão moral mine a própria conceção dos factos - dos assuntos correntes de facto. Apesar de tudo, a grande maioria das nossas convicções sobre factos são obtidas em segunda mão, através da confiança noutros; e na grande maioria dos casos, a nossa confiança é posta na autoridade de certas pessoas, quer em virtude da sua posição pública, ou como uma escolha dos nossos líderes intelectuais. Nas sociedades livres, o estabelecimento dos factos públicos é confiado aos jornais, parlamentos e tribunais. O seu escrutínio é contínuo, assim como o dos sociólogos, historiadores, e cientistas, a quem é dada uma importante presunção de crédito pela sociedade como um todo, mesmo que existam sempre casos dúbios, em que afirmações rivais competem pela aceitação pública. Tal como na ciência, este sistema de convicções partilhadas baseia-se numa cadeia de áreas sobrepostas, cada uma das quais com algumas pessoas com autoridade a controlarem a integridade dos outros e o seu sentido do que é importante. Uma sociedade com uma tal rede de confiança mútua pode-se dizer que mantém um certo padrão de "factualidade" - desde que se aceitem os métodos de averiguação dos factos[40].

É claro que sabemos que até mesmo as pessoas cujos conceitos sobre a natureza das coisas possam coincidir, podem também estar profundamente divididas a respeito da realidade de certos factos. Antagonismos de ambos os lados, acerca de uma grande controvérsia científica, não aceitam os mesmos factos como reais e significativos. Uma sociedade que acredita na magia, bruxedos e oráculos, estará de acordo sobre um sistema global de factos que o homem moderno considera como fictícios. Hiatos lógicos semelhantes podem-se encontrar entre os padrões de factualidade que prevalecem em diferentes períodos da história europeia. Mas manter-me-ei aqui dentro dos efeitos da dinâmica política contemporânea, para a acreditação desses factos.

A extensa rede de confiança mútua, de que depende o consenso factual de uma sociedade livre, é frágil. Qualquer conflito que divida claramente as pessoas tende a destruir a confiança mútua e torna difícil conseguir os acordos universais baseados sobre factos em conflito. Em França, a terceira república foi abalada nas suas fundações por uma questão de facto: a questão do capitão Dreyfus, se tinha ou não tinha escrito o *bordereau* [nt: documento anónimo que esteve na origem do escandalo político, 1894]. No Reino Unido, a disputa sobre o carácter genuíno, ou não, da "Carta de Zinoviev"[nt: carta de instruções presumidamente enviada pela

7. CONVIVIALIDADE

internacional comunista ao partido comunista inglês, antes das eleições gerais de 1924], tal como o julgamento de Alger Hiss nos EUA [nt: diplomata americano acusado de espionagem a favor dos soviéticos, 1948], geraram conflitos populares que tornaram impossível um acordo universal sobre os factos desses assuntos.

Essas falhas temporárias e parciais sobre a factualidade podem-se desculpar como excessos passageiros da paixão política. Mas sob o totalitarismo, a factualidade pode-se reduzir na medida em que se permite que o Estado possa configurar os factos à sua vontade, tal como lhe possa convir para os seus interesses. Estes poderes para difundir falsidades devem-se simplesmente, até certo ponto, ao monopólio governamental das declarações públicas, apoiadas no terror; mas tais poderes coercivos não explicam a valorização que essas falsidades ganharam no estrangeiro. Qualquer aceitação voluntária destes factos é evidência do seu próprio poder de persuasão, o qual se deve assumir como também sendo eficiente nos territórios sob a sua coerção. Isto indica uma corrupção dos próprios princípios da evidência factual, que envolve uma mudança global dos habituais pressupostos subjacentes ao processo de descoberta dos factos. Só quando o nosso sentido de realidade já está gravemente afetado por uma tal mudança é que ficamos recetivos a falsificações completamente toscas.

Um governo revolucionário moderno que procure uma renovação total da sociedade, destrói inevitavelmente o consenso de confiança subjacente ao processo de averiguações, ao restringir todas as ligações com os seus opositores. Quem quer que seja que não o apoie incondicionalmente é considerado como um inimigo mortal. Logo, a ditadura cria uma situação em que qualquer dissidente deve, de facto, tornar-se um inimigo mortal, o que justifica uma suspeição ilimitada. Quando todos os dissidentes forem eliminados, o desafeto só se poderá manifestar em ninharias, e portanto a polícia secreta deve considerar ninharias como potenciais atos de conspiração. Os pressupostos de tais investigações tornam-se semelhantes às que governam a análise freudiana de um neurótico. No pressuposto de um complexo de Édipo, qualquer palavra e ação do paciente, seja dita ou pensada, feita ou por fazer (e mesmo em acontecimentos em que se viu envolvido por mero acidente), pode ser interpretada como uma expressão de uma hostilidade oculta para com o pai. De modo semelhante, pode-se assumir que qualquer ninharia pode ser interpretada como um sinal de deslealdade sob o qual, por sua vez, se pode construir um ato de alta traição; os métodos de investigação praticados nas prisões de Estaline aparecerão também como adequados para o objetivo. Mesmo o exercício de tortura física aparecerá como inevitável, pelas mesmas razões com que a tortura foi indispensável para a inquisição. Porque as acusações relativas às intenções ocultas de um homem não se podem considerar como firmemente estabelecidas, a menos que o acusado eventualmente as admita. E toda a confissão extorquida confronta os que ainda resistem com uma pressão persuasiva mais intensa e amplia o universo fictício dos factos públicos estabelecidos, sob condições de violência ou sofisma.

Este processo de moldar os factos públicos, conforme os interesses do Estado, terá naturalmente o apoio dos estudos académicos configurados como uma arma política. Os historiadores suplementarão as acusações de atividades subversivas recentes com uma reinterpretação do papel do acusado em tempos anteriores da história. Histórias, que de outra maneira pareceriam fantásticas, tornam-se agora plausíveis para a experiência conspiratória do partido dominante. Não há qualquer absurdo em acusar um comunista veterano de ter estado sempre ao serviço da polícia, desde que Malnovsky, por exemplo, que foi durante muitos anos um dos conspiradores em que Lenine mais confiou, e líder da fação bolchevique na Duma, foi acusado de ter sido um espião da polícia durante todo esse período de tempo[41].

Em qualquer país moderno, o preconceito nacional tende a ofuscar o estabelecimento de factos públicos de interesse político. Numa sociedade livre, esta tendência é contrariada pela rivalidade de opiniões, que mantêm um universo de factos verdadeiros, desde que as pessoas mantenham a confiança entre si para observarem um nível adequado de factualidade, ao extrairem conclusões a partir de argumentos contraditórios.

A elite de um partido revolucionário moderno é treinada para exercer o seu preconceito político até ao limite. "Toda a educação dos seus membros", escreve Hannah Arendt, "consiste em abolir a sua capacidade para distinguir entre a verdade e a ficção. A sua superioridade consiste na habilidade para dissolver imediatamente qualquer afirmação de facto numa declaração de finalidade"[42]. Um tal dinamismo, suportado pelo terror, seria por si suficiente para perder as raízes da realidade em todos os factos alegados e para separar a opinião revolucionária da opinião de todos os seus opositores, por meio de uma hiato lógico. Mesmo que essa propaganda continue a ser comparativamente pouco eficiente, os efeitos paralelos do terror e do segredo conseguem criar situações que dão cor a qualquer suspeita concebível. É aí que os factos relevantes para a política deixam de existir, no sentido em que apenas se pode escolher entre rejeitar todos os factos ou aceitar arbitrariamente alguns deles, com base numa evidência manifestamente insuficiente.

A minha própria insistência na realidade dos factos na vida pública implica, portanto que estou a falar no interior de uma sociedade livre a que sou fiel[43], assim como a minha insistência no estatuto independente da ciência, arte e moralidade implica uma tal participação e submissão.

7.16. LIBERALISMO PÓS-MARXISTA

Nunca nenhum regime levou as implicações do totalitarismo moderno até ao seu limite lógico. De facto, pode mesmo parecer impraticável considerar a subordinação completa de todo o pensamento ao serviço de um centro específico de poder. O universo artificial fechado no calão oficial teve sempre que ser suplementado por sentimentos humanos naturais, expressos numa linguagem normal, e ocasionalmente muitos deles foram reintroduzidos. Isso aconteceu em 1930, quando o Kremlin decidiu restaurar os sentimentos nacionais e os heróis tradicionais na consciência histórica da Rússia, abandonando a doutrina até aí incontestada de M. N. Pokrovsky (1868-1932), que tinha tornado a historiografia numa análise sociológica abstrata segundo as linhas marxistas. Noutra ocasião, quando em 1950 Estaline repudiou a doutrina absurda de N. Y. Marr (1864-1934), segundo a qual toda a linguagem era uma linguagem de classe, o ditador deu uma imagem viva de como a ortodoxia tinha adulterado a linguística soviética, recorrendo para isso livremente ao vocabulário do liberalismo, e usando os seus princípios para condenar este caso de controlo totalitário do pensamento, que ele próprio tinha imposto até esse momento[44]. Apesar de todas as admoestações de Lenine de que o espírito do partido é a única e verdadeira objetividade, os conceitos de verdade, e de liberdade de pensamento essencial para o estabelecimento da verdade, não se extinguiram completamente, mesmo no período da mais estrita ditadura ideológica.

A libertação gradual do pensamento, que ocorreu a partir da morte de Estaline, pode ser devida a uma libertação das paixões generosas enterradas sob o arsenal marxista da violência. Na realidade, por uma espécie de reação freudiana inversa, este zelo cativo pela retidão pode ainda vir a ser gradualmente libertado da sua repressão patológica e entrar, uma vez mais, no contexto das aspirações morais conscientemente declaradas.

Um primeiro passo nessa direção foi dado imediatamente após a morte de Estaline, quando os seus sucessores libertaram os treze médicos do Kremlin que tinham confessado o assassínio de Zsdanov [nt: importante político soviético, falecido por ataque cardíaco em 1948]. Num dia de março de 1953, quando isso teve lugar, a transmutação sistemática dos dignitários comunistas em espiões confessos - a pedirem publicamente para serem enforcados por causa dos seus crimes infames - chegou ao fim. Os novos senhores não confiavam totalmente no universo de deceção e auto deceção construído por Estaline, e tentaram consolidar o seu poder abandonando as piores distorções da verdade; tinham a esperança de ganhar em poder persuasivo aquilo a que estavam a renunciar na força coerciva.

A libertação do pensamento que desde aí tem vindo a acontecer e que culminou nas revoluções de outubro de 1956 na Hungria e na Polónia, foi chamada de "revolução da verdade". A designação está certa, se o significado da verdade incluir os frutos de todo o pensamento independente. Os direitos da arte, moral, religião e patriotismo foram, em certa medida, restaurados com o conhecimento correto dos factos.

Os insurgentes húngaros reviveram os slogans de 1848, e vários escritores declaram que o movimento reafirmava a convicção nos valores absolutos, tal como considerados no século XVIII. Outros declararam ser preciso lutar outra vez pelas revoluções liberais. Mas esta descrição é enganadora. Compare-se o *Poem for Adults*, de Wazyk, publicado em agosto de 1955, com a *Marseillaise*, escrita por Rouget de Lisle em abril de 1792; comparem-se os sentimentos ardentes de Petofi com a fria incisividade de um Jozsef Attila. A revolução francesa era o pano de fundo de 1848, que desafiou uma ordem estática imemorial pela proclamação do direito da sociedade a aperfeiçoar-se de acordo com a razão, e o liberalismo do século XIX lutou por esse objetivo e contra aquela ordem. Mas quando uma conceção apetitiva do homem negou a realidade dos motivos morais na vida pública, os ideais do liberalismo inverteram-se nas doutrinas do totalitarismo moderno. É por isso que Wzyk fala de "vomitar" mentiras durante a ditadura de Estaline; e é por isso que cada insurgente comunista fala de um período durante o qual foi conivente com a tirania autodestruidora, que aceitou como um instrumento autêntico do progresso humano.

Pode uma reviravolta contra as consequências do totalitarismo moderno restaurar um conjunto de convicções, em cuja fraqueza lógica se fundaram as próprias doutrinas do totalitarismo? Podem as convicções do liberalismo, que já não são vistas como obviamente evidentes, serem doravante defendidas na forma de uma ortodoxia? Podemos enfrentar o facto que, não importa quão liberal seja uma sociedade livre, será também profundamente conservadora?

Estes são os factos. O reconhecimento dado ao crescimento independente da ciência, arte e moralidade, numa sociedade livre, envolve uma sociedade dedicada a promover uma tradição específica de pensamento, transmitida e cultivada por um grupo particular de especialistas com autoridade, que se perpetuam por cooptação. Manter a independência de pensamento implementada por uma tal sociedade é subscrever um tipo de ortodoxia que, embora não especifique qualquer artigo fixo da fé, é virtualmente inexpugnável, dentro dos limites impostos sobre o processo de inovação, pela liderança cultural de uma sociedade livre. Se isso é o que Lenine queria significar quando disse que "a ausência do espírito do partido (partinost) na filosofia não é mais do que servilismo desprezível e disfarçado em relação ao idealismo e ao fideísmo"[45], então não podemos negar essa acusação. E devemos enfrentar o facto de que esta ortodoxia, e as autoridades culturais que respeitamos, estão apoiadas no poder coercivo do Estado e são financiadas pelos beneficiários da função pública e da propriedade. As instituições pelas quais a sua autoridade é exercida, as escolas, as universidades, as igrejas, academias, tribunais, jornais, e partidos políticos, estão sob o controlo dos mesmos polícias e soldados que guardam a riqueza dos latifundiários e capitalistas.

Será que este quadro institucional deve ser aceite como a plataforma cívica de uma sociedade livre? Será verdade que o direito absoluto à autodeterminação moral, sobre o qual assenta a liberdade política, apenas pode ser mantido refreando qualquer ação radical com vista ao estabelecimento da justiça e da fraternidade? Será então verdade que, durante a nossa vida, não podemos afrouxar as ligações de uma sociedade livre, por mais iníquas que possam ser, sob pena de precipitarmos inevitavelmente os homens numa servidão abjeta?

Pela minha parte, diria: sim. Acredito que, no seu todo, estas limitações são imperativas. Os privilégios injustos só podem ser reduzidos por etapas cuidadosamente graduadas; aqueles que as querem demolir do dia para a noite irão erigir ainda piores injustiças no seu lugar. Uma absoluta renovação moral da sociedade só pode ser tentada por um poder absoluto, que terá inevitavelmente que destruir a vida moral do homem.

Esta verdade é intragável para a nossa consciência. Segue-se que devemos suprimir a nossa consciência, ou antes aceitar o ensinamento totalitário de que apenas a violência é honesta? Disse, na introdução a este capítulo, que renovaria esta questão dentro de um cenário social, sobre como é que podemos manter convicções de que é concebível duvidar. A tentativa feita neste livro para estabilizar o conhecimento contra o ceticismo, pela inclusão do carácter incerto nas condições do conhecimento, pode então encontrar o seu equivalente na submissão a uma sociedade manifestamente imperfeita, baseada no reconhecimento de que o nosso dever reside no serviço a ideais que possivelmente não podemos atingir.

– III –

A JUSTIFICAÇÃO DO CONHECIMENTO PESSOAL

8. A LÓGICA DA AFIRMAÇÃO

8.1. INTRODUÇÃO

Até aqui passei em revista uma série de factos que sugerem seriamente uma revisão da nossa capacidade para adquirir conhecimento. Esta reconsideração implica aceitar poderes cognitivos muito mais vastos do os que permitidos por uma conceção objetivista do conhecimento, mas ao mesmo tempo reduz a independência do julgamento humano para muito abaixo do que é tradicionalmente reclamado pelo livre exercício da razão. Não vale a pena acumular mais evidência a menos que primeiro possamos dominar a que até aqui foi apresentada. Tentarei agora um esboço mais sólido do conceito de conhecimento pessoal. Para isso o argumento vai focar-se, uma vez mais, numa faixa estreita de conhecimento, que forma o núcleo duro de maior certeza. Só se formos capazes de encontrar formulações simples que definem a indeterminação e a dependência existencial de um tal conhecimento, é que poderemos esperar deixar o legado de um quadro estável, dentro do qual se possa justificar qualquer outro tipo de conhecimento.

2. O USO CONFIANTE DA LINGUAGEM

Um objeto que alegadamente é dito ser uma ferramenta não é uma ferramenta se a nossa conceção do seu alegado uso for totalmente errada (no sentido em que os conceitos de perpetuum mobile são erradas) ou se, por outro lado, não conseguirem servir para o seu alegado propósito. De modo semelhante, é um erro basearmo-nos numa palavra descritiva se o conceito que transmite for falso ou se a palavra não aderir adequadamente ao assunto em questão.

Podemos tentar usar uma ferramenta, ou simplesmente mostrar que não tem utilidade. De forma semelhante podemos usar uma palavra descritiva com ceticismo, pondo-a entre aspas. Suponha-se um artigo publicado com o título *Uma explicação da "perceção extrassensorial*, e outro, de resposta a este, intitulado *Uma "explicação" da perceção extrassensorial*. Guiados pelas aspas, reconhecemos imediatamente que o primeiro artigo considera a perceção extrassensorial como espúria, enquanto que o segundo acredita que seja genuína e desacredita, pelo contrário, a explicação sugerida pelo primeiro artigo.

As palavras descritivas escritas como parte de uma frase, sem aspas, são invocadas com confiança: credenciam o carácter substancial do conceito que transmitem e a sua pertinência para o assunto em questão. Chamarei a isso o uso *confiante* ou *direto* de uma palavra. Por oposição, uma palavra descritiva usada entre aspas (como parte de uma frase não relativa a essa palavra)[1] é usada numa forma *cética* ou *oblíqua*. Esse uso põe em questão a realidade do conceito evocado pela palavra assim como a sua aplicabilidade ao caso em questão. Como uma palavra continua a ser a mesma, quer usada direta quer obliquamente, a diferença entre a sua afirmação confiante ou cética deve residir totalmente no coeficiente tácito da sua afirmação. Esta diferença identifica formalmente o coeficiente pessoal não especificável associado ao uso confiante de um termo descritivo.

8.3. O QUESTIONAR DOS TERMOS DESCRITIVOS

Podemos tentar eliminar o resíduo indeterminado de um significado explicando-o por palavras ajudadas por uma demonstração. Essas definições verbais operam da mesma forma que a análise de uma competência hábil, ou a axiomatização de um método científico de inquirição; expõem certas regras da arte que temos praticado totalmente de forma tácita, e ajudam a consolidar e a melhorar o seu uso. De acordo com isso, ao formular uma definição, precisamos de nos basear na observação da forma como a arte de usar uma palavra é, na realidade, praticada; ou, mais precisamente, observar-nos a nós próprios a aplicar o termo definido de maneiras que *consideramos* como sendo autênticas. As "definições ostensivas" são meras extensões adequadas desta observação. Chamam a atenção do observador para exemplos que se acreditava serem particularmente claros, suplementando-os como se fossem a explicação de um feito inteligente, mostrando como é que se fazem. A formalização do significado reside portanto, *desde o início*, na prática de um significado não formal. Necessariamente, também o fazemos *no final* quando usamos as palavras indefinidas das definições. Finalmente, a interpretação prática de uma definição deve basear-se *sempre* na sua compreensão indefinida pela pessoa que nela se baseia. As definições apenas mudam o coeficiente tácito do conhecimento; reduzem-no mas não o eliminam completamente.

O coeficiente tácito é um ato de confiança, e toda a confiança pode ser concebivelmente mal colocada. Falei antes deste risco, quando mostrei que toda a articulação se baseia no tipo de compreensão pela qual os animais compreendem a sua situação. Vimos como esta confiança é apaixonada, inventiva e persuasiva; como é partilhada, fomentada e disciplinada por uma sociedade dedicada ao seu culto; e como, nessa medida, a nossa confiança no significado das palavras é um ato de submissão social. Todos estes compromissos sociais parecem satisfazerem-se a si mesmos, de forma irreversível e, portanto, não especificável. Pareciam enfrentar-nos com um sistema imensamente ramificado de incertezas totalmente indeterminadas que temos que aceitar cegamente, se é que alguma vez vamos falar delas.

Contrastando o uso oblíquo das palavras como seu uso direto, podemos agora mostrar formalmente que estes riscos de uma afirmação confiante são inevitáveis. Podemos pôr uma palavra entre aspas, enquanto usamos confiantes a linguagem ao longo do resto da frase. Mas questionar *cada* palavra *por sua vez* nunca as questionará a *todas e ao mesmo tempo*. Portanto, nunca revelará um erro compreensivo que esteja subjacente a todo o nosso idioma descritivo. É claro que podemos escrever um texto e retirar simultaneamente a nossa confiança a todas as palavras, pondo cada palavra descritiva entre aspas. Mas então nenhuma das palavras teria um significado e todo o texto seria sem sentido. Os perigos da confiança inerentes ao ato de associar um significado a, pelo menos, um conjunto de termos descritivos, não são irradicáveis.

8.4. PRECISÃO

Também disse antes que devemos aceitar os riscos da indeterminação semântica, pois só palavras de sentido indeterminado podem ter uma ligação com a realidade, e que, para enfrentar esse risco, temos que nos creditar a nós mesmos com a capacidade de compreender essa ligação[2]. Esta decisão eliminaria a precisão de um significado como um ideal, e levantaria a questão de saber em que sentido é que podemos aplicar o termo "preciso" ou "impreciso" (se for o caso) ao significado de um termo descritivo.

Sugeri que o termo "preciso" é aplicável a uma plavra descritiva da mesma forma que a uma quantidade medida, um mapa, ou qualquer outra descrição, desde que a palavra pareça corresponder com a experiência. Precisão ou imprecisão é uma propriedade que pode ser o predicado de *uma designação*, quando esta é testada pela sua comparação com alguma coisa que *não é uma designação*, mas é antes a situação com que a designação se relaciona.

Este teste, por sua vez, não pode ser testado no mesmo sentido. É uma performance tácita, e como tal, falha a dualidade que faz a confrontação e a correspondência das duas coisas - a designação e o designado - logicamente possíveis. Logo, quando dizemos que um termo descritivo é preciso, estamos a declarar o resultado de um teste que, por si mesmo, não pode ser dito como sendo preciso no sentido habitual do termo. É claro que *a aplicação do termo "preciso"* pode, uma vez mais, ser dita como precisa, ou imprecisa, quando a confrontamos com o teste a partir do qual foi derivada; mas esta segunda confrontação teria que se basear, uma vez mais, numa avaliação pessoal que não pode ser dita como precisa, no mesmo sentido em que uma descrição o pode ser. A precisão de uma palavra estará portanto, em última análise, sempre relacionada com um teste que não é preciso no mesmo sentido em que a palavra é dita.

O retrocesso fútil e indefinido em que entramos quando perguntamos se o termo "preciso" é por si mesmo preciso, sugere que uma tal questão deve ser evitada negando as características de um termo descritivo à palavra "preciso". Quando dizemos que uma palavra é precisa (ou apta, ou adequada, ou clara, ou expressiva), estamos a aprovar um ato nosso que achamos satisfatório, ao mesmo tempo que o executamos. Ficamos satisfeitos com algo que *fazemos* no mesmo sentido em que encontramos um sentido em vistas enevoadas ou em ruídos fracos; ou quando recuperamos a nossa situação ou o nosso equilíbrio. Declaramos corretamente o resultado desta nossa compreensão pessoal dizendo que a palavra que estamos a usar é precisa. O retrocesso indefinido só aparece quando ocultamos esse anúncio da nossa própria satisfação como um termo descritivo que designa uma propriedade de um outro termo descritivo.

Devemos evitar esta falácia, reconhecendo por inteiro que apenas o ouvinte ou o autor podem significar algo *por* uma palavra, e que *por si*, uma palavra nada pode significar. Quando o ato de significar é, portanto, considerado numa uma pessoa que exerce a sua compreensão das coisas pelo uso de palavras que as descrevem, a possibilidade de executar o ato de significar de acordo com critérios estritos parece logicamente sem significado. Qualquer operação estritamente formal seria impessoal e não poderia transmitir o compromisso pessoal do autor. Estas análise do termo "preciso", aplicado aos termos descritivos que só podem ter um significado real se não forem estritamente precisos, revela, portanto, o ato autossuficiente de quem diz o termo e avalia a sua precisão.

8.5. O MODO PESSOAL DE SIGNIFICAR

Se então não são as palavras que têm significado, mas sim é o autor ou o ouvinte que significam alguma coisa através delas, permitam-me declarar, de acordo com isso, a minha verdadeira posição como autor do que até aqui escrevi, assim como do que ainda se vai seguir. Devo admitir agora que não iniciei esta reconsideração das minhas convicções com um estado limpo de incrédulo. Longe disso. Comecei com uma pessoa intelectualmente moldada por um idioma particular, adquirido pela minha afiliação com uma civilização prevalecente nos locais onde cresci, neste período particular da história. Esta foi a matriz de todos os meus esforços intelectuais. Todas as minhas alterações a estes termos originais continuam incorporados nas minhas convicções anteriores. Pior ainda, não posso dizer precisamente quais são essas convicções. Nada posso dizer com precisão. As palavras que disse e que ainda vou dizer nada significam: só *eu* é que posso significar algo *pelo seu uso*. E, por regra, não conheço focalmente o que signifíco, e embora possa explorar o meu significado até um certo ponto, acredito que as minhas palavras (palavras descritivas) devem significar mais do que eu possa saber, se é que podem significar seja o que for.

Esta perspetiva pode parecer deplorável, mas um programa que o aceita pode pelo menos reinvindicar ser consistente consigo mesmo, enquanto que uma filosofia que elege o rigor do significado como o seu ideal contradiz-se consigo mesmo. Se a participação ativa do filósofo no significar o que diz é visto como um defeito que impede que se atinja a validade objetiva, então deve isso mesmo ser rejeitado pelos mesmos padrões. A consistência de uma filosofia objetivista também não se restaura pela confissão de que as palavras têm uma estrutura aberta. Porque tais palavras, tal como vimos (p. 116) não têm um significado, a não ser por nós acreditarmos no sentido de adequação do seu autor. Logo, sem o reconhecimento explícito e o endosso do julgamento pessoal do filósofo como uma parte integral da sua filosofia, uma filosofia expressa em termos de "textura aberta" também não tem significado.

Enquanto que o significado impessoal é contraditório consigo mesmo, a justificação do significado pessoal é auto justificativa, mas apenas admitindo o seu próprio carácter pessoal. Autoriza certas condições de articulação que se tornam mais aparentes quando refletimos sobre este processo de habilitação, mas que não o podem invalidar, pois devem ser aceitáveis à própria luz dessa autorização. Se estou de acordo que cada palavra que eu digo confiadamente como sendo significante é dita como tal por um meu compromisso pessoal, então também tenho que concordar que as palavras usadas para fazer essa mesma afirmação também são empregues para significar o mesmo que eu significo através delas. Logo, se eu não posso falar a não ser dentro de uma linguagem, devo pelo menos falar a minha linguagem de uma forma consistente com esta situação.

Mas a consistência não é suficiente. Deve também continuar a existir alguma significância no meu programa. Será que alguma vez posso justificar dizer seja o que for, se no momento em que começo a falar acredito nas implicações indefinidamente ramificadas de um vocabulário em particular, e qualquer justificação subsequente destas implicações será necessariamente expressa nos mesmos idiomas em que a procuro justificar? Pode parecer que salvamos o conceito de significado da destruição pela despersonalização, apenas para o expor à sua redução ao estado de subjetividade dogmática.

Chegado aqui, preciso de suspender temporariamente a minha inquirição. A justificação do modo pessoal de significar, tal como descrita nesta secção, será retomada adiante, em conjunto com os problemas relacionados que resultam do modo fiduciário de asserção.

8.6. ASSERÇÕES DE FACTO

Denis de Rougemont notou que, entre os animais, apenas o homem pode mentir. Pode ser mais preciso dizer que o homem pode enganar os outros com maior eficácia, porque só ele lhes pode contar uma mentira. Toda a asserção concebível de facto pode ser feita de boa fé ou como uma mentira. A afirmação permanece a mesma em ambos os casos, mas os seus componentes tácitos são diferentes. Uma afirmação verdadeira compromete o autor com uma convicção naquilo que afirma: com ela está a embarcar num mar aberto de implicações ilimitadas. Uma afirmação falsa nega essa convicção, lançando-a num barco furado onde outros podem embarcar e afundar com ele.

A menos que uma asserção de facto seja acompanhada por alguma heurística ou por um sentimento persuasivo, é uma mera fórmula de palavras que nada dizem. Qualquer tentativa para eliminar este coeficiente pessoal, através de regras precisas para fazer ou para testar asserções de facto, estará condenada desde o início à futilidade. Podemos derivar regras de observação e de verificação apenas a partir de afirmações factuais, por nós aceites como verdadeiras, *antes* de conhecer essas regras; e, *no final*, a aplicação das nossas regras cairá, necessariamente e uma vez mais, sobre observações factuais, cuja aceitação é um ato de julgamento pessoal, não orientado por regras explícitas. Além disso, a aplicação de tais regras deve-se basear sempre na orientação do nosso próprio julgamento pessoal. Este argumento confirma formalmente a participação do autor em qualquer afirmação sincera de um facto.

Como é que podemos ter este coeficiente em consideração no nosso conceito de verdade? O que é que estamos a significar quando dizemos que uma afirmação factual é verdadeira?

Uma asserção articulada é composta de duas partes: uma frase que transmite o conteúdo do que se afirma e um ato tácito pelo qual essa frase é declarada[3]. A asserção articulada não pode ser testada separando essas duas partes e cancelando de modo tentativo o ato de asserção, enquanto que a frase não declarada é confrontada com a experiência. Se como resultado deste teste decidimos renovar o ato de asserção, as duas partes reunificam-se e a a afirmação é novamente asseverada. Esta reafirmação pode-se explicitar dizendo que a frase originalmente declarada é verdadeira.

É claro que o ato de asserção, por si mesmo, não consiste em duas partes - uma tácita, outra articulada - em que a primeira pode ser cancelada, enquanto que a segunda, agora não declarada, pode ser testada por confronto com os factos. É um ato de compreensão tácita, que se baseia totalmente na autossatisfação da pessoa que o faz. Pode ser repetido, melhorado ou cancelado, mas não pode ser testado ou dito ser verdadeiro, no sentido em que uma afirmação factual pode ser testada e dita ser verdadeira.

Portanto, se "p é verdade" exprime a minha asserção ou reasserção da frase [nt: afirmação] p, então "p é verdade" não se pode dizer como verdadeira ou falsa no mesmo sentido em que se pode dizer de uma frase factual. "p é verdade" declara que eu próprio me identifico com o conteúdo da frase factual p, e que esta identificação é algo que eu faço, e não um facto que estou a observar. A expressão "p é verdade" não é, por si mesma, uma frase mas uma mera asserção de uma frase (de outra forma não declarada), a frase p. Dizer que "p é verdade" é subscrever um compromisso ou assinar uma aceitação, num sentido próximo do significado comercial de tais atos. Logo, não podemos asseverar a expressão "p é verdade", não mais do que podemos endossar a nossa própria assinatura; apenas podemos asseverar uma afirmação, nunca uma ação.

A forma enganadora da expressão "p é verdade", que dissimula um ato de compromisso na forma de uma frase, afirmando um facto, leva a paradoxos lógicos. Se asseverar a frase p tem que ser seguido por se dizer que "p é verdade" e se "p é verdade" é por si mesma uma frase, então esta frase traz na sua sequência que "é verdade que "p é verdade" " e assim indefinidamente. Esta regressão insaciável não se dá se compreendermos que "p é verdade" não é uma frase.

O paradoxo do mentiroso elimina-se com fundamentos semelhantes. Podemos escrever este paradoxo da forma: "a frase no topo da página 10 de um livro é falsa", em que a palavra "frase" designa (tal como podemos descobrir olhando para o topo da página 10 desse livro) "a frase no topo da página 10 deste livro é falsa". Denote-se a frase acabada de citar por p; então p é verdade se e só se a frase no topo do página 10 deste livro for falsa, ou seja, p é verdade se e só se p for falso. Mas se "p é falso" meramente declara que o autor nega a aceitação de p, então "p é falso" não é uma frase e não se dá o paradoxo, pois então não há qualquer frase a encontrar no topo da página 10 do livro em questão.

O facto de podermos eliminar uma regressão infinita e uma notória auto contradição, reinterpretando as expressões "p é verdade" e "p é falso" como exprimindo um ato de asserção ou de dúvida, reforça substancialmente esta interpretação. Generalizando a nossa distinção entre o uso confiante de uma linguagem para fins primários, e a classe de expressões que meramente endossam a nossa confiança no que dissemos, elimina-se toda uma gama de problemas filosóficos persistentes[4].

8.7. POR UMA EPISTEMOLOGIA DO CONHECIMENTO PESSOAL

Redefinimos a palavra "verdade" como exprimindo a asseveração da frase a que se refere, o que é próximo da definição de Tarski para "verdade", a qual implica, por exemplo, que " "a neve é branca" é verdade se e só se a neve é branca". Mas a definição de Tarski parece agora equiparar uma afirmação com uma ação. Esta anomalia pode ser evitada revendo como se segue a definição: "*Direi* que "a neve é branca" é verdade se, e só se, eu *acreditar* que a neve é branca". Ou talvez de uma forma mais razoável: "se eu acreditar que "a neve é branca" então direi que "a neve é branca" é verdade". Admito que esta expressão sugere uma diferença de ênfase entre a asserção de uma frase e dizer que ela é verdadeira: a primeira dá ênfase ao carácter pessoal do nosso conhecimento, a segunda à sua intenção universal. Mas ambas permanecem como endossos pessoais da afirmação.

Anteriormente - no capítulo sobre probabilidade[5] - neguei a possibilidade de exprimir o ato de dar a minha confiança a uma afirmação de facto por um afirmação da probabilidade desse facto. Sugeri que o ato de endossar uma afirmação deve ser indicado por escrito usando o prefixo " $\vdash$ ", usado por Frege como um sinal de asserção, que deve ser lido como "eu acredito" ou como uma expressão equivalente de endosso. Um tal prefixo não deve funcionar como um verbo, mas como um símbolo que determina o modo da afirmação. A transposição de uma asserção de facto para o "modo fiduciário" refletiria corretamente o facto de que uma tal asserção dever ser necessariamente atribuída a uma pessoa definida, num local e num tempo em particular: por exemplo, ao autor de uma asserção no momento de a pôr no papel, ou ao leitor quando lê e aceita o que está escrito.

Esta transposição modifica consideravelmente a situação que devemos considerar para fazer asserções de facto. Desde que se tenham atribuído as propriedades de serem verdadeiras ou falsas às afirmações declarativas, precisamos de ter em conta estas propriedades, no mesmo sentido que explicaríamos o que é que faz verdes as folhas verdes. Tais afirmações que falam por si mesmas parecem possuir a qualidade de serem verdadeiras ou falsas de forma impessoal, e isto teria uma vez mais que ser explicado em termos de um critério impessoal: o que é claramente impossível. Teríamos uma melhor oportunidade de realizar o objetivo de reflexão epistemológica se, em vez disso, perguntássemos a nós mesmos porque é que acreditamos em certas afirmações de facto, ou porque é que acreditamos em certas classes de afirmações, como as da ciência. Tendo reconhecido que uma "alegação impessoal" é contraditória nos seus termos - tal como o seria um "cheque anónimo" - devemos deixar de tentar chegar a uma justificação das nossas alegações que, por sua vez, não seja por si composta de alegações pessoais de nós próprios. Não será muito difícil justificar as minhas convicções científicas, em particular, em termos de algumas das nossas convicções logicamente antecedentes, reconhecendo-se uma vez mais que a sua própria justificação envolve um ato fiduciário da minha parte. O problema é que, de facto, isto pode parecer tão fácil de fazer quanto inútil. Objetar-se-á que "pode-se acreditar no que se quiser", o que nos leva, uma vez mais, de volta ao paradoxo dos padrões definidos por nós mesmos; se os critérios de razoabilidade, a que submeto as minhas próprias convicções, são em última instância suportadas pela minha confiança nelas, todo o processo de justificação dessas convicções pode parecer não ser mais do que um consentimento fútil da minha própria autoridade.

Ainda assim, assim seja. Só esta forma de adotar o modo fiduciário é consonante consigo próprio: deve-se admitir que a decisão de o fazer está ela própria na natureza do ato fiduciário. Na realidade, o mesmo se deve aplicar à totalidade desta inquirição e a todas as possíveis conclusões a serem daí derivadas. Enquanto que eu vou continuar a argumentar uma série de pontos e a aduzir evidência para as minhas propostas de conclusões, quero que seja sempre compreendido que em última análise as minhas afirmações declaram as minhas convicções pessoais, a que cheguei pela consideração dada no texto em conjunção com outros motivos meus não especificáveis. Nada do que possa dizer reclamará o tipo de objetividade que acredito que nenhum raciocínio deve ambicionar, em particular que se desenrole por um processo estrito, cuja aceitação pelo expositor, e a sua recomendação de aceitação por outros, não inclua um impulso apaixonado de si próprio.

Espero consolidar esta decisão mais tarde. Entretanto, preciso ainda de enfrentar alguns dilemas adicionais, que resultam da insistência objetivista em despersonalizar os nossos processos mentais inteligentes.

8.8. INFERÊNCIA

A nossa superioridade sobre os animais é quase inteiramente devida aos nossos poderes de operações simbólicas; só com base nelas é que somos capazes de fazer qualquer processo sequencial de raciocínios consecutivos. Não admira que o movimento reverente perante o ideal do pensamento impessoal tenha consistentemente tentado reduzir esta agência central da inteligência humana a operações regidas por regras estritas. Esta esperança foi recentemente reforçada pela construção de dispositivos automáticos altamente eficientes para várias finalidades complexas. As armas anti aéreas foram equipadas com preditores automaticamente governados pelas leituras iniciais do artilheiro. Depois de avistado um avião, as máquinas calculam o percurso do alvo a mover-se rapidamente, assim como do projétil pronto a ser enviado, e regulam a arma de modo a acertar em cheio. Seguiu-se a construção de pilotos automáticos e de mísseis guiados, e a automação compreensiva do trabalho de escritório e nas fábricas. Aqui estavam instrumentos capazes de feitos complexos de inteligência, sem a intervenção do homem. O que oferecia claramente novas perspetivas de inteligência sem a intervenção do homem e novas perpspetivas de se atingir o ideal de um pensamento completamente independente.

Como já falei (e adiante direi mais) da impossibilidade de formalizar o processo de inferência empírica, tratarei aqui apenas da tentativa de despersonalizar o processo de inferência dedutiva.

Vimos antes que o raciocínio dedutivo pode ser completamente inefável e que mesmo as operações lógicas mais completamente formalizadas devem incluir um coeficiente tácito não formal. Vimos como a força apaixonada deste coeficiente atua na descoberta, inflama controvérsias, e suporta os esforços do estudante para compreender aquilo que lhe está a ser ensinado; vimos como estas paixões são partilhadas entre matemáticos a trabalharem em diferentes ramos, de modo que serão sempre guiados pelos padrões comuns que os obrigam mutuamente pelo seu consenso profissional. Refiro-me, a seguir, às operações altamente ramificadas destes coeficientes tácitos nas ciências dedutivas, mas apenas em termos formais muito breves. Designando em conjunto todo este agregado de compromissos pessoais, darei ao meu argumento suficiente rigidez para cumprir o encargo a que me propus.

As operações dos computadores digitais como *máquinas de inferência lógica* coincidem com as operações da lógica simbólica. Podemos, portanto, identificar a formalização envolvida na construção e no uso de máquinas, a operar desta forma particular, com o procedimento de dirigir a construção de um sistema dedutivo. Este procedimento é tripartido. (1) Designa termos indefinidos; (2) especifica fórmulas asseveradas e não provadas (axiomas); e (3) prescreve a manipulação de tais fórmulas a fim de conseguir novas fórmulas asseveradas (demonstrações). Este resultado obtém-se por um esforço permanente para eliminar os chamados elementos "psicológicos" - os fatores a que eu chamo "tácitos". Os termos indefinidos destinam-se a existir sem nada significar, tão completos por si mesmos como manchas numa folha de papel; as fórmulas não provadas mas asseveradas substituem afirmações que se acredita serem evidentes por si próprias; as operações que constituem uma "demonstração formal" são igualmente destinadas a substituir as provas "meramente psicológicas".

No entanto, esta tentativa para eliminar a participação pessoal da lógica deve deixar em cada um destes pontos um resíduo irredutível de operações mentais, sob as quais as operações do próprio sistema formal se vão continuar a basear. (1) A aceitação de uma mancha num papel como um símbolo implica que (a) acreditamos que a podemos identificar nas suas diversas instâncias e que (b) conhecemos o seu uso simbólico adequado. Em ambas estas convicções podemos estar enganados e portanto constituem compromissos de nós próprios. (2) Estando de acordo em olhar para um agregado de símbolos como uma fórmula, estamos a aceitá-lo como algo que pode ser asseverado. Isto implica que acreditamos que esse agregado diz alguma coisa acerca de algo. Esperamos reconhecer coisas que satisfazem uma fórmula, como distintas de outras coisas que não o fazem. Como o processo pelo qual os nossos axiomas podem ser satisfeitos fica necessariamente por formalizar, a nossa aceitação deste processo constitui um ato de compromisso da nossa parte. (3) Não se pode dizer que a manipulação de símbolos de acordo com regras mecânicas seja uma prova, a menos que traga consigo a convicção de que seja o que for que satisfaça os axiomas de onde partiu também satisfaz os teoremas a que chegou. Não se pode dizer que uma manipulação de símbolos a que recusamos o sucesso de nos convencer que uma implicação foi demonstrada seja uma prova. E uma vez mais, esta distinção é um processo não formal que constitui um compromisso.

Logo, num certo número de pontos, um sistema formal de símbolos e operações pode ser dito funcionar como um sistema dedutivo apenas por virtude de suplementos não formais, aos quais o operador do sistema acede: os símbolos devem ser identificáveis e o seu significado conhecido, os axiomas devem ser compreendidos como asseverando qualquer coisa, as provas devem ser reconhecidas como demonstrando algo, e esta identificação, conhecimento, compreensão, reconhecimento, são operações não formais de que depende o funcionamento de um sistema formal. Podemos chamar-lhes as *funções semânticas* do sistema formal. São feitas por uma pessoa com a ajuda do sistema formal, quando a pessoa se fundamenta no seu uso[6].

Na realidade, é logicamente absurdo dizer que uma máquina de inferência lógica faz inferências por si própria. *Por si mesma,* uma máquina de inferências é meramente uma "máquina de inferências" e apenas consegue fazer "inferências". A omissão das aspas exprime o nosso acreditar na máquina, e, portanto, a nossa aceitação das conclusões a que chegam as suas operações, tal como para as nossas próprias inferências. O propósito legítimo da formalização reside na redução do coeficiente tácito a operações informais mais limitadas e obviamente não formais; mas não faz sentido procurar chegar à eliminação total da nossa participação pessoal.

Esta conclusão pode ser aplicável na sua forma geral a todos os tipos de mecanismos automáticos. Por agora só pode ser elaborada com precisão para o processo de inferência lógica e para as máquinas que fazem inferências lógicas; mas que se provará também instrutiva para a análise lógica de todo o tipo de maquinaria usada para fins inteligentes.

III. A JUSTIFICAÇÃO DO CONHECIMENTO PESSOAL

Os teormas mais importantes que limitam a formalização do pensamento lógico devem-se a Godel. Baseiam-se no facto de que dentro de um sistema dedutivo que inclui a aritmética (como, por exemplo, o sistema do *Principia Mathematica*) é possível construir fórmulas - ou seja, frases [nt: afirmações] - que se podem demonstrar como não sendo susceptíveis de decisão dentro do sistema, e que uma tal frase - a famosa frase godeliana - pode-se dizer por si mesma como não sendo possível de decisão dentro do sistema. Podemos prosseguir tentando relacionar informalmente a frase com a situação em que se baseia, ou seja, com a demonstração da sua própria incapacidade para se decidir. Iremos agora descobrir que o que essa frase diz é verdade e, de acordo com isso, decidir se a reinvidicamos nesse sentido. Uma vez asseverada, a frase representa um axioma adicional, que é independente dos axiomas a partir dos quais a frase não asseverada foi derivada[7].

Este processo revela que qualquer sistema formal (com suficiente riqueza) é necessariamente incompleto e que o nosso julgamento pessoal pode confiadamente adicionar-lhe novos axiomas. Oferece um modelo de inovação conceptual nas ciências dedutivas, que ilustra em princípio a não exaustibilidade da heurística matemática e também o carácter pessoal e irreversível de atos que continuam a depender dessas possibilidades.

Godel também mostrou que a frase que se pode demonstrar como não sendo susceptível de decisão pode dizer que não se pode demonstrar que os axiomas do sistema sejam consistentes. Isto mostra (como já referi anteriormente) que nunca sabemos completamente o que é que os nossos axiomas significam, pois se o soubéssemos, então podiamos evitar a possibilidade de asseverar num axioma que um outro axioma existe. Esta incerteza pode ser eliminada para qualquer sistema dedutivo em particular, transformando-o num sistema mais vasto de axiomas, dentro do qual se possa provar a consistência do sistema original. Mas qualquer prova desse tipo continuará sempre incerta, no sentido em que a consistência do sistema mais vasto continuará sempre não susceptível de decisão.

Numa decisão lógica muito próxima da demonstração dos teoremas de Godel, Tarski mostrou que qualquer sistema formal em que se possa asseverar uma afirmação e também refletir sobre a verdade da sua asserção, então deve ser contraditório consigo mesmo. Logo, em particular, a asserção de que qualquer teorema numa dada linguagem é verdadeiro, só pode ser feito por uma frase que não faz sentido nessa linguagem. Uma tal asserção faz parte de uma linguagem mais rica do que aquela que inclui as frases cuja verdade assevera[8].

A construção da frase godeliana mostra que um processo de inferência dedutiva pode resultar numa situação que sugere, de forma irresistível, uma asserção não formalmente implícita nas suas premissas. O teorema de Tarski que diz que a asserção da verdade pertence a uma linguagem (formal) mais rica sob o ponto de vista lógico do que a linguagem (formal) das frases reconhecidas como verdadeiras, mostra que a questão sobre se uma frase anteriormente asseverada é verdade implica uma expansão semelhante. Em ambos os casos, resulta de uma reflexão sobre o que foi dito. No processo godeliano adicionamos uma nossa interpretação tácita a uma afirmação formalmente não susceptível de decisão. O ato inovador consiste aqui em compreender se o que dissemos era verdadeiro neste novo sentido. O processo de Tarski baseia-se na "dualidade" das afirmações asseveradas; a inovação formal sendo aqui devida à nossa capacidade para pôr em questão um nosso consentimento, até aqui tácito, e de renovar o nosso consentimento em termos explícitos. Em ambos os processos estabelecemos algo novo por um nosso ato inescapável, induzido - mas não executado - por operações formais.

Descrevi antes (Parte Dois, cap. 5., p. 134) como é que os matemáticos fazem novas descobertas, transferindo a sua confiança da intuição para a computação, e novamente da computação para a intuição, nunca deixando de se apoiar num dos dois. Estas transferências são geralmente graduais. A correspondência de uma frase godeliana com os factos a que se refere, e a subsequente reafirmação da frase godeliana, determinam em conjunto um ponto preciso em que o pensamento tácito passa a controlar o atravessar do hiato lógico[9].

Encontramos uma revezamento semelhante no método de "indução matemática", que Poincaré considerou como o protótipo de todas as inovações matemáticas[10]. Começa por provar uma série de teoremas que se aplicam aos sucessivos números inteiros, cada novo teorema sendo derivado do anterior, e prossegue para concluir que o teorema é verdade em geral para todos os números. Para fazer tais inferências, a mente deve olhar para trás, para uma série de demonstrações e generalizar o princípio das suas próprias operações anteriores. Na Parte Dois, cap. 6 (p. 191) citei uma descrição por Daval e Guilbaud que mostra como o conceito de continuidade foi descoberto por um processo de reflexão desse tipo.

A analogia entre o processo godeliano de inovação e a gramática da descoberta, esboçada por Poincaré, suporta a continuidade entre o ato informal de asserção e o ato igualmente informal de descoberta. A diferença entre as duas linhas reside na amplitude do hiato lógico que precisa de ser atravessado. O hiato a ser ultrapassado para a reasserção da afirmação godeliana é extremamente estreito - quase impercetível - enquanto que nos verdadeiros atos de descoberta pode ser tão grande que nenhuma mente humana o possa conseguir superar. O ato de consentimento prova, uma vez mais, estar relacionado com o ato de descoberta: são ambos decisões mentais intuitivas, essencialmente não formalizáveis.

8.9. AUTOMAÇÃO EM GERAL

A proliferação de axiomas descobertos por Godel oferece uma prova manifesta de que uma pessoa a operar uma máquina de inferência lógica pode chegar informalmente a uma gama de conhecimentos que nenhuma operação de uma tal máquina pode demonstrar, apesar da sua operação sugrir um acesso fácil a tal. Prova que os poderes da mente excedem os de uma máquina de inferência lógica. Mas temos ainda que encarar o problema mais vasto levantado pelos preditores dos artilheiros, os pilotos automáticos, etc., ou seja, por máquinas cujas performances ultrapassam em muito as inferências lógicas. A. M. Turing mostrou[11] que é possível desenhar uma máquina que tanto construa como assevere uma sequência indefinida de afirmações godelianas como novos axiomas. Qualquer processo heurístico com o carácter de uma rotina - para o qual o processo godeliano é um exemplo nas ciências dedutivas - também pode, de igual modo, ser feito automaticamente. Um jogo de rotina de xadrez pode ser jogado automaticamente por uma máquina, e, na realidade, todas as artes podem ser realizadas automaticamente na medida em que as regras da arte possam ser especificadas. Embora tal especificação possa incluir elementos aleatórios, como escolhas feitas pelo lançamento de uma moeda, nenhuma competência não especificável pode ser descrita para uma máquina.

Não seremos capazes de circunscrever as operações automáticas em geral por um critério formal desse tipo, tal como aplicado a máquinas de inferência lógica. Também a relação necessária das máquinas com as pessoas restringe no essencial a independência de uma máquina e reduz o estatuto dos autómatos em geral abaixo do estatuto das pessoas pensantes. Uma máquina apenas é uma máquina para alguém que nela se baseie (na realidade ou hipoteticamente) para algum propósito, que acredita ser possível de atingir por aquilo que considera ser o funcionamento correto da máquina: é o instrumento de uma pessoa que confia nela. Esta é a diferença entre máquina e mente. A mente de um homem pode conseguir feitos de inteligência *com a ajuda* de uma máquina e também *sem* essa ajuda, enquanto que uma máquina pode funcionar apenas como uma extensão do corpo humano sob o controlo de uma mente. Logo, a máquina só pode existir como uma máquina dentro de um sistema tripartido:

I	II	III
mente	máquina	funções, finalidades, etc. acolhidas pela mente

Como o controlo exercido sobre uma máquina pela mente do utilizador é - como todas as interpretações de um sistema de regras estritas - necessariamente não especificável, pode-se dizer que a máquina só funciona inteligentemente com a ajuda de coeficientes pessoais não especificáveis fornecidos pela mente humana.

8.10. NEUROLOGIA E PSICOLOGIA

A neurologia baseia-se na suposição que o sistema nervoso - a funcionar automaticamente de acordo com as leis conhecidas da física e da química - determina todos as funções que normalmente atribuimos à mente de um indivíduo. O estudo da psicologia mostra uma tendência paralela para reduzir o seu objeto a relações explícitas entre variáveis mensuráveis, relações que podem ser sempre representadas por performances de um artefacto mecânico.

Isto levanta uma questão: se, considerando a análise lógica de "uma máquina em uso", podemos aceitar o modelo neurológico (ou um modelo psicológico análogo) para a representação da mente de um indivíduo. Para responder a esta questão, precisamos de ter em atenção uma diferença óbvia entre um sistema neurológico automático e uma máquina a operar com fins inteligentes, em particular, que um modelo neurológico não é suposto operar para os fins do neurologista, mas para os fins atribuídos às suas operações pelo neurologista, em nome do sujeito cuja mente representa. O sistema tripartido torna-se portanto:

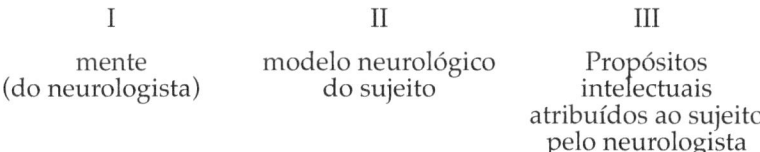

I	II	III
mente (do neurologista)	modelo neurológico do sujeito	Propósitos intelectuais atribuídos ao sujeito pelo neurologista

Mas as funções mentais informais sumariamente indicadas sob III são as da mente do neurologista, pois as funções informais, logo pessoais, da mente do *sujeito* não estão de facto representadas de forma alguma no sistema tripartido. O modelo neurológico é - tal como uma máquina - estritamente impessoal e não pode ter em conta as propensões não especificáveis do sujeito.

Estes poderes pessoais incluem a capacidade para compreender um significado, para acreditar numa afirmação factual, para interpretar um mecanismo relativamente ao seu propósito, e a um nível mais elevado, para refletir sobre problemas e para exercer originalidade na sua resolução. Incluem, sem dúvida, toda a forma para chegar a convicções por um ato de juízo pessoal. O neurologista exerce estes poderes no seu nível mais elevado, construindo modelos neurológicos de um homem - a quem nega por esse mesmo ato qualquer tipo de poder semelhante. O mesmo é verdade para um psicólogo que reduz as manifestações mentais de um homem a relações especificáveis de quantidades mensuráveis, tais como as que podem sempre ser representadas pelas performances de um robot.

A disparidade entre poderes que uma mente interpretativa está a exercer com confiança justifica-se, desde que o observador esteja apenas preocupado com as respostas automáticas do seu sujeito. Quando um fisiologista regista os reflexos de uma pessoa, está corretamente a reclamar para si poderes de julgamento que estão ausentes nas faculdades que está a examinar na outra pessoa. Na medida em que a doença mental priva os que dela sofrem do controlo sobre os seus pensamentos, um psiquiatra também observará o mecanismo patológico em questão a partir de uma posição superior, por ele assumida em relação ao seu sujeito.

Pelo contrário, reconhecer alguém como uma pessoa sã é estabelecer com ela uma relação recíproca. Em consequência da nossa própria arte de compreensão, experimentamos as faculdades similares da outra pessoa como a presença da mente dessa pessoa. A nossa capacidade para conhecer coisas tanto focal como subsidiariamente é aqui decisiva. A mente não é o agregado das suas manifestações conhecidas focalmente, mas é aquilo em que focamos a nossa atenção enquanto que subsidiariamente conscientes das suas manifestações. Esta é a forma (que será melhor analisada na Parte Quatro) pela qual reconhecemos o juízo de uma pessoa e também partilhamos outras formas da sua consciência. Esta forma de conhecer uma pessoa, qualifica-a completamente para as funções duma mente na posição I do sistema tripartido controlado pela mente, enquanto que o agregado das suas manifestações conhecidas focalmente não o qualificam para essas funções.

De acordo com estas definições de "mente" e "pessoa", não se pode dizer que uma máquina, ou um modelo neurológico, ou um robot equivalente, sinta, imagine, deseje, signifique, acredite ou julgue coisa alguma. Pode-se conceber que simulam estas propensões de uma forma que também nos possa enganar. Mas uma deceção, mesmo que convincente, não se qualifica como uma verdade: não há experiência subsequente que possa justificar que aceitemos como iguais duas coisas que desde o início se sabe que são diferentes pela sua natureza[12].

Vemos agora que a nossa teoria do conhecimento implica uma ontologia da mente. O objetivismo exige uma mente que conhece ao funcionar de forma especificável. Aceitar a indeterminação do conhecimento requer, pelo conrário, que aceitemos que uma pessoa tem o direito a moldar o seu conhecimento de acordo com o seu próprio julgamento, de forma não especificável. Esta noção - aplicada ao homem - implica, por seu turno, uma sociologia em que o crescimento do pensamento seja reconhecido como uma força independente. E uma tal sociologia é uma declaração de lealdade com uma sociedade em que a verdade é respeitada e que o pensamento humano é cultivado para o seu próprio bem[13]. Esta ontologia - que flui da minha teoria do conhecimento - será esboçada na Parte Quatro.

8.11. SOBRE A CRÍTICA

Todos os tipos de afirmações articuladas podem ser feitas mais ou menos criticamente - e sem dúvida também de forma muito pouco crítica. Onde há criticismo, o que está a ser criticado é sempre *a asserção de uma forma articulada*. É a nossa aceitação pessoal de uma forma não articulada que é julgada como sendo crítica ou não crítica, e este juízo exprime a nossa avaliação dos testes a que submetemos a forma articulada ou a operação articulada antes de a aceitar. É a mente que faz esta aceitação e que diz estar a atuar de modo crítico ou não crítico. O processo de inferência lógica é a forma mais estrita de pensamento humano, e pode ser sujeito a criticismo severo seguindo-o passo a passo várias vezes. As observações e as denotações factuais também podem ser examinadas criticamente, embora o seu teste não possa ser formalizado na mesma extensão.

No sentido especificado, o conhecimento tácito não pode ser crítico. Os animais, como o homem, podem estar em alerta contra as ilusões. Um cão jovem é mais imprudente do que uma velha raposa. As hesitações de um chimpanzé na resolução de um problema podem impor-lhe uma tensão forte. Mas formas sistemáticas de criticismo só se podem aplicar a formas articuladas, que se podem tentar renovar várias vezes. Não devemos, portanto, aplicar os termos "crítico" ou "não crítico" a qualquer processo de pensamento *por si mesmo*, mais do que podemos falar da performance crítica ou não crítica de um salto ou de uma dança. Os atos tácitos são julgados por outros padrões e por isso devem ser vistos como *acríticos*. A significância desta distinção será clarificada nos próximos dois capítulos[14].

8.12. O PROGRAMA FIDUCIÁRIO

Os nossos poderes tácitos decidem a nossa adesão a uma cultura particular e sustentam a nosso desenvolvimento intelectual, artístico, cívico e religioso dentro desse quadro. A vida articulada da mente de um homem é a sua contribuição específica para o universo; pela invenção de formas simbólicas o homem deu origem ao pensamento e à sua existência sustentável. Mas embora o nosso pensamento tenha forjado estes artifícios, estes também têm poder para controlar o nosso pensamento. Falam connosco e convencem-nos, e é precisamente pelo seu poder sobre as nossas mentes que reconhecemos a sua justificação e a sua reivindicação à aceitação universal.

Quem é que aqui convence quem? Se o homem desaparecesse, a sua escrita por decifrar nada diria. Visto em círculo, o homem está no princípio e no fim, como causa e como resultado do seu próprio pensamento. Está a falar para si mesmo numa linguagem que só ele pode compreender?

No princípio muitas palavras eram consideradas como sagradas. A lei era respeitada como divina, e os textos religiosos eram reverenciados como revelados por Deus. Os cristãos adoraram a palavra feita carne. O que a igreja ensinou não requer verificação pelo homem. Ao aceitar a sua doutrina, o homem não estava a falar para si próprio, e nas suas orações podia dirigir-se à própria origem da doutrina.

Mais tarde, quando a autoridade sobrenatural das leis, igrejas e textos sagrados se esvaneceu ou colapsou, o homem tentou evitar o vazio da mera asserção por si mesmo, estabelecendo sobre si mesmo a autoridade da experiência e da razão. Mas agora verifica-se que o cientismo moderno agrilhoa o pensamento tão cruelmente quanto as igrejas o tinham feito. Não oferece espaço para as nossas convicções mais fundamentais e força-nos a escondê-las em termos farisaicos e inadequados. As ideologias enquadradas por estes termos têm usado as aspirações mais elevadas do homem ao serviço das tiranias destruidoras do espírito.

O que é que podemos então fazer? Acredito que fazer este desafio é responder-lhe. Porque afirma a nossa autoconfiança na rejeição das credenciais tanto do dogmatismo medieval como do positivismo moderno, e pede aos nossos próprios poderes intelectuais, sem qualquer critério externo, para dizer com que fundamentos é que a verdade pode ser asseverada na ausência desses critérios. À questão "quem é que aqui convence quem?" responde muito simplesmente, "estou a tentar convencer-me a mim mesmo".

Já insisti anteriormente sobre isto, em diversas ocasiões: apontando repetidamente para que devemos acreditar no nosso julgamento como o árbitro supremo de todas as nossas performances intelectuais e reclamar que somos competentes para prosseguir a excelência intelectual como testemunho de uma realidade oculta. Tentarei ainda elaborar sobre a estrutura última desta autoconfiança, de que todo este livro é um testemunho. Permitam-me observar que este acreditar em mim mesmo é por si um ato fiduciário, que por sua vez legitima a transposição de todas as minhas suposições em declarações das minhas próprias convicções.

Quando dei o subtítulo "para uma filosofia pós crítica" a este livro, tinha em mente este ponto de viragem. O movimento crítico, que parece hoje em dia aproximar-se do seu fim, foi porventura o esforço mais frutuoso jamais empreendido pela mente humana. Os últimos quatro ou cinco séculos, que gradualmente destruíram ou ensombraram todo o cosmos medieval, enriqueceram-nos mental e moralmente numa extensão sem rival em qualquer outro período de duração semelhante. Mas a sua incandescência alimentou-se da combustão da herança cristã no oxigénio do racionalismo grego, e quando este combustível acabou, então o próprio quadro conceptual crítico também ele próprio ardeu.

O homem moderno não tem precedentes; temos que regressar a Santo Agostinho para reencontrar o equilíbrio dos nossos poderes cognitivos. No quarto século da nossa era, Santo Agostinho acabou com a filosofia grega ao inaugurar pela primeira vez uma filosofia pós crítica. Ensinou que todo o conhecimento era um dom ou uma graça, pela qual nos devemos esforçar, guiados pelas convicções anteriores: *nisi credideritis, non intelligitis*[15]. A sua doutrina dominou as mentes dos académicos cristãos durante um milénio. Então a fé declinou e o conhecimento demonstrável ganhou uma superioridade. Pelo fim do século XVII Locke distinguia como se segue entre conhecimento e fé:

> "Por mais bem fundamentada e por maior que possa ser a garantia com que a fé é recebida, a fé ainda não é conhecimento, mas persuasão e não certeza. É o mais elevado a que a natureza das coisas nos permitirá chegar em assuntos de religião revelada, que são depois chamados assuntos de fé; a persuasão das nossas mentes, com um conhecimento limitado, é o resultado que nos determina em tais verdades[16]"

Acreditar já não é aqui um poder superior que nos revela um conhecimento para além da observação e da razão, mas uma mera aceitação pessoal não susceptível de demonstração empírica e racional. A posição mútua dos dois níveis augustinianos é aqui invertida. Se a revelação divina continua a ser venerada, as suas funções - tal como as dos reis e dos lordes em Inglaterra - são gradualmente reduzidas às de serem honrados em cerimónias ocasionais. Todo o poder real de asserções objetivamente demonstráveis passa nominalmente para a câmara baixa.

Fica aqui a rutura pela qual a mente crítica repudiou uma das duas faculdades cognitivas e tentou basear-se unicamente na outra. Acreditar foi de tal forma desacreditado que, aparte algumas oportunidades especialmente previligiadas, tal como ainda é dado pelos atos de assumir e professar convicções religiosas, o homem moderno perdeu a sua capacidade para aceitar qualquer julgamento explícito como a sua própria convicção. Todas as convicções foram reduzidas ao estatuto da objetividade: ao de uma imperfeição devido à qual o conhecimento fica aquém da universalidade.

Precisamos agora de reconhecer, uma vez mais, a convicção como a fonte de todo o conhecimento. O consentimento tácito e as paixões intelectuais, a partilha de um idioma e de uma herança cultural, a afiliação com uma comunidade com convicções semelhantes: tais são os impulsos que moldam a nossa visão da natureza das coisas, em que nos baseamos para dominar as coisas. Nenhuma inteligência, seja crítica ou original, pode operar fora deste quadro fiduciário.

Enquanto que a nossa aceitação deste quadro é a condição para ter algum conhecimento, esta matriz não pode reivindicar qualquer evidência por si mesma. Embora as nossas propensões fundamentais sejam inatas, são também largamente modificadas e aumentadas pela nossa educação; mais, as nossas interpretações inatas da experiência podem ser enganadoras, enquanto que algumas das nossas convicções adquiridas mais verdadeiras, embora possam ser claramente demonstráveis, podem ser também das mais difíceis de defender. A nossa mente vive na ação, e qualquer tentativa para especificar os seus pressupostos produz um conjunto de axiomas que não nos podem dizer porque é que os aceitamos. A ciência apenas existe na medida em que aí vive uma paixão pela sua beleza, uma beleza que se acredita ser universal e eterna. Também sabemos que o nosso sentido desta beleza é incerto, a sua apreciação completa sendo limitada a um conjunto limitado de praticantes, e a sua transmissão para a posteridade sendo incerta. Convicções de tão poucos e de forma tão precária não são indubitáveis, em qualquer sentido empírico. As nossas convicções básicas são indubitáveis apenas na medida em que acreditamos que são assim. De outro modo, não são sequer convicções, mas meros estados de alma de alguém.

Esta é, portanto, a nossa libertação do objetivismo: compreender que só podemos exprimir as nossas convicções últimas a partir de dentro das nossas próprias convicções - a partir de dentro de todo o sistema de reconhecimentos que são logicamente anteriores a qualquer asserção particular da nossa parte, anteriores a qualquer parte particular de conhecimento. Se se pretende atingir um nível lógico último e torná-lo explícito, isso precisa de ser uma declaração das minhas convicções pessoais. Acredito que a função da reflexão filosófica consiste em trazer à luz do dia, e em afirmar como minhas, as convicções implícitas nesses meus pensamentos e práticas, que acredito serem válidas; e que devo procurar descobrir em que é que verdadeiramente acredito e formular as convicções que descubro ter; e que devo dominar a dúvida sobre mim mesmo, de modo a manter firme este programa de auto identificação.

Um exemplo de uma exposição logicamente consistente das convicções fundamentais são as *Confissões*, por Santo Agostinho. Os seus primeiros dez livros incluem uma exposição do período antes da sua conversão e dos seus esforço pela fé que ainda lhe faltava. Mas todo este processo é por ele interpretado a partir do

8. A LÓGICA DA AFIRMAÇÃO

ponto de vista que atingiu depois da sua conversão. Parece reconhecer que não é possível expor um erro a partir das premissas que conduziram ao erro, mas apenas a partir das premissas que se acredita serem as verdadeiras. A sua máxima *nisi credideritis non intelligitis* exprime esta exigência lógica. Tal como a compreendo, diz que o processo de examinar um tópico qualquer é tanto uma exploração desse tópico como uma exegese das nossas convicções fundamentais à luz das quais nos aproximamos, uma combinação dialética de exploração e exegese. As nossas convicções fundamentais são continuamente reconsideradas, ao longo desse processo, mas apenas dentro do âmbito das suas próprias premissas básicas.

De igual modo, a decisão que agora afirmei, de dar expressão deliberada às convicções que eu descubro verdadeiramente ter, estava devidamente antecipada ao longo de todas as partes anteriores deste livro. Ao passar em revista as operações do coeficiente tácito na arte de conhecer, assinalei como a mente segue sempre padrões estabelecidos por si mesma, e dei o meu endosso tácito ou explícito a essa forma de estabelecer a verdade. Um tal endosso é uma ação do mesmo tipo que credencia e será, portanto, classificada como uma *afirmação conscientemente acrítica*.

Este convite ao dogmatismo pode parecer chocante, mas é o corolário dos poderes críticos altamente alargados do homem. Estes dotaram a nossa mente com uma capacidade para a auto transcendência de que o homem nunca se pode despojar. Colhemos da árvore uma segunda maçã que, para sempre, pôs em perigo o nosso conhecimento do bem e do mal (deus e o diabo), e devemos aprender a conhecer doravante estas qualidades sob a luz ofuscante dos nossos novos poderes analíticos. A humanidade foi privada uma segunda vez da sua inocência, e expulsa de um outro jardim que era, de qualquer maneira, um paraíso dos tolos. De forma inocente, confiamos que nos podíamos livrar de toda a responsabilidade pessoal das nossas convicções por critérios objetivos de validade - e os nossos próprios poderes críticos destruíram essa esperança. Atingidos pela nossa súbita nudez, podemos ter tentado escondê-la ao ostentar uma profissão de niilismo. Mas a imoralidade do homem moderno é instável. Presentemente as suas paixões morais voltam a afirmar-se sob o disfarce objetivista e nasceu o minotauro do cientismo.

A alternativa, que estou aqui a procurar estabelecer, é restaurar uma vez mais o poder de assumir as nossas convicções não provadas. Seremos agora capazes de professar, com conhecimento e abertamente, aquelas convicções que podiam ser tacitamente assumidas como garantidas nos dias anteriores ao moderno criticismo filosófico ter atingido a sua presente incisividade. Tais poderes podem parecer perigosos. Mas uma ortodoxia dogmática pode ser controlada, tanto interna como externamente, enquanto que um credo invertido numa ciência tanto é cego como ilusório.

9. A CRÍTICA DA DÚVIDA

9.1. A DOUTRINA DA DÚVIDA

A minha determinação em fazer da filosofia com a declaração das minhas convicções últimas terá ainda que ser exposta de forma sistemática. Mas primeiro precisamos de nos livrar de um preconceito que de outra maneira minaria todo o empreendimento.

Tomou-se como garantido, através do período crítico da filosofia, que aceitar convicções por provar era a via larga para a escuridão, enquanto que se chegava à verdade antes pelo caminho direito, mas estreito, da dúvida. Fomos avisados que um fantasma de convicções não provadas se tinha instalado em nós desde a mais tenra idade. Que o dogma religioso, a autoridade dos antigos, os ensinamentos das escolas, as máximas da enfermagem, tudo isso estava unido a um corpo da tradição que apenas tendiamos a aceitar meramente porque essas convicções tinha sido suportadas por outros, que por sua vez queriam que nós também as apoiássemos. Fomos instados a resistir à pressão desta doutrinação tradicional, cavando contra ela o princípio da dúvida filosófica. Descartes declarou que a dúvida universal devia purgar o seu espírito de todas as opiniões apenas baseadas na confiança e abrir o espírito ao conhecimento firmemente baseado na razão. Nas suas formulações mais estritas, o princípio da dúvida proíbe-nos completamente de satisfazer qualquer desejo de acreditar e exige que se mantenha a mente vazia, não permitindo qualquer convicção que não seja irrefutável. Kant disse que em matemática não há espaço para a mera opinião, mas apenas para conhecimento real, e que na falta do conhecimento devemos refrear todo e qualquer juízo[1].

O método da dúvida é um corolário lógico do objetivismo. Confia que o desenraizamento de todas as componentes voluntárias da convicção deixará atrás de si um resíduo inatingível de conhecimento, que é completamente determinado pela evidência objetiva. O pensamento crítico confiou incondicionalmente neste método para evitar o erro e para estabelecer a verdade.

III. A JUSTIFICAÇÃO DO CONHECIMENTO PESSOAL

Não digo que durante o período de pensamento crítico este método tenha sido sempre, ou mesmo vez alguma, praticado com rigor - o que acredito ser impossível - mas meramente que a sua prática foi assumida de forma enfática, enquanto que o seu relaxamento era marginal e apenas reconhecido de passagem. Reconhecidamente, Hume foi bastante franco a este respeito. Escolheu abertamente pôr de lado as conclusões do seu próprio ceticismo, naqueles pontos em que pensava que honestamente não os podia seguir. Mesmo assim, falhou no reconhecimento de que, ao fazê-lo, estava a exprimir as suas convicções, quando isso equivalia a silenciar a dúvida ou abandonar o objetivismo estrito. A sua dissenção do ceticismo foi estritamente não oficial, não fazendo parte explícita da sua filosofia. No entanto, Kant tomou a sério essa contradição. Mobilizou um esforço sobre-humano para tratar a situação exposta pela crítica do conhecimento de Hume, sem admitir qualquer relaxamento da dúvida. "A raiz dessas perturbações", escreveu ele a propósito destas dificuldades,

> "que está nas profundidades da natureza da razão humana, deve ser removida. Mas como é que o podemos fazer, a menos que lhe demos liberdade, e a alimentemos, para mandar tiros, para que possa descobrir pelos seus próprios olhos, e para que então possa ser inteiramente destruída? Precisamos portanto de reconsiderar nós mesmos as objeções que nunca ocorreram a um opositor, e sem dúvida dar-lhe as nossas armas, e permitir-lhe as condições mais favoráveis de posição que ele possa desejar. Nada temos a temer, mas sim muito a esperar; em particular esperamos poder vir a possuir algo que não possa mais ser contestado[2]."

Mostrou-se há muito que as esperanças de Kant acerca de um domínio incontestado da razão eram exageradas; mas o fervor de duvidar tem-se transmitido até aos nossos dias. O pensamento popular no século XIX foi dominado por autores que, com um olhar sobre as ciências naturais, declararam com toda a certeza que não aceitavam qualquer convicção a não ser que tivesse passado o teste da dúvida sem restrições. Como um exemplo distinto entre milhares de outros, consideremos esta eloquente declaração do princípio da dúvida por J. S. Mill:

> "As convicções que temos como mais garantidas não têm qualquer salvaguarda em que assentar, mas são antes um convite firme a todo o mundo para as refutar como sem fundamento. Se o desafio não é aceite, ou se é aceite e se a tentativa falha, continuamos muito longe da certeza; mas se fizemos o melhor que o estado atual da razão humana permite, se não negligíamos nada que poderia dar à verdade uma oportunidade de se manifestar; se as

relações continuam abertas, podemos esperar que se existir uma verdade melhor, ela será encontrada quando a mente humana for capaz de a receber; no entretanto, precisamos de nos basear em que se atingiu um tal acesso à verdade, tal como é possível nos nossos dias. Este é o nível de certeza que é possível atingir por um ser falível, e esta é a única forma de a atingir[3]."

Não há proclamação de integridade intelectual que possa ser mais sincera; ainda assim as suas palavras estão despidas de qualquer sentido definido, e a sua ambiguidade esconde precisamente o tipo de convicções pessoais que repudia com grande alarido. Pois nós sabemos que J. S. Mill e outros autores da tradição liberal da dúvida filosófica defendiam - e continuam a defender hoje em dia - uma grande variedade de convicções na ciência, na ética, na politica, etc., que de maneira alguma são questionadas. Se acham que estas não se mostraram "provadas sem fundamentos", isso meramente reflete a sua decisão de rejeitar os argumentos que são ou foram avançados contra eles. Em momento algum, podiam as convicções do liberalismo ser vistas como irrefutáveis em qualquer outro sentido. Mas nesse sentido todas as convicções fundamentais são irrefutáveis assim como impossíveis de provar. O teste da prova ou refutação é de facto irrelevante para a aceitação ou rejeição das convicções fundamentais, e reivindicar que uma pessoa se abstém de acreditar em seja o que for que possa ser refutado, é meramente encobrir a própria vontade de acreditar nas nossas convicções, para além de uma falsa pretensão de severidade autocrítica.

A dúvida foi aclamada não só como a pedra de toque da verdade, mas também como a salvaguarda da tolerância. A convicção de que a dúvida filosófica apaziguaria o fanatismo religioso e tratria a tolerância universal vem desde Locke, e esta convicção continua vigorosamente viva nos nossos dias. O seu representante mais influente, Lord Russell, exprimiu-o muitas vezes de forma eloquente como, por exemplo, nesta passagem:

"Arianos e católicos, cruzados e muçulmanos, protestantes e aderentes ao papa, comunistas e fascistas, preencheram grande parte dos últimos 1600 anos com uma discussão fútil, quando um pouco de filosofia teria mostrado a ambos os lados, em todas essas disputas, que nenhum deles tinha qualquer boa razão para acreditar que estava correto. O dogmatismo... nos tempos atuais, tal como nos tempos passados, é o principal obstáculo à felicidade humana[4]."

Está profundamente arreigado na mente moderna - tal como eu encontro na minha própria mente - que embora a dúvida possa parecer niilista e, por isso, possa pôr em perigo toda a liberdade de pensamento, refrear o acreditar é sempre um ato de probidade intelectual, comparado com a determinação em manter uma convicção que podíamos abandonar se tivéssemos decidido fazê-lo. Aceitar uma convicção por condescendência com um impulso voluntário, seja meu ou de outros colocados em posição de autoridade, é sentido como uma rendição da razão. Não se pode ensinar a necessidade de o fazer sem incorrer - mesmo no próprio coração - na suspeição de obscurantismo. Em qualquer passo de uma inquirição de uma filosofia pós crítica teremos nas nossas mentes o eco do aviso da idade crítica. Nas palavras de Kant:

> "A razão, deve em todos os seus empreendimentos, submeter-se ao criticismo; se limitar a liberdade do criticismo com qualquer proibição, estará a prejudicar-se a si própria, cobrindo-se de uma suspeição devastadora. Nada é tão importante pela sua utilidade, nada é tão sagrado, que se possa excluir deste exame, que não conhece qualquer respeito pelas pessoas. A razão depende desta liberdade para a sua própria existência[5]."

Não me sentirei tranquilo por advogar uma atitude de convicção acrítica, a menos que primeiro enfrente completamente este aviso através de uma análise crítica do princípio da dúvida.

9.2. EQUIVALÊNCIA ENTRE A CONVICÇÃO E A DÚVIDA

Podemos falar da dúvida num sentido muito lato. Um momento de hesitação, tal como podemos observar no comportamento de um animal qualquer que pussua um vislumbre de inteligência, pode ser descrito como dúvida. Um bom atirador a fazer pontaria pode estar em dúvida até puxar o gatilho. As renovadas tentativas de um poeta para conseguir um verso correto estão cheias de tais hesitações[6]. Uma certa medida dessa dúvida tácita está presente em todas as formas articuladas de inteligência, dentro das múltiplas variantes do ato de asserção. É o *único* tipo de dúvida que se aplica à aceitação de uma estrutura articulada como um lugar onde se vive [nt: dwelling place], e portanto, controla na sua origem o âmbito e forma da nossa existência mental. Mas antes de examinarmos esta dúvida mais profunda, tratarei brevemente das formas explícitas de dúvida, ou seja, o questionar as afirmações explícitas de facto, ou afirmadas por outros, ou previamente afirmadas por nós próprios.

O primeiro ponto da minha crítica da dúvida será mostrar que a dúvida de uma qualquer afirmação explícita implica uma mera tentativa para negar a convicção expressa pela frase, a favor de outras convicções que nesse momento não são postas em dúvida.

9. A CRÍTICA DA DÚVIDA

Suponha-se que alguém diz "eu acredito em p" em que p se refere a "os planetas movem-se ao longo de órbitas elípticas" ou ainda a "todos os homens são mortais". E eu respondo "eu duvido de p". Pode-se tomar isto como significando que eu contradigo p, o que pode ser expresso por "eu acredito em não-p". Em alternativa, posso meramente objetar à asserção de p como verdadeira, negando que existam fundamentos suficientes para escolher entre p ou não-p. Isto pode-se exprimir dizendo que "eu acredito que p não está provado". Podemos chamar ao primeiro tipo de dúvida "contraditória" e à segunda "agnóstica".

É imediatamente aparente que uma expressão de dúvida contraditória "eu acredito em não-p" é do mesmo carácter que a afirmação "eu acredito em p" que é posta em questão. Entre p e não-p não há outra diferença, senão referirem-se a diferentes assuntos de facto. "Eu acredito em não-p" poderia suportar a alegação de que os planetas se movem ao longo de órbitas que não são elípticas.

A história da ciência oferece muitas ilustrações da equivalência lógica entre afirmação e contradição. Na matemática um problema pode muitas vezes ser definido na sua forma positiva e então virado para o seu oposto, em especial para provar a impossibilidade de encontrar uma solução. A quadratura do círculo e a trissecção de um ângulo, por meio da régua e do compasso, foram ambos invertidos nesse sentido, e provou-se que eram construções impossíveis. Na mecânica, séculos de engenho mal aplicado foram gastos para resolver o problema do movimento perpétuo, e eventualmente a impossibilidade de construir uma tal máquina foi estabelecida como uma lei fundamental da natureza. A segunda e terceira leis da termodinâmica, a teoria dos elementos químicos, os princípios da relatividade e da indeterminação, assim como o princípio de Pauli, foram todos formulados na forma negativa. Eddington baseou todo o seu sistema da natureza na suposição de uma série de impossibilidades. Em todos estes casos a diferença entre uma afirmação positiva e a negação de uma afirmação positiva é uma mera questão de palavras, e a aceitação e rejeição de ambas as formas da alegação são decididas por testes semelhantes.

A dúvida agnóstica é algo mais complexo, pois é composta por duas metades, a segunda das quais nem sempre está claramente implícita. A primeira metade de uma dúvida agnóstica é uma dúvida contraditória, que pode ser ou temporária ou final. Uma dúvida agnóstica temporária ("eu acredito que p não está provado") deixa em aberto a possibilidade de p ainda vir a ser demonstrado no futuro; enquanto que na sua forma final ("eu acredito que p não se pode provar") a dúvida agnóstica nega que p possa ser, em caso algum, demonstrado. Mas nenhuma destas negações alega, falando em termos estritos, seja o que for acerca da credibilidade de p, e portanto representam apenas uma primeira, e até aí inconclusiva, parte da dúvida agnóstica.

Há de facto vários casos em que a primeira metade da dúvida agnóstica não prejudica a credibilidade da afirmação que é posta em dúvida. Suponha-se que queremos considerar a possibilidade de formar um sistema dedutivo em que p é um dos seus axiomas. Para isso seria necessário que p fosse consistente com os outros axiomas e independente deles, o que quer dizer que nem p nem não-p devem ser susceptíveis de prova dentro do sistema proposto de axiomas, sem o próprio p. Se isso tiver sido demonstrado com sucesso, estamos à vontade para incluir p como um dos nossos axiomas, ou então para o rejeitar, dependendo das razões, que em geral serão bastante independentes da demonstração em questão. Só a afirmação godeliana, que declara a sua própria não decidibilidade dentro de um dado sistema formal, emerge como verdadeira, uma vez demonstrada a sua não decidibilidade. Mas não de outra forma. Seja, por exemplo, a prova dada por Gauss segundo a qual o quinto postulado de Euclides não pode ser derivado a partir dos seus primeiros quatro postulados: serviu como uma justificação para considerar o quinto postulado como opcional e substituí-lo pelas novas alternativas não euclidianas.

No entanto, apesar de nesses casos a suspensão agnóstica de uma convicção acerca de uma certa afirmação nada dizer sobre a sua credibilidade, continua a ter um conteúdo fiduciário. Implica a aceitação de certas convicções acerca da possibilidade da prova. A reivindicação de Kant segundo a qual em matemática pura nos devemos abster de todos os atos de julgamento, a menos que se *conheça*, seria tornar insuportável a própria dúvida agnóstica. Pois baseia-se na afirmação "eu acredito que p não está provado" ou "não se pode provar", o que implica a aceitação de um quadro conceptual não estritamente indubitável dentro do qual se possa dizer que p está ou não provado, que se pode ou não provar. É claro que Kant não teria reconhecido esta contradição, pois afirmava que as fundações da geometria, incluindo os axiomas de Euclides, eram indubitavelmente *a priori;* mas essa visão mostrou-se errada.

Exploraremos a seguir o âmbito da dúvida agnóstica, no âmbito das ciências naturais, dos tribunais e dos assuntos religiosos.

9.3. DÚVIDA RAZOÁVEL E NÃO RAZOÁVEL

O carácter fiduciário da dúvida revela-se pela limitação à "dúvida razoável" característica da lei e também da filosofia cética. Dizer que a dúvida deve ser razoável é basear-se em algo de que não se pode razoavelmente dúvidar - ou seja, em frase legal, uma "certeza moral"[7]. Ilustrarei isso pelo exemplo da dúvida científica.

Os cientistas naturais apenas se podem dizer mais críticos do que os astrólogos na medida em que consideram a sua conceção das estrelas e dos homens como mais verdadeiras do que a dos astrólogos. Ou falando mais precisamente: quando se descarta a evidência da veracidade dos horóscopos, estamos a exprimir a convicção que essa evidência se pode explicar dentro da visão científica das estrelas e dos homens, como sendo meramente acidental ou de outra forma inválida. Durante os séculos XVII e XVIII, as convicções científicas foram, deste modo, opostas e desacreditadas por todo um sistema de convicções sobrenaturais e pelas autoridades que ensinavam essas convicções. Podemos considerar este movimento cético como totalmente razoável e não estar consciente do seu carácter fiduciário, até ser confrontado com os seus enganos, por exemplo, no ceticismo dos cientistas acerca dos meteoritos, de que falei anteriormente[8]. As pessoas ordinárias convenciam-se da queda de um meteorito quando uma massa incandescente atingia a terra com uma cratera de muitos metros, e tendiam a associar-lhe um significado sobrenatural. Os comités científicos da Academia Francesa apreciavam tão pouco essa interpretação que conseguiram, durante todo o século XVIII, evitar explicar os factos de uma forma que para eles fosse satisfatória. Uma vez mais, foi o ceticismo científico que pôs de lado todas as formas de fenómenos hipnóticos que ocorrem em curas miraculosas e de feitiçaria, e que - mesmo em face das demonstrações sistemáticas da hipnose por Mesmer e seus sucessores - negou a realidade dos fenómenos hipnóticos durante mais de um século depois dos primeiros resultados de Mesmer. Quando a profissão médica ignorou esses factos palpáveis, tal como as amputações indolores de membros humanos, feitos diante dos seus olhos em centenas de casos sucessivos, estavam a atuar num espírito de ceticismo, convencidos de que estavam a defender a ciência contra os impostores[9]. Não consideramos agora esses atos de ceticismo como razoáveis, e sem dúvida foram um disparate, assim como não consideramos mais que a queda de meteoritos ou a prática do mesmerismo sejam incompatíveis com uma visão científica do mundo. Mas outras dúvidas, que hoje consideramos como razoáveis com base na nossa própria visão científica do mundo, têm uma vez mais apenas a garantia da nossa convicção nessa visão. Algumas destas dúvidas podem um dia vir a revelar-se tão arbitrárias, tão fanáticas e dogmáticas como aquelas de que estamos agora curados. A minha crítica do objetivismo assinalou já estas dúvidas preversas que o ceticismo exprime hoje em dia.

9.4. CETICISMO NAS CIÊNCIAS NATURAIS

Nas ciências naturais a prova de uma alegação não pode ser tão rigorosa como normalmente é na matemática. Muitas vezes recusamos aceitar uma alegada prova científica largamente pela relutância em acreditar no que ela tenta provar com base nos fundamentos gerais da ciência. Foi o pressuposto de Wohler e Leibig contra a ideia da fermentação ser devida a células vivas que os fez ignorar a evidência a favor disso. O tipo de evidência produzida por van't Hoff para o átomo de carbono assimétrico foi condenada por Kolbe como sem qualquer valor devido à própria natureza da sua argumentação. A evidência de Pasteur para a ausência de geração espontânea foi rejeitada pelos seus opositores através de uma interpretação dessa evidência à sua própria maneira, e o próprio Pasteur admitiu que essa possibilidade não podia ser excluída[10].

Continuam a acontecer coisas inexplicáveis no laboratório. Por exemplo, traços de hélio ou traços de ouro podem aparecer, sem qualquer explicação, em vasos selados e o seu efeito pode ser reprodutível. Num momento em que a transmutação artificial de elementos apareceu como vagamente possível, um certo número de cientistas aceitou essas observações como evidência de que a transmutação tinha realmente acontecido. Mas uma vez elucidadas as verdadeiras condições para a transmutação, observações desse tipo deixaram de ser atendidas pelos cientistas[11].

Num livro meu anterior mencionei um artigo publiado por Lord Rayleigh em junho de 1947, nos *Proceedings of the Royal Society*, a descrever uma experiência simples que demonstrava que um átomo de hidrogénio projetado contra um metal libertaria uma energia da ordem da centena de eletrões volt[12]. Se correta, esta conclusão teria sido de imensa importância. Os físicos que eu consultei não conseguiam encontrar qualquer defeito na experiência, mas mesmo assim ignoravam os seus resultados e nem sequer pensavam que valia a pena repeti-la. Uma possível explicação foi sugerida por uma experiência mais recente de R. H. Burgess e J. C. Robb[13]. Mostraram que na presença de traços de oxigénio (0.22 a 0.94 mm), os átomos de hidrogénio podiam causar um aumento da temperatura de um fio metálico que excedia várias vezes o calor da recombinação dos átomos de hidrogénio no fio. Se isto for a explicação, então os físicos fizeram bem em ignorar este trabalho.

Um cientista deve comprometer-se a si mesmo relativamente a qualquer reivindicação que faça no seu próprio domínio de conhecimento. Se ignora a reivindicação feita, então está de facto a implicar que acredita que ela não tem fundamento. Se a publicita, o tempo e a atenção que dedica ao seu exame, assim como a importancia que lhe atribui para a orientação das suas próprias investigações, são uma medida da verosimilhança que atribui à sua validade. Só se uma reivindicação estiver totalmente fora do âmbito dos seus interesses responsáveis é que um cientista pode assumir uma atitude de dúvida completamemte imparcial a seu respeito. Só pode ser estritamente agnóstico em assuntos de que pouco sabe ou de que nada se importa.

9.5. A DÚVIDA É UM PRINCÍPIO HEURÍSTICO?

Vimos que a prática do ceticismo científico, relativamente a alegações rejeitadas pela ciência, consiste em apoiar a visão corrente da ciência sobre o assunto em questão, e vimos que este tipo de ceticismo também se dirige contra os colegas cientistas no caso de uma controvérsia fundamental dentro da ciência. Mas não existirá um tipo de resultados científicos rebeldes que exigem o poder da dúvida de convicções até aí aceites pela ciência? É certo que toda a descoberta científica é conservadora, no sentido em que mantém e expande a ciência como um todo, e nessa medida confirma a visão científica do mundo e reforça a sua força nas nossas mentes; mas nenhuma grande descoberta científica pode deixar de também modificar a perspetiva da ciência, e algumas modificaram-na profundamente. Um certo número de descobertas revolucionárias, como, por exemplo, do sistema heliocêntrico, dos genes, dos quanta, da radioatividade ou da relatividade, vêm facilmente à nossa mente. Não poderá acontecer que o processo de assimilação de novos tópicos ao sistema existente *meramente* conserve a ciência, enquanto que as verdadeiras inovações incluem uma mudança revolucionária pelo qual toda a estrutura da ciência é reformada?

Pode parecer plausível, mas não é verdade. O poder para expandir convicções até aí aceites muito para além do âmbito das implicações até aí exploradas é, por si mesmo, uma força preeminente de mudança na ciência. É este tipo de força que mandou Colombo à procura das Índias através do Atlântico. O seu génio esteve em ter tomado literalmente, e como guia para a ação prática, que a terra era redonda, algo que os seus contemporâneos assumiam apenas vagamente e como uma mera especulação. As ideias que Newton elaborou no seu *Principia* também eram muito correntes no seu tempo; os seus trabalhos não chocaram quaisquer convicções fortes dos cientistas, mesmo no seu próprio país. Mas uma vez mais, o seu génio manifestou-se no seu poder de moldar essas convicções vagamente dispersas numa forma concreta e ligada. Uma das maiores e mais surpreendentes descobertas do nosso tempo, a descoberta da difração dos raios X pelos cristais (em 1912) foi feita por uma matemático, Max von Laue, pelo poder de acreditar mais do que qualquer outro na teoria aceite de cristais e raios X. Estes avanços não foram menos arrojados e arriscados do que as inovações de Copérnico, Planck ou Einstein.

Logo, não existe máxima heurística válida nas ciências naturais que recomende a convicção ou a dúvida como um caminho para a descoberta. Algumas descobertas são induzidas pela convicção que algo está fundamentalmente a faltar na estrutura existente da ciência, outras pelo sentimento oposto que há algo mais do que aquilo que já foi percebido. A primeira convicção pode-se considerar como mais cética do que a segunda, mas é precisamente a primeira que é mais provável que seja prejudicada pela dúvida - devido à excessiva aderência à ortodoxia existente na ciência.

Para além disso, como não há qualquer regra que nos diga, no momento de decidir, qual deve ser o passo seguinte da investigação, o que é que é verdadeiramente ousado e o que é meramente indiferente, não há também qualquer regra para distinguir entre a dúvida que pode refrear a indiferença e que, portanto, se qualifica como verdadeira prudência, e a dúvida que mutila a ousadia e que será condenada como dogmatismo sem imaginação. Vesalius é elogiado como um herói do ceticismo científico por rejeitar friamente a doutrina tradicional segundo a qual a parede divisória do coração estava perfurada por passagens invisíveis; mas Harvey foi aclamado precisamente pela razão oposta, em particular por ter friamente assumido a presença de passagens invisíveis a ligar as artérias com as veias.

9.6. DÚVIDA AGNÓSTICA NOS TRIBUNAIS

O procedimento dos tribunais prescreve o cumprimento de uma dúvida agnóstica estritamente imparcial a respeito de uma gama específica de factos. Há um certo número de assuntos que seriam normalmente considerados como relevantes para uma acusação criminal, sobre os quais o tribunal pode não inquirir. Se um homem, tendo acabado de testemunhar um assassinato, o descreveu a um grupo de pessoas e depois colapsou e morreu, o assassino pode ir em liberdade sem que membro algum do grupo possa reportar em tribunal aquilo que o homem que testemunhou o ato lhe terá dito. Muita outra informação, por exemplo evidência acerca do carácter do acusado, que normalmente seria relevante, pode não ser invocada pela acusação. Se alguma informação excluída dos autos judiciais for inadvertidamente invocada, o júri é instruído para a esquecer. Pela aplicação dessas regras, que restringem o âmbito usual de interesses a que os membros do tribunal devem responder relativamente ao caso em discussão, a lei consegue manter fora dos espíritos um certo número de alegações p e as suas negações não-p, que de outra maneira os ocupariam. Ao suprimir a invocação de ambas as alternativas, a lei espera conseguir uma atitude estritamente agnóstica a seu respeito. Isto é equivalente a estabelecer a primeira parte da dúvida agnóstica a respeito dos p em questão, sem qualquer decisão subsequente sobre a credibilidade destes p. Num tal caso o âmbito de convicções envolvidas é efetivamente reduzido, mas apenas na medida em que se evita que sejam conhecidos os assuntos a que se referem.

Por outro lado, as questões relevantes ao assunto e que são admitidas em tribunal precisam de ser decididas de uma ou de outra forma. Se depois da evidência estar completa, se verificar que tanto p como não-p são consistentes com ela, os pressupostos da lei decidem a favor de uma ou de outra das duas alternativas. Os pressupostos legais mais conhecidos são porventura aqueles que garantem ao acusado o benefício da dúvida nos procedimentos criminais. Se as alegações p e não-p forem ambas consistentes com a evidência, o tribunal por regra presume - ou seja, acredita - na alternativa que não prejudica a inocência do acusado. Mas não existe uma presunção completa a esse respeito. Na ausência de prova em contrário, um acusado presume-se são de espírito, mesmo que isso vá contra ele. Há numerosos pressupostos legais de um tipo particular que prevalecem tanto nas ações cíveis como penais e que não têm qualquer relação com a distinção entre os dois lados em contenda. Tais pressupostos servem, em larga medida, para evitar impasses e para decidir tão razoavelmente quanto possível acerca de questões importantes para as quais não existe evidência que normalmente seria considerada como adequada. O juiz encontrará por exemplo, para o caso de um casal que se afundou em conjunto, que o mais velho terá morrido primeiro, mesmo que nada saiba acerca disso.

Ter em consideração qualquer assunto que o tribunal não deva considerar, ou formar convicções que são contrárias aos pressupostos legais corretos, ou de uma forma mais geral, formar uma convicção não razoável, mesmo que legal, é condenado como um desvio ou um capricho. Na medida em que estas regras excluem a formação de certas convicções a que seríamos normalmente vulneráveis, obrigam a uma dúvida ou a um estado de agnosticismo em relação a essas convicções. Mas uma vez mais, tal como na interpretação científica da experiência, o sistema de convicções que aqui substitui as convicções do homem da rua não é menos definido e compreensivo do que aquele que seria suportado de outra maneira. A lei que ordena que um homem seja presumido inocente até que se mostre que é culpado, não impõe uma mente aberta ao tribunal, mas pelo contrário diz-lhe em que é que deve acreditar no início: em particular, que o homem está inocente. Mesmo a exclusão legal de assuntos normalmente relevantes pode ser interpretada como a prescrição de convicções específicas, em particular as que são de facto irrelevantes para o assunto. Em todos estes aspetos, a mente supostamente aberta de um tribunal imparcial pode apenas ser apoiada por uma vontade *muito mais forte* em acreditar do que as convicções usuais de uma pessoa sem qualquer responsabilidade judicial. As convicções anteriores são muito menos plausíveis do que as últimas, e nessa medida podem-se dizer como dogmaticamente impostas para a ocasião. Esta parece ter sido uma das razões porque os observadores ocidentais estavam inicialmente inclinados a ignorar a patente omissão das salvaguardas legais nos julgamentos de Moscovo. Um procedimento legal adequado não apela ao senso comum.

O carácter dogmático, e muitas vezes arbitrário, das convicções impostas legalmente justifica-se pelo contexto peculiar em que se estabelecem e afirmam. O tribunal não tenta descobrir a verdade acerca de certos acontecimentos interessantes, mas apenas encontrar - por um procedimento legalmente prescrito - os factos relevantes para uma certa questão legal. A vontade para acreditar nessas afirmações, mesmo quando não são justificáveis por si mesmas, tem origem na vontade de fazer justiça, fazendo essas afirmações e atuando com base nelas. Não há, portanto, falando logicamente, contradição possível entre as descobertas factuais de um tribunal e as da experiência científica e corrente. Passam ao lado uma da outra. A relação entre factos observados e factos legais é semelhante, em princípio, à existente entre a experiência factual e uma arte baseada nessa experiência, ou ainda entre factos empíricos e conceitos matemáticos. Em todos estes casos, a experiência serve *como um tema* para a atividade intelectual que desenvolve um aspeto seu num sistema que é estabelecido e aceite com base na sua evidência interna. O sistema de factos legais é aceite como uma parte da vida social conformada pelo quadro legal correspondente.

9.7. DÚVIDA RELIGIOSA

A convicção na eficácia da dúvida como um solvente do erro foi defendida principalmente - desde Hume até Russell - pelo ceticismo acerca do dogma religioso e o desagrado com o fanatismo religioso. Esta foi a paixão dominante do pensamento crítico durante séculos, no decurso dos quais transformou completamente a visão do homem no universo. Deve, por isso, constituir o principal assunto da minha crítica sobre a dúvida. Limitarei o argumento às dúvidas religiosas a respeito da fé cristã, pegando no tema desde o ponto a que cheguei no capítulo anterior sobre paixões intelectuais.

A religião, considerada como um ato de adoração, é uma interiorização [nt: indwelling] , mais do que uma afirmação. Deus não se pode observar, tal como não se podem observar a verdade e a beleza. Existe no sentido em que é para ser adorado e obedecido, mas não de outra maneira; não como um facto - não mais do que a verdade, a beleza ou a justiça existem como factos. Todas, tal como Deus, são coisas que apenas se podem apreender quando as servimos. As palavras "Deus existe" não são, portanto, uma afirmação de facto, tal como "a neve é branca", mas uma afirmação de algo em que se acredita, tal como "é verdade que "a neve é branca"", e isto determina o tipo de dúvida a que a afirmação "Deus existe" pode ser sujeita[14]. Como "é verdade que "a neve é branca"" é um ato acrítico de asserção feita pelo declarante, não é uma frase descritiva e não pode ser objeto de dúvida explícita. Pode ser meramente dita com vários graus de confiança, e aquilo que possa faltar de segurança absoluta à sua asserção pode então ser visto como uma dúvida associada pelo declarante à sua própria asserção. Isto seria uma dúvida tácita, uma hesitação não articulada, como a do atirador a puxar dubiamente o gatilho, e também só se pode duvidar das palavras "Deus existe" nesse sentido de uma hesitação tácita.

Mas esta formulação, de alguma forma, exagera a clareza da distinção entre atos de fé que implicam (num sentido que ainda terá que ser explorado) a existência de Deus, e o significado das palavras "Deus existe". É verdade que estas palavras não fazem parte da adoração e nada significam para além da confirmação de um ato de fé pelo qual o declaramte se rende a Deus, mas mesmo assim não é possível separar tão nitidamente este ato de aceitação relativamente àquilo que ele aceita, tal como podemos fazer na aceitação das afirmações factuais em relação às afirmações aceites.

Procuraremos antes uma orientação na relação mais geral entre os nossos poderes tácitos de compreensão e as palavras ditas e os particulares empíricos, controlados pela nossa compreensão (ver Parte Dois, cap. 5, p. 92). Isto levar-nos-á de volta ao conceito de adoração religiosa como uma visão heurística e também a alinhar a religião com os grandes sistemas intelectuais, como a matemática, a ficção e as belas artes, que são validados porque se tornam lugares onde a mente humana fica feliz. Veremos que, apesar do seu carácter acrítico, as forças da convicção religiosa dependem da evidência factual e podem ser afetados pela dúvida sobre esses factos. Permitam-me que desenvolva o meu programa.

No capítulo sobre as paixões intelectuais descrevi a fé cristã como um impulso heurístico apaixonado, sem qualquer expectativa de consumação. Um impulso heurístico nunca existe sem um sentimento da sua possível inadequação, e aquilo que lhe falta em segurança absoluta pode ser descrito como a sua dúvida inerente. Mas o sentimento de inadequação inerente à fé cristã vai para além disso, pois parte da fé cristã esforça-se por atingir um ponto final em que, tendo chegado ao resultado desejado, a sua continuação torna-se desnecessária. Um cristão que tivesse chegado ao ponto final espiritual da sua vida teria deixado de ser um cristão. Um sentimento da sua própria imperfeição é essencial à sua fé. "A fé abraça o próprio ser e a dúvida acerca dele", escreve Tillich[15].

Ainda de acordo com a fé cristã, esta dúvida inerente da verdadeira fé é pecado e este pecado é uma fonte de angústia impossível de erradicar. Retire-se a dúvida, o pecado e a angústia, e a fé cristã torna-se numa caricatura de si mesma. Torna-se num conjunto de afirmações imprecisas, muitas vezes falsas e largamente sem sentido, acompanhadas de gestos convencionais e de uma moralização complacente. Este é o ponto final proibido de todo o esforço cristão: a sua queda no vazio.

Um impulso heurístico só pode viver pela prossecução da sua própria interrogação. A interrogação cristã é o culto. As palavras da oração e da confissão, as ações do ritual, a homília e o sermão, a própria igreja, são os indícios dos crentes no seu esforço para chegar a Deus. Guiam os seus sentimentos de contrição e de gratidão e a sua ânsia pela presença divina, enquanto que o mantêm a salvo dos pensamentos que o distraem.

Como um quadro conceptual que exprime a aceitação de si mesmo como um lugar onde viver [nt: dwelling place] na procura apaixonada por Deus, o culto religioso não pode dizer nada que seja falso ou verdadeiro. As palavras da oração destinam-se a Deus, e embora outras partes do serviço *falem de* Deus, são sobretudo declarações de interrelações pessoais - como o louvor a Deus. Mas algumas partes do serviço religioso, como o credo, fazem asserções reconhecidamente teológicas, e as lições da Bíblia são redigidas numa linguagem completamente narrativa. Mas o acento do credo está nas palavras "Eu acredito", que fazem um endosso emocional do culto, enquanto que os extratos da Bíblia não são citados no decurso de um serviço religioso cristão para transmitir informação, mas como pontos de partida para ensinamentos que sustentam a fé. Todas essas afirmações funcionam como subsidiárias para o culto.

Mas a doutrina da teologia e os registos da Bíblia são também ensinados por si mesmos. Podem *então* as suas afirmações ser ditas como verdadeiras ou falsas, e sujeitas à dúvida explícita? A resposta não é nem sim nem não, e apenas pode ser aqui esboçada.

Só um cristão ao serviço da sua fé pode compreender a teologia cristã e só ele pode entrar no significado religioso da Bíblia. Juntos, a teologia e a Bíblia, formam o contexto do culto e devem ser entendidas pela sua ligação com ele; mas veremos que essa ligação é diferente nos dois casos.

Uma afirmação teológica, como "Deus existe", pode ser pouco mais do que o endosso de um ato de culto em termos descritivos. Qualquer coisa como dizendo ""a neve é branca" é verdade" depois de ter dito com confiança que "a neve é branca". Nessa medida, a expressão "Deus existe" é acrítica e não se pode pôr explicitamente em dúvida. Mas a teologia como um todo é um estudo intrincado de problemas importantes. É uma teoria do conhecimento religioso e uma correspondente ontologia das coisas assim conhecidas. Como tal, a teologia revela, ou tenta revelar, as implicações do culto religioso, e pode ser dita como verdadeira ou falsa, mas apenas no que respeita à sua adequação para formular e purificar uma fé religiosa pré-existente. Enquanto que as tentativas teológicas para provar a existência de Deus são tão absurdas como as tentativas da filosofia para provar as premissas da matemática ou os princípios da inferência empírica, a teologia perseguida como uma axiomatização da fé cristã tem uma importante tarefa analítica. Embora os seus resultados apenas sejam compreendidos pelos cristãos praticantes, podem ajudá-los muito a compreender o que praticam.

9. A CRÍTICA DA DÚVIDA

É claro que as explicações teológicas de Deus devem parecer sem sentido e, muitas vezes, flagrantemente contraditórias consigo mesmas, se consideradas como uma reivindicação de validade dentro do universo da experiência observável. É um resultado inevitável, sempre que uma linguagem apropriada para um certo assunto é usada para um outro assunto completamente diferente. A tentativa comparativamente modesta para descrever os processos atómicos em termos eletromagnéticos e mecânicos levou a auto contradições que não pareceram menos intoleráveis, até que eventualmente nos habituamos a elas. Hoje em dia, os físicos apreciam estes aparentes absurdos que apenas eles compreendem, do mesmo modo que Tertuliano parece ter apreciado os surpreendentes paradoxos da sua fé. Longe de criar dúvidas na minha mente acerca da racionalidade das crenças cristãs, os paradoxos do cristianismo vão servir para o enquadramento e estabilização de outras convicções, pelas quais o homem se esforça por satisfazer os seus próprios padrões auto definidos.

A teologia compreende a exegese bíblica e os seus princípios, e neste contexto trata também da questão que eu próprio defini anteriormente, em particular como é que a fé religiosa depende dos factos observáveis, ou - mais precisamente - da verdade ou falsidade das afirmações relativas a factos observáveis. Terei portanto que passar agora para um breve esboço dos domínios da teologia.

Descrevi um serviço religioso cristão como um quadro de indícios aptos para induzir uma procura apaixonada por Deus. Falei do ato tácito de compreensão que origina a fé a partir de tais indícios. A habilidade para um tal conhecimento religioso parece ser universal, pelo menos na infância. Uma vez adquirida, esta competência dificilmente se perde, mas raramente é dominada numa idade avançada sem algum treino prévio na infância. O serviço divino pode nada significar para uma pessoa a quem falte totalmente a competência do conhecimento religioso.

O poder de um quadro conceptual, composta de palavras e de gestos, para descobrir a sua própria compreensão religiosa, numa pessoa recetiva a tal, depende parcialmente da significância não religiosa dos seus elementos. Esse quadro deve, em primeiro lugar, impressionar uma criança ou um não crente pelo apelo do seu dogma, as suas narrativas, a sua moral e o seu exercício ritual, antes de serem por si compreendidos sob o ponto de vista religioso. A evidência histórica que confirma alguns acontecimentos decisivos registados pelos Evangelhos aumentará, portanto, a força dos ensinamentos cristãos. Pelo contrário, o criticismo biblíco e o progresso da ciência, que enfraqueceram ou destruíram a plausibilidade extra religiosa de muitas narrativas bíblicas e desacreditaram os supostos poderes mágicos de alguns rituais cristãos, estavam destinados a abalar uma fé implementada pela asserção de tais ensinamentos e pela performance de tais rituais. A teologia moderna aceitou estes ataques como guias para reinterpretar e consolidar a fé cristã numa forma mais verdadeira. Tentarei a seguir expor, nos meus próprios termos, o estado destes resultados[16].

Consideremos, para isso, a totalidade da experiência, incluindo a leitura da Bíblia - mas é claro que extendendo-a muito para além disso - e observemos os seus efeitos religiosos sobre a mente de uma pessoa no processo de conversão. Toda esta experiência, que até aqui é ainda não religiosa, deve facultar à mente os indícios da fé cristã, assim como todos os tipos de conhecimentos, quer por livros científicos como obtidos pela observação direta, que podem servir de indícios para uma visão científica. Mas ambos os tipos de compreensão estabelecem a sua própria visão heurística, que não afirma qualquer facto específico. São formas de conhecimento altamente pessoal que incluem subsidiariamente um conjunto de experiências relativamente impessoais. Esta relação de indícios factuais com uma visão heurística é semelhante à relação da experiência factual com a matemática e com as obras de arte. Esta analogia põe a fé religiosa em linha com estes grandes sistemas articulados que também se baseiam na experiência, mas que a mente ainda pode habitar sem asseverar qualquer facto empírico em definitivo. A experiência externa é indispensável, tanto na matemática como na arte, *como seu tema*, mas para uma pessoa preparada para habitar o seu quadro conceptual, a matemática ou a arte transmitem o seu próprio pensamento interno, e é por causa desta experiência interna que a sua mente aceita esse quadro como o local onde a vive [nt: dwelling place].

A religião está numa relação semelhante com a experiência não religiosa. As experiências seculares são a sua matéria prima: a religião usa essa experiência como tema para construir o seu próprio universo. O universo de todo e qualquer grande sistema articulado é construido pela elaboração e transmutação de um aspeto particular da sua experiência anterior: a fé cristã elabora e torna efetivo o aspeto supernatural da experiência anterior, em termos da sua própria experiência interna. O convertido entra num quadro conceptual articulado de culto e de doutrina, rendendo-se ao êxtase religioso que o seu sistema evoca e em cuja validade assim acredita. Uma vez mais isto é semelhante ao processo de validação pelo qual os homens aprendem a apreciar e a perseguir a matemática ou a contemplar com prazer - e por vezes mesmo produzindo - obras de arte[17].

Mostrei como a ciência natural, a matemática e a tecnologia se interpenetram mutuamente. Todas as artes estão interrelacionadas; enquanto que as artes e os métodos da ciência se interpenetram mutuamente no domínio das humanidades. A religião tem afinidades ainda mais compreensivas: pode transpor todas as experiências intelectuais para o seu próprio universo, e serviu também, ao contrário, como tema para muitos outros sistemas intelectuais. A relação da cristandade com a experiência natural, em que estamos aqui interessados, é apenas uma das pontas desta rede de penetrações mútuas.

9. A CRÍTICA DA DÚVIDA

Os dois tipos de conclusões, as religiosas e as naturais, passam umas ao lado das outras da mesma maneira que as conclusões dos tribunais passam ao lado das experiências correntes. A aceitação da fé cristã não exprime a asserção de factos observáveis e, por consequência, não se pode provar, ou não, o cristianismo por experiências ou registos factuais. Apliquemos isto ao acreditar nos milagres. Desde os ataques de filósofos como Bayle ou Hume sobre a credibilidade dos milagres, os racionalistas têm dito que o reconhecimento dos milagres deve basear-se na força da evidência factual. Mas na realidade, é o contrário que é verdade; se a conversão de água em vinho, ou a ressurreição dos mortos, pudesse ser verificada experimentalmente, isso refutaria a sua natureza miraculosa. Na realidade, na medida em que qualquer acontecimento pode ser estabelecido em termos da ciência natural, pertence à ordem natural das coisas. Por muito monstruoso ou surpreendente que possa ser, uma vez estabelecido como um facto observável, o acontecimento deixa de ser considerado como supernatural. Sugestões biológicas recentes, por exemplo, de que um nascimento por uma virgem *poderia* ocorrer em circunstâncias excecionais, se aceites como explicação para o nascimento de Cristo, não confirmariam, mas antes destruiriam totalmente, a doutrina do seu nascimento. É ilógico estabelecer a prova do supernatural por testes naturais, pois estes podem apenas estabelecer os aspetos naturais de um acontecimento e nunca representá-lo como supernatural. A observação pode dar-nos pistas ricas para acreditar em Deus; mas qualquer observação cientificamente convincente de Deus tornaria o culto religioso numa adoração idolátrica de um mero objeto, ou pessoa natural.

É claro que um acontecimento que, de facto, nunca teve lugar não pode ter uma significância supernatural; e se teve ou não lugar deve ser estabelecido por evidência factual. Daí a força religiosa do criticismo bíblico, abanando, ou em alternativa corroborando, certos factos que formam os temas principais do cristianismo. Mas a evidência de que um facto não ocorreu pode, por vezes, deixar largamente prejudicada a verdade religiosa de uma narrativa que descreva a sua ocorrência. O livro do Genesis e as suas grandes ilustrações pictóricas, assim como os frescos de Miguel Ângelo, continuam a ser uma explicação muito mais inteligente da natureza e da origem do universo do que a representação do mundo como uma colocação aleatória de átomos. A cosmologia bíblica continua a exprimir - porventura inadequadamente - a significância do facto de que o mundo existe e que o homem emergiu dele, enquanto que a imagem científica nega qualquer sentido ao mundo, e, na realidade, ignora as nossas experiências mais vitais deste mundo. A suposição de que o mundo tem algum sentido, e que está ligado à nossa vocação como os únicos seres moralmente responsáveis no mundo, é um exemplo importante do aspeto supernatural da experiência que as interpretações cristãs do universo exploram e desenvolvem. No capítulo 13, mostrarei como podemos prosseguir por etapas contínuas, do estudo científico da evolução para a sua interpretação como um índício para Deus.

O cristianismo é um empreendimento progressivo. As nossas perspetivas de conhecimento muito mais vastas devem abrir novas vistas sobre a fé religiosa. A Bíblia, e a doutrina pauliniana em particular, podem ainda ter muitas lições insuspeitas para descobrir; e a maior precisão e maior flexibilidade consciente do pensamento moderno, evidenciados pela nova física e pelos movimentos lógico-filosóficos da nossa época, podem presentemente engendrar reformas conceptuais que renovam e clarificam as relações do homem com Deus, com fundamento na moderna experiência extra religiosa. Uma era de grandes descobertas religiosas pode ainda estar à nossa frente.

Permitam-me que sumarie as minhas conclusões acerca da dúvida religiosa, antes de continuar. A fé cristã pode ser atacada pela dúvida de duas maneiras. Pode-se duvidar da sua evidência interna, no mesmo sentido em que as inovações conceptuais em matemática e nas novas obras de arte podem ser consideradas como pouco sólidas. Podemos recusar, ou pelo menos hesitar, em entrar na vida mental que nos oferecem, tanto por desejar a sua valorização ou - mais forçosamente - por medo de perder o nosso domínio sobre a realidade. Um conceito semelhante de dúvida aplica-se a toda a visão heurística: estamos sempre conscientes de algum risco associado. Este tipo de dúvida é a hesitação da nossa aceitação. A nosso relutância para aceitar a habitação oferecida ao nosso espírito pode ser ansiosa ou sábia, e assim podemos eventualmente provar que ficamos enfadados ou eufóricos. Ainda assim, não podemos aplicar à nossa ação qualquer teste do tipo a que possamos apelar para aprovar, ou não, uma afirmação declarativa e explícita. Não há também a possibilidade de duvidar do que podemos fazer (ou declarar que fazemos), no sentido em que se pode duvidar de uma afirmação explícita. A nossa dúvida deve continuar intrínseca a um nosso ato mental.

É também parte da fé cristã que os seus esforços são irrealizáveis. Deve permanecer sempre dolorosamente consciente da sua dúvida inerente. Mas como é parte da fé, não pode derrogar dela. Mas esta dúvida interna, indispensável da fé cristã, pode ser aumentada, até mesmo ao ponto de destruir completamente a nossa fé, por testes críticos e explícitos ao quadro articulado em que nos baseamos para implementar a nossa fé. O poder deste quadro para induzir a sua própria compreensão em termos de uma rendição a Deus depende, em larga medida, do poder convincente das afirmações que são os seus elementos, do mesmo modo que o poder de um conjunto de indícios para induzir uma visão heurística, baseada nessas pistas, dependerá da confiança nos factos usados como indícios. As dúvidas dirigidas contra as pistas como factos podem, portanto, abanar a evidência

9. A CRÍTICA DA DÚVIDA

interna do sistema que se baseia nelas. As dúvidas explícitas podem intensificar as dúvidas sobre a nossa aceitação, até ao ponto de ser converterem numa rejeição completa.

O enfraquecimento das crenças religiosas sob o impacto do avanço do conhecimento histórico e científico durante os últimos trezentos anos representa, portanto, um caso em que o efeito da dúvida foi substancial. Destruíu o significado religioso de coisas sem compensar totalmente pela sua perda com um sentido diferente, e o volume total de convicções, a partir das quais flui todo o sentido, foi efetivamente reduzido. Se o universo fosse na realidade sem sentido, a destruição das convicções religiosas teria sido completamente justificado. Como não acredito que o universo não tenha sentido, só posso admitir que a rejeição da religião não é razoável, com base nos mesmos fundamentos com que as doutrinas religiosas foram declaradas nesse tempo. Hoje devemos estar gratos aos continuados ataques dos racionalistas sobre a religião porque nos forçaram a renovar os fundamentos da fé cristã. Mas isso não justifica, nem de longe, o reconhecimento da dúvida como o solvente universal do erro que deixa a verdade intocável atrás de si. Toda a verdade não é mais do que um pólo externo do acreditar, e destruir toda a convicção é negar toda a verdade. Embora as convicções religiosas sejam muitas vezes formuladas mais dogmaticamente do as outras convicções não religiosas, isso não é essencial. A extensiva estrutura dogmática do cristianismo resultou de esforços engenhosos, sustentados ao longo de muitos séculos, para axiomatizar a fé já praticada pelos cristãos. Face aos poderes altamente imaginativos e emocionais pelos quais as convicções cristãs controlam a totalidade da pessoa e a relacionam com o universo, a especificação destas convicções é muito mais colorida do que os axiomas da aritmética e as premissas das ciências naturais. Mas pertencem à mesma classe de afirmações, tendo funções fiduciárias relacionadas.

Devemos a nossa existência mental predominantemente às obras de arte, à moral, ao culto religioso, às teoria científica e a outros sistemas articulados que aceitamos como os locais onde as habitamos [nt: dwelling places] e como solo do nosso desenvolvimento mental. O objetivismo falsificou totalmente o nosso conceito de verdade, exaltando o que conhecemos e provamos, enquanto que cobrindo de afirmações ambíguas tudo aquilo que sabemos e *não podemos* provar, mesmo que este último conhecimento esteja subjacente, e deva mesmo em útima análise pôr o seu selo em tudo o que *podemos* provar. Tentando restringir as nossas mentes a um conjunto reduzido de coisas que são demonstráveis, e portanto, explicitamente dubitáveis, negligenciou as escolhas acríticas que determinam todo o ser das nossas mentes e tornou-nos incapazes de reconhecer essas escolhas vitais.

9.8. CONVICÇÕES IMPLÍCITAS

As limitações da dúvida como um princípio podem ser mais elaboradas alargando a inquirição sobre as convicções suportadas no nosso quadro conceptual, tal como expresso pela nossa linguagem. As nossas convicções mais profundamente arreigadas são determinadas pelo idioma em que interpretamos a nossa experiência e pelos termos em que erigimos os nossos sistemas articulados[18]. As nossas convicções declaradas formalmente podem-se afirmar como verdadeiras, em última análise, só por causa da nossa anterior aceitação lógica de um conjunto particular de termos, a partir dos quais todas as nossas referências podem ser construídas.

O facto dos povos primitivos terem sistemas distintos de crenças inerentes aos seus quadros conceptuais e se refletirem na sua linguagem foi, em primeiro lugar, assinalado por Lévy-Bruhl no início do século XX. O trabalho mais recente de Evans-Pritchard sobre as convicções dos Azandes[19] deu ainda maior precisão a esta visão. O autor ficou impressionado pela força intelectual mostrada pelos africanos primitivos ao apoiarem as suas convicções contra evidências que os europeus veriam como sendo uma refutação flagrante. Um desses casos é a convicção Zande nos poderes do veneno-oráculo. O oráculo responde a questões através dos efeitos, sobre uma galinha, de uma substância venenosa chamada *benge*. O veneno para o oráculo é extraído de uma trepadeira, cultivada da forma tradicional, mas que é suposto tornar-se efetivo só depois de declaradas as palavras de um ritual apropriado. É-nos dito que os Azandes não têm uma doutrina formal e coerciva para obrigar a acreditar nos feiticeiros e na sua prática do veneno-oráculo, mas a sua convicção nestes é mais forte, por estar incorporado num idioma que interpreta todos os factos relevantes em termos dos poderes de feitiçaria e do oráculo. Evans-Pritchard dá vários exemplos da tenacidade peculiar desta convicção implícita.

Suponha-se que o oráculo responde "sim" a uma questão particular e que imediatamente a seguir diz "não" exatamente à mesma questão. Aos nossos olhos, isso desacreditaria completamente o oráculo, mas a cultura Zande tem várias explicações para essas contradições. Evans-Pritchard lista não menos do que oito elaborações secundárias das suas convicções pelas quais os Azandes explicarão o falhanço do oráculo. Podem assumir que tinha sido colhida a variedade errada de veneno, ou que foi feita uma quebra do tabu, ou que os donos da floresta em que a trepadeira venenosa cresceu se tinham zangado e se tinham eles próprios vingado estragando o veneno, etc..

O nosso autor descreve ainda como os Azandes resistem a qualquer sugestão que o *benge* possa ser um veneno natural. Perguntou, muitas vezes, o que é que aconteceria se administrasssem o veneno-oráculo a uma galinha sem fazer a declaração, ou se administrassem uma porção adicional a uma galinha que tinha recuperado de uma dose usual. "Os Zande não sabem o que é que aconteceria e não estão interessados no que poderia acontecer; ninguém foi tão tolo que desperdiçasse algum veneno para fazer tais experiências sem sentido, que apenas um europeu pode imaginar... Se um europeu fizesse um teste que na sua opinião provasse a opinião Zande como errada, ficariam divertidos com a credulidade do europeu. Se a ave morresse diriam simplesmente que o *benge* não era bom. O simples facto da ave morrer prova-lhes a sua ruindade"[20].

A cegueira dos Azande para com os factos que para nós pareciam ser decisivos é sustentada por uma ingenuidade notável. "Raciocinam excelentemente no idioma das suas convicções, mas não conseguem raciocinar fora, ou contra, as suas convicções porque não têm idioma em que exprimir esses pensamentos", diz Evans-Pritchard[21].

O nosso objetivismo, que não tolera uma declaração aberta de fé, forçou as convicções modernas a tomarem formas implícitas, tal como as dos Azandes. Ninguém negará que aqueles que dominam os idiomas em que essas convicções estão implícitas podem também raciocinar com mais engenho dentro desses idiomas, enquanto que - uma vez mais tal como nos Azandes - ignoram sem hesitações tudo o que o idioma não contempla. Citarei duas passagens para ilustrar a forte estabilidade de dois quadros interpretativos modernos, baseados nestes princípios:

"A minha educação partidária equipou a minha mente com tais amortecedores de choques e defesas elásticas, que tudo o que se vê e ouve transforma-se automaticamente de modo a ajustar-se ao padrão preconcebido" (A. Koestler, em *The God that Failed*, Londres, 1950, p. 68)

"O sistema de teorias que Freud desenvolveu gradualmente é tão consistente que quando uma pessoa se entranha neles, é difícil fazer uma observação não enviesada por esta forma de pensar" (Karen Horney, *New Ways of Psychoanalysis*, 1939, p. 7).

A primeira citação é de um ex-marxista, a segunda é de um autor anteriormente freudiano. Na altura em que ainda aceitavam como válidos os quadros conceptuais de Marx ou de Freud - conforme o caso - estes autores olharam para os poderes interpretativos abrangentes desses quadros como uma evidência da sua verdade; só quando perderam a fé é que sentiram que esses poderes eram excessivos e especiosos. Veremos a mesma diferença aparecer nas nossas avaliações do poder interpretativo de diferentes sistemas conceptuais, como parte da nossa aceitação ou rejeição desses sistemas.

9.9. TRÊS ASPETOS DA ESTABILIDADE

A resistência de um idioma da convicção contra o impacto da evidência adversa pode ser visto sob três títulos, cada um dos quais ilustra a maneira como os Azandes mantêm as suas convicções face a situações que as invalidariam, segundo os nossos pontos de vista. Casos análogos podem ser aduzidos a partir de outros sistemas de convicções.

A estabilidade das convicções Azande é devida, em primeiro lugar, ao facto de que objeções podem ser tratadas uma a uma. Este poder de um sistema de convicções implícitas para derrotar objeções válidas, uma a uma, é devida à circularidade de tais sistemas. Com isto quero dizer que o poder convincente da interpretação de um novo tópico, em termos de um tal quadro conceptual, baseia-se em aplicações passadas do mesmo quadro a um grande número de tópicos que agora não estão em consideração como sendo novos, enquanto que se qualquer desses tópicos for agora questionado, a sua interpretação, por sua vez, irá basear-se de modo semelhante, no apoio da interpretação de todos os outros. Evans-Pritchard observou isso para as convicções dos Azendes sobre noções místicas. "A contradição entre a experiência e a noção mística é explicada por referência a outras noções místicas"[22].

Desde que cada dúvida seja resolvida por sua vez, o seu efeito é reforçar as convicções fundamentais que foram atingidas. Evan-Pritchard escreve que "o leitor considere um argumento qualquer que possa demolir completamente todas as afirmações Zande acerca do poder de um oráculo. Se for traduzida nos modos de pensamento Zande, então serviria para suportar a sua estrutura completa de convicções"[23]. Logo, a circularidade de um sistema conceptual tende a reforçar-se a si mesmo em cada contacto com um tópico novo.

A circularidade da teoria do universo, incorporada numa linguagem em particular, manifesta-se de uma forma elementar pela existência de um dicionário dessa linguagem. Se se duvidar que um nome, verbo, adjetivo ou advérbio tem um significado em inglês, um dicionário de inglês tira essas dúvidas por uma definição que usa outros nomes, verbos, adjetivos e advérbios, cujo significado não é posto em dúvida. Inquirições deste tipo confirmarão cada vez mais o uso da linguagem.

Recorde-se o que vimos sobre a axiomatização da matemática, em particular o que meramente declara as convicções que a prática do raciocínio matemático implica. O sistema axiomatizado é, portanto, circular: a nossa aceitação anterior da matemática dá autoridade aos seus axiomas, a partir dos quais por sua vez deduzimos todas as demonstrações matemáticas. A divisão das fórmulas matemáticas, ou de afirmações declaradas por um sistema dedutivo, em axiomas ou teoremas é, na realidade, largamente convencional, pois podemos usualmente substituir alguns ou todos os axiomas por teoremas e derivar os anteriores axiomas a partir destes teoremas. Toda a asserção de um sistema dedutivo pode ser demonstrada por outras asserções, ou então mostrar-se que está implícita nelas como um axioma. Logo, se duvidarmos de cada afirmação por seu turno, vê-se que cada uma é confirmada pela sua circularidade, e a refutação de cada dúvida consecutiva resulta no reforço da nossa convicção no sistema, como um todo.

A circularidade opera pela divisão de papéis, quando um número de pessoas com o mesmo conjunto de pressuposições confirmam mutuamente as interpretações que cada um faz de uma experiência. Seja a história seguinte, de um explorador sul africano, L. Magyar, coligida por Lévy-Bruhl, que a considerava como típica[24]. Dois africanos nativos, S. e K., foram à floresta apanhar mel. S. encontrou três grandes árvores cheias de mel, enquanto que K. só encontrou uma. K. voltou para casa a dizer mal da sua sorte, enquanto que S. tinha sido afortunado. Entretanto S. voltou à floresta para trazer mais mel, mas foi atacado por um leão e ficou em pedaços.

Os familiares da vítima do leão foram logo ao adivinho para descobrir quem era o responsável pela sua morte. O adivinho consultou várias vezes o oráculo e declarou que K., invejoso da boa colheita de mel por S., assumiu a forma de leão para se vingar. O acusado negou tenazmente a sua culpa e o chefe ordenou que o caso se resolvesse pela prova do veneno. "O assunto seguiu depois o curso habitual", diz o testemunho do explorador - "a prova foi desfavorável para o acusado, que confessou e sucumbiu à tortura... A acusação pareceu muito natural ao adivinho que a formulou, ao príncipe que ordenou o julgamento pela prova, à multidão de assistentes e até ao próprio K., que tinha sido transformado num leão, de facto, a toda a gente, exceto ao europeu que aconteceu estar presente"[25].

É claro que para nós K., na realidade, não se transformara num leão nem destroçara S. aos bocados, como tal ele primeiro negou que o tivesse feito. Mas foi confrontado com um caso arrasador contra ele. O quadro interpretativo que partilhava com os seus acusadores não inclui o conceito de morte acidental; se um homem é devorado por um leão, deve haver uma razão efetiva por trás disso, como a inveja de um rival. Isto torna-o num suspeito óbvio e quando o oráculo, em que ele sempre confiou, confirma a suspeição, não pode continuar a resistir à evidência da sua culpa e confessa ter-se transformado num leão e ter devorado S.. Isto fecha o círculo do argumento e confirma o quadro mágico em que foi conduzido, e aumenta os poderes desse quadro para assimilar o próximo caso ao seu alcance.

Os comunistas que experimentaram o procedimento que levou às confissões nos julgamentos de sabotagem na Rússia descreveram uma circularidade semelhante. Para começar, o prisioneiro usualmente resiste à acusação, mas quando é persistentemente pressionado por todos os lados pelo magistrado que o examina e pela evidência extorquida aos seus associados anteriores, começa a ceder ao poder convincente do caso contra ele próprio[26]. Com os mesmos fundamentos com que ele habitualmente condenou outros, tende agora a condenar-se a si próprio - e a fechar então o círculo que uma vez mais confirma esses fundamentos e que fica ainda mais forte do que nunca para o próximo caso.

Um segundo aspeto da estabilidade resulta de uma expansão automática do círculo em que o sistema interpretativo opera. Prontamente fornece elaborações do sistema que cobrem quase toda a eventualidade concebível, por mais embaraçoso que isso possa parecer à primeira vista. As teorias científicas que possuem esta capacidade auto expansiva são, por vezes, descritas como epicíclicas, em alusão aos epiciclos usados na teoria ptolomaica e copérnica para representar os movimentos planetários, em termos de movimentos circulares e uniformes. Todos os grandes quadros conceptuais interpretativos têm uma estrutura epicíclica que fornece uma reserva de explicações subsidiárias para situações difíceis. O carácter epicíclico das crenças Zande foi anteriormente evidenciado pela disponibilidade imediata de oito suposições diferentes para explicar uma auto contradição em duas respostas consecutivas do oráculo.

A estabilidade das crenças Zande manifesta-se, em terceiro, lugar pela forma como negam a qualquer conceção o fundamento em que poderia basear-se. Experiências que a suportem só podiam ser aduzidas uma a uma. Mas uma nova conceção, por exemplo o conceito de causa natural, que tomaria o lugar da superstição Zande, só se poderia estabelecer por toda uma série de instâncias relevantes, e tal evidência não se poderia acumular nas mentes das pessoas, se cada um deles for, por seu turno, desconsiderado por falta de conceito que lhe dê significancia. O comportamento dos Azandes, que Evans-Pritchard tentou convencer que o *benge* era um veneno natural que não devia nada dos seus poderes aos habituais feitiços que acompanham a sua administração, ilustram o tipo de indiferença desdenhosa com que nós normalmente olhamos para as coisas para as quais não temos qualquer conceito. "Não sentimos nem curiosidade nem maravilha", escreve William James, "acerca das coisas tão distantes de nós que nem temos conceitos para se lhes referir ou padrões pelos quais os medir". Os feugianos na viagem de Darwin, recorda, ficavam maravilhados com os pequenos barcos, mas não prestavem atenção ao enorme barco ancorado à frente deles[27]. Um caso mais recente deste tipo ocorreu quando Igor Gouzenko, funcionário da cifra na embaixada russa no Canadá, tentou em vão, ao longo de dois dias consecutivos (5 e 6 de setembro de 1945), atrair a atenção para os documentos relativos à espionagem atómica soviética, que mostrou em Otava com risco da sua própria vida.

O terceiro mecanismo de defesa das convicções implícitas pode ser chamado princípio da nucleação suprimida. É complementar às operações de circularidade e de auto expansão. Enquanto que estas protegem um sistema existente de convicções contra as dúvidas provenientes de uma peça adversa de evidência, a nucleação suprimida previne a germinação de qualquer conceito alternativo com base numa evidência qualquer.

A circularidade, combinada com uma reserva facilmente disponível de elaborações epicíclicas e a consequente supressão, logo na sua origem, de qualquer desenvolvimento conceptual rival, dá estabilidade ao quadro conceptual, o que podemos descrever como uma medida da sua perfeição. Podemos reconhecer a perfeição ou a abrangência de uma linguagem e do sistema de conceitos por ela transmitidos - tal como fizemos a respeito das crenças Azande na feitiçaria - sem de algum modo implicar com isso que o sistema está correto.

9.10 A ESTABILIDADE DAS CONVICÇÕES CIENTÍFICAS

Não partilhamos as convicções dos Azandes sobre o poder do veneno-oráculo, e rejeitamos muitas das suas outras convicções, descartando as conceções místicas e substituindo-as por explicações naturalistas. Mas podemos também negar que a nossa rejeição das superstições Zande seja o resultado de qualquer princípio geral de dúvida.

A estabilidade do sistema naturalista, que aceitamos correntemente, assenta na mesma estrutura lógica. Qualquer contradição entre uma noção científica particular e os factos da experiência será explicada por outras noções científicas; existe uma abundante reserva de possíveis hipóteses disponíveis para explicar qualquer acontecimento que se possa conceber. Segura pela sua circularidade, e ainda mais defendida pelas suas reservas epicíclicas, a ciência pode negar, ou pelo menos pôr de lado como não tendo qualquer interesse científico, domínios completos de experiências que para a mente não científica parecem ser tanto maciças como vitais[28].

As restrições da perspetiva científica que sumariei como objetivismo têm sido tema recorrente ao longo deste livro. A minha tentativa para sair deste quadro altamente estilizado e entrar em avenidas com acesso legítimo à realidade, de que o objetivismo nos separa, será agora adiantada um pouco mais. De momento, quero apresentar algumas ilustrações para mostrar que, *dentro da própria ciência*, a estabilidade das teorias contra a experiência se mantém por reservas epicíclicas que suprimem os conceitos alternativos logo ao nascer: um procedimento que, em retrospetiva, parecerá correto nuns casos e errado noutros.

A teoria da dissociação eletrolítica, proposta em 1887 por Arrhenius, assumia um equilíbrio químico entre as formas dissociada e por dissociar do eletrólito em solução. Desde o início, as medidas mostravam que isto só era verdade para eletrólitos fracos como o ácido acético, mas não para o grupo muito proeminente dos eletrólitos fortes, como o sal comum ou o ácido sulfúrico. Durante mais de trinta anos, as discrepâncias foram cuidadosamente medidas e tabeladas nos livros de texto, mas ninguém pôs em questão a teoria, que tão flagrantemente contradiziam. Os cientistas ficavam satisfeitos por falar das "anomalias dos eletrólitos fortes", sem duvidarem, por um momento, que o seu comportamento fosse de facto governado pela lei a que não obedeciam. Posso ainda recordar-me da minha surpresa quando, em 1919, ouvi pela primeira vez debater a ideia que essas anomalias deviam ser vistas como uma refutação do equilíbrio postulado por Arrhenius e que deviam ser explicadas por uma teoria diferente. Só depois desse conceito alternativo (baseado na mútua interação eletrostática de iões) ter sido elaborado com sucesso em detalhe é que a teoria anterior foi em geral abandonada.

As contradições com as conceções científicas correntes são muitas vezes ignoradas, dando-lhes o nome de "anomalias", o que é a presunção mais conveniente na reserva epicíclica de qualquer teoria. Vimos como os Azande usam um argumento semelhante para resolver as inconsistências do veneno do oráculo. Em ciência, este processo tem-se mostrado muitas vezes brilhantemente justificado, quando revisões subsequentes da evidência adversa ou aprofundamentos da teoria original explicaram as anomalias. A modificação da teoria de Arrhenius para os eletrólitos fortes é um desses casos.

Outro exemplo pode ilustrar como uma série de observações que, num certo momento, eram consideradas como factos científicos importantes, pode ser, alguns anos depois, estar completamente desacreditada e condenada ao esquecimento, sem mesmo nunca ter sido aprovada ou sequer novamente testada, simplesmente porque os factos deixam de parecer credíveis. Perto do fim do século passado, H. B. Baker[29] reportou numerosas observações sobre o poder da secagem intensiva para interromper certas reações químicas, normalmente extremamente rápidas, e para reduzir a velocidade de evaporação de um certo número de produtos químicos normalmente usados. Baker continuou a publicar mais casos deste efeito de secagem durante mais de trinta anos[30]. Um grande número de fenómenos alegadamente relacionados foram reportados na Holanda por Smits[31] e algumas demonstrações surpreendentes foram feitas na Alemanha[32]. Baker conseguiu algumas vezes tornar as suas amostras não reativas, simplesmente secando-as por períodos até três anos; quando alguns autores falharam na reprodução dos seus resultados, foi razoável assumir que não tinham conseguido atingir os mesmos graus de dessecação. Por consequência, na altura havia poucas dúvidas de que os efeitos observados da secagem intensiva eram verdadeiros e que refletiam uma característica fundamental de todas as alterações químicas.

Hoje em dia, essas experiências, que despertaram grande interesse entre 1900 e

1930, estão quase esquecidas. Alguns livros de texto sobre química que continuam impensadamente a compilar dados publicados, ainda registam as observações de Baker com detalhe, mas adicionando que a sua validade "ainda não foi estabelecida com certeza"[33], ou que "alguns dos (seus) resultados têm sido questionados por investigadores posteriores, mas a técnica é dificil"[34]. Mas investigadores no ativo já não têm interesse nesses fenómenos, pois no estado atual da compreensão dos processos químicos estão convencidos de que a maioria desses resultados foram espúrios, e mesmo que tenham sido reais, provavelmente foram devido a causas triviais[35]. Sendo assim, a nossa atitude em relação a essas experiências é semelhante à dos Azandes em relação à sugestão de Evans-Pritchard de tentar os efeitos do veneno do oráculo sem ser acompanhado pelo feitiço. Encolhemos os ombros e recusamos perder o nosso tempo com uma inquirição obviamente sem grandes frutos. O processo de seleção dos factos a que damos a nossa atenção é, sem dúvida, o mesmo na ciência e nos Azandes; mas acredito que a ciência está muitas vezes correta na sua aplicação, enquanto que os Azandes estão bastante errados ao usarem isso para proteger as suas superstições[36].

Concluo dizendo que aquilo a que os primeiros filósofos aludiram ao falar de coerência como um critério de verdade é apenas um critério de estabilidade. Tanto pode estabilizar uma visão errada como uma visão verdadeira do universo. A atribuição da verdade a uma qualquer alternativa estável em particular é um ato fiduciário que não pode ser analisado sem compromissos. Voltarei a este ponto no próximo capítulo. De momento, serve apenas para tornar claro que não existe princípio de dúvida cuja operação nos permita descobrir qual dos dois princípios de convicções implícitas é que é verdade - exceto no sentido em que admitimos uma evidência decisiva contra a que acreditamos que não é verdade, e não contra a outra. Uma vez mais, a admissão de dúvida prova aqui ser claramente um ato de acreditar, do mesmo modo que a não admissão da dúvida.

9.11. DÚVIDA UNIVERSAL

Que significado é que podemos dar, a esta luz, a um princípio de dúvida universal? Desde que que a reconsideração de uma convicção isolada seja feita contra um fundo esmagador de convicções não questionadas, as convicções que formam esse fundo não se podem simultaneamente alegar como duvidosas. Embora cada elemento da nossa convicção seja concebivelmente confrontado, um a um, com o resto, é inconcebível que tudo seja simultaneamente sujeito a esta operação. Mas isto não quer dizer que um sistema de convicções não possa ser posto em dúvida como um todo. A geometria euclidiana foi posta em questão como um todo e reduzida a um estatuto opcional da geometria não euclidiana. Podemos, em princípio, sentir-nos inclinados para reconsiderar um dia a nossa aceitação das matemáticas como um todo. Admiti já que o declínio da fé religiosa implicou uma redução genuína no volume das nossas convicções.

Tais especulações podem servir para indicar um significado da dúvida universal que é livre de auto contradições. Podemos imaginar uma extensão indefinida do processo de abandono de todos os sistemas articulados aceites, conjuntamente com as teorias formuladas nesses termos ou implicadas pelo seu uso. Este tipo de dúvida pode, eventualmente, levar ao abandono, sem compensação, de todas as formas existentes de articulação. Far-nos-ia esquecer completamente todos os idiomas usados e disssolveria todos os conceitos que esses idiomas transmitem. A nossa vida intelectual articulada, que opera pela manipulação de conceitos que se podem simbolizar, ficaria então suspensa.

Uma tal interpretação da dúvida universal seria certamente repudiada pelos aderentes ao princípio da dúvida, mas não consigo vislumbrar outros fundamentos com que possam divergir disso. Esta é a única maneira de duvidar que pode verdadeiramente libertar as nossas mentes das convicções préconcebidas, que foram adquiridas acriticamente. Se não podemos aceitar a justificação de ter convicções de forma não crítica, então a nossa única alternativa lógica é varrer todos esses compromissos préconcebidos. E se isto se mostrar difícil na prática, precisamos pelo menos de reconhecê-lo como o nosso ideal de perfeição. Precisamos de aceitar a mente virgem, sem qualquer autoridade, como o modelo da integridade intelectual.

Embora com o risco de estarmos a insistir no óbvio, deve ficar claro o que é que está exatamente implícito na suposição de uma mente que conformaria os seus julgamentos sobre todas as questões sem recorrer a qualquer opinião préconcebida. Não pode significar a mente de uma criança recém-nascida, pois esta ainda lhe falta inteligência suficiente para compreender um problema e descobrir uma solução para isso. Uma mente virgem deve poder amadurecer até à idade em que atinge os seus poderes naturais de inteligência, mas teria que se manter até aí sem ser moldada por qualquer tipo de educação. Não lhe deve ser ensinada qualquer linguagem, pois a fala só pode ser adquirida acriticamente, e a prática da fala, numa linguagem em particular, traz consigo a aceitação de uma teoria particular do universo, postulada por essa linguagem.

Uma maturação da mente inteiramente sem tutor resultaria, portanto, num estado de imbecilidade. É claro que os impulsos emocionais e apetitivos que são inerentes à vida animal correm pelos canais que lhes forem disponibilizados. Na ausência de uma estrutura conceptual racional para a guiar, a sua manifestação não será ceticamente restringida, mas antes frenética e rudimentar. Já vimos isto nos animais bem abaixo do nível humano. Mencionei como as galinhas criadas

9. A CRÍTICA DA DÚVIDA

em isolamento ficavam perplexas e se comportavam de forma confusa, refletindo uma consternação desesperada, quando confrontadas pela primeira vez com outras galinhas[37].

No entanto, mesmo essas criaturas tão estúpidas não deixam de formar conceções que prejudicam seriamente um distanciamento crítico. Vimos já como a mente participa ativamente na nossa apreensão sensorial das coisas (p. 99). Algumas vezes, esta forma de ver as coisas está errada, e um tal erro instintivo pode prejudicar gravemente o progresso da filosofia e da ciência. O contraste entre um corpo "em repouso" e "em movimento" condiciona toda a perceção visual. Vemos a terra em repouso absoluto, com o sol, a lua e as estrelas a girarem à volta da terra, como o respetivo centro. A visão geocêntrica do mundo tinha um apoio firme nos nossos preconceitos percetivos mais primitivos. Na realidade, mesmo na mecânica newtoniana, o sol era, por sua vez, considerado como fixo, com o resto do universo a mover-se à sua volta: e este preconceito só foi finalmente descartado na teoria geral da relatividade de Einstein. Hoje em dia, o quadro newtoniano é condenado como um produto do pensamento não crítico; mas o seu erro pode ser traçado até aos níveis inferiores da perceção visual e, portanto, seria cometido mesmo por crianças educadas entre lobos ou que tivessem chegado à maturidade dentro de uma incubadora.

Portanto, se o ideal de uma mente virgem é para ser perseguido até ao seu limite lógico, temos que enfrentar o facto que toda a perceção das coisas, particularmente pelos nossos olhos, envolve implicações acerca da natureza das coisas, que podem ser falsas. Ver um objeto como preto ou branco não é determinado pela quantidade de luz que entra pelos nossos olhos. A neve ao crepúsculo parece branca, um casaco de jantar visto à luz do sol parece preto, embora neste caso o casaco esteja a mandar mais luz para os olhos do que a neve. Diz-se que preto é preto e que branco é branco - mas quando vemos um objeto como preto ou branco, isso é decisivamente afetado por todo o contexto em que a luz do objeto chega aos nossos olhos. A forma como incorporamos este contexto na nossa perceção das cores, tamanhos, distâncias e formas do objeto percebido é determinada pelas nossas inclinações fisiológicas inatas e pelo seu consequente desenvolvimento sob a influência da nossa experiência. As minhas perceções, hoje em dia, como um adulto, são diferentes daquelas que tinha como um recém-nascido, e muita desta diferença é devida ao funcionamento da convergência, adaptação e outros processos sensoriais mais complexos, que acontecem de acordo com princípios que podem estar errados. Mas todas estas funções podiam ser eliminadas pelo meu próprio treino em olhar novamente para as coisas com uns olhos que não apreendem as imagens, deixando que elas passem pela minha retina, como um filme que está continuamente a passar pelo orifício de uma lanterna de projeção. Não estou seguro de conseguir assim o acesso a um núcleo de dados indubitavelmente virgens. Estaria apenas a ignorar a minha visão, tal como os faquires fazem quando entram em transe com os olhos abertos. Nem poderia recuperar os meus poderes de perceção por um processo criticamente controlado, mas apenas por um esforço para ver novamente, usando os meus olhos com todo o seu equipamento complexo, ajudado pelo ajustamento da postura da minha cabeça e combinado com a apreensão do som, tato e movimentos exploratórios do meu corpo - seguindo um processo que incorpora todo um sistema de implicações relativamente às quais me devo comprometer acriticamente. Embora possamos reduzir a soma das nossas aceitações conscientes a vários graus, incluindo nenhum, reduzindo-nos a nós próprios a um estado de estupor, qualquer gama de apreensões parece envolver um correspondente conjunto extensivo de convicções aceites acriticamente.

Logo, o programa de dúvida compreensiva colapsa e revela, pelo seu falhanço, as raízes fiduciárias de toda a racionalidade.

É claro que não sugiro que aqueles que advogam a dúvida filosófica como solvente geral dos erros e uma cura para todo o fanatismo gostassem de criar os seus filhos sem uma orientação racional, ou que contemplassem um outro esquema qualquer de estupidificação universal. Estou apenas a dizer que isso é o que os seus princípios solicitam. O que na realidade desejam não se exprime pelos seus princípios declarados, mas é antes ocultado. Querem que os seus próprios princípios sejam ensinados aos seus filhos e aceites por todos, pois estão convencidos que isso salvaria o mundo do erro e dos conflitos. Na sua Conway Lecture de 1922, republicada em 1941, Bertrand Russell revelou-o numa só frase. Depois de condenar o bolchevismo e o clericalismo como dois ensinamentos dogmáticos opostos, que devem ambos ser combatidos pela dúvida filosófica, sumaria dizendo: "Logo só a dúvida racional, se for possível de gerar, pode ser suficiente para introduzir o novo milénio"[38]. A intenção do autor é clara: pretende difundir certas dúvidas que ele pensa serem justificadas. Não nos quer fazer acreditar nas doutrinas da igreja católica, que nega e de que não gosta, e também nos quer fazer resistir aos ensinamentos de Lenine acerca da desenfreada violência revolucionária. Estas descrenças são recomendadas como "dúvidas racionais". A dúvida filosófica é assim mantida à trela e impedida de pôr em questão qualquer coisa em que o cético acredite, ou de aprovar qualquer dúvida que ele não partilhe. A acusação da inquisição contra Galileu baseava-se na dúvida: acusavam-no de "imprudência". A encíclica papal "Humani Generis", de 1950, continua a fazer a sua oposição à ciência ao longo das mesmas linhas, avisando os católicos que a evolução ainda é uma hipótese não confirmada. Também nenhum cético filosófico alinharia com a inquisição contra o sistema copérnico ou com o papa Pio XII contra o darwinismo. Lenine e os seus sucessores elaboraram uma forma de marxismo que duvida da realidade, de quase tudo aquilo que Bertrand Russell e outros racionalistas nos ensinam a seu respeito, mas estas dúvidas, tais como as da inquisição, não são endossadas pelos racionalistas ocidentais, presumivelmente porque não são "dúvidas racionais". Como o cético não considera racional duvidar daquilo em que acredita, a advocacia da "dúvida racional" é meramente uma forma do cético advogar as suas próprias convicções. A frase anteriormente cotada de Russell deve, portanto, ler-se: "A aceitação de convicções racionais, como as minhas próprias convicções, será suficiente para introduzir o milénio". O racionalismo expresso desta forma renunciaria ao seu princípio ilusório da dúvida e teria que enfrentar os seus próprios fundamentos fiduciários.

Nos tempos de Montaigne e de Voltaire, o racionalismo identificou-se a si próprio com a dúvida do supernatural, e os racionalistas chamaram-lhe dúvida por oposição a "convicção". Esta prática foi desculpável nessa altura, pois as convicções dos racionalistas - por exemplo, na supremacia da razão, e na ciência como aplicação da razão à natureza - não tinham ainda sido efetivamente desafiadas pelo ceticismo. Ao propagandear as suas próprias convicções, os primeiros racionalistas estavam a opor-se à autoridade tradicional numa frente tão ampla que bem podiam olhar para eles próprios como céticos radicais. Mas as convicções do racionalismo foram, desde aí, efetivamente postas em questão pelas doutrinas revolucionárias do marxismo e do nazismo. É absurdo fazer oposição a essas doutrinas com fundamento no ceticismo. Ganharam a sua atual ascendência só muito recentemente, por uma rejeição total da tradição ocidental, e hoje em dia é o racionalismo que se baseia na tradição - a tradição dos séculos XVIII e XIX - contra elas. Deve também ser agora claro como as convicções transmitidas por esta tradição, agora em perigo, não são evidentes por si mesmas. O fanatismo moderno baseia-se num ceticismo extremo que apenas pode ser fortalecido, mas não abalado, por novas doses de dúvida universal.

10. COMPROMISSOS

10.1. CONVICÇÕES FUNDAMENTAIS

"Acredito que, apesar dos riscos envolvidos, sou chamado a procurar a verdade e a declarar as minhas conclusões". Esta frase, que sumaria o meu programa fiduciário, transmite uma convicção profunda que eu próprio defendo. A sua asserção deve, portanto, mostrar-se coerente com o seu conteúdo pela prática daquilo que autoriza. O que na realidade é verdade. Ao proferir esta afirmação, tanto estou a dizer que me comprometo pessoalmente pelo pensamento e pelo discurso, como também o faço. Uma inquirição sobre estes compromissos últimos só pode ser consistente se tiver como pressuposto as suas próprias conclusões. Precisa de ser intencionalmente circular.

A última afirmação é, por si, um caso do tipo de ato que ela própria habilita. Demarca-se dos fundamentos do meu discurso baseando-se precisamente nos mesmos terrenos demarcados; a minha admissão confiante de circularidade é apenas justificada pela minha convicção de que, na medida em que exprimo a minha melhor compreensão das minhas responsabilidades intelectuais como a minha própria convicção pessoal, posso ficar seguro de ter preenchidos os requisitos últimos do auto criticismo; de que, na realidade, sou obrigado a formar tais convicções pessoais e as posso defender de uma forma responsável, apesar de reconhecer que uma tal reivindicação não pode ter outra justificação senão a que deriva do facto de ser declarada nos próprios termos que ela endossa. Logicamente, todo o meu argumento não é mais do que uma elaboração deste círculo; é um percurso sistemático para me ensinar a mim mesmo a defender as minhas próprias convicções.

No momento em que tal programa é formulado, parece logo estar ameaçado pela sua destruição. Ameaça afundar-se no subjetivismo: ao limitar a si próprio a expressão das suas próprias convicções, o filósofo pode estar a falar só para si próprio. Acredito que esta auto destruição pode ser evitada, modificando o nosso conceito de convicção. As minhas sugestões anteriores, que para bem do rigor declarativo as afirmações precisariam de ser formulados em modo fiduciário, com as palavras "eu acredito" como prefixo, era um passo nessa direção, na medida em que eliminava qualquer distinção formal entre as afirmações de convicções e as afirmações de factos. Mas esta reforma, que associaria toda a declaração com quem o declara, teria ainda de ser suplementada para manter também a ligação da afirmação ao seu outro polo, ou seja, às coisas a que se refe. Para este propósito, o modo fiduciário teria que ser fundido com o quadro mais vasto do compromisso.

A palavra "compromisso" será aqui usada no sentido particular que será estabelecido pelo seu uso, cuja prática deve também servir para credenciar a minha convicção na existência e na justificação do compromisso. Assim equipado, serei capaz de demonstrar que uma filosofia que reconhece o compromisso, no sentido que tenho em mente, pode-se considerar a si própria como o compromisso do filósofo a nada mais que não seja o seu compromisso, evitando deste modo a falsa reivindicação à impersonalidade estrita e a sua redução, pela sua própria exibição, a uma afirmação sem qualquer suporte impessoal.

10.2. O SUBJETIVO, O PESSOAL E O UNIVERSAL

A participação pessoal de quem conhece no conhecimento que ele próprio acredita possuir tem lugar dentro de um fluxo de paixão. Reconhecemos a beleza intelectual como um guia de descoberta e como uma marca da verdade.

O amor pela verdade opera a todos os níveis das realizações mentais. Kohler observou como os chimpanzés repetiam uma proeza engenhosa, que tinham, em primeiro lugar, inventado para conseguir comida, como um jogo antes para colecionar pequenas pedras. A angústia dos animais intrigados por problemas (de que falarei mais adiante) demonstra a capacidade correlacionada para apreciar o sucesso intelectual. As emoções exprimem uma convicção: ser atormentado por um problema é acreditar que ele tem uma solução e rejubilar com a sua descoberta é aceitá-la como verdadeira.

Os aspetos apaixonados do compromisso intelectual circunscrevem-se mais rigorosamente contrastando-os com outras paixões ou condições generalizadas que não sejam compromissos. Dores corporais intensas atravessam toda a nossa pessoa, mas o sentimento de uma tal dor não é uma ação ou um compromisso. Quando alguém sente calor ou cansaço ou aborrecimento, isto afeta todo o seu estado mental, mas não implica qualquer afirmação para além do sofrimento da pessoa. Existem também prazeres puramente sexuais que são quase tão passivos como estas dores; mas a gratificação mais intensa dos nossos sentidos resulta da satisfação dos nosso desejos e, nessa medida, cria uma forma de compromisso.

Neste tipo de fundamentos, penso que podemos distinguir entre aquilo que

10. COMPROMISSOS

é pessoal em nós, e que entra ativamente nos nossos compromissos, e os nossos estados subjetivos, em que meramente atendemos aos nossos sentimentos. Esta distinção estabelece o conceito de *pessoal*, que não é nem subjetivo nem objetivo. Na medida em que o pessoal se submete aos requisitos reconhecidos por ele próprio, não é subjetivo; mas na medida em que é uma ação guiada por paixões individuais, também não é objetivo. Transcende a disjunção entre subjetivo e objetivo.

A estrutura do compromisso, que serve como uma matriz lógica ao pessoal, é mais claramente exemplificada pelo ato de resolução consciente de um problema. Esses atos apenas emergem a um certo nível intelectual superior e tendem depois a desaparecer, a níveis ainda superiores de sofisticação. A resolução de problemas combina elementos dos dois domínios adjacentes, abaixo e acima, e é mais facilmente introduzido atendendo, em primeiro lugar, a estes dois elementos.

No *extremo inferior* da escala intelectual está a satisfação dos desejos. Processos deste tipo, como, por exemplo, na escolha da comida, podem mostrar uma delicada discriminação, mas a capacidade para isso é largamente não deliberativa, mais do que guiada por juízos pessoais e conscientes. De modo semelhante, o ato de perceção pelo qual damos nos aprecebemos e identificamos objetos, embora algumas vezes precise de um esforço sério da inteligência, por regra não envolve qualquer deliberação, mas completa-se antes de forma automática. Embora os apetites e impulsos sensoriais sejam claramente ações pessoais, são ações de uma pessoa dentro de nós próprios com as quais nem sempre nos podemos identificar. Temos muitas vezes que refrear os nossos desejos primários e corrigir o julgamento dos nossos sentidos, o que mostra que tais performances sub intelectuais não nos comprometem totalmente. No *extremo superior* da escala encontramos formas de inteligência em que a nossa participação pessoal tende a ser reduzida, por muitas razões diferentes. A ciência matemática é geralmente aceite como a mais perfeita das ciências, e a ciência como o mais perfeito dos feitos da inteligência. Embora estas reivindicações possam ser excessivas ou mesmo totalmente erradas, exprimem o ideal inescapável de uma inteligência completamente formalizada, que eliminaria das suas manifestações qualquer traço de compromisso pessoal.

Um esforço consciente e persistente para a solução de um problema articulado fica a meio caminho entre estes dois extremos. Canaliza o impulso nativo para chegar à coerência, que partilhamos com os animais superiores, numa manipulação heurística do pensamento articulado. A ciência pode aqui servir como exemplo. A habilidade distintiva de um descobridor científico reside na capacidade em embarcar, com sucesso, em linhas de inquirição que outras mentes, confrontadas com as mesmas oportunidades, não teriam reconhecido ou não teriam achado que valia a pena. Isto é a originalidade. A originalidade implica uma iniciativa distintivamente pessoal e é invariavelmente apaixonada, algumas vezes até ao ponto de ser uma obsessão. Desde a primeira intimação de um problema oculto e através da sua perseguição até à solução, o processo de descoberta é guiado por uma visão pessoal e apoia-se numa convicção pessoal.

Embora originalmente esteja em claro conflito com o ideal de uma inteligência completamente formalizada, também difere completamente da satisfação de impulsos. Os nossos desejos são *nossos*, e somos nós que os procuramos satisfazer, enquanto que o descobridor procura a solução para um problema que é causa da sua satisfação, e que o impele a ele e também a todos os outros[1]. A descoberta é um ato em que a satisfação, a submissão e a legislação universal estão indissociavelmente combinados.

Algumas descobertas revelam obviamente algo que já existia, como quando Colombo descobriu a América. Isto não afeta a medida de originalidade do descobridor; embora a América lá estivesse à espera de ser descoberta por Colombo, quem a descobriu foi ele. Mas a intenção universal de uma inovação radical também se pode representar como um sentimento da sua preexistência. Quando um matemático propõe um novo conceito muito ousado, como uma geometria não euclidiana ou a teoria dos conjuntos, está a pedir a sua aceitação pelos seus contemporâneos relutantes, e mostra que as suas inquirições se dirigiam para a satisfação de padrões preexistentes de mérito intelectual e que considera o produto do seu pensamento como a revelação de uma possibilidade preexistente para a satisfação desses padrões. Mesmo nas ciências naturais, as inovações radicais podem depender da aceitação de sensibilidades que ainda não estão desenvolvidas. A estrutura matemática da física moderna não era satisfatória do ponto de vista das gerações anteriores, que procuravam explicações em termos mecânicos. Para prevalecer, os físicos modernos tiveram que educar o seu público no uso de novos padrões de apreciação intelectual. Desde o princípio, os pioneiros da física moderna assumiram que a nova sensibilidade estava latente nos seus colegas cientistas e que a desenvolveriam como resposta aos possíveis resultados mais profundos e verdadeiros, que apelavam a esta nova sensibilidade. Empreenderam uma revisão dos padrões correntes do mérito científico, à luz dos padrões intelectuais mais fundamentais, que assumiram preexistentes e de obrigatoriedade universal. É claro que tudo isto se aplica enfaticamente às inovações artísticas.

A nossa apreciação da originaliade deve deixar clara a distinção entre o *pessoal* e o *subjetivo*. Uma pessoa pode ter as suas predileções e fobias mais peculiares, mas mesmo assim, não ser creditada com originalidade. As suas sensibilidades distintivas podem ser vistas como meras idiossincrasias; mesmo que esteja totalmente envolvido no seu mundo privado, a sua condição não será reconhecida como um compromisso. Em alternativa, será dito estar sujeito a obsessões e ilusões, e pode mesmo ser dado como insano. É claro que a originalidade pode ser confundida com pura demência, o que tem acontecido a escritores e pintores modernos; o inverso também é comum, especialmente para pessoas debaixo de delírios, que acreditam ser grandes inventores, descobridores, profetas, etc.. Mas duas coisas totalmente diferentes podem muitas vezes ser confundidas entre si. Basta, uma vez mais, estabelecer aqui o princípio que as diferencia: em particular, que o compromisso é uma escolha pessoal, que procura, e que eventualmente aceita, algo que se acredita que foi dado impessoalmente (tanto pela pessoa que se compromete como pelo escritor que o descreve), enquanto que o subjetivo está totalmente na natureza de uma condição em que a pessoa em questão é o sujeito.

Observamos aqui uma correlação mútua entre o pessoal e o universal dentro da situação de compromisso. O cientista que persegue uma inquirição atribui um estatuto impessoal aos seus padrões e reinvindicações, porque as considera como impessoalmente estabelecidas pela ciência. Mas esta submissão aos padrões científicos para a avaliação e orientação dos seus esforços é o único sentido em que se pode dizer que estes padrões preexistem, ou mesmo que existem de todo, para ele. Ninguém pode conhecer padrões intelectuais universais exceto reconhecendo a sua jurisdição sobre si próprio como parte dos termos em que se assume como responsável para a persecução dos seus esforços mentais. Eu posso falar de factos, conhecimento, demonstrações, realidade, etc., como pessoalmente vinculativos; mas não podem ser referidos de forma não vinculativa. Não podemos falar sem contradição de conhecimento em que não acreditamos, ou de uma realidade que não existe. Posso negar a validade a algum conhecimento em particular, ou certos factos particulares, mas então para mim estes serão apenas alegações de conhecimento ou de factos, e devem ser designados como "conhecimento" ou como "factos", com os quais não estou comprometido. Compromisso é, neste sentido, o único caminho para nos aproximarmos da verdade universal.

10.3. A COERÊNCIA DO COMPROMISSO

A epistemologia tem tradicionalmente procurado definir a verdade e a falsidade, em termos impessoais, pois apenas estes são aceites como universalmente válidos. A estrutura dos compromissos não deixa qualquer espaço para tal empreendimento; a sua aceitação necessariamente invalida qualquer justificação impessoal do conhecimento. Isto pode ser ilustrado escrevendo uma representação simbólica dos elementos associados *dentro* de um compromisso e contrastando estes com os mesmos elementos, quando vistos como não vinculativos a partir *de fora* da situação de compromisso. Podemos, por exemplo, representar assim uma afirmação factual:

a partir *de dentro* como: { paixão pessoal → afirmação confiante → factos confirmados }

e a partir *de fora* como: convicção subjetiva; afirmação declarativa; factos alegados.

As setas no primeiro caso indicam a força do compromisso e as chavetas a coerência dos elementos envolvidos no compromisso; de acordo com isso, na segunda linha ambos estes símbolos são omitidos.

As paixões fiduciárias que induzem uma expressão confiante acerca dos factos são pessoais, porque se submetem aos factos como universalmente válidos, mas quando refletimos sobre este ato de forma não vinculativa então a sua paixão reduz-se à subjetividade. Ao mesmo tempo, a expressão confiante reduz-se a uma afirmação de modalidade não especificada, e os factos tornam-se factos meramente *alegados*. Estes elementos, expressos na segunda linha, são meros fragmentos de um compromisso que previamente tinhamos credenciado pelos símbolos da primeira linha.

Qualquer compromisso em particular pode ser reconsiderado, e este movimento de dúvida pode ser expresso como passando da primeira para a segunda linha; após o que, satisfeitas as dúvidas, a pessoa que reflete voltará a comprometer-se e passará para uma situação representada pela primeira linha. Mas encontraria este retorno bloqueado se, tendo percebido que este movimento envolve um ato do seu próprio julgamento, lhe negasse uma justificação por causa do seu carácter pessoal.

Nesse caso, uma pessoa a refletir continua a defrontar-se com os fragmentos do seu compromisso prévio, que, como tal, já não precisam uns dos outros: uma convicção subjetiva não pode ser explicada por factos não aceites, e uma declaração que exprima uma tal convicção não se pode mais dizer que corresponda aos factos. Se continua a sentir que há uma relação consistente entre as suas convicções e a evidência factual que lhe é apresentada, considerará isso como um mero hábito (tal como Hume), sem reconhecer qualquer justificação das convicções que o seu hábito exprime.

A pessoa a refletir é então apanhada num conflito insolúvel entre a procura por uma impessoalidade que desacredita todo o compromisso e uma vontade de convencer a sua mente, que o leva a tornar a comprometer-se. Hume descreveu candidamente a oscilação subsequente entre um ceticismo que se admite sem convicção, e uma convicção que não ousa reconhecer conscientemente os seus próprios atos e que apenas pode ser apoiada desprezando o resultado da reflexão filosófica. Chamarei a isto o dilema objetivista.

Este dilema tem assombrado há muito a filosofia sob a capa da "teoria da correspondência da verdade". Bertrand Russell, por exemplo, define verdade como uma coincidência entre os nossos sentimentos subjetivos e os factos atuais[2]; mesmo assim, é impossível, em termos que Russell aceitasse, dizer como é que os dois poderiam alguma vez coincidir.

A resposta é esta. Os "factos" atuais são aceites como factos, tal como vistos dentro de uma situação de compromisso, enquanto que as convicções subjetivas são as convicções que reconhecem esses factos, como vistos de forma descomprometida, por alguém que não os partilha. Mas se considerarmos as convicções em questão, de forma descomprometida, como um mero estado de espírito, não podemos falar com confiança, sem auto contradição, dos factos a que essas convicções se referem. *É auto contraditório separar-se da situação de compromisso no que diz respeito às convicções nele incluídas, mas continuar comprometido com as mesmas convicções ao aceitar o seu conteúdo factual como verdadeiro*. Não faz sentido implicar que simultaneamente temos e não temos a mesma convicção, e definir verdade como a coincidência entre as nossas convicções atuais (tal como implicadas pela nossa referência confiante aos factos) e a nossa negação da mesma convicção (tal como implicada pela nossa referência como um mero estado da nossa mente no que diz respeito a esses factos).

Mencionei antes (Parte Três, cap. 8) a regressão fútil e a auto contradição lógica em que nos envolvemos quando moldamos uma afirmação factual com a forma de uma outra afirmação factual, e argumentamos que devemos evitar essas anomalias negando que a expressão "p é verdade" seja uma afirmação. Vemos agora como a teoria do conhecimento é também lançada na confusão pelo mesmo hábito da linguagem objetivista. *Este hábito transforma uma declaração associada a uma afirmação declarada na declaração de duas afirmações*: uma acerca dos objetos primários, a outra acerca da verdade de uma afirmação que menciona esses objetos. Isto, por sua vez, deixa-nos com o problema de como é que podemos dizer que conhecemos esta verdade, como se ela existisse por si própria (como a neve), exterior a nós, embora não seja qualquer coisa (como a neve) que se possa observar impessoalmente, mas uma expressão que regista o nosso próprio julgamento. A confusão só pode ser evitada, uma vez mais, negando que "p é verdade" é uma afirmação, e de acordo com isso reconhecer que representa um ato acrítico de aceitação que não é algo que se possa declarar ou conhecer. A palavra "verdade" não designa então uma qualidade da afirmação p, mas serve meramente para que a frase "p é verdade" transmita que a pessoa que a declara acredita em p.

Reconhecidamente, dizer "p é verdade", em vez de "eu acredito em p" é mudar a ênfase do compromisso do seu pólo pessoal para o seu pólo externo. A declaração "eu acredito em p" exprime de forma mais apta uma convicção heurística ou uma crença religiosa, enquanto que "p é verdade" será preferida para uma afirmação retirada de um livro de ciência. Mas uma maior contribuição fiduciária não corresponde aqui, necessariamente, a uma maior incerteza daquilo que se afirma.

A ênfase no coeficiente pessoal depende da paixão heurística ou persuasiva que transmite. Estas paixões podem variar em todas as intensidades possíveis, quer a afirmação declarada seja ambígua ou estatística, quer a última afirme um alto ou um baixo grau de probabilidade. A componente fiduciária deve ser sempre pensada como incluída num sinal prefixo de afirmação, e nunca na afirmação explícita por si mesma.

A suposição que a verdade que nos esforçamos por descobrir existe por si, escondida de nós apenas pela nossa aproximação errada, representa corretamente o sentimento de um investigador que persegue uma descoberta que o continua a iludir. Pode também exprimir a tensão indelével entre a nossa convicção de que sabemos algo e a compreensão de que pode muito bem acontecer que estejamos errados. Mas, em nenhum dos casos, um observador externo desta relação pode comparar outro conhecimento pessoal da verdade, por outra pessoa com a própria verdade. Pode apenas comparar o conhecimento pessoal da verdade, observado nessa pessoa pelo seu próprio conhecimento pessoal da verdade.

De acordo com a lógica do compromisso, *a verdade é algo que só pode ser pensado se se acreditar nela*. É, por isso, impróprio falar da operação mental de outra pessoa como conduzindo a uma proposição verdadeira, em qualquer outro sentido do que aquele que o leva a qualquer coisa que o próprio declarante acredita ser verdade. Ilustrarei o uso ilegítimo da suposição de que algo é verdade por si mesmo com um argumento de R. B. Braithwaite relativo à indução[3]. Argumenta que se o processo de indução for verdadeiro, uma pessoa B que acredita que ele é verdadeiro chegará razoavelmente, pelo método indutivo, à conclusão de que é verdadeiro. Três proposições estão envolvidas como se segue: p, a declaração da evidência para a hipótese indutiva, ou seja, a aplicação passada e bem sucedida da indução; r, a declaração da eficiência da "política inferencial" que leva de p à declaração da hipótese indutiva; e q, a própria hipótese indutiva. Braithwaite argumenta que se B acredita razoavelmente em p, e ou acredita (mas não razoavelmente) em r, ou se r for verdade (embora B não o acredite), ou se B tanto acredita (não razoavelmente) em r e r é verdade, então B pode validamente e sem circularidade inferir destas premissas uma convicção razoável sobre q. Logo (1) se B razoavelmente acredita em p, e subjetivamente acredita em r, a sua convicção subsequente razoável em q estabelece a "validade subjetiva" (quer acredite ou não). Ou (2) se B razoavelmente acredita que p e r são verdadeiros (quer acredite ou não), isto estabelece, argumenta Braithwaite, a "validade objetiva" da hipótese indutiva.

O que se demonstrou aqui é que se acreditamos no método de indução, q, também acreditamos que as aplicações passadas deste método, p, oferecem evidência pública da sua eficiência, r, quando examinada à própria luz deste método. Isto mostra que a convicção no método da indução é auto consistente, assim como implica uma convicção sobre a sua própria auto consistência; mas nada mostra acerca da verdade desta convicção. Se não acreditarmos no método da indução, então nada resulta daí. A ilusão de que se fez algum progresso para estabelecer a verdade de p é, uma vez mais, devido ao desmembramento ilegítimo de um compromisso. Mostra-se que "B acredita em r" implica uma "validade subjetiva" de q, e que "r é verdade" é usado para estabelecer q como objetivamente válido. No primeiro caso, a conclusão é vazia, a menos que o autor transforme, pelo seu próprio compromisso com q, a "validade subjetiva" no possuir da verdade por B. No segundo caso "r é verdade" é usado como um pressuposto para derivar q, embora não possa ser declarado pelo autor a menos que tenha antes endossado q. Em ambos os casos o compromisso anterior do autor com q reduz o processo de inferência que ele atribui a B a uma mera ilustração do seu próprio compromisso.

Vemos confirmado que não podemos comparar conhecimento subjetivo (em B) com conhecimento objetivo, exceto no sentido de julgar as convicções de B a partir do ponto de vista das nossas próprias convicções. A única comparação adequada entre conhecimento imperfeito e conhecimento perfeito continua a ser no sentido de risco e intimação de um resultado numa procura heurística para o conhecimento, dentro de uma situação de compromisso.

10.4. EVASÃO DO COMPROMISSO

Kant tentou salvar a justificação da mecânica e da geometria do dilema objetivista, deduzindo os seus conceitos básicos como categorias "a priori", ou formas da experiência. Mas, desde final do século XIX, isso mostrou-se cada vez menos convincente e um ensinamento alternativo de Kant, representado pelos seus princípios reguladores, ganhou predominância.

Por princípios reguladores, no sentido geral em que o termo aqui é usado, significo todas as formas de recomendações para atuar sobre uma convicção enquanto que negando, disfarçando, ou de outra forma minimizando, o facto de que estamos a sustentar essa convicção. Originalmente Kant recomendou que certas generalizações (como, por exemplo, as aptidões teleológicas dos organismos vivos) podem ser consideradas *como se* fossem verdadeiras, sem assumir que são verdadeiras. No entanto Kant não diz que devemos tratar essas generalizações como se fossem verdadeiras, mesmo que soubéssemos que são falsas. Esta recomendação para as considerar *como se* fossem verdadeiras baseia-se, portanto, na suposição tácita de que, na realidade, são verdadeiras. Ao transmitir esta suposição sem a declarar, está a evitar qualquer formulação que precise de se apoiar no seu julgamento pessoal.

As descrições modernas de verdades científicas como meras hipóteses ou políticas interpretativas são generalizações dos princípios reguladores de Kant ao todo da ciência[4]. Nunca usaríamos uma hipótese que acreditamos ser falsa, nem uma política que acreditamos estar errada[5]. A sugestão que geralmente acompanha estas formulações regulativas da ciência, de que todas as teorias são meras tentativas - pois os cientistas estão prontos a modificar as suas conclusões em face de nova evidência - é irrelevante porque não afeta o conteúdo fiduciário de uma hipótese ou de uma política. Admite-se que existem vários graus de convicção e que as nossas convicções mudam. Mas uma convicção não deixa de existir porque é fraca ou porque é variável. Zeno negou tolamente que o movimento físico fosse possível, porque um objeto teria que estar no mesmo sítio em todos os instantes de tempo; é igualmente tolo argumentar, ao contrário de Zeno, que nunca temos compromissos porque os nossos compromissos vão mudando.

Em ciência, pode-se conseguir endossar as convicções de alguém, sem as avaliar, pela compreensão das reivindicações da ciência ao ponto da insignificância e recomendando a ciência com base nesses fundamentos insuficientes. Quando se diz que a ciência é uma mera descrição dos factos, ou um sumário conveniente, baseamo-nos em que o leitor usará o termo "simples" e "conveniente" no sentido de "cientificamente simples" e "cientificamente conveniente". Aceitamos depois a ciência porque é científica e não por ser simples ou conveniente no sentido habitual, o que não é. Este procedimento foi descrito nos capítulos anteriores como a bowdlerização da ciência. Resulta numa pseudo-substituição que se refere aos fundamentos da convicção científica, numa linguagem musculada, a fim de evitar ofender uma filosofia que não está à altura dos nossos atuais compromissos intelectuais.

10.5. A ESTRUTURA DO COMPROMISSO: I

Vimos que o pensamento da verdade implica um desejo dela, e nesse sentido é pessoal. Mas como um tal desejo é por algo impessoal, este motivo pessoal tem uma intenção impessoal. Evitamos estas aparentes contradições, aceitando a estrutura do compromisso, em que o pessoal e o universal necessitam um do outro. Aqui, o pessoal existe pela asserção da intenção universal e o universal é constituído pela sua aceitação como o termo impessoal deste compromisso pessoal.

Um tal compromisso implica o paradoxo da dedicação. Nele uma pessoa afirma a sua independência racional obedecendo aos ditames da sua própria consciência, ou seja, das obrigações por ele definidas para si próprio. Lutero definiu a situação ao declarar "É aqui que estou e não poderia ser de outra maneira". Estas palavras poderiam ter sido proferidas por um Galileu, um Harvey ou por um Elliotson, e estão igualmente implicadas nas contribuições feitas por qualquer pioneiro da arte, do pensamento, da ação e da fé. Qualquer devoção implica um ato de auto compulsão.

Podemos observar os mecanismos do compromisso a operar numa escala menor, mas mesmo assim reveladora de todos os seus traços característicos, na forma como um juiz decide um caso novo. A sua discrição estende-se sobre as alternativas possíveis que lhe são deixadas em aberto pela atual estrutura explícita da lei, e dentro desta área deve exercer o seu julgamento pessoal. Mas a lei não admite que não se possa tratar qualquer caso concebível[6]. Procurando a decisão correta, o juiz deve procurar a lei, que é suposta existir - embora ainda desconhecida. É, por isso, que a sua decisão se torna obrigatória como lei. A discrição do juiz fica, portanto, reduzida a zero pelo estrangulamento da sua intenção universal - pelo poder da sua responsabilidade sobre si próprio. Esta é a sua independência. Consiste em manter-se a si próprio totalmente responsável pelos interesses da justiça, excluindo qualquer subjetividade, seja de medo ou de favor. A independência judicial foi assegurada, onde existe, por séculos de resistência apaixonada à intimidação e à corrupção; a justiça é uma paixão intelectual, que procura a satisfação por si própria, inspirando e decidindo as vidas dos homens.

Enquanto que a compulsão pela força ou por uma obsessão neurótica exclui a responsabilidade, a compulsão por intenção universal estabelece a responsabilidade. A tensão desta responsabilidade é tanto maior - sendo as outras coisas iguais - quanto maior for a variedade de alternativas em aberto para a escolha e quanto mais conscienciosa for a pessoa responsável pela decisão. Enquanto que as escolhas em questão estão abertas a decisões arbitrárias e egocêntricas, a ânsia pelo universal mantém um esforço construtivo e estreita esta discrição até ao ponto em que o agente que toma a decisão descobre que não o pode fazer de outro modo. *A liberdade da pessoa subjetiva fazer como lhe apetece é ultrapassada pela liberdade da pessoa responsável para atuar como deve*[7].

O curso da descoberta científica assemelha-se ao processo de chegar a uma decisão judicial difícil - e a analogia lança alguma luz sobre uma questão crucial da teoria do conhecimento. A descoberta está para uma inquirição de rotina tal como uma nova decisão do tribunal está para a administração rotineira da lei. Em ambos os casos o inovador tem uma grande discrição de escolha, porque não tem leis fixas em que se basear, e a variedade desta discrição determina a medida da sua responsabilidade pessoal. Em ambos os casos uma procura apaixonada por uma solução que se considera como potencialmente preexistente, reduz a discrição para zero e cria, ao mesmo tempo, uma inovação que reclama uma aceitação universal. Em ambos os casos uma mente original toma uma decisão com base em fundamentos que são insuficientes para mentes sem poderes semelhantes de julgamento criativo. O investigador científico ativo pontua toda a sua vida profissional numa série de decisões e estas apostas do dia a dia são a sua atividade mais responsável. O mesmo é verdade para o juiz, com a diferença, é claro, que o risco aqui é das partes do caso e da sociedade que se confiou à interpretação dos tribunais.

Descrevi anteriormente o princípio que determina as escolhas heurísticas no processo de investigação científica como uma sensação da proximidade crescente a uma verdade oculta, como aquele que nos guia nas tentativas por um nome esquecido. Estas forças determinantes reaparecem agora dentro da estrutura do compromisso como uma sensação de responsabilidade exercida com intenção universal. A intuição científica é evocada por um esforço de tentativas na direção de um resultado desconhecido, que se acredita estar oculto mas, mesmo assim, acessível. Portanto, embora cada escolha num processo heurístico seja indeterminada, no sentido de ser um juízo inteiramente pessoal daqueles que exercem esse julgamento de forma competente, cada escolha é completamente determinada pela sua responsabilidade em relação à situação com que se confronta. Na medida em que está a atuar responsavelmente, a sua participação pessoal nas suas próprias conclusões é completamente compensada pelo facto de se estar a submeter ao estatuto universal de uma realidade oculta, da qual tenta aproximar-se. Há acidentes que podem, por vezes, acarretar - ou impedir - a descoberta, mas a investigação não se baseia no acidente: os riscos continuamente renovados de falhar incorridos normalmente em cada passo heurístico são assumidos, sem nunca ter atuado à sorte. A ação responsável exclui a aleatoriedade, e até suprime a arbitrariedade egocêntrica.

Mesmo assim, o explorador faz apostas indefinidas. Colombo navegou para encontrar uma rota ocidental para as Índias; falhou e depois de repetir a sua viagem três vezes para provar que tinha chegado às Índias, morreu na vergonha. No entretanto, Colombo não tropeçou acidentalmente na América. Estava errado ao aceitar a evidência das profecias de Esdras e, presumivelmente, do mapa de Toscanelli, segundo a qual a distância de Espanha até às Índias era apenas cerca de metade da distância aos Açores, mas estava correto ao concluir que o oriente se podia atingir pelo ocidente[8]. Comprometeu a sua vida e a sua reputação naquilo que pareciam agora serem fundamentos insuficientes por um prémio inatingível, mas em vez disso ganhou um outro prémio, muito maior do que alguma vez tenha pensado. Tinha-se comprometido com uma convicção que agora nós reconhecemos como um pequeno fragmento distorcido da verdade, mas que o impeliu para um movimento na direção certa. Essas largas incertezas das finalidades estão associadas a todas as grandes inquirições científicas. Estão implícitas na sensação vaga que uma antecipação ousada da realidade acarreta. Descrevi anteriormente

10. COMPROMISSOS

como o cientista deve atingir um equilíbrio entre os riscos opostos da prudência e da audácia - qualquer um dos quais pode esbanjar os seus dons - de modo a fazer o melhor uso desses dons. Os cientistas que confiam em si mesmos para decidir isso de forma responsável - e os seus apoiantes que por sua vez confiam neles - acreditam que isto é possível, e eu estou de acordo com eles. Isto estava implícito na abertura deste capítulo, quando declarei a minha convicção de que, apesar dos perigo terríveis, sou chamado a procurar a verdade e a declarar as minhas descobertas.

A ciência de hoje serve como guia heurístico para o seu próprio desenvolvimento continuado. Transmite uma conceção acerca da natureza das coisas que sugere a uma mente inquiridora toda uma variedade inesgotável de conjeturas. A experiência de Colombo, que tão tragicamente avaliou mal a sua própria descoberta, é em certa medida inerente a toda a descoberta. As implicações do novo conhecimento nunca podem ser conhecidas à partida. Pois este novo conhecimento fala por algo real, e atribuir realidade a alguma coisa é exprimir a convicção de que a sua presença ainda se revelará por um número indefinido de maneiras imprevisíveis.

Uma afirmação empírica é verdadeira na medida em que revela um aspeto da realidade, uma realidade que nos é largamente oculta, e que *existe portanto independentemente do nosso conhecimento dela*. Ao tentar dizer algo que não é verdade cerca de uma realidade que se acredita existir independentemente do nosso conhecimento dela, todas as asserções de facto têm necessariamente uma *intenção universal*. *A nossa reivindicação para falar sobre a realidade serve portanto como uma âncora externa do nosso compromisso ao fazer uma afirmação factual*.

Estabelece-se agora um esboço da estrutura do compromisso é para este caso particular. As intimações de uma realidade oculta para um cientista investigador são pessoais. São as suas próprias convicções, que - devido à sua originalidade - só mesmo ele as tem. Ainda não são um estado subjectivo da mente, mas sim convicções com intenção universal, e pesadas com projetos árduos. Foi ele que decidiu em que acreditar, mas não há qualquer arbitrariedade na sua decisão. Chegou às suas conclusões por um exercício de máxima responsabilidade. Chegou a convicções responsáveis, nascidas da necessidade, e não alteráveis à vontade. Num compromisso heurístico, afirmação, rendição e legislação fundem-se num pensamento único, baseado numa realidade oculta.

Aceitar o compromisso como a única relação sobre a qual podemos acreditar que algo é verdade, é abandonar todos os esforços para encontrar um critério estrito da verdade e procedimentos estritos para chegar à verdade. Um resultado obtido pela aplicação mecânica de regras estritas, sem comprometer alguém pessoalmente, pode não significar nada para ninguém. Desistindo doravante da busca em vão de um método científico formal, o compromisso aceita em seu lugar a pessoa do cientista como o agente responsável por conduzir e por credenciar descobertas científicas. O procedimento do cientista é certamente metódico. Mas os seus métodos não são mais do que as máximas de uma arte que aplica, da sua própria forma original, ao problema da sua própria escolha. A descoberta faz parte da arte de conhecer; pode ser estudada por preceitos e exemplos, mas as suas performances mais elevadas exigem dons nativos peculiares para certos assuntos em particular. Qualquer afirmação factual incorpora alguma medida de juízo responsável com o pólo pessoal do compromisso em que se afirma.

Encontramos aqui, uma vez mais, a posição que a lógica da afirmação atribuiu à pessoa inteligente, e que foi aí definida como o centro de operações inteligentes não especificáveis. Mostrarei na Parte Quatro que, na realidade, isto é o que conhecemos como a mente de uma pessoa, quando encontramos e conversamos com alguém. A sua mente é o foco para que olhamos quando atendemos subsidiariamente aos ditos e ações coordenadas de forma não especificável pela sua mente. Como a estrutura do compromisso inclui a lógica do consentimento, confirma necessariamente esta lógica; ainda assim vale a pena notar que, com base nesta lógica, a minha convicção fundamental implica acreditar na existência das mentes como centros de operações inteligentes não especificáveis.

Enquanto que a lógica do consentimento mostrava meramente que o consentimento é um ato acrítico, "compromisso" foi, desde o início, introduzido como uma estrutura em que o consentimento pode ser responsável, distinto de meramente egocêntrico ou aleatório. O centro de consentimento tácito foi elevado para o lugar do julgamento responsável. Foi-lhe assim concedida a faculdade de exercer discrição, sujeita às obrigações aceites e cumpridas por si com uma intenção universal. Chega-se, portanto, a uma decisão responsável com o conhecimento de que ultrapassamos com ela outras alternativas concebíveis, por razões que não são totalmente especificáveis. Logo, aceitar a estrutura do compromisso como a única situação em que se podem fazer afirmações sinceras é credenciar antecipadamente (se é que alguma coisa se vai afirmar) afirmações contra as quais se podem levantar objeções que não podem ser refutadas. Permite comprometer-nos com base em evidência que, sem o peso do nosso próprio julgamento pessoal, admitiria outras conclusões. Podemos firmemente acreditar no que podemos concebivelmente duvidar; e podemos defender como sendo verdade o que concebivelmente pode ser falso.

Chegamos aqui à questão decisiva da teoria do conhecimento. Ao longo deste livro tenho persistentemente seguido um esforço único. Tenho tentado demonstrar que em todo o ato de conhecer entra uma contribuição tácita e apaixonada da pessoa que conhece o que está a ser conhecido, que este coeficiente não é uma mera imperfeição, mas sim uma componente necessária de todo o conhecimento. Toda esta evidência transforma-se numa demonstração da total falta de base de todo o alegado conhecimento, a menos que possamos sinceramente defender as nossas próprias convicções, mesmo quando sabemos que podemos retirar o nosso assentimento para com elas. Preciso ainda de tratar mais completamente esta questão.

10.6. A ESTRUTURA DO COMPROMISSO: II

Voltemos aos fundamentos. Na teoria do compromisso, a divisão principal reside entre as experiências que são meramente sofridas ou desfrutadas e as outras em que há um envolvimento ativo. Convulsões ou outros movimentos incoerentes não são atividades, mas tudo o que tende para uma realização, quer envolva movimentos corporais ou mero pensamento, é para ser classificado como uma atividade. Só uma atividade pode resultar no erro, e toda a atividade incorre no risco de falhar. Acreditar em algo é um ato mental: não se pode nem acreditar nem desacreditar numa experiência passiva. Segue-se que só se pode acreditar em algo que poderia ser falso. Este é o meu argumento, em sumário; passarei agora a elaborar com algum detalhe.

No seu sentido mais lato, todo o processo de vida, mesmo nas plantas, é uma atividade que pode abortar. Mas como estou aqui preocupado apenas com a via para encontrar a verdade, vou-me limitar à realização consciente do conhecimento. Mesmo assim, preciso agora de suplementar o que disse na secção sobre a descoberta científica, descrevendo como é que se adquire o conhecimento aos níveis inferiores, em particular pela perceção e pela aprendizagem não articulada. Isto inclui todo o conhecimento ativo "epicrítico", mas exclui o conhecimento passivo, e a apreensão "protopaica", que classsifico como subjetiva.

Qualquer ato de conhecer factual pressupõe alguém que acredita conhecer aquilo em que está a acreditar que conhece. Esta pessoa está a assumir um risco ao afirmar algo, pelo menos tacitamente, acerca de alguma coisa que acredita ser real e externo a si mesmo. Qualquer contacto presumido com a realidade reclama inevitavelmente universalidade. Se eu tiver ficado sozinho no mundo, e souber que estou sozinho, se precisar de acreditar num facto, continuarei a reclamar para ele uma aceitação universal. Qualquer ato de conhecer factual tem a estrutura de um compromisso.

Como os dois pólos de um compromisso, o pessoal e o universal, estão correlacionados, podemos esperar que apareçam em simultâneo, a partir de um estado antecedente de subjetividade desinteressada. De facto, é assim que o desenvolvimento inicial da criança tem sido descrito pelos psicólogos. O comportamento inicial de uma criança sugere que não consegue distinguir entre facto e ficção, ou entre a sua própria pessoa e outra pessoa. Vivem num mundo construído por elas próprias, que acreditam partilhar com todas as outras pessoas. Este estádio da infância foi chamado "autístico" por Bleuler e "egocêntrico" por Piaget; mas a distinção pouco nítida entre o eu e o não eu, aqui subjacente ao estado mental da criança, pode bem ser descrito como "desinteressado" [nt: "selfless", altruísta]. Desde que, e na medida em que, os mundos externo e interno de uma pessoa não interfiram um com o outro, não pode haver conflito entre eles e portanto não será feita qualquer tentativa para evitar o conflito através de uma interpretação correta do mundo. Nem pode ser assumido qualquer risco na busca de uma tal descoberta. Só quando nos separamos do mundo é que podemos atingir uma pessoalidade capaz de se comprometer conscientemente com as convições relativas ao mundo, e portanto incorrer num perigo fiduciário.

A pessoa que emerge a este nível de compromisso é apenas o ego, a exercer descriminação, embora ainda lhe falte um julgamento responsável. Mas veremos mais tarde que, mesmo a este nível, um indivíduo pode ficar intrigado com a solução de um problema, ao ponto de sofrer um colapso nervoso. Toda a sua pessoa está envolvida neste compromisso; o esforço para chegar à realidade externa envolve, mesmo aqui, uma compulsão de si próprio para o tornar conforme à realidade.

A perceção geralmente dá-se automaticamente, mas por vezes apresentam-se situações em que todos os sentidos ficam tensos em extremo para conseguir discriminar entre duas ou mais alternativas. Se decidirmos ver as coisas de um modo particular, eliminamos nesse momento qualquer visão alternativa. A psicologia experimental dá-nos exemplos de ambiguidades entre aquilo que a nossa perceção pode decidir pela vontade. Um lanço de escadas pode ser alternativamente visto como uma cornija suspensa. Podemos ver duas pessoas face a face de cada lado da figura, ou, em alternativa, um vaso colocado no meio da figura[9]. O olho pode ser capaz de passar à vontade da visão de uma fotografia para outra, mas não é capaz de manter a sua interpretação suspensa entre as duas. A única forma de evitar comprometer-se, com uma ou com outra das visões, é fechar os olhos. Isto corresponde à conclusão a que se tinha chegado antes da minha crítica da dúvida; para não acreditar, precisamos de deixar de pensar.

Vemos que mesmo um ato tácito primitivo, como a perceção, pode operar deliberamente em busca da verdade com uma certa discrição, dentro da qual ultrapassa mesmo propensões morais mais primitivas, ou seja, menos discriminantes. Na realidade, há uma continuidade entre um julgamento percetual e o processo pelo qual estabelecemos convicções responsáveis ao longo da investigação científica. O consentimento que molda o conhecimento é completamente determinado em ambos os casos por esforços mentais competentes que ultrapassam a arbitrariedade. O resultado pode estar errado, mas é o melhor que se pode fazer nestas circunstâncias. Como se pode conceber que toda a asserção factual pode estar errada, também se pode conceber como susceptível de correção, mas um julgamento competente não pode ser melhorado por uma pessoa que o está fazer no momento de o fazer, pois já está a dar o seu melhor para o fazer.

Não podemos fugir a esta necessidade lógica, sugerindo que o ato mental deve ser adiado até que os seus fundamentos sejam mais completamente considerados. Cada ato mental deliberado tem que decidir no seu próprio tempo. Os riscos de mais hesitação precisam de ser pesados contra o risco de atuar apressadamente. O equilíbrio entre os dois deve ser deixado para uma avaliação com base nas circunstâncias, tal como conhecidas pela pessoa que decide. Um agente que exerce um ato mental com competência e que tem em consideração as circunstâncias existentes não pode, no momento de atuar, corrigi-lo, nem sobre o seu conteúdo e muito menos sobre o seu tempo[10]. Adiar decisões mentais com base na sua concebível falibilidade bloquearia necessariamente todas as decisões, e acumularia até ao infinito os riscos da hesitação. Corresponderia a um letargia mental voluntária. Só o entorpecimento pode eliminar tanto a convicção como o erro.

O ceticismo estrito deve negar a si mesmo a possibilidade de advogar a sua própria doutrina, pois a sua prática consistente impediria o uso da linguagem, cujo significado está sujeito a todas as armadilhas notórias do raciocínio indutivo. Mas o ceticismo estrito pode ainda ensinar um ideal que admite ser inatingível. Ora o cético pode desculpar as imperfeições do seu ceticismo invocando a proteção dos princípios regulatores, que prefessa seguir sem aceitar que sejam verdadeiros. Pode então manter o seu sentido de superioridade intelectual sobre os outros que - como eu próprio - professam os seus compromissos subsidiários sem pretender que sejam apenas imperfeições temporárias.

Não argumentarei com o cético. Não seria consistente com os meus próprios pontos de vista se esperasse que ele abandonassse um sistema completo de convicções, com base numa qualquer série particular de dificuldades. Para além disso, por essa altura já seria claro o longo alcance que, na minha opinião, têm as mudanças nos resultados, que são necessárias para estabelecer uma alternativa estável à posição objetivista. Não posso ambicionar fazer mais neste livro do que apresentar uma possibilidade que pessoas com ideias semelhantes possam querer explorar.

Continuarei, portanto, a repetir a minha convicção fundamental que, apesar dos riscos envolvidos, sou chamado a procurar a verdade e a proclamar as minhas descobertas. Aceitar o compromisso como a estrutura dentro da qual acreditamos que algo é verdade, é circunscrever os riscos de acreditar. É estabelecer a conceção de competência que autoriza uma escolha fiduciária feita num certo momento, com a melhor das competências da pessoa que atua, como uma escolha deliberada e até necessária. O paradoxo dos padrões auto definidos é eliminado, pois num ato mental competente o agente não faz como lhe agrada, mas obriga-se a si mesmo à força do ato que acredita que deve fazer. Não pode fazer mais, e fugiria à sua vocação fazendo menos. A possiblidade de erro é um elemento necessário de qualquer convicção ligada com a realidade, e reter convicções com base nesse risco é cortar todo o contacto com a realidade. Admite-se que o resultado de um ato fiduciário competente pode variar de pessoa para pessoa, mas como as diferenças não são devidas a qualquer arbitrariedade por parte dos indivíduos, cada um mantém justificadamente a sua intenção universal. Como cada um espera capturar um aspeto da realidade, todos podem esperar que as suas descobertas possam eventualmente vir a coincidir ou a suplementarem-se.

Logo, embora qualquer pessoa possa acreditar que algo diferente é que é verdadeiro, há apenas uma verdade. Isto pode ser consubstanciado como se segue. A função da palavra "verdade" é completar tais declarações como "p é verdade", o que é equivalente a um ato de consentimento da forma "acredito em p". A questão, se um facto em particular é verdade, por exemplo se Dreyfus escreveu o *bordereau*, desafia uma pessoa para um tal ato. A menos que um tal desafio me seja dirigido - seja por outras pessoas ou por mim próprio - a questão se este facto é verdade não se põe. As questões e as respostas trocadas entre outras pessoas acerca deste assunto são, para mim, meros factos acerca dessas pessoas, e não acerca do assunto em questão. O único sentido em que posso falar dos factos é tomando a minha própria decisão acerca deles. Ao fazer isso, posso basear-me num consenso existente, como um indício para a verdade, ou posso afastar-me, por razões que são minhas. Em qualquer dos casos, a minha resposta será feita com uma intenção universal, dizendo o que acredito ser a verdade e, portanto como é que o consenso deve ser. Este é o único sentido em que posso falar da verdade, e embora seja a única pessoa que pode falar disso, neste sentido, isso é aquilo que entendo por verdade. Perguntar quais são os factos verdadeiros de um certo assunto em que acredito, se eu fosse outrém, significaria perguntar simplesmente o que é esse alguém acreditaria que são. Este tipo de pergunta é interessante, e será discutida mais adiante, mas claramente não é uma questão relativa ao nosso tema.

Esta posição não é solipsística, pois baseia-se numa convicção de uma realidade externa e implica a existência de outras pessoas, que também se podem aproximar da mesma realidade. Nem é relativística. Isto já era aparente com base nos parágrafos anteriores, mas pode-se formalizar como se segue. O conceito de compromisso postula que não há uma diferença, exceto na ênfase, entre dizer que "acredito em p" ou "p é verdade". Ambas as declaram enfaticamente por palavras que eu estou confiante na afirmação de p como um facto. Isto é algo que estou a fazer no ato de declarar as palavras em questão, o que é muito diferente de relatar que fiz isso no passado, ou que alguém também o fez, ou que está agora a fazer. Se reporto que "eu acreditei em p", ou que "X acredita em p", não me estou a comprometer em relação a *p* e, portanto, nenhuma declaração que ligue "*p*" com "verdade" corresponde a esses relatos; não fazem uma asserção da frase *p* como verdadeira, seja em relação com o meu próprio passado ou com as convicções de outras pessoas. Fica, portanto, apenas uma só verdade acerca de que falar.

Isto é até onde posso levar, neste momento, esta questão do relativismo.

10.7. INDETERMINAÇÃO E AUTOSSUFICIÊNCIA

Vimos que o progresso da descoberta científica depende de compromissos heurísticos que estabelecem contacto com a realidade, e que os perigos incorridos ao entrar num tal compromisso são de dois tipos: (1) pode estar errado, e (2) mesmo que esteja correto, o seu âmbito e significância futura estão largamente indeterminados. A secção anterior seguiu os perigos do erro no domínio das asserções deliberadas mais primitivas, como as que são feitas pelo olho, ao decidir como ver um conjunto ambíguo de objetos. Complementarei agora isso recordando brevemente os perigos incorridos ao mesmo nível, mas devidos à natureza indeterminada dos factos reais. Este fundo não especificado de implicações pode revelar-se num facto suficientemente simples para ser descoberto por uma minhoca.

Numa experiência famosa por Yerkes, uma mihoca foi ensinada a virar para a direita num tubo de ligação em T (ao longo do qual a minhoca tinha que rastejar) infligindo-lhe um choque elétrico sempre que tentava virar à esquerda. Foram precisas cerca de cem tentativas para estabelecer este hábito[11]. Mais tarde um investigador, L. Heck confirmou a experiência e levou-a ainda mais longe[12]. Depois do treino da minhoca estar completo, inverteu as condições entre esquerda e direita. O novo problema, posto à minhoca, era o inverso do que ela tinha antes resolvido, mas era ainda semelhante pelo facto de ser doloroso entrar num dos ramos do tubo, enquanto que no outro não havia choque algum. O comportamento da minhoca neste segundo teste foi determinado tanto pelo contraste como pela semelhança dos dois problemas consecutivos. Primeiro, a minhoca virou consistentemente à direita, mas apanhou um choque elétrico. Nesta fase, pode-se dizer que o treino anterior teve um efeito enganador. Mas presentemente (depois de cerca de 30 tentativas) a minhoca começou a virar com uma frequência cada vez maior para o ramal, agora sem obstrução, e, eventualmente, adquiriu o hábito de virar na direção oposta àquela em que tinha sido treinada em primeiro lugar, com uma conjunta muito *mais curto* de tentativas do que tinha sido necessário para estabelecer o hábito original inverso. O treino primário que ensinou a minhoca a virar numa das direções mostrou-se uma ajuda poderosa no treino subsequente para virar na direção oposta. Esta é a semelhança que o segundo problema tem com o primeiro e que o confirma.

Como a variedade de problemas que podem aparecer no futuro é ilimitada e totalmente imprevisível, o enviesamento que adotamos hoje em relação a esses problemas, pelo nosso compromisso com uma convicção particular, é totalmente inesgotável e imprevisível. O confronto com estes problemas pode, portanto, trazer alguma luz a uma variedade indeterminada de implicações ocultas que são inerentes a qualquer uma das nossas convicções atuais.

Mencionei isto antes na Parte Dois, cap. 5, quando mostrei que toda a aprendizagem, mesmo nos animais, estabelece um conhecimento latente, cuja variedade é indeterminada. No mesmo capítulo alarguei isso ainda mais ao sugerir que em todos os nossos pensamentos - sejam eles tácitos ou articulados - baseamo-nos em duas faculdades: (1) no poder do nosso quadro ou estrutura conceptual, baseada na realidade, para assimilar as novas experiências e (2) na nossa capacidade para adaptar este quadro ou estrutura, no próprio ato da sua aplicação, de modo que aumente o nosso domínio da realidade. Podemos agora ver isto numa perspetiva de compromisso. A ousadia intelectual que impele os nossos atos de compromisso, retém o seu carácter dinâmico dentro do estado de compromisso, baseando-se nos seus recursos para lidar com as implicações não especificadas do conhecimento adquirido pelo ato de compromisso. Nesta autoconfiança reside o nosso poder último para mantermos a nossa cabeça em face das mudanças no mundo. Faz-nos sentir em casa num universo que nos apresenta uma sucessão de situações sem precedentes e que nos faz mesmo apreciar melhor a vida nessas ocasiões, e que nos força a responder à novidade pela reinterpretação do nosso conhecimento já aceite.

10.8. ASPETOS EXISTENCIAIS DO COMPROMISSO

O decretar de um compromisso consiste numa auto compulsão com intenção universal através da interação de dois níveis: um eu superior, que reivindica ser mais judicioso, e controlar um eu inferior menos judicioso. A autoconfiança, que nos suporta para enfrentar as contingências indeterminadas do compromisso, tem uma estrutura semelhante; torna-nos prontos para suprimir uma operação de rotina da mente a favor de um novo impulso. A auto compulsão e a auto confiança originam ambas atos de consentimento pelos quais dispomos em definitivo de nós próprios. A mudança pode ser grande ou pequena; uma conversão compreensiva, ou pouco mais do que uma ligeira modificação do nosso quadro interpretativo. A profundidade do nosso compromisso cognitivo pode ser medida, em ambos os casos, pela alteração subsequente da nossa perspetiva.

Os perigos de tais alterações existenciais não podem ser sondados ou delimitados. Se acreditarmos - como eu acredito - que nos incumbe assumir essas mudan-

10. COMPROMISSOS

ças, fazemo-lo na esperança de que o universo seja suficientemente inteligível para justificar este empreendimento. A companhia dos grandes cientistas que reconhecemos dá-nos coragem. Encontramos confiança no esplendor de mil mentes a que prestamos homenagem. Mas essa confiança será inútil e vã se nos mantiver fixos nas histórias de sucesso - embora possam ser sucessos de mártires. O resultado normal de um compromisso ousado é o falhanço. Pior ainda, pode ser o sucesso de um erro colossal, o tipo de erro que, tal como a grande mentira, é irresistivelmente persuasivo, pois varre todos os critérios existentes de validade e redefine-os para o seu próprio apoio, exatamente como uma grande verdade quando ultrapassa grandes mentiras e grandes erros. Uma filosofia fiduciária não elimina a dúvida, mas (tal como a cristandade) diz que devemos defender aquilo em que acreditamos verdadeiramente, mesmo quando percebemos as possibilidades absurdamente remotas do empreendimento, confiando nas intimações insondáveis que nos apelam para tal.

Mas se um processo mental ativo, tendendo para a universalidade, pode acontecer que também se engane, podemos ainda dizer que o asunto chegou ao nível do pessoal quando atinge a realidade? Embora um médico feiticeiro Zende que argumente em termos do oráculo do veneno seja claramente uma pessoa racional, a sua racionalidade é uma ilusão total. O seu sistema intelectual pode ganhar uma justificação limitada dentro de uma sociedade que ele serve com uma forma de liderança e com os meios para decidir disputas, todavia injustamente. Mas como uma interpretação da experiência natural, é falsa.

A isto respondo distinguindo entre uma linha competente de pensamento, que pode estar errada, e processos mentais que podem ser completamente ilusórios e incompetentes. Para já classificarei os últimos como estados mentais passivos, puramente subjetivos[13]. Admito que o limite dentro do qual reconheço a atividade mental como competente, e para além do qual a rejeito como uma superstição, estupidez, extravagância, loucura, ou mero disparate, é determinado pelo nosso próprio quadro interpretativo. E diferentes sistemas de reconhecida competência estão separados por um hiato lógico, ao longo do qual se ameaçam mutuamente pelas suas paixões persuasivas. Contestam a existência mental uns dos outros.

Tais conflitos acontecerão dentro de nós mesmos quando hesitamos à beira de fazer a conversão de um sistema para o outro. Isto acontece numa escala mais pequena quando desacreditamos o testemunho irresistível dos nossos olhos, classificando-o como uma ilusão ótica. Vemos dois segmentos circulares adjacentes com diferentes tamanhos, e sabemos que até os animais os veem dessa maneira, mas continuamos a rejeitar esta observação universalmente forçada com o fundamento de que os segmentos são geometricamente congruentes. No entanto, noutras instâncias o conflito pode ser decidido a favor das nossas faculdades percetivas, tal como quando os pintores impressionistas decidiram aceitar o testemunho da vista, que vê sombras coloridas por mero contraste com a sua vizinhança colorida. Ao mesmo tempo, o público recusou reconhecer esta forma de representação e rejeitou as suas pinturas como chocantes e absurdas; mas algum tempo depois aceitaram ver como os impressionistas viam e aceitaram o seu colorido como correto. Ou considere-se a alteração na sensibilidade musical que resulta da introdução da escala de igual têmpera. Sabe-se que foi usada em Hamburgo cerca de 1690, e que Bach a usou na sua composição para o clavicórdio. Em 1852 Helmholtz podia ainda escrever que sobre a "algazarra dos diabos" que resultou do seu uso na construção de órgãos. Quarenta anos depois Plank, diz ele na sua autobiografia, descobriu que a escala com têmpera era "positivamente mais agradável ao ouvido humano, sob todas as circunstâncias, do que a escala "natural", sem têmpera"[14]. Em todos esses casos verifica-se que a experiência dos sentidos se conforma com, ou se desvia de, certas normas. A própria pessoa pode estar consciente de uma tal deficiência, e esforçar-se por uma experiência mais correta[15].

O caso dos impressionistas tem numerosas contrapartes no campo dos desejos. Pedro, o Grande, forçava os seus cortesãos a fumar charutos, com perigo para a sua vida, com o que esperava ocidentalizar a sua corte; e muitos de nós têm que passar por provações semelhantes sob a compulsão da moda, antes de se adquirir um novo gosto, de que ficamos depois totalmente dependentes. Num conflito entre o nosso desejo e a nossa pessoa inteligente, podemos ficar de um ou do outro lado. Desejo e emoção podem educar a nossa inteligência, tal como o fazem quando crescemos para a maturidade sexual e para a paternidade; o inverso pode acontecer quando controlamos e remoldamos os nossos compromissos de acordo com os costumes sociais. À medida que nos identificamos à vez com um ou outro nível da nossa pessoa, sentimo-nos passivamente sujeitos às atividades daquele que não se está a reconhecer nessa altura. Quando Penafiel estimulou eletricamente, no cérebro, o movimento de um membro ou a evocação de uma imagem, o paciente não sentiu que se estava a mover ou a recordar a imagem[16]. O mesmo sentido de passividade acompanha a partição da personalidade quando um sujeito hipnotizado fica com uma injunção pós-hipnótica. Da sua própria experiência sob hipnose Bleuler ligou a compulsão pós-hipnótica com a forma como nós nos rendemos a estímulos reflexos, como espirrar ou tossir[17]. Cada pessoa, dentro de um indivíduo, pode tornar-se dependente de outro e pode moldá-lo aos seus compromissos, ou inversamente ser moldado por ele. Podemos preferir identificar-nos com a pessoa de um nível superior, mas isso não será invariavelmente o caso, e a nossa escolha entre níveis faz parte do nosso compromisso último num determinado momento.

10.9. VARIEDADES DE COMPROMISSOS

Dentro da estrutura de um compromisso, dizer que uma frase é verdadeira, é autorizar a sua asserção. A verdade torna-se na retidão de uma ação; e a verificação de uma afirmação é transposta para as razões dadas para a aceitar, embora estas razões nunca sejam totalmente especificáveis. Precisamos de comprometer irrevogavelmente cada momento das nossas vidas com fundamentos que, se o tempo fosse suspenso, se mostrariam invariavelmente inadequados; mas a nossa responsabilidade total para dispormos de nós mesmos torna obrigatórios estes fundamentos objetivamente inadequados.

A verdade concebida como retidão de uma ação permite qualquer grau de participação pessoal no conhecimento daquilo que se conhece. Recorde-se o panorama dessas participações. A nossa própria doação heurística é invariavelmente apaixonada: o seu guia para a realidade é a beleza intelectual. A física matemática assimila a experiência a belos sistemas de fundamentos indeterminados. A sua aplicação à experiência pode ser estritamente predictiva, dentro de certas condições não estritamente definíveis. Em alternativa, pode exprimir uma mera expectativa gradual de possibilidades, expressa numericamente; ou fornecer apenas - como acontece na cristalografia - um sistema perfeitamente organizado em que os objetos podem ser brilhantemente classificados e avaliados. As matemáticas puras atenuam as referências empíricas a meros indícios de um sistema de conceitos e operações, construídos à luz da beleza intelectual do sistema. O ato de aceitação torna-se aqui numa devoção completa. A alegria de compreender a matemática induz a mente a expandir-se na sua compreensão cada vez mais profunda, e em viver doravante numa preocupação ativa com os seus problemas.

Continuando nessa direção entramos no domínio das artes. Uma vez igualada a verdade com a retidão de uma aceitação mental, a transição da ciência para as artes é gradual. O sentimento autêntico e a experiência autêntica orientam, em conjunto, todas as realizações intelectuais; da observação dos factos científicos dentro de uma estrutura teórica rígida, podemos mover-nos passo a passo para viver dentro de um quadro harmonioso de cores, de sons ou de imagens, que recordam meros objetos e que fazem eco de emoções anteriormente experimentadas. À medida que passamos da verificação para a validação e nos baseamos, cada vez mais na evidência interna do que na evidência externa, a estrutura do compromisso mantém-se a mesma, nas aumenta a sua profundidade. As alterações existenciais aceites pela aquisição de familiaridade com novas formas de arte são mais compreensivas do que as envolvidas no conhecer de uma nova teoria científica.

Há um movimento paralelo (com vamos ver) quando passamos de observações relativamente impessoais de objetos inanimados para a compreensão de seres vivos e para a apreciação da originalidade e da responsabilidade noutras pessoas. Estes dois movimentos combinam-se na transição do estudo relativamente objetivo das coisas para a escrita da história e para o estudo crítico da arte.

O crescimento da mente moderna dentro destes grandes sistemas articulados é assegurada pelas instituições culturais da sociedade. O saber de um sistema complexo só se pode transmitir e desenvolver através de uma grande rede de especialistas. A sua liderança evoca alguma medida de participação no seu pensamento e sentimento por todos os membros da sociedade. A estrutura cívica da sociedade é ainda mais fortemente entrelaçada na estrutura da sociedade. As leis e a moral de uma sociedade compelem os seus membros a viver dentro do seu quadro conceptual. Uma sociedade que aceita esta posição em relação ao pensamento compromete-se como um todo, com padrões pelos quais o pensamento é habitualmente aceite como válido. A minha análise do compromisso é, por si mesma, uma profissão de fé dirigida a uma tal sociedade, por um dos seus membros que pretende defender a continuação da sua existência, fazendo-a perceber e assumir resolutamente o seu compromisso, com todas as suas esperanças e perigos infinitos.

10. ACEITAÇÃO DA VOCAÇÃO

Encontramos aqui os poderes que nos chamam ao ser, na nossa forma particular de existência. Os coeficientes involuntários de um compromisso, de que antes dei exemplos, tornam-se agora da maior importância. Cada nosso ato deliberado baseia-se nas funções involuntárias do nosso corpo. Os nossos pensamentos estão limitados pelas nossas capacidades inatas. Os nossos sentidos e emoções podem ser melhorados pela educação, mas estas ramificações continuam dependentes das suas raízes nativas. Mais, como o nosso julgamento intelectual se baseia sempre nos serviços de um aparelho sensorial automático, pode sempre ser enganado por ele. O controlo moral dos nossos impulsos, que os havia de subordinar ao serviço de uma vida razoavelmente satisfatória, está sempre em perigo de se atolar e desorganizar. Pior ainda, nós somos criaturas da circunstância. Todo o processo mental pelo qual o homem ultrapassa os animais baseia-se na aprendizagem inicial, pela qual uma criança adquire o idioma da sua comunidade nativa e eventualmente absorve toda a herança cultural pelos seus esforços bem sucedidos. Os grandes pioneiros podem modificar este idioma pelos seus próprios esforços, mas mesmo esse seu resultado será predominantemente determinado pelo tempo e pelo local da sua origem. O nosso acreditar é condicionado na sua origem pela nossa filiação. E esta confiança na maquinaria cultural da nossa sociedade continua ao longo da vida. Continuamos a aceitar a informação dos principais centros

10. COMPROMISSOS

de publicidade, e baseamo-nos nas autoridades reconhecidas, para muitos dos nossos juízos de valor. Também não somos participantes meramente passivos na estrutura social, suportando a ortodoxia a que aderimos. Cada sociedade aloca poderes e vantagens, que os aderentes do *status quo* intelectual apoiam em certa medida. O respeito pela tradição também nos protege inevitavelmente de algumas relações sociais iníquas.

Como é que podemos chegar a um juízo responsável com intenção universal, se o quadro conceptual em que operamos é tomado de empréstimo à cultura local e os nossos motivos se misturam com as forças que suportam o previlégio social?

Do ponto de vista de uma filosofia crítica, este facto reduziria todas as nossas convicções a meros produtos de uma localização e de interesses particulares. Mas eu não aceito esta conclusão. Acreditando, como eu acredito, na justificação dos compromissos intelectualmente deliberados, eu aceito estes acidentes da existência pessoal como oportunidades concretas para exercer a nossa responsabilidade pessoal. *Esta aceitação é o sentido da minha vocação.*

Este sentido da vocação pode reconhecer muitos dos antecedentes ambientais do meu pensamento como satisfazendo um compromisso mais primitivo. A criança a quem é pedido para ouvir e adquirir o discurso e as conceções dos adultos é um centro intelectual ativo. Embora os seus esforços não sejam conduzidos deliberadamente, são mesmo assim o tatear intelectual de uma pessoa à procura de um resultado válido. Dentro das circunstâncias do nosso crescimento, acredito que este processo realiza o propósito dos poderes mentais da criança e que deve basear-se dentro desse mesmo quadro conceptual para operar, tal como nós nos baseamos no nosso próprio julgamento pessoal para a solução de problemas conscientemente considerados. Tal como reconheço, ao refletir sobre o processo de descoberta, o hiato entre a evidência e as conclusões que daí retiro, e explico o ultrapassar desse hiato em termos da minha responsabilidade pessoal, também reconhecerei que foi na infância que formei a maioria das minhas convicções fundamentais, ao exercer a minha inteligência nativa dentro do meio social, num tempo e local particulares. Submeter-me-ei a este facto como definindo as condições dentro das quais sou chamado a exercer a minha responsabilidade.

Aceito estes limites, mas é impossível continuar responsável para além deles. Perguntar como é que eu pensaria se tivesse sido criado fora de uma sociedade em particular, é tão sem sentido como perguntar como é que eu pensaria se não tivesse nascido num certo corpo em particular, sem me basear em órgãos sensoriais e nervosos em particular. Acredito portanto que, da mesma forma que sou chamado a viver e a morrer neste corpo, esforçando-me por satisfazer os seus desejos, registando as minhas impressões com a ajuda dos órgãos sensoriais com que estou equipado, e atuando através da frágil maquinaria do meu cérebro, nervos e músculos, também assim sou chamado a adquirir os instrumentos da inteligência, a partir do meu meio envolvente inicial, e a usar esses instrumentos particulares para cumprir as obrigações universais a que estou sujeito. Um sentido de responsabilidade dentro das situações que precisam de ações deliberadas exige, como seu complemento lógico, um sentido de vocação a respeito dos processos de crescimento intelectual que são os seus antecedentes lógicos necessários.

A extensão do compromisso a partir de juízos deliberados a impulsos inatos inteligentes aponta para maiores generalizações que incluam todo o processo da vida. O meu corpo pode ser dito estar vivo na medida em que as suas partes funcionam como elementos de uma operação conjunta, e esses princípios operacionais são racionais. A vida é um estratagema, em que cada elemento se deve basear nos outros elementos que o suportam, e cada passo consecutivo na sequência é feito com a expectativa que o seguinte lhe vá dar uma continuidade adequada. Quanto mais superior for o organismo, tanto mais envolvido estará no seu plano de ação e tanto mais cada secção depende totalmente da sua localização e tempo, e da localização e do tempo de todos os outros para a utilidade do todo; e tanto mais inúteis cada um deles fica por si mesmo. Consequentemente, mais comprometido está o corpo vivo com os princípios compreensivos e universais que o governam.

Podemos, portanto, ver a mesma estrutura fundamental de compromisso pessoal revelada a níveis extremamente diferentes, com uma grande variação correspondente do seu equilíbrio interno. Vê-se que os processos de inferência mais estritamente universalizados baseiam-se, em última análise, na sua interpretação articulada por uma pessoa que os aceita, e mostra-se que a vida a perseguir os seus estímulos primitivos centrados sobre si mesma baseia-se em princípios técnicos universais; enquanto entre os dois encontramos atos e momentos de compromisso responsável, feitos pela aceitação do seu próprio ponto de partida no espaço e no tempo, como uma condição do seu próprio chamamento.

Dentro dos seus compromissos a mente tem a garantia de exercer poderes mais amplos do que aqueles pelos quais é suposta operar sob o objetivismo: mas o próprio facto de assumir esta nova liberdade, submete-a a um poder superior ao qual até aí tem recusado reconhecer completamente. O objetivismo procura libertar-nos de toda a responsabilidade pelo apoio às nossas convicções. É por isso que pode ser logicamente expandido aos sistemas de pensamento em que a responsabilidade da pessoa humana é eliminada da vida e da sociedade do homem. Recuando do objetivismo, iríamos adquirir uma liberdade niilista de ação, pelo facto do nosso protesto ser feito em nome de lealdades superiores. Perdemos as limitações do objetivismo para realizar a nossa vocação, vocação que nos con-

10. COMPROMISSOS

vida a fazer a nossa opção acerca de toda uma variedade de assuntos com que o homem está devidamente preocupado.

Aqueles que se satisfazem em ter esperança em que os seus compromissos realizem a sua vocação não ficarão desapontados quando perceberem que afinal são apenas esperanças. Disse que a minha convicção sobre o compromisso é um compromisso do mesmo tipo que este autoriza: portanto, se a sua justificação for questionada, encontrará confirmação em si mesma. Além disso, qualquer confirmação mostrar-se-á, do mesmo modo, mais estável em relação à reflexão crítica, e assim indefinidamente. Logo, por contraste com uma afirmação de facto que se reivindica como impessoal, uma afirmação em termos de um compromisso dá origem a uma sequência insaciável de justificações subsequentes. Em vez de deslocar indefinidamente um problema sempre em aberto dentro do retrocesso do criticismo objetivista das reivindicações objetivistas, as nossas reflexões movem-se agora de um estado original de esperanças intelectuais para uma sucessão de posições igualmente esperançosas; de modo que, elevando-se acima deste movimento e refletindo sobre ele como um todo, descobrimos a continuação deste retrocesso como desnecessário.

O compromisso oferece àqueles que o aceitam fundamentos legítimos para a afirmação de convicções pessoais com uma intenção universal. Com base nesses fundamentos, reivindicamos que a nossa participação é pessoal, não subjetiva, exceto na medida em que for compulsiva. Mesmo que então fique para além da nossa responsabilidade, transforma-se ainda em parte da nossa vocação através do nosso sentimento de responsabilidade. Pode-se incluir o contexto histórico em que crescemos na nossa condição subjetiva. Aceitamos isso como a atribuição do nosso problema particular. A nossa pessoalidade é assegurada pelos nossos contactos simultâneos com as aspirações universais que nos colocam numa perspetiva transcendente.

O cenário em que retomamos então os nossos poderes intelectuais completos inspira-se no esquema cristão do pecado e da redenção. A queda do homem é equiparada à condição subjetiva e historicamente dada da nossa mente, de que podemos ser salvos pela graça do espírito. A técnica da nossa redenção é perdermo-nos a nós mesmos na realização de uma obrigação que aceitamos, apesar de, sob reflexão, ela nos parecer impossível de realizar. Comprometemo-nos a atingir o universal, apesar da admissão da nossa enfermidade, o que tornaria a obra impossível, porque temos esperança de ser visitados por poderes que não podemos explicar pelas nossas capacidades especificáveis. Esta esperança é um indício para Deus, que traçarei melhor no meu último capítulo, ao refletir sobre o curso da evolução.

– IV –

CONHECER E SER

11. A LÓGICA DO SUCESSO

11.1. INTRODUÇÃO

Na parte restante deste livro adiantarei algumas ideias sobre a natureza dos seres vivos, incluindo o homem, ideias que resultam claramente da aceitação da minha tese e do meu compromisso com o conhecimento pessoal. Tendo decidido que devo compreender o mundo a partir deste meu ponto de vista, como alguém que reclama originalidade e que exerce o seu julgamento pessoal com responsabilidade e com uma intenção universal, tenho que desenvolver um quadro conceptual que reconheça tanto a existência de outras pessoas, como o facto de que elas existem por evolução a partir de uns primórdios inanimados.

Usarei o seguinte argumento chave sob várias variantes e elaborações. A nossa compreensão de um ser vivo individual implica uma consciência subsidiária das suas partes, não completamente especificável em termos isolados. Esta compreensão reconhece uma realização particular e compreensiva (ou seja, "molar") do próprio indivíduo. Como o nosso conhecimento desta função molar não é especificável em termos "moleculares", a própria função não é redutível aos particulares moleculares; deve, portanto, ser reconhecida como uma forma superior de ser, não determinada por esses particulares. Podemos chegar diretamente a esta conclusão recordando que a compreensão de um todo aprecia a coerência do assunto, e, portanto, reconhece a existência de um valor ausente dos particulares constitutivos.

Chegados a este ponto podemos avançar em duas direções. Uma leva à contemplação das outras pessoas por uma pessoa - o autor - no processo de aquisição do conhecimento. Esta relação resultará numa duplicação, a respeito da segunda pessoa, das minhas reflexões sobre o meu próprio conhecimento, que culminaram no reconhecimento do meu compromisso intelectual. A nova variante desta situação estabelecerá uma parceria e uma rivalidade de compromissos entre a primeira e a segunda pessoa, que cairá no âmbito da estrutura da cultura individual. Ao mesmo tempo, vamos considerar como a segunda pessoa pode adquirir um conhecimento sobre a primeira pessoa, apreciando tanto a pessoa como o seu conhecimento, e estabelecendo assim toda uma série de intercâmbios pessoais que, quando estendidos a um grupo, formam a cultura cívica e a ordem pública da sociedade. Como tanto os compromissos individuais como os compromissos interpessoais se relacionam socialmente e se estabelecem institucionalmente, a perspetiva do compromisso alarga-se aqui para toda a humanidade, que tenta prosseguir na sua viagem para um destino desconhecido.

11.2 REGRAS DE RETIDÃO

Vimos que os animais podem aprender (1) a fazer habilidades, (2) a ler sinais, (3) a conhecer o seu caminho. Consideramos que estas atividades prefiguram primordialmente as faculdades de imaginar, observar e raciocinar, que são elaboradas ao nível articulado nos três domínios da engenharia, das ciências naturais e das matemáticas. Devo agora aperfeiçoar este esquema para permitir o facto de apenas as ciências físicas serem predominantemente observacionais, enquanto que a biologia e o estudo da mente e do homem têm uma estrutura muito mais complexa, em que a observação tem um papel, mas subsidiário.

Primeiro que tudo devo reclamar um lugar próprio para a lógica da invenção. A lógica do raciocínio dedutivo foi sistematicamente estudada durante dois milénios, e a lógica da inferência empírica foi uma das grandes preocupações da filosofia durante séculos, mas a lógica da invenção apenas se encontra em alusões dispersas. Pode-se pensar que o pragmatismo, o operacionalismo ou a cibernética contribuíram para isso, com as suas tentativas para explicar o pensamento como um processo imaginativo. Mas o esforço para reduzir todo o conhecimento a termos estritamente impessoais impediu que esses movimentos filosóficos atendessem à nossa capacidade para imaginar, que nunca pode ser impessoal.

Vimos que uma ferramenta, uma máquina e um processo técnico se caracterizam por um princípio operacional, o que é completamente diferente de uma afirmação observacional. O primeiro [nt: ferramenta, máquina, processo técnico], se for novo, representa uma invenção e pode ser protegido por uma patente; o último [nt: observação], se for novo, é uma descoberta e não pode ser patenteado. Aparelhos são classes de objetos que incorporam um princípio operacional em particular. Por agora, tratarei apenas dos aparelhos mecânicos e concentrar-me-ei em coisas suficientemente complicadas para serem chamadas máquinas. Relógios, máquinas de escrever, barcos, telefones, locomotivas, câmaras são os tipos de "máquinas" que tenho em mente.

Uma patente formula o princípio operacional de uma máquina, especificando como é que as suas partes características - os seus órgãos - cumprem a sua função especial, ao combinarem-se numa operação global que cumpre o objetivo da

11. A LÓGICA DA REALIZAÇÃO

máquina. Descreve como cada órgão atua sobre outro órgão dentro do seu contexto. O inventor de uma máquina tentará sempre obter uma patente nos termos mais vastos que lhe for possível; tentará por isso incluir todas as incorporações do seu princípio operacional, evitando mencionar particulares físicos ou químicos de qualquer máquina na realidade já construída, a menos que seja estritamente indispensável para as operações reclamadas para a máquina. Isto estende o conceito de máquina a objetos construídos dos mais variados materiais e completamente diferentes na forma e no tamanho. Tal como as regras da álgebra operam sobre um conjunto de números que suportam as constantes algébricas, também um princípio operacional aplica-se a qualquer coletivo de partes, que no seu conjunto, funcione de acordo com esse princípio.

Segue-se que uma classe de objetos que concebivelmente representam uma máquina qualquer formarão, à luz da ciência pura - que ignora os seus princípios operacionais - um conjunto completamente caótico. Por outras palavras, *a classe de coisas definida por um princípio operacional comum nunca pode ser especificada em termos da física e da química*.

A menos que eu acredite num objetivo razoável, ou pelo menos que se possa conceber como razoável, eu não posso endossar um princípio operacional para ensinar a atingir esse objetivo. A tecnologia compreende todos os princípios operacionais conhecidos e endossa os objetivos que esses princípios servem. Esse aval também *aprecia o valor de uma máquina como um meio racional para assegurar a vantagem em questão*. O princípio operacional de uma máquina funciona agora como um ideal: o ideal de uma máquina em boa ordem de funcionamento. É um padrão de perfeição. Qualquer "relógio", "máquina de escrever", "locomotiva", etc., pode ser avaliada por este tipo de padrão como sendo um relógio, uma máquina de escrever ou uma locomotiva mais ou menos perfeita. O conceito de uma máquina exerce ainda mais a função da sua avaliação quando se contrasta com o conceito de uma máquina avariada. Quando uma caldeira rebenta, uma cambota gripa, ou um comboio descarrila, essas coisas comportam-se contra as regras definidas para elas dentro da conceção de máquina. Logo, enquanto este conceito credencia certos acontecimentos como performances bem organizadas, também condena outras como falhanços.

Mas pode nada dizer sobre esses falhanços. O conceito de máquina em boa ordem de funcionamento é um sistema que ignora os particulares de uma falha - do mesmo modo que a cristalografia geométrica ignora as imperfeições dos cristais. Os princípios operacionais das máquinas são, portanto, *regras de retidão* [nt: regras de correção, de acerto], que apenas explicam o bom funcionamento de máquinas, mas que deixam inteiramente por explicar os seus falhanços.

Podemos procurar nas ciências naturais um suplemento para esta aproximação pouco realista? Sim e não. Um engenheiro treinado em física e química pode ser capaz de explicar as falhas. Pode corretamente observar as deformações sob as quais as máquinas avariam, ou os efeitos corrosivos que segregam as substâncias. Mas seria falso concluir que o químico ou o físico podem substituir o conceito de máquina - tal como definido pelos seus princípios operacionais - por uma compreensão mais compreensiva capaz de explicar quer o funcionamento correto como as falhas de uma máquina. Uma investigação física e química não pode transmitir a compreensão de uma máquina, tal como expressa pelos seus princípios operacionais. De facto, nada pode dizer acerca daquilo que faz uma máquina funcionar bem ou avariar.

Este ponto é fundamental para a compreensão dos diferentes níveis de realidade e será, por isso, que continuaremos a tratar o caso da máquina, porventura com mais profundidade do que o assunto poderia justificar por si próprio.

A primeira coisa a perceber é que o conhecimento da física e da química não nos permitiria, por si mesmos, reconhecer uma máquina. Suponha-se que se tem pela frente um objeto problemático e se tenta explorar a sua natureza por uma meticulosa análise física ou química de todas as suas partes. Poderia então obter-se um mapa físico-químico completo para o objeto. Em que ponto é que se descobre que é uma máquina (se é que é uma máquina), e nesse caso, como é que opera? Nunca. Não se pode mesmo por esta questão, e muito menos responder-lhe, mesmo tendo ao dispor toda a física e química, a menos que já se saiba como é que a máquina opera. Só sabendo como é que os relógios, máquinas de escrever, telefones, câmaras, etc. são construídas e operam é que pode avançar uma inquirição para saber se o que temos à nossa frente é um relógio, uma máquina de escrever, um barco, um telefone, etc.. A pergunta "Esta coisa serve para alguma finalidade, e se sim, qual é essa finalidade, e como é que a atinge?" *só pode ser respondida testando o objeto na prática, como um possível caso entre as máquinas conhecidas, ou concebíveis*. A topografia físico-química do objeto pode, em muitos casos, servir como um indício para a sua interpretação técnica, mas, por si mesma, deixa-nos completamente no escuro a esse respeito.

Poderíamos estender a topografia físico-química do objeto problemático, de modo a incluir todas as possíveis transformações que o objeto pode sofrer sob o impacto de todas as circunstâncias concebíveis. Mesmo assim, este conjunto de todas as possíveis configurações futuras continuaria a nada nos dizer sob o ponto de vista técnico.

Este resultado é crucial. Por isso, irei repeti-lo uma vez mais em termos mais concretos. Temos à nossa frente um objeto inanimado e tangível - digamos um relógio de pêndulo. Mas não sabemos o que é. Deixemos que uma equipa de físicos e de químicos o examine, equipados com a toda a química e física jamais conhecida, mas com uma perspetiva tecnológica equivalente à da idade da pedra. Ou, se for possível ignorar a incompatibilidade prática destas duas suposições, acordemos que na sua investigação não podem, em caso algum, referir-se a qualquer princípio operacional. Descreverão com precisão todos os particulares do relógio e, para além disso, farão uma previsão de todas as suas possíveis configurações futuras. Mesmo assim, nunca serão capazes de nos dizer que é um relógio. *O conhecimento completo de uma máquina como um objeto nada nos diz acerca dela como uma máquina.*

Disse que as regras de retidão apenas explicam o sucesso de coisas construídas e operadas de acordo com elas, mas nunca o seu falhanço. Vemos agora, por outro lado, que a física e a química são cegas, quer para o sucesso como para o insucesso, pois ignoram os princípios operacionais pelos quais o sucesso e o insucesso se definem. Identificamos uma máquina pela sua compreensão técnica; ou seja, por uma participação no seu objetivo e pelo endosso dos seus princípios operacionais. Não exercemos uma tal participação numa investigação física ou química. Na realidade, a compreensão da estrutura e operação de uma máquina requer, por regra, muito pouco conhecimento da física e da química. Logo, os dois tipos de conhecimento, o técnico e o científico, passam largamente um ao lado do outro.

Mas a relação entre os dois tipos de conhecimento não é simétrica. Se um objeto qualquer - como por exemplo uma máquina - se caracteriza essencialmente por uma característica compreensiva, então a nossa compreensão desta característica concede-nos um conhecimento verdadeiro daquilo que é o objeto. Revelará uma máquina como uma máquina. Mas a observação do mesmo objeto em termos da física e da química apenas resultará numa ignorância completa daquilo que ele é. Na realidade, quanto mais detalhado for o conhecimento adquirido acerca da coisa, mais distraída estará a nossa atenção para ver o que ela é.

Esta relação assimétrica prevalece também na maneira como os dois tipos de conhecimento podem ser combinados com utilidade. Podemos fazer uso das observações físicas ou químicas para aprofundar o nosso conhecimento de uma máquina, por exemplo um relógio. Tendo adivinhado que um relógio é um instrumento de medida do tempo, e tendo ganho alguma intimidade com as funções de cada uma das suas partes - tal como os pesos que o guiam, o pêndulo que controla a velocidade libertando o escape, e os ponteiros que indicam a passagem do tempo - podemos avançar para o exame dos processos físicos subjacentes a estas várias operações. Estabeleceremos então as *condições* materiais sob as quais as partes podem *cumprir* as suas funções e *explicar* as suas *falhas* ocasionais. Como resultado, seremos capazes de sugerir melhorias para evitar avarias e talvez seja mesmo possível inventar princípios inteiramente novos de relojoaria. Mas nenhumas observações físicas ou químicas de relógios serão de qualquer utilidade para um relojoeiro, a menos que essas observações estejam relacionadas com os princípios operacionais de um relógio, como condições para o seu sucesso ou causas para a sua avaria. E podemos concluir, com generalidade, que no nosso conhecimento de uma entidade compreensiva, incorporando regras de retidão, qualquer informação proveniente da física ou da química pode apenas ter um papel subsidiário[1].

Algumas características físicas e químicas de uma máquina, tal como o seu peso, tamanho e forma, ou a sua fragilidade, a sua suscetibilidade à corrosão ou sensibilidade à luz solar, têm interesse por si em certas ocasiões como, por exemplo, para um transportador encarregado do transporte da máquina. Mas isso é tudo aquilo que o estudo científico de uma máquina pode atingir por si, sem uma referência aos princípios pelos quais a máquina atinge a sua finalidade.

11.3. CAUSAS E RAZÕES

A tecnologia, incorporada nas regras de retidão, ensina um caminho racional para atingir um propósito definido. Tais regras imaginam um estratagema que consiste em várias etapas, cada uma das quais faz uma função própria dentro de um procedimento coerente, económico, e, nesse sentido, racional. O procedimento pode incluir imaginar uma máquina, construída por um certo número de peças, cada uma das quais tem uma certa função numa operação racional e coerente. Há uma razão especificável para cada passo do procedimento e qualquer peça da máquina, assim como para a forma como as várias etapas e as várias peças se ligam em conjunto, para servir o seu objetivo conjunto. Esta cadeia de razões é definida nos princípios operacionais do processo ou da máquina.

Como a física e a química ignoram os princípios operacionais, são cegas para as razões que justificam as etapas sucessivas de uma operação. Assim, uma investigação físico-química pode lançar luz sobre a racionalidade de um processo ou de uma máquina, estabelecendo as condições físico-químicas sobre as quais se deve basear, e avisar que se essas condições não se verificarem então o aparelho avaria.

Como um caso extremo, as ciências naturais podem declarar que um alegado processo prático é impraticável. Pode dizer que uma máquina não pode funcionar. Digo, por exemplo, que a roda do movimento perpétuo descrita pelo Marquês de Worcester em 1663 não se pode manter a rodar, através das sucessivas subidas dos pesos amarrados ao seu aro, e portanto não podia, e não pode, funcionar. Pode-se mostrar que, neste caso, os alegados princípios operacionais de uma tal máquina são incompatíveis com a lei da conservação da energia, que acredito ser verdadeira. Logo, concluo que *não* podem existir condições em que se possa confiar nesses princípios.

Como as regras de retidão não podem explicar os insucessos, e as razões para fazer algo apenas podem ser expressas dentro do contexto dessas regras, conclui-se que não podem existir razões (neste sentido) para um falhanço. Logo, é melhor evitar o uso da palavra "razão" neste contexto, e descrever as origens dos insucessos invariavelmente pelas suas *causas*. Podemos então dizer que as investigações físico-químicas de uma máquina, feitas com base nos seus princípios operacionais, podem elucidar quer as condições para o seu sucesso quer as causasdo seu falhanço. Seria errado falar de estabelecer as "causas" físicas e químicas do sucesso, porque o sucesso de uma máquina é definido pelos seus princípios operacionais, que não são especificáveis em termos físico-químicos. Se um estratagema tem sucesso, tem-no de acordo com as suas próprias razões internas premeditadas; se falha, é devido a causas externas não previstas.

11.4. LÓGICA E PSICOLOGIA

Na medida em que as ciências dedutivas consistem em operações formais, podem ser incorporadas nos princípios operacionais das máquinas computadoras; e o corpo de um animal também funciona, em certa medida, como uma máquina. A nossa inquirição na lógica das máquinas é, portanto, capaz de generalização sobre um domínio que vai das matemáticas à fisiologia. E podemos adicionar a este domínio, como regras de retidão adicionais, os princípios da ética e da lei. A minha inquirição só pode atender de passagem a estes códigos do comportamento humano; enquanto que a lógica e a matemática como formas de conhecimento, e as estruturas tipo máquina dos animais - tanto como um objeto da ciência natural, como um instrumento pelo qual os animais adquirem conhecimento - concentrarão todo o esforço da nossa atenção[2].

Tudo o que disse acerca da relação das máquinas com as leis da física e da química, aplica-se também às operações de uma máquina de inferência lógica[3]. Seguem-se alguns dos pontos relevantes. Os princípios operacionais das máquinas lógicas são regras de retidão que apenas explicam o sucesso. Estes princípios dissolvem-se completamente, e com eles a diferença entre o sucesso e o insucesso, numa topografia físico-química de uma máquina. Mas a física e a química são altamente esclarecedoras quando usadas subsidiariamente, com base na estrutura operacional previamente estabelecida das máquinas lógicas, no que respeita às condições materiais sob as quais podem funcionar e que explicam os seus falhanços ocasionais.

Podemos definir em termos semelhantes a relação entre a lógica e a psicologia, embora para tratar deste assunto precisemos de ampliar os nossos termos. O pensamento avança largamente por um processo irreversível de compreensão e não de acordo com leis especificáveis. Apenas este último se pode chamar pensamento lógico, em que incluirei as matemáticas. A lógica, assim definida, é uma regra de retidão; diz-nos como devemos pensar para derivar conclusões corretas e amplas, a partir das premissas dadas. Quando ouço o argumento de uma outra pessoa, avalio-o em relação aos padrões de correção que defini ao reconhecer certas regras como regras da lógica. Piaget fez umas séries sistemáticas de tais avaliações, em estádios sucessivos do desenvolvimento mental das crianças. A sua epistemologia genética mostra que o raciocínio das crianças mostra, ano após ano, padrões cada vez mais elevados de performance lógica[4]. Descobre, submete, fundamenta em padrões de excelência lógica cada vez mais elevados, que declara serem universalmente válidos.

A operação destas regras de retidão ocorre dentro de um fluxo de apreensões conscientes e inconscientes, que são assunto da psicologia. Pode ser posto em movimento pelos desejos ou pelas paixões intelectuais, e operar sobre um fundo de memórias. Pode funcionar pelos poderes da imaginação visual, pela ajuda de simbolismo verbal e de outros simbolismos, ou de forma inteiramente conceptual. Será profundamente influenciada pela linguagem e pelo quadro conceptual em que a criança foi crescendo. Mas nenhum estudo deste meio de pensamento pode revelar se uma determinada dedução em particular - por exemplo, a demonstração do teorema binomial - está ou não correta. A retidão de uma tal demonstração pode apenas basear-se em razões lógicas, não em observações psicológicas. A psicologia não pode distinguir, por si só, entre inferências falsas ou verdadeiras e, portanto, é cega em relação aos princípios lógicos; mas pode lançar alguma luz sobre as condições sob as quais a compreensão e a operação de um raciocínio lógico-matemático correto se pode desenvolver, e pode contribuir com uma explicação para os erros que ocorrem num raciocínio. Na realidade, um erro de raciocínio nunca pode ser o assunto de uma demonstração lógica; só pode ser compreendido por observações psicológicas que revelem as suas causas. Por outro lado, não faz sentido falar das causas de um teorema matemático. Podemos inquirir sobre as condições que favoreceram a sua descoberta, mas a validade de um teorema pode apenas ser justificada por razões, e não ser explicada pelas suas causas.

A relação entre as regras da lógica e o assunto da psicologia, que acabo de descrever, é exatamente o mesmo que entre os princípios operacionais de uma máquina e os assuntos da física e da química, salvo numa característica adicional - introduzi uma *segunda pessoa*, que se esforça por pensar corretamente, de acordo com as regras da lógica. Este centro pessoal, responsável e ativo, emergirá claramente mais adiante. Mas podemos antecipar aqui que sejam quais foram as regras de retidão que uma pessoa tente estabelecer e cumprir - sejam elas morais, estéticas ou legais - está a comprometer-se com um ideal; e uma vez mais, apenas o pode fazer dentro de um meio que é cego para com esse ideal. O ideal determina os padrões a que uma pessoa se auto responsabiliza; mas o meio, cego aos ideais, assegura tanto a possibilidade de um esforço por esse ideal como limita a sua possibilidade. Determina a sua vocação.

Na outra ponta da nossa linha de generalização (que será mais completamente desenvolvida no próximo capítulo) colocaremos o *organismo a funcionar como uma máquina*. Podemos desde já concluir, a este respeito, que um organismo é representado por princípios operacionais do mesmo tipo dos que definem máquinas. A fisiologia é a tecnologia das realizações saudáveis: uma alimentação salutar, boa digestão, locomoção efetiva, perceção nítida, cópula fértil, etc.. Poder-se-ia prosseguir com este argumento segundo linhas já familiares. Mas prefiro deixar isso para depois de definir com maior precisão as características tipo máquina de um animal, por contraste com as suas funções "organísmicas", que não podem ser formuladas adequadamente nos termos de princípios operacionais definidos.

11.5. ORIGINALIDADE NOS ANIMAIS

A primeira vez que mencionei os poderes inventivos dos animais usei os exemplos de Kohler, em que um chimpanzé atinge um certo objetivo pela reorganização adequada do seu campo de visão. Depois identifiquei num rato o conhecimento latente de um labirinto que tinha aprendido a percorrer, pela sua capacidade para reorganizar adequadamente o seu conhecimento para lidar com a emergência de percursos bloqueados[5]. A experiência de Yerkes-Heck mostrou como as minhocas podem reorganizar indefinidamente o conhecimento latente em face de novas circunstâncias[6]. A um nível não articulado semelhante, o homem tateia o seu caminho para uma performance hábil, reajustando inconscientemente a coordenação dos seus músculos na direção do sucesso[7]. A forma como forçamos os nossos olhos para "ver melhor" o que estamos a ver, dá-nos um exemplo de uma descoberta pela reorganização conjunta de um conjunto de ações musculares inconscientes, com a nossa interpretação simultânea das impressões moldadas por essas ações[8]. Este incentivo à reorganização das nossas experiências e capacidades, de uma forma mais satisfatória para nós próprios, foi reconstituída ao longo de toda uma gama crescente da inventividade humana. Define o homem como o inovador e o explorador, a debruçar-se apaixonadamente sobre uma existência mais próxima da realidade.

Tudo isto foi inquirido com vista a uma reinterpretação da verdade, feita na Parte Três. Aceitei aí um compromisso fiduciário que me autoriza a escolher as minhas convicções fundamentais de acordo com a minha situação global; devo agora tentar decidir, com os mesmos fundamentos, se a originalidade dos animais pode ser explicada por alguma engenhosa maquinaria automática, ou se deve ser reconhecida como uma força independente, a operar no corpo em combinação com a maquinaria aí existente[9].

O conceito tipo máquina dos seres vivos pode ser alargado para, em princípio, explicar as suas capacidades adaptativas. Um aeroplano com piloto automático aproxima-se das competências de um piloto de avião. A autorregulação mecânica coordena as suas atividades ao serviço de um objetivo bem definido, e pode mesmo parecer que mostra uma certa capacidade para responder a novas situações não exatamente antecipáveis. Há hoje uma escola de pensamento que persegue apaixonadamente esta conceção mecânica de todas as soluções adaptativas vitais, incluindo as atividades da inteligência humana. Enumerarei brevemente os indícios que me sugerem que este esforço está mal orientado.

O nosso conhecimento existente da física e da química não é certamente suficiente para explicar a nossa experiência de seres vivos ativos e plenos de recursos, cujas atividades são, muitas vezes, acompanhadas por esforços conscientes e por sentimentos, de que as nossas física e química nada sabem. Mas admita-se, a bem do argumento, que a física e a química podem ser alargadas para explicar a sentiência de certos sistemas físicos-químicos. Não seria inconcebível que uma máquina de complexidade suficiente pudesse desenvolver pensamento consciente, sem perder as suas características tipo-máquina. No entanto, concebidos nestes termos, os pensamentos conscientes seriam um mero acompanhamento das operações mecânicas, sem influência sobre o resultado das operações. Teríamos que imaginar, por exemplo, que os pensamentos conscientes de Shakespeare não tinham qualquer efeito sobre as suas peças; e que as peças eram subsequentemente representadas por atores cujos pensamentos não tinham qualquer efeito sobre a sua representação; enquanto que sucessivas gerações de audiências foram ver as peças sem ter sido pelo facto de as apreciarem.

Nada disto é *estritamente* inconcebível; forma um sistema interpretativo fechado. Embora ninguém possa, na prática, acreditar nele, podemos ver isto como um defeito devido aos hábitos primitivos da mente, que um conhecimento científico perfeito deveria eliminar. Eu estou comprometido com uma convicção diferente. Aceito a responsabilidade de extrair um conhecimento cada vez mais indeterminado a partir de indícios não especificáveis, com uma intenção de validade universal; e esta convicção inclui o reconhecimento de outras pessoas como centros responsáveis de operações igualmente não especificáveis, procurando igualmente uma validade universal[10]. Logo, para mim, as obras de Shakespeare oferecem uma demonstração massiva de uma criatividade que não se pode explicar em termos de um mecanismo automático. Na minha visão, sempre que nos confrontamos com uma obra de génio e nos submetemos à liderança do seu autor, estamos enfaticamente a reconhecer a originalidade como uma performance cujo procedimento não conseguimos especificar[11].

11. A LÓGICA DA REALIZAÇÃO

Este quadro conceptual sugere-me fortemente a presença de um centro ativo a operar de forma não especificável em todos os animais. Na "Lógica da afirmação" (Parte Três, cap.8) liguei os poderes não formalizáveis da originalidade com toda a variedade de coeficientes tácitos, muitas vezes apaixonados, que explicam os poderes de uma inteligência articulada. Disse que esse incitamento tácito suporta, ao longo de toda a nossa cultura, a coerência e a fecundidade das operações simbólicas fixas, que foram inicialmente imaginadas como resposta a esse mesmo incitamento. Acredito que, com base na continuidade, também devemos reconhecer que o mesmo estímulo opera primordialmente em todo o reino animal. Há então dois princípios a funcionarem nos animais, em particular: (1) o uso de capacidades tipo-máquina, e (2) os poderes inventivos da vida animal. Assim, enquanto que a maquinaria animal incorpora princípios operacionais fixos, esta maquinaria seria estimulada, guiada e readaptada pelo estímulo inventivo não especificável do animal - tal como as operações simbólicas rígidas são credenciadas, e constantemente reinterpretadas, pelos poderes tácitos que as afirmam.

Por uma questão de brevidade, apresentarei apenas algumas das peças de evidência, características da existência de tais poderes criativos generalizados. Lashley[12] observou que ratos mutilados, que tinham aprendido um labirinto, continuavam a encontrar o seu caminho, embora as ligações neuronais usadas na aprendizagem tivessem sido cortadas. Naturalmente a sua forma de progressão foi completamente alterada: "Um arrasta-se com as suas patas dianteiras (escreve Lashley); outro passa a vida a cair, mas avança por uma série de impulsos; um terceiro rola completamente ao fazer cada curva, mas mesmo assim evita entrar num troço sem saída e faz um percurso sem erros...". Conclui que "se a sequência habitual de movimentos usados para chegar ao alimento se tornar impossível, um novo conjunto, anteriormente não usado, e com um padrão motor completamente diferente, pode ser reconstituído de forma direta e eficiente, sem qualquer atividade aleatória...". Os ratos operados mantiveram uma memória e uma finalidade que evoca em cada um deles um conjunto diferente de princípios operacionais para atingir os mesmos fins. Estas combinações alternativas de órgãos, constantemente improvisadas, podem ser ditas *equipotenciais* ao atingirem a mesma ação global. Oferecem uma série de soluções para um mesmo problema técnico[13].

Casos semelhantes de equipotencialidade podem ser encontrados a níveis muito inferiores e muito superiores ao rato no labirinto. Com idade avançada Renoir ficou afetado pela artrite. Perdeu o uso de ambos os pés e mãos; os seus dedos ficaram imobilizados numa rigidez perpétua. Mas Renoir continuou a pintar por mais vinte anos até à sua morte, com um pincel amarrado ao seu antebraço. Desta forma, produziu um grande número de quadros difíceis de distinguir em qualidade e estilo daqueles que tinham pintado antes. A habilidade e a visão que desenvolveu e dominou pelo uso dos seus dedos, já não estava nos seus dedos. Tornou-se um conhecimento e uma finalidade de um tipo altamente abstrato e totalmente não especificável: um desígnio capaz de evocar no seu corpo mutilado um conjunto de implementações que eram equipotenciais às suas performances anteriores.

No outro extremo da escala evolutiva, Buddenbrock[14] e Bethe[15] mostraram que insetos, aranhas, centopeias e besouros da água adaptam instantaneamente o seu modo de locomoção à amputação de uma pata, ou mesmo à amputação de uma combinação qualquer de patas. Bethe argumenta que estas coordenações equipotenciais improvisadas são tão variadas que não podem ser devidas à ação de percursos anatómicos predeterminados[16]. Pensa que manifestam uma capacidade do sistema nervoso para se reorganizar a si próprio de modo adaptativo.

Este processo de reorganização espontânea adaptativa, pelo qual se atinge um fim predeterminado sob condições profundamente modificadas, encontra um paralelo importante no processo de desenvolvimento embriónico. Os fragmentos retirados de embriões de certos animais inferiores têm a capacidade de regenerar todo o embrião e de produzir indivíduos normais. Este princípio ontogénico foi primeiro descoberto por H. Driesch, no embrião do ouriço do mar. Em todo o estádio de partição, qualquer célula ou combinação de células destacadas de um embrião desenvolver-se-á num ouriço do mar normal. Driesch caracterizou estes poderes regenerativos de um embrião descrevendo-o como um sistema "equipotencial harmonioso". A capacidade do germe para construir um embrião normal, apesar de severas amputações, é geralmente referido hoje em dia como "regulação morfogenética".

Falarei mais tarde de um outro princípio da ontogénese, a operar por potenciais localmente fixos, e a combinação deste mosaico de princípios com a reorganização equipotencial de fragmentos embriónicos. De momento, basta observar que os poderes de improvisação, descobertos por Driesch nos fragmentos dos embriões, mostraram-se até aos nossos dias tão inexplicáveis, em termos de estruturas anatómicas, como os poderes da regeneração funcional manifestados em todo o reino animal - desde a centopeia amputada ao Renoir paralisado[17].

A continuidade entre heurística e equipotencialidade morfogenética pode-se agora esboçar em termos mais específicos. Partimos do facto de que nenhum processo material governado pelas leis da matéria, tal como conhecidas hoje em dia, pode concebivelmente explicar a presença da consciência em corpos materiais. Recusei-me a assumir que mesmo uma eventual revisão com sucesso das leis da física e da química, que pudesse explicar a sentiência dos animais e do homem, estes apareceriam então como autómatos - com o absurdo adicional de uma vida mental totalmente ineficiente a acompanhar as suas performances automáticas. Representar seres vivos com insentientes é empiricamente falso, mas olhar para eles como autómatos completos não faz sentido lógico. Só ficamos conscientes dos pensamentos do homem ouvindo-o, ou seja, atendendo subsidiariamente a certas ações corporais e assumindo que foram estimuladas pelos seus pensamentos, que de facto são conhecidos por nós apenas como centro efetivo das suas ações significantes. Nem podemos, portanto, falar de pensamento totalmente sem originalidade nem responsabilidade; ou na verdade enfrentar o julgamento ponderado de uma outra pessoa sem reconhecer a sua intenção universal, que nos desafia a segui-la ou a contradizê-la. Estas características são essenciais para a nossa conceção de pensamento pré-científico, e não se pode dizer que a neurologia possa explicar o pensamento, a menos que o represente como qualquer coisa em que ainda seja possível reconhecer estas características.

Dá-se um grande passo para a generalização dos poderes do pensamento, na direção descendente da originalidade morfogenética, ao reconhecer os poderes criadores do pensamento inconsciente. O exercício inconsciente da originalidade é geralmente induzido por um esforço consciente e por um julgamento de ordem superior, como no caso dos esforços heurísticos que induzem a descoberta durante um período subsequente de latência. Será também habitualmente necessário um esforço que provoque uma reorganização dos meios disponíveis para um fim prédeterminado.

Finalmente, deixando cair também o elemento de esforço, a capacidade para a ação coerente e plena de recursos pode ser generalizada para um processo de crescimento. O princípio da equipotencialidade é então equacionado como o reconhecimento de que não podemos identificar o fenómeno descoberto por Driesch, exceto se creditarmos um fragmento qualquer do embrião inicial do ouriço do mar com a capacidade de crescer para um indivíduo completo. Esta é uma capacidade para utilizar recursos com vista a atingir um feito compreensivo, que acreditamos estar correta, e que apenas pode ser considerada reconhecendo essa relação instrumental nestes termos. Prefigura portanto, e nessa medida, o tipo de faculdade que permitiu a Renoir continuar a pintar depois de paralisado, e para além disso, toda a variedade de juízos pessoais e de originalidade que reconhecemos quando atendemos adequadamente a uma pessoa pensante. O princípio morfogenético descoberto por Driesch revela-se a si próprio como um *membro primordial de uma série ascendente de processos homólogos, que não podem ser compreendidos senão como o resultado de recursos de uma retidão compreensiva, e cada um dos quais se dissolve completamente à luz de um exame impessoal adicional.*

11.6. EXPLICAÇÕES DA EQUIPOTENCIALIDADE

Muitos cientistas contemporâneos insistem em que todo o comportamento inteligente baseia-se numa maquinaria que, nos organismos com sistemas nervoso, opera segundo os princípios dos computadores digitais. Esta é a teoria McCulloch-Pitts das redes neuronais. Mostra que uma ligação adequada nos circuitos neuronais pode explicar as respostas dadas, por uma pessoa inteligente, aos estímulos que chegam aos seus órgãos sensoriais. Os aderentes a esta teoria vão tão longe quanto afirmar que até mesmo as descobertas de Kepler e de Darwin não são mais do que o resultado de uma máquina computadora, capaz de resolver um grande número de equações simultâneas. Representar Kepler e Darwin (e presumivelmente também Shakespeare e Beethoven) como um autómato é, de acordo com K. Z. Lorenz, que advogou este ponto de vista, imperativo para o "investigador indutivo que não acredita em milagres"[18]. Tratei dessa teoria na secção anterior.

Outros têm criticado o modelo de computador digital por não ter em conta a grande resiliência do sistema nervoso, mesmo sob o efeito de injúrias generalizadas. Dificilmente alguém esperaria que uma maquinaria tão delicada retomasse tão rapidamente as suas funções - muitas vezes de uma maneira nova - quando são excisadas partes, a sua rede periférica é cortada em pontos essenciais, ou alguns dos órgãos são amputados[19].

Uma alternativa radical ao computador digital como princípio operacional das redes neuronais foi avançada por W. Kohler, na forma do seu princípio do "isomorfismo". Kohler aponta para certos sistemas físicos organizados, que podem ser descritos por dois termos alternativos: um referindo diretamente as suas características compreensivas bem organizadas, e o outro referindo as condições dinâmicas subjacentes a esse estado organizado. Assim, as leis de Kepler descrevem diretamente certas características compreensivas bem organizadas do sistema solar, que se podem mostrar não ser mais do que manifestações de interações baseadas na dinâmica newtoniana. O princípio do isomorfismo assume que os traços neuronais dos estímulos interatuam igualmente de acordo com algumas leis dinâmicas da física e da química, dando origem a uma configuração bem organizada dentro do sistema nervoso: uma configuração que tem todas as características compreensivas dos objetos, a partir do qual os estímulos tiveram origem. A excitação desta condição bem organizada, dentro do novo sistema nervoso central, é suposta dar-nos consciência de todas as relações que entram na forma [nt: gestalt] dos objetos com que nos confrontamos. Por exemplo, a contrapartida cortical de um quadrado é suposta ter todas as propriedades estruturais de um quadrado e, portanto, permitir-nos assim responder a qualquer dessas propriedades[20].

A partir deste princípio segue-se que toda a matemática - quer a já conhecida como a que ainda está para ser descoberta - está latente nos traços neuronais que chegam ao cérebro do homem quando este olha para os axiomas do *Principia Mathematica*, ou que o equilíbrio físico-químico destes registos deve ser capaz de produzir uma contrapartida cerebral (um texto codificado) que compreende todo o corpo da matemática. No entanto, e se *per incredible* existisse um tal equilíbrio, certamente que não se poderia basear nas interações físico-químicas dos traços neuronais.

A teoria de Kohler é também logicamente deficiente porque falha numa explicação para as manifestações externas do pensamento. Não nos diz como a duplicação de uma forma [nt: gestalt] externa no interior do cérebro produz uma resposta evidente correspondente a si próprio - e uma pequena reflexão mostra que, na realidade é tão difícil explicar a formação de uma resposta apropriada a uma *gestalt cerebral* como uma resposta semelhante à *gestalt original* exterior ao corpo. Para nos satisfazer a esse respeito, o isomorfismo deveria ser suplementado por um mecanismo de efetores [nt: efetores moleculares], para o qual até agora o único princípio sugerido é o do computador, que vimos ser inadequado. A teoria de Kohler, portanto, deixa o problema do comportamento inteligente no mesmo sítio onde estava antes.

Mas a ideia do equilíbrio como um princípio organizador tem largas implicações e apresenta um problema ainda mais geral. A escola predominante entre os biólogos considera a realização persistente de uma mesma forma típica a partir de uma variedade de combinações de células embriónicas como um processo de equilíbrio. Assumem que a interação físico-química de cada parte com todas as outras partes do fragmento embriónico em desenvolvimento resulta, de cada vez, na mesma configuração global.

Embora já tenha mostrado que o isomorfismo é insustentável como uma teoria da compreensão conceptual ou do comportamento inteligente, aceitarei, no entanto, isso por um momento, e para bem do argumento, como uma explicação para a nossa apreensão sensorial das formas [nt: gestalt]. A conformação sensorial da forma [nt: gestalt] está portanto ao par com a morfogénese, como um processo organizador em que as interações físico-químicas compreensivas das partes são supostas produzir entidades organizadas. A questão é saber se um processo equipotencial, que conduza a resultados compreensivas e corretos, pode de facto ser representado em termos de equilíbrio físico-químico.

A minha resposta a isto, nesta fase, é como se segue. (1) Onde a ciência e a tecnologia se sobrepõem, os princípios operacionais sobrepõem-se com certas leis da natureza (ver p. 345 acima) e, no mesmo sentido, pode-se conceber uma função fisiológica coincidente com certas leis da física e da química. Mesmo assim, em ambos os casos da tecnologia e da fisiologia, resulta algo que nem a física nem a química definem.

(2) Ver um padrão ou uma forma é uma dessas realizações. Um processo de equilíbrio físico-químico é indiferente para o sucesso ou falhanço de se ver uma forma [nt: gestalt] e, portanto, não pode exprimir a diferença entre ilusão e co-

nhecimento, ou representar o esforço feito pelo sujeito para evitar o erro e obter conhecimento. A morfogénese é a formação de formas corretas, um processo que pode ter sucesso ou insucesso. Uma explicação físico-química não explicaria estas alternativas, simplesmente levaria o problema de volta para as condições em que o processo se iniciou.

(3) Todas as questões levantadas pela psicologia e pela morfogénese têm as suas raízes no nosso interesse pelas atividades mentais e pelo desenvolvimento embrionário. Os estudos dos processos físico-químicos nunca podem *ocupar o lugar* desses interesses; apenas podem pertencer à psicologia ou à embriologia, na medida *em que se baseiam nos interesses anteriores decorrentes dessas ciências*. O conhecimento físico e químico pode apenas formar parte da biologia pela sua relação com *formas e funções biológicas previamente estabelecidas*: uma topografia física e química completa de um sapo nada nos diria acerca do sapo, a menos que previamente fosse conhecido *como um sapo*. Neste sentido, tanto a psicologia como a morfogénese permaneceriam não especificáveis em termos da física e da química, mesmo se as suposições mecanicistas, que admiti aqui para bem do argumento, se verificassem. Ilustrarei isto no próximo capítulo acerca da morfogénese.

De momento, podemos estabelecer as seguintes lições. Os seres vivos funcionam de acordo com dois princípios sempre interligados, seja como máquinas ou por "regulação". As funções tipo-máquina operam idealmente através de estruturas fixas; o caso ideal de regulação é uma integração equipotencial de todas as partes numa performance conjunta. Ambos os tipos de performances são definidas por regras de retidão, que se referem, em cada um dos casos, a uma entidade biótica compreensiva. Mas há uma diferença. As funções tipo máquina são idealmente definidas por princípios operacionais precisos, enquanto que a retidão de uma realização regulada apenas se pode exprimir em termos tipo-gestalt. A compreensão que temos de uma máquina é, portanto, analítica, enquanto que a apreensão de uma regulação é um puro conhecimento hábil de competências, o conhecimento de uma "arte". Assim, ambos os tipos de performance têm em comum que a sua retidão não se pode especificar nos termos impessoais da física e da química.

Esta sugestão foi já feita na anterior secção 5, segundo a qual os processos equipotenciais são uma forma primordial de originalidade, o que retomaremos mais adiante no capítulo sobre evolução.

11.7. NÍVEIS LÓGICOS

Na medida em que a nossa participação pessoal em conhecer um facto contribui para o estabelecer naquilo que ele é, podemos dizer que é um *facto pessoal*. Na medida em que o nosso conhecer pessoal de uma coisa não é especificável, a

11. A LÓGICA DA REALIZAÇÃO

própria coisa não se pode representar exaustivamente em termos dos seus particulares ainda menos pessoais. Isto é verdade acerca das coisas inanimadas, tais como uma peça de informação, um acidente, um ruído ou um padrão, e estava implícito, e por vezes foi mesmo expressamente dito, na minha discussão destes factos pessoais na Parte Um. Falei também deste aspeto do conhecimento pessoal no presente capítulo, com referência às máquinas. A sua importância principal só emerge quando nos voltamos para os seres vivos, onde aparece mais uma importante característica adicional: o nosso reconhecimento de indivíduos.

Há vida nas culturas de tecidos e de vírus que não estão segregados na forma de indivíduos, e o germoplasma que transmite a hereditariedade tem uma vida continuamente prolongada, que transcende os indivíduos através dos quais passa. Fragmentos de animais e de plantas podem ser viáveis por si próprios. E grande parte da matéria viva está incorporada num conjunto finito de indivíduos, circunscritos no espaço e de duração limitada no tempo. Cada um deles conhece a existência num momento definido, para permanecer vivo durante um certo período, após o que morrerá.

O nosso reconhecimento de um indivíduo é um ato de conhecimento pessoal claramente antecipado, como se segue, na afirmação que fiz para apoiar responsavelmente o meu conhecimento pessoal, com uma intenção universal, (1) Eu próprio sou um ser vivo individual. Logo, à medida que dei exemplos do meu conhecimento pessoal e analisei a minha participação nele, estava já a descrever um ser vivo, e a acreditá-lo com certas artes de fazer e de conhecer, que acredito possuir. (2) Tendo essa confiança em mim próprio, reconheci o companheirismo das outras pessoas, e usei os meus poderes de conhecer pessoal para credenciar os outros com o exercício de poderes semelhantes[21]. (3) Da mesma forma, posso agora generalizar este ato fiduciário como um reconhecimento de todos os tipos de seres vivos individuais.

A individualidade é, portanto, um facto pessoal, e nessa medida não é especificável. Voltarei a isto no próximo capítulo; para já, tratarei de outras peculiaridades do nosso conhecimento em relação aos indivíduos. Em primeiro lugar, um indivíduo vivo impressiona-nos como um facto pessoal, com um ser muito mais ativo e tangível do que qualquer outro facto pessoal que se tenha encontrado. É claro que a compreensão de um todo reconhece a sua realidade; e, seja como for, nós compreendemos que ambos significam alguma coisa para nós e que, numa certa medida, pelo menos também significam existencialmente alguma coisa, por si mesmos. Experimentamos este significado quando nos concentramos para atingir uma apreensão focal de um todo. Vivendo numa sequência harmoniosa de sons, reconhecemos o seu significado conjunto com uma melodia: um significado que eles têm por si mesmo, existencialmente. Até um certo ponto, o nosso conhecimento da existência de um indivíduo vivo faz-se de forma bastante semelhante. Avaliamos aí uma ordem metódica significante que, como tal, significa alguma coisa por si própria. Mas um indivíduo vivo é totalmente diferente de qualquer forma de coisas inanimadas, como melodias, palavras, poemas, teorias, culturas, às quais tenhamos anteriormente dado um significado. O seu significado é diferente, porventura mais rico, e acima de tudo tem um *centro*. O foco da nossa compreensão é agora algo ativo, que cresce e produz formas com significado, e sobrevive pelo funcionamento racional dos seus órgãos; algo que pode ter um comportamento e que pode adquirir conhecimento, e, ao nível humano, pode mesmo pensar e afirmar as suas convicções.

O reconhecimento de um tal centro é uma novidade lógica. Isso é muito claro ao nível humano. Quando conhecemos alguém que por sua vez sabe alguma coisa, o seu conhecimento é parte do nosso sujeito. Precisamos de decidir se é de facto conhecimento. As ilusões de um homem não são a mesma coisa que o seu conhecimento. Precisamos, portanto, de discriminar entre as duas, e de compreender o terreno sobre o qual o conhecimento foi adquirido. Encontramo-nos então agora a examinar conhecimento, ou alegado conhecimento, tal como acontece quando refletimos sobre o que nós próprios conhecemos, ou acreditamos conhecer.

Isto é muito peculiar. A lógica discrimina claramente entre o nosso *conhecimento das coisas* e as nossas *reflexões acerca do conhecimento das coisas*. A ciência natural é vista como o conhecimento das coisas, enquanto que o conhecimento *acerca da* ciência é considerado como claramente distinto da própria ciência, e chama-se "meta-ciência". Temos então três níveis lógicos: um primeiro nível para os objetos da ciência, um segundo para a própria ciência e ainda um terceiro para a meta-ciência, que inclui a lógica e a epistemologia da ciência. Mas, como vimos, a aprendizagem de sinais é logicamente equivalente ao estabelecimento da verdade nas ciências naturais, logo o processo de aprendizagem de sinais tem lugar a dois níveis lógicos: a aprendizagem, que ocupa o nível superior, e a caixa de descriminação, etc. no nível inferior. Daí atribuirmos agora uma estrutura em três níveis ao *estudo* da aprendizagem de sinais, com a psicologia animal no nível superior, no terceiro nível. Já tinha antecipado isto, até um certo ponto na p. 271, ao definir a situação tripartida em que o neurologista investiga as funções do cérebro.

Uma ciência que lide com as pessoas vivas aparece agora como logicamente diferente de uma ciência que trata das coisas inanimadas. Em contraste com a estrutura lógica a dois níveis da ciência inanimada, a ciência biológica, ou pelo menos algumas partes da biologia, parecem possuir uma estrutura a três níveis, semelhante à da lógica e da epistemologia. Esta conclusão apresenta-nos o paradoxo seguinte: o processo evolutivo forma uma transição contínua desde o estádio inanimado até às pessoas vivas e que conhecem; como pode então ter gerado um nível lógico adicional - dois em vez de um, três em vez de dois?

11. A LÓGICA DA REALIZAÇÃO

Olhemos primeiro para o estádio em que a estrutura com três níveis aparece como perfeitamente estabelecida. Uma vez perante o comportamento deliberado de um animal, o qual se compromete a um modo de ação que pode estar certa ou errada, a compreensão de um tal compromisso é uma teoria da retidão e do conhecimento. É claramente a três níveis. Mas alguns aspetos desta estrutura a três níveis emergem muito mais cedo, nos primeiros aparecimentos de seres vivos individuais. Qualquer um desses indivíduos pode ser dito normal ou anormal; saudável ou doente; pode estar mutilado, malformado ou todo intacto e bem formado. A estrutura a três níveis manifesta-se neste estádio apenas porque qualquer diferença entre uma forma ou processo fisiológico e uma forma ou processo patológico deve, necessariamente, basear-se em padrões de retidão *que são adequados ao indivíduo em questão*. Estes padrões, que são comuns à espécie a que o indivíduo pertence, reconhecem o nosso interesse na existência de exemplares normais da espécie e endossam as suas funções normais como adequadas. O juízo de retidão do observador já está aqui a operar a dois níveis consecutivos. No nível superior, estabelece as características fisiológicas da espécie, em oposição às anomalias patológicas, enquanto que, ao nível inferior, aplica estes critérios para a avaliação de um indivíduo isolado, na suposição que nos indicam o que é bom para ele. O estádio mais primitivo, a que um terceiro nível, mais inferior, se torna aparente é quando os animais operam externamente, embora sem deliberação, por exemplo, na coordenação dos seus membros para a locomoção, na orientação durante as migrações, etc. Pode-se então dizer que o animal está a fazer algo que pode estar certo ou errado, embora num sentido mais fraco do que quando está a atuar deliberadamente. Quando não há uma ação envolvida, então não existe nível inferior e os juízos de morfologia e de fisiologia implicam meramente que a existência normal do animal está certa em ser aquilo que é, tal como é.

A biologia é, portanto, a três níveis, desde que o indivíduo sob observação esteja a fazer ou a conhecer algo, e a dois níveis quando observa um indivíduo a existir por si, sem uma relação com as coisas exteriores a si. Esta redução no número de níveis lógicos é semelhante à transição da tecnologia e das ciências naturais, ambas a operar *a dois níveis*, para a matemática pura e para a música que - não se relacionando com coisas externas - são experimentadas por interiorização, a *um só nível*. A vida, vivida por si mesma, é aqui equiparada logicamente com a experiência artística. Como a existência passiva acorda gradualmente para as performances ativas, não há qualquer descontinuidade na transição de uma biologia a dois níveis, das plantas e animais inferiores, para a biologia a três níveis, dos animais mais ativos e conhecedores. Isto resolve o paradoxo.

A avaliação do comportamento de um animal (assim como da sua forma e funcionamento dos seus órgãos) em dois níveis consecutivos é uma generalização importante de um princípio que já encontramos antes, quando reconhecemos a grandeza do trabalho científico do passado, mesmo quando os seus resultados estavam largamente errados. Procedemos assim porque julgamos os méritos do trabalho dentro de uma estrutura de significados disponível para o autor naquele momento. Foi o mesmo princípio, uma vez mais, que definiu a nossa própria vocação, à luz das condições particulares em que nascemos e crescemos. Todas as especificações deste princípio são feitas com uma intenção universal, distinguindo entre o subjetivo ou contingente, que faz parte da nossa vocação, e o pessoal que atua dentro deste quadro.

O que me leva a uma segunda novidade lógica, resultante do reconhecimento do centro da individualidade, e que mostra outra forma como os níveis lógicos podem ser obliterados, desta vez em particular ao nível humano. Uma outra pessoa pode-nos julgar, tal como nós a podemos julgar, e o seu juízo pode afetar o nosso juízo sobre nós próprios. A nossa relação com ela pode, sem dúvida, ser predominantemente passiva, tal como acontece quando reconhecemos a autoridade de pessoas. Na medida em que aceitamos um juízo na base da confiança, renunciamos a inquirir sobre a sua justificação, e não podemos dizer que o estamos a examinar a partir do nosso próprio nível lógico superior. Uma medida de camaradagem prevalece, mesmo entre o psicólogo animal e o rato da experiência, mas as relações interpessoais tornam-se mais amplas quando lidamos com animais superiores, e mesmo muito mais amplas quando chegamos ao nível inter--humano. A mutualidade prevalece aqui numa extensão tal que a categoria lógica, de um observador perante um objeto colocado a um nível lógico inferior, quase que se torna inaplicável. A situação Eu-coisa [nt: I-it] transformou-se gradualmente numa relação Eu-você [nt: I-Thou], o que sugere a possibilidade de uma transição contínua desde as afirmações de factos até às afirmações de ordens morais e cívicas. Veremos isso confirmado no final do próximo capítulo.

12. CONHECER A VIDA

12.1. INTRODUÇÃO

Os factos acerca das coisas vivas são muito mais pessoais do que os factos relativos ao mundo inanimado. Além disso, à medida que ascendemos para as manifestações superiores da vida, precisamos de exercitar ainda mais as nossas faculdades pessoais para a compreender, o que envolve uma participação cada vez mais profunda do sujeito que conhece. Quer um organismo opere mais como uma máquina, ou antes mais como um processo de integração equipotencial, o nosso conhecimento das suas realizações tem que se basear numa apreciação compreensiva, que não se pode especificar em termos de outros factos impessoais, e o hiato lógico entre a nossa compreensão e a especificação da nossa compreensão, vai crescendo à medida que vamos subindo a ladeira da evolução. Demonstrarei isso neste capítulo. Mas antes de entrar nessa inquirição, quero antecipar um outro ponto: à medida que vamos estudando os estádios superiores da vida, o nosso assunto tenderá a incluir cada vez mais exatamente as mesmas faculdades de que dependemos para o compreender. Apercebemo-nos então que o que observamos acerca das capacidades dos seres vivos deve ser consonante com a nossa dependência do mesmo tipo de capacidades para os observar. A biologia é a vida a refletir sobre si mesma, e as descobertas da biologia devem-se mostrar consistentes com as afirmações feitas pela biologia para as suas próprias descobertas[1].

Tal como reconhecemos, nos seres vivos, um amplo conjunto de faculdades, semelhantes às que vamos atribuir a nós próprios, na pesquisa subsequente sobre a natureza e a justificação do conhecimento, também veremos que a biologia é uma extensão da teoria do conhecimento para uma teoria de todos os tipos de resultados bióticos, um dos quais é a aquisição de conhecimento. Tudo isto será incluído numa conceção generalizada de compromisso. A crítica da biologia torna-se afinal numa análise dos compromissos do biólogo, pelos quais ele acredita nas realidades sobre as quais os seres vivos baseiam os seus estratagemas para viver. E enquanto essas realidades estiverem alinhadas com as realidades a que o conhecimento das coisas inanimadas nos compromete, uma nova linha de generalização, ascendente do "Eu-coisa" [nt: I-It] para o "Eu-você" [nt: I-Thou] e, para além disso, em direção ao estudo da grandeza humana, transformará a relação do biólogo com o seu sujeito na relação do homem com o firmamento permanente que está empenhado em servir.

12.2. A VERDADE DO MODELO

A manifestação mais baixa da vida - mas não a menos maravilhosa - é a sua forma de apresentação, em formas definidas, governadas por padrões específicos. O significado de um tal ser harmonioso, e a nossa apreciação da sua significância, são duas formas aliadas da vida. A apreciação dos seres harmoniosos é, por si mesma, uma coisa harmoniosa, tal como a nossa apreciação de uma obra de arte. A nossa contemplação dos seres vivos encontra uma justificação em si mesma - uma justificação derivada da significância que dá aos seres vivos que contempla, como seres por si próprios.

Há uma ciência - uma ciência descritiva - que procura classificar os seres vivos de acordo com as suas formas. Esta forma muito antiga da botânica e da zoologia é hoje em dia conhecida pelo nome de taxonomia[2]. O trabalho básico de um taxonomista é, na realidade, praticado todos os dias sem qualquer ajuda científica, quando no dia a dia identificamos um gato, uma prímula ou um homem. Até mesmo os animais têm esta capacidade, que podem exercer relativamente a uma espécie que normalmente não tem grande interesse vital para eles, seja como uma ameaça ou como uma dúvida. Lorenz descobriu que os pássaros jovens, que fixam os seus sentimentos filiais num ser humano, mostrarão a mesma atitude em relação a todos os membros da raça humana[3].

A lei comum faz o crime de assassínio, e a punição pelo assassínio, depender da forma humana do indivíduo cuja morte foi causada. Exige que em todas as suas variações - causadas pelas diferenças de idade e de raça, pelas malformações e mutilações, ou por doenças destruidoras - seja sempre identificada a presença de uma forma humana. Esta exigência não parece excessiva, pois não se conhece caso algum em que um acusado não tenha reconhecido a forma humana de um indivíduo que tenha morto.

Ainda assim, parece impossível imaginar-se uma definição que, sem ambiguidades, especifique a gama em que as formas humanas podem variar, e para além das quais não podem variar; e é certo que aqueles que reconhecem a sua forma não possuem uma definição explícita dessa mesma forma. Em vez disso, exerceram antes a sua arte de conhecer formando o conceito de uma forma humana.

Confiaram que podiam identificar diferentes casos daquilo que - apesar de todas as diferenças - julgam ser as mesmas características, e discriminar outros casos entre coisas que, apesar de algumas semelhanças, julgavam ser instâncias de características diferentes. Com base na convicção de que existe um tipo humano, continuaram a construir os seus conceitos ao observar os seres humanos como instâncias desse modelo. Ao fazer isso, praticaram o poder usado para gerar uma consciência focal de uma entidade compreensiva, a partir da consciência subsidiária das suas partes.

Já anteriormente reconheci a minha convicção sobre a competência deste poder de conhecer pessoal, e disse que o encontraríamos a predominar nas ciências descritivas. Endossei muito em especial a nossa competência para classificar coisas - e os seres vivos muito em particular - de acordo com critérios que acreditamos serem racionais, e esperamos que as classes assim formadas se mostrem como uma realidade no futuro, revelando uma gama infinita de propriedades comuns não estipuladas[4].

Permitam-me também que repita agora que, ao reconhecer que uma espécie é normal, um biólogo está a avaliar um resultado numa escala de mérito que ele próprio definiu para a espécie em questão. Este processo é, aliás, semelhante ao da avaliação de cristais individuais como espécies de uma classe cristalográfica, à qual se pensa que pertencem. Mas mesmo para além do facto importante de os seus objetos terem um centro de individualidade, a biologia difere da cristalografia pelo facto dos padrões do biólogo serem empíricos. Não foram deduzidos a partir de um único pressuposto muito geral, baseados numa experiência sumária dos espécimes em causa, mas são antes conformadas por cada nova espécie que se pensa pertencer a essa classe[5]. Logo, cada vez que uma espécie é avaliada, os padrões de normalidade são eles próprios modificados para se tornarem mais próximos daquilo que é verdadeiramente normal para a espécie[6]. Estes padrões são, eles próprios, submetidos à avaliação do biólogo, que considerará algumas espécies como bem constituídas, outras como incertas e ainda outras como espúrias. Aplicará padrões semelhantes para os agrupamentos supra-específicos, tais como os géneros, famílias, ordens e classes; e aplicar-lhes-á todo o sistema classificativo de que fazem parte.

A diferença mais importante de valor é aqui entre uma classificação artificial e uma classificação natural. A classificação das plantas por Lineus, de acordo com o número e arranjo dos estames e dos carpelos, foi excelente para os objetivos práticos de discriminar entre espécies e de as expor. Mas era um sistema artificial, elegante, mas sem uma real beleza científica. Lineus sabia que o seu sistema não era natural, e trabalhou muito para o substituir por outro que revelasse as verdadeiras relações entre espécies de acordo com a sua natureza. Lineus acreditava que as espécies eram imutavelmente fixas[7], embora apreciasse claramente o significado profundo de uma classificação natural, cuja descoberta pensava que era o alfa e o ómega da botânica sistemática. Dizia que enquanto que os sistemas artificiais serviam para distinguir uma planta de outra, os sistemas naturais serviam para ensinar a natureza das plantas[8].

O esforço do próprio Lineus para estabelecer classificações naturais, quer das plantas quer dos animais, foi recuperada cerca de um século depois por A. P. de Candolle, para as plantas, e por Lamarck e Cuvier, para os animais. Trabalhos subsequentes expandiram muito, mas não alteraram no fundamental, os princípios dessas classificações naturais; na realidade, a publicação da *Origem das espécies* de Darwin, em 1859, revelou um significado mais profundo deste sistema, mais profundo do que os seus autores algum dia terão imaginado. A hierarquia dos dois reinos, dos animais e das plantas, com as suas classes, ordens, famílias, géneros e espécies, foi reinterpretada como ramos de uma família, estádios sucessivos que podiam ser verificados pela paleontologia.

Podem-se obter algumas ideias sobre o tamanho e a complexidade deste sistema a partir das estimativas do número de espécies em que se divide a nossa fauna e flora contemporâneas, e o número de classes formadas por essas espécies. Um livro de texto publicado em 1953 estima em 1.120.000 o número de espécies conhecidas de animais[9], que formam 30 filões e 68 classes[10]; enquanto que G. N. Jones estimou, em 1951, o número de espécies de plantas em 350.000 [11].

Poderíamos esperar que esta realização grandiosa fosse celebrada onde quer que se ensine e aprecie a biologia - a ciência dos animais e das plantas. Mas não; a taxonomia clássica deixou de contar como uma ciência. A explicação parece residir numa mudança na valorização do conhecimento. É devida a um desagrado contínuo e crescente por certas formas de conhecer e ser; uma crescente relutância para darmos crédito a nós mesmos pela nossa capacidade do conhecer pessoal, e uma correspondente falta de vontade para reconhecer a realidade das entidades não especificáveis estabelecidas por esse conhecimento[12].

A taxonomia baseia-se na arte do conhecer prático. Pode-se reconhecer melhor a natureza desta faculdade através de um grande naturalista, que a mostrou no seu mais alto grau. Seja John Hooker. Em 1859 organizou e publicou evidência de cerca de 8000 espécies de plantas florais da Austrália, das quais mais de 7000 foram por ele colecionadas, vistas e catalogadas[13]. As 8000 entidades genéricas que Hoover derivou a partir dos espécimes individuais, de que teve conhecimento, foram reconhecidas como válidas na grande maioria dos casos, em observações subsequentes por botânicos. Sobre os dons especiais de Hoover foi dito: "Poucos, se é que mais alguém, conheceram ou virão a conhecer plantas como ele conheceu... Conhecia pessoalmente as suas plantas"[14].

Mais recentemente, C. F. A. Pantin descreveu como uma nova espécie de minhoca foi descoberta

> pelo sentimento peculiar de desconforto de que algo não batia certo, seguido por uma súbita deteção de um erro, e a realização simultânea de que é uma nova espécie altamente significante - "É sem dúvida um *Rhynchodemus*, mas não é *bilineatus*!"

Plantin chama "reconhecimento estético" a este modo de identificação, por contraste com um reconhecimento sistemático baseado em características fundamentais. Mostra que o primeiro predomina no trabalho de campo[15].

Uma vez estabelecida uma espécie, ela é habitualmente definida pela presença de algumas características distintivas. Mas estas características chave são elas próprias variáveis na forma, e portanto a referência a elas representa, uma vez mais, uma reivindicação pela identificação de uma forma típica nas suas instâncias variáveis. Isso foi claramente dito no quinto congresso internacional de botânica, que teve lugar em Cambridge em 1930, em parte com o objetivo de encontrar uma definição para uma espécie. As características das plantas foram descritas pelos diferentes autores como "ovada, oval, patente, hirsuta, ciliada, ...", mas esses autores podem ter atributos muitos diferentes na sua mente, disse A. J. Wilmot. "Os lanceolados de Lineus são muito diferentes dos de Lindley (continuou ele)... Não há dois dos meus colegas que desenhem a mesma forma de lanceolados"[16]. O conhecimento de características chave é muito valioso como uma máxima para a identificação dos espécimes, mas como todas as máximas, só é útil para aqueles com a arte de as aplicar"[17].

Mas o exercício de tais competências excecionais fragiliza a posição do cientista aos olhos da opinião científica, e tende a depreciar tanto o seu conhecimento como o seu assunto. O grau excecionalmente elevado da arte de conhecer que é necessário para o reconhecimento de uma espécie, combinado com a enorme extensão do domínio sobre o qual se exerce e a superficialidade comparativa do conhecimento assim adquirido, deixa o taxonomista sujeito à acusação de indulgência, em meras imaginações subjetivas. Quando os membros do quinto congresso internacional sobre botânica declaram que o "conceito de muitas das espécies deve permanecer no julgamento e na experiência do taxonomista"[18], estão a fazer um convite a este criticismo. Ao refletir sobre esta discussão relativa à definição de uma espécie, S. C. Harland recordou como em *Fanny's First Play*, de Bernard Shaw, o crítico dramático respondeu à questão sobre se a peça era ou não uma boa peça: se a peça era de um bom autor, então era uma boa peça. Harland escreveu que "a situação parece ser algo semelhante no que diz respeito àquilo que constitui uma espécie"[19].

IV. CONHECER E SER

Eu sugeriria que a resposta está escondida por trás da própria piada de Shavian. Tal como as peças de teatro escritas por bons escritores são, em regra, boas peças (embora nem sempre, como é claro), também as espécies descritas por bons sistemáticos são, em regra, boas espécies. Por outras palavras: devido a uma competência reconhecida, os bons autores de teatro e os bons sistemáticos gozam ambos de uma autoridade considerável. Isto é conspícuo para ambos os tipos de autores, pois as regras pelas quais trabalham, e pelas quais os seus trabalhos são apreciados, são extremamente delicadas e totalmente não especificáveis. Só quando nos recusamos a aceitar um tal conhecimento altamente não especificável, renunciando totalmente à possibilidade de conhecer uma boa peça ou uma boa espécie - e fazendo assim desaparecer o próprio conceito de um bom autor de teatro ou de um bom sistemático - é que se pode também repudiar a autoridade de tais pessoas.

É claro quer a aversão generalizada pela imprecisão da morfologia sistemática, que o Professor Harland aqui exprime, não reclama uma negação da existência de animais e plantas diferentes com formas e estruturas típicas. O Professor Harland (e outros cientistas que exprimem tendências semelhantes) pretendem apenas reformular o conceito de espécie nos termos mais impessoais da genética. Logo, um espécie (uma "geno-espécie") seria formada pela população mundial de um organismo, em que há - pelo menos se acredita que há - um potencial para uma troca de material cromossomático através de toda a população [20]. No entanto, a investigação genética de toda uma população pressupõe uma clara nitidez morfológica. A tarefa de observar o processo e o resultado do cruzamento dentro de uma dada população é demasiado difícil, e muitas vezes impraticável, para a grande maioria das espécies conhecidas morfologicamente. Fazer experiências genéticas independentes das diferenças morfológicas, com a intenção de estabelecer a partir daí as fronteiras da espécie, seria um absurdo. Certamente que nem sequer foi contemplado.

O mesmo é verdade em todos os outros testes que têm sido recentemente sugeridos para dar fundamentos mais objetivos à taxonomia. Graças ao trabalho de I. Manton, a citologia contribuiu com correções e extensões muito interessantes para o sistema morfológico dos fetos[21]. Mas, uma vez mais, o alcance desses testes é comparativamente limitado, e acima de tudo, precisam de se guiar pelo sistema morfológico existente.

Tudo acaba por vir aqui parar. Querendo pôr ordem na multitude de animais e plantas da terra, primeiro tenho que olhar para eles. Muitos milhares de milhões de insetos andam a rastejar, nadar, cavar e saltar por todo o mundo e agrupam-se em cerca de 800 mil espécies. Aplicar um tipo qualquer de teste na identificação e discriminação desta prolífica multitude, sem prestar atenção às suas formas e marcas características, seria obviamente impossível.

É claro que ninguém sugeriu isto. Os projetos para a aplicação de testes taxonómicos adicionais, em particular mais objetivos, todos eles definiram os seus objetivos *dentro* do sistema morfológico existente. Propõem-se melhorar, ou simplesmente compreender melhor, esse sistema, ao ligá-lo com os métodos de outros ramos da biologia, sejam os métodos mais objetivos da anatomia, fisiologia, histologia, ecologia, fito e zoo geografia, etc.. Certamente que isto não aboliria a história natural a favor de um sistema baseado em testes objetivos. Contudo, a deprecação do conceito original de história natural como uma realização contemplativa, mais do que analítica, persiste ao longo da biologia moderna[22].

Não é que a alegria de ver os animais e as plantas, e de entrar nas suas formas de existência, pelo estudo cuidado das suas formas e comportamento, esteja extinto entre os naturalistas do nosso tempo. Longe disso; ouça-se K. Z. Lorenz:

"Digo com confiança que nenhum homem, mesmo que dotado de uma paciência sobre-humana, poderia fisicamente olhar para todos os peixes, pássaros ou mamíferos, tão persistentemente quanto seria necessário para colecionar os padrões comportamentais de uma espécie, a menos que os seus olhos estivessem ligados ao objeto da sua observação, por aquele olhar encantado que não é motivado por qualquer esforço consciente para obter conhecimento, mas pelo encanto misterioso que a beleza das criaturas vivas tem em alguns de nós!"[23]

Na realidade, a biologia continua a estudar os seres vivos, derivando o seu valor, em última análise, do interesse intrínseco dos seres vivos - um interesse humano geral que a história natural muito expandiu e aprofundou. Estudos experimentais feitos com animais e plantas não fazem sentido, salvo se relacionados com animais e plantas nossos conhecidos, atraves da nossa própria experiencia ou através da história natural.

É claro que o estudo científico de um assunto pode justificadamente destruir o nosso interesse nele, se mostrar que o assunto é de facto ilusório. A astronomia, que se iniciou nos tempos babilónicos como parte da astrologia, eventualmente provou que a astrologia era uma ilusão; e o estudo da química, originalmente iniciado dentro do quadro da alquimia, finalmente desacreditou e substituiu a alquimia. Se a biologia experimental pode desacreditar a existência de animais e plantas, ou pelo menos provar que as suas alegadas formas e classificação sistemática são ilusórias - no mesmo sentido em que as formas das constelações são ilusórias - então a biologia experimental pode sem dúbvida ultrapassar a história natural e ser estudada por si própria, sem depender da história natural. Procurar fazer isso seria sem dúvida insensato, mas ao menos seria consistente. Na sua vez, encontrámo-nos com o dispositivo típico da prevaricação intelectual moderna, sistematizada em primeiro lugar por Kant, nos seus princípios reguladores. O conhecimento que consideramos como sendo verdadeiro e também como vital para nós, é desvalorizado porque não podemos explicar a sua aceitação em termos de uma filosofia crítica. Sentimo-nos com direito a continuar a usar esse conhecimento, mesmo enquanto estamos a ser lisonjeiros para com o nosso sentido de superioridade intelectual, ao rebaixá-lo. E, na realidade, continuamos firmemente baseados nesse conhecimento menosprezado para nos guiar e para dar sentido às nossas inquirições mais exatas, enquanto que ao mesmo tempo pretendemos que apenas estes estão à altura dos nossos padrões de rigor científico.

Se feita de forma consistente, a negação do valor contemplativo na ciência excluiria a biologia das paixões intelectuais em que tem origem, e não poderia deixar de negar toda a realidade científica aos seres em que se manifesta a própria vida. É claro que a biologia pode continuar a florescer vigorosamente (tal como tem acontecido com outros ramos da ciência) desconsiderando sabiamente a sua própria filosofia professada. Mas veremos, à medida que formos avançando, que também não nos podemos basear completamente nisso.

12.3. MORFOGÉNESE

Ascendemos ao segundo nível das realizações biológicas quando passamos do estudo de formas típicas para a ciência que trata do seu aparecimento como seres: de uma apreciação de formas vivas para a avaliação de processos de regeneração e de crescimento embrionário.

Regeneração é o restabelecimento de um organismo mutilado. Alguns animais inferiores, como a hidra ou a planária, têm excecionais poderes de regeneração, e pequenas peças do seu corpo podem regenerar indivíduos completos[24]. Isto é uma forma vegetativa de reprodução assexual, habitualmente encontrada nas plantas. Forma uma transição entre a regeneração e a ontogénese sexual, que pode ser vista como a regeneração de um indivíduo completo, a partir de um fragmento formado pela fusão de dois gametas parentais. O facto descoberto por Driesche, de que qualquer célula ou grupo de células, uma vez separadas do embrião de um ouriço do mar durante a fase de segmentação, crescem até um embrião completo, é outra extensão da regeneração em ontogénese[25].

Mas a regeneração completa não é universal, e nos limites da regeneração encontramos um outro princípio da morfogénese, que substitui a equipotencialidade de todos os fragmentos destacáveis por um sistema de potenciais fixos. Se um ovo fertilizado de ascídia, na sua fase de duas ou quatro células, for cortado em dois, cada uma das partes desenvolve apenas metade de um embrião[26]. Embora este tipo de ontogénese nunca esteja isenta de tendências reguladoras, o seu princípio pode ser nitidamente diferenciado, como um padrão dos processos de crescimento que se desenvolvem de forma independente. O organismo é construído por secções que se devem encaixar no seu conjunto e estar prontas a funcionar em conjunto, quando chegar o momento para tal. Um tal mosaico de sequências interligadas, a desenvolverem-se de forma independente, corresponde ao conceito de ontogénese, formulado por Roux e Weisman, e que se tornou universalmente corrente, antes das observações de Driesch acerca da equipotencialidade.

O princípio regulador de Driesche e o princípio do mosaico de Roux-Weismann operam, na realidade, em combinação. Isto é mostrado pelo princípio de Spemann dos *organizadores* embriónicos localizados. Spemann encontrou que, no embrião do tritão na fase de gástrula, há uma certa região, próxima da entrada da goela primitiva, que domina a segmentação seguinte do embrião. Se o embrião for cortado, qualquer parte em que esta região esteja incluída - ou em que seja enxertada - continuará a desenvolver-se, enquanto que a individualização termina no tecido embriónico que é eliminado. Logo, a região dominante, que é a sede do organizador, molda toda a região sob seu controlo num embrião completo, de forma indiferente a qualquer carácter previamente diferenciado das suas várias componentes celulares, que respondem equipotencialmente ao estímulo do organizador. O efeito deste estímulo na área sob o seu controlo é descrita como o *campo morfogenético* do organizador[27]. Neste estágio, os poderes morfogenéticos de um indivíduo localizam-se num simples organizador; mas, na realidade, este centro divide-se em subcentros de organização, cada um dos quais controla o desenvolvimento de uma secção do embrião através do seu campo. Mais tarde, estes suborganizadores vão, por sua vez, dividir-se, por etapas, em suborganizadores secundários, e possivelmente terciários, cada um dos quais controla o desenvolvimento de um membro, ou de parte de um membro, ou de um outro órgão ou característica que emerge pela progressiva diferenciação do indivíduo. Uma área segregada com o seu próprio organizador pode ser cortada com ele e continuará então a diferenciar-se sozinha - produzindo, por exemplo, um membro isolado. Neste nível superior, o desenvolvimento do embrião pode ser visto como um mosaico de sequências interligadas e independentes, cada uma controlada pelo seu organizador, enquanto que a equipotencialidade foi reduzida dentro dos limites dos vários campos morfogenéticos controlados pelos seus próprios organizadores. Esta estrutura em mosaico prefigura a localização fixa dos poderes regeneradores, que se encontram nos animais superiores adultos.

Mas para completar esta imagem da morfogénese, mesmo num esboço grosseiro, precisamos ainda de juntar o facto de que os tecidos embrionários nem sempre se submetem incondicionalmente ao campo de um organizador. Este estado de prevenção foi definido por Wasddington, a partir de observações embriológicas, e chamou-lhe "competência" do tecido[28]. Como resultado das suas experiências com enxertos, P. Weiss estabeleceu, com grande generalidade, que "um campo não pode obrigar uma célula a produzir uma resposta específica, a menos que ela esteja intrinsecamente preparada para o fazer"[29]. Por causa desta condição, o papel do organizador pode ser reduzido a uma mera evocação das potencialidades préformadas no tecido sujeito à sua influência, o que abre um ampla competição entre as potencialidades morfogenéticas que são próprias de um tecido embrionário e as potencialidades nele induzidas pelas influências dominantes dos tecidos adjacentes.

Todos estes princípios da morfogénese foram descobertos por novos métodos experimentais, aplicados pela primeira vez por Wilhelm Roux, em 1885[30]. O trabalho baseou-se num conhecimento prévio da embriologia descritiva, que por sua vez se baseava num conhecimento prévio da morfologia sistemática. Foram, portanto, estas ciências descritivas que, em conjunto, definiram os padrões para avaliar as realizações de formas normais pelas fases embrionárias normais, e a embriologia experimental foi assim uma tentativa para analisar performances até aí definidas descritivamente. Os princípios morfogenéticos aqui esboçados podem, por isso, ser considerados como definindo as operações para o sucesso ontogénico, concebido em termos morfológicos. No decurso desse estudo testam-se diversas combinações de forma e resultado, isoladamente e sob condições variáveis, e a sua operação é observada por experiências de regeneração, transplante, influência de meios tóxicos, etc.. Embora as investigações possam aumentar a produção de formas anormais, estes processos derivam o seu interesse pela sua relação com o desenvolvimento normal.

No capítulo anterior distingui dois tipos de realizações biológicas, em particular, (1) as realizações feitas pela concorrência racional entre diversas partes com funções fixas, e (2) as realizações feitas pelo jogo de interações equipotenciais entre todas as partes de um sistema. Na morfogénese, o primeiro grupo, do tipo máquina, está presente no estratagema de sequências interrelacionadas e independentes; o segundo tipo, integrador, encontra-se nas realizações morfogenéticas induzidas pelo campo de um organizador, assim como nas respostas morfogenéticas autónomas dos tecidos isolados. A embriogénese parece ser uma realização compreensiva devida à combinação racional destes dois tipos de princípios racionais.

A análise dos processos pelos quais se formam os seres vivos corresponde à lógica da realização, tal como ilustrado pela maneira como descobrimos como é que uma máquina funciona. Precisamos de começar nalgum conhecimento anterior da performance total do sistema, e desmontar o sistema para descobrir como funciona cada parte, em conjugação com as outras partes. O quadro interpretativo dessas análise está logicamente definido pelo problema evocado. O seu conteúdo pode ser indefinidamente ampliado e pode, assim, penetrar cada vez mais nos mecanismos físicos e químicos da morfogénese; mas o seu significado residirá sempre na sua relação com as estruturas vivas que são verdadeiras para o modelo, e que emergem de um mosaico de campos morfogenéticos.

O significado da embriologia experimental é, por conseguinte, duplamente dependente do conhecimento pessoal: tanto a respeito do conhecimento não especificado de formas verdadeiras, como a respeito da apreciação do processo pelo qual formas e estruturas altamente significantes conhecem a existência. A situação causou mal-estar entre os cientistas. Paul Weiss escreveu que "a morfogénese está ainda numa fase de transição de "história natural" descritiva para ciência analítica". Verificou que quando as modernas ferramentas físicas e químicas, de grande precisão, se aplicam a problemas formulados em termos tão pouco precisos, os resultados são igualmente imprecisos e ambíguos[31]. Esta queixa foi feita de forma ainda mais radical por F. S. C. Northrop e por H. S. Burr num sumário da sua teoria eletrodinâmica da vida, publicado em 1937[32]. Sugerem que as explicações físico-químicas correspondem a uma filosofia da ciência democriteana, enquanto que a "organização percebida" é um conceito aristotélico. Mas "as filosofias aristotélica e democriteana da ciência não se combinam". Por isso, pedem-nos para substituir, na biologia, a aparência visível dos organismos por uma observação do campo eletrodinâmico por eles produzido. C. M. Child insistiu, de modo semelhante, em que a diferenciação morfológica deve ser definida em termos quantitativos, pois de outra maneira seremos inevitavelmente conduzidos a "estéreis suposições neovitalistas"[33].

Nesta literatura, a palavra "vitalismo" é usada como um termo condenatório, mesmo quando usada como por Wohler ou Leibig, para desacreditar a evidência que ameaçava um quadro interpretativo mais objetivista[34]. Mas, neste caso, não temos qualquer quadro de referência objetivista. Até agora nunca ninguém propôs seriamente que estudássemos os seres vivos sem os observar; contudo, logo que reparamos neles, estamos precisamente a basear-nos nas próprias características que deveriam ser ignoradas por uma ciência "democriteana". Realmente, um conhecimento completo "democriteano", ou laplaciano, nada nos pode dizer sem se basear no nosso conhecimento pessoal dessas características compreensivas. Suponha-se que nos é dada uma carta topográfica completa de todas as alterações físicas e químicas que estão a ter lugar nas nossas redondezas. Seria preciso um feito de perspicácia por um super-homem para descobrir, a partir dessa informação, que existem algures coisas como galinhas, que eclodiram a partir de ovos. Mas suponha-se que o conseguíamos fazer: que podíamos atingir tal feito e que, através dele, nos tornávamos familiares com as galinhas e com a sua eclosão a partir de ovos - teríamos apenas ganho o mesmo tipo de visão compreensiva da morfogénese que a a nossa compreensão ordinária nos oferece.

Mas - poder-se-á perguntar - não se poderia conceber que a forma das galinhas, dos ovos, etc. tenha sido determinada em termos matemáticos? Não poderíamos então ter uma explicação exata e estritamente objetiva da morfogénese? Não, não podíamos, pois mesmo com esta fantástica suposição (que Northorp e Burr parecem ter encarado na sua análise) estaríamos ainda, no final, a basear-nos em observações morfológicas correntes. As formas normais - distintas das formas anormais, malformadas, atrofiadas - teriam que ser identificadas pelos nossos próprios padrões de retidão *antes* de poderem ser definidas em termos matemáticos. As relações matemáticas são, tal como os processos da física e da química, neutros no que respeita ao sucesso ou falhanço morfogenético; estas alternativas devem, por isso, ser por nós identificadas, antes de as podermos analisar em termos da matemática ou da física e química[35].

Podemos concluir que o discernimento pelo qual reconhecemos a vida nas plantas e nos animais individuais, e distinguimos os seus diversos tipos - e pelos quais os avaliamos como normais ou anormais, estabelecendo assim o sucesso ou o insuesso do processo pelo qual existem - esta compreensão revela uma realidade à qual não podemos aceder por qualquer outro canal, e que os mecanismos da morfogénese podem, portanto, nunca representar mais do que a observação e compreensão de padrões e processos expressamente baseados nessa realidade.

12.4. MAQUINARIA VIVA

Tanto as plantas como os animais dispõem de múltiplos dispositivos engenhosos nos seus corpos, usados para benefício do organismo. Os animais, que operaram mais energeticamente do que as plantas, são mais ricos nisso. Poder-se-iam encontrar pedidos para centenas de patentes pela descrição das interações racionais dos órgãos animais ao serviço dos seus vários interesses. Os princípios operacionais definidos por essas patentes seriam os princípios da fisiologia animal.

No capítulo anterior analisei o nosso conhecimentos das máquinas. Apenas podem ser reconhecidas como tal adivinhando, pelo menos aproximadamente, para que servem e como funcionam. Os seus princípios operacionais podem ser depois melhor especificados por investigações tecnológicas. A física e a química podem estabelecer as condições para a sua operação, com sucesso, e explicar os seus possíveis falhanços, mas uma especificação completa de uma máquina, em termos físico-químicos, dissolveria totalmente o nosso conhecimento da máquina[36].

A lógica da engenharia também se aplica em fisiologia, mas com algumas modificações. Os órgãos do corpo são mais complexos e variáveis do que as peças de uma máquina, e as suas funções também são menos claramente especificáveis. Embora seja preciso uma considerável arte prática de um perito para julgar a forma de uma boa turbina e para nela diagnosticar qualquer possível defeito, a habilidade necessária para apreciar a forma de um coração e as suas possíveis malformações é ainda mais delicada. Um conhecimento da forma e localização dos órgãos, em toda a variedade de animais conhecidos da zoologia, forma um vasto corpo de informação morfológica: é uma ciência descritiva. Para além disso, qualquer função particular pode ser executada de muitas maneiras. Na respiração, por exemplo, os dois lados do peito, o diafragma, e os músculos do nariz podem ser usados em coordenações variáveis. Isto reduz a especificabilidade de uma performance viva, quando comparada com a de uma máquina, e contribui, uma vez mais, para o carácter descritivo da fisiologia.

Logo, na fisiologia, a dupla não especificabilidade das formas organizadas e dos processos que ocorrem no seu interior adiciona-se à não especificabilidade associada aos princípios operacionais em geral, e nessa medida a lógica da fisiologia é diferente da lógica da engenharia. Mas temos os mesmos tipos de relações em ambos os casos. O estudo de um órgão deve começar por uma tentativa para adivinhar para que serve e como funciona. Só depois pode avançar pela combinação de inquirições fisiológicas e físico-químicas, ambas sendo conduzidas com uma relação com o quadro fisiológico intencional que ajudam a elucidar. Qualquer tentativa para conduzir uma investigação físico-química num ser vivo que seja independente de suposições fisiológicas conduzirá, por regra, a resultados sem significado; e qualquer tentativa para substituir completamente a fisiologia por uma carta físico-química do organismo vivo dissolveria completamente a nossa compreensão do organismo[37].

É óbvio que a maquinaria viva apenas tem uma finalidade de presumível interesse para o indivíduo vivo, tal como avaliado pelo observador. Mas precisa de ter esse objetivo. Os órgãos e as suas funções apenas existem pela sua relação com o presumível interesse do indivíduo vivo. Toda a fisiologia é teleológica, e nesse sentido, podemos também aqui falar de razões e de causas. Dizemos que a *razão* para ter válvulas no sistema circulatório é prevenir a regurgitação do sangue; entretanto atribuímos as *causas* de uma regurgitação, que ocorra apesar disso, a uma insuficiência das válvulas devido a uma malformação ou doença. A fisiologia é um sistema de regras de retidão e, como tal, pode apenas explicar a saúde. Assim, não inquirimos sobre as causas da saúde - não mais do que sobre as causas de uma demonstração matemática; mas inquirimos sobre as causas da doença, tal como inquirimos sobre as causas de um erro matemático.

Uma vez mais, tal como na morfologia e na morfogénese, a existência de cada ser vivo é reconhecida com um objetivo por si mesmo; por muito nojenta que nos seja uma pulga ou um verme do fígado, reconhecemos o funcionamento racional dos seus órgãos, para o seu próprio interesse. O interesse puramente científico da fisiologia depende, portanto e em última análise, das paixões que nos interessam pela história natural. Baseia-se nas paixões que explicam a importância que atribuímos a um ser vivo por si, no seu interesse intrínseco, ou na sua contemplação tal como *é* - e como deveria ser.

De acordo com a teoria corrente da evolução, toda a maquinaria da vida conheceu a existência por acidente e apenas existe porque conferiu aos seres vivos individuais, de que faz parte, vantagens competitivas que asseguraram a sobrevivência da sua espécie. Esta conceção de evolução (que ainda voltarei a tratar em detalhe) eliminaria qualquer verdadeiro resultado da filogénese dos seres vivos; mas mesmo assim, isto não afetaria o caráter teleológico do seu equipamento tipo máquina, que é logicamente inerente na conceção de órgãos que funcionam em conjunto.

12.5. AÇÃO E PERCEÇÃO

Passei em revista a existência, o crescimento e o funcionamento dos organismos como assuntos do conhecimento. Estas formas vegetativas da vida são comuns a animais e plantas, mas são habitualmente mais impressionantes e melhor conhecidas nos animais do que nas plantas e, por isso, recorri a exemplos da zoologia. O exame da biologia como um conhecimento da ação e da perceção, que preciso agora de fazer, aplicar-se-á exclusivamente aos animais. Considera-se aqui que a ação difere do mero funcionamento dos órgãos, por ser deliberada, o que pressupõe um motivo consciente a que chamarei um impulso guia[38]. O termo "perceção" aplicar-se-á aqui no seu sentido habitual, para designar o processo de conhecer um objeto externo pela impressão que faz nos nossos sentidos. Ignorando, portanto, o primeiro estádio da sentiência protopática, encararei desde o início a perceção como o princípio da descriminação consciente, mesmo que ainda não seja capaz de um esforço de deliberação. Este estádio corresponde aproximadamente à transição pela qual os seres humanos emergem do autismo da infância e reconhecem o mundo externo como um campo de fazer e conhecer, com riscos.

Ao nível do ser, de crescer, ou de funcionar, um indivíduo pode ter falhado por ser anormal, malformado ou doente. A pessoa ativa, percetiva, tem mais duas possibilidade de errar, em particular a *subjetividade* e o *erro*; e, uma vez mais, cabe ao observador apreciar a retidão que é afetada por essas deficiências. Não se pode observar deliberadamente a ação ou a perceção, salvo legislando a esse respeito.

Seja a alimentação de um animal superior como um exemplo de ação consciente, que se pode definir como a ingestão de alimentos. Mas como apenas reconhecemos como "alimentos" os materiais que acreditamos serem nutritivos, ou que pelo menos não são prejudiciais ao animal, não se consegue por esta via definir o que é uma alimentação correta. Muitas vezes isto está longe se ser óbvio. Quando uma ovelha come a lã do dorso de outra ovelha, ou o gado come ossos, uma pessoa pouco instruída poderia objetar a isso como uma aberração, mas os fisiologistas aprovam-no como uma compensação para certas deficiências minerais na dieta do animal. Mesmo assim nem tudo o que os animais comem é nutritivo, ou mesmo saudável. É fácil envenenar animais com arsénico ou com estricnina, ou enganá-los, tal como faz o pescador com as suas "moscas". Os ratos bebem uma solução de sacarina, que não tem valor nutritivo, e os macacos em cativeiro comem as suas fezes, o que parece ser completamente inútil como alimento. Em qualquer destes casos é o juízo do observador que avalia o que é uma alimentação correta ou errada.

A natureza deste juízo é qualificada pelo facto da alimentação ser normalmente acionada por um impulso. Quem gosta de cães tem uma consciência dolorosa da fome do seu cão através do seu ganir por comida; o prazer dos ratos com um sabor açucarado é a única razão que se encontrou para que se alimente de uma solução de sacarina. Ao reconhecer isto estamos a admitir a existência de um centro racional no animal, a quem atribuimos o que é uma decisão correta ou errada. Nesse sentido iremos desaprovar o beber a solução de sacarina pelo rato, como oferecendo uma pura *satisfação subjetiva*, e classificar o engolir da mosca de um pescador por um peixe como um *erro razoável* naquilo que de outra maneira seria uma forma razoável de alimentação. Por outro lado, negaremos qualquer grau de racionalidade a um maníaco que devore papel ou areia; esta falsa alimentação será classificada como um *ato sem sentido*. É um processo patológico compulsivo, suportado por uma mente doente, e como tal deve ser classificado com as malformações corporais puramente passivas.

O processo da perceção tem uma estrutura semelhante. Um objeto que se aproxime dos nossos olhos é visto como constante, desde que prevaleça uma certa relação entre o esforço de acomodação e o tamanho da imagem retinal. Mais precisamente, temos uma consciência conjunta da imagem retinal e do esforço adaptativo, assim como de certas relações entre os dois, enquanto que ambos se modificam, em termos do tamanho constante de um objeto visto a várias distâncias. O observador deste processo de perceção vê-lo-á como uma *performance correta* se for ele próprio a avaliar as afirmações implicadas nisso, em particular que o objeto permaneceu de facto com um tamanho constante. Mas pode acontecer, como nas experiências já mencionadas de Ames, que, sem que o sujeito se aperceba, o observador altere o tamanho do objeto - uma bola de borracha - insuflando-a. Vimos que o sujeito pode então aumentar a sua acomodação, como se o objeto se estivesse a aproximar, e torna-se consciente deste esforço adicional em conjunto com uma maior imagem retinal, vendo o objeto dilatado como estando a aproximar-se e com um tamanho constante. Neste caso, a visão de um tamanho constante pode ser considerada como um *erro razoável*. Por outro lado, se o esforço necessário para uma certa medida de acomodação aumentar por envenenamento com atropina, um objeto que se aproxima será visto como estando a diminuir até um tamanho minúsculo e aparecerá cada vez mais distante; mas o nosso conhecimento diz-nos que isto não pode ser verdade; sabemos que esta aparência anómala é enganadora[39]. Consideraremos então isso como uma *experiência subjetiva* da pessoa com uma perceção daquilo que é *racional do seu ponto de vista*, mas não de outra forma[40]. E, uma vez mais, sabemos de alucinações, cuja falsidade pode ser considerada tanto como racionalmente subjetiva como um erro razoável; mas são *despidas de razão*.

Encontramos aqui algumas formas primitivas de compromisso, e a biologia revelou-se como uma apreciação de compromissos. Mastigar qualquer coisa, na expectativa de que seja saudável, é um compromisso claro, assim como todo o ato de ver as coisas de uma certa maneira também o é. Sugeri antes que, em sentido geral, um compromisso pode ser reconhecido mesmo ao nível vegetativo, pois é da essência de um organismo vivo que cada uma das suas partes depende, para o seu próprio significado como parte de um organismo, da presença e do bom funcionamento de um certo número de outras partes[41]. Neste sentido, o nosso conhecimento do crescimento normal, do funcionamento e do ser de um organismo é um reconhecimento dos seus compromissos primordiais, que credenciam o seu sucesso. O compromisso pode pois ser graduado por passos de crescente consciência; nomeadamente, do compromisso *primordial*, vegetativo, de um centro de ser, função e crescimento, ao compromisso *primitivo* de um centro ativo-perceptor e, ainda mais, os compromissos *responsáveis* de uma pessoa a deliberar conscientemente. O aforismo que a biologia é a vida a refletir sobre si mesma adquire aqui um sentido mais completo. A biologia é um compromisso responsável que avalia outros compromissos. No seu sentido mais curto, a biologia é um compromisso responsável que avalia compromissos primordiais e primitivos. Mas eu irei quebrar a limitação implícita nesta formulação e vou seguir considerando a avaliação de compromissos responsáveis (o que inclui a justificação das minhas próprias convicções) como uma extensão de uma série ascendente de observações biológicas para além da biologia, num domínio que se pode chamar "ultra-biologia".

Tratei antes das características molares que caracterizam o nível vegetativo; irei agora sumariar as novas características que se lhes adicionam, ao nível ativo-

-perceptor. São a *sentiência* do motivo e do conhecimento; um esforço para *fazer corretamente* e *conhecer com verdade*; uma convicção de que existe uma *realidade independente* que dá sentido a estes esforços, e uma perceção dos *riscos* consequentes.

Ao nível morfológico e vegetativo temos apenas duas classes de avaliação: nomeadamente normalidade e anormalidade, saúde e doença. A intervenção da sentiência aumenta a nossa escala para quatro classes significantes:

      (1) uma correta satisfação de padrões normais,
      (2) uma satisfação errada de padrões normais,
      (3) ação ou perceção que satisfaz padrões subjetivos e ilusórios,
      (4) desarranjo mental que cria reações sem sentido.

Os primeiros três tipos de avaliações são as de um indivíduo normal, e o quarto caso é patológico. Esta classificação mostra que a presença de sentiência num ser vivo, de ação com propósito e de conhecimento de coisas externas, eleva o nosso conhecimento do ser vivo para um *encontro crítico* com ele. Ao incluir uma crítica da manipulação e do conhecimento de coisas pelos seus sujeitos, a biologia torna-se uma narrativa de três histórias. O nosso conhecimento pessoal torna-se então na apreensão de um significado ativamente pretendido, que tanto tentamos compreender como julgar, considerando os factos em que se baseia. É de facto a receção de uma comunicação convivial, sujeita à avaliação crítica por nós próprios.

A nossa compreensão de um animal esfomeado, a escolher o seu alimento, ou de um animal a ouvir em posição de alerta, observando e reagindo áquilo em que vai reparando, é um ato de conhecer pessoal semelhante, na sua estrutura, ao próprio ato pessoal do animal que o nosso conhecimento avalia. E de acordo com isso, o nosso conhecimento de um animal ativo-perceptivo dissolver-se-ia completamente se o substituíssemos pelo nosso conhecimento focal das suas várias manifestações. Só estando subsidiariamente consciente destes particulares, em relação com uma apreensão focal do animal como um indivíduo, é que podemos saber o que o animal está a fazer e a conhecer. Para além disso, quando os particulares subsidiários de uma entidade compreensiva são tão altamente complexos e variáveis, como nestes casos, as tentativas para os especificar não conseguem mais do que realçar algumas características, cujo significado continuará a depender de um segundo plano não especificável, que apenas conhecemos no contexto da nossa compreensão da entidade em questão. Por outras palavras, o significado das ações de um animal só pode ser compreendido pela *leitura* dos particulares das suas ações (ou lendo a sua mente em termos dessas ações), e não observando as ações por si próprias, tal como observamos os processos inanimados.

Os behavioristas [nt: teoria do comportamento] ensinam que, ao observar um animal, precisamos acima de tudo de nos abster de tentar imaginar o que é que nós faríamos se colocados na posição do animal. Eu sugiro, pelo contrário, que nada se pode conhecer acerca de um animal, que tenha o mais pequeno interesse para a fisiologia, e ainda menos para a psicologia, a não ser seguindo a máxima oposta, pela identificação de nós próprios com um centro de ação no animal e criticando a sua performance por padrões que nós construimos para tal.

12.6. APRENDIZAGEM

Nesta revisão rápida dos estádios ascendentes do conhecimento biológico, preciso de ignorar muitos aspetos do tema. Continuarei agora com uma reflexão sobre o nosso conhecimento da aprendizagem, sem ter em conta a componente devida à capacidade do animal para a ação e para as perceção primitivas. Deixarei também totalmente de fora o domínio da etologia, e concentrar-me-ei na psicologia da aprendizagem, baseada em experiências animais. Tirarei partido do meu tratamento anterior deste assunto, usando muitos dos exemplos já aí mencionados.

Sejam as primeiras experiências com a caixa de descriminação. Aqui o psicólogo coloca o animal numa situação que constitui um problema para a satisfação de alguns dos seus principais impulsos, habitualmente a fome. Um processo de aprendizagem resultará deste arranjo apenas se (1) o animal reconhecer o problema e lhe responder, e se (2) este problema exigir uma medida apreciável de engenho, mas não superior àquele que de facto o animal possui. As alternativas limitadas oferecidas ao animal forçam-no a uma resposta (se é que ele responde) de uma forma que pode ser classificada como correta ou como falsa. Para além disso, a experiência é desenhada de tal modo que a escolha do animal entre uma resposta correta e uma resposta errada tem que ser feita num determinado ponto do espaço e do tempo. As limitações da situação experimental tendem a concentrar o estado de perplexidade do animal num certo ponto escolhido, atingindo um nível de tensão que provavelmente não se atinje nas circunstâncias selvagens da natureza. O laboratório tanto intensifica, como torna mais visíveis, os momentos de esforço heurístico pelos quais os centros ativos do animal se elevam para a performance de um juízo inteligente.

Já anteriormente apresentei evidência sobre isto, que agora alargarei ainda mais. Entretanto recordarei que identificamos a leitura de sinais a um processo de inferência indutiva[42]. A questão: como é que um animal aprende a reconhecer um sinal? (ou, se se preferir uma linguagem reflexiva, como é que um animal é condicionado por um estímulo em particular?) é assim muito próxima, na sua essência, da questão epistemológica: como é que se podem fazer generalizações corretas a partir da experiência? O facto dos animais generalizarem acerca de acontecimentos criados por nós, não os distingue de nós a esse respeito, pois como sujeitos, tanto o animal como nós próprios, encontramo-nos perante acontecimentos que estão para além do nosso controlo[43].

Mas há certas diferenças. A epistemologia reflete sobre o conhecimento que nós acreditamos que possuímos; o psicólogo estuda o conhecimento que acredita ter sido adquirido por outro indivíduo e estuda também as limitações de tal conhecimento. Nenhum conhecimento, seja nosso ou de um rato, é completamente especificável; mas o facto de precisarmos de nos basear na identificação do conhecimento do rato, ou na ignorância do nosso próprio conhecimento sobre o comportamento do rato, envolve uma inquirição adicional e uma não especificabilidade adicional. Considerando que, nas experiências com animais, o sucesso da aprendizagem deve manifestar-se sempre por um comportamento apropriado, resumirei aqui, para ser breve, a aprendizagem de truques como aprendizagem de sinais, exceto quando o truque é manifestamente condicionado por elementos conhecidos, como na experiência de Kohler com os macacos[44]. Também admitirei, desde o início, a presença de uma aprendizagem latente em todos os tipos de aprendizagem, embora em certos casos possa quase não existir.

Podemos agora seguir os vários resultados possíveis para experiências de aprendizagem:

(1) Consideramos que a aprendizagem foi completamente bem sucedida apenas se, avaliando o comportamento do animal, acreditarmos que ele formou uma generalização que consideramos ser a solução correta do problema. Em experiências do tipo usado por Guthrie, em que a aprendizagem se atinge por puro acidente, a generalização subsequente incluirá habitualmente muitos elementos irrelevantes. (Pode-se dizer que o animal está errado no mesmo sentido em que o homem primitivo não sabe claramente o que é que deita a árvore abaixo, se é o seu machado, ou se é o feitiço (ou magia) pelo qual acompanha os golpes). Uma *generalização correta* deve estar livre desses erros. Deve oferecer uma compreensão suficiente da situação problemática, para estabelecer as condições *necessárias* para o sucesso.

(2) Lashley e Franz (1917), em experiências com uma "caixa de problemas", observaram que um rato que acidentalmente abriu uma caixa que caíu do teto da gaiola de restrição, tentou repetir cinquenta vezes o feito, em vão, antes de abandonar o método[45]. Este rato tinha formado uma *generalização errada*.

(3) O Clever Hans, confrontado com um quadro negro que nada lhe significava, encontrou a solução para o problema de como obter uma recompensa oferecida pelo experimentador, observando o comportamento do experimentador enquanto que ele, Hans, dava patadas no chão. Esta generalização pode ser considerada como *subjetivamente correta*, pois era a mais razoável que podia estabelecer no âmbito da competência do animal. De modo semelhante, podemos considerar

como subjetivamente correta a generalização pela qual as pessoas cegas às cores verde e vermelho distinguem os dois tipos de cores através de sinais secundários. A formação de uma "hipótese inicial" falsa ("virar sempre para a direita" ou "sempre para a esquerda", ou "alternadamente para a esquerda ou para a direita") pode também ser classificado nesta categoria[46].

(4) Os ratos com uma destruição cerebral extensiva nunca aprendem. Num labirinto movem-se aleatoriamente. Os ratos que sofrem de neurose experimental comportam-se obsessivamente[47]. Estes animais *não formam generalizações*.

Os quatro graus com que classificamos a ação e a percepção razoáveis reaparecem agora na classificação das inferências empíricas. Temos (1) inferência objetivamente razoável, (2) erro razoável, (3) inferência subjetivamente razoável, e (4) irracional, ou seja, sem inferência. E, uma vez mais, cada um desses graus avalia as performances do sujeito por padrões para isso definidos pelo observador, a partir da sua própria compreensão do problema que definiu.

Indo de (4) para (1) também verificamos um endurecimento das *reivindicações para a universalidade*, combinadas com um acelerar do *impulso heurístico*, e ainda, como resultado conjunto destes, um ato mais enfático de *compromisso*. Esta ênfase tripartida já se podia notar ao consumar a passagem da percepção para o ato. Na realidade, foi já antecipado nas Partes Dois e Três, pela ligação entre a aprendizagem e a resolução de problemas. Um problema é uma intimação de uma relação racional oculta, que se sente como acessível a um esforço heurístico, e cuja descoberta pode ser acompanhada, mesmo nos animais, por uma alegre satisfação com o seu próprio talento. Ao procurar uma tal relação oculta e a sua alegre satisfação, o animal atinge algo, objetivamente de maior satisfação do que a alimentação ou o sexo, e neste sentido, o compromisso subsequente torna-se ainda mais radical. O desejo egocêntrico dá lugar a uma afirmação pessoal; o corruptível dá lugar à incorrupção.

Apresentei anteriormente alguma evidência da agitação emocional que acompanha a reorganização mental necessária para cruzar o hiato lógico que separa um problema da sua solução. Assinalei que a profundidade dessa agitação corresponde à força do juízo pessoal necessário para suplementar os indícios inadequados sobre os quais se baseia uma decisão. Experiências que conduziram a um colapso nervoso em animais revelam, nos seus termos o mais simples possível, tanto a tensão deste poder de escolha como os limites dentro dos quais esta tensão é suportável.

Nas investigações clássicas de Pavlov, um cão foi primeiro treinado para aceitar um círculo, ou uma elipse quase circular, como um sinal de comida a chegar de imediato, e uma elipse alongada como um sinal de "para já não há comida"[48]. Verificou que o animal com fome, ao ver os diferentes sinais, comprometia-se - como as variações na secreção de saliva mostravam - com as duas expectativas alternativas que esses dois sinais justificavam. Desde que os sinais de significância oposta fossem muito diferentes - elipse muito alongada ou quase circular -, reagiam sem desenvolver sintomas de tensão psicológica. Mas quando se mostravam repetidamente as formas intermédias ao animal esfomeado, o seu comportamento apresentava uma mudança profunda. Tornava-se selvagem e zangado, e tentava libertar-se. Tinha, ao mesmo tempo, perdido todos os seus poderes de discriminação e estava a dar reações falsas aos sinais que anteriormente o tinham condicionado perfeitamente. Pouco tempo depois, o animal caía numa apatia anormal e recusava-se a agir com qualquer um dos sinais anteriormente estabelecidos.

Derivei previamente a presença de paixões intelectuais nos animais a partir da forma como rejubilam ao conseguirem levar a cabo uma nova proeza, independentemente do seu resultado material. Podemos agora observar, de modo semelhante, que os cães de Pavlov foram afetados pela sua incapacidade para distinguir entre os sinais de comida ou não comida, mais do que o seu interesse pela comida poderia justificar. Podemos considerar que isto prova que estão a agir sob um esforço para discriminar, e que, como o problema que enfrentavam se tornou cada vez mais difícil, este esforço eventualmente esgotou, ou temporariamente esgotou e paralisou os seus poderes de controlo racional.

A dimensão destes estragos mostra a profundidade com que a pessoa do animal está envolvida, mesmo num esforço heurístico tão elementar. O animal desintegra-se emocionalmente, assim como intelectualmente. O cão neurótico, que só consegue rosnar ou estar de mau humor, deixa de ser uma companhia para nós. E então percebemos, se não o tivermos feito antes, que a inteligência de um animal e a nossa apreciação dela era convivial: formava uma ligação entre a sua pessoa e a nossa.

Pavlov observou que a neurose experimental dos cães pode ser curada, apresentando aos animais, durante algum tempo, sinais claramente distintos e acompanhando isso com uma oferta consistente de comida, ou o reverso. A solução bem sucedida destes problemas simples parece restaurar a autoconfiança do animal, tal como a terapia ocupacional restaura a personalidade destroçada do neurótico[49].

Uma prova manifesta da capacidade de um animal para estender os seus poderes de inferência racional está ligada com o próprio centro da sua personalidade emocional e intelectual, como Jacobsen descobriu em 1934[50]. Descobriu que chimpanzés vulneráveis a um colapso nervoso, quando sujeitos a um esforço mental excessivo, ficavam a salvo desses efeitos se os seus lobos frontais fossem mutilados ou eliminados. Embora a habilidade do animal para resolver problemas fique manifestamente afetada, as suas frustrações intelectuais deixam de o preocupar e de fazer perigar o seu equilíbrio mental[51]. Pouco depois desta descoberta, Egas Moniz mostrou que uma operação semelhante, quando feita em pacientes que sofriam de melancolia podia aliviar a sua depressão e em simultâneo reduzia marcadamente a profundidade da sua personalidade, tornando-os brutos, imprevidentes e bastante irrefletidos. A capacidade do chimpanzé se preocupar intensamente acerca de um problema é, por isso, vista como estando relacionada com a capacidade de autocontrolo do homem, guiada por um sentido de responsabilidade.

12.7. APRENDIZAGEM E INDUÇÃO

Uma experiência de aprendizagem é uma experiência de ensino. Devemos começar por julgar que o animal é ignorante sob certos aspetos e, com base nisso, após ter a oportunidade de um certo número de experiências, o seu comportamento revelará se adquiriu - ou não - o conhecimento que deveria corretamente derivar dessas experiências. Se eventualmente chegamos a acreditar que adquiriu este conhecimento, e que o adquiriu pela experiência em questão, chamaremos a isso "aprender"; enquanto que se negarmos essa façanha, diremos que o animal falhou ou que a nossa técnica não era adequada.

Hoje em dia os psicólogos rejeitam quase por unanimidade uma tal definição; em primeiro lugar, penso eu, porque é teleológica. Mas isso não se justifica, como se pode mostrar facilmente em relação a um behaviourismo estrito que descreve os seus sujeitos como máquinas, e *a fortiori,* para as outras escolas da psicologia. Uma máquina define-se por princípios operacionais que realizam um propósito reconhecido[52]. É, por isso, que o modelo de McCullough-Pitts para o sistema nervoso, ou o robot de C. L. Hull para representar o processo de aprendizagem, são máquinas, enquanto que o sistema solar não é. É por isso que a psicologia é diferente da astronomia; não descreve acontecimentos relacionados com uma finalidade, mas analisa uma certa classe de *realizações* que se acredita que são mentais. O resultado é um sistema de retidão, que depende de certos elementos não normativos para o seu sucesso ou falhanço[53].

Como o sucesso da aprendizagem consiste na aquisição de conhecimento, a teoria mecânica da aprendizagem pode ser representada como operações de uma máquina de extrair inferências corretas a partir de fatos observáveis. Tais máquinas foram imaginadas, em princípio, e o seu mecanismo é muito parecido com aquele que muitos fisiologistas, seguindo Thorndike, atribuíram ao processo de aprendizagem nos animais. A máquina é concebida para produzir uma série de respostas aleatórias a uma dada situação, até que finalmente acerta na resposta correta, que daí para a frente repete invariavelmente em cada ocasião parecida.

Qualquer máquina que represente a aprendizagem pressupõe uma teoria de aquisição de conhecimento e uma teoria do próprio conhecimento. A máquina que acabo de mencionar assume que, apesar das incessantes mudanças no mundo, situações identificáveis são recorrentes e podem, na realidade, ser reconhecidas como tal, quer pelo animal como pelo observador; e que existem as respostas corretas para tais ocasiões identificáveis, que podem ser reiteradas, de modo que as respostas também possam ser identificáveis. Vimos antes (p. 82) que acreditar na existência de coisas identificáveis, às quais respondemos por ações identificáveis, tem subjacente o processo de denotação e justifica o tipo de indução que está na base das ciências descritivas. Esta justificação pode ser facilmente alargada a outros processos de raciocínio indutivo, interpretando uma resposta aprendida "se A, então fazer X" como dizendo algo como "se A, então espere-se X". A máquina de aprender é então vista como operando por um tipo de acumulação aleatória de observações que, de acordo com as conceções atualmente predominantes do método científico, resultam por acaso na descoberta das conjunções constantes que são conhecidas da ciência.

Mas eu devo aqui fazer um desvio breve para clarificar os caminhos pelos quais esta inquirição está a avançar. Assumindo que o estudo da aprendizagem é uma apreciação do comportamento de um animal pelos padrões da lógica intuitiva, surge uma questão. Separei anteriormente o nosso reconhecimento de uma inferência dedutiva e o estudo dos processos psicológicos que o incorporam e que podem interferir com ele (pp. 347-9). Poderá, por isso, parecer questionável que, no estudo da aprendizagem, o reconhecimento da retidão, que explica o sucesso da aprendizagem e que credencia a sua realização com um intento universal, se pode tratar em conjunto com o estudo das condições e limitações da aprendizagem. A minha resposta é que a diferença em questão só é nítida no caso de operações lógicas altamente formalizadas. Torna-se turva e deve-se deixar cair totalmente quando a retidão se atinge de acordo com máximas vagas que só são efetivas quando aplicadas com uma habilidade e compreensão excecionais. Esse é, creio eu, o caso das inferências indutivas. A análise de tais princípios operacionais está tão interligada com um estudo das condições sob as quais operam, bem ou mal, que os dois aspetos deste assunto precisam de ser tratadas em conjunto[54]. Logo, apesar das afirmações lógicas e epistemológicas contidas na teoria da aprendizagem, devemos aceitá-la globalmente como um ramo da psicologia e autorizar este ramo a estudar certos sucessos atribuídos aos seres vivos - tal como toda a biologia o faz.

Olhando então para a psicologia da aprendizagem como um estudo da inferência empírica, podemos avaliar os seus métodos e resultados correntes, recuperando a nossa crítica anterior sobre as teorias filosóficas da inferência empírica. Como uma tal inferência apenas pode ser formalizada superficialmente, quaisquer regras que estabeleçam os procedimentos para inferências empíricas devem ser altamente ambíguas. Logo, uma máquina desenhada para executar tais inferências não pode apresentar mais do que uma imitação tosca do processo atual de inferência. Uma psicologia da aprendizagem que se esforça pela objetividade, através da representação do processo de aprendizagem em termos de uma lógica indutiva, também só poderá, portanto, chegar a uma aparência do seu objetivo. Terá que (1) reduzir o seu assunto às formas mais grosseiras de aprendizagem e, (2) ao mesmo tempo, explorar a ambiguidade dos seus termos supostamente impessoais, de tal modo que parecem aplicar-se às performances de um ser vivo, que são tidas em mente de forma dissimulada.

Ilustrarei estes dois pontos com o distinto trabalho de C. L. Hull, cujo método teve uma profunda influência entre os psicólogos, desde a publicação de *The Principles of Behavior* em 1943[55]. O tratado abre com a definição de um estímulo e com o exemplo de um raio de luz a entrar no olho. É o estímulo S (diz ele). Mas mais tarde - a meio do trabalho - admite-se que há sempre uma variedade infinita de estímulos a chegarem aos órgãos sensoriais do animal, e que, portanto, não existe uma tal coisa como *o* estímulo S. Nessa altura menciona-se "atenção" entre aspas, como um empréstimo da introspeção que devemos ignorar, e o papel da "atenção" é substituído, sem demora, por um hábito previamente estabelecido, que é suposto ter sido adquirido exatamente pelo mesmo processo - envolvendo a alegada predominância objetiva de um estímulo isolado - que tinha acabado de ser abandonado como falacioso. Na realidade, o papel do animal para dirigir a sua própria atenção continua a não ser reconhecido e explicado; como continua também a faltar em todas as teorias formais da indução. Esta deficiência reaparece com consequências ainda mais importantes na análise que Hull faz da discriminação. Começa por definir generalização como a capacidade para responder de forma semelhante a estímulos semelhantes, e observa então que se a resposta a estímulos semelhantes continuar repetidamente sem recompensas, deixará então de extrair uma resposta, e como resultado disso, o animal discrimina entre os dois estímulos semelhantes. Esta teoria é uma aplicação da indução "por concordância e por discordância", tal como exposta por J. S. Mill, e sofre dos mesmos males. Como se supõe que nenhuma capacidade de invenção está envolvida por parte do animal (que funciona como um autómato), também não há qualquer limite definido para os seus poderes de indução - desde que os seus órgãos sensoriais sejam adequados para a tarefa. Logo, a oferta consistente de comida a um cão, sempre que se lhe mostra uma radiografia de uns pulmões doentes, e nenhuma comida quando se lhe mostra a radiografia de uns pulmões saudáveis, deveria ensinar o cão a diagnosticar doenças pulmonares. Uma teoria objetivista da aprendizagem conduz aos mesmos absurdos que uma teoria objetivista da indução: como não tem qualquer lugar para os poderes heurísticos, não pode ter em conta as suas limitações óbvias.

E é óbvio que, de forma semelhante, também não consegue ter em conta esses poderes heurísticos que até os ratos manifestam - como quando os ratos mutilados de Lashley produziram padrões motores inteiramente novos para correr nos labirintos em que tinham anteriormente aprendido como animais intactos[56].

Assim, todas estas simplificações excessivas falham nos seus propósitos. Mesmo a nomenclatura objetivista mais elaborada não pode esconder o carácter teleológico de aprender e a intenção normativa do seu estudo. Os seus termos, supostamente objetivos, não se referem a factos sem uma finalidade, mas sim a coisas a funcionarem corretamente. Uma coisa é um "estímulo" apenas se tem sucesso em estimular. E embora as "respostas" possam ser, por si mesmas, sem sentido, as chamadas funções de "reforço" funcionam como tal através da conversão de pelo menos uma resposta particular num sinal ou num meio para um fim. Para além disso, o resultado de uma série de experiências bem sucedidas é, por definição, um hábito que o experimentador acredita estar correto. Portanto, até mesmo a teoria de aprendizagem mais rigidamente formal define um sistema de retidão com a finalidade de avaliar e interpretar a racionalidade do comportamento animal.

Para além disso, o vocabulário behaviorista da aprendizagem, inteligência, etc., seria ininteligível para nós e para a nossa compreensão convivial dos animais sob observação. É uma mera pseudo substituição, cujo significado se baseia inteiramente na nossa familiaridade com os conceitos que está a tentar substituir. Isto aplica-se também ao behaviourismo mais liberal e criativo de E. C. Tolman e ao behaviourismo lógico de Gilbert Ryle, os quais agora me proponho criticar, a partir deste ponto de vista.

Tolman assume que aquilo que é habitualmente chamado observação de um estado mental é adicional a uma observação das suas manifestações. Logo, declara (tal como outros da sua escola já o haviam feito antes) que "tudo o que se consegue observar nos seres humanos nossos companheiros... é comportamento"[57], e conclui que qualquer referência a estados mentais é desnecessária. Ryle argumenta, pelo contrário, que não existe mente alguma distinta do seu funcionamento e que não faz sentido uma referência à mente como tal[58]. Ambas as conclusões deixam de levar em conta que uma observação focal dos próprios particulares pelos quais a mente de uma pessoa se manifesta, é algo diferente da consciência subsidiária desses particulares, dentro de uma observação focal da sua mente. Devido à ausência desta distinção, tanto os behavioristas psicológicos como lógicos descarrilam.

Consideremos os primeiros. A observação focal do funcionamento da mente de alguém *dissolve* o nosso conhecimento da sua mente, de modo que este funcionamento *não* é certamente, nesse sentido, a sua mente. Por outro lado, uma *apreensão compreensiva* deste funcionamento *constitui* uma observação (ou uma leitura) da mente, o que parece vingar o Professor Ryle, mas na realidade não o faz. Como Ryle não tem o conceito de consciência subsidiária, e a sua identificação da mente com o seu funcionamento pode apenas significar que os dois são idênticos no sentido usual, ou seja, como factos focalmente observados - o que é falso.

O postulado fundamental do behaviourismo de Tolman colapsa em ambas as formulações. Se não é possível seguir o funcionamento da mente senão pela sua compreensão, então é impossível uma observação focal dos particulares de um comportamento inteligente. E se, pelo contrário, nós observarmos compreensivamente esses particulares, estamos de facto a focar-nos não no comportamento, mas sim na mente de que são o funcionamento. Estamos a ler a mente a funcionar nesses particulares.

Tal é a relação convivial que serve como o canal de todas as observações psicológicas, e dentro da qual todos os termos da psicologia devem ser interpretados. É a mesma relação em que observamos os centros ativos e percetivos dos animais e vimos, ao nível de aprendizagem, o animal a comprometer-se totalmente com um esforço de inferência racional. É a relação pela qual nos interessamos por um camarada-vivo por si mesmo e apreciamos os seus sucessos por padrões por nós definidos. Veremos que na realidade esta convivialidade inclui ainda mais um estádio, quando a outra pessoa se eleva acima de nós, uma aceitação do julgamento dos outros sobre nós próprios.

12.8. CONHECIMENTO HUMANO

Mas antes de chegar a este ponto precisamos ainda que considerar um estádio prévio, em que atingimos uma igualdade entre nós próprios e a pessoa cujo conhecimento examinamos. Esta situação é de especial interesse, pois é aqui que o meu reconhecimento biológico de níveis crescentes de pessoalidade coincide - ou quase coincide - com a posição a partir da qual, na abertura desta inquirição, primeiro enfrentei o espaço incomensurável da mente científica. Recordo como todo este espetáculo me induziu a fazer uma revisão sistemática do coeficiente tácito em conhecer, como este ascende e se alarga desde a atividade primordial dos animais inferiores até ao vasto edifício do pensamento humano na sociedade dos homens. Como resultado destas reflexões reconheci a minha capacidade, e a minha vocação, para perseguir o conhecimento e para o declarar de forma responsável, dentro das minhas possibilidades limitadas. Consideremos agora como a crítica da biologia, ascendendo da morfologia para a psicologia, mostrou que o conhecimento da vida vinculou em todos esses níveis uma avaliação dos sucessos biológicas por padrões por nós próprios definidos para o organismo em questão; e mostramos que uma forma mais avulsa de observação da vida dissolveria completamente o nosso conhecimento da vida. Podemos ver como a extensão desta progressão até ao exame do conhecimento de outra pessoa - a um nível *igual* ao nosso próprio nível - nos coloca numa posição virtualmente idêntica aquela em que refletimos sobre o nosso conhecimento, nas partes Um e Três deste livro[59]. Se estivermos de acordo com as reivindicações de conhecimento feitas por outra pessoa e com os fundamentos em que baseia esse conhecimento, o exame crítico deste conhecimento tornar-se-á numa reflexão crítica sobre o nosso próprio conhecimento. A biologia passa então a incluir a acreditação dos nossos próprios poderes intelectuais e a confirmação dos nossos compromissos dentro do quadro da nossa vocação. Reconhece, em particular, a nossa capacidade para continuamente descobrir novas interpretações da experiência, que revelam um conhecimento mais profundo da realidade, e que eventualmente nos leva ao ponto em que todo o panorama da ciência se revela, por uma segunda vez, dentro de uma biologia do homem imerso no pensamento.

A significância desta confluência com uma biologia aumentada por uma teoria do conhecimento tornar-se-á, em breve, muito mais visível. Farei aqui uma pausa para olhar, a partir deste ângulo, para algumas das características do conhecimento humano, já identificadas na nossa crítica da ciência e de outras interpretações sistemáticas da experiência. Podemos identificar aqui os quatro graus em que classificamos a ação e a perceção responsável, assim como a inferência animal. Temos

(1) Inferências *corretas* obtidas dentro de um *sistema verdadeiro*.

(2) Conclusões erradas obtidas dentro de um sistema verdadeiro (como um *erro* cometido por um cientista *competente*).

(3) Conclusões obtidas pelo uso correto de um sistema falacioso. É um modo *incompetente* de raciocínio, cujos resultados possuem *validade subjetiva*[60].

(4) *Incoerência* e *obsessão* tal como observadas na ideação do insano, particularmente na esquizofrenia. O raciocínio mórbido dos que sofrem de delírios pode também ser aqui classificado, mais do que sobre o caso anterior, pois os delírios debilitam o próprio centro da racionalidade de uma pessoa.

Estas alternativas correspondem ao reconhecimento de um compromisso em dois estádios, em particular a respeito de *(a)* o seu quadro de referência e *(b)* a aplicação desse quadro. Se reconhecermos tanto *(a)* como *(b)* temos o caso (1); se *(a)* mas não *(b)*: caso (2); se *(b)* mas não *(a)*: caso (3). A nossa rejeição tanto de *(a)* como de *(b)* define um caso sem importância, que não mencionei, em que um quadro de referência falso é aplicado de forma errada, enquanto que agora vemos que o caso (4) representa a ausência de *qualquer* quadro interpretativo, verdadeiro ou falso.

É claro que estes estádios de conhecimento são todos avaliados por quem fala deles, na suposição que pode julgar criticamente o seu verdadeiro conteúdo. Mas precisamos agora de ter em atenção, para além desta relação crítica, a possibilidade de trocas entre o autor e a pessoa cujas reivindicações ele está a avaliar, ou seja, as trocas pelas quais mutuamente se questionam, informam, criticam e persuadem um ao outro.

12.9. CONHECIMENTO SUPERIOR

Vou-me agora concentrar nas trocas entre iguais dentro do ambiente de uma complexa cultura comum. Preciso de recordar aqui a matriz social de uma cultura complexa, para agora a ver como uma extensão dos níveis crescentes de vida que formam o assunto da biologia. Sejam dois cientistas a discutirem o problema da ciência, numa base de igualdade. Cada um baseia-se em padrões que acredita serem obrigatórios, quer para ele próprio como para os outros. De cada vez que cada um deles faz uma afirmação acerca do que é verdadeiro e adequado para a ciência, está a basear-se cegamente num sistema global de factos colaterais e de valores aceites pela ciência. E baseia-se também no facto do seu parceiro se basear no mesmo sistema. A ligação de confiança mútua formada entre os dois não é mais do que uma ligação na vasta rede de confiança entre milhares de cientistas de diferentes especialidades, através dos quais - e unicamente através dos quais - se estabelece um consenso na ciência, que se pode dizer que aceita factos e valores como cientificamente válidos. Descrevi antes quão pequeno é o fragmento de ciência que é claramente visível para qualquer cientista. Mostrei também que apenas se pode dizer que existe um sistema de factos e de padrões científicos na medida em que cada cientista confia nos outros para suportar o seu próprio setor relacionado com as suas ações de investigação, ensino e gestão administrativa. Embora cada um possa discordar (tal como eu estou a fazer dissidência) de alguns dos padrões aceites pela ciência, tais heterodoxias devem continuar fragmentárias se a ciência quer sobreviver como um *sistema coerente de conhecimento superior, suportado por pessoas que se reconhecem mutuamente como cientistas, e reconhecido como guia pela sociedade moderna.*

Mostrei também, e com algum detalhe, como este consenso mediado opera na procura e na disseminação do conhecimento científico, e delineei as operações análogas de um tal consenso nos domínios mais vastos de uma complexa cultura moderna (pp. 223 ff.). Considerando agora este consenso como uma extensão dos sucessos biológicos a que nos conduziu a revisão ascendente dos seres vivos, considerarei toda a cultura de uma comunidade moderna e fortemente articulada como uma forma de conhecimento superior. *Este conhecimento superior incluirá,* portanto, para além dos sistemas da ciência e de outras verdades factuais, *tudo aquilo que os homens, dentro da sua cultura, acreditam coerentemente ser verdadeiro e excelente*. A minha própria apreciação de qualquer "conhecimento superior" dentro de uma cultura estrangeira está evidentemente sujeita ao meu reconhecimento do conhecimento superior da minha própria cultura, e isto precisa de ser aceite.

Apenas um pequeno fragmento da sua própria cultura é diretamente visível para cada um dos seus membros. Grandes partes dessa cultura estão completamente ocultas em livros, pinturas, pautas de música, etc., que continuam na sua maioria por ler, por ver e por executar. As mensagens destes registos vivem, mesmo nos espíritos mais bem informados acerca deles, apenas na sua consciência de lhes ter acesso e de ser capaz de evocar as suas vozes e de as compreender. O que nos conduz de volta ao facto, implícito na descrição da ciência como conhecimento superior, que todas estas imensas acumulações sistemáticas de formas articuladas constitui o registo de afirmações humanas. São os ditos dos profetas, poetas, legisladores, cientistas e outros mestres, ou as mensagens de homens que, pelas suas ações, ficaram registados na história, tendo estabelecido um padrão para a posteridade; ao que adicionamos as vozes vivas dos líderes culturais contemporâneos, que competem pela fidelidade do público. Logo, podemos considerar, em última análise, para todo o conhecimento superior incorporado na cultura moderna altamente articulada como a soma total do que foi dito pelos seus clássicos e por aquilo que os seus heróis e santos fizeram. Se pertencermos a esta cultura, então esses são os nossos grandes homens: homens em cuja superioridade nós próprios confiamos, tentando compreender os seus trabalhos e seguindo os seus ensinamentos e exemplos. A nossa adesão às convicções e padrões, de que dependem as trocas intelectuais dentro de uma cultura, parecem pois equivalentes à nossa adesão aos mesmos mestres como fontes de autoridade. São os nossos antepassados intelectuais: "os homens famosos e os antepassados que nos geraram", em cuja herança nós entramos.

Segue-se, portanto, que um diálogo entre iguais numa cultura complexa reconhece mais um (quinto) grau de conhecimento, não avaliado criticamente por aqueles que o reconhecem, mas por eles largamente aceite mesmo sem o ver, sob a autoridade daqueles que acreditam que o possuem. Ao referir esse conhecimento superior não estamos a definir padrões para julgar as pessoas a quem atribuímos esse conhecimento; estamos a submeter-nos, antes pelo contrário, aos padrões por elas estabelecidos, para nossa orientação.

No capítulo sobre convivialidade distingui os seguintes tipos de sociedade, caraterizadas pelas sua relação com o pensamento: (1) Sociedades pré-modernas e estáticas, que reconhecem o pensamento como uma força independente, mas apenas tal como incorporado numa ortodoxia específica; chamamos-lhes autoritárias. (2) Sociedades modernas e dinâmicas, que ou são *(a)* livres, se reconhecem o pensamento como uma força independente, ou *(b)* totalitárias, se negam esta independência por princípio. Uma sociedade livre difere de uma sociedade estática e autoritária por aceitar uma grande variedade de pensamentos rivais para sua orientação. Os seus membros partilham o essencial dos seus heróis e mestres, mas podem discordar a respeito de alguns deles. Uma sociedade totalitária tanto difere de uma sociedade livre como de uma sociedade autoritária pela inversão, por princípio, da relação entre poder e pensamento; expliquei os princípios desta inversão no referido capítulo sobre convivialidade.

O que disse até aqui acerca do conhecimento superior referia-se, no essencial, à sua posição numa sociedade livre; o que se segue deve reconhecer expressamente a minha adesão a esse tipo de sociedade. Falarei dos seus heróis e mestres, que são também os meus próprios heróis e mestres, e referirei a ortodoxia liberal por eles estabelecida em termos que são consistentes com o conteúdo desta ortodoxia, a qual eu próprio subscrevo.

Recordo uma vez mais, para começar, que tudo aquilo pelo qual ultrapassamos os animais é, em primeiro lugar, evocado em nós quando aprendemos a falar. Mentalmente somos chamados a aceitar um idioma de pensamento. A criança aceita-o quase passivamente. Dos mestres de uma sociedade livre, aprende uma linguagem que implicitamente restringe a autoridade a que se está a submeter - não por causa das suas admoestações ao ceticismo, mas antes pelo contrário, porque reconhece a universalidade da verdade e outras formas de excelência. A linguagem destes ideais, ancorada nos trabalhos e nas vidas dos nossos mestres, assegura a cada um de nós o direito de sustentar esses ideais contra qualquer afirmação particular dos mesmos mestres. Não é com a sua pessoa, mas antes com o que entendemos ser o seu ensinamento, que nós nos comprometemos. Na realidade, é só através das vidas de homens normais dentro de uma sociedade livre que os princípios, a que se consagra, adquirem o seu significado efetivo. O conhecimento superior que guia uma sociedade livre é formulado pelos seus grandes homens e incorporado na sua tradição.

Tal é a relação do homem com os seus ideais: apenas os pode conhecer se os seguir livremente. Isto foi já dito antes, no capítulo sobre os compromissos. Permitam-me que o substancie, uma vez mais, recordando as várias referências dispersas feitas ao longo deste livro sobre os ideais de uma sociedade livre. No capítulo sobre as paixões intelectuais mostrei como os valores da ciência têm as raízes no trabalho dos grandes cientistas, e como as nossas sensibilidades estéticas são, da mesma forma, desenvolvidas pelos mestres da pintura e da música. No capítulo sobre convivialidade falei das paixões morais que inspiram o moderno dinamismo político, e no capítulo sobre a crítica da dúvida apresentei alguma evidência do aprofundamento e purificação das paixões religiosas no nosso tempo. No capítulo sobre o compromisso falei da paixão sustentada pela justiça, e no presente capítulo mostrei como a nossa apreciação dos seres vivos e dos seus sucessos se baseia na biologia.

Estes textos breves podem apenas servir como apontadores para este assunto ilimitado: os tipos de excelência que os grandes homens testemunharam é inesgotável, e não podemos fazer neste livro qualquer tentativa para os classificar. Precisamos agora de nos focarmos sobre todo este domínio do conhecimento superior como uma sobreposição da nossa inquirição ascendente na biologia e a extensão da nossa anterior inquirição epistemológica. O quadro de referência deste compromisso, pelo qual estabilizei o meu conhecimento pessoal dos factos, deve ser também capaz de justificar - por uma generalização adequada dos seus termos - a minha adesão às convicções e padrões subjacentes à cultura de uma sociedade livre, e este resultado deve ficar alinhado com uma extensão da biologia ao estudo dos grandes homens.

Chegarei a esta confluência da ultra-biologia com a defesa dos ideais humanos por uma continuação da minha inquirição ascendente na biologia, acompanhada de uma crítica da biologia. Recorde-se como a biologia sobe desde a apreciação dos compromissos *primordiais*, vegetativos, para a apreciação dos compromissos *primitivos*, ativo-perceptivos, e depois, através do estudo da linguagem animal, para a apreciação dos compromissos *inteligentes* e com uma intenção universal. Começamos pela observação de um corpo vivo com um centro priomordial de individualidade, e fomos levados por uma progressão contínua até uma situação em que encontramos um sujeito que se compromete deliberadamente com a solução de um problema externo. À medida que subimos, etapa por etapa, desde a morfologia até à psicologia animal, a nossa participação convivial no organismo vivo torna-se cada vez mais rica, mais íntima e mais desigual. Ao chegar finalmente ao estudo do pensamento humano, a convivialidade torna-se mútua. Uma pessoa consciente, responsável - o biólogo - aprecia agora as façanhas de uma outra pessoa do mesmo nível, cujos pensamentos pode alegar respeitar, com os mesmos fundamentos com que respeita os seus próprios pensamentos. É a referência a estes fundamentos que inevitavelmente expande o diálogo de dois seres humanos responsáveis no reconhecimento de um conhecimento que é superior ao de ambos: o conhecimento superior da sua cultura, tal como mediada por grandes homens, que são os fundadores e exemplos dessa cultura. Um diálogo só pode ser sustentável se ambos os participantes pertencerem a uma comunidade que aceita, no seu todo, os mesmos ensinamentos e a mesma tradição para julgar as suas próprias afirmações. Um encontro responsável pressupõe um firmamento comum de conhecimento superior.

No decurso desta progressão, as nossas paixões conviviais sofrem um desenvolvimento fundamental. O nosso amor pelo ser harmonioso leva-nos a estudar as formas vivas; o nosso encanto com o engenho das funções da vida resulta na embriologia e na fisiologia; o nosso gosto pelos animais suporta o estudo do seu comportamento e, à medida que finalmente ascendemos à camaradagem humana, acabamos necessariamente por também subir acima dele, encontrando uma casa espiritual na sociedade onde essa camaradagem assenta. Logo, a vida mental que se desenvolve entre dois seres humanos iguais inclui necessariamente uma relação emocional com toda a galáxia dos seus superiores comuns. As riquezas de um companheirismo mental entre dois iguais só se podem libertar se ambos partilharem uma paixão convivial com outros ainda maiores do eles próprios, dentro de uma comunidade com a mesma opinião - os parceiros devem participar numa mesma reverência por um conhecimento superior comum.

Podemos apreciar agora as alterações na estrutura lógica da relação convivial ao longo desta progressão. Os sentimentos pelos quais expressamos as realizações dos seres inferiores a nós próprios envolvem uma extensão nossa, pela qual participamos nos seus resultados. Mas, embora o naturalista seja inspirado pelo amor da natureza, e toda a biologia derivar, em última análise, o seu interesse pelo fascínio que todos os seres vivos despertam em nós, nem o mais apaixonados dos amantes dos animais recebe instruções do seu animal de estimação. Só à medida que a participação do biólogo ascende ao nível do companheirismo humano é que se torna distintamente auto modificável e então eventualmente perde todo o seu caráter observacional, para se tornar numa condição de pura interiorização [nt: indwelling]. A rutura decisiva ocorre quando aceitamos o conhecimento superior de uma outra pessoa. Ao adotar os seus pensamentos ou feitos como os nossos padrões de retidão, para os nossos pensamentos e ações, estamo-nos a render, para nos sentirmos mais satisfeitos connosco, à luz desses padrões. Este ato é irreversível e também acrítico, pois não podemos julgar a correção dos nossos padrões, no mesmo sentido em que julgamos outras coisas à luz desses mesmos padrões. Neste ponto, a estrutura com três níveis da biologia dá lugar (tal como se antecipou no fecho do capítulo anterior) a uma estrutura com dois níveis. Mas estes não são os mesmos dois níveis em que a observação da natureza inanimada tem lugar, com o observador a ocupar o lugar superior. Os três níveis que emergiram destes dois níveis originais, pela nossa atenção aos seres ativos centrada sobre eles mesmo, foi substituída agora por dois níveis que representam a perspetiva de um homem centrado sobre coisas superiores a ele próprio. Pode-se dizer que fica no nível inferior deste compromisso. Ou, em alternativa, podemos descrevê-lo como formando o pólo humano de um compromisso, de que os ideais do homem formam o pólo universal.

12.10. NO PONTO DE CONFLUÊNCIA

Completamos aqui a extrapolação da biologia até ao ponto em que coincide com o nosso compromisso para com os padrões intelectuais da nossa cultura. Olhando para trás, desde este ponto de confluência dos dois ramos do argumento que as une, podemos ver que cada um deles se pode generalizar de forma a incluir o outro, o que nos conduz ao seu significado ontológico conjunto.

A inquirição sobre a natureza e justificação do conhecimento pessoal, que preencheu as partes Um, Dois e Três deste livro, levou-nos a aceitar a nossa vocação - da qual não somos responsáveis - como uma condição para o exercício de um juízo responsável com uma intenção universal. Vimos que a nossa vocação foi determinada pelas nossas faculdades inatas e pela nossa educação dentro da nossa cultura, e que estas condições contribuíram para um ato de compromisso que se baseou nelas a fim de cumprir os padrões considerados como universais. Vocação; julgamento pessoal envolvendo responsabilidade; auto compulsão e independência da consciência; padrões universais; tudo isto se mostrou existir apenas na sua relação com os outros no âmbito de um compromisso. Dissolvem-se se olharmos para aí sem compromissos. Podemos chamar a isto uma ontologia do compromisso.

Esta ontologia pode-se ampliar reconhecendo as realizações de outros seres vivos. Isso é a biologia. É a participação do biólogo nos vários níveis de compromisso dos organismos, habitualmente inferiores a si. Nesses níveis reconhece uma verdade no tipo [nt: modelo], equipotencialidade, princípios operacionais, impulsos, percepção e inteligência animal, de acordo com padrões por ele aceites para o organismo em questão. Demonstrei que estes resultados são factos pessoais que se dissolvem por qualquer tentativa de especificação em termos impessoais (ou não suficientemente pessoais). A não especificabilidade de tais realizações pode ser agora considerada como representando a generalização do teorema segundo o qual os elementos de um compromisso não se podem definir em termos de não compromisso. Generaliza-se o paradoxo dos padrões auto estabelecidos, e a solução deste paradoxo, para passar a incluir os padrões que nós próprios definimos para avaliar outros organismos, e para os considerar como adequados. Podemos dizer que esta generalização do pólo universal do compromisso reconhece toda a variedade de ser que atribuímos aos organismos de níveis ascendentes.

Por outro lado, a extrapolação da biologia para o reconhecimento da grandeza humana, por meio da qual atingimos o ponto de "confluência", mostra como se poderia fazer uma generalização inversa, pela qual a biologia passaria a incluir toda a ontologia do conhecimento. A grandeza humana apenas pode ser reconhecida pela submissão a isso, e, portanto, pertence à família de coisas que apenas existem para aqueles que estão comprometidos com elas. Todas as formas de ex-

IV. CONHECER E SER

celência que aceitamos para nossa orientação, e todas as obrigações a que concedemos jurisdição sobre nós, podem ser definidas pelo nosso respeito para com a grandeza humana. E, a partir destes objetos do nosso respeito, podemos passar de modo contínuo para os objetivos puramente cognitivos, como factos, conhecimento, prova, realidade, ciência - os quais se podem dizer, de modo semelhante, que aó existem como vinculativos para com nós próprios. Podemos agora fazer o trabalho inverso, a partir deste ponto e com a ajuda da reflexão, para um reconhecimento de nós próprios como as pessoas que entram deliberadamente nesses compromissos e que podem também alargar o nosso reconhecimento a todos os membros de uma sociedade que partilha as mesmas convicções e obrigações. A ontologia completa do compromisso e de uma sociedade livre, dedicada ao culto do pensamento através dos compromissos responsáveis dos seus membros, pode ser de facto construída desta maneira, como uma generalização da biologia seguida por uma reflexão sobre esta biologia generalizada.

Logo, na confluência da auto credenciação da biologia e da filosofia, o homem encontra as raízes da sua vocação, sob um firmamento de verdade e grandeza. Os seus ensinamentos são o idioma do seu pensamento: a voz pela qual se controla a si próprio, para satisfação dos seus padrões intelectuais. Os seus comandos subordinam os seus poderes ao exercício das suas responsabilidades. Obrigam-no a cumprir os seus propósitos, e concedem-lhe poder e liberdade para se defender.

E podemos agora estabelecer, por uma questão de lógica, que o homem não tem outro poder senão este.

É forte, nobre e maravilhoso desde que tenha temor às vozes do seu firmamento; mas dissolve o seu poder sobre si próprio, e os seus próprio poderes ganhos pela obediência, se voltar para trás e examinar de uma forma isolada aquilo que lhe diz respeito. Nesse caso, a lei não é mais do que aquilo que os tribunais decidem, a arte não é mais do que um feixe de nervos, a moralidade não é mais do que uma convenção, a tradição não é senão uma inércia, Deus não é mais do que uma necessidade psicológica. Então o homem domina um mundo em que ele próprio não existe. Com as suas obrigações, perdeu a sua voz e a sua esperança, e ficou sem sentido para ele próprio.

13. O APARECIMENTO DO HOMEM

13.1. INTRODUÇÃO

Cheguei ao princípio deste último capítulo sem ter sugerido qualquer teoria definitiva acerca da natureza das coisas; e terminarei este capítulo sem apresentar uma tal teoria. Este livro tenta servir um propósito diferente, e num certo sentido mais ambicioso. O seu objetivo é reequipar o homem com aquelas mesmas faculdades, das quais séculos de pensamento crítico lhe ensinaram a desconfiar. O leitor foi convidado a revisitar essas faculdades e a contemplar uma imagem das coisas restauradas de acordo com a sua natureza relativamente óbvia. Isso é tudo aquilo que este livro era dito fazer. Por uma vez os homens devem tomar consciência das mutilações e deformações impostas por um quadro objetivista - uma vez definitivamente dissolvido o véu das ambiguidades que cobrem essas mutilações - e muitas mentes modernas poderão então dedicar-se à reinterpretação do mundo, tal como ele é, e tal como novamente voltará a ser visto.

Há ainda mais um movimento a fazer para reabrir essa visão. Mostrei nos últimos dois capítulos o que quero significar com sucesssos dos seres vivos e apresentei nesses exemplos a lógica desses sucessos. Os nossos resultados foram:

(1) Os seres vivos apenas podem ser conhecidos em termos de sucesso ou fracasso. Isto inclui os níveis ascendentes de existência e os comportamentos bem sucedidos.

(2) Apenas podemos conhecer um sistema bem sucedido pela sua compreensão como um todo, enquanto que subsidiariamente consciente dos seus particulares; e não podemos estudar, com sentido, esses particulares salvo pela sua relação com o todo. Mais, quanto mais elevado for o nível do sucesso que contemplamos, mais extensa deve ser a nossa participação no assunto.

(3) Logo, é logicamente impossível interpretar de uma forma avulsa os sistemas que podem ter sucesso ou falhar, tal como podemos conhecer os sistemas aos quais não se aplica qualquer distinção de sucesso ou de fracasso. Sistemas que

podem ser bem sucedidos ou que podem falhar caracterizam-se por princípios operacionais, ou mais geralmente, por certas regras de retidão; e o nosso conhecimento de qualquer classe de coisas que se carateriza por uma regra de retidão desaparece quando a tentamos definir em termos neutros relativamente a essa retidão.

(4) De acordo com isto, não tem qualquer significado representar a vida em termos da física e da química, tal como não faz sentido interpretar um relógio de pêndulo ou um soneto de Shakespeare em termos da física ou da química; e da mesma forma não faz sentido representar a mente em termos de uma máquina ou de um modelo neuronal. Os níveis inferiores não deixam de ter uma relação com os níveis superiores; *definem as condições do seu sucesso e explicam as suas falhas, mas não podem explicar o seu sucesso, pois nem sequer o conseguem definir.*

O passo que nos falta dar neste capítulo é confrontar esta versão de um mundo essencialmente estratificado com os factos da evolução. Devemos enfrentar o facto de que a vida, na realidade, veio da matéria inanimada, e que os seres humanos - incluindo os mestres da humanidade que conformaram o nosso conhecimento da retidão - evoluíram de pequenas criaturas semelhantes ao zigoto parental, em que cada um de nós teve a sua origem individual. Tratarei esta situação reestabelecendo, com base na lógica dos sucessos, o conceito de emergência, que em primeiro lugar foi postulado por Lloyd Morgan e Samuel Alexander. O ato heurístico de ultrapassar um hiato lógico mostrar-se-á paradigmático. Encontraremos indicações de tais processos não formais por inerência em vários níveis e sugerimos que os sucessos evolutivos devem ser classificados entre eles.

13.2. A EVOLUÇÃO É UMA CONQUISTA?

O conceito de evolução como um processo de inovações fundamentais, que tendem a produzir sucessivos níveis bióticos cada vez mais elevados, não se pode tomar como garantido. É fortemente contestado pela escola predominante do pensamento científico, uma escola que pode reivindicar o brilhante trabalho moderno sobre hereditariedade, assim como alguns excelentes trabalhos sobre paleozoologia. No entanto, longe de me sentir desencorajado por isso, acho que este conjunto de distintos opositores é encorajador, pois só um preconceito apoiado pelo génio pode ter obscurecido factos tão elementares como os que aqui proponho.

Argumentarei segundo duas linhas, marcadas como A e B, que já foram anteriormente indicadas. Em A, tentarei estabelecer um princípio organizador da evolução, distinguindo as *ações* desse princípio e as *condições* que *libertam* e *sustentam* as suas ações. Este argumento é demasiado geral para ser aqui descrito com todo o detalhe, e passarei por isso para o argumento B, assinalando que a evolução observada da consciência humana exemplifica plenamente este tipo de emergência ativa.

A. A teoria moderna predominante, geralmente descrita como neo-darwinismo, que criticarei, vê a evolução como a soma total de sucessivas alterações hereditárias e de acidentes que ofereceram vantagens reprodutivas aos seus portadores. A sequência de alterações hereditárias que conduzem à substituição de sucessivas gerações dos tipos originais por variantes mais bem equipadas, é descrita como "seleção natural", e a "força da seleção natural" é suposta ter produzido as formas sucessivas de vida que eventualmente geraram o homem[1].

Há nesta teoria uma imprecisão fundamental e inerente, que tende a esconder a sua inadequação. Consiste no facto de que nos falta qualquer conceito aceitável sobre a forma como as alterações dos genes modificam a ontogénese - uma deficiência que por sua vez é devida ao facto de não podermos ter uma conceção clara dos seres vivos, se continuarmos a insistir na definição da vida em termos da física e da química[2]. O meu argumento vai-se basear num conceito diferente de vida. Considerarei os seres vivos como instâncias de tipos morfológicos e de princípios operacionais, subordinados a um centro de individualidade, e afirmarei, ao mesmo tempo, que nenhum tipo, nenhum princípio operacional ou nenhuma individualidade pode ser, vez alguma, definido em termos da física e da química. Donde resulta que o aparecimento de novas formas de vida - tal como instâncias de *novos* tipos e de *novos* princípios operacionais centrados em *novas* individualidades - também não é provavelmente definível em termos da física e da química.

Para simplificar o argumento vou-me concentrar no aparecimento de novos modos de operação, que em regra são as vantagens mais impressionantes das novas formas de vida que resultam da evolução. Uma teoria da evolução deve explicar o aparecimento de novos indivíduos que realizam novas operações bióticas. Mas a questão sobre como aparecem novas instâncias de novas operações bióticas leva-nos obviamente para o aparecimento da própria vida a partir da matéria inanimada. É claro que, para que um tal evento tenha tido lugar, é preciso assegurar duas coisas: (1) Os seres vivos devem ser possíveis, ou seja, devem existir princípios racionais cuja operação pode sustentar indefinidamente os seus portadores, e (2) devem aparecer condições favoráveis para que se iniciem essas operações e para que sejam sustentáveis. Neste sentido, reconheço que o *princípio organizador* que *originou* a vida é o *potencial* de um sistema aberto e estável; enquanto que a matéria inanimada de que se alimenta a vida é uma mera *condição* que *sustenta* a vida, e a configuração acidental da matéria, a partir da qual a vida começou, simplesmente *libertou* as operações da vida. Dir-se-á então que a evolução, tal como a vida, terá sido *originada* pela *ação* de um princípio organizador, por uma ação *libertada* por flutuações aleatórias e *sustentada* por *condições ambientais* favoráveis. Elaborarei agora sobre esta análise.

A estabilidade de um ser vivo foi comparada de forma notável com a estabilidade de uma chama, por W. Ostwald. Falamos hoje em dia, com mais generalidade, de "sistemas abertos"[3], mas uma simples chama de gás inclui tudo o que é relevante. Representa um fenómeno de forma constante, alimentado por um fluxo estável de material combustível e que liberta um fluxo contínuo de subprodutos assim como a energia produzida pela combustão. Uma vez iniciada uma chama, a sua forma e composição química pode variar, sem que ela se apague. Nesse sentido, a sua identidade não é definida pela sua topografia física ou química, mas sim pelo princípio operacional que a mantém. Uma colocação particular de átomos pode acidentalmente preencher as condições para iniciar uma chama, mas por si mesmo este acidente apenas pode ser definido, como tal, pela sua ligação ao sistema de princípios organizadores que estabelecem a possibilidade de chamas estáveis.

Logo, a potencialidade de uma chama estável tem a mesma relação com uma flutuação aleatória qualquer, aquando da sua ignição, como tem o princípio organizador inerente na energia potencial de um dado enviesado, em relação ao movimento aleatório browniano, tal como descrito na terceira experiência imaginária, no capítulo 3 da Parte Um[4]. Mas devemos assinalar uma diferença importante. A flutuação que leva ao estabelecimento de um sistema aberto não desaparece depois do acontecimento, como acontece com o impulso browniano que faz o dado cair em posições estáveis. A configuração atómica que inicia uma chama renova-se permanentemente a si própria, dentro da chama. É uma propriedade fundamental dos sistemas abertos, não anteriormente descrita, que estabiliza qualquer acontecimento improvável que serve para a iniciar. A observação de R. A. Fischer sobre a forma como a seleção natural torna provável o que era improvável[5] não é mais do que uma aplicação particular deste teorema. O primeiro início de vida deve ter estabilizado, de uma forma semelhante, a flutuação altamente improvável da matéria inanimada que deu origem à vida.

Devido à lentidão da evolução, não é possível ver a ocorrência de uma inovação funcional num período observável. Mas sem dúvida que ocorrem durante longos períodos de tempo. Há uma tendência cumulativa de alterações que tendem para níveis superiores de organização, de entre os quais o aprofundamento da sentiência e o aparecimento do pensamento são as mais notáveis. Neste sentido podemos reconhecer que certas linhas da evolução foram mais eficientes do que outras; por exemplo, o princípio de um esqueleto externo usado pelos artrópodes oferece menos oportunidades para evolução do que o esqueleto interno dos cordados. Mas estas operações compreensivas da evolução não são observáveis no curto espaço da experiência contemporânea, já que quaisquer indicações suas serão provavelmente obscurecidas pelas efémeras variações genéticas que vão tendo lugar, por assim dizer, nos interstícios da tendência evolutiva dominante. Logo, as operações de longo prazo da evolução não são observadas pela genética experimental, nem pelos estudiosos da genética das populações, e a genética terá dificuldade em explicar todas as variações hereditárias que observa, sem uma referência à ação das tendências evolutivas.

Na realidade, na medida em que as variações não têm - ou não revelam - qualquer significância evolutiva de longo prazo, essas variações só podem ser descritas pela teoria atual da seleção natural. Devem aparecer como mutações aleatórias, estabelecendo-se a si próprias meramente pela sua vantagem reprodutiva. E esta explicação aplicar-se-á, de facto, a um hospedeiro de alterações adaptativas impressionantes, que na realidade não fazem parte de qualquer resultado evolutivo a longo prazo; alguns dispositivos intrincados, como os da coloração protetora, podem ser explicados assim. Mas nego que qualquer vantagem inteiramente acidental possa sempre ser aditiva à evolução de um novo conjunto de princípios operacionais, uma vez que não está na sua natureza fazê-lo.

Os fundamentos para esta asserção foram antecipados no argumento anterior e serão clarificados mais tarde. Seja-me apenas permitido observar aqui que a teoria da seleção natural, ao classificar todo o progresso evolutivo sob o título de uma adaptação, tal como definida por um diferencial na vantagem reprodutiva, ignora necessariamente o facto de que os passos *consecutivos* de um progresso evolutivo de longo prazo - como o aparecimento da consciência humana - não podem ser *meramente determinados pela sua vantagem adaptativa*, pois estas vantagens apenas podem fazer parte desse progresso, desde que se provem *adaptativas numa forma peculiar, nomeadamente ao longo das linhas de realizações evolutivas continuamente ascendentes*. A ação de princípios organizadores subjacentes a uma tal tendência criativa persistente é necessariamente negligenciada ou negada pela teoria da seleção natural, pois não pode ser explicada em termos de mutação acidental mais seleção natural. O seu reconhecimento reduziria, de facto, a mutação e a seleção a um estatuto de simplesmente *libertar e sustentar a ação dos princípios evolutivos,* pelos quais se definem todos os grandes resultados da evolução.

B. Substanciarei agora este argumento geral focando-o mais diretamente no aparecimento do homem.

Como só podemos conhecer os seres vivos pela apreciação dos seus resultados ao longo de gerações sucessivas, só podemos conhecer a sua evolução avaliando o desenvolvimento dos seus resultados ao longo de gerações sucessivas. Vimos que tais avaliações são parte integrante da biologia. Mas os resultados da evolução do homem são excecionalmente elevados. Enquanto que os animais são reconhecidos como centros de interesse por si próprios, aos homens, nossos companheiros, nós devemos respeito. Por isso, sabemos que o homem é o fruto mais precioso da evolução - e por isso também o conhecimento deste facto fica fora da ciência natural, pois apenas possuímos esse conhecimento pela nossa submissão a um firmamento de obrigações, às quais acreditamos que todos os homens estão sujeitos. Com base nesses fundamentos, a posição suprema do homem, entre todas as criaturas conhecidas, é estabelecida com segurança; mas, ao mesmo tempo, o estudo do aparecimento do homem estende-se por isso muito para além da biologia, com a nossa aceitação daquilo que acreditamos ser a natureza e o destino do homem.

Para contemplar claramente o processo pelo qual se atingiu o aparecimento do homem, traçarei a linhagem de um só ser humano, desde os seus inícios. Dado que cada um dos pais do homem, os seus avós e antepassados mais remotos, têm por sua vez um conjunto definido de pais, avós, etc., a árvore genealógica do homem inclui um conjunto de indivíduos determinados sem quaisquer ambiguidade. À medida que a série ancestral recua no tempo, irá descer para formas cada vez mais primitivas de vida, onde a reprodução sexual é eventualmente substituída pela propagação assexuada, deixa de se ramificar e continua antes ao longo de linhas isoladas. Penetramos aqui no domínio dos organismos unicelulares e, depois disso, no domínio do sub microscópico, grãos de protoplasma vivo, do tipo vírus.

Chamarei *antropogénese* a este sistema ancestral. Os corpos de gerações sucessivas de metazoários, incluídos nos antepassados de um homem, aparecem como meros portadores de um germoplasma continuadamente sobrevivente. É possível que o portador possa modificar a sua carga; mas mesmo assim, enquanto que morre e desaparece, o germoplasma continua a viver misturado com o de outro antepassado, no corpo do seu progenitor conjunto. Podemos, portanto, considerar globalmente a antropogénese como um processo contínuo de proliferação de germoplasma, desde as origens unicelulares até ao germoplasma do casal humano de quem nasceu o homem em questão. Como em todo o tipo de reprodução sexual, a geração de cada novo indivíduo marca a confluência de dois ramos de germoplasma, e essa proliferação de germoplasma é acompanhada por uma redução contínua do número de indivíduos que são portadores desse germoplasma. E o processo completo de proliferação convergente - que se estende por milhões de anos - chega eventualmente ao seu fim pela fertilização de um ovo materno, seguido pelo desenvolvimento embriónico e pelo nascimento e crescimento do homem, cuja génese estávamos a contemplar.

Esta façanha inteiramente evolutiva pode ser localizada dentro de um sistema material circunscrito. A sua operação deve ter tido lugar dentro deste sistema, enquanto que interagia com o seu ambiente envolvente, à luz da análise lógica anteriormente aplicada em (A); o processo pode ser dirigido por um *princípio organizador inovador*, cuja ação só pode ter sido libertada pelos efeitos aleatórios de agitações moleculares e de fotões vindos do exterior, e cujas operações foram apoiadas por um ambiente favorável. Mas, nesse caso, não precisamos de uma tal análise abstrata para reconhecer a operação de um princípio organizador e transformador. Temos uma evidência direta, que antecipa o resultado da nossa análise lógica, no manifesto ascender da consciência humana. Da semente de partículas submicroscópicas vivas - e dos inícios inanimados que lhe estão por trás - vemos emergir uma raça de seres sentientes, responsáveis e criativos. O aparecimento espontâneo de formas incomparavelmente superiores de seres testemunha diretamente as operações de um princípio organizador inovador.

No capítulo anterior passei em revista várias séries de níveis bióticos ascendentes e apresentei a lógica dos resultados sucessivamente superiores, em termos desses níveis. Esta progressão fez-me perceber que a biologia pode ser alargada, por etapas contínuas, na epistemologia, e mais em geral, na justificação dos meus próprios compromissos fundamentais. E, assim, esta ultra biologia foi-se ampliando cada vez mais com o reconhecimento de todas as minhas obrigações. Ao longo da evolução, esta série deve apresentar-se a si própria como uma série de sucessivos resultados existenciais. Deve mostrar como ao longo da antropogénese as linhas descendentes dos nossos antepassados foram adquirindo, por etapas, as capacidades plenas da pessoa, e eventualmente herdaram todas as perigosas aspirações da humanidade. Descreverei brevemente este processo.

A primeira etapa, pequena mas decisiva, para o destino do homem fez-se quando grãos de matéria viva, semelhantes a vírus, adquiriram formas e dimensões padronizadas, presumivelmente com uma correspondente organização interna integrada. Os bacilos que então emergiram traziam o selo da individualidade. A sua forma e estrutura autocontrolada, e as funções fisiológicas para a sua sobrevivência, criaram um centro de auto interesse contra os movimentos sem sentido do mundo envolvente.

A etapa seguinte no caminho para a pessoalidade atingiu-se com os protozoários. O aparecimento de um núcleo, dentro de um leito de protoplasma, assinala uma complexidade acrescida de organização interna, sublinhando um comportamento externo de autocontrolo, imensamente superior. Os protozoários movem-se por si próprios e envolvem-se numa variedade de atividades com propósitos deliberados. Uma amiba flutuante emite pseudópodes exploratórios em todas as direções, que apanharão alimentos, ou que se agarram a um apoio sólido, e que arrastam toda a massa de protoplasma, incluindo o núcleo, na direção da sua base de apoio[6]. Aumenta então de volume até que atinge o tamanho ao qual a sua vida pessoal acaba por fissão.

Uma etapa seguinte, ainda maior, atingiu-se com a agregação de criaturas semelhantes a protozoários em organismos multicelulares. Isto permitiu animais que envolvem uma fisiologia mais complexa, baseada na reprodução sexuada, uma forma de propagação que muito reforça a sua pessoalidade. A história do pecado é um símbolo estranho, mas apto, para este acontecimento. Como uma parte do corpo toma conta da procriação, e o animal deixa de sobreviver na sua progenitura, o desejo e a morte foram inventadas em conjunto. E, como a conquista da existência de metazoário estabelece os rudimentos desta combinação trágica, com ela chega também um destino pessoal finito, que desafia os desertos à volta da matéria inanimada e morta.

Não sabemos em que etapa é que a evolução acordou para a consciência. Mas, à medida que os organismos pluricelulares aumentaram de tamanho, e à medida que a sua complexidade aumentou com o tamanho, formou-se um sistema nervoso, para operações de autocontrolo, cada vez mais extensivas e elaboradas. Já há cerca de 400 milhões de anos atrás, num estádio hoje em dia representado pelos vermes, os nossos antepassados formaram um gânglio principal com a extremidade dianteira do seu corpo alongado. É o segmento que primeiro encontra e testa o mundo desconhecido, em que o animal está a avançar, logo adquirindo uma posição de controlo. Doravante, irá dirigir a locomoção e também controlar o crescimento e a regeneração. Estabelece-se assim um gradiente entre as funções superiores e inferiores do organismo. Cria-se um pólo animal que usa as outras partes do corpo para a sua sustento e como sua ferramenta. Dentro destes centro ativo intensifica-se a pessoalidade do animal em relação ao seu corpo subserviente. Vemos assim prefigurar-se a dominância craniana que dá origem à posição característica do cérebro no corpo do homem.

Os movimentos tateantes com que as minhocas exploram o caminho à sua frente são percursores das funções exploratórias, mas muito mais eficientes, da perceção visual, auditiva e olfativa. O uso dos órgãos sensoriais aumenta a área de controlo mental do animal sobre o espaço envolvente. Mas ver é prever e assim também é acreditar; a perceção envolve um juízo e a possibilidade de erro. Logo, tal como a pessoalidade dos nossos antepassados se enriqueceu e expandiu pelo poder dos nossos sentidos, intensificou-se aida mais ao começar a controlar novos perigos. A polaridade do sujeito e do objeto começa a desenvolver-se, com a obrigação fatal de formar expectativas baseadas numa evidência necessariamente insuficiente.

Os princípios de tais atos de julgamento são apresentados pela capacidade de aprender a partir da experiência. Alguns observadores têm traçado esta faculdade até aos organismos unicelulares, e certamente que pode ser encontrada até mesmo em níveis tão inferiores como o dos vermes. Mas a capacidade de aprendizagem aumentou imenso com o advento da perceção, que desenvolveu os rudimentos da generalização, da imaginação inventiva e da compreensão. Todo um firmamento de padrões autodefinidos estão aqui prefigurados, e em breve as primeiras emoções frágeis da alegria intelectual terão também aparecido na vida emocional do animal. Tornou-se também passível da perplexidade e da frustração.

Mas 500 milhões de anos deste crescimento, e de reforço da pessoalidade, ainda só nos levam aos limiar da verdadeira vida mental, que será apenas alcançado em pouco mais do que 500 séculos de súbita ascensão do homem a partir da animalidade muda. Teillard de Chardin chamou *noogénese* a esta última etapa evolutiva, em que nasceu o conhecimento humano[7]. Foi conseguido por homens que, formando sociedades, inventaram a linguagem e por ela criaram um quadro permanente de articulação do pensamento. Teillard chamou *noosfera* a este quadro de referência. Vimos que a criança atinge uma pessoalidade responsável ao entrar na noosfera tradicional. A nossa raça, com um todo, atingiu uma tal pessoalidade ao criar a sua própria noosfera: a única noosfera no mundo.

Esta é a segunda maior rebelião contra o ser inanimado e sem sentido. A primeira consistiu no aparecimento de indivíduos, centrados sobre si próprios, predominantemente vegetativos e quase que ignorantes da racionalidade das suas performances. Nestes indivíduos o germoplasma vivia através de muitas gerações, até que finalmente a noogénese criou uma nova construção de vida não centrada nos indivíduos e que transcendia a morte natural dos indivíduos. Quando o homem participa nesta vida, o seu corpo deixa de ser um mero instrumento de autoindulgência e torna-se numa condição da sua vocação. As capacidades mentais não articuladas, desenvolvidas no nosso corpo pelo processo da evolução, tornaram-se então os coeficientes tácitos do nosso pensamento articulado. Pela formação e assimilação de uma estrutura articulada, estes poderes tácitos estimularam uma multidão de novas paixões intelectuais. Ao aceitar tais ensinamentos, o homem testemunha a existência de fundamentos sobre os quais pode reivindicar a liberdade.

Quando a primeira onda de indivíduos vivos ultrapassou a falta de sentido do universo pelo estabelecimento aí de centros de interesses subjetivos, o aparecimento do pensamento humano, pelo seu lado, ultrapassou esses interesses subjetivos através da sua intenção universal. A primeira revolução foi incompleta, pois uma vida centrada sobre si própria, mas que termina na morte, tem pouco significado. A segunda revolução aspira ao significado eterno, mas devido ao carácter finito da condição do homem também permanece bastante incompleta. Apesar disso, o ponto de apoio precário, ganho pelo homem no domínio das ideias, dá um significado suficiente à sua existência breve; a estabilidade inerente do homem parece-me adequadamente suportada e certificada pela sua submissão aos ideais que acredito serem universais.

O grande espetáculo, o espetáculo da antropogénese, confronta-nos com o panorama da emergência; oferece-nos exemplos massivos de emergência na intensificação gradual da consciência pessoal. Em cada etapa sucessiva deste processo épico vemos aparecerem novas operações não especificáveis em termos do nível precedente; e a sua totalidade é não especificável em termos dos particulares inanimados, porque nenhum acontecimento que ocorra de acordo com as leis da física e da química pode ter consciência. Os alquimistas costumavam atribuir desejos conscientes ao acasalamento de ácidos e bases, mas as explicações químicas para tais processos não incluem tais imputações. A "ação" de um reagente não é uma ficção, porque não pode falhar; o ácido hidroclorídrico nunca dissolverá a platina por engano. Nem as máquinas auto reguladas, e que operam de acordo com as leis conhecidas da física e da química, representam seres humanos. Porque tais máquinas são autómatos sem sentiência e os homens não são autómatos sem sentiência. Alguns dizem que nós estamos simpçesmente a falar em duas linguagens diferentes quando nos referimos aos pensamentos, por um lado, e aos processos neuronais, por outro lado. Mas falamos em duas linguagens diferentes porque estamos a falar de duas coisas diferentes. Falamos dos pensamentos que Shakespeare tinha enquanto escrevia as suas peças, não dos pensamentos do ácido hidroclorídrico ao dissolver o zinco, porque os homens pensam e os ácidos não. É óbvio, portanto, que o aparecimento do homem só pode ser explicado por outros princípios que não os conhecidos hoje em dia pela física e pela química. Se isto é vitalismo, então o vitalismo é mero senso comum, que só se pode ignorar por um fanatismo truculento sobre uma perspetiva mecanicista[8]. E desde que não tenhamos qualquer ideia sobre a forma como um sistema material se pode tornar numa pessoa responsável e consciente, pretender que temos uma explicação para o aparecimento do homem é uma pretensão vazia. Durante um século o darwinismo desviou a atenção do súbito aparecimento do homem investigando as *condições* da evolução e negligenciando as suas *ações*. A evolução pode apenas ser entendida como um feito da emergência.

13.3. ALEATORIEDADE, UM EXEMPLO DE EMERGÊNCIA

Mas a emergência começa já no domínio do inanimado, como se pode ver pela relação do aleatório com os particulares de um sistema aleatório. Muitos anos de esforços infrutíferos mostraram que é impossível derivar as probabilidades do carácter aleatório de um sistema a partir dos seus detalhes microscópicos. O que nos deve encorajar a alinhar a aleatoriedade com outras características compreensivas, que não são especificáveis em termos dos seus particulares; e a analogia entre os vários casos irá reforçar o conceito de emergência, como sendo aquilo que têm em comum[9].

O baralhar de umas cartas não é um processo de emergência. Os jogadores de cartas sabem como produzir umas cartas bem baralhadas, e os autores sobre probabilidades tendem a estar de acordo sobre o facto de podemos falar de um tal baralho de cartas[10]. *Mas só podemos produzir umas cartas bem baralhadas se não soubermos como é que o fazemos.* Porque se conhecessemos os detalhes do processo de baralhar as cartas, então conheceríamos o arranjo final das cartas, logo o baralho das cartas já não estaria num estado aleatório, e não se poderia fazer qualquer afirmação estatística acerca das possibilidades de extração de uma determinada carta. Isto é verdade em geral. Se conhecesse as condições de lançamento de um dado, então poderia prever o resultado, mas não o poderia *adivinhar*. Nada poderia dizer acerca das propriedade estatísticas do dado, a partir de uma descrição que me dissesse o resultado de lançamentos futuros feitos por uma máquina.

Chamo a isto um caso de emergência, pois podemos conhecer o carácter aleatório de um sistema, e mesmo assim não o podemos conhecer em termos de um conhecimento mais detalhado desse sistema. O nosso conhecimento desta qualidade emergente, a aleatoriedade, é de facto destruída pela observação dos particulares que determinam o sistema, abaixo do nível emergente. Além disso, a aleatoriedade, como uma qualidade emergente, oferece a possibilidade de um novo sistema de manipulações. No caso de umas cartas bem baralhadas, ou de um dado não enviesado, consistem em estimar as possibilidades de acontecimentos alternativos, e de fazer apostas conforme os seus resultados.

Na ciência, o sistema aleatório mais importante é o movimento molecular de um gás. Nas últimas centenas de anos os físicos matemáticos têm tentado especificar a aleatoriedade de um agregado de moléculas gasosas em termos das suas propriedades mecânicas. Mas isto é logicamente impossível. Se soubermos exatamente as posições e velocidades de cada molécula (dentro dos limites da mecânica ondulatória) podemos apenas prever o comportamento das moléculas, mas não as características compreensivas definidas pela aleatoriedade. Duas características compreensivas de um gás que determinam as suas condições são a temperatura e a pressão. Só se pode dizer que o gás tem uma temperatura definida e uma pressão definida se assumirmos que todas as suas moléculas estão em movimento aleatório, uma suposição que é incompatível com o nosso conhecimento de uma configuração dos movimentos moleculares no gás[11].

Poder-se-ia objetar que, a partir do conhecimento detalhado de todas as moléculas num gás, poderíamos calcular a sua temperatura, ou que um indicador nos poderia mostrar a temperatura em diferentes localizações num gás. Pode ser que sejamos capazes de prever tais leituras. Mas os resultados nada significariam, a menos que se fosse possível assumir que tinham origem numa condição aleatória do gás.

A partir daqui teríamos que voltar para uma forma de agitação - tal como baralhar as cartas para ficarem randomizadas. Se confiamos na nossa própria capacidade de randomizar partes separadas de um gás, então também podemos estabelecer diferenças de temperatura e de pressão entre essas partes e prever que essas diferenças podem ser equalizadas por um processo de auto randomização inerente a um sistema de partículas em movimento aleatório. Estes processos seriam irreversíveis, pois seria contrário às nossas suposições de aleatoriedade que um agregado aleatório se pudesse baralhar a si próprio num estado menos aleatório - exceto por flutuações ocasionais - a menos que fosse compelido por forças ou intervenções externas.

A randomização pode não ter sucesso; um rasto de ordem pode ficar sempre por destruir[12]. Nesse sentido, a aleatoriedade pode ser considerada como um sucesso. Em qualquer caso, como característica compreensiva, a aleatoriedade é sujeita à lógica das realizações bem sucedidas. Podemos identificar aqui essa lógica com a lógica da emergência. A forma emergente de existência é identificada pelo nosso juízo compreensivo, que credencia assim indiretamente um contexto correlacionado de propriedades, de problemas e de manipulações, que pressupõem uma forma emergente de existência e que servem para elaborar a sua realidade. Todo este sistema emergente (que, no caso presente, consiste em aleatoriedade e probabilidades, médias, temperaturas e pressões, processos irreversíveis e flutuações térmicas, etc.) é não especificável em termos dos seus particulares detalhados. Mas os particulares têm uma relação com as características de nível superior. Se o movimento molecular de um gás é conhecido como aleatório, então podemos avaliar a temperatura, pressão, entropia, etc. do gás a partir dos seus particulares.

Neste caso é também claro que a não especificabilidade não é simplesmente ignorância. Foi muitas vezes assinalado que não se pode identificar um sistema aleatório se nada se conhecer acerca dele; é óbvio que não posso dizer se uma sequência de números é aleatória, se não souber que é aleatória. Mas isto também é verdade ao contrário. Posso dizer (a partir da natureza dos números irracionais) que a sequência de dígitos no número $\sqrt{27}$ *não* é aleatória, ainda que *nada mais* conheça acerca dele; por outro lado, posso estar familiarizado sobre a derivação do número π, e mesmo assim afirmar que a sequência dos seus dígitos é aleatória. Testes estatísticos mostraram que os primeiros dois mil dígitos de π não seguem um padrão identificável[13], salvo, como é óbvio, o de ter sido derivado pelo cálculo de π, o que é muito pouco conveniente para ser feito mentalmente. No caso de π podemos também facilmente dizer, de imediato, o que devemos *conhecer* e o que *não podemos conhecer* para identificar a sua aleatoriedade. O princípio pelo qual π é calculado identifica o número aleatório π, mas qualquer computação de π destruiria a sua aleatoriedade.

A mecânica quântica não afeta o argumento acerca de cartas bem baralhadas, nem dos lançamentos dos dados, ou de um gás concebido como um agregado de moléculas movendo-se à sorte. Teríamos apenas que mudar as palavras "leis da mecânica" por "leis da mecânica quântica", o que não fará qualquer diferença para as cartas ou para os dados, e que pouca diferença fará para os gases, para além do caso do hidrogénio, porque as leis da mecânica quântica coincidem com as leis da mecânica para partículas relativamente pesadas. No entanto, e para se ser preciso, as previsões clássicas de posições e velocidades teriam que ser substituídas por previsões das distribuições de probabilidades das posições e das velocidades[14].

13.4. A LÓGICA DA EMERGÊNCIA

Podemos agora voltar ao nosso assunto, a contemplação da antropogénese. Chegamos a um ponto em que nos devemos confrontar com a não especificabilidade dos níveis superiores em termos de particulares dos níveis inferiores, e com o facto de que os níveis superiores apareceram espontaneamente a partir de elementos desses níveis inferiores. Como é que o emergente pode ter emergido a partir de particulares que não o podem constituir? Será que, em cada nova etapa, terá entrado um novo agente criativo no sistema emergente? Se sim, como é que podemos explicar a continuidade do processo de antropogénese?

Para responder a estas questões precisamos de juntar mais algumas questões. O aparecimento do homem culmina no desdobramento da noosfera. Será que este firmamento do conhecimento superior é uma improvisação de última hora do processo antropogénico? Ou estavam todos os trabalhos da mente humana já invisivelmente inscritos na configuração dos primitivos gases incandescentes? Ou, em alternativa, será que cada nova descoberta do homem deve ser atribuída a uma nova intervenção divina?

A primeira coisa a observar aqui é que, falando em termos estritos, não é a emergência de formas superiores de vida, mas o nosso conhecimento disso, que é não especificável em termos dos particulares de níveis inferiores. Assim, não podemos falar de emergência a não ser em conjunção com uma progressão correspondente para um nível *conceptual* superior. E verificamos então que a progressão conceptual pode nem sempre ser existencial, mas que se torna assim através de graus sucessivos.

Por exemplo: derrame-se uma mão cheia de chumbos de caçadeira numa caçarola de fundo plano e ver-se-á que os grãos formam um padrão regular. Os cristais devem as suas formas simétricas a um princípio semelhante: moléculas de tamanhos e formas idênticas tendem a formar agregados regulares da mesma forma que os grãos de chumbo numa caçarola. Isto é a emergência de uma nova

IV. CONHECER E SER

característica compreensiva? Pode-se argumentar que podíamos conhecer a topografia completa dos átomos num cristal, sem ver que formam um padrão regular. Há, sem dúvida, sempre um importante hiato lógico entre uma topografia de átomos num cristal e um padrão dele derivado, e nessa medida nenhum padrão é especificável em termos da sua topografia. Ainda que no caso de um cristal se possa facilmente passar do padrão para a topografia e vice-versa, a conceção de um tal padrão não é de facto destruída pelo conhecimento dos seus particulares topográficos. Reconhecerei, portanto, neste caso, dois níveis conceptuais, mas não dois níveis de existência separados.

Podemos mesmo alargar o hiato conceptual entre dois níveis, até ao ponto de impedir completamente a representação do nível superior em termos do inferior, mas sem estabelecer uma disjunção existencial completa entre os dois. Consideremos os aspetos químicos da matéria. Estão completamente determinados pela física atómica; nem mesmo uma mente laplaciana treinada em mecânica quântica poderia substituir a ciência da química. A química responde às questões relativas às interações entre substâncias químicas mais ou menos estáveis, e estas questões não se podem levantar sem experiência com essas substâncias e sem as condições práticas em que vão ser manipuladas. Um conhecimento laplaciano que meramente preveja o que vai acontecer, sob umas *certas condições dadas*, não nos pode dizer que condições é que *deveriam ser dadas*; estas condições são determinadas pela habilidade técnica e pelos interesses peculiares dos químicos, e portanto, não podem ser resolvidas num papel. Logo, enquanto que a mecânica quântica pode em princípio explicar todas as reações químicas, não pode, no entanto, substituir, mesmo em princípio, o nosso conhecimento da química. Podemos reconhecer isto como uma separação incipiente de duas formas de existência.

Vimos dois níveis claramente separados de existência que emergem por randomização. Mas, mesmo nesse caso, a realidade emergente é comparativamente pobre em características novas. Nenhuma realidade nova, ricamente dotada, pode ser vista a emergir num domínio inanimado. Isto acontece, pela primeira vez, na emergência de um ser vivo a partir de constituintes inanimados. Descrevi este processo como uma flutuação aleatória que liberta a ação de certos princípios operacionais autossustentáveis. O que resulta na formação de dois níveis de existência: um nível superior governado pela fisiologia, e um nível inferior, subsidiário, definido pelas leis da física e da química - as operações no nível superior pressupondo a emergência de um indivíduo, cujos interesses servem. No decurso da antropogénese, a individualidade desenvolve-se, desde um início com um carácter puramente vegetativo, até sucessivos estádios de uma pessoalidade ativa, perceptiva, e eventualmente responsável. Esta emergência filogenética é contínua - tal como é claro para a emergência ontogénica. Por isso, os princípios superiores que governam as formas emergentes de evolução vão presumivelmente ganhando o controlo gradual dos seres em evolução, da mesma forma que se vão tornando gradualmente mais pronunciados e predominantes, no decurso do desenvolvimento embriónico e infantil do homem. Diremos, em particular, que o aparecimento do homem inclui uma intensificação contínua da individualidade, semelhante à que normalmente tem lugar na formação da pessoa humana a partir do zigoto parental. Portanto, não é preciso sugerir que um novo agente criativo precisa de entrar num sistema emergente em novos estádios consecutivos do ser. Novas formas de existência adquirem o controlo do sistema por um processo de *maturação*.

Admite-se que esta conceção deixa em aberto um conflito por resolver entre a continuidade e o progresso essencial. Apresenta-nos uma alternativa desconfortável: ou considerar o próprio processo de maturação como predeterminado desde o início, ou então assumir que resulta da intensificação contínua de uma agência criativa externa. Teremos que reconsiderar o conceito de maturação para reconciliar estas duas alternativas. O argumento terá duas partes, a primeira lidando com o determinismo *a fronte* através do objetivo universal de um compromisso, o outro como determinismo *a tergo* [nt: por detrás] através do mecanismo corporal de uma pessoa que entra num compromisso.

(I) Começarei por recordar a emergência ontogénica da inteligência humana, tal com descrita por Piaget. A criança centra sobre si própria a compreensão do ambiente envolvente. Gradualmente, vai-se desenvolvendo uma estrutura interpretativa sólida, em que cada novo estádio sucessivo oferece possibilidades para operações lógicas cada vez mais elaboradas. A compreensão irreversível é substituída por um desenvolvimento constante do pensamento discursivo. A criança apetitiva, motora, percetiva transforma-se numa pessoa inteligente que raciocina com uma intenção universal. Temos aqui um processo de maturação muito semelhante à etapa correspondente da emergência antropogenética, indo da individualidade do animal, centrada sobre si mesma, até à pessoalidade responsável de um homem pensante: de facto, a emergência da noosfera.

Este tipo de emergência é conhecido por nós a partir de dentro. Experimentamos o crescimento intelectual no processo de educação e, por formas mais dramáticas, nos atos criativos da mente. Posso recordar em particular o processo de descoberta científica. Este processo não é especificável em termos de regras estritas, pois envolve uma modificação da estrutura interpretativa existente. Atravessa um hiato heurístico e, desse modo, causa uma auto modificação da inteligência que faz a descoberta. Na ausência de um qualquer processo formal sobre o qual o descobridor se possa basear, guia-se pelas suas intimações de um conhecimento oculto. Sente a proximidade de algo desconhecido e esforça-se apaixonadamente

IV. CONHECER E SER

nessa direção. Quando uma grande originalidade está a trabalhar na ciência, ou, ainda mais claramente, na criação artística, a mente inovadora define para si própria novos padrões que a satisfazem melhor, e modifica-se pelo próprio processo de inovação, de modo a ficar mais satisfeita consigo própria, à luz destes padrões por si definidos. A mente criativa está sempre à procura de algo que acredita ser real, e que, sendo real, irá reivindicar uma validade universal quando descoberto, algo cujo conhecimento deve, sem dúvida, insistir apaixonadamente na sua própria validade universal. Tais são os atos pelos quais o homem melhora a sua própria mente, e tais são os passos pelos quais a noosfera conheceu a existência. Porque na ontogénese do inovador descobrimos uma etapa da filogénese da mente humana.

Olhando para trás neste processo de emergência, parece ser suficientemente claro o que aconteceu. O impulso apaixonado para cumprir os padrões, por si definidos, aparece como *completamente determinado* se aceitarmos esses mesmos padrões como reais e válidos, mas pode também ser visto como *bastante indeterminado*, pois resulta de uma intensificação suprema de intimações singularmente pessoais. Esta é a lógica da auto compulsão com intenção universal. Ação e submissão misturam-se completamente numa comunhão heurística com a realidade; o determinismo e a espontaneidade reclamam-se mutuamente quando incorporadas nos pólos, universal e pessoal, de um compromisso. Não temos grande dificuldade em reconhecer esta situação aparentemente paradoxal, sempre que somos confrontados com a grandeza humana. Sempre que os homens falaram verdadeiramente em nome da verdade, dizendo que estou aqui e não pode ser de outra maneira, reconhecemos instantaneamente quer o poder da verdade impessoal como a grandeza de uma mente que a defende. Facilmente prestamos os nossos respeitos a ambos os polos de um tal compromisso.

As dificuldades só aparecem quando olhamos, sem compromissos, para os fragmentos de um compromisso. Se perguntarmos se os teoremas de Euclides existiam antes de serem descobertos, a resposta é que provavelmente não, no mesmo sentido em que os sonetos de Shakespeare não existiam antes de serem escritos por ele. Mas não podemos, por isso, dizer que a verdade da geometria ou a beleza de um poema conhecem a existência num qualquer local e tempo em particular, pois estes constituem o pólo universal do nosso apreço, que não se pode observar sem compromissos, como os objetos no tempo e no espaço.

(2) Por razões semelhantes, aparece uma outra dificuldade no pólo pessoal da grandeza humana, se considerarmos um inventor como um sistema material, controlado pelas leis da química e da física. Uma tal visão reconstitui os sonetos de Shakespeare como um padrão inscrito nos gases incandescentes dos primórdios em que se originou o nosso universo; é a ideia laplaciana de um universo

determinado desde os princípios de todos os tempos. A minha resposta a esta perspetiva é acreditar, uma vez mais, nas minhas capacidades para compreender entidades que não são especificáveis em termos dos seus particulares - de particulares que são habitualmente entidades compreensivas e que, por sua vez, não são especificáveis em termos dos seus particulares, e assim sucessivamente. Logo, os particulares laplacianos finais acabam por se mostrar absolutamente sem sentido, e certamente que não se pode dizer que determinam qualquer característica significativa de um universo enriquecido por estratos emergentes do ser.

Mas preciso de elaborar ainda mais esta conclusão, se quiser partir deste ponto de vista para todo o vasto panorama da emergência, desde os seus primórdios. Admitindo que nenhum processo governado pelas leis da física e da química, tal como conhecidas hoje em dia, pode ser acompanhado pela consciência, poderíamos ainda supor que algumas leis alargadas da natureza viabilizassem a realização de princípios operacionais que atuam conscientemente. Seria, portanto, injustificável reter a conceção de funcionamento automático, derivado da nossa física ou química *atual*, para as estruturas que operam sob tais princípios. Como ação e reação geralmente aparecem juntas na natureza, pareceria razoável, pelo contrário, que as novas leis da natureza, que iriam permitir o aparecimento da consciência em processos materiais, deveriam também permitir a ação *reversa*, ou seja, um processo consciente a atuar sobre um substrato material. Umas tais leis da natureza não incluiriam a psicologia, que é um estudo convivial das operações mentais, mas a sua suposição tornaria concebível que estruturas materiais oferecessem *condições para a ocorrência de operações mentais* que poderiam *explicar o seu falhanço ocasional*. Esta suposição permitir-nos-ia encarar o aparecimento de indivíduos sentientes, motores, percetivos, a partir da matéria inanimada e, numa etapa superior, de pessoas responsáveis, pensantes. E permitir-nos-ia também alinhar continuamente este processo de emergência com os esforços heurísticos dos inovadores.

Olhando para trás, à luz de um processo de ontogénese humana, podemos agora reconstituir as atividades da mente madura, em níveis cada vez mais descendentes do esforço da sentiência. Identificamos já antes estes níveis de ação como as raízes das componentes tácitas que participam decisivamente em todo o pensamento articulado. Vimos então, e também mais tarde ao passar em revista os níveis ascendentes da existência biótica, que os resultados destas ações são sempre indeterminados, porque são compromissos que têm uma relação com a realidade, precisamente na medida em que têm sempre riscos. São processos irreversíveis de compreensão, apenas guiados por vagas máximas. Descendendo, portanto, desde a pessoa de um grande homem até ao nível de uma criança recém-nascida, e depois ainda mais até ao nível dos animais inferiores, encontramos uma série contínua de centros cujas decisões acríticas explicam, no final, todas as ações da individualidade sentiente. Logo, o pólo pessoal do compromisso mantém sempre a sua autonomia, exercendo a sua vocação dentro de um meio material, cujas ações condiciona mas que nunca determina completamente. Sem oposição, as circunstâncias de um compromisso submergiriam e aniquilariam os impulsos de um compromisso; mas um centro ativamente comprometido consigo próprio resiste e limita estas circunstâncias, ao ponto de as converter em instrumentos das suas próprias operações.

13.5. CONCEITO DE CAMPO GENERALIZADO

Podemos agora perceber melhor as raízes do paralelismo entre a compreensão e a morfogénese, sugerido por Spemann na sua Silliman Lectures[15]. A compreensão é um processo não formalizável que se esforça por um resultado também não especificável e, por consequência, é atribuído à agência de um centro que procura satisfação à luz dos seus próprios padrões, porque não se pode definir sem acreditar na satisfação intelectual do centro que compreende. A não especificabilidade de um ato consciente de compreensão implica a impossibilidade de o explicar por um mecanismo neurológico fixo, e o compromisso intelectual envolvido em tal ato exclui qualquer representação sua em termos de um equilíbrio físico-químico, que não pode distinguir entre sucesso e falhanço. A compreensão, e os processos somáticos que acompanham a compreensão, representam, portanto, um tipo de equilíbrio que se pode definir apenas em termos de *retidão intelectual*. A morfogénese, a operar sobre a direção de um campo morfogenético, é um processo somático do mesmo tipo, mas que segue a *retidão morfogenética* como um padrão dos resultados. Pode assim ser descrita como um processo de equilíbrio, para a distinguir da operação de uma estrutura tipo máquina, e também para ilustrar os recursos inesgotáveis evidenciados pelo processo morfogenético. Uma vez reconhecido que esses recursos são mobilizados ao serviço de uma realização, que só pode ser apreciada em termos morfológicos, vemos que isso implica atribuir-lhe sucesso ou falhanço, por padrões que nós próprios definimos como sendo apropriados para o processo. O campo morfogenético (ou o seu organizador, se existir) é, portanto, definido como a agência deste sucesso, e como aquilo que falhou, se não conseguir ter sucesso.

Esta situação pode ser descrita com mais precisão através de uma generalização do conceito de campo, numa base estritamente biológica, purificada de qualquer *arriére-pensée* de equilíbrio físico-químico. Todas as operações da "componente tácita" (quer autocentrada, ou procurando a universalidade, consciente ou inconsciente) serão agrupadas sob esta conceito de campo. Todo o incómodo mental que procura o seu apaziguamento será considerado como uma linha de força de tal campo. Tal como as forças mecânicas são gradientes de uma energia potencial, também estes campos de forças serão gradientes de uma potencialidade: um gradiente resultante da proximidade de um possível resultado. Podemos recordar que a coordenação muscular também não parece formalizável em termos de uma maquinaria anatómica fixa, e que a estabilidade e recuperação de um centro nervoso central depois de lesões generalizadas, assim como a busca de memórias perdidas, oferecem múltiplos exemplos de operações aparentemente não formalizáveis. Estas são, por sua vez, evidência de campos de forças derivados de vários gradientes de realização.

É óbvio que o conceito de um tal campo é finalístico. Atribui a certos resultados - quer autocentrados quer procurando a universalidade - o poder de promover a sua própria realização. Os cientistas não estarão preparados sequer para considerar uma tal sugestão, a menos que tenham aceite completamente que os resultados bióticos não podem - *logicamente não podem* - ser, em caso algum, representados em termos da física e da química; e poucos compreendem isso. Para além disso, um biólogo pode rejeitar a suposição que os seres vivos têm faculdades peculiares para chegar ao sucesso biótico, com base nisso lhes imputar poderes mágicos, com o que poderiam explicar fosse o que fosse - logo não explica coisa alguma. Mas esta objeção seria uma incompreensão do tipo de finalismo que estou a sugerir. Embora as realizações bióticas sejam ditas não especificáveis, nós reivindicamos a capacidade para as identificar e avaliar; nem a sua variedade é ilimitada nem a gama dos seus recursos é sem limites. Uma biologia ou uma psicologia formulada em termos de realizações pode, portanto, ser estudada sistematicamente; de facto, nos nossos dias, estas ciências *são*, em geral, seguidas exatamente nesses termos - embora de uma forma bastante disfarçada. Mesmo que um biólogo possa identificar essa situação, pode preferir não a reconhecer, com medo que a biologia degenere numa mera especulação se abandonar o ideal de vir a ser uma ciência tão objetiva como a física ou a química. Da minha parte, não partilho essa apreensão, e esperaria, pelo contrário, que o âmbito e a profundidade da biologia ganhassem muito se tratassem mais candidamente as características fundamentais da vida. Em qualquer dos casos, os não especialistas que pretendem descobrir o seu caminho acerca do mundo, certamente que podem não aceitar as políticas prudenciais impostas pelo objetivismo científico.

Voltando ao esboço dos campos biológicos gerais, vemos agora que as suas vastas operações compreendem três estádios de originalidade, dos quais a originalidade filogenética é a superior. (1) Há a originalidade de um recurso, que se manifesta no sucesso de algo claramente previsível. Ilustrei este tipo de originalidade no meu último capítulo, ou seja, pela forma como os ratos correm num labirinto que conhecem desde a sua condição anterior sem mutilações. (2) A maturação ontogénica, pela qual as crianças desenvolvem a faculdade do pensamento lógico, pode ser considerada como uma classe acima da anterior, que representa uma série de realizações, cada uma das quais produz um novo campo a partir do qual se pode conseguir atingir a próxima realização superior. Uma tal emergência - definida como um princípio organizador capaz de produzir princípios organizadores que o sistema anteriormente não possuía - foi adequadamente identificada pelo processo de maturação ontogénica. (3) A emergência filogenética ultrapassa este grau de originalidade ao produzir princípios operacionais totalmente sem precedentes, e só somos capazes de nos aproximar desta emergência completamente desenvolvida por uma transição contínua desde a maturação ontogénica até às realizações heurísticas. É nesta ligação que temos agora que confiar para aplicar uma teoria do campo, baseada no gradiente das realizações, ao processo de antropogénese.

Embora esta homologia tenha há muito sido sugerida por Samuel Butler, e depois elaborada por Henri Bergson, continua a parecer muito rebuscada. Mas isso é em parte devido a um erro de perspetiva. As formas superiores de originalidade são muito mais próximas das performances bióticas do que aquilo que as circunstâncias externas poderiam sugerir. É verdade que as realizações de um homem criativo assentam sobre uma estrutura cultural distante, altamente articulada, mas o ato criativo por si próprio realiza-se através de poderes compreensivos informais - poderes que um homem de génio partilha com todos os homens, e que todos os homem compartilham com os infantes, que por sua vez estão, a este nível, ao par com os animais. Recorde-se quanto ligeiro, mesmo quase impercetível, é a superioridade dos poderes tácitos que permitem ao homem o desenvolvimento do formidável dom da fala. Considere-se também como é que as crianças, com idade inferior a dois anos, podem aprender melhor a ler os lábios do que a maioria dos adultos, embora os adultos possam ter uma literacia muito maior, enquanto que a criança tem que aprender a falar *e* a ler os lábios, tudo ao mesmo tempo. A originalidade é maior na juventude; pode-se, na realidade, argumentar que as crianças poderiam ultrapassar um génio adulto, se pudessem comandar o seu equipamento intelectual e possuíssem a experiência emocional da maturidade.

Em qualquer dos casos, não é tanto a estrutura explicativa sugerida, mas sim a própria emergência filogenética que é tão espantosa; este facto, creio eu, é indiscutível. É um processo de maturação, que difere da ontogénese de uma forma muito curiosa, pois é *uma maturação das potencialidades da ontogénese*. O processo evolutivo tem lugar no germoplasma, mas manifesta-se no novo organismo que o germoplasma potencialmente incorpora. Ocorre num lugar mas manifesta-se noutro. Portanto, se ao contemplar o processo da antropogénese nos convencermos - tal como eu estou convencido - que de facto isto é assim, somos *conduzidos* a admitir que a maturação do germoplasma é *guiada* pelas potencialidades que lhe são abertas através da sua possível germinação em novos indivíduos. Estamos, na realidade, em face das operações de um campo filogenético, que guiam a maturação filogenética ao longo de gradientes de realizações ontogénicas - tão claramente como o embriologista enfrenta campos morfogenéticos derivados do gradiente de conquistas ontogenéticas. E não podemos deixar de anotar que, pelo menos em certos casos, podemos experimentar internamente esses gradientes. Conhecemos bem a aproximação de uma recoleção com que tínhamos vindo a atormentar a nossa memória, e tenderemos a compará-la com a maturação ontogénica, que reproduz coisas já anteriormente atingidas; enquanto que nós também sabemos que a procura de realizações inteiramente novas é guiada por intimações da sua crescente proximidade, tal como a possibilidade de realizações sem precedentes guia a maturação do germoplasma para etapas cada vez mais elevadas na evolução.

13.6. A EMERGÊNCIA DAS OPERAÇÕES TIPO MÁQUINA

A minha revisão da morfogénese deu enfâse ao aparecimento da sentiência e da pessoalidade. E este é o espetáculo que guiou as nossas observações sobre a evolução. Pouco mencionei sobre a estrutura elaborada e funcional das inovações que deram origem à formação dos animais superiores, embora a emergência desses instrumentos engenhosos - que asseguram precisamente as operações mais delicadas - tenha sido, no passado, um dos principais problemas da teoria da evolução. Fiz isso porque acredito que as operações reguladoras não formalizáveis, ligadas aos processos mentais do animal, são a agência predominante e compreensiva da vida animal. A evolução da pessoalidade produz claramente novos centros do ser, e este facto deve ser completamente considerado antes de nos aproximarmos da evolução de equipamentos anatómicos e fisiológicos que, vistos por si mesmos, podem parecer meras implementações novas que servem centros não alterados. E, a menos que se reconheça primeiro que a evolução só pode dar origem a novas operações não formalizáveis através da sua ação como um princípio não formalizável, devemos também estar preparados para reconhecer que as operações do tipo máquina também só podem emergir de uma maneira não formalizável. Mesmo assim, não serei capaz de dar aqui uma continuidade completa a esse argumento. Tendo, no entanto, estabelecido, na minha opinião, que a evolução da pessoa humana só pode ter sido o resultado de uma maturação do germoplasma, sinto que a questão de saber se uma maturação semelhante está envolvida na filogénese de estruturas bióticas do tipo máquina é uma questão que se reduziu a um argumento lateral da minha inquirição. Por isso, apenas esboçarei aqui o argumento relevante, de forma muito breve.

Uma operação tipo máquina caracteriza-se por um princípio operacional, que não pode ser definido em termos da física ou da química e, por consequência, o aparecimento de novos princípios operacionais nas coisas vivas também não pode ser definido em termos da física e da química. Portanto, na medida em que um organismo se mantém a si mesmo funcionando como uma máquina, isso é a incorporação de um princípio organizador que não pode ser definido em termos da física e da química. Os impactos aleatórios podem *libertar* as funções de um princípio organizador e condições físico-químicas adequadas podem *manter* a continuação das suas operações, mas a *ação* que *gera* a incorporação de um novo princípio organizador reside sempre nesse mesmo princípio.

Já antes tinha dito tudo isto. Tenho agora que defender os meus pontos de vista contra várias objeções possíveis à aplicação deste meu argumento aos pontos em questão - por exemplo, à evolução dos pulmões e da respiração pulmonar. A questão que se levantaria seria saber se os pulmões de indivíduos de diferentes idades, assim como os pulmões de membros de diferentes espécies, particularmente quando descendentes da mesma linhagem de respiração pulmonar, devem de facto ser aceites como personificações muito diferentes do mesmo princípio estrutural e funcional. E se isto se admitir, terei que discriminar entre uma tal estrutura racional e uma função *ativamente usada* pelo animal, e o tipo de vantagem *passiva* que uma coloração protetora assegura a alguns animais. Insistiria que (tal como fiz anteriormente) dado que coloração protetora não é um princípio operacional, pode ter sido estabelecida por mutações aleatórias mais seleção natural, pelas quais a emergência de um novo princípio operacional pode ser libertado, mas nunca estabelecido. Suponho que casos intermédios teriam também que ser considerados, tais como, por exemplo, a emergência de novos hábitos, pelos quais um animal aumenta a vantagem que lhe é oferecida pela proteção colorida. A distinção a fazer aqui pode-se mostrar difícil, da mesma forma que, por exemplo, a diferença entre a aprendizagem sem significado que tem lugar por acidente e a aprendizagem inteligente que tem lugar pela compreensão. Mas, uma vez que a forma mais recente de emergência foi completamente estabelecida, seria claro que representou uma nova forma de vida, induzida no germoplasma por um campo baseado no gradiente dos resultados filogenéticos.

Acredito que este argumento poderia mostrar que devem falhar todas as tentativas para explicar a evolução de órgãos complexos por variações aleatórias em certas ligações químicas do germoplasma. Mas devo admitir, uma vez mais, que não me sentiria seguro disso se não tivesse perante mim o aparecimento da pessoalidade humana, que manifestamente exige a suposição de princípios finalísticos da evolução. Ficarei, por isso, satisfeito em deixar o meu caso pelo reconhecimento dos princípios em questão, com o argumento de que trata da emergência da sentiência e da pessoalidade.

13.7. PRIMEIRAS CAUSAS E FINS ÚLTIMOS

No capítulo sobre probabilidade postulei que os impactos aleatórios só podiam produzir resultados bióticos através da libertação das operações de um princípio organizador, e sugeri que a estabilidade de sistemas abertos era um apontador para a existência de forças organizadoras deste tipo. A estabilidade dos seres vivos, e mesmo a maior estabilidade do germoplasma dos seres vivos - que podem ser todos classificados como sistemas abertos - deu um colorido a esta sugestão. Confrontei então esta ideia com o espetáculo da ontogénese e a evolução de uma pessoa humana, que reconheci como realizações de ordem mais elevada; e apelei também para a evidência proporcionada por vários ramos da biologia (incluindo a psicologia) que pareciam gritar pelo reconhecimento de um campo como agente das performances bióticas. Assim, finalmente, cheguei à convicção exposta nas últimas duas secções, de que as trajetórias dos resultados bióticos têm propriedades dinâmicas semelhantes às propriedades das trajetórias ao longo das quais diminui a energia potencial de um sistema. Uma antropogénese induzida por mutações aleatórias estaria então essencialmente ao par com a organização de um conjunto de dados enviesados, sob o impacto do movimento browniano a baixas temperaturas.

Mas uma vez mais (tal como na análise da maturação), devemos recordar aqui o facto decisivo que os resultados bióticos são resultados de um centro ativo. Isto transforma completamente o cenário nos níveis superiores em que os centros são chamados a exercer escolhas responsáveis - e a continuidade exige que, da mesma maneira, tomemos em consideração esta componente ativa, até aos níveis mais baixos. A emergência do homem e dos pensamentos do homens nunca devem, portanto, ser vistos como sendo devidos a um deslocamento passivo da matéria e do espírito no campo de resultados bióticos: reflete a crescente ascensão de centros autónomos de decisão[16].

Destas decisões nós conhecemos as da mente humana, a partir da experiência, para além das observações da tensão imposta pelas decisões heurísticas sobre os animais. Recordo os aspetos característicos de tais atos, que vamos reformular à luz do conceito de campo.

Em primeiro lugar, limitar-me-ei aos atos do conhecimento, que são o principal assunto deste livro. O conhecimento subjetivo é classificado como passivo: só o conhecimento com base na realidade é ativo, pessoal, e corretamente chamado objetivo. Cabe-me a mim, que uso com confiança estes termos, declarar em última análise qual o conhecimento que acredito estar baseado na realidade objetiva, e esta qualificação é incluída na definição que se segue de conhecimento objetivo. Permitam-me que introduza agora o conceito de *campo heurístico*. Assumimos que o gradiente de uma descoberta, medida pela proximidade da descoberta, estimula a mente na sua direção, o que já estava implícito no capítulo sobre paixões intelectuais, mas não tinha sido aí explicitado. A suposição de um campo heurístico explica agora como é possível adquirirmos conhecimento e acreditar que o podemos defender, embora só o possamos fazer com uma evidência que não pode justificar estes atos através de quaisquer regras estritas aceitáveis. Sugere que o podemos fazer porque os nossos pensamentos são movidos por uma afinidade inata para estabelecer contacto com a realidade - guiados por indícios úteis e por regras plausíveis - para aumentar ainda mais a nossa ligação com a realidade.

Tomada literalmente, no entanto, esta imagem pode ser enganadora, porque uma vez mais descreve o movimento da mente como um acontecimento passivo. As linhas de força num campo heurístico devem basear *o acesso a uma oportunidade, e a obrigação e a determinação de tirar partido dessa oportunidade, apesar das incertezas inerentes*. É verdade que a suposição de um tal campo exprime com mais clareza, mais do que já tinha sido dito, que a nossa expectativa de descobrir a verdade se justifica pela nossa natureza como seres vivos. Afirma o facto que *o conhecimento pertence à classe de realizações que são abrangidas por todas as formas de vida*, simplesmente porque toda a manifestação da vida é uma realização técnica e, portanto, é - tal como a prática da tecnologia - um conhecimento aplicado da natureza[17]. Mas, para exprimir corretamente esta relação entre conhecer e viver, os campos devem ser interpretados através de toda a biologia, de acordo com o seu carácter finalístico, como campos de oportunidade e como campos de esforços dirigidos na direção dessa oportunidade. Os campos biológicos pertencem normalmente a um centro a que se podem atribuir as oportunidades e os esforços. Embora estes esforços sejam contínuos com os esforços conscientes dos animais superiores, é claro que, em geral, não são nem conscientes nem deliberados. Por oposição com um campo de forças a operar num sistema inanimado, um campo de esforços biológicos fica definido pelo facto de atribuirmos as suas operações a um centro ativo, e por reconhecermos estas operações como sucessos ou como falhanços desse centro, com base em critérios que são largamente não especificáveis. Na minha descrição da antropogénese passei em revista o crescimento gradual dos centros do campo até ao nível de uma pessoalidade total, e uma vez mais falei desta elevação ao ilustrar certos aspetos da emergência através da maturação lógica da mente, desde a infância até à maturidade. Em todos os níveis da vida são esses centros que assumem os riscos de viver e de acreditar. E são ainda esses centros que, aos níveis mais elevados de desenvolvimento, atuam nos homens que procuram a verdade e que a declaram por todos os cantos - custe o que custar.

Atingimos um ponto em que a avaliação do observador sobre as realizações biológicas se torna numa submissão à liderança das mentes superiores. O que corresponde à extrapolação da biologia para a ultra biologia, em que a avaliação dos seres vivos se mistura com um reconhecimento dos ideais transmitidos pela nossa herança intelectual. Este é o ponto em que a teoria da evolução finalmente ultrapassa os limites da ciência natural e se transforma numa afirmação completa dos fins últimos do homem. A noosfera emergente é totalmente determinada como aquela que acreditamos ser verdadeira e correta. Define uma sociedade livre como uma associação promotora da verdade e do respeito pela correção. Inclui tudo em que podemos estar totalmente enganados.

Olhando para trás, a partir deste ponto nas imensidões do passado, percebemos que tudo o que aí vemos, através do universo, é conformado por aquilo em que agora acreditamos em última análise. Vemos predominantemente matéria inanimada, cujos movimentos são determinados - mecanica ou estatisticamente - por intrincados campos de forças. Vemos as suas partículas a sedimentarem em configurações organizadas, que as nossas teorias físicas podem reconstituir (mesmo que incompletamente) até às propriedades fundamentais da matéria inanimada. Este universo ainda está morto, mas já tem a capacidade para se tornar vivo.

Podemos então ver todos os trabalhos da mente humana já invisivelmente inscritos na configuração dos gases incandescentes primordiais? Não, não podemos; a capacidade para se tornar vivo é devida ao poder de um campo para consolidar os centros das primeiras causas. Cada um desses centros assenta sobre uma possibilidade de realizações que, embora limitadas, incertas e não especificáveis quanto ao seu resultado, caracterizam esse centro como principal impulsionador, essencialmente novo e autónomo. Os centros dos seres individuais são de curta duração, mas os centros dos campos filogenéticos, em que os indivíduos se ramificam, continuam a operar ao longo de milhões da anos; na realidade, alguns deles poderão mesmo durar para sempre - não podemos dizer. Mas sabemos que os centros filogenéticos que formaram os nossos antepassados iniciais produziram agora - por um desenvolvimento que, quando comparado com os longos tempos da vida na terra, parecem uma única e súbita explosão - uma vida mental que reivindica o guia de padrões universais. Através deste ato, uma causa primária emergente no tempo dirigiu-se, por si próprio, para fins que são intemporais.

Tanto quanto conheçamos, os frágeis fragmentos do universo incorporados no homem são os únicos centros de pensamento e de responsabilidade no mundo visível. Se assim é, o aparecimento da mente humana foi, até agora, o último estágio no acordar do mundo; e tudo o que aconteceu antes, os esforços de miríades de centros que assumiram os riscos de viver e de acreditar, parecem todos ter estado a perseguir, ao longo de linhas rivais, o mesmo objetivo agora por nós atingido, até este ponto. São todos nossos parentes. Porque todos esses centros - os que conduziram à nossa própria existência e os outros, muito mais númerosos, que produziram linhas diferentes, muitas das quais já extintas - podem ser vistos como empenhados no mesmo empreendimento dirigido para a libertação final. Podemos considerá-los então como um campo cósmico que convocou todos esses centros e lhes ofereceu uma oportunidade de curta duração, limitada, arriscada, para fazer algum progresso, por si próprios, para uma consumação impensável. E isso também é, acredito eu, como um cristão se posiciona quando adora a Deus.

NOTAS

PARTE I
CAPÍTULO 1. OBJETIVIDADE

(1) (7-1) J. Kepler, *Harmonice Mundi*, livro V, cap. 10.

(2) *ibid*., Prooemium ao livro V.

(3) *Il Saggiatore* (Opere, **6**, p. 232), citado por H. Weyl, *Philosophy of Mathematics and Natural Science*, Princeton (1949), p. 112.

(4) *Opere*, **1**, Florença (1842), p. 24.

(5) (8-1) H. Diels, *Die Fragmente der Vorsokratiker* (6ª ed), Berlim (1952), **2**, p. 97 (Demócrito A 49) (Os fragmentos dos Présocráticos).

(6) (10-1) *Albert Einstein: Philosopher-Scientist*, Evanston, 1949, p. 53.

(7) Einstein aprovou a declaração seguinte para publicação, em princípios de 1954. O Dr. N. Balazs, que estava a trabalhar com Einstein em Princeton, no verão de 1943, fez-lhe chegar as minhas questões e relatou-me as suas respostas. O resultado desta primeira entrevista foi-me descrita por Balazs numa carta de 8 de julho de 1953, como se segue:
"Hoje discuti com Einstein as ideias básicas que levaram à fundação da teoria especial da relatividade.
O resultado foi o seguinte:
Foram basicamente dois os problemas cuja contemplação foi de importância fundamental. (1) o problema a que se refere na sua autobiografia acerca das impressões de um observador a mover-se à velocidade da luz e observando uma onda de luz; (2) a falta de simetria da ação entre phi elementos correntes e phi magnetos (Na eletrodinâmica pré relativista dos meios móveis fazia imensa diferença se o movimento era de um fio com corrente relativamente a um magneto, ou de um magneto em relação ao fio). (1) Sugeria-lhe que a velocidade da luz deveria ter um papel privilegiado; (2) parecia estranho dado que, entre outras razões, sentia que a situação era determinada pelas velocidades relativas, que eram as mesmas. Espero ter reproduzido bem o que ele me disse.
A experiência de Michelson-Morley não teve qualquer papel na fundação da teoria. Ele familiarizou-se com ela ao ler o artigo de Lorentz acerca da teoria desta experiência (é óbvio que não se lembrava exatamente quando, embora fosse anterior aos seus artigos), mas não teve mais qualquer influência nas considerações de Einstein, e a teoria da relatividade não foi, em caso algum, fundada para explicar esse resultado".

(8) (11-1) Albert Einstein, "Zur Elektrodynamik bewegter Korper", *Annalen der Physik* (4), **17** (1905), p. 891.

(9) E. Mach, *Die Mechanik in ihrer Entwicklung*, 2ª ed., Leipzig (1889), pp. 213-14.

(10) *Albert Einstein: Philosopher-Scientist*, p. 21.

(11) (12-1) W. M. Hicks, *Phil. Mag.*, 6ª série, **3** (1902), pp. 9-42.

(12) (13-1) Na sua alocução presidencial à secção A da British Association, em Cambridge, 1938, C. G. Darwin disse sobre as experiências de D. C. Miller: "Não podemos ver qualquer razão para pensar que o seu trabalho seja inferior ao de Michelson, pois tinha ao seu dispor não só toda a experiência dos trabalhos de Michelson, mas também os grandes desenvolvimentos técnicos do período entre eles, mas de facto não conseguiu verificar o desaparecimento exato da deriva do éter. O que é que aconteceu? Ninguém duvidou da relatividade. Deve portanto haver qualquer outra fonte desconhecida de erro que deve ter afetado o trabalho de Miller". Eu posso confirmar pela minha própria experiência pessoal que esta era a atitude dos físicos contemporâneos durante todo esse período. Só os físicos soviéticos, que objetavam à teoria da relatividade por razões ideológicas, é que sentiam que as experiências de Miller lançassem uma dúvida sobre a teoria. Devo esta informação a Mme. T. Ehrenfest, que nessa altura era professora de física na Rússia soviética.

A verdadeira posição foi explicitamente afirmada por J. L. Synge, *Scientific Proc. Royal Dublin Society*, **26**, N.S. (1952), pp. 45-54. A teoria da relatividade restrita é aceite com outros fundamentos que não as experiências de Michelson e Morley, como as observações por G. Joos, *Ann. d. Physik*, **7** (1930) p. 385; R. J. Kennedy, *Proc. Nat. Acad. Science*, **12** (1926) p. 621: K. K. Illingworth, *Phys. Rev.*, **30** (1927), p. 692; Michelson, Pease and Pearson, *J. Opt. Soc. Amer.*, **18** (1929), 181, que mostraram a ausência de deriva do éter por outros métodos que não o do interferómetro de Michelson. Por isso, Synge rejeita a explicação dada por D. C. Miller para as suas experiências e aceita a "descrição teórica" da experiência de Michelson-Morley que "se encontra em qualquer livro sobre relatividade".

Synge pensa que os resultados de Miller se devem explicar pelo facto do interferómetro não fazer um movimento linear e uniforme, mas sim em círculo, devido à rotação da terra. Mais recentemente, alguns dos dados originais de Miller foram analisados por R. S. Shankland, S. W. McCuskey, F. C. Leone e G. Kuerti em *Rev. Modern. Phys.* **27** (1955), p. 167, que concluiram que a aparente deriva do éter era simulado por flutuações estatísticas e por efeitos de temperatura.

(13) (14-1) Considerem-se as duas afirmações seguintes: "O filósofo da ciência não está muito interessado no processo de pensamento que leva à descoberta..." (H. Reichenbach em *Einstein: Philosopher-Scientist*, Evanston (1949), p. 289); ou "A essência do método científico é... a verificação e a prova, não a descoberta" (H. Mehlberg em *Science and Freedom*, Londres (1955), p. 127). Na realidade, os filósofos tratam extensivamente a indução como um método de descoberta científica, mas quando ocasionalmente percebem que não é assim que as descobertas se fazem, põem de lado os factos a que a sua teoria não se consegue aplicar, relegando-os para a psicologia.

(14) Max Born, *Einstein's Theory of Relativity*, traduzido por H. L. Brose, Londres (1924), p. 289.

(15) H. Weyl, *op. cit.*, p. 155.

CAPÍTULO 2. PROBABILIDADE

(1) (19-1) Maskeleyne escreveu nas *Astronomical Observations* de Greenwich, para o dia 31 de julho de 1795: "Penso que devo mencionar que o meu assistente, David Kinnebrook... começou a partir de agosto último, a registá-los (os trânsitos) mais meio segundo de tempo depois do que deveria, de

acordo com as minhas observações; em janeiro do ano seguinte, 1796, aumentou esse erro para 8/10 do segundo. Como infelizmente continuou por um tempo considerável com este erro, antes que eu o tivesse descoberto, e como me parece que nunca mais o corrigirá e voltará ao método correto de observação, tive, apesar de muita relutância... de me separar dele" (Citado por R. L. Duncombe, "Personal Equation in Astronomy", *Pop. Astron.*, **53** (1945), 2-13, 63-76, 110-21, p. 3).

(2) (20-1) Poderia consubstanciar isto citando o grande astrónomo de Princeton H. N. Russell acerca dos "erros extremamente perturbadores", que variam de observador para observador, e que afetam o uso do moderno transitomicrometro (H. N. Russell, R. S. Dungan e J. Q. Stewart, *Revision of C. A. Young's Manual of Astronomy I. The Solar Sysytem*, Boston (1945), p. 63). Mas podemos considerar antes uma ilustração mais caseira, embora um pouco ao lado deste meu ponto. A entrega do prémio ao vencedor de uma corrida de cavalos em Inglaterra costumava ser um desempenho muito hábil confiada aos mordomos do Jockey Club, até que o advento da câmara de "foto-finish" parecia ter tornado a tomada de decisão completamente óbvia. No entanto, alguns anos atrás o falecido A. M. Turing mostrou-me uma fotografia de "foto finish" em que o nariz de um dos cavalos se vê uma fração de uma polegada à frente do outro, mas o nariz do segundo cavalo estende-se até cerca de seis polegadas à sua frente em virtude da projeção de um espesso pedaço de saliva. Como tal situação não estava prevista nos regulamentos, o caso teve que ser referido aos mordomos e a atribuição do prémio foi feita com base no seu julgamento pessoal. Turing deu-me este caso como um exemplo do carácter vago, em última instância, mesmo dos métodos mais objetivos de observação, em confirmação das minhas opiniões sobre este assunto.

(3) Ver Parte Dois, cap. 6 e Parte Três, cap. 9.

(4) (22-1) R. A. Fisher, *The Design of Experiments*, Londres, 1935, Parte III (pp. 30 ff.).

(5) (24-1) Ver H. Jeffreys, *Theory of Probability*, Oxford, 1939; I. J. Good, *Probability and the Weighing of Evidence*, Londres, 1950. Jeffreys usa $P(H|E)$, Good usa $P_B(H|E)$. Keynes no seu *Treatise* usou a expressão a/h, em que h indica a evidência e a indica a proposição inferida a partir dela.

(6) (26-1) L. G. Humphreys, "The effect of random alternation of reinforcement on the acquisition and extinction of conditioned eyelid reactions", *J. exp. Psychol.*, **25** (1939), pp. 141-58. "Acquisition and extinction of verbal expectations in a a situation analogous to conditioning", *J. exp. Psychol.*, **25** (1939) pp. 294-301. Relatado em E. R. Hilgard, *Theories of Learning*, Nova Iorque, 1948, pp. 373-5.

(7) (29-1) Estou aqui a assumir que o corte é feito de propósito e não por acidente, ou num estado de transe hipnótico, e que, de modo semelhante, estou a beber o meu chá e a gostar dele. As performances mecânicas de cortar e de beber podem muito bem ter um prefixo com um sinal de asserção, ou uma exclamação equivalente, para significar o entusiasmo e o desejo do ato.

(8) É claro que são possíveis dois usos diferentes da palavra "provável", um que a inclui em afirmações probabilísticas e outro que ocupa o lugar de "eu acredito" com uma leitura do sinal de asserção. Teríamos então que evitar palavras impessoais como "é provável...", que continuam a precisar de um prefixo pessoal para exprimir uma afirmação, e teríamos antes que usar palavras como "eu considero que é provável...". Tal frase, se compreendida como sinónimo de "eu acredito com uma segurança moderada..." exprimiria efetivamente a afirmação de uma frase ou fórmula seguida por ela. Não precisaria de um prefixo nem permitiria ter como prefixo um sinal de asserção.

IV. CONHECER E SER

(9) (30-1) Ver W. M. Smart, "John Couch Adams and the Discovery of Neptune", *Nature*, **158** (1946) pp. 648-52.

(10) O princípio da variação limitada, de Keynes, não restringe efetivamente esta escolha; uma vez que qualquer hipótese explícita já pressupõe este princípio, pelo uso de termos denotativos, então não pode operar na escolha entre hipóteses explícitas.

(11) (31-1) Este exemplo, baseado no princípio de R. A. Fischer, "Inverse Probability", *Cambridge Phil. Soc. Proc.*, **26** (1929-30), p. 528, foi comunicado ao autor pelo professor M. S. Bartlett, da Universidade de Manchester.

(12) (32-1) R. Carnap, *Logical Foundations of Probability*, Chicago e Londres, 1950.

(13) Ver p. 386 adiante.

CAPÍTULO 3. ORDEM

(1) (35-1) Uma pequena probabilidade dos acontecimentos aleatórios terem acontecido, exatamente como aconteceram, resulta de se atribuir, de forma fictícia, uma significância à forma exata como esses acontecimentos se deram. Uma instância importante desta falácia tornou-se popular sob a autoridade de Sir Richard Fischer (ver o seu "Retrospect of Criticism of Natural Selection" in Huxley, Hardy e Ford, *Evolution as a Process,* Londres, 1954, pp. 91-2), que o usou para defender a teoria da seleção natural contra a objeção da probabilidade do processo evolutivo ter ocorrido por mutações aleatórias ser proibitivamente pequena. Argumenta que, pela mesma razão, as possibilidades de qualquer homem ser um descendente através de mil gerações ancestrais também se pode rejeitar como sendo muito improvável, pois pode-se mostrar que a probabilidade de um indivíduo ancestral ter um descendente na milésima geração sucessiva é infinitesimal. No entanto, nada de distintivo é conhecido acerca do milésimo antepassado de um homem, e portanto a questão sobre a probabilidade de ele ser um descendente de um antepassado em particular não tem fundamento. O grau de acaso na cadeia da procriação, que produziu um certo individuo, é a probabilidade de um membro *qualquer* da milésima geração ancestral produzir um descendente nos seus próprios dias. E esta probabilidade é suficiente - à luz dos cálculos de Sir Ronald Fischer. Ilustrei os princípios aqui envolvidos pelo exemplo dos seixos no jardim da estação de Abergele. Pode-se perguntar com razoabilidade qual a probabilidade dos seixos ser organizarem por acaso, de modo a formar uma frase em língua inglesa, mas não é razoável perguntar quais as probabilidades de se distribuírem de um certo modo, pois na medida em que se distribuem aleatoriamente, então *não* formam um padrão. A teoria da seleção natural pretende explicar a formação de certos padrões significantes e não a formação de uma colocação aleatória de átomos em particular.

(2) (38-1) O conceito de padrão significante usado neste capítulo exclui a distribuição ordenada de médias; as razões para atribuir estas características aleatórias a uma classe essencialmente diferente será explicada no capítulo 13.

(3) Ao projetar uma experiência tenho que discriminar contra características irrelevantes e assegurar que elas podem apenas variar aleatoriamente. Nos sítios de experiências agrícolas isso pode ser feito atribuindo o resultado do lançamento de uma moeda (R. A. Fischer, *The Design of Experiments,* Londres, 1935, p. 48).

(4) (39-1) Logo, chegamos em primeiro lugar a uma definição alternativa de probabilidade e em

segundo lugar a uma identificação desta com frequências relativas. Pelo contrário, todas as tentativas para, pelo contrário, derivar probabilidades alternativas a partir das frequências relativas têm sido logicamente pouco sólidas, pois as declarações de frequências são por si mesmas afirmações probabilísticas. Esta objeção poderia ser ultrapassada se as frequências pudessem ser definidas por termos não ambíguos, mas isso é autocontraditório (ver Parte Quatro, capítulo 13). Para uma apresentação mais detalhada do argumento ver o meu artigo "On Biased Coins and Related Subjects" in *Zs. f. Phys. Chem.* (1958).

(5) Ver Parte Quatro, cap. 13, p. 404.

(6) (40-1) A experiência 3 mostra que o efeito de um enviesamento tende a desaparecer a altas temperaturas, e do mesmo modo também desaparecerá sobre o efeito de uma perturbação mais violenta. Note-se que a energia E_t, necessária para que um dado tombe deverá ser sempre elevada em comparação com $\triangle E$, de modo que mesmo a temperaturas mais altas kT deve-se manter muito abaixo de E_t. Deve ser $E_t \gg kT \gg \triangle E$; e isto deve-se aplicar também, de forma correspondente, às condições de "choque mais violento". De outro modo, o dado continuará sempre a rolar.

(7) O principal âmbito da termodinâmica reside nas combinações variáveis entre as operações de princípios organizadores de acordo com a experiência 2 e do efeito aleatório contraditório do movimento térmico, tal como exemplificado na experiência 3. Mas estas combinações podem ser ignoradas para os nossos propósitos atuais.

(8) (42-1) *Enc. Brit.*, 11ª ed.; artigo "Átomo" por F. H. Neville.

(9) (43-1) A observação de Mendel das relações inteiras simples entre os números de indivíduos com carácteres alternativos hereditários (1866) foi confirmado, de forma semelhante, por uma estrutura de genes nos cromossomas, cerca de meio século depois.

(10) E. Whittaker, *Eddington's Principle in the Philosophy of Science,* Cambridge, 1951, p. 23.

(11) (46-1) M. R. Cohen e E. Nagel, *An Introduction to Logic and Scientific Method*, Londres e Nova Iorque, 1936, pp. 133-9.

CAPÍTULO 4. COMPETÊNCIAS HÁBEIS

(1) (51-1) J. Baron e J. Hollo, *Zeitchr. fur Sinnesphysiologie*, 66 (1935) p. 23. Uma apresentação renovada desta visão foi recentemente escrita para publicação no *Journ. Accoust. Soc. Amer.*, pelo Dr. J. Baron. O manuscrito que vi menciona que O. R. Ortmann (*Physical Basis of Piano Touch and Tone*, 1925) de algum modo antecipou as conclusões de Baron e Hollo.

(2) (52-1) Harley Williams, *Doctors Differ*, Londres, 1946, pp. 51-60. Os testes que destruíram as reivindicações de Elliotson e o expuseram ao ridículo e à suspeição foram conduzidos por Thomas Wakley, fundador da *Lancet*. Fre facto as experiências foram de facto uma demonstração notável da sugestão hipnótica.

(3) *Ibid.*, p. 76.

(4) "The Nature, Scope and Difficulties of Industrial Research with particular reference to the Cotton Industry", por W. Lawrence Balls, apresentado ao *Tenth International Cotton Congress*, em Zurique, 9-11 junho, 1920.

(5) Numa carta datada de 13 março, 1951, o Dr. Toy escreveu-me: "Não há qualquer dúvida que,

durante os primeiros anos, o nosso trabalho mais importante foi descobrir as bases científicas dos processos técnicos usados na indústria, e não, ao mesmo tempo, tentar melhorá-los por métodos *ad-hoc*".

(6) (54-1) Arthur Goodhart, *Essays in Jurisprudence and the Common Law*, Cambridge, 1931, p. 25, escreve: "O princípio de um caso não se encontra nas razões dadas na opinião. O princípio não se encontra na regra da lei expressa na opinião". T. B. Smith, em *The Doctrine of Judicial Precedent in Scots Law*, Edimburgo, 1952, mostra que esta doutrina também é seguida na Escócia.

(7) (55-1) Para uma descrição da competição entre conhecimento prático da arte [nt: connoisseurship] e classificação por medida no processo de avaliação do algodão, ver M. Polanyi, "Skills and Connoiseurship", *Atti del Congresso di Metodologia*, Turin, 1952, pp. 381-95.

(8) (56-1) Comparar com, por exemplo, Henri Wallon, *De l'acte à la pensée*, Paris, 1942, p. 223.

(9) (58-1) Estou-me a referir à teoria do "sinal-gestalt" de Tolman, na sua obra *Purposive Behavior in Animal and Men*, Nova Iorque, 1932.

(10) W. Russell Brain, *Mind, Perception and Science*, Oxford, 1951, p. 35. Para outras variantes da "despersonalização", ver, por exemplo, Henserson e Gillespie, *A Textbook of Psychiatry*, Oxford Medical Publications, 7ª ed., 1951, p. 127.

(11) (60-1) O assunto das premissas da ciência será tratado com profundidade na Parte Dois, cap. 6, secção 6 (pp. 165-178).

(12) (61-1) F. J. J. Buytendijk, "Zielgerichtetes Verhalten der Ratten in einer Freien Sitiation", *Archives Neerlandises de Physiologie*, 15 (1930) p. 405.

PARTE II
CAPÍTULO 5. ARTICULAÇÃO

(1) (69-1) W. N. e L. A. Kellogg, *The Ape and the Child*, New York, 1933.

(2) A superioridade da criança é superior àquilo que a comparação de Kellogg e Kellogg parece sugerir, no curto espaço de tempo em que o chimpanzé atinge a sua maturidade. Mas outras observações restringem o impacto desta vantagem. Por exemplo, parece estar agora estabelecido que muitos animais, e muito em particular as aves, podem ser ensinados a identificar números. Podem reconhecer o número de objetos que lhes são apresentados, e podem também reproduzir um número fixo de atos consecutivos. Os números identificados vão até oito. Otto Kohler, que foi quem melhor estabeleceu este facto, também verificou que os seres humanos não identificam melhor do que as aves o número de elementos de um grupo numeroso de objetos, se não lhes for dado tempo para os contarem (Cf. W. H. Thorpe, *Ibis*, 93 (1951), p. 48, que cita sete artigos por O. Kohler, publicados entre 1935-50).

(3) (70-1) O meu uso das palavras "articulado", "articulação", etc., neste capítulo, é mais amplo do que o seu uso linguístico corrente, em que estes termos se referem apenas à enunciação de sons da linguagem. No entanto, o contexto deverá tornar o seu significado claro, e isso tem precedentes. Ver, por exemplo, A. D. Sheffield, *Grammar and Thinking*, New York e London, 1912, p. 22: "Sob o ponto de vista psicológico, uma simples frase afirmativa expressa a articulação

de um todo conceptual com os seus elementos pertinentes, para o interesse que guia o desenvolvimento do pensamento".

(4) (71-1) Nesta fase colocarei de lado a questão se a aprendizagem pode ser representada dentro de um quadro aumentado da fisiologia, quer como condicionamento experimental ou como maturação estimulada, pois isso não afeta a distinção prática entre performances inferiores e superiores, as primeiras sendo ditas estarem abaixo e as últimas acima do nível inteligente.

(5) B. F. Skinner, *The Behaviour of Organisms*, Nova Iorque, 1938.

(6) (72-1) Este criticismo do reflexo condicionado é bem conhecido. Ver, por exemplo, D. O. Hebb, *The Organization of Behaviour*, Nova Iorque, 1949, p. 175.

(7) (73-1) Ver Hilgard, *Theories of Learning* (2ª edição), Nova Iorque, 1956, pp. 106-7, que cita I. Krechevsky (1932 e 1933) acerca das "hipóteses" nos ratos. Lashley também já tinha dito que os animais normais nunca se comportam de forma aleatória (*Brain Mechanisms and Intelligence*, Chicago, 1929, p. 138).

(8) Hilgard, *op. cit.*, (1ª ed., 1948), p. 333, distingue entre aprendizagem motora e aprendizagem perceptual (cf. 2ª ed., p. 446).

(9) (74-1) Isto foi brilhantemente demonstrado, por exemplo, por uma experiência de Tolman e Honzik descrita em Hilgard, *op. cit.*, p. 194 (figura 26), de E. C. Tolman e C. H. Honzik, *Univ. Calif. Publ. Psychol.*, 4 (1940) 215-32. Hilgard menciona algum criticismo recente desta experiência, mas mantém a sua explicação.

(10) E. C. Tolman, "Cognitive maps in rats and men", in *Collected Papers in Psychology*, Berkeley e Los Angeles, 1951, pp. 261-4 (de *Psych. Rev.*, 55 (1948) 189-208).

(11) W. Kohler, *The Mentality of Apes*, 2ª ed., Londres, 1927, pp. 123, 194.

(12) (75-1) J. Piaget, *Psychology of Intelligence*, Londres, 1950.

(13) Piaget descreve a forma como crianças pequenas parecem explorar as aparências variáveis de um objeto, a diferentes distâncias, através da aproximação alternada aos seus olhos ou movendo-o, quando à distância de um braço. *Ibid.*, pp. 130 ff.

(14) *Ibid.*, pp. 161-2.

(15) *Ibid.*, p. 62; *Judgement and Reasoning in the Child*, Londres, 1928, pp. 173, 176.

(16) (77-1) Estas três formas ou funções da linguagem são, em geral, objeto de acordo entre os teóricos da linguística. As funções de "Ausdruck, Appel, Darstellung" que K. Buhler distinguiu (*Sprachteorie*, Jena, 1934) foram, por exemplo, adotadas por D. V. McGranahan em "The Psychologie of Language" (*Psychological Bulletin*, 1936, **33**, pp. 178-216), ou por Bruno Snell em *Der Aufbau der Sprache* (Hamburgo, 1952), p. 11. Cf. também George Humphrey, *Thinking*, Londres, 1951, p. 217. Por outro lado, a questão sobre se e como é que uma das três funções é pré-eminente na *origem* da linguagem, quer no indivíduo como na espécie, é assunto de extensa e forte controvérsia e desacordo (ver por exemplo uma revisão por McGranahan, *loc. cit.*, pp. 179 f., ou dos tipos de teoria expressiva por L. H. Gray, *Foundations of the Language*, Nova Iorque, 1939, p. 40, cf. também G. Revesz, *Origin and Prehistory of the Language*, Londres, 1955). O presente argumento fica de fora dessa controvérsia, e a sua restrição à função representativa não significa endossar, por exemplo, uma teoria "representativa" contra uma teoria "expressiva" ou "evocativa". Não estou aqui interessado em construir mais outra teoria da origem da

linguagem, mas uma reflexão epistemológica sobre a relação entre a linguagem e as suas raízes não articuladas. É claro que algumas das teorias dos linguístas têm algumas afinidades com as minhas próprias teorias; por exemplo, a análise de Sapir sobre o papel conceptual do discurso em *Language* (Nova Iorque, 1921), ou a insistência por A. H. Gardiner, em *Theory of Speech and Language* (Londres, 1932), sobre a importância da "coisa significada" na situação discursiva; ou a revolta de W. J. Entwhistle contra os linguístas mais extremos sob o ponto de vista behaviorista: "O principal erro da visão mecânica é eliminar o homem do seu próprio discurso, tratando-o como se fosse uma máquina independente do homem" (*Aspects of Language*, Londres, 1953, p. 39). Mas os linguístas estão preocupados, e com razão, com as técnicas verbais do próprio discurso, e não primariamente, como eu estou, com a natureza da verdade dita, considerando os seus fundamentos não articulados e não formalizáveis.

(17) (78-1) Uma vez mais, isto não é julgar antecipadamente o caso pela importância do *tu* contra o *ego* nas origens do discurso (ver Entwhistle, *op. cit.*, pp. 15-24), nem entrar na controvérsia sobre quanto egocêntrico, ou não, é o discurso das crianças mais pequenas (ver D. McCarthy, "Language Development", em Murchinson, *Handbook of Child Psychology*, Worcester, Mass., 1933, pp. 278-315). Aqui estou simplesmente preocupado em lidar com um aspeto da linguagem, que indubitavelmente existe.

(18) Estou aqui a traçar uma linha divisória num local bastante diferente do que é habitual entre os psicólogos, os quais têm estado interessados, desde a escola de Wurzburg, na distinção entre o pensamento verbal e o pensamento "sem palavras". Prefiro considerar, tal como Samuel Butler, que a caixa de rapé da senhora Bentley era linguagem [nt: referência á esposa do famoso doutor Bentley, do Trinity College em Cambdrige, personagem de Samuel Butler. A senhora Bentley costumava mandar a caixa de rapé para o mordomo do College quando queria cerveja - em vez de uma ordem escrita].

(19) Cf. Locke, *Essay concerning Human Understanding*, Livro III, cap. 3, secções 2-4, onde a existência de termos universais é derivada a partir de um argumento algo similar. Cf. também E. Sapir, *op. cit.*, p. 11

(20) (79-1) Cf. E. Sapir, *op. cit.*, p. 39.

(21) Como, por exemplo, quando Michael Bruce é dito ter salvo a vida de Lafayette, porque os historiadores substituiram "Lafayette" pelo título obscuro de Marquis de Lavalette.

(22) Ver Snell, *op. cit.*, p. 171, citando Leumann, *Homerische Worter*, Basel, 1950, etc. Cf também S. Ullmann, *The Principles of Semantics*, 1951, pp. 234 ff.

(23) I. A. Richards ("Responsabilities in the teaching of English", *Harvard Educational Review*, 20 (1950) p. 37) observa que o carácter distintivo de um sinal consiste na sua segurança em não ser trocado com outro sinal. No alfabeto latino as três letras o, c, e são mais difíceis de distinguir porque umas têm as formas, mais ou menos incompletas, das outras. Vulneráveis a serem erradamente tomadas por uma outra letra, são as letras simétricas, p b, q b, u n, p q, d b; e os numerais 6 e 9. O artigo menciona a "habilidade de ver uma letra", que é mais difícil de aprender para as letras que se podem facilmente confundir com outras.

(24) (80-1) A questão sobre se os advérbios são palavras "reais", ou apenas pseudo palavras (ver S. Ullmann, *op. cit.*, pp. 58-9) pode ser deixada aqui em aberto.

(25) (82-1) É esta inteligência que as crianças começam a desenvolver quando começam a falar. Ver J. Piaget, "La Language et la Pensée du point du vue génétique", em G. Revesz, *Thinking and speaking*, Amsterdaão, 1954, p. 51; W. F. Leopold, "Semantic Learning in Infant Language", *Word*, **4** (1948) pp. 173-80.

(26) (85-1) N. R. F. Maier, "Reasoning in humans – II", *Journal of Comparative Psychology*, **12** (1931) pp. 181-94.

(27) F. Laplace, *Traité de Probabilité, Oeuvres*, edição da Academia das Ciências, 1886, **7**, p.2.

(28) (87-1) Comparar com Ernst Topitsch, "The Sociology of Existentialism", *Partisan Review* (1954), p. 296.

(29) L. Wittgenstein, *Tractatus Logico-Pilosophicus*, Londres, 1922, p. 1889. Terei algo mais a dizer, mais à frente, acerca das tentativas para modificar as exigências da precisão por referência a tipos mais informais de linguagem. Algumas das dificuldades encontradas neste programa são descritas por P. L. Heath em "The Appeal to Ordinary Language", *Philosophical Quarterly*, **2** (1952) pp. 1-12.

(30) (88-1) Cf. A. N. Whitehead, *Essays in Science and Philosophy*, Londres, 1948, p. 73: "Não há uma frase que explicite adequadamente o seu próprio sentido. Há sempre um pano de fundo de pressupostos que, pela sua infinidade, desafiam a análise pela razão". Whitehead prossegue e ilustra esta máxima pelo exemplo "Um mais um fazem dois". Ver abaixo, Parte Três, cap. 8.

(31) (89-1) A mesma dificuldade de representação efetiva aparece a respeito de outros agregados de objetos opacos: por exemplo, a representação do arranjo de átomos numa rede cristalina, ou o arranjo das peças numa máquina complexa. Os estudantes de cristalografia ou de engenharia têm que pensar em termos desses elementos, cuja representação pictórica precisa sempre de ficar fragmentária. Sobre as máquinas, cf. F. Kainz, "Vorformen des Denkens", in Révész, *Op. Cit.*, pp. 61-110: p. 85, "das mecanische Denken". O trabalho de maceramento de estratos geológicos apresenta problemas semelhantes, para os quais os geólogos têm recentemente encontrado novas técnicas muito imaginativas. Ver L. Dudley Stamp, *The Earth's Crust*, Londres, 1951; e para a "técnica da fita" recentemente desenvolvida, W. E. Nevill, "The Millstone Grit and Lower Coal Measures od the Leinster Coalfield", *Proc. Royal Irish Acad.*, **58**, B1 (1956) quadros III, IV e V; ou *British Regional Survey, Pennines and Adjacente Uplands*, Department of Scientific and Indústrial Research:54 Geological Survey and Museum, 1954.

(32) (90-1) p. 61.

(33) (91-1) O nosso uso alargado da palavra "compreensão" inclui o domínio de "conceito" assim como o do "esquema", o termo usado por Claparede e por Piaget para designar uma faculdade motora complexa. Usarei esta palavras de forma intermutável, para referir um tipo de conhecimento latente, ou aspetos desse conhecimento, como distinto de qualquer performance evidente baseada neste tipo de conhecimento. Mais tarde, "intuição" e "discernimento" serão introduzidos para descrever o ato de compreensão, particularmente nas matemáticas.

(34) Isto é uma reminescência da distinção entre "nome" ("nom", em francês) e "sentido" ("sens", em francês) por Saussure (ver Ullmann, *op. cit.*, pp. 70-1); mas a sua insistência em considerar esta relação à parte da relação com o referente ou a coisa-sentido exclui a sua análise para efeitos do meu argumento.

(35) p. 39.

(36) (92-1) Experiências que mostraram o facto, aliás muito óbvio, que o contexto de um texto é aprendido mais depressa do que as suas palavras, se o texto for compreendido. J. A. McGeoch, *The Psychology of Human Learning*, Nova Iorque e Londres, 1942, p. 166. Numa experiência mais recente em Oxford, quando um grupo de pessoas escreveu de memória um sumário de uma passagem de cerca de 300 palavras, logo após as ter ouvido, e um segundo grupo fez um resumo da mesma passagem consultando o seu texto, verificou-se não ser possível distinguir entre as versões feitas de memória e com consulta. O experimentador, Dr. Gumulicki, conclui que isso indica que "a operação de certos procedimentos abstratos e não intencionais que parecem desenvolverem-se concorrentemente com o processo de compreensão da passagem à medida que está a ser lida". Ver Harry Kay, em *Experimental Psychology*, Ed. B. A. Farrell, 1955, p. 14.

(37) O texto clássico sobre esta diferença é o *De Magistro,* por Santo Agostinho.

(38) (93-1) *Op. cit.*, "Denken und Sprechen", pp. 3 ff.

(39) Não existe um quarto domínio em que a nossa atenção esteja focada nas palavras, ou noutros símbolos por si mesmos, de modo que os exprimimos ou operamos completamente sem atender ao seu sentido ou significado. Tais manipulações puramente mecânicas de símbolos, sem qualquer propósito inteligente a guiá-las, seriam fúteis. Mesmo ao fazer um cálculo por uma máquina, carregamos no botão confiando no resultado, e ao fazê-lo estamos a confiar nos princípios operacionais da máquina. Não há coisa alguma sem sentido que se possa reconhecer como uma operação simbólica. Neste sentido, as formalizações devem necessariamente permanecer sempre incompletas. Isso já foi repetidamente antecipado e adiante será ainda mais elaborado.

(40) J. Piaget. *Judgement and Reasoning in the Child*, pp. 92, 93, 213, 215.

(41) (94-1) K. Godel, *Monatsch. Math. Phys.*, **38** (1931) 173-98.

(42) (95-1) A indeterminação irredutível inerente ao significado de todas as descrições e a origem e função desta indeterminação no relacionamento do significado com a realidade foi afirmada e elaborada na minha obra *Science, Faith and Society*, Oxford, 1946, pp. 8-9. A "textura aberta" de Waismann ("Verifiability", PAS Suppl., **19** (1945)) reproduz parte destas reflexões dentro de um contexto de princípios reguladores que eu considero inaceitáveis (ver p. 116).

(43) (96-1) A. H. Hastorf, "The influence of Suggestion on the Relationship between Stimulus Size and Perceived Distance", *J. Psychol.*, **29** (1950) pp. 195-217. Confere W. H. Ittelson e A. Ames, "Accomodation, Convergence and their Relation to Apparent Distance", *J. Psychol.*, **30** (1950) pp. 43-62; W. H. Ittelson, *The Ames Denonstrations in Perception*, Princeton, 1952.

(44) (97-1) A maneira normal de ver objetos "da maneira certa" satisfaz os nossos padrões auto definidos de coerência entre o visual e o táctil, assim como as pistas proprioceptivas. Os óculos que invertem as nossas imagens retinais fazendo-nos ver os objetos "invertidos". Mas após alguns dias de habituação aos óculos, os olhos restauram uma vez mais a coerência, vendo agora as coisas *da maneira correta através dos óculos*. Se se tirarem os óculos, os objetos aparecem agora *invertidos, sem os óculos,* mas a coerência é eventualmente uma vez mais restaurada pelo restabelecimento da visão normal (I. Kohler, *Die Pyramide*, **5** (1953) 92-5, **6** (1953) 109-13).

(45) (98-1) Para uma crítica semelhante da teoria Gestalt, ver D. Katz, *Gestaltpsychologie*, Basel, 1944; e M. Scheerer, *Die Lehre von der Gestalt*, Berlim e Leipzig, 1931, p. 142.

(46) O alerta intenso da perceção pode ser também evidenciado por uma referência ao desenvolvimento pré linguístico da inteligência da criança. Ver pp. 76-77 acima.

(47) G. Ryle, *The Concept of Mind*, Londres, 1949, pp. 234-40.

(48) (99-1) A. H. Riesen, "The Development of visual perception in man and chimpanzee", *Science*, **106** (1947), pp. 107-8; M.v. Senden, *Raum und Gestaltauffasung bei operierten Blindgeborenen vor und nach der Operation*, Leipzig, 1932.

(49) Ver Parte Dois, cap. 6, pp. 203-206 adiante.

(50) (102-1) K. Vossler, *Positivimus und Idealismus in der Sprachwissenschaft*, **25** (1904), pp. 25-6. Confere também I. Murdoch, "On Thinking and Language", *PAS. Suppl.*, vol. **25** (1951), p. 25.

(51) G. Humphrey, *Thinking*, Londres, 1951, p. 262.

(52) (105-1) Ver W. Haas ("On Speaking a Language"), *PAS*, **51** (1951), pp. 129-66) acerca de uma língua viva.

(53) J. Piaget, *Psychology of Intelligence*; Cf. também *Plays, Dreams and Imitationn in Childhood*, Londres, 1951, p. 273. Os termos de Piaget são "assimilation" e "accommodation". Eu uso "adaptation" (adaptação) como o sinónimo inglês mais aceitável para o último. O próprio Piaget usa "adaptation" num sentido mais geral, que inclui ambos os tipos de processos.

(54) (106-1) J. Piaget, *Judgement and Reasoning*, p. 115.

(55) (107-1) D. Thomas, "Reminiscences of Childhood", *Encounter*, **3** (1954) p.3.

(56) (108-1) Parte Um, cap. 4, p. 53.

(57) Refere-se um exemplo observado por Kohler num chimpanzé. O chimpanzé está em liberdade e armado com um pau. Uma banana está dentro de uma jaula no chão, tapada por três dos seus lados; há um hiato no lado horizontal, de que o objetivo esta mais próximo, e há barras verticais no lado oposto. Logo, o arranjo é tal que o animal só pode conseguir uma banana puxando-a do lado tapado com o pau até ás barras do lado oposto, onde a pode obter indo à volta da jaula. O animal descobriu esta solução e já a praticou anteriormente. Está agora no ponto de a repetir, e começou a empurrar e afastar a banana pelo chão da jaula; mas subitamente é interrompido por um ruído e aparentemente esquece a sua intenção e obedece ao impulso mais primitivo de puxar a banana para si mesmo (o que é inútil pois as paredes tapadas impedem que possa chegar ao prémio) e então, depois desse puxar inútil, *vai à volta para o outro lado da jaula*, procurando aparentemente atingir a banana como de costume, embora seja claro que agora não lhe está acessível. Kohler diz que "ninguém pode parecer mais perplexo do que Chica, quando se chegou à jaula e verificou que o objetivo estava tão longe das grades quanto era possível" (*op. cit.*, p. 267). O esquema motor "empurrar a banana com o pau, seguido de ir à volta para a tirar por entre as grades" misturou-se aqui com o esquema "puxar a banana para si". O animal continua a operar no primeiro, embora o seu erro no segundo tenha alterado as premissas. A inquietação mostrada pelo animal preocupado por um problema será melhor discutida mais adiante.

(58) (109-1) Ver M. Cranston, *Freedom: A new Analysis*, Londres, 1953, p. 163.

(59) (110-1) Ver Parte Um, cap. 1.

(60) H. Poincaré, *Science and Method*, Londres, 1914, pp. 94 f.

(61) Cf. por exemplo Physics Staff of the University of Pittsburgh, *Outline of Atomic Physics*, 2ª ed., Londres, 1937, p. 313. Este erro também aparece em Poincaré, *Science and Method*. A sua falácia foi revelada por observações da birefringencia de cristais e da capacidade de condensadores, os

quais ambos deveriam ser afetados de forma mensurável pela contração de Lorentz-Fitzgerald, mas que se provou não o serem.

(62) H. Weyl, *Philosophy of Mathematics and Natural Science*, Princeton, 1949, p. 220.

(63) (111-1) *Proc. Roy. Soc.* (A), **144** (1934) pp. 11-14.

(64) (112-1) É óbvio que as alterações no significado das palavras tem sido extensivamente estudadas pelos linguístas.. Os meus exemplos, retirados das ciências, pretendem demonstrar que as decisões conceptuais associadas se ligam com outras descobertas da ciência. Isto sugere que as mudanças de significado podem, de um modo muito geral, ter implicações que são verdadeiras ou falsas.

(65) Este é o aspeto do significado que é realçado pela escola "contextual", notavelmente Weisgerber e Trier. Ver sumário por S. Ullmann, *op. cit.*, pp. 75 e 155 ff.

(66) (113-1) Ver F. Waismann, "Verifiabillity", em *Logic and Language,* I, Oxford, 1952, pp. 117 ff.

(67) *ibid.*, cf. I. Murdoch, *loc. cit.* Ver Parte Três, cap. 10, p. 318, para uma análise mais completa dos "princípios reguladores" e dos seus usos.

(68) (114-1) L. Wittgenstein, *Philosophical Investigations*, Oxford, 1953, p. 408.

(69) O mesmo criticismo aplica-se ao uso do termo "langiage-game" [nt: "jogo de linguagem"], por Wittgenstein.

(70) (116-1) Um tal processo de classificação implica uma generalização empírica de um tipo habitualmente ignorado pelas tentativas de formalização da indução. Isso é assinalado por H. Jeffreys ("The Present Position on Prabability Theory", Brit. J. Phil. Sc., **5** (1954-5), pp. 275 ff., 282): "Parece-me que a epistemologia deste processo tem sido injustamente ignorada. É de aplicação muito mais geral do que a indução laplaciana, e os princípios envolvidos no enquadramento e arranjo das questões parecem-me ser o tipo de coisas sobre as quais os filósofos terão alguma coisa para dizer".

(71) (118-1) J. Findley, "Godelian Sentences, a non numerical approach", *Mind*, **51** (1952) pp. 259-65, 262.

(72) H. Poincaré, "L'intuition et la logique en mathematic" (1900). Reproduzido em *La Valeur de la Science*, cap. 1, citado por Daval e Guilbaud, *Le Raisonnement Mathématique*, Paris, 1945, p. 43. Ver também K. Koffka, *Principles of Gestalt Psychology*, Londres, 1935, pp. 555-6, para a transformação causada pela compreensão de uma demonstração matemática. Para uma declaração de apoio, por um matemático, ver Van der Waerden, "Denken ohne Sprache", in Revesz, *op. cit.*, p. 165.

(73) (119-1) A. Tarski, *Introduction to Logic*, Nova Iorque, 1946, p. 132.

(74) A. Tarski, *op. cit.*, p. 134. Podemos também recordar aqui que os documentos legais e as regulamentações governamentais, que são cuidadosamente compostas com palavras, para atingirem a maior das precisões, e que são notoriamente pouco inteligíveis.

(75) (120-1) Guthrie e Horton colocaram um gato numa jaula em que havia um pequeno haste, no meio do chão, que funcionava como um mecanismo de libertação. Os gatos que tinham tocado na haste por acidente e que por consequência se viram em liberdade, rapidamente perceberam a ligação e repetiram a ação libertadora de uma forma exatamente estereotipada. A situação em que o gato foi colocado não lhe oferecia qualquer problema inteligível e a solução, encontrada por acidente, não mostrava uma compreensão clara do mecanismo de libertação; o papel da inteligência em todo o processo era residual (comp. Hilgard, *op. cit.*, pp. 65-8).

(76) (121-1) A maior impressão no visitante (escreve Kholer) foi quando Sultão fez uma pausa, arranhou lentamente a cabeça sem mover nada a não ser os olhos, e muito lentamente a cabeça, escrutinando a situação à volta dele em todos os seus detalhes. *The Mentality of Apes*, Londres, 1927, p. 200.

(77) G. Wallas, *The Art of Thought*, Londres, 1946, pp. 40 ff.

(78) "Verificação" em matemáticas significa, é claro, "demonstração" e portanto está mais perto daquilo que descreverei mais tarde (Parte Dois, cap. 6, p. 208) como "validação", mais do que a "verificação" das ciências experimentais.

(79) Um macaco que, durante algum tempo, andou à procura de uma ferramenta para chegar a um cacho de bananas fora da jaula, e que fez diversas tentativas nessa direção – tal como tentar usar uma tábua de uma tampa de uma caixa de madeira ou tentar chegar com um bocado de palha na direção do prémio – tinha aparentemente abandonado completamente a tarefa. Continuou a jogar com um dos colegas durante dez minutos, sem voltar ás bananas fora da jaula. Depois, subitamente, quando a sua atenção foi despertada por um ruído próximo, aconteceu que os seus olhos viram um pau no topo da jaula, e de imediato foi atrás do pau, o que conseguiu depois de uma série de saltos, e chegou ás bananas com a sua ajuda. Podemos considerar que isto mostra que, mesmo enquanto ocupado com outras coisas, o animal manteve o problema vivo "na parte de trás da sua mente", permanecendo pronto para identificar o instrumento para uma solução, quando aconteceu que deu com ele. Kohler, *op. cit.*, p. 277.

(80) (122-1) Kurt Lewin observou que não nos envolvemos emocionalmente, nem numa tarefa demasiado fácil, nem numa tarefa demasiado difícil, mas apenas em tarefas que esperamos poder conseguir dominar com sucesso. Hoppe, segundo Lewin, chama a isto uma medida de ego-envolvimento. Ver Hilgard, *op. cit.*, p. 277.

(81) R. M. Yerkes, "The Intelligence of Earthworms", *Journ. Anim. Behav.*, **2** (1912) pp. 332-52. Cf. N. R. F. Maier e T. Schneirla, *Principles od Anymal Psychology*, Nova Iorque e Londres, 1935, pp. 98-101.

(82) (125-1) Um esforço brilhante foi feito, nos nossos dias, para estabelecer máximas heurísticas, pelo matemático G. Polya (*How to Solve It*, Princeton, 1945, e *Mathematics and Plausible Raisoning*, 2 vols., Londres, 1954), principalmente para oferecer uma orientação no ensino das matemáticas. Observações penetrantes sobre a resolução de problemas foram também feitas por contribuições de psicólogos, em especial Duncker e Wertheimer.

(83) (126-1) A. M. Turing (*Science News*, **31** (1954)) calculou o número de arranjos que teriam que ser verificados no processo de resolução sistemática de um tipo comum de puzzle, consistindo em quadrados deslizantes, para serem rearranjados de uma certa maneira em particular. O número é 10.922,789,888,000. Trabalhando continuamente, dia e noite, e inspecionando uma posição por minuto, o processo demoraria 4 milhões de anos.

(84) Isto é equivalente a ignorar o hiato lógico mínimo envolvido num processo formal de inferência. Ver Parte Três, cap. 8, p. 270.

(85) (127-1) J. R. Baker, *Science and the Planned State*, Londres, 1945, p. 55.

(86) "Só os problemas cuja solução desejamos apaixonadamente, e nos quais temos trabalhado com grande tensão, é que voltam com melhoras depois de um descanso", escreve Polya (*How to Solve It*, Princeton, 1945, p. 172).

(87) *Ibid.*, p. 112, itálicos no original. K, Duncker, *Zur Psychologie des produktiven Denkens"*, Berlim,

1935, p. 13: "... eine Ldsung entsteht aus der Beanspruchung des Gegebenen durch das jeweils Geforderte." [nt: ... uma solução agitada surge a partir da tensão necessário com o que é conforme].

(88) (128-1) Polya, *op. cit., passim.*

(89) (129-1) N. Ach,"Determining Tendencies:Awareness", em D. Rapaport, *Organization and Pathology of Thought*, Nova Iorque, 1951, pp. 17 ff.

(90) W. D. Ellis, *A Source Book of Gestalt Psychology*, Londres e Nova Iorque, 1938, pp. 300-14.

(91) (130-1) J. Hadamard, *An Essay on the Psychology of Invention in the Mathematical Field*, Princeton, 1945. p. 49.

(92) (131-1) G. Polya escreve: "Quando estiveres satisfeito contigo próprio sobre a verdade de um teorema, começaste a prová-lo" (*Mathematics and Plausible Reasoning*, vol. 2, p. 76).

(93) Arquimedes descreve no seu "Método" um processo mecânico de demonstração geométrica que lhe dava convicção, embora achasse que os seus resultados precisavam ainda de demonstração, o que ele forneceu. B. L. Van der Waerden, *Science Awakening*, Groningen, 1954, p. 215.

CAPÍTULO 6. PAIXÕES INTELECTUAIS

(1) (134-1) Ver Parte Um, cap. 1, p. 7.

(2) (136-1) F. Soddy, *The Interpretation of the Atom*, 1932, p. 50.

(3) E. Warburg, *Verhandlurgen der Deutschen Phys. Gesellschaft*, **12** (1910), p. 920.

(4) (137-1) D. Hume, *A Treatise on Human Nature*, Parte IV, secção VII.

(5) A imobilidade da nova estrela já tinha sido observada, mas Tycho estabeleceu a ausência de um erro de paralaxe (informação devida ao professor Z. Kopal, Universidade de Manchester).

(6) É claro que factos isolados não têm significância científica, tal como um acontecimento isolado do passado não tem significância histórica; mas isto é uma tautologia, pois o carácter isolado de um facto é logicamente incompatível com ter uma relação importante com a perspetiva de um cientista ou de um historiador. O meu ponto é que o carácter único não implica isolamento.

(7) (138-1) J. B. Conant, *Pasteur's and Tyndall's Study of Spontaneous Generation, Harvard Cases in Experimental Science*, n° 7, Cambridge, 1953, p. 25.

(8) Os cientistas de outros países ficaram ansiosos por não serem considerados como atrasados, quando comparados com os seus famosos colegas de Paris, escreve F. Paneth ("Science and Miracles", *Durham University Journal*, **10** (1948-9), p. 49). "... muitos museus públicos deitaram foram tudo o que possuíssem desses preciosos meteoritos; aconteceu na Alemanha, Dinamarca, Suíça, Itália e Áustria".

(9) (139-1) Ver R. B. Perry, *Realms of Value*, Cambridge, Mass., 1954, p. 357: "Se, tal como no caso da sociologia, o assunto não permitir exatidão e conclusões convincentes, então não basta ser exato e convincente acerca de qualquer outro assunto".

(10) (140-1) Laplace, *Traité de Probabilité, Ouevres* (Acad. Ciências), Paris, 1886, 7, pp. vi-vii.

(11) Embora a mecânica quântica modifique os termos em que a mente laplaciana opera, na realidade

não reduz o seu âmbito. A equação ondulatória do mundo, dependente do tempo, determina, para todo e qualquer tempo, a correspondente equação ondulatória do mundo, a qual, em mecânica quântica, representa o conhecimento último de todas as partículas no mundo. Fixa a distribuição estatística de todos os possíveis observáveis do mundo, deixando em aberto, dentro desse quadro, apenas variações que são estritamente aleatórias.

(12) (141-1) A. N. Whitehead, *Science and the Modern World*, Cambridge, 1926, p. 63.

(13) (143-1) Ver p. 7 anterior.

(14) (144-1) Citei antes (em *The Logic of Liberty*, Chicago e Londres, 1951, p. 17) uma tabela com números publicados na *Nature* (146 (1940) p. 620) procurando mostrar que os dias de gestação de diferentes roedores são um inteiro múltiplo do numero pi, e disse que, por muito grande que fosse a evidência, isso não nos convenceria de que essa relação fosse real. Regras com números, a que nenhum cientista presta atenção, são hoje em dia frequentemente reclamados pelos aderentes das ciências ocultas.

(15) (145-1) Esta é a visão hoje em dia predominante; é contraditada por D. Bohm, *Quantum Theory*, Nova Iorque, 1951.

(16) A distinção entre incompetência e erro é da maior importância na administração da investigação científica. As orientações seguintes, para os revisores da Royal Society, deixam-no claro: "Um artigo não deve ser recomendado para rejeição meramente porque os revisores não concordam com as opiniões e as conclusões que contém, a menos que seja evidente a existência de raciocínios falaciosos ou erros experimentais".

(17) (146-1) Ver G. Abetti, *History of Astronomy*, 1954, p. 73. A. C. Crombie, *Augustine to Galileo*, Londres, 1952, p. 60-1, descreve o uso de distinções semelhantes na controvérsia entre a astronomia aristotélica (ou física) e ptolemaica (ou matemática), na idade média. Logo a afirmação de S. Tomás, *Summa Theologica*, Part 1, quest. 32, dá um pano de fundo para o tipo de argumento de Osiander: "Seja para o que for, um sistema pode ser induzido de duas maneiras. Uma maneira é providenciar algum princípio, como nas ciências naturais, em que a razão suficiente pode ser usada para mostrar que os movimentos dos céus estão sempre a uma velocidade uniforme. Na outra maneira, podemos aduzir razões que não provam suficientemente o principio, mas que podem mostrar que os efeitos que se lhes seguem estão de acordo com o esse princípio, tal como na astronomia onde um sistema de excêntricos e epiciclos é postulado, porque esta suposição permite explicar os fenómenos sensíveis dos movimentos celestiais. Mas isto não é uma prova suficiente, porque possivelmente uma outra hipótese também seria capaz de os explicar". Esta teoria convencionalista da ciência, corrente nos fins da idade média, pretendia negar o acesso da ciência à realidade; consequentemente o seu uso das palavras coincide com a análise positivista da ciência, que a procura purificar da metafísica evitando qualquer referência à realidade. Logo, como Crombie assinala ("Galilée devant les Critiques de la Posterité", Université de Paris, 1956, p. 10), Duhem podia dizer que "foi Bellarmin e Osiander, e não Galileu e Kepler, quem compreendeu a significância precisa do método experimental".

(18) G. Abetti, *op. cit.*, p. 74.

(19) (147-1) Sir Edmund Whittaker ("Obituary Notice on Einstein", *Biogr. Mem. Roy. Soc.*, 1955, p.48) assinala que, ao contrário da opinião generalizada, a significância física do copernicanismo não foi afetada pela relatividade. Porque os eixos copernicanos são de inércia, enquanto que os de

Ptolomeu não eram, e a terra roda em relação aos eixos de inércia locais.

(20) G. de Santillana, *The Crime of Galileo*, Chicago, 1955, p. 164 n. "Segundo a contagem de Wolynski, há 2300 trabalhos publicados em astronomia entre 1543 e 1887 ..., dos quais apenas 180 eram copernicanos (ver Archivo Storico Italiano, 1873, p. 12)".

(21) (148-1) Este relato, baseado nas minhas próprias recoleções dos acontecimentos em questão, foi substancialmente confirmado por Louis de Broglie, *Le Dualisme des Ondes et des Corpuscules dans L'Oeuvre de Albert Einstein*, Institut de France, Academia das Ciências, 1955, pp. 16-17. De Broglie acrescenta que este trabalho teria provavelmente ficado por conhecer durante muito tempo sem a subsequente referência de Einstein, num artigo publicado em 1925 (*ibid.*, p. 18). O único examinador sobrevivente, Charles Mauguin, relata que embora ele conhecesse a originalidade e a profundidade do pensamento do candidato, "quando a tese foi apresentada eu não acreditava na realidade física das ondas associadas com partículas de matéria. Vi-as antes como puras criações da mente... Só depois das experiências de Davisson e Germer (1927), e de G. P. Thomson (1929), e só quando tive na mão as belas fotografias (padrões de difração de eletrões a partir de finas camadas de ZnO), que Ponte conseguiu fazer na École Normale, é que compreendi como a minha atitude fora inconsistente, ridícula e sem sentido" (*Louis de Broglie und die Physiker*, edição alemã de *Louis de Broglie: Physicien et Penseur*, Hamburgo, 1955, p. 192).

(22) (149-1) W. Elsasser, *Die Naturwissenschaften,* 13 (1925) p. 711. As primeiras observações de Davisson e Germer relativas à difração de eletrões são de 1925, mas a interpretação dessas observações como difração de eletrões, e a publicação deste resultado, só se seguiu dois anos mais tarde, em 1927.

(23) (152-1) Galileu nunca usou este argumento, que era o mais forte que lhe estava disponível. Parece que nunca terá aceite as trajetórias planetárias elípticas de Kepler, presumivelmente porque o seu pitagorismo era ainda mais rígido do que o de Kepler (ver G. de Santillana, *op. cit.*, pp. 106 (nota 29) e 168-70).

(24) Admite-se que as fases de Venus descobertas por Galileu não se podiam explicar pelo sistema ptolemaico, mas eram incompatíveis com as suposições de Tycho Brahe, segundo as quais os planetas circulavam à volta do sol, que por sua vez circulava à volta da terra. Felizmente nunca foi feita uma experiência do tipo Michelson-Morley nesse tempo, pois o seu resultado negativo teria servido como uma prova definitiva de que a terra estava parada.

(25) Ver Goethe, *Geschichte der Farbenlehre,* Vierte Abteilung, 2te Zwwischenbenerkung: "Vielleicht ist nie eine grossere Forderung an die Menschheit geschehen: denn was ging nicht alles durch diese Anerkennung in Dunst und Ranch auf: ein zweites Paradies, eine Welt der Unschuld, Dichtkunst und Frommigkeit, das Zeugnis der Sinne, die Uberzeugung eines poetisch-religiosen Glaubens; kein Wunder, dass man dies alles nicht wollte fahren lassen, dass man sich auf alle Weise einer solchen Lehre entgegensetzte, die denjenigen, der sie annahm, zu einer bisher unbekannten, ja ungeahneten Denkfreiheit und Grossheit der Gesinnungen berechtigte und aufforderte".
[nt: "Talvez nunca tenha acontecido um desafio semelhante para a humanidade: porque não ir por este reino de neblina e encontrar um segundo paraíso, um mundo de inocência, poesia e piedade, com o testemunho dos sentidos, a convicção de uma fé religiosa e poética. Não é de admirar que se tenha abandonado tudo isso, que se opõe a todos os ensinamentos daqueles que aceitaram uma maior liberdade de pensamento e uma maior consciência das suas atitudes; pg. 132 da edição de 1883].

(26) (153-1) Ver R. A. Fischer, *Creative Aspects of Natural Law*, Eddington Memorial Lecture, Cambridge, 1950, p. 15: "Tentamos, na medida em que os nossos poderes o permitem, compreender o mundo pelo raciocínio, pela experimentação, e, uma vez mais, pelo raciocínio. Neste processo os fundamentos morais ou emocionais para preferir uma conclusão sobre outra estão completamente fora de questão".

(27) (154-1) Hegel, Dissertatio philosophica de Orbitus Planetarum (1801), Werke, Berlim, 1834, 16, p. 28. Nas suas aulas de filosofia natural, Hegel admitiu a presença de Ceres e de outros asteróides neste hiato. Também se referiu aos números do Timaeus, mas agora declarava que a lei das distâncias planetárias ainda eram desconhecidas, e que um dia os cientistas ainda se haviam de voltar para os filósofos para a encontrarem. Bertrand Beaumont, ao discutir a posição de Hegel (*Mind*, N.S., **63**, 1954, pp. 246-8) sugere que as séries platónicas se poderiam estender para além das sete originais, mas em termos da matemática grega isso é impossível.

(28) H. H. Turner, *Astronomical Discovery*, Londres, 1904, p. 23.

(29) Uma tentativa para interpretar racionalmente a lei de Bode, derivando-a de uma teoria do sistema planetário, foi feita por C. F. Weizsacker em 1943 (*Zs. fur Astrophysik*, **22** (1944) p. 319). Mas por um artigo posterior parece que o problema continua a fluir (ver C. F. von Weizsacker, *Festschrift der Akademi der Wissenschaften in Gottingen*, 1951, p. 120).

(30) (155-1) A *Naturalphilosophie* [nt: filosofia natural] perdurou mais tempo na botânica, onde cientistas eminentes se alinharam de ambos os lados, com Braun e Agassiz largamente sob a influência da morfologia de Goethe e da filosofia natural de Schelling, opostas desde meados do século XIX por outros, em particular por Schleiden e Hofmeister, que desenvolveram a ciência da morfologia das plantas numa base experimental. Ver K. v. Goebel, *Wilhelm Hofmeister*, Londres, 1926. Veremos na Parte Quatro que esta controvérsia ainda não está, hoje em dia, completamente fechada.

(31) A. W. H. Kolbe, *Journ. fur praktische Chemie*, **14** (1877) p. 268

(32) A. W. H. Kolbe, "Zeichen der Zeit II", *Journ. fur prakt. Chem.*, **15** (1877) p. 473. O sumário anterior, do primeiro artigo, é citado com base neste segundo.

(33) (156-1) Para o caso de John Dalton, ver H. E. Roscoe e A. Harden, *A New View of the Origin of Dalton's Atomic Theory*, Londres, 1895, p. 50.

(34) R. J. Dubos, *Louis Pasteur*, Londres, 1950, pp. 120-1.

(35) (157-1) Wohler e Liebig, *Annalen der Pharmacie*, **29** (1839) p. 100.

(36) Ver os violentos ataques a Pasteur, por Pisarev, publicados em 1865. (A. Coquart, *Dmitri Pisarev*, Paris, 1946, pp. 336 ff.). Experiências que eram reconhecidas, até recentemente, na União Soviética como provas da geração espontânea de organismos celulares foram feitas por Lepeshinskaia (ver Th. Dobzhansky, *Proceedings of the Hamburg Congress on Science and Freedom*, Londres, 1955, p. 219).

(37) R. J. Dubos, *op. cit.*, p. 128. J. B. Conant (*Pasteur and Tyndall's Study of Spontaneous Generation*, Harvard Univ. Press, 1953) sugere (p. 15) que a evidência mais convincente para a impossibilidade da geração espontânea deve-se encontrar "no conjunto global dos resultados do estudo de culturas *puras* de bactérias nos últimos sessenta ou setenta anos". O autor implica que todas as experiências feitas para decidir sobre esta questão, desde os estudos iniciais de Spallanzani em 1768 até 1880-90, podem ser interpretadas em termos de cada um dos sistemas de pensamento opostos.

(38) Ilustrei antes como uma nova conceção adequada pode reconciliar dois sistemas alternativos de interpretação, que até aí se oponham mutuamente com violência. As conceções de "hipnose" de Braid reconheceram a realidade de muitas características do mesmerismo, que até aí eram consideradas como provas da sua fraudulência, enquanto que rejeitava a evidência para o "magnetismo animal", que tinha sido avançada como reivindicação para a sua solidez científica. (Parte Dois, cap. 5, p. 111 acima).

(39) (158-1) A derivação, por Eddington, da "constante estrutural fina" $hc/2.pi.e^2 = 137$ foi caricaturizada de forma semelhante por uma comunicação fictícia ao *Naturwussenschaften*, **19** (1931) p. 39, por G. Beck, H. Bethe e W. Riezler. Os autores ampliaram o argumento de Eddington até à conclusão farisaica que o valor de -273°C, a temperatura do zero absoluto, era um inteiro.

(40) *Pravda*, 10 agosto, 1948, citado por Sidney Hook, *Marx and the Marxists*, Nova Iorque, 1955, p. 235

(41) (159-1) W. Mays, "Mind like Behaviour in Artefacts and the Concept of Mind", *Brit. Jl. Phil. Soc.*, **3** (1952-3), p. 191.

(42) Michael Polanyi, "The Hypothesis of Cybernetics", *Brit. Jl. Phil. Sci.*, **2** (1951-2), p. 312.

(43) R. O. Kapp, "The Observer, the Interpreter, and the Object Observed", *Methods*, **7** (1955) pp. 9-12.

(44) J. C. Ecles, *The Neurophysiological Basis of Mind*, Oxford, 1953, cap. VIII, pp. 261 ff.

(45) (162-1) Ver p. 33 e p. 51.

(46) (166-1) p. 16.

(47) (168-1) Lecky, *Rationalism in Europe*, Londres, 1893, 1, pp. 116-7.

(48) Tal como R. B. Brraithwaite diz em *Scientific Explanation*, Cambridge, 1953, p. 272, "as políticas não indutivas não são um bom ponto de partida".

(49) "Até 90% dos sujeitos podem prever que a alternativa até aí não preponderante será a que aparecerá a seguir" (J. Cohen e C. E. Hansel, *Risk and Gambling*, Londres, Nova Iorque, Toronto, 1956, p. 10-36).

(50) (169-1) Oskar Pfungst, *Das Pferd des Herrn von Osten (Der kluge Hans)*, Leipzig, 1907.

(51) (170-1) Morris R. Cohen conclui a crítica dos tradicionais "cânones da indução" dizendo: "Se a verdadeira causa não estiver incluída na premissa principal, então os "cânones da indução" não nos permitirão a sua descoberta. Se alguém pensa que estou a subestimar o caso destes cânones da indução como métodos de descoberta, que descubra pelos seus próprios meios a causa do cancro ou das desordens da secreção interna" (*A preface to logic*, Londres e Nova Iorque, 1944, p. 21).

(52) Há uma variante do Clever Hans naquilo que pode ser chamada a ilusão do "não se pode enganar". As pessoas muito familiarizadas com uma zona são os piores para dar instruções a um estranho. Dizem-lhe "continue sempre a direito", esquecendo os cruzamentos em que é preciso decidir sobre o caminho a seguir. Não podem perceber que as suas indicações são completamente ambíguas, porque para elas não o são. Logo, dizem com toda a confiança "não se pode enganar".

(53) (176-1) "Vantagens materiais" devem excluir, *inter alia*, a realização de expressões simbólicas ou de interações humanas. Assim, a construção de igrejas e de prisões, ou o fabrico de algemas, são tarefas da tecnologia, mas os usos finais desses objetos não fazem parte da tecnologia. A palavra "implementação" pretende designar as três classes de coisas úteis: materiais, dispositivos e processos. A ação de acordo com "regras especificáveis" exclui as performances artísticas.

(54) Os princípios operacionais serão aqui considerados como incluindo os princípios construtivos

que dizem como é que se constroem dispositivos técnicos, como máquinas ou edifícios.

(55) (177-1) A lei poderia tentar conceder um monopólio para futuras aplicações práticas de uma nova descoberta, mas nenhuma lei de patentes o faz, pois é impraticável. A lei endossa, assim, mais uma vez, a distinção nítida entre o conhecimento dos factos da natureza (alcançados por descoberta) e o conhecimento de um princípio operacional (obtido por invenção).

(56) (178-1) J. R. Oppenheirner, 'Functions of the International Agency in Research and Development", *Atomic Scientific Bulletin*, 1947, p. 173. Ver também V. B. Wigglesworth, 'The Contribution of Pure Science to Applied Biology", *The Annals of Applied Biology*, **42** (1955), pp. 34-44. Falando de cientistas puros a trabalhar em problemas práticos no tempo da guerra escreve: "Na ciência pura a que estavam habituados, se fossem incapazes de resolver um problema A, poderiam recorrer ao problema B, e ao estudar este problema, talvez com pouca probabilidade de sucesso, de repente podiam deparar-se com uma pista para a solução de um problema C. Mas agora precisavam de encontrar uma solução para um problema A, e só para esse problema, e não havia escapatória. Para além disso, verificaram existir regras cansativas e inesperadas que tornam o jogo desnecessariamente difícil: algumas soluções não eram aceitáveis porque não havia suficiente matéria-prima disponível; outras foram barradas porque os materiais necessários eram muito caros; e outras foram excluídas porque podiam constituir um perigo para a saúde ou para a vida humana. Em suma, descobriram de que a biologia aplicada não é "biologia para os menos inteligentes", mas é um assunto totalmente diferente, que exige uma atitude mental completamente diferente" (p. 34).

(57) (179-1) Acerca da gama de conhecimento não divulgados, mas embutidos em tecnologias empíricas, ver p. 54 acima.

(58) Na palestra citada, de Wigglesworthjust (anterior nota 56), o autor descreve as várias relações entre a ciência pura e aplicada no campo biológico. Estes dois "temas totalmente diferentes" podem contribuir mutuamente, em vários aspetos. Por exemplo, para o cientista puro "um dos corretivos mais eficiente para os perigos do excesso de especialização é o estímulo do contacto com a prática" (p. 36). Por outro lado, a biologia aplicada pode virar-se para a ciência pura para aí procurar uma explicação sistemática das suas descobertas práticas (p. 38); e, claro, o biólogo aplicado "ao pensar sobre um qualquer problema prático... está continuamente a fazer uso de toda a gama de conhecimentos científicos que existem sobre todas as suas componentes" (p. 40). No entanto, as autoridades são avisadas de que esta vantagem mútua depende, em última análise, da independência da biologia pura relativamente às solicitações estreitas do assunto aplicado; "... o D.S.I.R. ... apoia todas as propostas de pesquisa que sejam de excecional "atualidade e potencial". A dificuldade é que as muitas das ideias mais originais são inicialmente pouco promissoras ou prematuras. Só a investigação que for totalmente livre é que pode avançar para campos muito pouco promissores. Duvido muito se tivesse sido razoável que o A.R.C tivesse apoiado, por exemplo, as experiências de Darwin sobre a curvatura dos rebentos dos feijões, ou as primeiras experiências dos Wents sobre o crescimento do coleóptilo da cevada – porque ninguém poderia prever o impacto dessas observações sobre a agricultura do futuro... Mas pelo menos os *Research Councils* [nt: conselhos de investigação] podem ter o cuidado de não impedir o avanço da ciência... O conhecimento é uma planta delicada, e... continuar a arrancar plantas para ver como as raízes estão a pegar é uma prática pouco desejável" (p. 42-3).

(59) (180-1) O mecanismo desta transformação será examinado no próximo capítulo.

(60) (181-1) ver p. 146 acima.

(61) Stephen Runciman, *Byzantine Civilization*, Londres, 1936, cap. IX, e Joseph Needham, *Science and civilization in China*, **2**, Cambridge, 1956, pp 26-9, 84.

(62) Lytton Strachey, *Portraits in Miniature*, Londres, 1931, p. 23.

(63) (182-1) Ver W. M. Smart, "John Couch Adams and the discovery of Neptune ", *Nature*, **158**, (1946), pp 648-52. Ou ouvir Ball comentar que Lalande poderia ter descoberto Neptuno em 1795 se tivesse acreditado no que viu nos dias 8 e 10 de maio daquele ano. "Mas se tivesse feito isso, então teria sido uma perda lamentável para a ciência. A descoberta de Neptuno teria então sido apenas uma recompensa acidental a um trabalhador laborioso, em vez de ser uma das conquistas mais gloriosas da razão humana mais elevada" (Sir R. S. Ball, *"The Story of Heavens"*, Londres, 1891, p. 288).

(64) Sobre tradição, ver também p. 55 acima.

(65) (183-1) Ver Dohzbansky, "The Fate of Biological Science in Rússia", *Proceedings of the Hamburg Congresso Science and Freedom*, Londres, 1955, p. 216. A tentativa de definir a ciência em termos de sucesso prático já se mostrou que é logicamente insustentável (ver p. 176 acima)

(66) Alguns paralelos a partir de campos mais distantes podem lançar luz sobre o princípio aqui envolvido. Suponha-se que os psiquiatras decidiam que um aumento geral nas doenças psiconeuróticas só podia ser controlado por uma restauração da fé religiosa; isso não nos tornaria crentes em Deus. Na realidade, nenhuma vantagem posterior nos pode fazer acreditar em Deus, enquanto que se acreditarmos em Deus então não há desvantagem posterior que nos faça perder a fé. Ou suponha-se que o povo dos Estados Unidos chegou à conclusão clara, a partir de um estudo da experiência britânica, que teriam uma vida comunitária mais coesa se estivessem ligados a um rei e a uma família real. Isso, por si só, não produziria grandes afeições, nem estabeleceria uma monarquia nos Estados Unidos da América; não é possível gerar afetos através de motivos posteriores; precisam de ser descobertos e de garantir por eles próprias uma satisfação.

(67) (184-1) Lembre-se, neste contexto, que os exercícios matemáticos de resolução de problemas são de dois tipos, um dos quais ("provar que...") é uma invenção, tal como na tecnologia, enquanto que o outro ("encontrar um X tal que...") é uma descoberta, tal como na ciência.

(68) (185-1) O escrúpulo em questão já tinha sido levantado por Leibniz e só foi eliminado pelo anúncio de um novo axioma por Dedekind (1872), adicional aos de Euclides (Weyl, *op. cit.*, p. 40). O processo de sucessivos desenvolvimentos conceptuais e o correspondente aumento de rigor foram meticulosamente descritos por Daval e Guilbaud em *Le Raisonnement Matematique* (Presses Universitaires de France, 1945), para as séries de atos criativos que antecederam o teorema de Bolzano. O ponto de partida foi o processo elementar de aproximações sucessivas, através dos quais podemos determinar com qualquer grau de precisão a solução de uma equação, tal como $x^3=4$. Este método era conhecido desde o final do século XVI. Mas, como nenhuma aproximação dava *a* solução, este método deixou em aberto um problema - um problema que se tornou cada vez mais claro através da generalização e expressão geométrica da equação. Se a equação $y^3=4$, ou, mais geral, $f(x)=c$ se exprime por

$$y=f(x)$$
$$y=c,$$

a solução estará na interseção da curva $y=f(x)$ com a linha $y=c$. Mas o que é que garante que as duas se vão encontrar? Cauchy, em 1821, provou o teorema (desde aí chamado teorema de Bolzano): se $f(x)$ é contínua no intervalo $x=a$, $x=b$, e se c é um número entre $f(a)$ e $f(b)$, então a equação $f(x)=c$ tem sempre pelo menos uma solução no intervalo (a, b). Mas o que é que se entende por "continuidade"? Com a ajuda da conceito de convergência, Cauchy definiu continuidade: uma função $f(x)$ é contínua num ponto a se e só se

$\lim f(x) = f(a)$, quando x tende para a

Logo, a ideia fundamental de continuidade veio à luz do dia, como dizem Daval e Guilbaud, "graças a um olhar sobre uma operação mental já efetuada, mas que se cristaliza pelo facto do espírito olhar para aquilo que fez, em vez de o continuar a fazer" (p. 117) [nt: citação em francês na versão original].

(69) (186-1) Cf. Emile Borel, *"L'imaginaire et le Reell en Mathematiques et en Physique"*, Paris, 1952, p. 100: "... em geral o fim prosseguido pelos matemáticos é encontrar, para cada uma das entidades matemáticas que definiram, uma propriedade distintiva da sua definição".

(70) G. H, Hardy, *A Mathematician's Apology*, Cambridge, 1940, pp 186.

(71) (188-1) K. R. Popper, *British Journal for the Philosophy of Science*, **1** (1950-1), p. 194. Poincaré parece apontar para a mesma condição de significância nas palavras: "A descoberta consiste precisamente em não construir combinações inúteis, mas sim em construir aquelas que são úteis, o que são uma minoria infinitamente pequena" (*Science and Method*, Londres, 1914, p. 51).

(72) Segunda parte, cap. 5, p. 1 17 ff.

(73) (189-1) A. Tarski, "The semantic conception of truth and the foundations of semanthics", *Philosophy and Phenomenological Research*, **4** (1944), p. 359.

(74) Ver as histórias de casos recolhidas por J. Hadamard, *"The psychology of invention in the mathematical field"*, Princeton, 1945, pp 126-33.

(75) (190-1) G. H. Hardy, *op. cit*, p. 38.

(76) J. Hadamard, *op. cit.*, p. 92 (tomei a liberdade de rever ligeiramente o texto no sentido que julgo que era a sua intenção).

(77) *Loc. cit.* Ver também *ibid.*, p. 119, em que Hadamard escreve sobre as descobertas de Galois (1811-1831), que só depois da sua morte foram apreciadas : "Todas essas ideias profundas foram primeiro esquecidas, e só quinze anos depois é que os cientistas, com admiração, tomaram consciência da memória que a Academia rejeitara. Significava uma alteração completa da álgebra avançada, projetando uma nova luz no que tinha sido antes apenas vislumbrado por grandes matemáticos, ao mesmo tempo que ligava os problemas da álgebra com outros problemas em ramos muito diferentes da ciência".

(78) *Ibid.*, p. 115.

(79) (191-1) Ainda ninguém tentou formalizar as premissas da tecnologia. A análise dos sistemas teleológicos, na parte IV, pode ser considerada como uma contribuição para tal.

(80) Comparar por exemplo A. M. Turing, "Solvable and Unsolvable Problems", *Science News*, **31** (1954) pp. 72-3. Cf. Parte Dois, cap. 5, p. 130.

(81) (192-1) Van der Waerden, *op. cit.*, pp. 266-7.

(82) A estrutura deste sistema de vigilância mútua é descrita no capítulo seguinte.

IV. CONHECER E SER

(83) (194-1) As afirmações feitas num poema não são, portanto, "pseudo afirmações", como I. A. Richards lhes chamou, pelo menos não mais do que as da geometria. (Ver I. A. Richards, *Science and Poetry*, Londres, 1926, cap. VI, "Poetry and beliefs", pp. 55 ff.) A elucidação de indícios obscuros numa obra de arte pode ajudar a compreendê-la: a explicação visual de Picasso para um dos seus quadros cubistas, no Museu de Arte Moderna de Nova Iorque, guia os olhos do observador para uma sua melhor compreensão. Por outro lado, A. E. Housman, em *The Name and Nature of Poetry* (Cambridge, 1933), demonstra o efeito desastroso de traçar o significado preciso do simbolismo no "Palácio Assombrado" de Poe. Alguns dos meus poemas favoritos deram-me mais prazer como criança, quando ainda não os compreendia.

Para uma alusão na arquitetura, ver Geoffrey Scott, *The Architeture of Humanism*, 2ª ed., Nova Iorque, 1954, p. 95: "A arquitetura... é uma arte de espaço e de sólidos, uma relação sentida entre coisas ponderáveis, um ajustamento mútuo de forças evidentes, um agrupar de corpos materiais sujeitos *como nós próprios* a certas leis elementares. Mas peso e resistência, peso e esforço, são elementos na nossa própria experiência, e nessa experiência inseparáveis dos sentimentos de facilidade, exultação, ou aflição. Mas peso e resistência, fragilidade e poder, são elementos também manifestos na arquitetura, que através deles encena uma espécie de drama humano. Através deles as soluções mecânicas de problemas mecânicos adquirem um interesse estético e uma valor ideal".

(84) (197-1) Se olharmos para uma paisagem com a cabeça inclinada para o lado, a intensidade das suas cores aumenta. A perda de significado causada por esta postura pouco habitual é compensada por um aumento da vivacidade sensorial.

(85) Aldous Huxley, *The Doors of Perception* (Londres, 1954, p. 14) escreve acerca da experiência visual sob o efeito da mescalina "... com a indiferença do espaço deu-se uma ainda mais completa indiferença com o tempo". Cf também W. Mayer-Gross, "Experimental psychoses and other mental abnormalities produced by drugs", *Brit. Med. Journ.*, **2** (1951) p. 317.

(86) (198-1) V. Lossky, *Essai sur la Theologie mystique de l'Église de l'Orient*, Paris, 1944, p. 25.

(87) (199-1) B. Russell, *Mysticism and Logic* (Londres, 1918), p. 62.

(88) (200-1) Marcel Proust, Prefácio a P. Morand, *Tender Stocks*, Paris, 1921.

(89) E. W. White, *Stravinsky*, Londres, 1947, p. 42.

(90) (201-1) H. Jordan, *Topographie der Stads Rom im Alterthum*, Berlin, 1878, p. 65.

(91) Heléne e Pierre Lazareff, em *L'URSS a L'Heure Malenkov* (Paris, 1954) reproduzem uma fotografia desses quadros guardados num sótão.

CAPÍTULO 7. CONVIVIALIDADE

(1) (205-1) As abelhas podem comunicar umas com as outras por símbolos, sem serem capazes de os usar para efeitos de pensamento discursivo. Logo, a ligação entre o uso social e solitário de símbolos, afirmado no texto, não se verifica na forma reversa.

(2) Ver Katz, que comenta ainda que "a compreensão da vida mental de outra pessoa deve ser algo bastante primitivo, apesar de porventura modificado e refinado de vez em quando pela experiência individual" (tradução de D. Katz, *Gestaltpsychologie*, Basel, 1944, p. 80).

(3) (206-1) Edward Crankshaw, *Gestapo*, Londres, 1956, p. 30 e 169.

(4) E. A. Armstrong, "The Nature nd Function of Animal Mimesis", *Bull. of Animal Behaviour*, No. 9, 1951, p. 46.

(5) Kohler, *Mentality of Apes*, op. cit., cap. VII, pp. 185 ff. Piaget, *Psychology of Intelligence*, pp. 125-8, também confirma o papel da imitação no desenvolvimento do pensamento.

(6) (207-1) Piaget, *Language and Thought of the Child*, London, 1932, p. 101.

(7) *Ibid.*, p. 98.

(8) (208-1) Cf. p. 180.

(9) (210-1) D. Katz, *Animals and Men*, Londres, 1937, p. 216.

(10) *Ibid.*, p. 40.

(11) Isto parece sublinhar o efeito integrador da bisbilhotice, tal como descrito por M. Gluckman na emissão de rádio sobre "Sociologia da bisbilhotice", 30 setembro 1956.

(12) (211-1) Ver, por exemplo, W. J. H. Sprott, *Science and Social Action*, Londres, 1954, cap. IV, "The small group", pp. 64 ff. Cf. o relato da experiência de Hawthorne na Western Electric Company, por F. J. Roethlisberger e W. J. Dickson (*Management and the Worker*, Cambridge, Mass, 1939) e o uso desse material feito for G. C. Homans, *The Human Group*, Londres, 1951.

(13) Ver Arnald van Gennep, *Les Rites de Pasage*, Paris, 1901; M. Fortes, "Ritual Festivals and Social Cohesion in the Hinterland of the Gold Coast", *American Anthropologist*, N. S., **38** (1936) pp. 590 ff.; M. Gluckman, *Rituals of Rebellion in South East Africa*, The Frazer Lecture, 1952, Manchester, 1954.

(14) (213-1) Bertrand de Jouvenel, em *Sovereignty*, 1957, p. 290, diz sobre as autoridades dogmáticas deste período: "Para elas a verdade é o valor mais importante". Encontrei neste livro apoio para muitas das minhas ideias.

(15) (216-1) E. T. Bell, Mathematics, *Queen and Servant of Science*, Londres, 1952, p. 7.

(16) (219-1) Esta é uma variante simplificada da exigência de consistência a que chamei "progressão auto confirmativa" e que formulei como se segue na Parte Dois, cap. 6, p. 147: "Só pela credenciação do exercício das paixões intelectuais, no ato de descrever o homem e a sociedade, é que podemos formar conceções do homem e da sociedade em que ambas endossam essa convição e apoio na liberdade da cultura na sociedade".

(17) (221-1) Considerando que o *Who's Who* contém cerca de quinze mil nomes de cientistas, artistas, escritores, etc., podemos estimar que as 250 milhões de pessoas que falam inglês se baseiam em cerca de 20 a 30 mil líderes intelectuais, ou seja, um em cada dez mil pessoas.

(18) (222-1) A função dos indivíduos com autoridade é em geral reconhecida pela interpretação da própria constituição no Reino Unido.

(19) (223-1) H. Kelsen, *General Theory of Law and the State*, Cambridge, Mass., 1947, p. 155-116.

(20) C. K. Allen, *Law in the making*, Oxford, 1939, p. 39-40.

(21) Cf. A. V. Dicey, *Law and Public Opinion in England*, Londres, 1905, reimpressão 1948.

(22) (224-1) Cf. Hume, "Of the First Principles of Government", *Essays*, 1, Essay IV (Green & Grosse ed., p. 110) e Dicey, op. cit., p. 2.

(23) (225-1) Os bolsheviques lutaram duramente para conseguir o apoio do congresso dos sovietes,

depois de terem capturado um poder armado suficiente para dissolver esta assembleia (Leonard Schapiro, *The Origin of the Communist Autocracy*, Londres, 1955, p. 68). Hitler tinha sido chanceler durante um mes quando pôs em movimento uma série de manobras com que eventualmente forçaria o Reichstag a investi-lo com poderes absolutos. Tanto Estaline como Hitler usaram regularmente os seus poderes coercivos para forçar expressões de apoio popular consigo, e continuaram a dirigir-se ás assembleias de homens eleitos, sob o seu comando, para obter o seu aplauso absoluto. Napoleão lutou ao longo da sua carreira para reforçar a legalidade do seu governo e a sua queda foi devida ao facto de nunca o ter conseguido completamente.

(24) (226-1) Estaline deve ter acreditado nas confissões extorquidas aos médicos do Kremlin, acusados de tentarem assassinar os líderes soviéticos; não poderia ter tido qualquer outra razão para mandar executar esses homens politicamente insignificantes que lhe estavam a prestar serviços profissionais relevantes. A secreta exterminação dos judeus por Hitler, assim como a sua obstinada côrte à Inglaterra, cuja atitude não conseguia compreender, eram ambas determinadas pela sua convicção nas teorias raciais usadas pela sua propaganda.

(25) (227-1) F. Meinecke, *Machiavellism*, Londres e New Haven, 1957, Livro 3, cap. 5.

(26) (228-1) I. Berlin, *Karl Marx*, 1939, p. 10.

(27) (228-2) Hannah Arendt, *The Burden of Our Time*, Londres, 1951, p. 301. Ver também G. A. Almond (*The Appeals of Communism*, Princeton, 1954, p. 22) em que uma análise quantitativa dos principais escritos propagandísticos de Lenine e de Estaline mostram que 94 a 99 por cento das referências ao partido comunista e suas atividades descrevem-no como acedendo, manipulando ou consolidando o poder. Isto é verdade mesmo para *History*, por Estaline, que cobre uma parte substancial do período durante o qual o partido deteve o poder na União Soviética. As auto contradições dos marxistas mencionadas no texto foram frequentemente apontadas, mas não se percebeu que são precisamente essas mesmas contradições que geram o poder convincente da doutrina. Para algumas referências recentes ver as notas das pp. 238 e 247. Ao longo deste capítulo, o termo "marxismo" é usado mais para descrever a ideologia corrente do que as hipotéticas convicções do próprio Marx.

(28) (228-3) "Participação", tal como definida por Levy-Bruhl, e "imanência", tal como identificada com isso no meu texto, são meras extensões da relação semântica entre algo que significa outra coisa e a outra coisa significada por isso. Neste caso, a coisa significativa não é um símbolo mas um acontecimento marcante que "assimila" o que significa, na medida em que afirma a presença dessa coisa dentro de si própria.

(29) (230-1) Isto é próximo da forma como recentemente A. J. Ayer tratou o assunto (*Encounter*, **5** (1955) p. 32). Um ano antes John Plamenatz sumariou a sua análise de forma epigramática em *German Marxism and Russian Communism* (Londres, 1954), p. 50, da seguinte forma: "... seja qual for a relação da ciência com o socialismo como partes da vida de um homem, aquilo que ele nunca pode ser é um cientista socialista. Nem mesmo se a sua ciência prevê o que o seu socialismo aprova. "Socialismo científico" é um absurdo lógico, um mito, um slogan revolucionário, a inspiração feliz de dois moralistas que queriam ser diferentes de todos os moralistas antes deles". Num livro recente, The *Illusion of an Epoch* (Londres, 1955), o professor H. B. Acton reexaminou uma vez mais toda a questão, com grande detalhe, apenas para concluir: "O marxismo pode derivar preceitos morais a partir da sua ciência social apenas na medida em que já formem, devido ao vocabulário usado, uma parte oculta e não reconhecida de si" (p. 190).

(30) (232-1) Crankshaw, *op. cit.*, p. 28, cita as exortações altamente morais de Himmler para o massacre de todos os judeus. O autor conclui o seu livro (p. 247) chamando a esta atitude, generalizada em toda a Gestapo, "idealismo podre".

(31) (233-1) The *Logic of Liberty*, Chicago e Londres, 1951, p. 106. Também aí mostrei que a inversão moral não é mais do que a consolidação de uma pseudo substituição, ou seja, a transformação de uma inversão moral espúria numa inversão moral atual. A visão que uma sociedade livre é uma sociedade que aceita o serviço da verdade e da justiça, e que o totalitarismo é o resultado (por inversão) de um ceticismo que nega a força intrínseca das ideias de verdade e de justiça, foi em primeiro lugar por mim esboçada em *Science, Faith and Society* (1946).

(32) (233-2) S. Freud, *Das Unbehagen in der Kultur.*

(33) (233-3) Freud, *ibid.*, secção VIII.

(34) (233-4) Freud, *ibid.*, secção I.

(35) (233-5) Freud, *ibid.*, secção II.

(36) (235-1) Czeslaw Milosz, *La Grande Tentation*, publicado pelo Congress for Cultural Freedom [nt: Congresso para a Liberdade da Cultura], Paris, 1952. O argumento é ampliado por Czeslaw Milosz, *The Captive Mind*, Nova Iorque, 1953.

(37) (237-1) "O sucesso do comunismo entre os intelectuais é principalmente devido ao seu desejo de ver estes valores garantidos, senão por Deus, pelo menos pela história". Czeslaw Milosz em *Confluence* (Harvard), **5** (1056) p. 14.

(38) (238-1) Bucarine explicou ao autor, por ocasião de uma visita a Moscovo em março de 1935, que a ciência pura, ao contrário da tecnologia, apenas pode existir numa sociedade de classes.

(39) (239-1) Bochenski, *Der Sowietrussische Dialektische Materialismus*, Berna, 1950, cita (p. 142) o escritor soviético M. D. Kammari (1947 e 1948) acerca da visão do marxismo ser objetivamente verdade porque os verdadeiros interesses da ciência coincidem com os interesses do proletariado e com o movimento objetivo da história. Mas o próprio Bochenski condena o marxismo como manifestamente auto contraditório (pp. 156-7). Sidney Hook, em *Marx and the Marxists* (Nova Iorque, 1955) assinala as mesma contradições (pp. 45-6).

(40) (240-1) "Factualidade" é uma expressão de Hannah Arendt.

(41) (242-1) Ver Bertram D. Wolfe, *Three Who Made a Revolution*, Nova Iorque, 1948, pp. 537-57. Escreveu que "existe algo no temperamento e no cenário russo que põe em perigo os homens de espírito ambivalente e papel duplo, estes Gapons, Azevs, Kaplinskys, Bagrovs e Malinovskyes - figuras sem paralelo nos movimentos revolucionários e políticos de outros países". Mas estas figuras tendem a reaparecer sempre que duas organizações secretas se enfrentam mutuamente. Como poucos iniciados conhecem a identidade dos seus membros, é comparativamente fácil instalar espiões entre eles, e estes espiões tendem a fazer jogo duplo. Ganharão o seu dinheiro pela denúncia ocasional de alguns terroristas e credenciam-se a si próprios pelo lado revolucionário, tomando parte em atos de violência contra os oficiais do governo. Quando este cruzamento foi praticado ao longo de muitos anos, como no caso de Malinovsky - desde 1902 até à sua execução em 1908 - não mais é possível dizer, mesmo com um conhecimento completo dos factos, qual dos lados é que o homem traiu e qual é que ele serviu.

(42) (242-2) Hannah Arende, *op. cit.*, p. 372

(43) (243-1) George Orwell, em *Nineteen-eighty-four*, Londres, 1949, p. 250 já tinha dito que, sob o totalitarismo, acreditar na verdade é um ato subversivo.

(44) (243-2) "O mais pequeno criticismo da situação da linguística soviética, mesmo a mais tímida crítica da chamada "nova doutrina" em linguística, foi perseguida e suprimida pelos círculos linguísticos liderantes. Trabalhadores e investigadores valiosos em linguística foram despedidos dos seus postos e despromovidos por serem críticos da herança de N. Y. Marr, ou por exprimirem mesmo a mais pequena desaprovação aos seus ensinamentos. Os académicos em linguística foram nomeados para os postos mais importantes não com base nos seus méritos, mas sim pela sua aceitação sem reservas das teorias de N. Y. Marr" (I. V. Estaline, *Concerning Marxism in Linguistic*, Soviet News Booklet, Londres, 1950, p.22).

(45) (245-1) Extracts from the *Soviet Philosophical Dictionary*, p. 18 (publicado pelo Congress for Cultural Freedom, Paris, 1953).

NOTAS PARTE III
CAPÍTULO 8. A LÓGICA DA AFIRMAÇÃO

(1) (250-1) Isto deve excluir o uso de uma palavra entre aspas como um nome da mesma palavra, por exemplo, quando dizemos que a palavra "gato" designa um gato.

(2) p. 98.

(3) (254-1) R. M. Hare, *The Language of Morals* (Oxford, 1952), p. 18, chama "frástica" à frase não asseverada e "neurístico" à asserção da parte da frase que é asseverada.

(4) (255-1) A minha redefinição de verdade é reminiscente da teoria da "não verdade" da verdade de Max Black (*Language and Philosophy*, Itaca, N. Y., 1949, pp. 104-5) e está também de acordo com a crítica da teoria semântica por P. F. Strawson ("The Semantic Theory of Truth", *Analysis*, 9 (1949), nº 6). Mas o propósito de ambos estes autores é eliminar o problema que resulta da definição de verdade, e não acreditar o uso de "verdade" como parte de um ato acrítico de afirmação.

(5) p. 30.

(6) (258-1) A formalização pode ser levada para além deste ponto, mas apenas para um "teoria objeto" descrita dentro de uma metateoria que é ela mesma informal. A seguinte passagem de S. C. Kleene, *Introduction to Metamathematics* (Amsterdão, 1952), p. 62, descreve vividamente esta posição: "A metateoria pertence à matemática intuitiva e informal. ... Exprime-se em linguagem ordinária, com símbolos matemáticos... introduzidos de acordo com a necessidade. As asserções da metateoria precisam de ser compreendidas. Devem prosseguir por inferências intuitivas, e não, como as deduções de uma teoria formal, pela aplicação de regras definidas. As regras foram definidas para formalizar a teoria objeto, mas agora devemos compreender sem regras como é que essas regras funcionam. Uma matemática intuitiva é necessária até mesmo para definir a matemática formal".

(7) (259-1) K. Godel, *Monatsh. Math. Phys.*, **38** (1931) pp. 173-98.

(8) (260-1) A. Tarski, "The Semantic Conception of Truth and the Foundations of Semantics", *Philosophy and Phenomenological Research*, **4** (1944) pp 341-76. Tarski mostra que ao manter as

duas linguagens separadas, se evita o paradoxo do mentiroso. Chegamos ao mesmo resultado mostrando que se uma asserção factual é feita por uma frase (afirmação) *p*, "*p* é verdade" não é uma frase. Para o propósito do meu argumento presente, este resultado pode ser considerado como expresso pelo teorema de Tarski segundo o qual "*p* é verdade" pertence a uma linguagem diferente da linguagem de *p* - uma linguagem em que para cada afirmação asseverada da linguagem original corresponde o nome daquela afirmação, ou seja, a mesma afirmação entre aspas.

(9) A componente tácita de qualquer processo formal de inferência tem uma função semelhante ao destacar o consequente (ver H. Jeffreys, *Brit. Journ. Phil. Sci.*, **5** (1955) p. 283) que apoia o argumento de Lewis Carroll em "What the Tortoise said to Achilles", *Mind*, N.S., **4** (1895) p. 278). As mesmas operações tácitas estão também implícitas na definição de Tarski para a verdade, na transição da frase ""a neve é branca" é verdade" para o ato de asseverar que a neve é branca. A rejeição de uma hipótese nula, tornada improvável por evidência estatística, é outro caso em que uma decisão tácita é induzida por circunstâncias virtualmente constrangedoras.

(10) (261-1) L. E. J. Brouwer está de acordo com Poincaré acerca disto. Ver H. Weyl, *Philosophy of Mathematics and the Natural Sciences*, Princeton, 1949, p. 51.

(11) Numa comunicação ao simpósio sobre "Mente e máquina" na Universidade de Manchester em outubro de 1949, e que aparece em "Systems of Logic Based on Ordinals", *Proc. London Maths. Soc.*, series 2, **45** (1938-9), pp. 161-228.

(12) (263-1) Tenho uma dissidência com as especulações de A. M. Touring (*Mind*, N.S., **59** (1950) p. 433) que equaciona o problema "podem as máquinas pensar?" com a questão experimental, se será possível construir uma máquina computadora capaz de nos enganar sobre a sua própria natureza com tanto sucesso como um ser humano nos pode enganar a este respeito.

(13) (264-1) Ver p. 148 e p. 126.

(14) Na minha explicação sobre tradição, na p. 55, "não crítico" deve agora ser substituída por "acrítico".

(15) (266-1) Santo Agostinho, *De libero arbitrio*, Livro I, parte 4: "Os passos foram formuladas pelo profeta que diz "a menos que acreditemos, não compreenderemos"".

(16) Locke, *A Third Letter on Toleration*.

CAPÍTULO 9. CRÍTICA DA DÚVIDA

(1) (269-1) Kant, *Critique of Pure Reason*, B 851.

(2) (270-1) Kant, *Critique of Pure Reason*, B 805-6.

(3) J. S. Mill, *On liberty*, cap. 2 (Everyman ed., p. 83).

(4) (271-1) Bertrand Russell, *Universities Quarterly*, **1** (1946) p. 38.

(5) (272-1) Kant, *Critique of Pure Reason*, B 766.

(6) Bem ilustrado por Stephen Spender, *The Making of a Poem*, Londres, 1955, pp. 51-2.

(7) (274-1) C. S. Kenny, *Outlines of Criminal Law*, 12ª ed., Cambridge, 1926, pp. 389-90.

(8) Ver p. 143 antes.

IV. CONHECER E SER

(9) (275-1) Mesmer (1734-1815) foi denunciado como um impostor. Esdaile (1808-59) fez na Índia cerca de trezentas grandes operações sem dor, sob transe mesmérico, mas nem na Índia, nem no Reino Unido conseguiu que os jornais médicos publicassem os seus trabalhos. Os seus resultados foram explicados, supondo que os nativos gostavam de ser operados e, por isso, tentavam agradar a Esdaile. Em Inglaterra, em 1842, W. S. Ward amputou uma perna sem dor, sob transe mesmérico, e reportou o caso à Royal Medical and Cirurgical Society. "A sociedade recusou-se, no entanto, a acreditar. Marshall Hall, o pioneiro do estudo da ação reflexa, insistiu que o paciente devia ser um impostor, e a nota de que o artigo fora lido foi apagada das minutas da sociedade... Oito anos depois, Marshall Hall informou a sociedade que o paciente tinha confessado uma imposição, mas que a origem da sua informação era indireta e confidencial. O paciente, no entanto, logo assinou uma declaração de que a operação tinha sido indolor". Elliotson (1791-1868) era professor de medicina no University College, em Londres, fundador do University College Hospital, e praticou aí o mesmerismo, espcialmente para fins terapêuticos, até que em 1837 o Council of University College proibiu essa prática, e Elliotson resigou da sua cátedra. (Esta nota baseia-se, assim como as citações, em E. Boring, *History of Experimental Psychology*, Nova Iorque, 2nd ed., 1950. Sobre a carreira de Elliotson baaseia-se com maior detalhe em Harley Williams, *Doctors Differ*, Londres, 1946. Ver Parte Um, cap. 4. p. 54 antes).

(10) Ver acima Parte Dois, cap. 6, p. 162.

(11) (276-1) Ver o meu livro *Science, Faith and Society*, Oxford, 1946, pp. 75-7.

(12) *The Logic of Liberty*, Londres e Chicago, 1951, p. 12.

(13) R. H. Burgess e J. C. Robb, *Trans. Far. Soc.*, 53 (1957).

(14) (280-1) Sobre a dificuldade de afirmar "Deus existe", ver Paul Tillich, *Systematic Theology*, 1, Londres, 1953, pp. 227-33, 262-3.

(15) Paul Tillich, *Biblical Religion and the Search for Ultimate Reality*, Londres, 1955, p. 61.

(16) (283-1) Embora não me aventure a declarar que o meu argumento nesta secção esteja inteiramente de acordo com qualquer outro autor de teologia, verifiquei que a minha própria conceção do âmbito e do método de uma teologia progressiva protestante aparece confirmada por muitas passagens dos escritos de Paul Tillich. Ver, por exemplo, no seu livro *Systematic Theology*, 1, Londres, 1953, p. 130: "Ciência, psicologia e história são aliados da teologia na luta contra as distorções supranaturalistas da revelação genuína. O criticismo científico e histórico protegem a revelação; não a podem dissolver, porque a revelação pertence a uma dimensão da realidade para a qual as análises científica ou histórica são inadequadas. A revelação é a manifestação da profundidade da razão e do fundamento do ser. Aponta para o mistério da existência e para a nossa inquietação última. É independente daquilo que a ciência e a história dizem acerca das condições em que apareceu; e não pode fazer a ciência e a história depender de si. Não é possível qualquer conflito entre dimensões diferentes da realidade. A razão recebe a revelação no êxtase e em milagres; mas a razão não é destruída pela revelação, tal como a revelação não se esvazia pela razão". Ou sobre a dinâmica da revelação (*ibid*, p. 140): "É verdade que "Jesus Cristo... o mesmo ontem, hoje e para sempre" é o ponto imutável de referência em todos os períodos da história da igreja. Mas o ato como nos referimos nunca é o mesmo, pois novas gerações com novas potencialidades de receção entram na correlação e transformam-na". Por outro lado (p.144): "O conhecimento da revelação, embora seja primordialmente mediado pelos acontecimentos históricos, não implica uma asserção factual, e portanto não está exposto

à análise crítica pela investigação histórica. A sua verdade é para ser julgada por critérios que ficam dentro da dimensão do conhecimento da revelação".

(17) (284-1) Cf. pp. 198-201.

(18) (287-1) Cf p. 82.

(19) E. E. Evans-Pritchard, *Witchcraft, Oracles and Magic Among the Azande*, Oxford, 1937.

(20) (288-1) E. E. Evans-Pritchard, *Witchcraft, Oracles and Magic Among the Azande*, Oxford, 1937, pp. 314-15.

(21) *Ibid.*, p. 338.

(22) (289-1) *Ibid.*, p. 339.

(23) *Ibid.*, p. 319.

(24) Cf. Lévy-Bruhl, *The "Soul" of the Primitive*, Londres, 1928, pp. 44-8.

(25) (290-1) *Loc. cit.*.

(26) Cf. A. Weissberg, *Conspiracy of Silence*, Londres, pp. 128. 202, 318, 352; F. Beck e W. Godin, *Russian Purge*, Londres, 1950, p. 179. O efeito de auto condenação na obtenção das confissões comunistas foi, pela primeira vez descrito por Arthur Koestler em *Darkness at Noon*. Como os relatos de alguns prisioneiros anteriores não confirmavam teoria a de Koestler, discuti o assunto com alguma profundidade com Paul Ignotus e sua mulher, que confirmaram amplamente a teoria com base na sua extensa experiência. A resistência de prisioneiros comunistas contra as acusações feitas contra eles é muito reduzida pela sua continuada aceitação do marxismo leninismo, e alguns prisioneiros chegam ao ponto de duvidar completamente da sua própria razão, em alternativa a pôr em questão o julgamento do partido.

(27) (291-1) William James, *Principles of Psychology*, Nova Iorque, 1890, p. 10.

(28) (292-1) Descrevi antes estabilidades semelhantes quando mostrei que dois sistemas alternativos de explicação estão separados por um hiato lógico e, portanto, dão origem a controvérsias apaixonadas em ciência. Ver pp. 155-165, também pp. 115-117.

(29) (293-1) *Journal of the Chemical Society of London*, 1894, 65, 611.

(30) Cf. *ibid.*, 1922, 121, 568; 1928, Parte Um, 1051.

(31) Smits, *The Theory of Allotropy* (1922). As experiências de Baker são referidas como "as formas mais maravilhosas para estabelecer a complexidade das fases unárias" postuladas pelo autor (p. vii).

(32) Coehn e Tramm, *Ber. deutsch. Chem. Ges.*, **56** (1923) 456; *Zeitschr. f. Phys. Chem.*, **105** (1923) 356 e **110** (1924) 110; e Cohen e Jung, *Ber. deutsch. Chem. Ges.,*, **56** (1923) 695. Estes autores reportaram a interrupção de combinações fotoquímicas de hidrogénio e cloro através da secagem intensa.

(33) F. A. Philbrick, *Textbook of Theoretical and Inorganic Chemistry*, edição revista, Londres, 1949, p. 215.

(34) (294-1) J. R. Partington, *General and Inorganic Chemistry*, 1946, p. 483. Thorpe, *Dictionary of Applied Chemistry*, no artigo sobre "benzeno e seus homólogos" (1947) reporta as "interessantes descobertas" de Baker sem qualquer qualificação.

(35) Outros exemplos deste procedimento, em que os resultados se mostraram errados foram antes dados na secção 4 deste capítulo para ilustrar a equivalência de convicção e de dúvida.

(36) A ignorância prudente de factos estranhos pode ser de valor também para o desenvolvimento das ciências dedutivas. Os matemáticos gregos permitiram-se desencorajar o desenvolvimento da álgebra pela impossibilidade de representarem o quociente de dois segmentos de linhas incomensuráveis em termos de números inteiros. B. L. Van der Waerden (*Science Awakening*, Groningen, 1954, p. 266) disse que "não honra os matemáticos gregos terem aderido inexoravelmente a uma tal consistência lógica". Mas, se os seus sucessores tivessem sido tão exatos nos seus escrúpulos lógicos, as matemáticas teriam morrido por causa do seu próprio rigor.

(37) (295-1) Ver Parte Dois, cap. 7, antes, p. 216.

(38) (297-1) Bertrand Russell, *Let the People Think,* Londres, 1941, p. 27.

CAPÍTULO 10. COMPROMISSOS

(1) (301-1) Cf. p. 178.

(2) (304-1) Bertrand Russell, *The Problems of Philosophy*, 4ª. ed., Londres, 1919, p. 202: "... uma convicção é verdadeira quando há um facto correspondente, e é falsa quando não existe facto correspondente". Cf. *Human Knowledge: Its Scope and Limits*, Londres, 1948, pp. 164-70. Na p. 170: "Toda a convicção que não seja um mero impulso para a ação está na natureza de uma fotografia, combinada com um sentimento de sim ou com um sentimento de não; no caso de um sentimento afirmativo é "verdade", se existir um facto que tenha para com a fotografia o tipo de semelhança que um prototipo tem com uma imagem; no caso de um sentimento negativo é "verdade" se não existir tal facto. Uma convicção que não é verdade é chamada "falsa". Esta é a definição de "verdade" e "falsidade".".

(3) (306-1) R. B. Braithwaite, *Scientific Explanation*, Cambridge, 1953, pp. 278 ff.

(4) (307-1) Os exemplos seguintes podem ilustrar como essa posição é vaga. F. Waismann, "Verifiability", em A. Fler, *Logic and Language*, I (Oxford, 1951), p. 142-3: "A forma como isolamos uma lei particular de entre uma infinidade de possibilidades mostra que a nossa construção teórica da realidade é guiada por certo princípios - os *princípios reguladores,* como se lhes pode chamar. Se me perguntassem o que é que são esses princípios, tentativamente listaria os seguintes pontos: (1) simplicidade ou economia - a procura por leis tão simples quanto seja possível. (2) exigências sugeridas pelas necessidades do simbolismo que usamos - por exemplo, que o gráfico deve representar uma função analítica, de modo que facilmente conduza à realização de certas operações matemáticas, como a diferenciação. (3) Princípios estéticos ("harmonia matemática" tal como procurada por Pitagoras, Kepler, Einstein) embora seja difícil dizer o que são. (4) Um princípio que assim regula a formação dos nossos conceitos de modo que se possa decidir entre o máximo de alternativas. Esta tendência aparece incorporada na estrutura global da lógica aristotélica, especialmente na lei da exclusão do meio. (5) Há ainda mais um fator elusivo e difícil de avaliar: um mero tom do pensamento que, embora não explicitamente declarado, permeia o ar de um período histórico e inspira os seus líderes. É uma espécie de campo organizador e diretor das ideias dos nossos tempos...". Ou cf. H. Fergi em "Induction and probability" (H. Feigl e W. Sellars, *Readings in Philosophical Analysis*, Nova Iorque, 1949, p. 302) onde se argumenta que não há problema de indução porque o princípio da indição não é de

todo uma proposição, mas "um princípio de procedimento, uma máxima reguladora, uma regra operacional". Esta é também a conclusão de Bertrand Russell em *Human Knowledge: Its Scope and Limits* (Londres, 1948, Patre Seis, cap. 2), em que as premissas da ciência se revelam por um conjunto de pressupostos sem necessidade empírica ou lógica. Critiquei esta imprecisão (p. 116). As premissas explícitas da ciência são máximas, que apenas podem ser reconhecidas como tal só como parte de um compromisso que endossa a visão da realidade do cientista (pp. 165-178 acima).

(5) O princípio medieval de salvar o fenómeno por uma teoria sem compromisso com a sua verdade foi, como vimos, rejeitado por Kepler exatamente com estes fundamentos (p. 152).

(6) Em França, durante o período revolucionáro, os juizes eram obrigados a referir à legislatura todos os assuntos não cobertos pelo estatuto, mas essa prática foi abolida em 1804. Subsequentemente, a doutrina segundo a qual os tribunais são competentes para decidir todos os casos que lhes forem apresentados, aplicando o código em conjunção com os princípios legais aí incorporados, ganhou aceitação geral (Cf. J. W. Jones, *Historical Introduction to the Theory of Law*, Oxford, 1940).

(7) (309-1) Em termos freudianos, a pessoa subjetiva é o id apetitivo, controlado pelo ego prudente. A pessoa responsável é explicada por Freud como o resultado da interiorização de pressões sociais, a atuarem interiormente através do super ego. Esta interpretação negligencia o facto que uma pessoa responsável, que domina quer o id como o ego, pode ao mesmo tempo revoltar-se contra a ortodoxia reinante, e que isso é precisamente onde a sua presença se manifesta de forma mais expressiva. Aceitar a consciência moral como a interiorização das pressões sociais torna sem sentido a própria ideia de respeito a pagar, ou devido, pela sociedade para com a consciência dos seus membros. Um super ego não pode ser livre, e pedir a liberdade para ele seria ridículo. Tal como a interpretação freudiana das paixões intelectuais como uma sublimação dos impulsos instintivos, deixa por explicar tudo o que distingue ciência e arte em relação aos instintos que são supostos terem sido sublimados. "Sublimação" é uma circumlocução que baseia inteiramente o seu significado nas nossa compreensão anterior das coisas que é suposto explicar.

(8) (310-1) Salvador de Madariaga, no seu *Christopher Columbus* (Londres, 1939) argumenta que Colombo viu, e copiou subrepticiamente, o mapa de Toscanelli durante a sua estadia em Portugal. Também descreve a confiança de Colombo no escritor apócrifo Esdras, que acreditava que o mundo é "seis partes de terra seca e uma parte de mar". Madariaga escreve que "Toscanelli, para Colombo, estava no caminho da verdade, mas como não tinha lido Esdras, o seu plano ainda precisava de marinheiros não habituados a perder a vista de terra, para navegar 130º de 62.5 milhas, ou seja, 8125 milhas em mares desconhecidos. Colombo, pelos seus estudos de Esdras, "sabia" que a distância era apenas de 2550 milhas" (p. 101).

(9) Cf. por exemplo F. S. e F. R. Robinson, *General Psychology*, Chicago, 1926, p. 242 (cornija e escadas). R, H. Wheeler, *Science of Psychology*, 1929, Londres, p. 358 ("cubo em queda" e "vasos e faces").

(10) Este aspeto do processo de decisão foi formalizado em primeiro lugar por A. Wald, *Annals of Mathem. Statistics*, 16 (1945) p. 117. O caso mais simples é testar uma hipótese nula Ho colecionando amostras aleatórias. Em cada novo teste é preciso fazer uma decisão tripartida, em particular (1) aceitar Ho ou (2) rejeitar Ho ou (3) continuar com a experiência. Fixa-se um valor alfa para a probabilidade máxima tolerada de rejeitar Ho mesmo que Ho seja verdade. Pode-se continuar a testar até que a probabilidade atual de cometer este erro caia abaixo de alfa.

Atribuindo um valor demasiado pequeno a alfa está-se a incorrer em custos não razoáveis de tempo e esforço; fixando alfa em zero está-se a maximizar a insensatez.

(11) (317-1) Ver p. 125.

(12) L. Heck, "Uber die Bildung einer Assoziation beim Regenwurm auf Grund von Dressurversuchen". *Lotos*, 67/8 (1916-20), p. 168.

(13) (318-1) Esta classe é subdividida na Parte Quatro, separando-se entre a mera incoerência e as interpretações sistematicamente erradas.

(14) (319-1) Sir James Jeans, *Science and Music*, Cambridge, 1937, pp. 185-5, cita Helmholtz como dizendo "Quando passo do meu harmónio acabado de afinar para um grande piano forte, qualquer nota do último soa falsa e perturbante... No órgão, considera-se inevitável que, quando os travões de mistura são tocados em cordas completas, cria-se uma confusão dos diabos e o organista submete-se ao seu destino. Isto é devido à igual têmpera, porque cada corda fornece por sua vez terços e quintos de igual têmpera e corretamente entoados, e o resultado é uma confusa mancha de sons". Cf. Max Planck, *Scientific Autobiography and Other Papers*, Londres, 1950, pp. 26-7: "... Mesmo numa tríade harmónica maior, os terços naturais soam fracos e inexpressivos comparados com o terço com têmpera. Indubitavelmente, este facto pode ser descrito em última análise como uma habituação atavés dos anos e gerações".

(15) Para uma revisão e crítica do trabalho experimental no treino do julgamento perceptual, ver Eleanor J. Gibson, "Improvement in Perceptual Judgements as a Function of Controlled Practice or Training, *Psychological Bulletin*, 1 (1953) pp. 401-31. Gibson reporta ampla evidência experimental da melhoria da descriminação sensorial pelo treino.

(16) (320-1) Wilfred Penfield, "Evidence of Brain Operations", *Listener*, 41 (Jan. - junho, 1949) p. 1963.

(17) C. L. Hull, *Hypnosis and Suggestibility*, Nova Iorque, 1933, pp. 38-40 (citado de E. Bleuler, "Dir Psychologie der Hypnose", *Munch. Med. Woch.*, 1889, no. 5).

PARTE IV

CAPÍTULO 11. A LÓGICA DA REALIZAÇÃO

(1) (331-1) No caso da farmacologia e de outras áreas em que a ciência e da tecnologia se sobrepõem (ver parte dois, cap. 6, p. 185) os princípios operacionais em questão sobrepõem-se com as leis da natureza que são as condições da sua praticabilidade. Mesmo assim, a ação dos princípios operacionais pode sempre diferenciar-se das leis naturais, pelo seu contexto instrumental. É uma ação, e como tal *pode ter sucesso* ou *falhar*.

(2) (333-1) Referi antes (Parte Dois, cap. 6, p. 166) que as regras dos procedimentos científicos em que confiamos, e as convicções científicas e valorizações que fazemos, são mutuamente determinadas, e também (Parte Dois, cap. 6, p. 190) que as matemáticas tanto podem ser afiliadas às ciências naturais como às tecnologias. Vimos mais tarde que a verdade de um afirmação factual é equivalente à retidão da sua asserção. Mas estas inter relações, que se poderiam reconstituir até à estrutura da perceção e das atividades exploratórias dos animais inferiores, são intrínsecas ao processo de aquisição da tecnologia. Representam a interpenetração universal de

sentir e tatear (ver Parte Um, cap. 4., pp. 57-58), e não a dualidade de um princípio operacional em contraste com o meio em que se incorpora.

(3) As máquinas lógicas foram anteriormente discutidas na Parte Três, cap. 8, p. 270.

(4) Cf. por exemplo, Jean Piaget, *Logic and Psychology*, Manchester, 1953.

(5) (335-1) p. 76.

(6) pp. 329-330.

(7) p. 65.

(8) pp. 98-99.

(9) Apresentei ampla evidência de que tais questões compreensivas são decididas pela nossa visão da natureza geral das coisas, e que a orientação por uma tal visão é indispensável em ciência (ver p. 140). Mas como o carácter fiduciário de tais conceitos generalizados é raramente reconhecido, citarei aqui duas afirmações de K. S. Lashley a este respeito. Falando numa assembleia de membros do Simpósio Hixon em 1948, acerca dos mecanismos cerebrais do comportamento, declarou: (1) "O nosso ponto de encontro comum é a fé que todos subscrevemos, creio eu, em que os fenómenos do comportamento e da mente são, em última análise, possíveis de descrição em termos dos conceitos da matemática e das ciências físicas" (p. 112), e mais tarde, falando apenas por si, (2) "Estou a chegar cada vez mais à convicção que os rudimentos de qualquer mecanismo corporal humano serão encontrados algures na parte inferior da escala evolutiva e que também estão representados até mesmo nas atividades primitivas do sistema nervoso. Se existe, na ação cerebral do homem, processos que parecem fundamentalmente diferentes ou inexplicáveis, em termos da nossa construção presente da fisiologia elementar da integração, então é provável que a construção esteja errada ou incompleta, mesmo para os níveis de comportamento a que se aplica" (*Cerebral Mechanisms in Behaviour: The Hixon Symposium*, ed. Ll. A. Jeffress, Nova Iorque e Londres, 1951, p. 135). Enquanto que eu defendo a necessidade de tais afirmações fiduciárias e também aceito o princípio da continuidade (2), tal como proposto por K. S. Lashley, não partilho a sua convicção (1), de que a mente pode ser representada em termos da física e da química. Nem mesmo uma máquina pode ser assim representada.

(10) (336-1) Ver pp. 272-273 e 325.

(11) Ver p. 128.

(12) (337-1) K. S. Lashley, *Brain Mechanisms and Intelligence*, Chicago, 1929, pp. 136ff. Ver também, *ibid.*, p. 99.

(13) A este nível a equipotencialidade é invariavelmente uma descoberta dos meios para um fim predeterminado. A sua generalização para a compreensão intelectual e, para além disso, para todo o campo da heurística, transcende esta limitação com base na continuidade entre tatear e sentir.

(14) (338-1) W. v. Buddenbrock, *Biologisches Zentralblatt*, 1921, **41**, 41-8.

(15) A. Bethe, *Handbuch der normalen und pathologischen Physiologie*, 1931, **15** (Zweite H.), 1175-1220.

(16) K. S. Lashley, no Simpósio Hixon de 1951 (p. 124) concorda com o argumento de Bethe. O trabalho de Bethe foi extensivamente continuado por E. v. Holst (ver em particular Die *Naturwissenschaftenm*, **37** (1950) 464-76) para tentar dar mais precisão à conceção dinâmica de Bethe sobre a coordenação muscular. Paul Weiss provou a ausência de percursos coordenadores,

anatomicamente fixos, no sistema nervoso central, mostrando que a coordenação dos músculos não fica afetada quando estes são ligados a fibras nervosas que pertencem a lotes arbitrários de neurónios. Sobre este facto e outros com evidência de suporte, ver *Analysis of Development*, ed. B. H. Willier, P. A. Weiss e V. Hamburger, Filadélfia e Londres, 1955, "Neurogénese", por Paul Weiss, p. 388.

(17) Experiências recentes no laboratório de Paul Weiss (*Proc. Nat. Acad. U.S.A.*, **42** (1956) 819) alargaram dramaticamente o domínio da reorganização equipotencial. Tecidos embriónicos da pele, cartilagem e fígado foram sujeitos a uma dissociação completa em células isoladas e livremente flutuantes. Verificou-se que as células de cada um destes tecidos, juntas aleatoriamente, proliferavam em culturas, para formarem estádios superiores do tecido em questão, produzindo respetivamente germes, túbulos renais ou uma cartilagem de tipo característico.

Podemos adicionar que os padrões da integração morfogenética foram há muito reconhecidos, por alguns investigadores, como essencialmente ligados aos poderes da compreensão, para os quais a psicologia das formas [nt: gestalt psichology] dirigiu a nossa atenção. O parágrafo final das Silliman Lectures de 1938, pelo grande mestre da embriologia experimental, Hans Spemann, exprime isto de forma eloquente. "Falta ainda uma explicação que julgo dever ao leitor. Repetidamente foram usados termos que apontam não para analogias físicas, mas para analogias mentais. Isto significa mais do que uma metáfora poética. Pretendia exprimir a minha convicção que a reação adequada de um fragmento de germe, dotado dos seus diversos potenciais num "campo" embriónico, o seu comportamento numa "situação" definida, não é uma simples reação química, mas que estes processos de desenvolvimento, como todos os processos vitais, não são comparáveis, no mesmo sentido em que estão relacionados, a nada que se conheça num mesmo grau que esses processos vitais de que temos o conhecimento mais íntimo, ou seja, os processos mentais. Exprimi a minha opinião de que, mesmo pondo de parte todas as considerações filosóficas, e meramente no interesse da investigação exata, não devemos perder a oportunidade que nos é dada pela nossa posição entre os dois mundos. Aqui e ali esta intuição está presentemente a aparecer. Com estas experiências espero ter contribuído com alguns passos para esse novo objetivo superior". (Hans Speamann, *Embryonic Development and Induction*, New Haven, 1933, p. 371. Tomei a liberdade de substituir em II.3 e 13 as palavras "psíquicas" por "mentais", o equivalente do alemão "seelisch" que, acredito, Spemann tinha em mente.

(18) (340-1) K. Z. Lorenz em *Aspects of form*, ed. L. L. White, Londres, 1951, pp. 176-8.

(19) Exemplos de tais estabilidade funcionais, apesar das lesões anatómicas, foram dados na secção anterior. A descoberta de que mesmo ablações extensivas do cérebro produzem pequenas reduções nas performances inteligentes dos animais deve-se a K. S. Lashley (*Brain Mechanisms and Intelligence*, Chicago, 1929). Objeções contra o modelo de computador digital foram levantadas no Simpósio Hixon (1951) com base nesse e noutros fundamentos, por K. S. Lashley, Paul Weiss, Ralph Gerard e Lorente de Nó. (Mas ninguém manifestou dissidência da convicção fundamental, de que citei K. S. Lashley acima, p. 349, segundo a qual os seres pensantes são autómatos).

(20) (341-1) W. Kohler, Simpósio Hixon (1951), p. 68

(21) (343-1) Pp. 272-3.

CAPÍTULO 12. CONHECER A VIDA

(1) (347-1) Cf. página anterior 148, sobre progressão da auto confirmação.

(2) (348-1) A expressão foi usada em primeiro lugar em 1813 por de Candolle na sua *Théorie Elementaire de la Botanique.*

(3) Cf. K. Z. Lorenz em *Aspects of Form*, ed. L. L. Whyte, Londres, 1951, p. 169.

(4) (349-1) Cf. p. 115.

(5) Cf. Parte Dois, cp. 5, pp. 117-120.

(6) Este processo não é uma observação estatística. A estatística refere-se apenas a parâmetros mensuráveis dentro de uma dada população. A taxonomia julga combinações não mensuráveis de qualidades, dentro de uma população selecionada pelo próprio taxonomista, relativas à presença dessas qualidades. Nem sequer é verdade que o que é mais difundido seja aquilo que é considerado como normal. Espécimes perfeitamente normais de uma espécie - bem distintas de mal formados ou mutilados - podem ser as mais raros.

(7) (350-1) J. Ramsbottom, *Linnaeus and the Conception of Species*, na conferência presidencial à Linnean Society, 1938, mostra que enquanto que Lineus aderia rigidamente à teoria das espécies fixas até 1751, mais tarde haveria de sugerir uma espécie de esquema evolutivo. O seu primeiro esquema de um sistema natural de plantas estava já, no entanto, publicado em 1751.

(8) A. J. Wilmott, "From Linnaeus to Darwin", em *Lectures on the Development of Taxonomy*, Linnean Society, 1948-9, publicado em Londres, 1950, p. 35.

(9) Mayr, Linley e Unsinger, *Methods and Principles of Systematic Zoology*, Nova Iorque, 1953, p. 4.

(10) *Ibidem*, p. 53.

(11) G. N. Jones, *Scientific Monthly*, **72** (1951) p. 293. O número está a aumentar rapidamente, e não por subdivisão das espécies conhecidas, mas sim por novas descobertas, particularmente nos trópicos do novo mundo. Jones pensa que é provável que não tenhamos ainda tomado conhecimento de metade das espécies existentes de plantas.

(12) Ver por exemplo o relato da discussão, em Londres, dezembro de 1950, pela *Systematic Association* acerca do assunto "Filogenia em relação com a classificação" (*Nature*, **167** (1951) p. 503). A tendência claramente expressa por um dos participantes, que considerava que "qualquer tentativa para fazer uma classificação, sem um motivo para tal, é uma perda de tempo", foi a principal preocupação desta reunião de taxonomistas.

(13) (351-1) Joseph Hooker, *Introductory Essay to the "Flora of Tasmania"*. Londres, 1859, p. iii.

(14) Leonard Huxley, *Life and Letters of Sir J. D. Hooker*, Londres, 1918, p. 412.

(15) C. F. A. Pantin, "The recognition of species", in *Science Progress*, **42** (1954) p. 587.

(16) Quinto congresso internacional sobre botânica, agosto 1930, *Report of Proceedings*, Cambridge, 1931, p. 542.

(17) É por isso que o British Museum compilou uma coleção de quinze milhões de insetos, contra os quais pode comparar qualquer nova espécime que lhes seja submetida. Mesmo assim, precisam da experiência única dos funcionários do Museu para o conseguir fazer com sucesso.

(18) (352-1) Afirmação de A. S. Hitchcock em *Report of Proceedings*, Cambridge, 1931, p. 228. Um outro membro, o professor C. H. Ostenfeld, disse (*ibid.*, p. 114) que uma espécie consiste em todos

os indivíduos cujo carácter é o mesmo em todos os pontos principais, no que diz respeito aos carácteres "que consideramos essenciais".

(19) S. C. Harland, "The Genetical Conception of the Species", *Cambridge Biol. Review*, **11** (1936) pp. 83-112. Alguns anos depois encontramos um taxonomista ainda embaraçado por esta questão. Nas *Lectures on the Development of Taxonomy* (Londres, 1950, p. 81) John Smart descreve o trabalho cada vez mais delicado do taxonomista moderno da seguinte forma: "por fim, quem sistematiza pouco mais pode fazer do que declarar uma espécie como sendo um agregado de organismos que decidiu designar como espécie". O que "parece absurdo", mesmo que haja evidência de que "o especialista em sistemática realmente competente tem opiniões muito astutas acerca do assunto". E em Paintin, 1954 (*loc. cit.*) defende-se a taxonomia contra a aparência de mendigar a questão referindo-a para o "taxonomista competente" na definição de uma espécie.

(20) John Smart, *op. cit.*, p. 82

(21) (353-1) Ver C. Wardlaw, *Phylogeny and Morphogenesis*, Londres, 1952, pp. 99-102.

(22) Alguns biólogos, em oposição consciente a este movimento, têm efetivamente argumentado que a arte de reconhecer os tipos de seres vivos é fundamental para a sua ciência. A. Naef (*Handbuch der Vergleichenden Anatomie der Wirbeltiere, Bd. 1*, Berlim-Viena, 1921, pp. 77-118) desenvolveram uma tipologia pura dos vertebrados. Agnes Arber (*Biol. Rev.*, 12 (1937) pp. 157-84) continuaram o movimento, iniciado na Alemanha por Troll (1928), para "voltar a Goethe" e desenvolveram extensivamente uma morfologia goetiana em *The Natural Pilosophy of Plant Form* (Cambridge, 1950). J. Kalin (*Ganzheitliche Morphologie und Homologie*, Feiburgo (Suíça) e Leipzig, 1941) salientam o "primado lógico da morfologia" e O. Schindewolf (*Grundfragen der Palaontologie*, Estugarda, 1950) insistem na prioridade da sistemática sobre a filogenia.

(23) (354-1) Konrad Z. Lorenz em *Physiological Mechanisms in Animal Behaviour*, simpósio da Society for Experimental Biology, nº 4, Cambridge, 1950, p. 235.

(24) (355-1) Uma fração de 1/200 de uma hidra é capaz de regenerar um animal completo, enquanto que na planária, 1/280, ou ainda menos, são capazes de apresentar uma regeneração completa. Ver A. E. Needham, *Regeneration and Wound-Healing*, Londres, 1952, p. 114.

(25) As experiências pioneiras de Driesch foram muito alargadas pelos seus sucessores, particularmente por Horstadius (*Ata Zool.*, **9** (1928) p. 1; *Roux' Arch.* **135** (1936) p. 69-113), cujas experiências foram analisadas de forma brilhante por P. Weiss, *Principles of Development* (Nova Iorque, 1939), pp.249-88. Horstadius observou que as metades meridionais da blástula de ouriços do mar regulam nas larvas normais de pluteus [nt: larvas dos ouriços do mar], embora pequenas. Embora no decurso desta reorganização "em geral o material vegetativo foi usado para construir o intestino, e o material animal foi usado para construir a ectoderme, não há uma correspondência entre o uso atual para o qual as porções individuais foram postas no germe experimental e os respetivos destinos no germe normal" (*ibid.*, p.261).

(26) Descoberto por W. Roux em 1888 (ver W. Roux, *Gesammelte Abhandlungen uber die Entwicklungsmechanik der Organismen*, II, Leipzig, 1895, pp. 419-512). Experiências posteriores por E. G. Conklin, largamente expandidas por Dalcq e colaboradores, estabeleceram os consideráveis poderes da regulação nos primeiros estádios de um desenvolvimento de ascídias, particularmente no ovo virgem (ver A. M. Dalcq, *Form and Causality in Early Development*, Cambridge, 1938, pp. 103-27).

(27) (356-1) O conceito de campo foi primeiro usado por Spemann (1921), para descrever o organizador; Paul Weiss (1923) introduziu-o para o estudo da regeneração e ampliou-o (1926) para passar a incluir a ontogenia. Cf. Paul Weiss, *Principles of Development*, Nova Iorque, 1939, p. 260. As manifestações mais surpreendentes dos campos morfogenéticos foram revelados pelas culturas de tecidos embriónicos, descritas por Paul Weiss (1956), ver nota nas pp. 338-9.

(28) C. H. Waddington, *Phil. Trans. Roy. Soc.*, B, **221** (1932) 179. Ver também C. H. Waddington, *The Epigenetics of Birds*, Cambridge, 1952, pp. 106 ff. A competência embriológica foi descrita antes como *Reaktionsfahigkeit* por O. Mangold, *Roux' Arch,* **47** (1929) 249.

(29) P. Weiss, *Principles of development*, 1939, p. 359.

(30) Ver W. Roux, *op. cit.*, "Einleitung" zu den Beitragen zur Entwickklungsmechanik des Embryo", (1885). Este artigo inclui as primeiras definições de Entwickklungsmechanik.

(31) (357-1) Paul Weiss, *Quarterly Review of Biology*, **25** (1950) p. 177.

(32) (358-1) F. S. C. Northrop e H. S. Burr, *Growth*, **1**, 1937, p. 78.

(33) C. M. Child, *Individuality in Organisms*, Chicago, 1915, pp. 183-4.

(34) Ver Parte Dois, cap. 6, p. 162.

(35) Experiências recentes, por Holtfreter (1951) e outros, sugerem que só os tecidos vivos atuam como organizadores no sentido completo do termo, e foram tomados por alguns embriologistas como um aviso de que a embriologia causal deve continuar a basear-se no conhecimento morfológico. Ver Clifford Grobstein em *Aspects of Synthesis and Order in Growth,* ed. por Dorothea Rudnik, Princeton, N.J., 1954, p. 233.

(36) (359-1) Exceto na medida em que as leis da natureza se sobrepõem com os princípios operacionais, é suficiente transpor as leis naturais em questão, na forma de um instrumento que sirva um propósito reconhecido por um observador. Cf. Parte Quatro, cap. 11, pp. 346 e 355 antes.

(37) (360-1) A fisiologia comparativa mostra que os organismos usam mecanismos muito diferentes para um único propósito, por exemplo, para a digestão, respiração, etc.; tais mecanismos são por isso definidos pelo seu princípio operacional comum, não pelas suas estruturas físicas e químicas. Cf., por exemplo, os capítulos em J. T. Bonner, *Cells and Societies*, Londres, 1955, pp. 116-21, sobre "Alimentação nos animais", "Respiração nos animais", "Circulação nos animais", "Excreção nos animais", "Desenvolvimento e reprodução nos animais", "Coordenação nos animais". H. Graham Cannon (*Linnean Soc. J.*, **43** (1956), p.9) apresenta ampla evidência que o mesmo princípio operacional - o mecanismo de filtragem dos camarões - é realizado, em diferentes espécies, por membros constitutivos bastante diferentes. Para além disso, os carácteres correspondentes (ou seja, homólogos) produzem-se, em diferentes mutantes, por diferentes genes e os mesmos genes podem produzir diferentes carácteres (A. C. Hardy, *Proc. Psych. Res.*, **50** (1953) 96). A primeira notícia deste facto, para o qual o Professor Hardy chamou a minha atenção, foi por G. R. de Beer, "Embriology and Evolution" em *Evolution*, ed. G. R. de Beer, Oxford, 1938, pp. 65-6.

(38) (361-1) Este termo [nt: "drive", em língua inglesa], que R. S. Woodworth popularizou no seu *Dynamic Psychology* (Nova Iorque, 1918), em vez de "instinto", nem sempre é usado com este sentido em psicologia.

(39) (362-1) William James, *Principles of Psychology*, 2, Londres, 1910, pp. 93.

(40) Na medida em que uma perceção falsa se pode corrigir, então é um erro; na medida em que é constrangida, é uma ilusão.

(41) (363-1) Ver p. 336.

(42) (365-1) Parte Dois, cap. 5, p. 78.

(43) É óbvio que a aprendizagem só corresponde à extração de inferências empíricas acerca das regularidades naturais se assumirmos que as condições iniciais da experiência de aprendizagem se mantêm indefinidamente constantes.

(44) Isto corresponde a classificar as tecnologias empíricas como ciência natural.

(45) (366-1) Cf. p. 75.

(46) Lashley, K. S., *Brain Mechanisms and Intelligence*, Chicago, 1929, p. 133.

(47) N. P. F. Maier, *Frustation, The Study of Behavior without a Goal*, Nova Iorque, Toronto, Londres, 1949, pp. 25-76.

(48) (367-1) L. Pavlov, *Conditioned Reflexes*, 1927, pp. 290-1; também *Selected Works*, Moscovo, 1955, pp. 235 f. (a partir de *Skand. Arch. Physiol.*, **47** (1926) 1-14).

(49) (368-1) Numerosos casos de neurose experimental foram reportados, desde 1938, por laboratórios psicológicos na América, e por alguns no Reino Unido. Embora as situações patogénicas sejam muitas vezes descritas simplesmente como conflitos, parece, em especial depois dos estudos compreensivos de N. R. F. Maier (*op. cit.*), que esses conflitos só são efetivos quando o animal se esforça em vão por escapar à solução do problema. Este autor assinala que, quando sujeito a impulsos opostos que pode apenas enfrentar claramente como tal, o animal pode simplesmente nada fazer. *A "frustração" desenvolve-se, portanto, apenas quando as promessas ocultas de uma situação intrigante continuam a estimular os seus esforços, em vão, para ganhar o controlo intelectual sobre as possibilidades que o atacam.*

(50) C. F. Jacobsen, *Rs. Publ. Ass. nerv. ment. Dis.*, **13** (1934) 225; cf. J. F. Fulton, *Act. med. scand. suppl.*, **196** (1947) 617.

(51) Fulton (op. cit, p. 621) descreve o comportamento do chimpanzé depois da lobotomia: "O chimpanzé ofereceu o seu habitual cumprimento afetuoso, e correu ansiosamente do seu espaço de habitação para a jaula de transferência, e por sua vez foi prontamente para a jaula da experiência. Seguiu-se o procedimento habitual de dar comida pelo copo, seguido de baixar o ecrã opaco. No entanto, o chimpanzé não mostrou a excitação habitual, mas calmamente ajoelhou-se antes da jaula ou andou às voltas. Dando-lhe a oportunidade, escolheu entre os copos com a avidez e a espontaneidade do costume. No entanto, sempre que o animal fazia um erro não mostrava qualquer perturbação emocional, antes aguardava calmamente a carga do copo para a tentativa seguinte. Baixou-se outra vez a porta opaca, mas sem o efeito desagradável, e se o animal tornava a falhar, meramente continuava a brincar calmamente ou a arranjar o pelo. Logo, enquanto que o animal falhava repetidamente e fazia um número superior de erros do que fazia anteriormente, era impossível evocar uma sugestão que fosse de uma neurose experimental. Era como se o animal tivesse aderido do "culto da felicidade de Elder Michaux" e tivesse entregue as suas preocupações a Deus".

(52) (369-1) É difícil compreender as condenações habituais de teleologia feitas por neurologistas, psicólogos, etc., por exemplo, quando W. R. Ashby, *Design for a Brain*, Londres, 1952, pp. 1-10, renuncia enfaticamente todas as explicações teleológicas no próprio ato de construção de uma maquinaria para explicar as funções do cérebro.

(53) Para uma formulação mais cuidada, ver p. 383 acima.

(54) (370-1) O paralelo seguinte pode ilustrar esta situação. Falamos de "matemáticas aplicadas" quando uma tecnologia pode ser matematicamente formulada (como na eletrotecnia) e uma tal tecnologia abstrata é então claramente separada do estudo dos materiais pelos quais é implementada. Pelo contrário, a tecnologia química não tem uma teoria que se possa desenvolver de forma independente das propriedades químicas dos materiais sobre os quais se baseia. Logo, o assunto de um técnico químico representa uma fusão de certos princípios operacionais com as condições materiais para o seu sucesso ou falhanço.

(55) (371-1) Robert Leeper (*Amer. Journ. Psychol.*, **65** (1952) p. 478) descreve Hull como sendo, sob vários aspetos, a maior figura da teoria da aprendizagem. Desde então, o aparecimento da cibernética aumentou ainda mais os atrativos do behaviourismo, baseado num modelo estritamente mecânico. E. R. Hilgard, *Theories of learning*, 2ª ed., Nova Iorque, 1956, p. 182 reconhece que Hull definiu "o ideal... para um sistema psicológico genuinamente sistemático e quantitativo".

(56) Ver p. 351 acima.

(57) (372-1) E. C. Tolman, *Purposive Behavior in Animals and Men*, Nova Iorque, 1932, p. 2.

(58) Gilbert Ryle, *The Concept of Mind*, Londres, 1949, p. 58: "Performances manifestamente inteligentes não são indícios para o funcionamento das mentes; são o seu funcionamento".

(59) (373-1) Usando aqui o simbolismo de um capítulo anterior, estamos a fazer aqui uma transição de ⊢.H/E, que afirma o meu próprio compromisso, para ⊢.$P(H/E)$, pelo qual reconheço o compromisso semelhante de outra pessoa (Parte Um, cap. 3, p. 35).

(60) (374-1) Confere Parte Três, cap. 9, pp. 298-299.

CAPÍTULO 13. O APARECIMENTO DO HOMEM

(1) (383-1) Ver R. A. Fischer, *The Genetical Theory of Natural Selection*, Oxford, 1930; J. Huxley, *Evolution; The Modern Synthesis*, London, 1942; G. G. Simpson, *The Major Features of Evolution*, New York, 1953. A substituição por variantes melhor equipadas é dita ter frequentemente lugar pela migração de um novo tipo para áreas não acessíveis ao tipo original, de modo que o último fica com a posse sem restrições do seu local.

(2) (a) Através do processo de morfogénese, os cromossomas reproduzem-se em cada divisão sucessiva da célula e, portanto, colocam uma réplica de si próprios em cada célula do organismo final. Mas as sucessivas diferenciações obtidas por estas consecutivas divisões celulares tornam-se cada vez mais especializadas. Esta progressiva diferenciação parece, assim, não ser afetada pelos cromossomas presentes nas células em questão; é um facto antes determinado pelo "campo morfogenético". (b) A regeneração, que nos animais inferiores pode reproduzir órgãos completos, incluindo a cabeça do animal, prossegue de igual modo sob o controlo de um campo morfogenético, enquanto que duplica um conjunto de cromossomas que não se vê que exerçam qualquer efeito sobre este processo morfogenético. (c) Os tecidos especializados continuam a proliferar em culturas, enquanto duplicam uma vez mais, em cada divisão celular, conjuntos de cromossomas que devem reproduzir todo o organismo.

Como pode a duplicação dos mesmos cromossomas produzir os tipos mais variados de células? Se os cromossomas não controlam a natureza das células produzidas ao longo da morfogénese, então que agentes é que exercem esse controlo? E como podem os cromossomas serem ainda ditos controlar a morfogénese como um todo? Há algum princípio fundamental a faltar aqui. Talvez se consiga aceitando o campo morfogenético como o verdadeiro princípio organizador da ontogénese. Mais sobre isto mais adiante.

(3) (384-1) Conforme Reiner e Spiegelman, *J. Phys. Chem.*, **49** (1945) 81 e Prigogine e Wiame, *Experientia*, **2** (1946) 451.

(4) Parte Um, capítulo 3, p. 41.

(5) Huxley, Hardy, Ford, *Evolution as a process*, Londres, 1954, p. 91.

(6) (387-1) Para uma descrição brilhante desta busca, ver H. S. Jennings, *Behavior of the Lower Organisms*, Nova Iorque, 1906, p. 15.

(7) (388-1) Teillard de Chardin, *Le Phénomène Humain*, Paris, 1955, p. 200.

(8) (390-1) Permitam-me repetir que, ao contrário da opinião generalizada, a mudança da mecânica clássica para a mecânica quântica nada altera deste argumento. O comportamento dos seres humanos, cujas partículas fossem governadas pelas equações da mecânica quântica, seriam completamente predeterminadas por estas, exceto numa gama de variações aleatórias que seriam estritamente não explicáveis. Como o julgamento humano não é mais do uma escolha aleatória não explicável, um autómato de mecânica quântica não é melhor, como representação do comportamento inteligente, do que seria um autómato mecânico; e não oferece qualquer possibilidade para a presença da consciência humana.

(9) A análise da aleatoriedade é aqui necessária, para mostrar que a aleatoriedade é de facto (como disse antes, ver parte Um, capítulo 3, página 40) a condição última, não possível de análise posterior, para que seja aplicável o cálculo das probabilidades. Esta perspetiva foi anteriormente realçada por N. C. Campbell, *The Elements*, Cambridge, 1920, por exemplo, ver página 207; "Insisto que devemos aceitar o conceito de distribuição aleatória como fundamental para todo o estudo do acaso e da probabilidade; estamos preparados para aceitar como uma afirmação final que uma distribuição é aleatória e que não precisa de explicação. Todos os acontecimentos devido ao acaso podem ser explicados em termos de distribuições aleatórias, e depois de as ter assim explicado, nada mais há a dizer".

(10) Ver, por exemplo, I. J. Good, *Probability and the Weighting of Evidence*, Londres, 1950, p. 15.

(11) (390-1) Suponha-se que a condição global (temperatura e pressão) de um gás é compatível com n diferentes estados microscópicos e que as suas probabilidades são $W_1, W_2, ..., W_n$ ($\sum W_n = 1$). A entropia (S) do gás é então $S = -k . \sum W_n . \ln W_n$ (k = constante de Boltzman) e S será sempre um valor positivo e finito. Note-se ainda que se um dos W for zero ou um, então a sua parcela correspondente desaparece.

Suponha-se agora que conhecemos os particulares moleculares de um gás; sabemos então em que estado microscópico é que se encontra. Logo, o valor de W para esse estado é 1, enquanto que W para todos os outros estados é 0. Logo $S=0$, ou seja, a especificação dos seus particulares moleculares aniquilou a entropia do gás. Como quer a temperatura como a pressão de um gás dependem da sua entropia, este resultado corrobora a afirmação feita no texto.

(12) (392-1) G. Spencer Brown sugere que a randomização pode ser sempre incompleta e explica os

resultados de Rhine com base nisso (G. Spencer Brown, *Nature*, **72** (1953) 154, 594).

(13) Hilda Geiringer, "On the statistical investigation of trancendental numbers", em *Studies in Mathematics and Mechanics presented to Richard von Mises,* Academic Press, Nova Iorque, 1954, p. 310.

(14) (393-1) Niels Bohr na sua conferência Farady (*J. Chem. Soc.*, 1932, Pt. I, pp. 349 ff.) exprime o ponto de vista de que a relação entre as descrições macroscópica e microscópica de um gás é um exemplo da complementaridade estabelecida na mecânica quântica entre a posição e a velocidade de um eletrão. Esta teoria suporta o carácter não especificável da aleatoriedade, mas por outro lado não é aceitável. Pretendo mostrar isso com algum detalhe, pois este argumento mostrará a minha dissidência com outra opinião geralmente aceite e de grande importância. Em mecânica quântica, qualquer tentativa para especificar a posição e a velocidade de um eletrão deve ser sempre definida em termos da interação do eletrão com um instrumento de medida definido. O resultado dependerá do instrumento escolhido e, uma vez mais, será uma afirmação probabilística. Quanto mais estreita for a definição da posição de uma partícula, mais larga será a indeterminação deixada na sua velocidade, sendo constante o produtos dos dois intervalos de variação. A complementaridade destes dois intervalos de conhecimento difere, no entanto, dos dois tipos alternativos de conhecimento que temos sobre um baralho de cartas, ou sobre a sequência de dígitos no número π. O mesmo conjunto de cartas pode ser bem baralhado por uma pessoa e perfeitamente empilhado por outra, e embora uma pessoa possa usar os dígitos do número π como uma sequência aleatória, outro poderá calculá-los com uma certeza total - o que não acontece para as posições e velocidades prováveis de um eletrão. Não há nada presente neste caso que esteja escondido para um observador e que seja conhecido para outro observador. De facto, o resultado da observação não depende aqui da participação do *observador*, mas sim da ação do *instrumento de medida*, o resultado sendo o mesmo para qualquer observador. Isto contradiz, por um lado, a ideia de que a relação entre as visões macroscópicas e microscópicas de um sistema atomista é um caso de complementaridade, e por outro lado mostra que (ao contrário da opinião generalizada) o princípio da indeterminação da mecânica quântica não estabelece um efeito do observador sobre o objeto observado. O suposto efeito desaparece se incluirmos o "instrumento de medida" no "objeto observado". Este último torna-se então no "fenómeno observado", no sentido agora aceite pela escola interpretativa de Bohr. (Ver L. Rosenfeld, "The Strife about Complementarity", *Science Progress*, N° 163, julho, 1953, p. 395).

(15) (398-1) Ver p. 352, nota, acima.

(16) (403-1) Pode ser importante distinguir aqui entre ação e decisão. A ação das forças mecânicas transforma a energia potencial em energia cinética, e a ação dos campos bióticos pode ser vista como sendo semelhante. Mas os efeitos mecânicos podem-se produzir sem forças, meramente por seleção, como no caso do génio do demónio maxwelliano que pode comprimir um gás indefinidamente sem esforço, movendo uma adufa perfeitamente equilibrada para a frente e para trás e sem atrito. Isto oferece uma possibilidade para conceber a ação da mente no corpo como não exercendo qualquer força e não transferindo energia de si próprio. Na realidade, como a função peculiar da mente é exercer descriminação, até poderá não parecer muito rebuscado que a mente possa exercer poder sobre o corpo, simplesmente selecionando os impulsos aleatórios da agitação térmica ambiente. Devemos ter esta possibilidade presente quando nos referimos aos centros autónomos de decisão.

(17) (404-1) Nesta medida, a sugestão de que a faculdade para adquirir conhecimento teve origem na vantagem seletiva oferecida por isso, aparece como uma tautologia; não se pode obviamente explicar a origem da vida com base na sobrevivência dos seres vivos. Admite-se que a faculdade cognitiva pode ser mais desenvolvida pela sua vantagem seletiva; mas como isso não explica como é que funciona, também não se pode dizer que explique a sua origem.

ÍNDICE DE NOMES

A
Abetti, G., 436
Ach, N,. 434
Acton, H., 445
Adams, J., 31, 151, 424, 440
Agassiz, L., 437
Alexander, S., 188, 396
Allen. C., 444
Almond, G., 444
Ames, A., 98, 375, 430
Andersen, C., 154
Antígona, 215
Apolónio, 198
Arago, D., 188
Arber, A., 456
Arquimedes, 125, 198, 434
Arendt, H., 235, 250, 444, 445
Aristóteles / aristotélico, 86, 142, 152, 158, 197, 371, 435, 451
Armstrong, E., 443
Arrenhius, S., 303, 304
Ashby, W., 459
Attila, J., 252
Aubrey, J., 187
Agostinho, Santo, 147, 187, 204, 215, 275, 277, 430, 447
Avogadro, 111

Ayer, A., 445
Azande, 298, 299, 300, 302, 303, 304, 305, 449

B
Bach, J., 332
Baker, H., 304, 305, 449, 450
Baker, J., 434
Balazs, N., 421
Ball, R., 440
Balls, W., 54, 426
Baron, R., 53, 425
Bartlett, M., 424
Bayle, P., 295
Beck, F., 449
Beck, G., 438
Beethoven, L., 228, 354
Bellarmin, R., 436
Bentham, J., 242
Bergson, H., 414
Berlin, I., 235
Bernal, J., 244
Berthollet, C., 44
Berzelius, J., 157, 163
Bessel, F., 20
Bethe, A., 352

Bethe, H., 438, 454
Biot, J., 143
Black, M., 446
Bleuler, E., 326, 332, 452
Bochenski, I., 445
Bode, J., 159, 160, 166, 437
Bohm, D., 435
Bohr, N., 45, 461, 462
Bolyai, J., 120
Bolzano, B., 441
Bombelli, R., 192
Bonner, J., 457
Borel, E., 441
Boring, E., 448
Born, M., 14, 15, 422
Bragg, W., 188
Brahe, T., 142, 148, 436
Braid, J., 53, 111, 113, 438
Brain, W., 426
Braithwaite, R., 318, 450
Braun, A., 437
Brown, G., 461
Broglie, L., 154, 166, 172, 173, 436
Brouwer, L., 447
Bruce, M., 428
Bruno, G., 152
Bruno, S., 427
Buchner, E., 162
Buddenbrock, W., 352, 454
Buhler, K., 427
Burbank, L., 189
Burgess, R., 286, 448
Burke, E., 54
Burr, H., 371, 372, 457
Butler, S., 414, 428
Buytendijk, F., 63, 426

C

Calvin, J., 215
Campbell, N., 460
Camus, A., 244
Candolle, A., 364, 455
Cannizaro, S., 110, 111, 113
Cannon, H., 164, 458
Cantor, G., 195, 196
Cardan, J., 192
Carnap, R., 33, 424
Carroll, L., 447
Cauchy, A., 441
Cézanne, P., 207
Challis, J., 31, 32
Claparéde, E., 429
Clístenes, 219
Clever Hans, 176, 379, 439
Coehn, 450
Cohen, J., 48, 438, 450
Cohen, M., 438
Colombo, 153, 287, 314, 322, 323, 451
Comte, A., 245
Conan Doyle, 192
Conant, J., 434, 438
Conklin, E., 457
Copérnico / Copernicano, xiv, 3, 4, 5, 12, 152, 153, 154, 157, 158, 173, 436
Coquart, A., 437
Crankshaw, E., 443, 445
Cranston, M., 432
Crombie, A., 435, 436
Cuvier, G., 364

D

Dalcq, A., 457
d'Alembert, M., 153

Dalton, J., 44, 45, 107, 110, 111, 161, 166, 170, 437
Dante, 228
Darwin, C. / darwinismo, 23, 24, 26, 141, 302, 309, 354, 397, 404, 422, 440, 455
Daval, R., 269, 432, 441
Davisson, C., 436
de Beer, G., 458
de la Tour, C., 162, 163
Dedekind, J., 441
Demócrito, 371
Descartes / cartesiano, 8, 9, 84, 89, 187, 191, 279
Dewey, J., 242
Dicey, A., 444
Dickson, W., 443
Dirac, P., 154, 166
Dobzhansky, T., 438
Donder, T., 154
Dreyfus, A., 248, 328
Driesch, H., 352, 353, 368, 369, 456
Dubos, R., 437, 438
Duhem, P., 436
Dumas, J., 143
Duncker, K., 433, 434
Duncombe, R., 423

E

Eccles, J., 164
Eddington, A., 45, 156, 166, 425, 437, 438,
Ehrenfest, T., 422
Einstein, A., xiv, 6, 10, 11, 12, 13, 14, 15, 49, 112, 113, 150, 154, 165, 166, 176, 287, 307, 421, 422, 436, 451
Elliotson, J., 53, 111, 166, 169, 321, 426, 448
Ellis, W., 434
Elsasser, W., 154, 436

Engels, F., 245
Entwhistle, W., 428
Esdaile, J., 448
Esdras, 153, 322, 451, 452
Estaline / estalinismo, 187, 232, 233, 242, 245, 246, 247, 249, 251, 252, 444, 446
Euclides, 120, 191, 284, 410, 441
Evans-Pritchard, E., 298, 299, 300, 302, 305, 449

F

Feigl, H., 451
Findley, J., 121, 122, 432
Fisher, R., 23, 24, 26, 28, 398, 424, 425
Ford, E., 424
Forster, E., 120
Fortes, M., 443
Franz, S., 379
Frege, G., 29, 264
Freud / freudiano, 144, 156, 166, 169, 241, 242, 249, 251, 299, 445, 451
Fulton, J., 458

G

Galileu, 8, 9, 146, 150, 152, 170, 308, 320, 436
Galois, E., 441
Gardiner, A., 428
Gauss, C., 134, 192, 284
Geiringer, H., 461
Gennep, A., 443
Gerard, R., 455
Germer, L., 436
Gibbs, W., 154
Gibson, E., 452
Giraudoux, J., 206

Glanvill, J., 174, 187
Gluckman, M., 443
Godin, W., 449
Godel, K., 96, 121, 122, 198, 268, 269, 270, 284, 430, 432, 447
Goebel, K., 437
Goethe, 436, 437, 456
Goodhart, A., 426
Gouzenko, I., 302
Gray, L., 428
Gregório, O Grande, 219
Grobstein, C., 457
Gumulicki, 430
Guthrie, E., 379, 433

H
Haas, W., 431
Hadamard, J., 134, 196, 434, 441
Hall, M., 448
Hamilton, W., 153
Hansel, C., 438
Harden, A., 437
Hardy, A., 441, 458
Hare, R., 446
Harland, S., 365, 366, 456
Harvey, W., 288, 320
Hastorf, A., 430
Heath, P., 429
Heath R., 198
Hebb, D., 427
Heck, L., 329, 349, 452
Hegel, G., 159, 160, 166, 437
Heisenberg, W., 15
Helmholtz, H., 332, 452
Hicks, W., 13, 422
Hilgard, E., 73, 423, 427, 433, 459
Himmler, H., 211, 445

Hiss, A., 249
Hitchcock, A., 456
Hitler, A., 233, 239, 240, 444
Hoff, J., 151, 160, 161, 163, 166, 169, 196, 286
Hofmeister, W., 437
Hollo, J., 53, 425
Holst, E., 454
Holtfreter, J., 457
Homans, G., 443
Honzik, C., 427
Hook, S., 438, 445
Hooker, J., 456
Hoppe, F., 433
Horney, K., 299
Horstadius, S., 456, 457
Horton, G., 433
Housman, A., 442
Hull, C., 382, 384, 452, 459
Hume, D., 10, 142, 245, 280, 290, 295, 316, 434, 444
Humphrey, G., 105, 427, 431
Humphreys, L., 26, 423
Huxley, A., 424, 442, 460
Huxley, J., 459
Huxley, L., 456

I
Ignotus, P., 449
Illingworth, K., 422
Ittelson, W., 430

J
Jacobsen, C., 381, 458
James, W., 302, 449, 458
Jeans, J., 452

Jeffreys, H., 423, 432, 447
Jennings, H., 460
Jones, G., 364, 455
Jones, J., 451
Joos, G., 422
Jordan, H., 443
Jouvenel, B., 443
Jung, 450

K

Kainz, F., 429
Kalin, J., 456
Kammari, M., 445
Kant, I., 279, 280, 282, 284, 319, 320, 368, 448
Kapp, R., 164, 438
Katz, D., 431, 443
Kay, H., 430
Kekulé, F., 161
Kellog, D., 105
Kellog, W., 71, 138, 426
Kelsen, H., 444
Kennedy, R., 422
Kenny, C., 448
Kepler, 5, 7, 8, 14, 28, 45, 106, 139, 140, 148, 149, 150, 152, 153, 157, 166, 169, 170, 176, 187, 354, 421, 436, 451
Keynes, J., 25, 28, 31, 32, 167, 423, 424
Kinnebrook, D., 20, 423
Kleene, S., 446
Koestler, A., 299, 449
Koffka, K., 432
Kohler, I., 431
Kohler, O., 426, 427
Kohler, W., 65, 76, 124, 125, 138, 212, 216, 312, 354, 355, 379, 427, 431, 433, 443, 455
Kohlrausch, F., 142
Kolbe, A., 160, 161, 163, 166, 286, 437

Kopal, Z., 434
Krechevsky, I., 427
Kroneker, L., 196
Kuerti, G., 422
Kutzing, F., 162, 169

L

Laar, J., 154
Lafayette, 428
Lagrange, J, 153
Lalande, J., 440
Lamarck, J., 364
Langevin, P., 154
Laplace / laplaciano, 87, 145, 146, 147, 148, 153, 166, 176, 187, 219, 236, 247, 408, 410, 411, 429, 432, 435
Lashley, K., 351, 379, 385, 427, 453, 454, 455, 458
Laue, M., 287
Lavoisier, A., 170
Lazareff, H., 443
Lebesgue, H., 196
Lecky, W., 174, 438
Leeper, R., 459
Leibniz, G., 440
Lenine / leninista, 163, 245, 250, 251, 252, 308, 309, 444, 449
Leone, F., 422
Leopold, W., 429
Lepeshinskaia, O., 438
Leverrier, U., 31, 151, 188
Lévy-Bruhl, L., 298, 301, 449
Lewin, K., 130, 433
Liebig, J., 162, 163, 166, 196, 437
Lindley, J., 365
Lineus, 363, 364, 365, 455
Lisle, R., 252

Lobatschevski, N., 130
Locke, J., 9, 10, 275, 428, 447
Lorentz, H., 113, 421, 432
Lorenz, K., 354, 362, 367, 455, 456
Lossky, V., 442
Luís XIV, 55
Lutero, 215, 219, 320
Lysenko, T., 28, 156, 163, 169, 189, 225, 246

M

McCarthy, D., 428
McCullock-Pitts, 354, 382
McCuskey, S., 422
McGeogh, J., 430
McGranahan, D., 427, 428
Mach, E., 9, 12, 14, 113, 117, 150, 151, 172, 422
Maquiavel, N., 234, 239
Madariaga, S., 451
Magyar, L., 301
Maier, N., 429, 458
Malinovski, B., 446
Manton, I., 366
Marr, N., 251, 446,
Marx, K. / marxismo, ix, 144, 152, 163, 186, 236, 237, 238, 239, 240, 241, 242, 243, 244, 245, 246, 247, 248, 249, 250, 251, 299, 309, 438, 444, 445, 446, 449
Maskeleyne, N., 20, 423
Matisse, H., 209
Mauguin, C., 436
Maupertius, P., 153
Maxwell, C., 11, 462
Mayer-Gross, W., 442
Mayr, 455
Mays, W., xiii, 164, 438
Meinecke, F., 234, 235, 444

Mendel / mendelismo, 163, 246, 425
Mesmer, F., 53, 54, 111, 285, 438, 448
Michelson,
Michelson - Morley, 10, 11, 13, 173, 421, 422, 436
Miguel Ângelo, 295
Michurin, I., 189
Mill, J., 167, 173, 280, 281, 384, 448
Miller, D., 13, 14, 173, 422
Milosz, C., 242, 445
Minkowski, H., 15
Moniz, E., 381
Montaigne, 309
Morand, P., 442
Morgan, C., 396
Mowrer, O., 73
Murdoch, I., 431, 432
Musil, R., 244

N

Naef, A., 456
Nagel, E., 48, 425
Needham, J., 440, 456
Neptuno, 5, 21, 151, 188, 440
Neville, F., 425
Nevill, W., 429
Newton / newtoniano, 5, 9, 11, 12, 14, 20, 21, 45, 107, 113, 117, 150, 151, 153, 157, 170, 187, 188, 287, 307, 354
Nó, L., 455
Northrop, F., 371, 457,

O

Oppenheimer, J., 185, 439
Orwell, G., 446

Osiander, A., 151, 152, 153, 435, 436
Ostenfeld, C., 456
Ostwald, W., 398

Proust, M., 206, 442
Pitágoras / pitagórico, 6, 7, 8, 9, 14, 15, 139, 159, 169, 199, 436, 451

P

Paneth, F., 434
Pantin, C., 365, 456
Partington, J., 450
Pasteur, L., 28, 143, 162, 163, 166, 196, 286, 434, 437, 438
Paulo, S., 296
Pauli, 283, 296
Pavlov, I., 74, 130, 380, 381, 458
Pearson, 422
Pease, 422
Penfield, W., 452
Perrin, J., 150
Perry, R., 435
Pedro, O Grande, 219, 332
Petofi, A., 252
Pfungst, O., 176, 438
Philbrick, F., 450
Piaget, J., 76, 77, 78, 95, 211, 326, 348, 409, 427, 429, 430, 431, 443, 453
Picasso, P., 207, 244, 442
Pisarev, D., 437
Plamenatz, J., 445
Planck, M., 287, 452
Poe, E., 442
Poincaré, H., 113, 122, 124, 269, 432, 441, 447
Pokrovsky, M., 251
Polanyi, M., 426, 438
Polya, G., 131, 433, 434
Ponte, M., 436
Popper, K., 194, 441
Prigogine, 460
Proust, L., 44

R

Ramsbottom, J., 455
Rapaport, D., 434
Rayleigh, Lord, 286
Reichenbach, H., 422
Reiner, 460
Renoir, A., 207, 351, 352, 353
Revesz, G., 95, 428, 429, 432
Rhine, J., 156, 166, 169, 172, 173, 461
Richards, I., 428, 442
Richards, T., 141
Richelieu, 219
Richter, J., 44
Riemann, G., 15, 49
Riesen, A., 431
Riezler, W., 438
Robb, J., 286, 448
Robinson, F., 452
Robinson, H., 198
Roethlisberger, F., 443
Rolland, R., 241
Roozeboom, B., 154
Roscoe, H., 437
Rosenfeld, L., 462
Rougemont, D., 262
Roux, W., 369, 370, 456, 457
Runciman, S., 440
Russell, B., 29, 30, 122, 205, 281, 290, 308, 309, 316, 317, 423, 442, 448, 450, 451,
Russell, H., 423
Rutherford, E., 45, 188
Ryle, G., 101, 385, 386, 431, 459

S

Saccheri, G., 120
Santillana, G., 436
Sapir, E., 428
Sartre, J., 205, 244
Saussure, F., 430
Schapiro, L., 444
Scheerer, M., 431
Schelling, F., 437
Schindewolfe, O., 456
Schleiden, J., 437
Schneirla, T., 433
Schwann, T., 162, 163
Scott, G., 442
Shakespeare, 350, 354, 396, 404, 410
Shankland, R., 422
Shaw, B., 365
Sheffield, A., 427
Shelley, P., 205
Siegbahn, M., 141
Simpson, G., 459
Skinner, B., 73, 427
Smart, J., 456
Smart, W., 424, 440
Smith, T., 426
Smits, A., 304, 449
Snell, B., 427, 428
Soal, S., 24
Sócrates, 6, 9, 215
Soddy, F., 114, 141, 434
Solon, 219
Spallanzani, L., 438
Spemann, H., 369, 412, 454, 457
Spiegelman, R., 460
Sprott, W., 443
Stamp, L., 429
Stevenson, R., 216
Stewart, J., 423
Strachey, L., 440
Stradivarius, 55
Stravinsky, 207, 442
Strawson, P., 446
Synge, J., 422

T

Tarski, A., 264, 268, 269, 432, 441, 447
Teillard de Chardin, 403, 460
Tomás, S., 435
Thomas, D., 110, 431
Thomas, W., 426
Thomson, G., 436
Thorndike, E., 382
Thorpe, W., 427, 450
Tillich, P., 291, 448
Titius, 159
Tolman, E., 60, 73, 385, 386, 426, 427, 459
Topitsch, E., 429
Toscanelli, P., 322, 451
Toy, F., 54, 426
Tramm, 450
Trier, J., 432
Troll, W., 456
Turgenev, I., 243
Turing, A., 270, 423, 433, 442
Turner, H., 437
Turpin, P., 162

U

Ullman, S., 428, 429, 430, 432
Urey, H., 114

V

Vandel, A., 164
Vavilov, N., 187
Vesalius, 288
Voltaire, 309
Vossler, K., 105, 431

W

Waddington, C., 457
Wagner, R., 207
Waismann, F., 430, 432, 450
Wakley, T., 426
Wald, A., 452
Wallas, G., 124, 433
Wallon, H., 426
Warburg, E., 434
Ward, S., 448
Wardlaw, C., 456
Wazyk, A., 252
Weisgerber, J., 432
Weismann, A., 369
Weiss, P., 370, 371, 454, 455, 456, 457
Weissberg, A., 449
Weizsacker, C., 437
Wertheimer, M., 433
Weyl, H., 16, 421, 422, 432, 441, 447
Wheeler, R., 452
White, E., 442
White, L., 454
Whitehead, A., 29, 30, 147, 429, 435
Whittaker, E., 425, 436
Wiame, 460
Wigglesworth, V., 439
Williams, H., 425, 448
Wilmott, A., 365, 455
Wislicenus, J., 160, 161

Wittgeinstein, L., 89, 117, 429, 432
Wholer, F., 162
Wolfe, B., 445
Wolynski, 436
Wood, A., 53, 458
Woodworth, R., 458
Worcester. Marquês, 346, 428

Y

Yerkes, R., 126, 329, 349, 433

Z

Zeigarnik, B., 133
Zeno, 320
Zinoviev, 249
Zsdanov, 251